U0956508

SOCIAL ORIGINS OF DICTATORSHIP AND DEMOCRACY

LORD AND PEASANT IN THE MAKING OF THE MODERN WORLD

BARRINGTON MOORE,JR.

上海译文出版社

专制与民主的社会起源

现代世界形成过程中的地主和农民

[美] 巴林顿·摩尔 著
王茁 顾洁 译

目　录

第一部分
资本主义民主革命的起源

第二部分
亚洲迈向现代世界的三条道路

第三部分
理论的寓意和推断

导　言

从1967年起，我们两个搞农民政治学的学者就开始共同教一门关于革命的课，对于我们来说，1966年出版的《专制与民主的社会起源：现代世界形成过程中的地主和农民》一书带来的狂喜，就像几个小小的货物迷恋者突然看见海面上出现了一艘大货船那样。摩尔的这本著作涵盖范围极其广大，反思深刻，对于现代世界的形成，包括其非人性的方面提出了许多重大的道德问题。特别值得一提的是，作者目的清晰、态度谦逊、言出有据、论证严密。该书提出了发人深省的问题：**对于自由来说，暴力是不可避免的吗?** 人们能够精确地计算和判断在通向现代化的不同道路中人类付出的代价，从而使理性评估变成可能吗?

尽管书出当时全美的舆论焦点都在针对越南武装反抗所采取的军事行动上，但很多严肃认真的学者却关注到摩尔对第三世界的农民革命所做出的研究成果，他们相继在各种学术性和大众性刊物上发表文章。当时的各种议论现在大都烟消云散了，但是摩尔提出的问题却锋芒依旧，依然在挑战着伦理学和历史学。无论何时，阅读或重读这本巨著，都能够受益匪浅。

该书是从道德的中心点来直击问题要害，虽说关于民主与专制国家的历史发展，出现过很多答案、观点或者解释，但是其影响力都不如该书持久。该书出版距今已经过去了四分之一个世纪，如今那些将革命写成一种罗曼蒂克的事业的摩尔同时代人的著作早就被人们忘光了，但是摩尔的这本著作，由于其坚持“进步不得不付出极为沉重的代价”这一悲观论点，所以对于渴望理解现代国家的历史起源、理解现代国家既可行善又能作恶的双重本性的人们来说，始终是一个重要的思想来源。

摩尔一开始就提出了一个显然十分重要的问题：我们能够对自由民主、法西斯主义和共产主义这三条不同的现代化道路的历史发展进程进行比较研究吗？摩尔的分析体现出一个鲜明的特征，那就是，他反复推敲各种证据，使读者能够准确地把握作者本人对各种结论的自信程度。他并没有提供理论上的线性推断和结论，也没有暗示这些证据放在一起是严丝合缝的。他将自己论证过程中出现的不整齐的边沿、沟壑和跳脱，全都显现给了读者。摩尔邀请读者同他一起去探寻，去享受与一个博学开明、诲人不倦的师长对话的乐趣，尽管他自己也尚未完全弄明白所有的事情。要知道，他在书中留下了很多尚无答案、需要进一步探寻的问题。

摩尔关于剥削的讨论就是一场典型的对话。他知道大多数当代社会学家都把剥削视作一个纯粹主观的概念。但是，摩尔指出这种主观主义观点是荒谬的：“农民被迫交出9/10的收成，与只交出1/3的收成相比，怎么能说这种勒索不是随心所欲的呢？”关于剥削，一个客观的概念更合乎情理，而且“至少是提供了一种解释的可能性”。摩尔笔下的农民既有能力进行经济判断也有能力进行道德判断。摩尔认为“军人、官员和神职人员的贡献，对于农民来说必须是显而易见的，农民对这些人的贡献的回报与从这些人那里获得的服务不能完全不成比例”。换句话说，摩尔希望理解是什么使得交换显得公平。他自己也承认，对这样一些问题的答案“一定是不够明确的”，但同时他又坚持认为“这些答案还是存在着一个客观的、核心的共同点”。与其给出充斥着未加说明的假设的所谓明确答案，或者干脆就放手不作为，还不如坦然面对这些问题所带来的困难。

如此得出的“剥削”概念，对于有些人来说可能有些混乱，但是在关于现代性以及其动力的比较性研究中，这一概念已经算得上是足够精确的了。摩尔对剥削的界定给大家理解贵族专制统治的衰退提供了一个有力的视角。同时，他愿意和大家一起分享其判断背后的思考过程，这说明他襟怀坦荡、心无芥蒂。如果读者还不满意，那么摩尔会邀请他进行更深入的探索。探索真理是一个需要通力合作的项目。摩尔在感谢那些他请教过的学者的同时，也向读者提出挑战，希望他们有所建树、有所超越。

摩尔关于现代化需要付出代价的观点中透露出深深的怀疑和悲观主义。有些学者认为德国和日本的法西斯主义统治(“自上而下的革命”)只不过是昙花一现，随着第二次世界大战的结束就已经一去不复返了。不同于这些学者，摩尔发现了一个模式，那就是当一个传统国家变得强大而其农业商品化却相对薄弱的时候，法西斯主义和军国主义就会获得成功。也许，法西斯主义远非现代才有的东西，而且远未寿终正寝。

与简单地为民主的胜利而欢呼雀跃的那些人相比，摩尔对英国、法国和美国的自由民主制度的兴起保持着某种更加黯淡的观点。摩尔已经意识到进步是需要付出代价的，这在他为本书关于英国的开篇第一章所起的标题“英国：暴力对于渐进主义的影响”中就明显地体现出来了。对于摩尔来说，民主制度的建立取决于“农民问题”的消除。也就是说，民主的进步从来都离不开圈地法和高地清洗运动①之类因素所带来的巨大苦痛。写给大众看的简写本英美历史强调说民主

① 英国的圈地运动。——译者

制度的建立是一种相对安宁的、和平的过程，这种过程至少可以回溯到大宪章时代，甚至是雅典时代。而摩尔与他们相反，他把大家的注意力引到了现代成就的代价上去。他并不怀疑民主自由是一个值得珍惜的成就。他写道："导致这些结果的暴力和胁迫——圈地运动是其主要表现，但不是唯一表现——发生于很长一段时间……不管怎么样，我们绝对不能无视上层阶级针对下层阶级使用了大规模的暴力这一事实。"摩尔希望我们直面真相，看到其全部的令人痛苦的复杂性。只知道为民主欢呼的那些人可能使人看不到民主所造成的痛苦，如果人们能够看清这一点，那么这些痛苦也许就能够被避免或者有所减轻。正如他随后指出的那样，"如果加以仔细审视，任何一种政治制度都不可能真正起到教化作用"。①

摩尔发现，进步总是不可避免地要求人类经受极大程度的苦难。如果情况持续如此——而且很难看出这种讨厌的现实会突然消失——那么，对于信誓旦旦地允诺说，一个社会只要实行市场经济和议会制度就会变成天堂的那些人，人们就必须时刻保持警惕，而且人们也必须追问在任何一个转变过程中，究竟是谁在承担哪些痛苦。

摩尔最擅长教我们的并不是某一特定的事实这一点（绝大多数的历史学家都认为他夸大了圈地运动的牺牲者数量）。他教我们的是一种提问题的方式，凭借这种方式能够做出最了解情况的道德判断和选择。

对任何社会和政治制度的持续存在，摩尔都不认为是理所当然的。相反，他坚持认为，人们在考虑维持原状所需要付出的代价的时候，也必须同时考虑改变现状可能需要付出的代价。

关于惯性的假设，也就是文化和社会的连续性是无需解释

① Barrington Moore, Jr., "Liberal Prospects under Soviet Socialism: A Comparative Historical Perspective", Harriman Institute, Columbia University, New York, November 15, 1989.

> 的，它掩盖了这样一个事实，那就是，两者都需要在每一代重新创造，通常伴以巨大的痛苦和折磨。为了维持和传递一个价值体系，人类受尽折磨——被殴打、被欺凌、被监禁、被投入集中营、被劝诱、被贿赂、被推举成英雄、被迫阅读报纸、站在墙根前被集体射杀，有时候甚至被迫接受社会学的教育。

“法国大革命的‘代价’是什么？”这个问题摩尔详细考虑过，在此基础上，他还进一步质问：“这场革命不发生的话，其代价又是什么？”如果暴力没有削弱反动力量的社会基础，法国会变成一个稳定的民主国家吗？在德国或者西班牙，如果民主运动一开始就摧毁了大部分旧秩序的话，那么这两个国家在20世纪30年代能够避免走上法西斯主义道路吗？不同的政治秩序和不同的革命进程中，相对的非人性状况只有放置于长期的历史进程，并考虑到不同的未来选择之后，才能够真正被理解。摩尔教导我们，为了分析这些最迫切的伦理问题，我们需要主动地在最重要的事上高屋建瓴地提出质疑。

在对苏联进行了长期研究之后，摩尔痛苦地意识到最初的革命承诺和最终的悲惨结果之间存在着巨大差距。但是，摩尔也提醒各种民主制度的受益者，考虑到整个现代化进程的代价，他们也没有任何理由洋洋得意。

> 有必要指出的是，任何地方都没有证据表明民众想要一个工业化的社会，倒是有充分的证据表明他们压根不想要。归根结底，至今为止所有形式的工业化都是自上而下的革命，是冷酷无情的少数人的把戏。

就像通常出现的情况一样，一部经典出版后，随后出现的评论和解说很快就会超过经典原来的文本，至少在字数上会超过它。关于

《专制与民主的社会起源》一书，确实出现了大量的评论文献。在1966年之后撰写的历史社会学著作中，可能很少有哪一本没有受到摩尔这本书的影响。乔纳森·韦纳《关于评论的评论》这篇文章是了解上述评论，特别是该书出版后第一个十年的那些评论的指南。①在由西达·斯考切波·斯科普尔和其他人一起编辑出版的摩尔纪念文集《历史的教训》中，人们仍然能够找到证据表明，摩尔对重新思考历史的坚持是多么适时。

摩尔的批评者们认为，他对相对自主的国家里精英群体内部的斗争没有给予足够的关注，而且他低估了意识形态和文化的作用。事实上，摩尔争辩说，“从文化价值观的视角来解释行为就是在进行循环推理”。他聚焦的是各种理念的社会承载者及其利益和关系。如果摩尔事先没有了解清楚把印度寡妇推向死亡的各种压力，那么他是不会武断地认为这个寡妇是自愿殉葬的。他的研究拒绝不假思索地相信任何关于某个社会群体的传统理念。同样，在摩尔的分析中，人口统计因素也并不是决定性的，这不同于关注长历史时期的历史学家的描述，这些历史学家倾向于认为，历史中存在的人口统计方面的趋势才是现代化进程中出现的关键危机的根源。对于摩尔来说，是地主和农民之间的不同关系决定了不同的结果。我们知道，现代化进程给各个国家带来的明显结果是城市工业社会的产生和农民数量(比例)的减少，但是有待弄清楚的是，究竟是什么因素促使各个国家走上了不同的现代化道路。

有些关于《专制与民主的社会起源》一书的评论质疑摩尔挑选出的政府形式——市场导向的民主、法西斯主义(“自上而下的革命”)和共产主义(在“农民革命”之后产生)——是否代表了可以比较的单元。回头看看，摩尔关于商业化农业是民主道路获得成功的先决条件

① Jonathan Weiner, “Review of Reviews”, 15, no. 2 (1976), 146-175.

这一发现似乎是有先见之明，其先见之明还体现在，中国、前苏联、阿尔及利亚、越南和其他地方的社会主义导向的领导人，尽管曾经把农业市场全盘国有化，但是现在却不愿意再走国有化的农业道路。当然，共产主义道路的失败在后现代时代反而使得市场导向的民主制度增添了新的活力。

随着民主制度蔓延到很多由共产党统治的国家，西方国家中出现了一种盲目的民主必胜思潮，面对这一思潮，摩尔所秉持的历史悲观主义态度使得他担心共产主义的力量已经相当于法西斯主义以往在其他地方所形成的力量，以至于“启蒙运动中反宗教的理性主义”可能随时随地被反理性主义、宗教激进主义和沙文主义的宗教信仰压倒。①摩尔号召人们关注 19 世纪德国和日本在专制统治下取得的经济成就，以及纵容奴隶种植园制度的美国所取得的经济成就，目的是要强调经济上的成功仍然可能给人类自由带来巨大灾难。

尽管世界政治和经济最近发生了很多激进的变革，但是摩尔的方法论仍然可以为我们提供线索，帮助我们了解究竟如何为我们的未来选择一条代价最小的道路。对于现代性来说，其方法论既适用于过去，也适用于我们的未来。摩尔发现这一路径经常会变得模糊不清。他指出目前的证据仍然存在空缺，需要借助逻辑这一工具来暂时弥补这些空缺，因此他坦陈，很多时候我们仍需要进行有根据的推测。摩尔明示我们，他一直在探寻人们暂时应该依靠什么样的逻辑和理论来弥补知识的空缺。在这一探寻过程中，摩尔承认他自己也不断遭遇挫折。不过，摩尔始终充满勇气，直面现实，即使有些悲观，仍坚持认为学者必须尽最大的努力去解决重要的道德难题。

要知道，撰写一本学术著作，如果采取取法乎下、自以为是和貌似严谨的态度，那会容易得很。如果人们将《专制与民主的社会起

① Moore, “Liberal Prospects under Soviet Socialism”, 28.

源》一书与许多社会科学研究相比，尽管这些研究在追求事实方面展现出精湛的技术和令人惊叹的成就，但是其中通常充满了带有当下共同成见的诸多假定，那么人们就会发现，确信态度的明显缺失其实根本不是什么缺失。相反，在关系重大的问题上反倒能够让人取得进展。

那么摩尔所提出的观点是否就意味着法西斯主义的历史权重在后现代时期将要增加呢？不管这个问题的答案如何，开始研究这一问题的一个卓效之法就是站在《专制与民主的社会起源》这本书的巨人肩膀上。摩尔会祝福他的后继者的。他从来就不曾期望他给出的结论就是最终的定论。其实，只要这本比较历史社会学著作能够引导我们所有人继续进行对话，而这场对话能够减少人类在进步过程中所付出的不必要的非人性代价，并引导我们去勇敢地直面痛苦真相，那就足够了，事实上已经算得上是非同寻常的了。

爱德华·弗里德曼和詹姆斯·斯科特

前　言

本书旨在对土地贵族和农民在农业社会(简单地界定为绝大多数人口都以土地为生的国家)向现代工业化社会转变的过程中各自所发挥的政治作用进行解释。更具体地说，本书试图找出一系列的历史条件，正是因为具备了这样的历史条件，农村两大群体中的一方或双方才能够演变成极其重要的力量，从而推动了不同形式西方议会民主制的出现、右翼专制(即法西斯政权)和左翼专制(即共产主义政权)的崛起。

对于人类社会学学者来说，所有问题的产生都不是毫无根据的，因此就有必要简要地指出提出这些问题的原因。早在十多年以前，在我开始全身心投入到这本书的撰写之前，因为看到了俄国和中国在建立共产主义政权时都还是彻头彻尾的农业国家这一非常明显的事实，我开始怀疑工业主义是否真是20世纪极权主义政权的主要根源。在此前很长一段时间里，我一直确信，如果不把亚洲的制度和历史考虑在内，我们是无法充分地从理论上理解政治体制的。因此，对于农村中各个不同的阶级形成了什么样的政治势力进行研究，并在研究中对亚洲社会投入与西方社会同样多的关注，这种做法似乎能够让我们有所收获。

本书首先(第一部分)讨论的是英国、法国和美国是如何分别走上民主和资本主义的现代化道路的。我原本想要在完成这一部分之后再加上德国和俄国的章节，希望能够展示出欧洲法西斯和共产主义这两种制度的社会起源与议会民主制度的社会起源之间的差异。但最后我决定放弃这两章，一部分原因是因为这本书已经非常冗长了，另一部分原因则是因为在我写作该书的过程中，研究这两个国家的优秀专著已经出版了不少，就算我再用社会历史学的方式对这两个国家进行阐释，也难以锦上添花。当然，为了有助于比较，我仍然会随处引用有关德国和俄国的材料，而且在第三部分的理论探讨中，也会引用到相关的资料。书后的参考书目中列出了我在形成关于德国和俄国社会历史观点的过程中所依据的资料来源。省略了对德国和俄国的研究，至少给了我一个好处，让我可以在本书第二部分更加详尽地分析在农业问题至今仍然非常严峻的日本、中国和印度所形成的亚洲版法西斯主义、共产主义和议会民主制度。另外，由于西方读者通常不太了解这些国家的历史和社会结构，因此对我这个知之甚少却着墨甚多的作者，评论家们可能会更宽容一些。

由于本书在内容选择上存在特殊性，因此可能会出现两种反对意见，一是认为范围太宽，单靠一人之力难以有效覆盖；一是认为范围太窄，无法产生可靠的概括性结论。如果有人批评这一任务过于宏大，作为作者，我深表认同。而第二种批评者则可能指出，本书根本就没有考虑到那些小国家，比如可以归入民主一边的瑞士、斯堪的纳维亚群岛国家或者欧洲南部国家，以及归入共产主义一边的古巴、前苏联在东欧的卫星国、北越和北朝鲜。批评者会认为，如果把它们排除在外，那么怎么可能对西方民主或者共产主义制度的发展给出概括性结论呢？把西方民主小国排除在外难道不会使全书形成某种反农民的偏见吗？对于这样一种反对意见，我觉得可以给出一个公允的回答。本书着重研究的是一个漫长的现代化进程中的某些重要历史阶段，这一进程在某些国家已经修成正果；在另一些国家，这一进程表现为通过暴力和其他方式形成新的社会制度，并使得这些特定的国家在20世纪上半叶先后成为世界政治舞台上的领导者。因此，除了那些因接受外来制度而导致重大历史事件的国家以外，我重点研究的是那些产生了新制度，并让新制度大行其道的国家，而不是这些制度在其境外如何被传播与接受。小国在经济和政治上更为依赖大国和强国这样一个事实意味着形成其政治的决定性原因在其国界之外，而且也意味着其政治问题真的无法与那些大国相提并论。因此，涵盖了小国和大国的有关民主或者专制的历史先决条件的一般性陈述就很可能过于宽泛，以至于反而变成抽象的陈词滥调。

从这一个观点来看，对特定国家，农业社会转变过程的具体分析所产生的效果一点也不小于广泛的概括所产生的效果。比如说，很重要的一点是，我们要弄清楚农业问题的解决方案最终如何帮助英国成功地建立起了议会制民主，而印度由于未能成功地解决其非常特殊的农业问题，因而使其民主发展受到了影响。更进一步地说，对于任何一个既定国家，人们肯定会发现，有一系列因果关系难以被纳入某些概括性很强的理论。相反，过于执着于理论总会带来如下的危害：可能由于过于强调了那些能够契合理论的事实，以至于夸大了这些事实在各个国家历史上的重要程度。出于这些原因，对几个特定国家转型过程的具体分析占据了本书最大的部分。

在试图理解某个特定国家的历史的时候，通过比较，我们可以提出非常有益、有时也非常新颖的问题。这种比较的方法还有一个好处，即有时我们可以借此来从反面粗略地审视一下那些人们已经普遍认同的历史观点。比较可能会带来新的历史结论。实际上，该方法的特征构成一个独立的思想过程，使得这样的研究不再只是有趣事例的堆砌。例如，在19世纪和20世纪，印度农民经受了与中国农民一样多的苦难，但是并没有发生大规模的革命运动。由此，人们开始对以往关于这两个国家所发生的事情的解释产生了怀疑，并对其他国家农民暴动的影响因素有所警觉，希望能够找到共通的原因。而在19世纪和20世纪初期的德国，农业精英和工业精英之间的联合，也就是大家通常所称的钢铁和黑麦之间的联姻，给民主制度带来了灾难性的后果。了解到了这一点，人们不禁会疑惑，为什么发生在美国的钢铁和棉花之间的联姻没有阻止内战的发生。这样，人们就对建立现代西方民主制度的有利和不利因素都有了进一步的认识。显然，比较性的分析仍然无法取代对具体事例的详细考察。

有效的概括好比一张飞行员在横跨大陆时使用的广袤区域的缩略地图。这样的地图和那些非常详细的地图各有各的目的，都是非常重要的。对于只要知道这片区域大致方位的人们来说，没有谁会希望了解每一幢房子和每一条小路的具体位置。但是，如果有人是步行来探索这一区域(就像当前比较历史学家花费大量时间所做的那样)，那么，他首先注意到的会是一些细节，然后再逐渐发现这些细节的意义和相互关系。当然，可能在很长一段时间里，这个探索者发现自己迷失了方向，被困在一片由各种细节性事实构成的灌木丛中(在这一灌木丛中寄居了一群专业人士，他们激烈地争论着这些灌木究竟是松木林还是热带雨林)。最终，探索者走出困境时可能身上遍布伤痕。如果让他画出一张关于这个区域的地图，那么可能会有招待过探索者的当地居民责怪他忘记了画上他家的房子和空地。在旅程结束时，如果这个探索者打算为后来人粗略地记录一些印象最深刻的事情的话，可能招致更大的批评。我现在所做的也无非如此——非常粗略地勾勒出我最主要的发现，希望能给读者提供一张值得我们一起探索的这个区域的缩略地图。

从这里所研究的一系列事件中，人们可以分辨出从前工业世界进入到现代世界所经历过的三条主要历史道路。第一条，我认为，就是所谓的资产阶级革命道路。这个术语会因其马克思主义内涵而引起许多学者的警觉，撇开这一事实不谈，它也确实比较模糊，存在着一些劣势。但是，基于接下来适当时候会解释到的原因，我仍然认为有必要用资产阶级革命来指称某些特定的暴力性变革，这些变革发生在英国、法国和美国逐渐发展成为工业化现代民主社会的进程中，被历史学家们等同于清教徒革命(或者人们通常所称的英国内战)、法国大革命和美国内战。这些革命的一个关键特征就是，产生了一个拥有独立经济基础的社会群体，该群体奋起扫除那些过去遗留下来的阻止资本主义民主发展的障碍。尽管扫除这些障碍的很大一部分动力来自城市中的贸易和制造阶级，但这远非事情的全部。这股资产阶级力量所找到的同盟和所遇到的敌人在不同的历史事件中都是截然不同的。我们一开始主要关注的是土地贵族，他们有的像在英国那样成为资本主义民主浪潮中的一个重要组成部分，有的因为反对资本主义民主浪潮而在革命或内战中被甩到一边。农民也一样，其主要政治力量可能会与推动资本主义和民主政治发展的力量相伴而生，但也有可能会变得无足轻重，而背后的原因，要么是资本主义的进程彻底摧垮了农民社会，要么是这一进程肇始于一个像美国那样不存在真正意义上的农民阶层的新国家。

通过大革命和内战走出的第一条也是比较早的道路是一条资本主义和西方民主相结合的道路。第二条道路同样也是资本主义道路，不过到了20世纪，却最终演变成法西斯主义。德国和日本是最明显的两个例子，尽管本书只对后者进行了详细的研究，其原因我已经在上文中给出了，在此就不再赘述了。我将这一道路称为反动的资本主义道路。它等同于一种自上而下的革命形式。在这些国家，资产阶级的推动力要微弱得多，即使他们采取革命的形式也会遭到失败。后来，力量相对微弱的商业和工业阶级的各个组成部分在半议会式政府的支持下推行了建立一个现代工业社会所需要的政治和经济变革，其所依靠的主要是从农村招募的、对仍然占据主导地位的旧统治阶级心怀不满的那些力量。在半议会式政府的支持下，工业得以快速发展。但是，经过了一段简短而又不稳定的民主时期，国家却走上了法西斯主义道路。第三条道路当然就是以俄国和中国为代表的共产主义。这些国家庞大的农业官僚先是抑制商业后来又抑制工业发展，比起法西斯主义有过之而无不及。抑制带来的后果是双重的。首先，城市中的工商阶级尽管也在迈向现代化方面进行过尝试，但是由于力量过于薄弱，因而都不能像德国和日本的工商阶级那样成为现代化进程中的初级合作伙伴。这些国家在迈向现代化的进程中一步都没能走出，因此仍然保留着庞大的农民阶层。然而，随着现代世界对农民这一阶层的不断侵蚀，遭受到新的束缚和压力的农民为推翻旧秩序提供了摧枯拉朽的重要革命力量，而当这些国家进入共产党领导的现代时期之后，农民却变成了最主要的牺牲品。

最后，我们从印度那里看到了第四种类型，能够用来解释其迈向现代化的动力为何比较微弱。在那个国家，到目前为止，既没有自上而下或者自下而上的资本主义革命也没有导致共产主义的农民革命，因此其现代化进程的动力也很微弱。在另一方面，这个国家表面上还是出现了一些形成西方民主的历史先决条件。一个颇具规模的议会政体已经存在了一段时间。在印度，推动现代化进程的动力是最为微弱的，所以印度这一实例无法用适用于其他国家的任何理论体系来加以诠释。当然，我们仍然可以利用印度这一实例来对这些概括性的结论进行有益的检视。这一实例特别有助于我们理解农民革命，因为在压根就没有发生过农民革命的印度，农村的困苦程度与中国几乎相同，但在中国，不论是在尚未进入现代社会以前还是在最近这段时期，造反和革命都起了决定性的作用。

让我们尽可能简洁地总结一下，我们试图理解的是地主和农民在资产阶级革命（导致资本主义）、流产了的资产阶级革命（导致法西斯主义）和农民革命（导致共产主义）中所起到的作用。农民应对农业商品化挑战的方式是决定政治结果的关键性因素。我希望能在随后的讨论中澄清这些政治标签是否适用，同时也弄清楚不同国家和不同时期的政治运动是否存在着一些共通的因素。在另一方面，还有一点值得我们注意。尽管对于每一个特定的国家来说，会有一种形态作为主导形态出现，但是你有可能发现，在这个国家的次要形态到了另外一个国家却成了主导形态。因此，在英国以及在法国大革命后期一直到拿破仑战争结束期间，也存在着一些反动形态的元素，这些元素在德国却成了主导特征，那就是，旧土地贵族和羽翼渐丰的工商业精英阶层联手对抗城镇和农村里的下层阶级，但是他们有时候在某些问题上也能赢得下层阶级的支持。实际上，在我们所研究到的每一个社会里，包括美国，这种不同阶级之间形成的具有反动性质的联合总是会以某种形式呈现出来。更有甚者，法国的皇家专制制度对于商业生活所造成的影响，与沙皇俄国和中华帝国强大的官僚君主制所带来的影响相比毫不逊色。上述观察所得极大地鼓舞了我们的信心，使我们坚信以实证为基础的研究范畴具有超越特定国家实例的可能性。

但是，要求公正地对待对某一特定事件的解释与找寻概括性结论之间存在着很大的矛盾，这主要是因为，人们在还没有检视完所有问题之前是不可能知道某个特定的问题究竟会有多么的重要。这种矛盾可以解释为什么我的这项研究不够齐整也不够优雅，对此我深感遗憾，但是经过几次重写之后仍然无法弥补这一缺陷。我再次希望大家不要忘记我前面提到过的那个关于未知领域的探索者的比喻。要知道，其使命并不是为后来者建造一条平坦的、直达目的地的高速公路。假如他是后来者的向导，能够避免把时间耗费于在原路上来回绕圈子和重犯他自己第一次探索时犯过的错误，能够让同伴远离那些最令人讨厌的灌木丛，并且能够及时警告他人小心地绕过那些最危险的陷阱，那么他这个向导就算非常称职了。如果他不小心走错了路，掉进了陷阱的话，那么在他的队伍里还是可能会有人一边取笑他一边施以援手，使他能够重新回到正路上来。其实，我就是为了这样一群在一起探索真理的同伴写这本书的。

哈佛俄国研究中心让我拥有宝贵的时间进行研究。我要特别感谢在我写作这本书时正好在该中心工作的几位领导：担任主任的威廉·兰格教授、默尔·芬索德和艾布拉姆·伯格森，担任副主任的马歇尔·舒尔曼。感谢他们所展示的赞许和好奇的态度以及极大的耐心。罗斯·迪贝内代托小姐尽管一直琐事缠身，但是仍然一遍又一遍地把难以计数的手稿用打字机打出来，还时时不忘幽我一默。

在我写作该书的整个过程中，我最好的朋友赫伯特·马库塞教授用他独有的温暖人心的鼓励和一针见血的评论给了我更大的信心和勇气。即使对于我的有些观点他并不认同，但是他仍然给了我最多的帮助。另外一个好朋友，刚刚去世了的奥托·基希海默尔教授则通读了我的整份手稿，并且帮助我清晰地表达了那些我一直试图加以明确的隐含主题。在我写作的整个过程中，伊丽莎白·卡罗尔·摩尔给我的帮助是如此重要，覆盖了那么多方面，我想只有身为作者兼丈夫的我才能真正体会到。我们从怀德纳图书馆那些默默无闻而又聪明能干的馆员们尤其是福斯特·帕尔默先生和冯小姐那里受益良多。

感谢那些拥有专业知识、能够帮助核查各种事实的同事，他们对各个章节所给出的意见使我避免了许多愚蠢的错误，还要感谢他们给了我许多极有价值的建议。他们告诉我他们在我的书中找到了与他们专业相关的精神食粮和有待他们进一步探索的专业问题，这种慷慨对我真是莫大的奖赏。不管我立下怎么样的免责声明，只要我在这里列出他们的名字，在某种程度上都会让人们认为我的观点也反映了他们的想法，从而暗示“本书达成了学术上的共识”，但是这样的暗示是毫无根据的，因此，我只是在私下里谢过他们。我从这里提及的人和没有提及的人身上感受到，学者社区确实存在，不只是表面说说的概念而已。

巴林顿·摩尔

第一部分

资本主义民主革命的起源

第一章

英国：暴力对于渐进主义的影响

1. 英国农村中推动资本主义发展的贵族力量

英国是第一个实现从前工业化到现代世界跳跃式转变的国家，当我们通过检视英国的历史开始讲述这种转变的时候，一个问题油然而生。英国的整个工业化进程为何能够发展并不断积累，并最终产生了一个相对自由的社会？很久以来当代英国就表现出很大的自由度，在有些核心领域，如言论自由和对有组织的政治抗议的宽容等方面，其自由度甚至远超美国，这似乎不足为奇。同样显而易见的是这种由统治阶级推行的宽容中所蕴含的贵族成分。出于看到全貌的考虑，除了本书所探讨的那些原因之外，我们仍需要关注其他可能的影响因素。但事实上，我不得不承认，想要涵盖导致这种情况发生的所有可能的原因，似乎是超出了我们设定的任务范围。本章的重点是农村各阶级在向工业化转变进程中所发挥的独特而显著的作用。

基于本书的大致规划，我们需要着眼于贵族和农民（在这两个阶级之间还有大量的等级，这是英国社会一个突出的特征）的命运，并由此开始提出问题。但是在对所有证据进行过深入研究之后，我们就会发现另一个值得探寻的中心。人们通常认为英国人拥有一种通过和平、公正、民主的流程来解决他们之间的政治和经济差异的特别能力，这其实有些虚构成分在其中。要理解这一点，人们并不必耗费太多时间去读英国历史，也不必像标准的科学方法教科书所要求的那样去怀疑。当然，人们对英国人的一般认识不是单纯的虚构，而是带有部分真实性。简单地认为这种认识全是虚构并不能澄清问题。关于1750年后英国工业化历史的惯常写法，凸显了18世纪和19世纪英国的和平状态(远比法国和平)，但却忽视了清教徒革命或者英国内战①时代②，因而使得上述具有部分真实性的看法固定了下来。一旦意识到这一事实，我们就不得不面对这样一个问题：在现代民主进程中，以及推而广之，在农业社会向现代工业技术社会转变的过程中，暴力和和平革命之间究竟有着怎样的关联。

17世纪英国内战所引发的社会争斗，其根源是一个远在几个世纪前就已经萌芽了的纷繁复杂的变革过程。这一过程究竟何时正式开始，我们已经不可能搞清楚了，就像我们不可能证明内战是否是必要的一样。不过，这一过程本身所呈现的特征还是相当清晰的。一个现代的世俗的社会通过挣脱强大的、交织在一起的封建主义和教会统治秩序③而逐步地成长壮大。更确切地说，从14世纪开始，就有不少迹象表明，商业在乡村和城镇的重要性逐渐上升，封建主义开始解体并让位于英国相对薄弱的皇家专制主义，两者都是在日益艰苦的宗教斗争的框架下进行的，这种斗争既折射出与旧文明的衰落和新文明的兴起相伴而生的焦虑和痛苦，同时它本身也是造成这些焦虑和痛苦的原因。

---

① 即英国资产阶级革命，清教徒是基督教新教中的一派，主张简朴生活，故名。17世纪他们广泛参与社会政治活动。——译者

② Schweinitz，*Industrialization*，6，写道：“从1832年修正法案开始的政治改革，在19世纪和20世纪初给大英帝国带来了充分的民主。但是，这些措施之所以能够成功，很大程度上需要归功于1832年之前的几个世纪宪法和议会组织的逐渐形成和发展。”作者谨慎地声称，在世界上其他地方(第10－11页)在现代化进程中所遭遇到的各种问题，要想完全借用这种资本主义民主的解决方案是不可能的。我个人完全赞同这种论断。

③ 对社会、经济、法律和宪法方面的历史学者来说，封建主义意味着不同的东西，而且不同的方面改变的速度是不同的。请参看Cam，“Decline and Fall”(第216页)富有启发性的讨论。

尽管很久以来就以羊毛贸易闻名，但一直到中世纪晚期，英国才开始成为精细羊毛最大最重要的来源①。羊毛贸易不仅仅给城镇、同时也给乡村带来了不小的冲击，对乡村来说冲击可能更大一些，特别是在政治方面。由于英国的羊毛市场主要是在欧洲大陆，特别是意大利以及低地国家②，因此这些贸易城镇的发展才是逐渐统治英国社会的强大商业动力的源头。分析这些方面会使我们偏离正题；为了我们自己的目的考虑，我们只需将这种决定性的影响视为最原初的论据。另外，还有一些重要的因素也在起作用。1348－1349 年期间爆发的黑死病使英国人口大幅下降，劳动力供应量大大降低。在罗拉德，黑死病发生后不久，就爆发了第一次宗教暴动，接着就是 1381 年那次严重的农民起义。我们在下文还会有机会来检视这些下层阶级的骚动及其所蕴含的重要意义。

现在，我们应该主要聚焦于上层阶级。在 14 世纪后期以及 15 世纪大部分时期，上层阶级的地位发生了重要的改变，并造成了很多不同的结果。土地和土地的保有权关系在很大程度上已经不能再把地主和农民结合在一起了。尽管封建主义的其他一些方面仍然具有很强的影响力，但是长久以来，国王一直在试图让这些制度为自己所用，不断努力以期加强自己的权力，也确实取得了不同程度的成功。没有了土地作为根基，封建主义就只能像寄生虫那样生存，利用权贵和国王之间操纵与反操纵的拉锯战获得利益。③

对于拥有土地的贵族来说，玫瑰战争④更像是一场人祸而非天

---

① Power, *Wool Trade*, 16.

② 特指荷兰、卢森堡和比利时，大部分领土海拔较低，16 世纪前，此三国均属尼德兰，尼德兰在荷兰语中意为“低地”，故名。——译者

③ Cam, “Decline and Fall”, 218, 225, 232.

④ （1455－1485）或称蔷薇战争，指英国兰加斯特王朝和约克王朝的支持者之间为争夺英格兰王位而进行的 30 年内战，因双方徽章分别为红白玫瑰，故名。——译者

灾，是大大地削弱了他们力量的一次放血，它使都铎王朝①从斗争中崛起，极其成功地开始了合并王室权力的过程。出于政治和宗教方面的考虑，亨利八世的统治进一步推动了农业商业化的进程。有一位马克思学派的历史学者曾经指出，亨利八世在1536年和1539年没收修道院资产的做法可能提高了那些新的具有商业意识的地主的地位，而受到影响的则是旧贵族阶层及其对欧洲大陆的叛逆心态②。但是，亨利八世统治的后果是他摧毁了作为旧统治支柱之一的教会，这给他的后继者带来了灾难。但即使他不做任何破坏，更深层次的骚动也已经在酝酿了，威胁着稳定的社会秩序，这是王室极不愿看到的。

都铎王朝的和平政策与羊毛贸易的持续刺激相结合，极大地推动了商业和资本主义在农村的发展。托尼③关于英国内战前经济生活的研究著述，揭示出了在英国内战之前的很长一段时间里，这些力量是如何推动整个封建框架不断解体的：

> 在15世纪的动荡年代，土地除了其本身的经济价值，还有军事上和社会上的重要意义；相对于家仆来说，地主可以采用胡萝卜加大棒的手段对付恶邻居，因而更有优势；承租人的数量显然比从土地上获得的金钱要重要得多。但都铎准则严格地限制了牲畜饲养和看护，利用其行政管理权和勤政官僚，严厉地镇压了发生在个人之间的战争，同时由于其削弱了封建主义力量，对金钱的控制开始变得比对人力的控制更加重要……（这种变化）标志着从中世纪的土地观念向现代土地观念的转变，即从视土地为政治

---

① 1485年至1603年间统治英格兰王国和其属地的王朝。1485年兰加斯特家族远亲亨利·都铎夺得王位，称亨利七世，结束了玫瑰战争。女王伊丽莎白一世死后，由斯图亚特王朝所取代。——译者

② Hill, *Puritanism*, 34-35.

③ R. H. Tawney, 1880-1962，英国著名经济学家、历史学家、社会批评家、教育家。——译者

职能和义务的基础，转变为视土地为能够增加收入的投资。简而言之，土地的所有权变得越来越商品化了①。

只有当都铎王朝的和平政策与羊毛贸易以一种具体的方式相结合，才能形成一种重要力量，推动英国走向资本主义和最终使资本主义民主化的革命。在其他国家，尤其是俄国和中国，强大的统治者能够有效地控制其广阔的疆域。而在英国，统治者只取得了非常有限的一点成功，这反倒为议会制民主取得最终胜利创造了有利条件。事实上，羊毛贸易和民主之间不存在必然的联系。在同一时期的西班牙，大量饲养羊群的结果与英国正好相反，羊群和其主人成为推行中央集权制的君王用来反对地方独立的一个工具，进而推动了僵化的皇家专制主义的发展。②英国的情况之所以如此，关键是因为16、17世纪其城镇和乡村的商业化程度不断提高，这种提高主要得益于与国王的对抗，我们会在适当的时候揭示这种对抗的原因。

在中世纪的观念里，经济活动的价值通常是由其对一个健康的社

① Tawney, *Agrarian Problem*, 188-189. 当代学者 Thirsk 在其著作 *Tudor Enclosures* 中，对 Tawney 所谈到的事实进行了评论。Hexter, *Reappraisals*, 144-145, 也列举了同样一些事实来批评 Tawney 过分地强调了经济因素。Thirsk 认为圈地运动有着复杂的地理和社会背景，从而得出了与 Hexter 同样的概括性结论(见第 19-21 页)。而 Tawney 本人在下结论时其实也是比较谨慎的，他和 Thirsk 的主要差别在于，后者认为人口的自然增长也是一个极大的影响因素(见第 9 页)。Kerridge 的 "Depopulation", 212-218, 提出读者不必过于相信有关圈地运动方面的统计数字，他认为，那些被谴责实施了残酷的圈地运动的人，很多后来都被宣布无罪，因而说明统计本身有很大的夸大成分。但是因为即使是在都铎王朝，那些推行圈地运动的人们也拥有巨大的政治影响力，所以这一事实并不值得大惊小怪。总之，尽管我们不能太过认真地看待这些实际数据，但是有一点不容置疑，那就是在英国的一些重要地区，圈地问题确实是很严重的。在 Thirsk 的 *Tudor Enclosures* 一书最后给出的小结中，没有引用 Tawney 和 Kerridge 的说法。

Tawney 之后的半个世纪里，研究人员还在强调羊毛交易和农业变革之间的关联。但是，到 16 世纪中叶，从粮食生产转向绵羊饲养的潮流开始衰退，土地越来越匮乏，劳动力出现过剩，而粮食价格开始急速上扬。从 1450 年到 1650 年，尽管羊毛贸易的特征有所改变，但羊毛价格却急剧上升，间或有一些极为剧烈的波动。详情请见 Bowden 的 *Wool Trade*, xviii, 6, 和在 219-220 页的表格。

② 因此才有了 Klein 在 *The Mesta*, 351-357 的推断。

会组织所作出的贡献来决定的，迫于情势的压力，这一观念开始动摇。人们不再认为农业的问题在于如何找到为农民提供支持的一种最佳方式，而在于如何找到对土地进行资本投资的最佳方式。他们开始把土地看成是一种可以自由买卖、自由使用的财产，一句话，就像现代资本主义的私有财产那样。当然，在封建主义制度中，土地上也有私有财产，但是在世界上产生封建主义的所有地区，土地的所有权都包括对其他人应尽的各种义务和保护责任。这些义务消失的方式，以及这些变化中谁会得益、谁会受损，在每一个封建国家都成为极为关键的政治问题。远在亚当·斯密之前，零散居住在农村的英国人就开始意识到自我利益和经济自由是人类社会的自然基础①。虽然人们普遍认为，经济个人主义主要是来源于资产阶级，但其实，早在内战之前，圈地地主就已经为这些具有颠覆性的理念提供了重要的发展基础。

这个理念变化最为显著的一个迹象是从1580年左右开始持续了大约半个世纪的土地市场的繁荣。年承租费已经上升到了几十年前地产售价的1/3②。如果不是农业运作本身产生了意义深远的结构性变化，

---

① Lipson, *Economic History*, II, lxvii-lxviii. Hexter, *Reappraisals*, 94-95, 断言Tawney是希望通过编造一些“关于城市人来到农村用一种生硬的冷冰冰的资产阶级商业主义摧毁并取代了旧有的家长式的乡村经济模式的故事”来试图用资产阶级革命不可避免这样一个预设的教条主义观点分析清教徒革命，这种说法是对Tawney的误解，将其对上述趋势的分析庸俗化了。Hexter的观点绝对是不正确的。Tawney的整个分析强调的是土地贵族在一种商业影响力开始不断上升的情况下作出了或多或少的自发性的调整和适应，他所看到的这个阶层的发展始终聚焦于城市而非农村。（请参见*Agrarian Problem*, 408）这与那些拥有全新观念的城市人向农村迁移压根就是两回事。为了支持自己对Tawney的批评，Hexter多处引用了*Agrarian Problem*, 177-200，以及Tawney的论文“The Rise of the Gentry”中的内容。要了解Tawney自己的观点，请阅读“The Rise of the Gentry”（第184-186页）。在Hexter第一次引用的书(*Agrarian Problem*, 177)的第一页，Tawney写了一段最具说服力的警告，提醒大家不要受到教条主义历史决定论的迷惑。在Tawney的著述中可能有个别句子提到，有一些城市人购买了农村产业，而且他们的农场耕种可能已经带有一些商业的色彩；但那绝对不是Tawney的主要论断之所在。

② 参见Hexter, *Reappraisals*, 133。

这种繁荣是绝不可能发生的，因此我们可以把繁荣看成是这些变化的一个结果。

在这些变化中，圈地运动是最为重要的。圈地运动这个词本身含有很多不同的意义，被用来指称完全不同的事物，但所有这些事都是当时所发生的而且其相对重要性至今不是特别清楚的。在16世纪，最具影响力的现象就是“庄园地主或者农民不断侵占那些庄园里的人共同拥有或者开放给大家使用的可耕地”。①庄园主们既可以通过出售羊毛，也可以通过把土地租赁给那些生产羊毛的人并且不断地提高地租，来大大获利。受到这样一种美妙前景的激励，他们找到了很多合法或半合法的手段逐步剥夺了农民在开放耕地上耕种的权利，也剥夺了他们在公共土地上放牧牛群、捡拾柴火等各种权利。当然，受到这种圈地影响的土地面积实际上并不特别大——在受圈地影响最严重的一些郡县，这样的土地面积只有总面积的不到1/20——但是，就算我们承认这的确是事实的话，那也不能说这一情况在这些区域不算严重。正像托尼所指出的，有人可能会辩解说，城市人口越来越拥挤对于英国并没有任何影响，因为如果按照人头来均分的话，照这个国家的面积，每一个英国人可以分到大约1.5英亩的土地。“50个庄园中的每一个庄园都有一个佃农流离失所，与一个庄园就驱逐了50个佃农相比，所得到的统计结果是毫无二致的。”但是，其社会结果却是不一样的。最后，那个时代的政治和社会动乱一定有一个真实的基础。“政府决不会只是因为一时兴起而跳起来触犯权贵阶层，同样，民众也不会仅仅因为权贵阶层强行把农田变成了畜牧地而发动暴乱。”②

---

① Tawney，*Agrarian Problem*，150. 在英语的使用中，“farmer”通常指的是那些租赁土地的农场主或者是那些租赁并根据自己的财力情况雇用或者不雇用其他劳动力来耕种一小块土地的人。用它来指称土地的拥有者的情况极为罕见。参见 *Shorter Oxford English Dictionary*，*s. v.*“*farmer*”。

② Tawney，*Agrarian Problem*，264－265，224.

很显然，在过去，土地完全遵循耕种方法的传统规则，而现在大量土地开始逐步变成由个人来支配和使用。与此同时，农业的商品化，意味着封建领主转变为地主，前者往坏里说是一个无法无天的暴君，往好里说也不过就是一个专横的家长，而后者这个所谓的地主则更像是个不断攫取领地上各种物质资源的精明的生意人，双眼只盯着利润和效率。①这种现象在16世纪算不上是什么新鲜事儿，也没有像在内战之后以及在18世纪和19世纪早期那么广泛，而且并不只是局限于地主，也普遍存在于处于相对上层地位的农民中。

这些人就是自耕农，这一阶级界限有些模糊，其上端慢慢地融入了小绅士阶层，而下端则流落为贫苦农民。②尽管绝不能由此断定自耕农全部都是不动产保有者，或者他们已经拥有了现代意义的土地私有财产权，但是他们快速地向着这个方向行进，一路上卸下了所背负的各种封建义务。③从经济上来说，他们是一群“野心勃勃的、激进的小资本家，深刻地意识到自己并没有足够的剩余资源可以承担更大的风险，很明白开源节流对个人收益的重要性，但是仍然不放弃任何一个提高收益的机会，不管机会来自哪里”。④他们可能拥有25到200英亩的耕地和大到五六百英亩的牧地。尽管那些大型的牧羊农场主可以很轻松地降低单件成本并从羊毛交易中获得更多利润，但是实际上大多数的放牧者仍然主要是自耕农以及相对不那么富裕的农民。⑤对于自耕农来说，种植可供出售的谷物同样也是一个主要的收入来源。其中靠近伦敦或者其他发展中的城镇居住的农民，还有那些能够接触到水路运输的农民，显然比其他农民有着更大的优势。⑥

---

① Tawney, *Agrarian Problem*, 217, 191 - 193.
② Campbell, *English Yeoman*, 23 - 27.
③ Campbell, *English Yeoman*, ChapIV.
④ Campbell, *English Yeoman*, 104.
⑤ Campbell, *English Yeoman*, 102, 197 - 203; Bowden, *Wool Trade*, XV, 2.
⑥ Campbell, *English Yeoman*, 179, 184, 192。

自耕农是“农民圈地运动”背后最主要的力量。这种由自耕农推动的圈地运动主要是针对那些用来耕种的田地的，他们与由贵族牧场主开展的圈地运动有着很大的不同。其圈地所采用的主要形式是蚕食废物堆积地、共同拥有的土地，甚至连邻居的以及那些忽视了保护自己权利的地主的土地也不放过。在其他一些时候，农民圈地运动通过达成共同的协议来进行，不再采用原先条块分割的方式，而是将大家的土地整合在一起。在自身条件允许的情况下，这些自耕农同样也渴望突破传统农业的常规做法，尝试全新的农业技术以提高收益。①

从比较研究的角度来看，16 世纪的自耕农看起来很像 19 世纪末甚至是后革命时期的俄国富农，只不过与后者相比，前者所处的环境更有利于个体经营。自耕农通常被看成是英国历史上的英雄，而富农则同时被保守分子和社会主义分子两方视为俄国历史的恶棍，这种态度上的反差深刻地揭示了这两个社会本身及其现代化路径的差异。

推动农业资本主义浪潮的力量和反对旧秩序的斗争的主要胜利者中，都有自耕农的身影，但其中更多的是土地贵族。跟过去一样，这一过程的主要牺牲者是普通农民。造成这样的结果，其原因并不像很多当代人所认为的那样，在于英国农民有着异乎寻常的固执和保守心态，或者纯粹是因为他们过于无知和愚蠢，一味地固守资本主义以及个人主义意识形成之前的老习惯。毫无疑问，他们对旧传统的坚守也起了一定的作用，但是在这一事件中，就像在我们研究过程中会遇到的很多其他事件中一样，我们必须要寻找他们坚守旧传统的原因。其实，要找出其间的原因相对来说还是容易的。在中世纪，英国与世界其他地区一样，其农业制度让每一个农民都拥有若干狭小的土地，这些土地位置分散形状不一，彼此之间没有围栏，是开放的。收割之

---

① Campbell, *English Yeoman*, 87 - 91, 170, 173. 同时参见 Tawney, *Agrarian Problem*, 161 - 166。

后，其他人就在这些土地上放牧牛群，因此收割要集中在一段相同的时间内，这种按周期运作的农业就或多或少地需要进行协作。这种情况下，当然允许有一些个人视情况而随机应变的余地存在，①但是人们希望通力合作的需求仍然很强，因此这样的合作就很容易固定下来，成为习俗和惯例，这也是通常用来解决各种纷争的最简单的方法。尽管有时每一个季节都会重新安排土地的使用方式，但是，很明显这是一项过于麻烦的工作。农民们显然更关心如何让公地给他们提供额外的肥料和烧材。更概括地说，由于英国庄园主有保护农民的习惯，英国农民已经为自己争取到了一个相对令人羡慕的地位，因此，农民很自然地寻求习俗和传统的保护，希望它们能像堤坝一样抵御这场对他们自己毫无好处的资本主义洪水的侵袭。②

尽管农民时不时地能够得到一些来自国王的帮助，但是这一堤坝仍然不可避免地开始崩塌了。用今天的语言来说，是羊把人吃了。农民被从土地上赶走，耕地和可耕公地被当成牧场。在过去能够养活很多人的土地上放牧羊群，单靠一个牧羊人就足够了。③要想精确地对这些变化进行衡量是不可能的，但是变化无疑是巨大的。正如托尼本人小心地指出的那样，与堤坝被内战摧垮了之后汹涌而入的洪水相比，16 世纪冲入的大水只能算是涓涓细流罢了。

因此，在英国，最终促使一个现代世俗社会形成的主要力量是乡村和城镇里的商人。与法国的情形构成反差的是，这些英国商人主要是通过自身的力量，而不是依赖皇家家长式的庇护。当然，很多时候会有人乐意与国王合作，因为可以得到丰厚的回报。但是，当内战日益临近，富裕的城镇市民开始逐步转向，认为贵族垄断即使算不上是

① Campbell， *English Yeoman*，176 - 178，引用了 G. E. Fussell 关于早期农业运作方式的研究。

② Tawney， *Agrarian Problem*， 126，128，130 - 132.

③ Tawney， *Agrarian Problem*， 232，237，240 - 241，257.

对生产力的束缚，至少也阻碍了他们自身愿望的实现。①伊丽莎白和斯图亚特王朝②时期的头两个国王确实也做了不少努力，试图减轻这些社会发展趋势给农民和城镇贫苦大众带来的影响。大量农民被迫流离失所，这逐渐开始威胁到原先良好的社会秩序，并开始此起彼伏地引发暴动。③一位严谨的历史学者称这个时期的皇室政策为“间歇性的善意施放”。在十一年暴政期间，查理一世④撤销了议会，完全依靠斯特拉福德和劳德进行统治，他们开始加强了向农民们施放善意的努力。一些诸如刑事法庭和债权法院之类的皇家法院确实保护了农民，使其不会因为圈地而被驱逐出去。⑤

在试图推行这些政策时，国王并没有通过罚款大肆敛财。因为强制推行各种政策已经超出了国王的能力。与法国君主不同的是，英国的国王未能建立起可以在农村贯彻自己意志的有效的行政和司法机构。真正在乡村维持秩序的通常是绅士阶层，他们正是国王的保护性政策所打击的对象。因此，国王政策的主要后果就是惹怒了这群人，他们高举起“每个人都有权利随意处置自己私有财产”这面大旗，而

---

① 关于与法国的对比，参见 Nef，*Industry and Government*。关于对那些拥有特许经营权的企业的冲击，参见 Lipson，*Economic History*，II，Iviii-Iix。

② 1371 年至 1714 年间统治苏格兰，1603－1649 年、1660－1714 年间统治英格兰和爱尔兰的王朝。——译者

③ 很显然，农民暴动并没有受到太多人的关注。Tawney 可能是夸大了它们与圈地运动之间的关联度。我目前能够找到的最好的资料就是 Semenov 的 *Ogorazhivaniya*，277，284，287－291，300－304，307，309，321，324，327，349。截止到 16 世纪的资料，所提供的证据如下。农民参与的三次主要暴动是：1）1536－1537 年间的“求恩巡礼”，主要是农民和地主一起参与的一次反封建贵族运动；2）1549 年发生在经济上相对落后的德文郡和康沃尔的暴动；以及 3）同一年诺福克地区的暴动，有证据表明这一次确实是与圈地运动相关的。Trevor-Roper 的“Gentry”的第 40 页认为，1607 年在英格兰中部爆发的农民暴动是“英国历史上最后一次纯粹意义上的农民起义”，正是在那次起义中出现了平等派和掘土派的说法，这次起义显然是直接针对圈地运动的。

④ Charles Ⅰ，1600—1649，英格兰、苏格兰与爱尔兰国王，与西班牙、法国进行战争，压迫清教徒、打击国会、挑起内战，1649 年被处死，是英国历史上唯一一位被公开处死的国王。——译者

⑤ Lipson，*Economic History*，II，Ixv，404－405；James，*Social Problems*，79，241－243.

且坚信这么做是有利于整个社会的。皇家的策略反而让城乡有商业化意识的群体联合起来，形成一股紧密的反抗国王的力量。①在农业领域，斯图亚特的农业政策绝对是失败的，该政策加速了内战的到来。这场内战是“个人权利与将宗教裁决权作为最后依靠的皇家权威之间”的冲突。②至此，究竟谁的个人权利处于危险境地应该是比较清楚的了——当然不是仍然占英国人口绝大多数的农民大众的个人权利。

2. 内战时期的农业状况

鉴于这样一个大致的背景，似乎没有什么理由去怀疑这样一个论断：反对国王、反对皇家维持旧秩序的主要力量是那些具有商业化意识的土地贵族和自耕农，其中后者的力量比前者要弱一些，所以才有下面这个导致了内战的重要因素出现(尽管不是唯一的)。16 世纪和 17 世纪城镇商业的发展在英国农村已经形成了一个农产品市场，从而开启了一个推动农村向商业和资本主义农业发展的进程。商业影响力的侵入形成了一种新情况，而且变得越来越普遍，面对这种情况，农民和地主中的不同群体(他们当中没有任何一个群体与其他群体或者城镇群体具有显著的差别)分别采用了不同的适应方式，其取得的成功程度也有所不同。那些拥有头衔的贵族向来喜好到处炫耀，也有着不少宫廷关系，因此总的来说不太可能转变，当然也有一些贵族在尽力适应。③农村主体中大多数具有进取精神的成员成功地适应了新的形

① 参见 Manning，“Nobles”的精彩分析，Aston，ed，*Crisis in Europe*，247 – 269，esp 252，263。

② James，*Social Policy*，80.

③ Tawney，“Rise of the Gentry”。关于这一点，请参见 Stone，*Crisis of the Aristocracy*，Chap IV，特别是第 163 页对此进行的极为全面彻底的研究，本书撰写之时它刚刚出版。作者总结说，在英国的财富开始急速上升的时候，贵族们的份额开始急剧下降，因此可以说是他们的相对经济地位而非绝对经济地位的变化才是最为关键的。

势，他们主要是那些数量庞大但是相对分散的人群，其社会地位一般来说比贵族低一点，但是比自耕农要高，换句话说，就是那些绅士阶层。这些绅士阶层所获得的成功并不完全是由农业活动带来的。这些能够放眼未来的绅士一般都与城镇市民中的上层或者是资产阶级（大家都能接受的狭义概念下的资产阶级）有着千丝万缕的个人关系和商业往来。①当时，决定了英国农村社会结构改变的历史趋势的是作为一个阶级的绅士阶层。从绅士阶层和土地贵族的经济类型、社会结构和相应观念之间的反差来看，当时存在着一种"不同经济类型之间的对立，这种对立与其说是社会性的，更不如说是区域性的。有很多绅士停滞不前或者走下坡路。倒是经常能够发现有不少贵族地主还挺能顺应潮流，并且最大程度地利用好自己的财产"。②"停滞不前"的通常就是那些相对来说无力改善土地的经营状况，同时又缺乏能够为自己谋取利益的商业或者政府关系的绅士。这些"怒火中烧、怨气冲天的人"可能转而支持克伦威尔③和清教徒革命并成为其一部分激进的推动力，尽管这一推动力的更主要力量来自更为底层的社会。④因而，在商业和部分工业的影响之下，英国社会自上而下地开始分解，使得因为工商业的发展而积聚起来的极端不满情绪突然爆发。就像我

① Tawney, "Rise of the Gentry", 176, 187 - 188.

② Tawney, "Rise of the Gentry", 186. Tawney 的成就在于引导大家认识到并开始把注意力转移到关注英国社会的结构变化上去，尽管他的论断所依赖的统计基础是他最容易被人攻击的地方。他可能夸大了那些艰难应付新情况的有头衔的贵族和那些因此而得益的绅士阶级的数量。参见 Cooper, "Counting of Manors", 377 - 389，对 Tawney 所进行的统计流程的评论，以及本书附录对统计数据的解析。

③ Oliver Cromwell, 1599 - 1658，英国政治家、军事家、宗教领袖。17 世纪英国资产阶级革命中，资产阶级新贵族集团的代表人物。——译者

④ 参见 Trevor-Roper, "Gentry", 8, 16, 24, 26, 31, 34, 38, 40, 42, 51。尽管他的论点也不是牢不可破的，但是 Trevor-Roper 给大家提供了大量的证据指出克伦威尔的军队里那些"小绅士"们带来的巨大影响。参见 Yule, *Independents*, 48 - 50, 52, 56, 61, 65, 79, 81，特别是第80 页对 Trevor-Roper 观点的修正，认为军队里相对独立的军官主要来自小绅士群体。Zagorin, "Social Interpretation", 381, 383, 385, 387 对 Trevor-Roper 的观点进行了尖锐的批评。

们随后将会看到的那样，类似的事件发展进程也是其他诸如法国、俄国和中国等现代革命的大致特征。在这一进程中，旧有秩序被打破，那些受到长期经济发展趋势影响而走投无路的社会阶层开始揭竿而起，在摧毁旧制度的暴力行动中承担了所有的“脏活累活”，为新制度的建立扫清了道路。

在英国，这种类型的脏活累活中，最主要的就是砍下查理一世脑袋这一象征性的举动。要求惩治国王的首要需求来自军队。公众对军队的影响力是很大的。军人们更多来自绅士以下的社会阶层，基本上就是自耕农和农民。①处决查理一世的时候，克伦威尔和他的手下官员已经成功地控制住了公众。事实上他们不得不使用武力迫使议会通过处决令。即使是那样，也有很多人(49 个议员)拒绝对国王进行审判；59 个议员在死亡判决书上签了字。有不少迹象表明，认同弑君的人当中，相当一部分是贫穷的绅士，而拒绝审判国王的人当中有不少是富裕绅士。但是，这两个群体很多时候相互交叉；机械的社会学分析无法精确地筛选出当时的政治情绪。②不难想象的是，君主立宪制可能会以另外一种方式出现。但是，查理一世的命运对后来者来说无疑是一个令人胆战心惊的警示。后来的英国国王中再也没有谁敢于坚决维护皇家专制制度了。克伦威尔后来试图建立独裁统治也不过就是希望在此次事变后还能把一切重新整合起来而已，因此并不能与法国大革命时期的半独裁统治相提并论，因为后者对旧制度的摧毁是很明显的。在其他国家的革命进程中承担了脏活累活的农民和城市平民，在英国内战中并没有出现在历史舞台上，除了参与了一些简短而重要的象征性行动以外。

有很多因素将同一社会阶层中主张现代化的人和主张维护传统的

---

① Firth, *Cromwell's Army*, 346－360.

② 参见 Yule, *Independents*, 129 的表格。

人联系在一起，其中包括一种共同的对底层社会也就是“劣等人”的恐惧。这些联结因素有助于解释为何在这一次革命中，各阶级之间的结盟从来就不甚清晰。查理一世极尽能事地向绅士们献殷勤，有证据表明他确实曾经获得了很大程度上的成功。①尽管斯图亚特王朝对圈地运动持反对态度，但是有这么多富裕绅士还是颇为支持皇家事务，这其实也并不奇怪。在面对是否应该推翻国王和教会这两个维持社会秩序最主要的支柱的抉择时人们很难期望那些有钱人仍然能够保持内心的平静。最终他们会用一种更符合他们自己利益的新形式欢迎两者的归来。在紧随英国清教徒革命之后，在其他三个地方发生的大革命以及美国内战之中，人们也同样表现出了对旧有秩序保护财产权的模棱两可态度。在另一方面，起义领导人所推行的政策是非常清晰、直截了当的。他们反对国王和来自底层的激进分子对地主财产权的干涉。1641 年 7 月，长期议会废除了星室法庭②这个皇家用来对付圈地运动的最主要武器，同时也是皇家专制政权的主要象征。克伦威尔和他的同伴以果断的决心和技巧化解了来自军队内部、平等派③和掘土派④的威胁。⑤

清教徒革命始终都并没有被激化成上层阶级和下层阶级之间界限分明的斗争，在此起作用的因素有很多。这种斗争会牵扯经济、宗教和宪法问题。没有足够的令人信服的证据表明这些问题同时发生的可能性有多大，也就是说清教徒主义的社会基础仍然有待分析。但是，

---

① Zagorin，“Social Interpretation”，390，收集了相关的证据。另参见 Hardacre，*Royalists*，5－6。

② 15 至 17 世纪英国最高司法机构。1487 年英王亨利七世创设，因该法庭设立在威斯敏斯特王宫中一座屋顶饰有星形图案的大厅中，故名。——译者

③ 英国资产阶级革命中的激进民主派，代表小资产阶级利益，主张社会改革、实行普选、建立共和，后被克伦威尔镇压。——译者

④ 17 世纪英国资产阶级革命期间产生的代表无地和少地农民的空想共产主义派别主张平均分配土地，后被克伦威尔镇压。——译者

⑤ 参见 James，*Social Policy*，117－128。

有不少迹象表明后来人们对于这些问题的认识不断清晰起来。随着各种戏剧性的革命事件的发生，人们开始面临那些他们无法再控制住而且也无法预见其意义的事件，简而言之，随着革命的两极化进程的进进退退，无论贵贱，很多人都开始感觉自己正处于一个极为可怕的处境，要想做出决定非常困难。对个人的忠诚时常让人们背离他们参与革命的初衷，不管他们对自己的初衷清楚还是不清楚。

在经济方面，内战并没有造成土地财产从一个群体或者阶层向另一个群体或阶层的大规模转移(在这一点上，托尼的看法可以说是错误的)。英国内战对土地所有权的影响可能比法国大革命更少，关于后者，现代研究已经证实了托克维尔的论断，他认为农民阶层拥有财产先于法国大革命，他们所获得的财产并不是来自出售大革命期间的流亡贵族资产。在英国，议会方面长期缺乏足够的资金，因此会通过直接管理保皇党们的庄园以及干脆直接没收他们的财产来提供战争军费。同时，那些帮助保皇党派系的人则千方百计回购这些庄园，结果就是为自己的敌人提供大笔钱财。就这样，大部分庄园资产都物归原主了。有一个研究提到发生在英国东南部的交易，该研究的作者本来的题目比这个更宽泛，其研究表明截止到王政复辟①，共和政府所出售的财产的3/4被主人追溯。而在1660年前，只有不到1/4的财产物归原主。在王政复辟之后，国王和教会的人不能再保有自己的财产，不过作者在这一点上并没有提供任何统计数据。②

但是，光是提出这一证据并不能否认清教徒革命是一场革命。在法律和社会关系这些领域里，清教徒革命所造成的影响是非常深远的。随着星室法庭的消失，农民丧失了能够阻挡圈地运动进一步发展的最主要保护伞。在克伦威尔当政时期，尤其是在大将军管辖下的后

① 1660年，经历了一段无王时期后，查理二世成为英国国王。——译者

② Thirsk, “Restoration Land Settlement”, 323, 326-327.

期，政府也做了不少努力来控制圈地运动的影响。但是，这已经是最后一次努力了。①尽管人们在一定程度上会怀疑这些支持革命的绅士阶层的社会特征，但是最终他们赢得了胜利这一点是确定无疑的。“随着王政复辟，圈地者开始变本加厉”，当然刚开始时大家可能尚未感受到其全部影响。②内战通过摧垮国王的权力为圈地地主扫清了主要的障碍，同时为“地主委员会”最终统治英国做好了准备。“地主委员会”这个名称对18世纪的议会来说可能是一个过于坦率的称谓，但这一称谓还是相对精确的。

反对给内战贴上资产阶级革命标签的批评者是正确的，他们强调当时的冲突并没有使得资产阶级最终夺取政治权力。就像我们接下来将会看到的那样，乡村的上层阶级始终保持着对政治机器的有力操控，这一点不仅仅是在18世纪，甚至在1832年颁布了修正法之后仍是如此。但是，如果考虑到社会生活的现实情况，那么这个观点又有些无关紧要。早在内战之前，资本主义的影响已经渗透并且改变了大多数的农村。圈地地主和资产阶级之间的联结是如此紧密，以至于在当时错综复杂的家族圈子中很难判断某一个人是如何发家、如何衰落的。对于一个由议会民主和资本主义结成的联盟来说，斗争的结果是一场巨大的胜利，尽管这一胜利并不彻底。就像一个现代历史学者所指出的那样，“贵族秩序得到了保全，不过是以一种新的形态，因为现在是以金钱而不再是出身作为其基础的。议会自身则变成了土地资本家的工具。整个国家现在开始坚定不移地追求着辉格党③和托利党④

---

① James, *Social Policy*, 118, 120, 122, 124.

② James, *Social Policy*, 343.

③ 英国辉格党产生于17世纪末，代表工商业主及金融家的利益。辉格是Whig的音译，原指苏格兰强盗，后指顽固长老，是托利党对其党派的贬称。19世纪中叶演变为英国自由党。——译者

④ 产生于17世纪末，代表土地贵族和高级教士的利益，托利（Tory），原指爱尔兰“歹徒”（即反英游击队），系辉格党对其党派的贬称。19世纪中叶演变为英国保守党。——译者

以及他们的关系户和同盟者的利益”。①

为了更好地理解内战成果的重要性，有必要从细节中抽身出来，从大历史角度进行考察。资本主义社会所宣称的原则是，运用私有财产实现个人利益不应受到限制，辅以市场机制，必然会使社会整体的财富和福利不断增加。在英国，这样的精神是通过“合法”和“和平”的方式逐步取胜的，但是在18世纪和19世纪早期，可能给农村和城镇带去了比内战本身更多的暴力和苦痛。尽管推动资本主义的原初动力最早可能来自中世纪时期的城镇，但是资本主义在农村的发展和城镇一样迅猛，原因是农村从城镇那里获得了源源不断的后备力量，使得摧毁旧秩序的熊熊烈火蔓延到整个农村。资本主义和议会民主原则与英国内战期间被取代的原则是直接对立的，这些被取代的原则包括：在政治方面，依靠宗教力量维护统治权威；在经济方面，为消费而生产而不该为个人赢利而生产。没有17世纪资本主义和议会民主这些原则的胜利，很难想象英国社会怎么能够在18和19世纪和平地实现现代化——从某种程度来说它确实算得上一个和平的进程。

3. 圈地运动及其对农民阶级的破坏

在建立一个相对自由的社会的过程中，革命暴力所作出的贡献可能与和平改革一样，事实上在英国，革命暴力也确实奏响了一场和平改革的序曲。但是，并非所有带来历史影响的暴力都是采取革命形式的。很多暴力也可能是在合法的框架下发生的，甚至是一种与西方立宪民主道路并行不悖的合法框架。内战之后产生并一直延续到维多利亚时代②早期的圈地运动就属于这种情况。

---

① Zagorin, *English Revolution*, 681.

② 时限为1837年至1901年，即维多利亚女王的统治时期英国工业革命和大英帝国的顶峰。——译者

半个世纪之前，有许多学者把18世纪的圈地运动视为几乎万能的土地贵族用来摧毁英国自主农民阶层的主要工具。①后期的学者逐渐耐心地驳斥了这一论断。时至今日，除了有些马克思主义者之外，恐怕已经很少有历史学者愿意接受这个观点了。毫无疑问，过去这种解释在细节上有错误，也会让人们对一些会影响到其核心观点的证据产生怀疑。但是，这些早期的学者紧紧地抓住下面一点不放，他们认为圈地运动对农民来说已经是最后一击了，它彻底摧毁了英国农民社会的整体结构(这一结构在传统乡村中体现得最为明显)。但事实上，在现代研究中，已经不再有人持这一观点了。

就像我们已经看到的那样，早在内战爆发之前，农民社会就已经遭到了冲击。战争本身消灭了国王，而国王是农民在反对土地贵族侵吞土地方面的最后一个保护伞。尽管都铎和斯图亚特时期的官僚统治并不是很有效，但是这种统治至少有时还在试图阻挡一下土地贵族对农民的侵害。在经历过这场地震的最后几次震动——王政复辟和1688年光荣革命②——之后，到18世纪，英国最终开始实施议会统治。尽管国王绝不可能只是一个摆设，但是他并没有试图干涉圈地运动的进一步推进。议会也不仅仅是一个地主委员会而已；由于郡县制度的腐化，城市的商业利益群体在议会中找到了一些间接的代表。③而农民直接接触到的当地政府甚至比以前更牢固地被操控在绅士和贵族手里。随着18世纪的发展，教区(其中15 000个左右的教区构成了英国的政体)的公共商业交易不再公开进行，最终使得那些可能在中世纪出

---

① 请参见经典著述：Hammonds，*Village Labourer*；Cf Johnson，*Disappearance*。

② 1688年，英国资产阶级和新贵族发动的推翻詹姆斯二世的统治、防止天主教复辟的非暴力政变。这场革命未有流血，因此历史学家将其称之为“光荣革命”，君主立宪制政体即起源于这次革命。——译者

③ Namier，*England*，4，22，25.

现过的英国政体中的大众化和民主化特征丧失殆尽。①

此外，正是议会最终操控着整个圈地运动的进程。表面上，地主根据议会推行的法令来进行的圈地程序是公开和民主的。但实质上，是那些庞大的财产拥有者在全盘掌控整个圈地进程。因此在批准圈地计划之前，议会就需要获得“3/4 到 4/5”的赞成票。但是，赞同票究竟是什么呢？答案显然指的是财产量而非人数。选举权不是数出来的，而是称出来的。一个拥有更多资产的人的决定权可以远远超过由许多小财主和村民组成的一整个社区。②

18 世纪大地主在政治和经济上的优越地位，事实上应该部分归因于早在内战之前就已经呈现出来的一些趋势，其中最主要的就是各地贵族拥有的权威，以及各地都缺乏约束这种权威的强有力的官僚机制，即使在都铎和斯图亚特王朝时期也一样。内战本身的结果大大加强了土地贵族的地位，这与法国大革命的结果形成强烈的反差。有些情况下已经能够找到一些证据表明，在清教徒革命过程中，土地财产的分配相对来说变化甚微。③所有在 1640 年居住在北安普顿郡和贝德福德郡的大家族在一个世纪后仍然居住在那里，只有极少数例外。④

---

① Hammond and Hammond, *Village Labourer*, 16－17; Johnson, *Disappearance*, 132.

② Hammond and Hammond, *Village Labourer*, 49－50. 紧接其后的一个研究批驳 Hammonds 过于着眼于议会在进行圈地时所体现出来的腐败和偏向。参见 Tate 的 “Members of Parliament”, 74, 75。Tate 研究了所有他能找到的记录，从中发现议会成员聚焦在一起申请对诺丁汉郡的一个区域进行圈地。在 365 个案例中，70% 是这样的情况。“*看起来并没有太多必要怀疑，因为他们偏向于他们所关心的个人利益而导致有太多的不公平情况发生，除非是在一个阶级分明的社会中，当一个阶层的成员有权针对那些在社会阶层中占据不同地位的人们的谋生手段和财产进行立法的时候，在某种程度上才必然会发生不公平现象。*”（斜体字的强调是后加的）Tate 进一步评述：“由地主组成的议会在考虑如何保证有地农民的利益时有可能会表现出一定的偏向，这就像如果议会是由煤矿工人组成的，那么他们也定然会考虑煤矿主继续存在的必要性一样。”那么读者应该已经发现他其实是自相矛盾的。

③ 参见 Thirsk 在上文引用的研究。

④ Habakkuk, “English Landownership”, 4.

英国土地贵族由于很早就适应了商业世界，甚至已经发展成为引领大家向新世纪迈进的领头人，因而并没有被商业世界的巨大冲击所卷走。尽管与伊丽莎白和斯图亚特王朝早期相比，18 世纪的资产阶级和土地贵族之间的关联开始相对减少，但是仍然保持着紧密的联系。①正像刘易斯·纳米尔（Lewis Namier）爵士所观察到的那样，18 世纪的英国，其统治阶层并不是一些“平均地权主义者”，与同时期的德国不同，他们所创造的文明既不是城市文明也不是农村文明。英国的统治阶层住在自己土地上的宅第里，并没有住在壁垒森严的城堡里，也没有住在领地庄园里，也不像在意大利那样住在小镇的宫殿里。②

历史学者们有个共识，那就是从 1688 年到拿破仑战争末尾的那个时代可以称得上是大地主产业的黄金时期。在一些重要的农村区域，大地主占据了大量的土地，有时候会损害到一些小绅士们的利益，但受到最明显伤害的还是农民。没有人会跳起来否认圈地运动总体上的重要意义，或者否认由于大地主们不断侵吞这些土地而使无数的农民丧失了使用农村公地的权利这一事实。这个时代，农业技术得到改进，例如农村开始大量使用肥料，耕种新品种农作物，并且采纳了作物轮种法。如果受限于原先的共同耕种的原则，那么就无法在所有的田地上推行新的耕作技术，因为对于小农场主甚至是略好一些的农场主来说，他们很难筹集到使用这些新技术所需要的资金。毫无疑问，农场规模的扩大，其背后的动力在于农场主希望获得更高的利润，付出更低的成本。③

那时候的人们因为意识到这些优势而激动不已，当然可能是有些

---

① Habakkuk, “English Landownership”, 17.

② Namier, *England*, 16, 13; Goodwin, ed, *European Nobility*, Chap 1, Habakkuk 对英国的描述。

③ Mingay, “Size of Farms”, 480.

过于激动了。这些农村资本家和城镇里的资本家一样，总是宣称他们自己在获得大量个人财富的同时也给社会创造了利益，以此来为自己给他人带来的痛苦进行辩护，这一点事实上与所有的现代革命者如出一辙。如果不去考虑这些所谓的能够给社会带来利益的概念以及这些概念确实具有一定的合理性，那么我们就不可能理解圈地运动为什么如此残酷。①

我在这里提及农村资本家时似乎是把他视为一个人，事实上他是两个人：大地主和大承租农场主。大地主属于贵族阶层，他从不亲手劳作，尽管他总是时刻关注自己的进账，但一般都是指派自己的管家来进行具体的管理。在处理政府公文之前，沃尔波尔②总是先看一下管家给他准备的账目。对于这一阶段的资本主义农业运作发展来说，大地主的贡献主要就是体现在法律和政治方面；通常来说，具体的圈地都是由大地主一手操纵的。那些缺乏足够仆从种地的大地主们通常会把自己的土地租赁给大承租农场主，后者中有不少会使用雇工。在18世纪稍早时期，土地拥有人就“很清楚所谓好的产业就是那些能够承租200英亩以上土地的大农场主们所承租的产业，这些大农场主能够定期支付租金并且负责维护耕地。在这一阶段，整合所拥有的资产、圈地和用年租来替代终生租赁，这三种最重要的改善农业收成的方法，都可以算作达到这一目的的工具，而且在实践中，这三种方法可以以多种形式组合使用”③。大承租农场主在经济上作出了很大的贡献。地主承担沉重的赋税负担（承租人处于强有力的地位，能够迫使

① 对被牺牲者虽然有着一定的同情，但Hammonds还是坚持认为：“按照小农场主们的迟钝粗野的习性来调整自己的步伐简直令人气愤，因为这些小农场主已经习惯了简单传统的常规，对于各种陌生的建议总是抱着怀疑态度。”参见*Village Labourer*，36。

② Robert Walpole，1676－1745，英国政治家，英国第一财政大臣（1721－1742），辉格党领袖。——译者

③ Habakkuk，“English Landownership”，15. Cf Namier，*England*，15.

地主这样做），但也很少会给承租人提供任何运营资本。①当然，承租人也并没有期待地主能够给他们提供运营资本。但是，根据一个近代历史学者的判断，恰恰是这些大承租人和富裕的个人资产拥有者，而不是那些被追捧的少数“有进取心的地主”，才是农业发展的真正先驱。②

我们并不十分清楚这些最迅速、最彻底的变化发生的时间跨度到底有多长。但是，看上去最有可能的是，到 1760 年，圈地运动已经积聚起相当大的能量。在拿破仑战争时期，圈地运动以最快的速度迅猛发展，但是到 1832 年之后就基本停滞了，只是那时英国农村已经变得面目全非了。粮食价格不断上升，无法获得足够的劳动力，这两个主要因素吸引（或强迫）地主不断增加土地拥有量并且更加合理地耕种土地。③

因此，在英国的绝大部分地区，大型产业变得越来越庞大，并且越来越多地开始遵循商业化的运作规律，这一切最终摧毁了中世纪以来形成的农民社区。尽管不能完全确定，但很有可能的是，18 世纪和 19 世纪早期议会所推行的那轮圈地运动浪潮只不过是让早就已经开始

---

① Habakkuk, “English Landownership”, 14.

② 参见 Mingay, “Size of Farms”, 479, 472, 主要是引用了 Arthur Young 的 *Tours*。在其他地方，Mingay 引用大量证据表明那些大地主在经济上并不是非常先进的，他们通常主要是通过一些有利的联姻来增加自己的财富，并占用公共基金。推进农业耕种技术的改进的动力主要来自“公众意见领袖、乡村绅士、所有者和大型租赁农场的农场主”。参见 Mingay, *Landed Society*, Chap III 和 166, 171。他同样认为（第 179 页）土地所有者们对经济发展所作出的最主要贡献就是圈地运动。

③ 参见 Ashton, *Economic History*, 40 以及 239 页关于1704 -1800 年间的大麦价格的表格；Deane and Cole, *British Economic Growth*, 94, 提供了一张表格展示出1719 - 1835 年间议会圈地法案批准的年度圈地数量（它本身只是一个关于农民数量和受到影响的土地面积的粗略的显示）；Gonner, *Common Land*, 197；Levy, *Large and Small Holdings*, 10, 14, 16, 18, 19。如果希望看到不同的观点，请参见 Johnson, *Diappearance*, 87, 136。同样可以注意到 Chambers 的评论，“Enclosure and Labor Supply”, 325, note 3。过去有观点认为小土地所有者的消失远在 1760 年前，其部分根据来自土地税收记录（就像 Johnson 在上文引用过的）。但是 Mingay 对依赖这些数据提出了异议，参见他的“Land Tax Assessments”, 381 - 388。

的对农民财产的侵吞变得合法而已。①从其他国家的经验中，我们发现商业对农民社区的入侵通常会造成土地集中到少数人手中的倾向。在英国，至少早在16世纪，就已经能觉察到这样的倾向。在受圈地运动冲击最厉害的中心区域，在该村庄根据议会法令进行圈地之前，村庄里农民拥有的土地中，70%就已经被圈走了。到1765年，在工业化发展迅猛的区域，只有30%的家庭仍然拥有土地。剩下的都是没有土地的劳动力、缝制工和小商贩。70%以上的小农拥有少于1/5的土地，而10%左右位居顶端的特殊家庭则拥有3/5的土地。②在那些18世纪中期之后最容易被圈地的地区，类似的情况已经很普遍了。为了找到那些受到影响的地区，我们可以找一张英国地图来看看，如果把这张地图上已经有公地被圈起来的郡县用阴影表示出来，那么我们就能看出事实上已经有超过一半的农村被圈了地。受到圈地运动影响的这一地区中也许有一半(主要是在英格兰中部地区，还包括一块向北延伸的狭长地带)受到的冲击是最为严重的，该地区农民的土地有1/3到一半甚至更多都被圈走了。③

通常社会在发生巨变的过程中，受变化伤害的人的命运是很难被察觉到的。在圈地运动进程中，有财产需要捍卫的人通常来说总是会比那些没有财产的人更有能力经受住冲击。即使是在那种情况下，许多小业主们仍然会因为圈地运动而遭受到巨大的伤害，再加上他们需

---

① 参见Mingay，*Landed Society*，99，180－181，184，186。如果这个结论是正确的话，那么Hammonds的主要失误就在于他过多地强调了议会推行的圈地运动。与我的观点相比较，Mingay缩小了圈地运动的艰难程度和覆盖范围。参见他的*Landed Society*，96－99，179－186，268－269。

② Hoskins，*Midland Peasant*，217，219，226－227.

③ 参见Clapham，*Economic History*，I，20关于18－19世纪被圈走的公地的地图。这张地图是基于Gonner的*Common Land*，最早出现在1912年，并且使用的是早期的研究结论，因此其统计数据可能会受到大家的质疑。

要为扎篱笆和挖沟渠支付成本，因而被置于岌岌可危的境地。①自身财产权非常脆弱的人以及基本上没有什么财产的人都未能出现在历史记录中，那是因为他们根本就没有需要捍卫的财产。“这些无地或者近乎无地的劳动力与那些因为土地合并而无法生存的小租地者才是圈地运动的真正牺牲者，除非人们能够时刻把他们记在心中，否则他们也会因为不被统计在列而成为牺牲者。”②早在圈地运动之前，这些底层群体的经济和法律地位就有所不同。大多数贫苦家庭——例如租赁田地的村民——通常会拥有一座小房子，有权耕种一些零散的田地，或者也可能拥有一头牛、一头猪或者几只鹅等等。人和家畜通常还是能够勉强度日的，这其中多半是因为他们有权使用公地。对于这些村民，特别是对那些只能依赖惯例而不享有法定权利使用公地的劳动力来说，丢失了这种权利也就意味着灾难。“法定的所有者把实际上归众人所有的公共用地都剥夺过来归自己独用，这意味着，当初那张隔离不断壮大的劳动力队伍与彻底的无产阶级的帷幕已经被撕开了。毋庸置疑的是，这张帷幕很薄很脆弱，但毕竟是真实存在的，一旦被彻底夺走，而且还不提供任何替代，那就预示着这些劳动力除了通过高强度的劳动外将无法获得任何收益。”③那些地位最低下的农村底层人群就这样被甩在一边，要么成为不断壮大的农村劳动力队伍中的一员，有时被驱遣着在圈地时帮着扎篱笆、挖沟渠、铺道路，有时还得去干那些尚不能进行高效率机械化操作的农活，要么逃往瘟疫流行的城镇，加入贫苦的工人阶级队伍。现代学者总是倾向于认为，那些被剥夺了土地所有权的村民和无地的劳动力通常会继续待在土地

---

① Gonner, *Common Land*, 201－202, 367－369; Hoskins, *Midland Peasant*, 260.

② Chambers, “Enclosure and Labor Supply”, 326－327; Hoskins, *Midland Peasant*, 268.

③ Chambers, “Enclosure and Labor Supply”, 336.

上，而只有剩下来的“实在无法吸收的多余的”那些劳动力和村民才会最终成为工业劳动力。①但总的来说，只有年轻人、未婚者或者是乡村手工业者才愿意背井离乡，而且也只有这些人才有可能被新的工业雇主所接纳。至于那些已经年长的拖家带口的人，则很难像前者那样接受新的培训，而且他们也不太容易彻底脱离乡村生活。他们继续留在土地上，不得不求助于属于他们的“最后的权利”——乞求救济。②在莱斯特郡的一个村庄里，“就像是在成千上万英格兰中部和南部的其他教区一样”，公地被圈，共有权利被剥夺，加上市场对现金的需求，使得需要救济的贫穷人数稳步上升，到 1832 年“乡村里接近一半的家庭是依靠固定的济贫基金为生的，接受不定期救济的家庭则更多”。在前一个世纪，这些家庭都曾经是自给自足的小农场主，或者是还不至于那么困窘的村民，他们可以通过公地经济来维持日常生计。③在公地制度运作相对较好、基本能够满足大家需要的地区，存在着一定程度的乡村经济平等的基础，并能够支撑起以劳动分工为基础的社会关系网络，这实际上就是一种乡村社会。在乡村社会相对较为强盛的过去，农民为保证自己的权利进行过激烈的斗争，并取得了一些成功。在 18 世纪，一些小农场主们由于受到圈地运动和商业的最后冲击，丧失了任何抵抗和反击的能力。④从此，公地消失了，新经济制度在乡村取得了胜利，旧有的农民社区最终解体了，这一切似乎是再清楚不过的了。⑤

---

① 例如，参见 Chambers，“Enclosure and Labor Supply”，332－333，336。

② Thompson，*Making of the Working Class*，222－223.

③ Hoskins，*Midland Peasant*，269－270.

④ Ashton，*Economic History*，36 强调说：“……如果有很多人被驱逐，那么他们是不太可能静悄悄地消失的。但是，并没有任何关于这个时候的农民起义的记录，哪怕是一些带来一定影响的区域斗争的记录也没有。人口的流失过程是自然发生的。”关于 1830 年最后一次农民暴动，请见 Hammond and Hammond，*Village Labourer*，chaps XI，XII。

⑤ Hoskins，*Midland Peasant*，249－250，254－255.

整体地回顾一下圈地运动，同时参考现代的研究结果，可以清楚地看到，圈地运动与工业的兴起极大地增强了大地主阶层的势力，摧毁了英国农民阶级的根基，使后者无法再参与英国的政治生活。就我们讨论的问题而言，归根结蒂，这一点是决定性的。此外，对于那些“剩余的”农民来说，讨论来自城镇或者工厂的拉力与走出农村世界的推力相比哪个更重要，这似乎没有什么意义。不管是哪种情况，与传统的乡村社区生活相比，这些剩余农民最终的结果不是屈辱就是苦难。导致这一结局的，是长期以来存在的暴力和胁迫行为，而且这种行为主要是在法律和秩序的框架下发生的，尽管最终形成了一个更为坚实的基础从而使民主制度得以建立，但是我们绝对不能因为这一点就无视上层阶级对下层阶级大规模地采取暴力这一事实。

4. 资本主义的胜利与贵族统治

19 世纪本身是一个和平转变的时代，这一时期议会民主站稳了脚跟，不断创新，树立了一个又一个先例。在检视农业变化在这个过程中究竟起了什么样的作用之前，最好简短地停顿一下，思索一下 17 世纪和 18 世纪的两次暴力行动（第一次是公开的、革命的，第二次是合法的、更为隐蔽的）究竟是如何为 19 世纪的和平改革铺平了道路。割裂两者之间的联系就是篡改历史；而断定这种联系在某种程度上是必需的、不可避免的，则是试图用过去来为当下提供正当理由，因此都是不可取的。社会历史学者们可以做的无非就是指出社会结构变化中一种或然性的联系。

也许，一次暴力革命的最重要的历史遗产就是以牺牲国王为代价来巩固议会的力量。议会是一个灵活的制度，该制度一方面搭建了一个舞台，使得新的社会阶层为了满足自身不断增长的愿望而进入这个舞台，另一方面又形成了一种机制，用来和平地解决这些社会阶层之间的利益冲突。如果说通过内战而形成的议会过去主要是那些具有商业头脑的土地贵族利用的工具的话，那么现在它不止于此，就像经验将显示的那样，它能够承载更多。这一阶层已经形成了一个经济基础，使其敢于在内战之前卷入针对国王的暴力对抗，这一事实与议会力量的加强之间有着密切的关系。当我们将英国与其他那些议会力量并没有得到发展的国家各自的发展进程放在一起进行比较的时候，这一点显现得更为清晰。那些土地贵族（包括绅士和贵族）在生活中表现出的强烈的商业特征也意味着，当时并没有太多贵族群体对工业自身的进步坚定不移地加以反对。尽管有不少属于他们群体的成员表达出许多相反的情绪，但是公平地说，在土地贵族中最具影响力的那一部分扮演的是在政治上为商业和工业资本主义保驾护航的角色。在19世纪，他们以新的方式继续这样做。

另一个主要后果是对农民阶级的破坏。这一点对和平的民主变革所带来的影响并不亚于议会力量的加强，尽管这一结论有些残酷无情，但是其根据却是有力的。这意味着在英国，不存在像德国、日本和印度那样强大的反动和保守力量，因而其现代化取得了进展。当然，它也意味着以俄国和中国方式发生农民革命的可能性在英国的历史进程中被剔除了。

在18世纪末期和19世纪初期，议会民主的胜利并不是必然的。事实上，当时关于议会和民主究竟意味着什么，或者未来的社会将会怎样，大多数人只不过有一些非常模糊的概念而已。18世纪的商业已经取得了显著的进步，已经开始显现出土地利益相关群体与商业利益相关群体之间冲突的迹象。商业利益相关群体中有影响力的人试图推动激进的对外政策以获得更多的原材料和市场，而绅士阶层则退缩了，因为他们意识到在这个土地赋税是国家收入主要来源的时代，自己也需要缴付更高的赋税。与此同时，也有人开始激进地呼吁要重新检视英国过时的社会结构，尤其是腐化的议会。关于18世纪的政治就是一群小团体在进行无谓争斗的这种陈词滥调显然是大错特错的。尽管英国因失去了美国这个殖民地而宣称自己处于革命行动的边缘有些夸大其词，但是这时候新社会新文明与旧社会旧文明之间的对立所产生的问题，与17世纪所面临的问题并没有什么两样，只不过是在新时代转换了形式而已。①

法国大革命的爆发终止了所有改革的希望。更具体地说，一旦法国大革命结束了其温和阶段，在这一阶段路易十六逃往瓦雷纳，后又重新被捕，这撕碎了人们对自由前景的“幻觉面纱”，此后大革命开始进入激进阶段，曾经同情该革命的英国人发现自己的处境变得越来越尴尬。小皮特②不再宣称所谓的改革，英国开始进入一个压制期，一直持续到拿破仑战争结束之后。它的根本特征是，城镇和乡村里的上层阶级，在爱国和保守的口号下拉近了距离，共同反对法国的激进主义和暴政，抵御可能危及到他们特权的任何威胁。③要不是因为滑铁卢战争结束了革命和军事专制的威胁的话，英国是不太可能在19世纪重新走上（尽管步伐有些缓慢）政治和社会改革的道路，这一道路在18世纪末期曾经被放弃过。英国的和平的民主发展道路的先决条件之一是欧洲大陆政权不会给英国带来任何威胁。

为了深入理解这一反动的阶段为什么相对来说比较简短，以及一个旨在追求自由的社会运动为何能够在19世纪重新开始，我们有必要

---

① Plumb, *England*, 132. 这一精彩的调查清楚地展示了地主阶级和商业利益阶层之间的冲突。关于大庄园主和小绅士、农场主以及城市中产阶级之间的利益冲突，请参见 Mingay, *Landed Society*, 260－262, 265。他同时也强调，后者的不满在美国独立战争时到达了顶峰。

② William Pitt the younger, 1759－1806，曾任英国首相，领导英国对抗法国。——译者

③ 这里发生的一切很像美国在1945年后对共产主义扩张的反应。革命敌人模棱两可的特征是相同的，社会中统治阶层对这种模棱两可性的利用也是相同的，最初支持国外革命的人因希望破灭而产生的醒悟和沮丧也是相同的。在后面的章节，在与其他反动运动类型的关联中，我会试图更全面地讨论这一阶段。

了解一下地主阶层以外的人群。在世纪之交，地主阶级的经济和政治力量都达到了顶峰，他们接下来要做的无非就是防御和让步了，对于这一点，我们比较容易理解， 因为他们被侵蚀的过程是很缓慢的，其经济基础仍然很坚固。在这里使用一些陈词滥调的说法容易造成误解。尽管城镇里的资本主义影响力在“上升”，但是至少在很长的一段时间内土地贵族的影响力并没有“下降”。到拿破仑战争结束的时候，城镇里的更为现代的资本家们已经依靠自身的经济成就获得了强大的力量，这一成就，正如一些现代历史学家所强调的那样，其背后有着很长一段历史。地主的领导替资本家们铺平了大部分的资本主义发展道路。19 世纪英国资本家并不必依赖一个普鲁士王国及其容克贵族①来实现国家的统一，他们打破内部的贸易壁垒，确立了统一的法律体系以及现代货币和工业化进程中的其他先决条件。政治秩序开始合理化，不久就建立了一个现代国家。作为第一个全面实现资本主义的资产阶级，他们靠国家给予的些微帮助将全球的大部分区域转化成为他们的贸易区域。由于拿破仑战争，英国工业资本主义有过一段短暂的封闭阶段，但在此之后就通过和平的方式向外扩张，获取外国资源，在 19 世纪把英国变成整个世界的工厂。至于资本家的其他一些任务，例如对劳动力的进一步训练，英国的工业巨头在国家或者土地贵族们给予的帮助极少的基础上就能轻松完成。他们不得不这样做，因为英国的国家镇压机器相对薄弱，这要归因于内战的后果，归因于君主制的演进，归因于对海军而非陆军的依赖。结果，与普鲁士不同的是，由于不存在一个由陆军和官僚体制支撑的强有力的君主制，议会民主的发展比较容易。

与此同时，拥有土地的绅士和比他们社会阶层略高的人牢牢地掌控了政治权力。他们占据了内阁的席位，垄断了农村地区的代表权，

---

① 德语 Junker 一词的音译，原指无骑士称号的贵族子弟，后泛指普鲁士贵族和大地主。——译者

还以城镇的代表身份参与议会。在地方上，他们拥有很大的影响力。就像最近一个历史学者指出的那样，旧统治阶级在19世纪中期仍然牢牢地操控着一切。“在相当大的程度上，政治制度仍然是贵族和绅士阶层们尤其是那些大产业世袭者的手中玩物。”这一制度的核心圈可能都不超过1 200人。①

在另一方面，他们在利用这些杠杆时，也受到了来自其他阶级的强烈挑战。过多地关注绅士和贵族在政治机构中的地位的牢固程度，可能会让大家对他们所拥有的权力造成错误的印象。②1832年通过的修正法案尽管赋予了工业资本家选举权，却让那些最为热情的资产阶级拥护者感到失望，也让那些最为激烈的资产阶级反对者暂时减轻了一些恐惧，不过该法案的通过意味着资产阶级已经显露出其锋芒。③1846年谷物法④的废除，也是如此。虽然土地贵族并没有遭受任何灾难，但是他们认识到了其权力的局限。

同样，面对1838年到1848这十年间发生的宪章运动⑤，英国政府

---

① Clark, *Victorian England*, 209－210, 214, 222.

② Thompson, *Landed Society*, 273－280意识到了这一事实，并且为1830年后的关系特征提供了翔实的论据。可惜的是，这一极为优秀的研究成果出版得太晚，因此我已经不能更好地利用它的发现，它提供了比我在本书中所给出的关于19世纪的发展的简单概要更为详尽的描述。

③ 这一法案的最终推行，其背后的领导力量主要就是辉格党中的土地贵族，他们同时也与伦敦市的“有产利益阶层”有着特定的家族和小团体关系，并且还代表了那些工业大省的制造业群体的利益。他们无所畏惧，充满贵族精神，时刻准备接受各种改革以避免面对更恶劣的挑战，例如发生在1830年的法国革命。他们并不反对在必要的时候借助于武力。内务大臣墨尔本爵士就是这一领导力量的代表，他无情地镇压了1830年乡村劳动力参与的暴动：9个工党分子被吊死，457人被流放，更多的则被判入狱。他拒绝采纳那些可以缓和危急状态的正面措施。因此，辉格党领导人明确地表示出为确保财产权而维护英国安全这样的一个意图。参见Briggs, *Age of Improvement*, Chap V, esp 237, 239, 249－250，关于反对改革的力量的分析；还可参见Cecil爵士撰写的文笔流畅、耐人寻味的传记*Melbourne*。

④ 指英国1815年制定的限制谷物进口的法律，规定国产谷物平均价达到或超过某种限度时方可进口，目的是维护土地贵族的利益。——译者

⑤ 19世纪30－40年代英国发生的争取政治权利的工人运动，工人们要求取得普选权，以便有机会参与国家的管理。——译者

并没有推行任何强硬的反动政策。不能否认的是当时的保守派政府在维多利亚女王和威灵顿公爵的鼓动下，动用了军队，私拆私人信件以获得情报，并且审判了秘密组织的首领——尽管陪审团宽以待之。保守派政府还利用这一机会对当时的激进媒体发起了攻击。在这个阶段的开始和结束时执掌政权的辉格党更加宽松。内政大臣约翰·罗素爵士甚至不准许对1838年秋天召开的宪章运动会议进行干涉。除了几个比较短暂的时期，政府并没有太关注宪章运动分子。罗素的私人文件中只有一次提到了该运动。唯一一次的流血冲突是在一次暴乱中，有22个宪章运动分子被打死，不过具有讽刺意味的是，这一事件发生之前没几天，身为辉格党人的英国总检察官曾经吹嘘说可以“不流一滴血”地平息该运动。①

由于宪章运动确实呈现出了一种强烈的暴力倾向，因此可以说它是对自由原则的重大考验。统治阶级之所以对它采取相对温和的处理方法，原因有三方面。首先，当时有一股强烈的舆论，倾向于采取措施来缓和民众的不满，反对使用暴力。这种舆论反过来可以一直追溯到英国过往的历史经验，至少可以一直追溯到清教徒革命。罗素是一个教条主义的辉格党人，他一贯主张自由，极力捍卫人们谈论政治问题的自由，使其免受侵犯。②其次，在任何情况下，英国都缺少强有力的镇压机器。第三，旨在改善穷人状况的法律陆续颁布，加上经济情况的好转，使得宪章运动在发展成真正严重的威胁之前就丧失了动力。

在19世纪前半期甚至包括后来，这样的情况与同时代(以及后来)德国的情况形成了鲜明的对比，后者的资产阶级力量要微弱得多，得仰仗土地贵族来帮助他们对抗民众的不满，推行现代化进程中必不可少的政治和经济措施。而在一定程度上，英国的地主阶级与资产阶级

① Mather, “Government and Chartists”, 375-376, 383, 393-398.
② Mather, “Government and Chartists”, 374.

争相获取民众的支持。1840 年后，地主阶级在有关工厂的法律中找到了一种回击制造业主对谷物法的攻击的渠道，尽管制造业主中间也有不少开明人士支持缩短工时。①

因此，强烈反对民主发展的观点在 19 世纪英国土地贵族群体中从来就不是主流。②在德国，曾经发生过议会中的保守派代表们一同起立为奥尔堡 · 雅努绍先生发出的号令鼓掌欢呼的事情，他说："普鲁士国王和德国皇帝必须能够永远这样命令任何一个军官：'赶紧去找 10 个士兵来，把国会给干掉！'"在英国历史上，我们是不可能找到类似的保守势力的。③

19 世纪的英国不同于发生上述情景的德国的原因之一是，英国的绅士和贵族与德国的容克贵族不同，前者借助政治力量来支持其摇摆不定的经济地位的愿望并不强烈。即使是谷物法的废除也并没有像有些人预测的那样带来严重的影响。要说有什么影响的话，就是 1850 年以后的农业状况反而比以前更好了，农产品价格持续上涨。经营者努力利用几十年来取得巨大进步的农业技术，产业管理也越来越带有资本主义商业企业经营的特征。当然，农业的产业管理和资本主义商业企业经营还是存在不少差异的。在上层阶级中，寻找一些管家来负责统管各种日常事务是司空见惯的做法。地主阶级通过这种方式获得了足够的空闲时间来参与体育、文化和政治活动，而管家的任务则具有了许多专业的特征。当然，主要还是大地主在进行决策和承担责任，至于管家则负责管理一些日常琐事。绅士阶层尤其需要在自己管理还是把各种事务委托给城镇里的律师之间作出选择，这些律师通常并不了解农业的经营方式，因而有些绅士会认为律师就是靠牺牲地主的利

① Woodward, *Age of Reform*, 142.

② 关于其中有什么，可能在 Turberville 的 *House of Lords*, esp chaps XI－XIII 中找到。

③ Schorske, *German Social Democracy*, 168.

益而获得财富。①土地贵族分享着维多利亚时代的普遍进步，不断被资产阶级和资本家同化。与欧洲大陆相比，英国的土地贵族反对资本主义或民主发展的理由要少得多。

在19世纪，跟在更早的时期一样，富裕的贵族、绅士以及商业和专业人士中的上层群体之间的界线变得越来越模糊，越来越摇摆不定。②在多数个体案例中很难分清楚一个人到底属于这一类别还是另一个类别。这种困难以及人们在试图对英国阶级结构进行统计分析时所产生的迷惑感，本身就是关于英国阶级结构的一个最重要的事实。③

从数量角度看，在19世纪的英国和德国，商业和土地贵族之间的相互渗透可能并没有太大的不同。非常令人惊讶的是，甚至有一些统计证据表明这种渗透在普鲁士更为广泛。有一个研究人员宣称，他发现，1918年之前好多年，普鲁士下议院成员中平均有78%以上的人来自普通阶层和新晋贵族。而在另一方面，平民在外交和行政管理这两个德国关键的权力部门中所占的比例分别只有38%和43%。对1841年到1847年英国议会进行的一项研究表明，只有40%的成员与商业有关，余下的60%则与商业世界没有任何关系。④在如何正确地使用这些证据方面存在着许多棘手的技术问题。例如，不同国家的统计数据真的具有可比性吗？把英国议会里40%的人与商业有关和普鲁士下议

---

① Clark，*Victorian England*，216－217；Thompson，*Landed Society*，Chap VI，分析了不同的实践方法。

② 在18世纪晚期，有迹象表明在希望垄断地方政治权力的旧贵族和新的工业资本家之间已经有了一些较深的敌意。后来这些敌意得以和平解决。在另一方面，那些小商人们直到现在仍然被挡在绅士圈外。

③ 参见Clark，*Victorian England*，290－305，在附录中列举的Aydelotte关于1841年到1847年间担当议会成员的那些绅士所代表的商业利益的描述。

④ 关于德国方面，请参见von Preradovich，*Fuhrungsschichten*，164；关于英国，请参见Aydelotte在Clark，*Victorian England*，301中的描述。不幸的是，资料中并没有给出关于下议院的数据，如果有的话可能会在一定程度上改变这个印象。

院里78%的人来自平民放在一起进行比较合适吗？我对这样做是心存怀疑的，不过我也相信，即使技术问题能够得到解决，我们仍然无法获得任何有价值的进展。

对于社会流动性进行的定量研究只能使我们非常有限地了解社会机理及其运作机制。在19世纪的普鲁士，与贵族有关联的资产阶级成员通常会受到贵族的习惯和观念的影响。而在英国，情况恰恰相反。因此，即使我们在衡量流动性时找到一种技术上完美的方法，让我们能够对英国和普鲁士的社会融合程度进行完全相同的数字解读，我们如果据此认为这两个国家在这一方面是相似的，一定会犯下严重的错误。当统计数字被用来将社会渗透发生的整体的结构性情境从情况的本质中抽象出来的时候，这些统计数字可能把不够警觉的读者引入歧途。我觉得有必要在此强调这一点，因为现在统计方法变得非常时髦了。权力的拥有者在行使权力时不一定只考虑自己所代表的阶级的利益，尤其是面对不断变化的情况时。

英国的商业和工业精英群体也逐渐沾染上贵族的特质。1914年以前，甚至更早以前，所有关于英国的陈述都会给人留下这样一个强烈的印象：要炫耀自己显赫的政治和经济地位，就不得不在乡村拥有一座别墅和一片绵延的绿草地。但是，大约从19世纪70年代开始，土地资产越来越只成为地位的象征而不再是政治权力的基础。

美国内战的结束，蒸汽机轮船的兴起，使得美国能够把谷物运往欧洲，这是英国农业萧条的部分原因，而农业萧条极大地破坏了土地贵族的经济基础。[①]同样的情况大致也发生在德国，在这里对照德国的情况来考察英国是很有帮助的。在德国，那些容克贵族能够利用国家政权来维持其地位，并与德国其他地方的农民小业主们一起形成一

① Thompson, *Landed Society*, 308－318, 分析了此次危机对于土地阶层的不同部分所造成的不同冲击。

个统一的农业战线。德国从来就没有类似英国的废除谷物法那样的经历。

相反，德国领先的工业力量实现了钢铁和黑麦之间的联姻(在1902年关税推行时到达了顶峰)，还获得了他们期待的海军建设项目。由容克贵族、农民和工业利益群体组成的这一联合政府，是围绕着帝国主义和反动计划而建立起来的，给德国的民主带来了灾难性的结果。在19世纪晚期的英国，并没有出现类似的结合。英国的帝国主义政策的历史是很漫长的。对英国来说，帝国主义是自由贸易政策的替代性选择，也许甚至只是其附属物，而不是由发达资本主义而引发的一个全新的社会现象。①为了解决农业问题，1874－1879年的保守派政府推行了一些缓和性的措施；从1880年开始，自由派要么听任事态自由发展，要么主动地攻击农业利益群体。②从总体上来看，农业被放任自流，也就是说，可以体面地自杀，所得到的不过是人们几滴虚伪的眼泪而已。要不是因为这时英国的上层阶级大多数已经不再从事农业生产了，是不可能允许这种情况发生的。整个国家的经济基础已经转移到工业和贸易上来了。迪斯累里和他的继任者们显示，保守主义的民众基础通过一些改革能够在民主的背景下得以维护和持续。当然，就像劳合·乔治③通过1909年预算对土地贵族进行攻击以及由此而造成的宪制危机那样，在英国此类斗争依然存在。到这个时候，尽管还有人表示不满，但是农业问题和对土地贵族的权力的质疑已经不再占据主要地位，它彻底让位于新的问题，即如何找到将工业领域的劳动者整合进民主共识中去的方式。

回首19世纪，究竟是什么因素使得英国在走向民主的进程中脱颖

① 参见Gallagher and Robinson所撰写的精彩论著，“Imperialism of Free Trade”，1－15。

② Clark，*Victorian England*，247－249.

③ Lloyd George，David，1863－1945，英国首相。——译者

而出？我们已经提到过那些从充满暴力的历史中沿袭下来的因素了：一个相对强大而且独立的议会，一个拥有自身经济基础的商业和工业利益群体，一个不算严重的农民问题。其他一些因素是19世纪本身所特有的。土地贵族在一个快速发展的工业资本主义情境下进行治理，在与其他阶层争取民众支持的同时吸收新鲜力量，有时通过审时度势的让步避免了重大的失败。推行这种政策的前提条件是国家不存在任何强大的镇压机器。而这一切之所以变得可能，是因为英国统治阶层的经济地位慢慢地被削弱了，而且在这个过程中他们采取了一种全新的方式使自己能够不费力气地从一种经济基础转移到另一种经济基础。最后，之所以能够推行这种既有必要性又有可行性的政策，是因为英国拥有一批具有影响力的领导人，他们能够精准及时地看清问题，并有效地解决问题。我们绝对不该否认稳健睿智的政治家们的历史作用。但是，仍然有必要理解他们所处的历史环境，这一环境在很大程度上是由那些同样睿智但行为激烈的政治家们所创造的。

第二章

法国的演变和革命

1. 与英国的差异及其根源

决定英国社会民主发展的因素有三个：一是拥有土地的绅士和贵族阶层脱离国王获得了独立，二是这一阶层为了应对那些拥有强大经济基础并在发展壮大的贸易和制造业阶层而将农业商品化，三是英国最终解决了农民问题。法国社会则是通过一条不同的路径进入现代世界的。法国的贵族阶层，或者确切地讲，这一阶级中占主导地位的群体，并没有想方设法获取高度的独立，而是变成了国王的附庸。尽管在18世纪的后半叶，这一趋势发生了逆转，但是最终的结果却是贵族统治的终结。与英国土地贵族转而采取商业化的农业运作方式有所不同的是，法国波旁王朝[①]的贵族阶层则不断压迫农民，巧取豪夺。在法国大革命发生之前以及之后，我们看到有些区域的农民财产逐渐被剥夺并集中到了贵族手中。与英国相比，法国的商业和制造业是比较落后的。从16世纪起一直到18世纪，旧有政权下的法国社会，所有主要的结构性变量和历史趋势都与英国截然不同。我在本章试图解开的一个谜团是，在这种情况下，英国和法国19世纪和20世纪的最终政治结果为何会出现相似性。如果没有法国大革命，两国之间就不可能出现任何相似性，因此法国大革命就成为我们探讨的核心议题。

不同于18世纪的英国贵族，法国贵族主要依靠从农民那里剥削财物来维持自己的生活。这一差异的起源可以追溯到迷雾一般的法国早期历史，因此对于一个业余的历史爱好者来说，试图深究这一起源是不明智的，因为即使是伟大的法国历史学家马克·布洛克②都没有对此给出一个明确的解释。到14世纪晚期以及15世纪，上述差异的许多基本特征已经开始显现：法国庄园主的领地的面积是比较小的，他们较少关注其耕种。庄园主们把自己领地的一部分拿出来，分成小块划拨给农民以获取一部分收入，这样自己的领地似乎就缩小了。如果有可能，庄园主倾向于把领地整块地出租，很多时候其租约条款写明他希望将来某一天仍然能够收回自己的领地，但这并不总是能够如愿的。贵族通常在远方打仗，而且在土地上耕种的劳动力很难找。至少对于很多人来说，最佳的解决方案似乎是尽可能地将种地的负担甩给愿意管理大片土地的佃农，或者直接甩给农民。③法国的贵族很早就已经开始通过严格的法律规定来争取一种更为明确的法定地位。④

法国贵族拥有可能不那么清晰但非常确定的法定地位，同时他们对农民上缴的租金具有很强的依赖性，这两大特征将在随后的历史发展中把法国贵族与英国绅士阶层区别开来。随着城镇的不断壮大，早期农民有可能找到其他的谋生手段，因此多数人利用城镇对农村劳动力不断增长的需求摆脱了奴役。到大革命时期，农民已经拥有了事实上的个人财产权。⑤

在历史进程中发生的一些变化也使上述情形得以持续。就像我们

---

① 一个自1589年起在欧洲历史上曾断断续续地统治法国、西班牙、那不勒斯的跨国王朝。——译者

② Marc Bloch，1886－1944，开启了年鉴学派，一生的学术成就集中在对中古封建制度的研究上。——译者

③ Duby，*Economie rurale*，II，572－599；Bloch，*Histoire rurale*，I，95－105. Duby的描述比Bloch的要晚了30年，两者基本接近（尽管前者更为详尽），除了他把这一主要趋势推后了一个半世纪。

④ Bloch，“Passé de la noblesse”，366.

⑤ Bloch，*Histoire rurale*，I，120－121；See，*Histoire economique*，I，125，129，关于农奴解放；Lefebvre，*Etudes*，251。

刚刚看到的那样，由农奴负责对大块领地进行耕作的制度至少在14世纪晚期就开始有所变化。在中世纪末期以及现代早期，尤其是在16世纪，不断增加的金银供应量抬高了物价，有迹象表明贵族的收入开始出现危机。佩剑贵族①中的绝大部分都损失惨重。他们丧失了经济基础，从而使得国王及其手下能臣得以轻而易举地扩展王室权威，这一过程在路易十四②漫长的统治时期达到了顶峰。当然，贵族们并没有因此而坐以待毙。面对遭遇到的各种灾难，很多人都试图寻找出路，有人不再充当收租人，而是开始重建自己的领地。③但是总的来说，他们缺乏从事羊毛贸易的经济基础，而在英国，贵族们所拥有的经济基础则使他们能够推行羊毛贸易政策。

相比于处于困境的贵族，那些在城镇中积累了大量财富并开始从贵族那里获取土地的资产阶级群体在一定程度上获得了更大的成功。这一过程从15世纪开始，一直持续到18世纪。城市财富的涌入导致了庄园地产的重组。在法国的部分地区，由于土地的新主人开始生活在自己的庄园中，管理地产，更看重其盈利性，从而产生了与英国相似的状况。但是，这仅仅是一种表面上的相似而已。在17世纪乃至后期的法国，土地获得的利润不是来自在市场上出售产品，而仍然是来自农民交付的租金。正像布洛克所观察到的那样，从大型庄园领地上获得的财富来自一系列零散的土地单元的小额租金，有些甚至是实物。尽管收租这一任务更多情况下是委托给某个中间人的，但是要获得成功，仍然需要进行管理，而且需要的是小心谨慎、事无巨细甚至诡计多端的管理方式。④

---

① 顾名思义就是以宝剑为国王服务的贵族，这些人大多是家世显赫的传统大贵族，拥有深厚的家族背景与强大的地方势力，多在军中任职。——译者

② 自号太阳王，是法国波旁王朝著名的国王，1643年至1715年在位。——译者

③ 除了Duby，*Economie rurale*；还可参见Sée，*Histoire économique*，I，93；以及主要参见Bloch，*Histoire rurale*，I，107，111－112，134－135，150－153。

④ Bloch，*Histoire rurale*，I，142－143，145，149－150；II，169－170.

对于那些律师来说，上述情形再理想不过了，而且不论从哪个方面来看都是如此。官僚们在不断向外延展自己的势力时需要与旧贵族斗智斗勇，因而不得不借用律师的力量。而那些富裕资产阶级在拥有大量田地之后，也希望进入上层社会，要么通过王室赋予的贵族地位，要么通过购买官位。①尽管这些穿袍贵族②——只有路易十四才能够对他们不断表示出蓄意的蔑视——总是给国王招惹麻烦，但是他们在协助国王与地方主义以及旧佩剑贵族的斗争中，是国家专制主义的重要工具。由于王室官僚体制有很多地方可以加以利用，尤其是 18 世纪时，王室的控制力开始减弱，在王室官僚体制中浑水摸鱼，对于法国的富裕资产阶级具有更为强大的吸引力，从而也使得他们不太可能采用英国的方式来管理其庄园领地。

无论是在哪种情况下，在法国，土地向大庄园集中这样的“回归”趋势很有限，并不像英国或者德国东部地区那样普遍。乡村中的大部分土地仍然在农民手中。因此整体上来看，法国的土地制度仍是集中制（大庄园所有）和分散制（农民所有）共存。③法国并没有出现过广泛的圈地运动。总的来说，大领主更愿意维持从农民那里收取租金的现状，因为这样他们才能生存下去。④直到 18 世纪后半期，这种情形才开始改变。

佩剑贵族势力的衰落与国王权势的集中和扩展是同时发生的。在整个 16 世纪和随后的历史中，国王剥夺了贵族所拥有的众多法定职能，向他们征兵征税，干涉他们的事务，并且迫使他们听从最高法院的裁决。⑤到路易十四统治时期，这些贵族势力被大大削弱，他们不

---

① Göhring, *Feudalität*, 69－70.

② 一般多为文官，这些人用自己的大脑为王室服务，多在政府机关中任职，出身与背景也不是那么显赫，有些甚至是新封的贵族。——译者

③ Bloch, *Histoire rurale*, I, 154.

④ Sée, *Histoire économique*, I, 395.

⑤ Sée, *Histoire économique*, I, 83; Sagnac, *Société francaise*, I, 209.

是在凡尔赛养尊处优，就是在外省默默无闻。但是，这并不完全是真实的状况。为了确保万无一失，太阳王已经把这些人整治得不再具有任何危害性了，但是他也不得不为此付出一定的代价，而这些代价大多不利于王权的巩固。他给那些佩剑贵族在教会里安排了很好的位置，因为当时的教会收益颇丰，甚至比国家收入还多。但是，为了回报教会帮助他照顾好这一部分贵族，他不得不保护教会不受任何异端邪说的影响。①其中一个措施就是撤销了《南特敕令》②。王室的另一个巨大代价是战争。尽管路易十四已经把旧贵族从中央政府中赶了出去，但是却不得不把军队和教会交付给他们。③长期的战争一直是宫廷贵族热衷的话题，这有助于形成一种让贵族们效忠国王的氛围。④

很多贵族因为凡尔赛的炫耀性奢侈消费制度而倾家荡产。在外省，也出现了同样的情况，科尔贝⑤手下的监督官进行的调查研究揭示，当时贵族们的贫困状况是非常普遍的。⑥因此，这就很容易让我们把贵族专制制度和农业商品化的失败联系起来，从中可以看出这两个因素在很长一段时间内相互强化。一直到最近，历史学家还在描绘巴黎炫目的寄生式贵族生活方式，以及农村贵族在农业发展基本停滞的状况下逐渐腐化却仍然相当自傲的情形，所有这些描述都试图在解释法国大革命的背景和革命暴力造成了贵族制度的消亡。1960 年以来，美国学者罗伯特·福斯特（Robert Forster）发表的研究，则大大地扭转了人们的常规印象。他更为精确地找到了英国和法国农村现代化之间的结构性差异，为我们更好地理解法国大革命发生的背景和造成

---

① Sagnac, *Société francaise*, I, 32, 35.

② 法国国王亨利四世在 1598 年签署颁布的一条敕令。这条敕令承认了法国国内胡格诺教徒的信仰自由，并在法律上享有和公民同等的权利。——译者

③ Sagnac, *Société francaise*, I, 56.

④ Lavisse, ed, *Histoire de France*, VII, pt I, 383. 这一卷是由 Lavisse 亲自撰写的，尽管时代久远，但仍然是关于路易十四时期的法国社会最为发人深省的描述。

⑤ Colbert，路易十四的财政大臣。——译者

⑥ Lavisse, *Histoire*, VII, pt I, 377.

的影响提供了最有价值的帮助。由于农业商品化的作用对于当前这本书的总体论证是至关重要的，所以在此稍作停顿、更仔细地检视这一情形将是一个明智之举。

2. 贵族阶级对农业商品化的反应

对于17世纪后期和18世纪头10年来说，没有什么理由能够让我们对下面这一论题产生怀疑：与英国相比，在法国，不仅仅是贵族阶层，而且是社会各阶层推动农业商品化的动力都不足。当时法国所面临的农业核心问题和英国所面临的是一样的，那就是如何解决那些不耕种的人的吃饭问题。从谷物贸易中可以看出，大城市周边地区因应市场需要而进行农业生产的动力已经打破了农业死水一潭的状态。在那些地区，主要的受益者似乎是相对富裕的农民而不是土地贵族。存在农产品市场的区域通常不会超出少数几个大城市的周边地区以及边境上的某些出口集散地。除了巴黎的农产品供应是来自内地之外，大多数区域都是来自邻近地区。①

通常人们认为谷物问题所要解决的就是如何对来自有限区域的有限供给进行控制。少数几个大城市对市场化生产需求的拉动力主要体现在物资紧缺时期，但这发展到一定程度就会成为一种颠覆性的力量。②在17世纪后期和18世纪早期，有些地方(主要在巴黎附近)的商人及中介采取了一种新的方法，那就是搜遍整个农村，买下所有剩余谷物。这种做法激起了很大的愤恨，因为它扰乱了当地的物资供给，并与现行的惯例和法规背道而驰。③尽管那些富裕的庄园主通过租金形式得到谷物，然后委托城镇商人将之出手，但是通常来说，常

---

① Usher, *Grain Trade*, 该书中的封面地图体现的是1660－1710年间的情况。
② Usher, *Grain Trade*, 5, 11, 17.
③ Usher, *Grain Trade*, 20, 21, 25－26, 42－43, 101, 105－106.

规的做法是商人会直接从那些富裕的农民手中购买粮食，这种情况清楚地表明这些农民能直接跟贵族争夺有限的市场并取得成功。①在17世纪后期和18世纪早期，即使法国存在过有进取心的地主，并且能够以英国方式耕种土地，他们也未被历史学家们注意到。可能确实存在着几个这样的地主，但是显然不能说他们起了什么重要作用。18世纪时期，当商品化的吸引力变得越来越重要的时候，法国贵族们的应对方式显然是与英国完全不同的。

只考虑谷物贸易有可能给人留下一个错误的印象。葡萄酒也是一种商品，而且是一种非常重要的商品。事实上，葡萄酒对于18世纪的法国农业乃至整个法国社会来说，就像羊毛对于16和17世纪的英国农业和社会一样重要。一个喜欢用统计数据说话的学者就曾经计算过，法国旧有政权后期的一个普通年份所生产的葡萄酒就高达30亿升，这个数量用当时整个英国商船队来运送都运送不完。②让一个人喝下其一年内生产的所有葡萄酒，就像让一个人穿上自己生产的所有羊毛一样，都是不可能的。因此，种植葡萄或者饲养羊群都意味着不得不进入市场，都要依赖国王和宰相，都要试图去影响他们，让他们学会比优雅仪态、玩弄宝剑、赠送礼物和其他贵族生活方式更实际的商业方法和记账方式。但是，两者的相似之处仅此而已，而且这些相似之处也显得无足轻重。

葡萄酒贸易和羊群饲养的经济和政治影响具有很大的差异。著名的法国经济历史学家C. E. 拉布吕斯③既有高卢人的热诚又有美国式的统计狂热，试图用海量的统计数据证明葡萄酒贸易的一次长期不景气

① Usher, *Grain Trade*, 7, 8, 16, 87, 88, 91－93.

② Labrousse, *Crise de l'é conomie*, I, 208. 就我所知，在承诺要写的六个部分中只找到了两个部分。关于Labrousse的一些概论的证据并不在手边。

③ C. E. Labrousse, 1895－1988，专治社会和经济历史的法国著名历史学家。——译者

是导致法国经济总体上的落后状态和大革命爆发的一个决定性因素。在我看来，这一结论虽然咄咄逼人，但却不令人信服，它与工业落后之间的关联并没有建立起来。他做了两个大规模的研究，其中只有很小一部分是原初计划好的，而且他几乎把自己的研究完全局限于农业问题。说多喝葡萄酒有助于解决经济落后问题是一个令人愉快的冥想，但是拉布吕斯自己所推论出来的一些事实表明，对于18世纪的法国来说，这种前景是不现实的。按照他的估计，法国制造的葡萄酒中90%都是法国人自己消费掉的。法国到处都有葡萄酒生产地：在32个旧有政权的财政区中，只有北部和西北部的3个区是不产葡萄酒的地区。①交通闭塞、酒文化风靡全国以及基本上自产自销——所有这些事实都指向这样一个结论：大多数葡萄酒只是一些平常的酒而已，可能比现在的酒的品质还要低劣一些，根本不是什么赢利颇丰并可助经济一臂之力的奢侈品。

能够带来很高商业利润的葡萄酒似乎跟今天一样，产自法国同一些有限的地区。靠近水路、运输便利是18世纪波尔多港口一个巨大的优势。18世纪，葡萄酒为波尔多当地及其周围地区很富裕同时又很有商业意识的外省贵族提供了经济基础。葡萄转成了黄金，黄金又转成了许多迷人的形式各异的文化，从跳舞女郎到孟德斯鸠的《论法的精神》（这个声名卓著的哲学家不时地被冠以“葡萄酒行业的游说者”的称号，当然这一称号是现代人发明的）。②对于贵族自己来说，来自葡萄酒的利润到此为止，就像他们在波尔多所做的那样。葡萄酒业并不能做到像养羊那样，成为纺织业的基础。它也不能像大麦种植那样，为城市人口提供粮食。在任何情况下，改变的动力都是来自城市，而不是来自农村。农村所发生的一切主要是通过社会变化才体现

① Labrousse, *Crise de l'é conomie*, 586, 207.
② Forster, "Noble Wine Producers", 19, 25, 33.

出其重要性，而这些社会变化在工业发展的早期阶段大多数人口中可能已经蔓延，也可能尚未发生。

法国的葡萄酒生产在农民阶级中并没有像英国农业商品化那样带来大规模圈地运动之类的变化。葡萄种植业只是经济学家所谓的劳动密集型农业类型，尤其是在使用人工肥料之前的时代，它需要大量有相当技能的农民劳动力，在土地或设备方面所需的资本数量则相对较少。而英国的情形总的来说则完全相反。18 世纪法国农村社会可以令人满意地解决好劳动密集型的农业问题——当然是从贵族阶层的角度而不是从农民的角度来说的。出人意料的是，先进的葡萄酒生产区域和商业影响已经深度渗透的谷物种植区域在社会结构方面并不存在多少差异，因此在这里我们就略过细节问题。根本的差别非常简单：法国贵族迫使农民留在土地上，并且使用封建手段来榨取更多产品，然后在市场上出售这些产品。在葡萄酒领域，贵族们的法定特权变得特别有用，他们通过这些特权能够千方百计地阻止农民把葡萄酒弄到波尔多去，以免农民们的酒与来自贵族庄园的酒在那里展开竞争。小的葡萄种植者不得不将自己生产的葡萄酒直接出售给贵族庄园主，因为前者无权把葡萄酒带到城市去销售，而且也缺乏足够的资源作支撑，不能等到最有利的时机再出售葡萄酒。①

在 18 世纪的波尔多，只有穿袍贵族才能获得建立在葡萄酒基础上的丰厚利润，他们是一些法定的贵族，其来源主要是资产阶级，不过，对于法国 18 世纪的穿袍贵族世家这一整体来说，资产阶级的来源可能更多的是属于遥远的过去的事情。过去的军队贵族，也就是佩剑贵族，既不富裕也不张扬，他们似乎是波尔多地区 400 多个贵族家族中的绝大多数，其中只有少数在波尔多社会中出人头地，大多数则住在死气沉沉的城镇里或者附近地区，通常蜗居在被白杨树包围着或者

① Forster, “Noble Wine Producers”, 26.

深藏在乡村深处的庄园里。大约100英亩左右的大麦种植地和几百里弗尔①的贵族养老金给他们提供了既非艰苦又非富裕的生活，但极端地讲这种生活是很褊狭的。教区庄园主，其中很多是退休了的军官，每年收入不超过3000里弗尔，这样的收入以一个依靠葡萄园来保证生活富足的贵族标准来看几乎等于赤贫。②至少是在这一区域，旧有的军队贵族和新晋的穿袍贵族之间有着巨大的差异。在整个法国，一定有很多与这些教区庄园主的状况差不多的贵族。没有进取精神的贵族很可能占了多数——我怀疑是绝大多数——尽管没有可以导出这一观点的确切证据。当今天的一个社会学家觉察到这一对比时，有些问题几乎会自动地跳到他们的头脑中。是否存在一些法律和文化上的障碍阻止了佩剑贵族取得商业上的成功？这些障碍对于解释法国贵族的经济和政治特征或者解释一场伟大的革命如何压倒这些贵族是否具有重要的作用呢？

层层叠加的证据让我对这个问题给出了一个否定的答案。我认为，对于理解经济变革和政治变革之间的关联来说，这是一个错误的问题。马克思和韦伯都将其追随者——特别是那些一字一句都试图做到最科学的追随者——引到了对这些问题的完全错误的理解上，尽管他们在其他方面的贡献是极有价值的。不过，还是让我们先看一看证据吧。

文化和法律上的阻碍主要体现为贵族对商业和废止规则所持有的偏见，所谓废止规则是指任何贵族一旦参与了有失身份的职业就会丧失其贵族身份的规矩。关于废止的法令主要是针对城市商业和工业的。这一法令试图划清大规模批发业务和国际贸易活动（这是国王不顾第三等级的反对而积极鼓励的）与那些被禁止的小规模商业活动（例如

① 法国大革命前的本位币单位，1795年法郎正式代替里弗尔成为本位币。——译者
② Forster, "Noble Wine Producers", 19-21.

经营一个小零售店)之间的界线。在农业领域，1661 年更新的一个规定明确禁止贵族的耕作面积超过他的土地四犁即一只犁所能耕种的面积的 4 倍。①维护这些法令以及支持这些法令的公众舆论背后的主要力量是国王。但是，即使是在路易十四当政期间，这一方面的政策也是模棱两可、令人困惑的。国王希望拥有一批生活优越的贵族来充当自己的附庸，同时还能帮助他驯服民众，当他看到贵族贫困潦倒时还会深表关切。但是，国王并不希望看到这些贵族能够建立独立的经济基础从而获得挑战王权的能力。

鄙视通过耕种获得更多财富这一偏见可能更多地影响着那些最高级的贵族和不直接地受宫廷生活习俗影响的贵族。凡尔赛那种疯狂的奢靡生活远比看管奶牛和农民精彩得多，这种生活会让一个贵族因为对自己靴子上沾染上粪便并散发出臭味而感到无地自容。在另一方面，有不少贵族通过在西印度群岛耀武扬威地驱赶一批属于自己的黑人奴隶干活而获得了大量财富，并以此躲避国内的法令。然后，他们回到凡尔赛或者巴黎，继续过着花天酒地的宫廷生活。换句话说，对于高等贵族来说，成功的商业化耕种需要他们暂时地离开上流社会。②在 18 世纪的头 25 年里，公众对于那些低人一等的职业的偏见似乎还是非常强烈：卡雷③引用了一些那个时代的人的通信材料，其中包括一个公爵的故事，他曾经经营了一个专卖调料的商店，因此引发了那些调料企业的忌妒，后来这件事情变得人人皆知，街头小混混们跟在公爵身后喊道："他在床上拉屎！"④到了 18 世纪后期，一股强大的舆论潮流开始了反向流动，这有利于贵族的商业活动。英国以及英国人所做的每一件事，包括他们的农业实践，在法国上层社会中都

---

① Lavisse，*Histoire*，VII pt I，378；Carré，*Noblesse*，135－138.

② Carré *Noblesse*，140，149，152.

③ Henri Carré，1850－1939，法国历史学家。——译者

④ Carré，*Noblesse*，137－138.

变得非常流行，有一段时间甚至影响到了国家的政策。关于贵族经商的正当性问题的小册子满天飞。在这个过程中，逃避经商禁令的行为越来越普遍，许多贵族参与了商业经营，但是仍然隐藏在前台人员和中介的后面。①

所有这些事实都表明，在18世纪，文化和法律上的障碍已经变得不那么重要了。对于外省的贵族(这里我们主要对他们感兴趣)来说，这些障碍基本上就是一纸空文。正如当时一份小册子所指出的那样，当农村的贵族将他的大麦、葡萄酒、牛或者羊毛卖出去时，已经没有人会谴责他掉价了。②只要佩剑贵族有机会，或者也许我们可以说，只要面对这样做的诱惑，他们就不会拒绝通过经商来赚钱。在法国图卢兹附近，一个可以从大麦种植获取丰厚利润的区域，旧时代的贵族的习惯和观念也变得完全商业化了，与那些准资产阶级的穿袍贵族毫无二致。③关于这些外省贵族的整体状况，福斯特提出了如下的论断：

> 外省贵族绝不是一个乏味、单调和贫穷的农村绅士，更像是一个活跃、精明和富裕的地主。这些形容词显然不是指他们拥有一个鼓鼓囊囊的皮夹子，而是指他们对家族财富的一种态度，这种态度反映出的是“资产阶级”这个名词所隐含的节俭、自律和严格管理。④

这些证据清楚地表明，这种法规和偏见无法有效地阻止商业观念和商业行为在法国土地贵族群体中的传播。在这里我们找不到所谓法

① Carré, *Noblesse*, 141－142, 145－146.
② Carré, *Noblesse*, 142.
③ Forster, *Nobility of Toulouse*, 26－27.
④ Forster, “The Provincial Noble”, 683.

国农业相对而言落后于英国农业的任何解释。

那么当时法国农业真的很落后吗？福斯特前面所描绘的那种贵族究竟有多大程度的代表性呢？对于这一系列问题的答案，目前只能是暂定的。如果我们能够为农业商品化的渗透程度设定一些指数，并且在18世纪晚期的法国地图上描绘出渗透程度的差异的话，那么我们肯定能够发现相当一部分区域中的所谓的农业资本主义精神已经非常强烈了。完成这样一个任务将耗费大量的精力，就我们所提出的问题而言，付出大于回报。因为我们的问题主要是一个定性的问题，单靠统计数据并不能得以解决。

这里，问题并不限于一种新的心理态度是如何产生的以及其背后的原因究竟是什么。韦伯的追随者，特别是那些靠使用深奥抽象的术语来哗众取宠的人们，忽视了社会和政治情境在推动变革方面所起到的重要作用。问题并不仅仅在于法国的乡村贵族是否曾经尝试过有效地经营自己的农庄并向市场出售农产品，也不单是关于究竟有多少贵族已经形成了这样的观念。关键在于，通过这么做，法国的农村贵族是否以一种类似于发生了最激烈的圈地运动的英国所采取的方式改变了法国农村社会的结构。对于这个问题，答案简单而又明确。法国农村贵族并没有做到这一点。那些代表了法国农村商业发展先进性的贵族仍未停止从农民那里榨取更多的财物。

幸运的是，福斯特向我们展示了一项关于法国的一个区域即图卢兹教区贵族的详细研究。在这一教区，商业动力极为强大，面向市场的谷物种植是一种极好的贵族职业。他的描述使人得以精确地把握不断进步的英国绅士阶层和在商业化方面毫不逊色的法国绅士之间的相似性和差异性。

在法国南部和其他地方，也许比我们所认识到的更为广泛的地区，在市场上出售而种植谷物的动机是非常强烈的。都市和地方上的人口快速增长，带动该区域内谷物价格快速上涨。来自当地的政治压力大大促进了交通运输的改进，使人们可以向远离图卢兹的地区出售谷物，而且出售的数量就18世纪的标准来看也是巨大的。在所有这些方面，情形基本上是与英国相似的。正如我们已经觉察到的那样，图卢兹的贵族们，包括佩剑贵族和穿袍贵族在内，已经成功地适应了自己参与创造的环境，就像精神饱满的英国绅士一样。①然而图卢兹的收入中很大一部分还是来自地租。既然大部分的收入是朗格多克庄园的地租，而且既然这个区域主要是以农业为主的，那么资产阶级力量当然就比较薄弱，因此流入他们腰包的财富绝大部分还是来自大麦种植。②

在另一方面，图卢兹贵族为出售而耕种的方式完全不同于英国绅士阶层采用的方式。除了在16世纪因为开始用玉米代替大麦喂养家畜因而极大地提升了可以出售的大麦数量之外，没有任何重要的农业技术创新。农业继续按照旧的技术和社会框架进行运作，这种框架在中世纪就已经存在，基本上没有发生什么变化。可能是法国的地理因素、土壤和气候与英国存在很多差异，因此阻碍了这些变革的发生，③不过我认为其中的政治和社会因素更加重要。已经发生的一切，可以以粗略的纲要简单地表述如下：贵族们按照主流的社会和政治框架从农民那里榨取更多的谷物并予以出售。如果贵族们不能够获得并出售谷物，也不能平息农民因不情愿上缴谷物而进行的反抗，那么城镇居民就得不到任何食物。④

这种方式令人想起一个世纪之后在中国和日本有些地方所发生的那样，农民没有土地所有权，却要承担一系列的义务，使变身为商业

---

① Forster, *Nobility of Toulouse*, 47 - 48, 68 - 71. 除非是特别注明，否则所有与英国的对比都是出自我个人的。

② Forster, *Nobility of Toulouse*, 22 - 24, 115, 118 - 119.

③ Forster, *Nobility of Toulouse*, 41 - 42, 44, 62.

④ Forster, *Nobility of Toulouse*, 66.

地主的贵族能够夺走其收成的很大一部分。这就是法国与英国情形的主要差异。图卢兹贵族与法国其他地区的贵族不同，他们拥有几乎一半的土地，并且能够剥削到领地上农业收成的绝大部分。但是，领地本身已经被切割成了一系列小地块，①继续在地块上生活着的是农民。还有一些人是所谓的工头，他们能够得到一幢小屋、几头牛、一些基本的工具，还有以谷物或者现金支付的年度工资。所有的谷物收成直接进入地主的谷仓。对于缺乏辨别力的观察者来说，这些拥有小屋的工头在自己家庭的帮助下经营着一个小型的农场，看上去就像一个农民，甚至他也可能感觉自己像个农民：福斯特告诉我们，这些工头会有一定的威望，因为他的家族为地主的农场已经工作好几代了。可是，用严格的经济学术语来讲，他只不过是一个挣工资的劳动力而已。②在土地上为地主干活的其他农民是佃农。理论上讲，地主和佃户应该平分所有的收成；但实际上，契约越来越偏向于地主，部分原因是地主可以通过操纵所谓的贵族权力来攫取最大份额的家畜，即该区域主要的农业资本。不断增长的人口造成了对田产的竞争越来越激烈，这也有利于地主。③

就现实生活而言也一样，工头和佃农之间的差异是非常小的。种植的基本单位就是分成制租田，一个 35 到 70 英亩的农场，由一个单一的农民家庭要么作为拿工资的劳动力要么作为佃农负责耕种。相对富裕的贵族所拥有的地产单位可能会更大，包括几个分成制租田。绝大多数的贵族庄园都是用这样的方式在进行经营管理。把土地租赁给大规模的农场主以获取租金回报的英国做法在该地区也存在，但非常少见。④

---

① Forster, *Nobility of Toulouse*, 35, 38 - 39, 40 - 41.
② Forster, *Nobility of Toulouse*, 32 - 33, 55 - 56.
③ Forster, *Nobility of Toulouse*, 56 - 58, 77 - 87.
④ Forster, *Nobility of Toulouse*, 32 - 34, 40 - 44, 58.

这种把农民禁锢在土地上作为劳动力的制度通过从封建主义继承下来的法律和政治制度而得以巩固，但是在图卢兹教区，这些权力作为收入的来源显得无足轻重。这种法律上的权力使得贵族们能够非常便利地迫使那些拖欠租金的佃农付清欠款，能够榨取更多的经济盈余，从而也就成为一系列政治制裁的组成部分。①然而不久之后农民就找到一些同盟，与他们一起摧垮了政治堡垒并削弱了贵族权力。

与英国不同的是，商品化影响在向法国农村渗透时并没有破坏封建主义的框架。如果说商品化产生了什么作用的话，那就是其给古老的社会结构注入了新的生命，尽管是以一种最终给贵族带来灾难性后果的方式。这就是我们可以从福斯特的详尽研究中得出的结论，当然，如果我们具有对细节的洞察力，其实只从过去常规的资料来源和更一般的描述中我们也一样能够得出这一结论。现在我们试着图解一下旧有政权统治后期法国的整体情况，我们可能看到的情形是：一边是一批农民在土地上劳作，另一边是贵族要么直接地以产品的形式要么间接地以现金的形式搜刮农民的收成。过去常规的描述很可能对贵族为总产出所作出的管理上的贡献（经济学家的术语）程度强调不够，但落后的形势使贵族的权力受限。尽管贵族拥有某些当地法律上的权力，并利用其实现经济目的，但是在封建主义制度下不管他们在政治秩序和安全方面作出了什么样的贡献，这些功劳都被朝廷官员给抢去了。这些贵族尚未发展成为羽翼丰满的资本主义农场主。基本上，地主们所占有的是部分财产权，这些财产权的本质是国家镇压机器可以强制榨取一定份额的经济剩余的权力。尽管在形式上和法律上财产权的实现需要依靠的是土地，在贵族小心保存的地契中对其拥有的土地也有所界定，但只有当土地上的农民为贵族带来了收入之后，土地对后者才是有用的。只有这样，地主才可以以向佃农出租土地的方式获

① Forster, *Nobility of Toulouse*, 29, 34－35.

取收入，这种情况在法国占了2/3到3/4。佃农通常与小农民有产阶级相同，后者如果幸运的话，也能够以与佃农相同的条件租赁一些小块土地，以弥补他们自己很小的地块上的产出不足。①通常土地会租给拥有少于10至15公顷田产的农民。②在有些地区，贵族没有雄厚的财产，只能靠收取一系列封建租金而获得收入。③

从城镇辐射出的资本主义影响以及国王牵制贵族的长期努力是创造了前面描述的经济关系的主要力量。与英国一样，法国贵族与商品化、工业化的关系以及与国王的关系是决定贵族性质的重要因素。同样与英国相似的是，法国贵族对商业和工业新世界的响应体现为土地精英阶层和资产阶级之间形成了相当大程度的融合。然而，虽然两个国家都存在着相同的国王、贵族和资产阶级这些抽象变量，但是他们性质上的特征和相互关系却是很不一样的。在英国，农村和城镇的结合主要针对的是王室，不仅内战以前是这样，内战之后很长一段时间也都是这样。在法国，这种结合却是通过王权促成的，从而产生了不同于英国的政治和社会结果。

3. 皇室专制主义下的阶级关系

简单了解17世纪法国皇室专制主义高峰时期的商业、制造业和城镇生活之后，对18世纪产生一场资产阶级和资本主义革命的力量究竟来自何处人们一定会产生疑惑，并且开始怀疑那些用“资产阶级”和“资本主义”来描述法国大革命的人是否是为教条主义的幻象所蒙

---

① 参见 Lefebvre, *Etudes*, 164, 210－211；Sée, *Histoire économique*, I, 175；Bois, *Paysans de l'Ouest*, 432－433，在该书中，Bois 强调他和其他学者持有相同的观点，那就是，对于农民来说，最重要的是总收成而不是在哪种土地上耕种的权利。

② Sée, *Histoire économique*, I, 178.

③ Göhring, *Feudalität*, 68.

蔽，这一点我们以后将予以充分讨论。在17世纪的君主制下，法国资产阶级并没有像英国资产阶级那样，在自己以及引领农村迈向尚未成形的工业资本主义世界的现代化过程中起到先锋带头作用。相反，它高度依赖皇室的恩惠，受皇室的管制，一心一意只为一小群客户生产武器和奢侈品。①除了控制权更大、技术水平更高以外，特别是在军事艺术方面，法国资产阶级所处的这种情境更能让人联想起德川晚期的日本甚至是阿克巴②时期的印度，而不像同一时期的英国。政治上也同样如此，市政生活受制于皇室的控制，这种控制自亨利四世③重新建立了和平和秩序以来形成，并时不时地有所增强。尽管投石党运动④期间波尔多、马赛、里昂和巴黎的市政生活有过短暂的复兴，但是路易十四决定不再容忍来自上述这些向来听命于他的城市的任何反抗。在他的统治下，皇室政权加快了对一些历史更为悠久的地方的控制。国王通过城市控制外省，尽管程度因地而异。国王有时也允许继续进行市政选举，但市长还是直接或间接地由国王加以任命。⑤

上述证据足以表明，在路易十四的统治下，一些建立现代社会的基础，类似一个统一的国家、一些精确和顺从的习惯等动力主要来自皇室官僚而不是资产阶级。可是，这并不是皇室刻意为之的。那时候，皇室在法国政体中的真正职能是维持秩序、监管经济和从法国社会榨取尽可能多的资源来维持穷兵黩武和骄奢淫逸的皇室政策。尽管精确的测算是不可能的，但是，战争和奢靡生活相比，前者远比后者

① Nef, *Industry and Government*, 88.

② Akbar, 1542－1605，印度莫卧儿帝国统治者，著名的政治和宗教改革家。——译者

③ 1553－1610，1589年至1610年间任法国国王，是波旁王朝的创建者。颁布《南特赦令》，采取宗教宽容政策，鼓励工商业，后被刺杀。——译者

④ 发生于1648年至1653年的反对专制王权的两次政治运动。——译者

⑤ Sagnac, *Société francaise*, I, 46, 63.

耗费更多。路易十四时期的皇室官僚统治在履行上述职能方面远不如20世纪的法国政府有效，这一点是不言而喻的。

法国皇室的行政管理所面临的困难和其他农业官僚统治政权，比如沙皇俄国、莫卧儿时期①的印度和中华帝国的困难是一样折磨人的。前工业社会实际上不可能产生和榨取足够的经济剩余来支付官僚们的俸禄，以确保他们真正效忠于皇室。其他的支付方法也是有的，例如来自特定土地的收入赏赐，或者像中国发明的办法，用腐败来弥补官员应得的收入与君主支付能力之间的缺口。可是，诸如此类的间接补偿也有一定的风险，它会削弱中央集权，从而助长剥削，而剥削可能会引起民众的不满。法国君主制试图通过出售官僚机构中的官位来解决这一问题。尽管这一做法并不是法国的独家发明，但是法国国王对它极为依赖，最后这种做法不仅渗透到整个皇室官僚系统而且影响了法国社会的整体特征，也使法国与其他国家有了明显的区别。17和18世纪的法国社会展现给我们的是由相互对立的特性组合成的混合体，这对我们具有一定的启发，学者们有时认为它兼具了东西方特征：是封建主义、资产阶级和官僚统治的混合体。卖官只是这种商业制度和前商业制度的混合体的缩影而已，同时也是协调两者冲突的一种尝试。

在很长一段时间里，卖官在政治上都是合理的。这除了能让资产阶级进入皇家统治，还能在这一阶级中找到可以结盟的力量。②或许，在法国的情况下，这是一个必不可少的发明，有助于创造国王权力并因此赶走老贵族、克服封建主义障碍、建立一个现代国家的基础。从国王的观点来看，这既是一个重要的收入来源又是一个行政管

---

① 1526－1857年间统治南亚次大陆绝大部分地区的伊斯兰教封建王朝出现过阿克巴、奥朗则布等统治者，18世纪为外族入侵及欧洲殖民主义渗透，1857年印度反英民族主义起义后，末代统治者被英废，帝国亡。——译者

② Göhring, *Ämterkäuflichkeit*, 291.

理的廉价方法，尽管这些对于法国社会的整体来说并没有什么好处。①

这种方法同时也隐含着固有的劣势，随着时间的推移这些劣势显得越发的明显。卖官实际上意味着官位成了可以由父亲传给儿子的私有财产的一种形式了。这样，国王对他的下属就有可能失去控制。在亨利四世统治期间，为了确保税收，著名的1604年《波莱特法案》②给予了官位拥有者充分的财产权，这样就使得官僚职位变成了私有财产。为了应对这种局面，国王故技重施，又创造出了一个新的官位，即监察官，来监视其他人的活动，③但即使是这些官位有时甚至也可以间接地买卖。④

一开始，通过购买官位而获得的贵族地位仅限于购买者本人，接下来这一地位却变成了世袭的了。在路易十四时代，只有连续三代都在同一官位上，贵族地位才能世袭这一规矩被取消了。由于不管怎么样这些高官职位都会留在同一家庭里，因此这一变化主要是象征性的。⑤资产阶级对于财产的追求通过皇室的官僚系统得到了很大的满足，而其对于政治独立性的追求则因其自身转化为贵族而有所削弱。此后，资产阶级缺乏对政治独立性的追求这一点将严重制约君主政体的力量，使后者以及整个法国社会变得难以适应更加紧迫的问题。

在皇室专制主义统治的顶峰时期，该制度的矛盾和悖论已经显露端倪。如果不靠卖官，“天上不会掉馅饼”，路易十四可能不得不通过三级会议寻求全国的同意才能收钱。⑥因此，卖官是国王独立于贵

① 无法获得确切的数据，但是可以参见 Göhring，*Ämterkäuflichkeit*，232，260，关于17世纪晚期的估计。

② 以法国财长波莱特命名的税法。——译者

③ Göhring，*Ämterkäuflichkeit*，290.

④ Göhring，*Ämterkäuflichkeit*，301.

⑤ Göhring，*Ämterkäuflichkeit*，293－294.

⑥ Lavisse，*Histoire*，VII pt I，369.

族、摆脱国会控制的根本手段，是皇室专制主义的支柱。同时，卖官这一做法也破坏了国王的独立性。在法国国内，对欧洲最强势的国王（法国国王）进行反抗是不可能的，甚至是难以想象的，但是在历史学家看来，这样的国王却不得不将臣民违抗自己的命令看作是完全正常的现象，这就是这一悖论的根本所在。①

如果说卖官在君主制发展的早期阶段有助于将资产阶级集结到君主打击封建主义的斗争中去的话，继续依赖这一手段则使得资产阶级也沾染上了封建的特征。1665年，科尔贝提出要废弃卖官制，从而让人们把用于买官位的钱投入到真正的商业中去，这对国家是有利的。他认为这些钱的总额与王国中所有土地的价值一样高。②科尔贝的宣称毫无疑问是有所夸大的。但是他的论断无疑也是正确的，这一制度确实阻碍了社会将精力和资源投入到商业和工业中。另外，给予平民资产阶级一个贵族头衔，然后又没有办法密切监督他们的活动，卖官反而帮助资产阶级形成了一种集体认同感，赋予了他们对外部影响的免疫力，并产生了一种团队精神。一个人一旦占据了官位，就希望脱离皇室的影响，并且开始坚决捍卫地方利益和既得特权。

卖官的影响过程在议会中体现得最为清晰。作为立法机关的法国议会获得了相当大的行政权力，就像20世纪的美国立法机关一样，只是后者所做的一切更广为人知而已。在中世纪，议会成为国王反对贵族的主要武器之一。在投石党运动期间及之后，议会表现出来的姿态像是一个反对君主专制统治的自由堡垒。而到18世纪，议会却又变成了保守和特权势力的支柱，“该世纪的改革精神无法冲破自我的顽强

---

① Lavisse, *Histoire*, VII pt I, 367; Sagnac, *Société francaise*, I, 61, 指出路易十四大约拥有30个左右以他名义施政并直接对他个人负责的官员。根据Göhring, *Ämterkäuflichkeit*, 262, 在这一时期，大约有46 000个官员，而当时全国总人口只有1 700万人。

② Lavisse, *Histoire*, VII pt I, 361－362.

障碍”。[1]在反对国王的斗争中，其他团体与议会站在同一阵营。根据马丁·格林[2]对这些问题的研究，这些团体为推翻君主制提供了最后一击。[3]

这场斗争有这样一个插曲，那就是路易十五[4]和他的国务大臣莫普曾试图消除卖官制和贪赃枉法现象，这个插曲值得在此重新讲述一遍，因为它有助于我们更好地理解问题。该事件发生在1771年路易十五死前不久，消息一出，到处都是反对他的声音，如同马蜂窝被捅了一样。在贵族的领导下，反对派诉诸天赋人权、个人自由、政治自由甚至社会契约，纷纷发表不同意见。伏尔泰看穿了其中的伪善，支持莫普的倡议。不管议会怎么做，伏尔泰都指责它不仅迫害了商人卡拉斯而且也迫害了像他自己那样的文人。[5]

把反对派为了支持反动事业而提出的革命口号，谴责为自私的特权阶层为了寻求正当理由而随意找来的一个方便的借口，这样做是错误的。有一件事颇值一提，像孟德斯鸠这样的聪明人当时也都为卖官制辩护，认为它是他那著名的权力制衡理论的一部分。正像格林所指出的那样，个人财产和自由不可侵犯的观念因为这一具体的历史情境获得了强大的动力。[6]在这一情境下，依附于反动特权的顽固贵族帮助开启了革命的思想，当然，这既不是第一个也不是最后一个机会。要想更好地展示官僚主义、封建主义和资本主义这些18世纪后期法国社会典型特征的相互渗透，还真很难找到一个比此次事件更为鲜明的例证。

---

① Cobban, “Parlements of France”, 72.

② Martin Göhring, 1903－1968，德国历史学家。——译者

③ Göhring, *Ämterkäuflichkeit*, 306.

④ 1710－1774，法国国王(1715－1774)，幼年即位，长期由大臣摄政，统治期间战争频繁致国库亏空，大片殖民地丢失，国内兴起反封建启蒙运动。——译者

⑤ Lavisse, *Histoire*, VIII pt 2, 397－340. 这一卷是由 H. Carre 撰写的。

⑥ Göhring, *Ämterkäuflichkeit*, 309－310.

路易十五去世之时，莫普的改革似乎有希望取得成功。①然而，1774 年路易十六②继承了王位，他上台后采取的措施之一就是否定莫普的工作，让一切恢复原状。这一事实令人颇感诧异，使许多历史学家，甚至包括社会主义者饶勒斯③在内，都认为一个强势的国王也许能够阻止法国大革命的发生，从而带领法国通过和平手段走上现代化道路。④尽管事后问这样的问题是无法给出答案的，但是反思这一问题能促使我们提出具有决定性影响的其他问题。我们想问的是，在 1715 年路易十四去世的时候，君主制到底还能有哪些不同的选择？之前的历史进程已经切断了哪些政治发展路线？

法国社会是不可能像英国那样产生一个由来自城市、带有资产阶级特征的地主所组成的议会的。法国君主制的发展已经在很大程度上剥夺了土地贵族的政治职责，将很大一部分的资产阶级动力转移到为君主制服务的目的上来。但这并不是唯一一种可能。要找到皇室还能有哪些不同选择更为困难。很显然，如果国王真想推行任何积极的政策，他将不得不再造一个有效的统治机器——一个修复好了的官僚系统，那就意味着国王必须消除卖官鬻爵和贪赃枉法，并且改革税制，更为均衡地分配税赋，更有效率地提高国家收入。那也意味着至少是在一段时间内要改变穷兵黩武和骄奢淫逸的做法。法国必须清除尚存的诸多内部贸易障碍，必须大力推行法律系统的现代化，让在 18 世纪末期已经开始显现出一些活力的独立的商业和工业获得发展空间。这

① Lavisse, *Histoire*, VIII pt 2, 402.

② 1754－1793，法国国王(1774－1792)，1789 年法国大革命爆发，1792 年复辟，次年 1 月被以叛国罪处死。——译者

③ Jean Jaurès，1859－1914，法国社会党领袖之一。因反对一战及殖民扩张被暗杀。——译者

④ Jaures, *Histoire socialiste*, VI, 37. 同时参见 Mathiez, *Révolution francaise*, I, 18, 21, 他表达了一个相似的观点，只是不那么确定。

一计划中的很大部分是由包括科尔贝和杜尔哥[1]在内的一些著名政治家推动的。关于君主制最终为何失败，有如下一种说法：在当时的思想氛围中，那些具有影响力的人中没有谁能够看出问题之所在。但是，我们很快就排除了这种说法。事实上，那些具有影响力的人已经非常清楚地看出了这些问题。但这一计划会遭到既得利益者的强烈反对，这一点是极其明显的。当然，说当时所面临的障碍不可克服也是站不住脚的。因为那些障碍能比亨利四世统一法国时所面对的还要巨大吗?

到目前为止，只要指出引导大家进行思考的方向就足够了。可以想见的是，法国可能会以德国或者日本的方式走上保守的现代化道路。那么，在另外一方面，基于本书稍后会逐步介绍的原因，法国走上民主道路所面临的障碍可能更大。不管怎么说，君主制推行的政策不够连贯，因此并没能幸存下来。法国所面临的农业问题是造成这种结果的一个重要原因。

4. 贵族进攻和专制主义的垮台

18 世纪后半叶，法国农村庄园主开始行动，发动了圈地运动，只不过时间更短，范围更加有限。说法国庄园主的行动具有封建特征会令人产生误解。正像我们在本章开头所看到的那样，在法国，商业和资本主义实践正在用封建的方法渗透进农业。这种情况持续了很长一段时间，到了 18 世纪后半期变得更加普遍了。这种渗透使封建权利和地租在天高皇帝远的地方得以死灰复燃。有些研究经济的历史学家认为其原因在于地主对于现金产生了稳步增长的需求。[2]需要现金的压

① Anne Robert Jacques Turgot，1721－1781，法国经济学家，重农学派主要代表之一。——译者

② Sée，*Histoire économique*，I，189.

力主要来自刚刚成为贵族的地主，他们对于地产采取更加商业化而不是那么家长式的态度，主张加强行政管理，既利用旧的封建权利，又尽可能地获取新的权利。①经济的复兴看上去主要表现为地主努力从农民收成中获取更大的份额并将之出售到市场上去。对于地主而言，控制农民的土地不如获得农民的收成。在各种农业收入中，最受欢迎的就是以实物形式支付的封建地租，其原因部分是因为封建地租是以收成的直接比例为基础的。②

可是，单纯地强调经济问题将会使得我们忽视了问题的主要方面。正如本章反复指出的那样，封建制度与皇室专制主义制度相结合构成了法国的政治机制，法国的土地贵族通过这一机制从农民那里榨取经济剩余。如果没有这些政治机制，这种经济制度在农村将无法运转。这就是特权的具体意义。这也是将法国贵族与英国土地贵族区分开来的一个基本特征，后者发展出了完全不同的榨取经济剩余的方法。正是在这一点上，以任何形式简化了的马克思主义，都认为经济基础在某种程度上能够自动决定政治上层建筑，这种观点是会令人误入歧途的。政治机制具有决定性的影响，法国大革命时期的农民在粉碎这些政治机器的时候显现了良好的政治本能，但是正像我们不久将要看到的那样，他们并不总是能够显现出这样的本能。通过粉碎这些政治机器并使其无法修复，农民参与了摧毁旧政权的进程。我认为，庄园主行动的意义在于给这些政治变化带来了一定的推动力——不管是什么样的推动力。

圈地运动是一种更加公开的农业向资本主义转变的形式。法国的

① Göhring, *Feudalität*, 72－73.

② Labrousse, *Mouvement des prix*, 378, 381－382, 420－421. 尽管我认为 Labrousse 对于大致趋势的描述可能是正确的，但是我仍然怀疑他所引用的衡量这一趋势的统计数据是否正确，因而我并没有试图总结他的衡量指标。Forster 在制度方面的发现支撑了 Labrousse 的结论。

圈地运动于18世纪后期开始高涨，但其整体上从来没有像在英国那样普遍，只有在诺曼底地区除外，因为那里特别是在科城周边的城镇和农村都发展起了纺织业。①法国的圈地运动跟英国一样，也是部分地出于对商业发展的响应。但是，在整个过程中，法国圈地运动多数情况下只是政府的政策和沙龙中知识分子们讨论的事情而已，不像在英国那样是贵族阶层自发的运动。重农主义者不时也能够影响到大权在握的皇室官员，使圈地政策只推行了一小段时间。②而且一遭遇到抵抗，政府就会取消圈地政策。到1771年，圈地运动的主要动力消失殆尽。法国旧政府直到末期都表现得极为胆小怕事。③来自重农主义的压力持续了更久。在很长一段时间里，重农主义者并不敢攻击封建主义。但是，1776年，在杜尔哥的指使下，他的朋友兼秘书邦瑟夫提议至少从下一代开始可以用现金来缴纳封建地租。④

因此，资本主义无孔不入地渗入法国农村，其采取的形式是通过庄园主的行动来推行的封建主义，或者对封建主义的攻击，并打着“进步”和“理性”的旗号，而这种所谓的“进步”和“理性”则是通过官方支持的圈地运动来实现的。资本主义更为快速的渗透则有待于大革命的推动和很久以后的政治行动。例如，直到1889年之时，公用牧场的某些权利才最终被取消。⑤

尽管18世纪资本主义的有限渗透未能让农业发生革命性的变化或者最终消灭了农民阶级，但是资本主义的到来极大地增强了农民对旧有政权的仇恨。农民反对增加封建地租，反对贵族通过精明的律师恢复过去的权利。更重要的是，政府对圈地政策模棱两可的态度将农民

---

① Bloch, *Histoire rurale*, I, 210, 212.

② Bloch, “Individualisme agraire”, 350, 354－356, 360. Göhring, *Feudalität*, 76, 80.

③ Bloch, *Histoire rurale*, I, 226; Bloch, “Individualisme agraire”, 381.

④ Göhring, *Feudalität*, 92.

⑤ Bloch, “Individualisme agraire”, 549－550.

推向了君主制的对立面。有关公社的许多记录显示，有一批激进分子对恢复旧有秩序和废除圈地法令提出强烈的要求。①最终的结果就是让第三等级更加团结，许多农民和一部分城镇居民开始更为激烈地反对旧有秩序。用这些趋势来解释欧洲最富足的农民为什么会成为革命的一支主要力量，是大有帮助的。

穿袍贵族中的高层通过议会支持并强化了庄园主反动活动。正如我们所看到的那样，之前皇室官僚系统能够将商业财富吸引到皇室事业中来。可是，这样做的结果是资产阶级当中具有影响力的少数人成为一种特权的坚定捍卫者，这种特权被认为是与个人相关的私有财产。这里，资本主义的思维和行为方式又一次地通过旧秩序的毛孔渗透进来。整个 18 世纪，这一趋势都在延续并得以强化。早在 1715 年，就有迹象表明法律意义上的新贵族已经得到了社会的认可，成为贵族的标准在逐步下降，实际上在法国不久就形成了一个已经融为一体的贵族阶层，他们捍卫着自己的特权，使之免受皇室和大众的侵犯。到 1730 年，贵族之间的融合就已经显而易见了。②因为旧贵族阶层缺乏能够有效挑战国王的任何制度性基础，而新的贵族阶层则在君主宫廷系统内拥有这种制度性基础，因此旧贵族阶层发现有必要为了取得政治优势而放弃社会认可。随着两类贵族的生活方式变得更为相似，融合变得不再困难。③在路易十六的统治下，国王的法律机器继续作为主要的征募中心运转，它将富裕的普通人纳入统治集团，而统治集团则是反对改革的主要力量。在 1774 年到 1789 年期间被吸收进来并且到了 1790 年仍然在位的 943 个议员中，有不低于 394 个（占 42%）以前曾

---

① Göhring, *Feudalität*, 82－84, 96; Lefebvre, *Etudes*, 255－257.

② Ford, *Robe and Sword*, 199－201.

③ Ford, *Robe and Sword*, 250－251, chap XI.

经是平民，后来因为获得了新的地位变成了贵族。①

在我们刚刚讨论过的新旧贵族之间所结成的松散联盟当中，旧贵族阶层为自己保留了某些重要的位置。旧有政权在其末期已经渐渐能够有效地与资本抗衡，高官和军队构成了保护层阻挡了金钱力量的发挥。②到18世纪80年代，贵族联盟已经摧毁了“莫普和杜尔哥，重新征服了所辖范围内的每一个教区，在军队高级职位上强制施行了四等分的贵族统治，迫使君主制只能毫无骨气地维护特权群体的利益，从而最终导致了自己的灭亡”。③

有一个人人熟知的关于大革命起因的解释，认为大革命是源于法国贵族统治的封闭特性，然而贵族阶层中吸收了许多资产阶级成员这一点给这种解释投上了一层令人怀疑的阴影。法国贵族统治的封闭是相对于英国而言的，因为在同一时期的英国，普遍存在的情况是，贵族的边界是变动的，而且成为贵族也很容易。这一证据显示，这种对比主要体现在法律形式上。而在实践中，18世纪后期的法国，成为新贵族并不比同一时期的英国更加困难。但是我们缺乏相应的统计数据。这里我们又一次碰到一个问题，那就是用定量数据来加以衡量并不能发现定性的差异。像上面指出的那样，向上流动性和相互融合的情形在这两个国家是不同的。在英国，这种融合主要发生在君主制的影响范围之外，而且是针对国王进行的。圈地地主并不希望国王干预农民的事务。富裕的城镇人并不希望国王把有利可图的商业机会变成少数受宠者的私有领地。在英国，对于那些已经丧失了生命力的封建主义或皇室专制主义所提供的政治武器，这些阶层中有影响力的群体

---

① Ford, *Robe and Sword*, 145－146，对Jean Egret进行了讨论。这些数据都来自后者的著作。

② Göhring, *Feudalität*, 74. 这一问题需要更深入的调查。Göhring把地方法官也纳入这一类别中。但是，Ford在前面一个脚注中所引用的Egret的证据引发了人们对这一方面的疑问。

③ Ford, *Robe and Sword*, vii.

已没有需求和拥有的愿望。另一方面，在法国，君主制把普通人变成需要封建主义保护的土地贵族，因而使得这些人变成了顽固的特权捍卫者，他们坚决反对君主制针对自身所进行的时断时续的改革努力。这样做的后果是那些不愿与旧秩序关联在一起的资产阶级反而变成了君主制的敌人。

同时，这些资产阶级变得更加强大了。在此之前历史学家和社会学家对他们关注的程度远远比不上贵族和农民。①但是，一些有一定根据的观点已经显现出来了，它们对于目前的分析来说是很重要的。基本上，这一世纪对于商业和工业来说是取得巨大经济进步的一个世纪。法国对外贸易增长特别快，甚至超过了英国。②关于法国政权的后期，学界出现了意见分歧。C. E. 拉布吕斯详细地研究过价格问题，他把从大约1778年往后的这段时期视为给工业和农业都带来广泛影响的萧条期。③亨利·塞(Henri Sée)在早先的作品中对旧秩序的最后20年有过描述，指出这期间法国工业已经获得了巨大的发展，但在大革命爆发的时候，相对于英国来说，法国工业仍然是落后的，因为其起步远远落后于海峡对面的竞争对手。④尽管一系列法令表明政府监管不是非常有效，但是政府在18世纪对工业的监管仍然发挥了重要的作用。在18世纪的后半期，政府对工业的控制有所减弱。⑤这样，商业势力和工业势力不断扩大社会基础(后者不如前者影响程度深)，其目

① 参见Barber，*Bourgeoisie in Eighteenth Century France* 给出的一个特例，但是这种经济基础是微不足道的。

② Labrousse，*Crise de l' économie*，xxvii，xxviii，xlviii，在xxxviii，作者给出了一些事实提请大家关注：18世纪最后三十多年的外国贸易主要是基于对以糖和咖啡为主的殖民地产品的再次出口，因此不能就此认为法国的国内生产有所进步。同时参见Sée，*Histoire économique*，II，xiv-xv；更多的细节参见其 *Evolution commerciale*，245－249。

③ Labrousse，*Crise de l' économie*，xxxii，xxxvi.

④ *Sée*，*Evolution commerciale*，303－305.

⑤ *Sée*，*Histoire économique*，I，348，351；Labrousse，*Crise*，1.

的是将贸易和生产从旧有束缚中解放出来。

杜尔哥是这些力量的代言人。他走马上任后，坚定地信奉开明的专制统治，主张工农业中生产和交换的自由。了解他试图推行的改革以及这些改革所引发的反对意见能够帮助我们感受到古典资本主义背后的巨大力量，这种资本主义是建立在私有财产和自由竞争的基础上的，但是缺乏前资本主义的制度的支持。杜尔哥的计划(只有部分得以实施)包括税制改革、粮食自由贸易(1774 年 9 月 13 日颁布的法令)、抑制徭役、抑制行会和工人自由择业。①杜尔哥的政策激怒了势单力薄的食物消费者，他们为粮食自由贸易之后发生的价格上涨而感到特别愤怒。暴乱的烈火燃遍全国，一些暴乱者甚至侵入了凡尔赛宫，要求面包师降低面包价格，这种方式预示了法国大革命在恐怖统治高潮时期存在的诸多问题。尽管路易十六在这一问题上立场坚定，但冲击凡尔赛宫这一事件削弱了杜尔哥在宫廷中的信用。②有证据表明，大众强烈要求应该按照传统的模式对经济进行管理，使之不至于失控，因此其重点不在如何增加产量，而是需要有一个仁慈的权威确保把生活必需品“公平地”分配给穷人。存在于底层农民和城市平民，即著名的无套裤汉③中的这种情绪最终成了法国大革命激进行为的主要根源。另外，杜尔哥的建议引发了从腐败的官僚系统当中捞足了油水的金融家们的反对，也引发了制造商们的反对和愤怒，因为杜尔哥拒绝保护法国工业，特别是棉花和铁加工业免受来自外国的竞争，也禁止出口工业发展所需要的原材料。④

反对杜尔哥的各种利益群体结成了联盟，这是又一个例证，表明

---

① Lavisse, *Histoire*, IX, pt I, 28, 43, 45.

② Lavisse, *Histoire*, IX, pt I, 32. 关于后期的发展，参见 Mathiez, *Vie chère*。

③ 一称“长裤汉”。法国大革命时期对革命群众的流行称呼。他们穿粗布长裤，有别于穿丝绒短套裤的贵族，故名。——译者

④ Lavisse, *Histoire*, IX, pt I, 40.

在18世纪的大部分时间，寻求打破阴魂不散的封建主义束缚、建立类似私有财产和自由竞争制度的力量正在变得日益强大，只不过这些力量在法国大革命前夕尚未处于主导地位。简单地认为法国大革命是资产阶级革命和资本主义革命绝对是个错误。在法国，特别是在法国农村，资本主义通常戴着封建主义的面具。在现存的制度内，正如卖官鬻爵和庄园主的反动行动所展示的那样，人们对财产权的要求是非常强烈的。正如著名的社会主义历史学家饶勒斯(他研究过法国大革命但却没有得出任何明确结论)所认识到的那样，资本主义已经渗透到旧有政权中，并对旧政权进行了改造，最终激怒了特权阶层以及农民中的重要群体，让这些人也开始反对君主制。部分地出于这方面的原因，在无套裤汉和各个农民阶层基础上形成的支持大革命的激进力量开始公开而强烈地反对资本主义。然而正如我们将要看到的那样，富裕的农民限制了激进的反资本主义力量的发展。最终，在城市和农村，那些支持私有财产不受旧有政权束缚的力量赢得了重要的胜利。但是在赢得这一胜利的过程中，资本家经常得到自己最主要的敌人，即农民的帮助。

5. 法国大革命时期农民与激进主义的关系

在这一点上，我们的讨论已经试图解释了在处于支配地位的各阶级中逐步累积起来的变革的要求和困难分别来自何处。在对大革命本身的分析中，诸多事实促使我们把变革的焦点集中于更底层的阶级。由于机构性和个人的原因，君主制越来越无法控制我们之前讨论过的分裂力量，致使法国社会从上到下开始解体。君主制的坍塌使得底层阶级更加不满，这种不满情绪终于浮出表面。有证据表明，这一切酝酿有日。17世纪的记录中充斥着有城市贫民参与的农民起义。在1639年、1662年、1664年、1670年、1674年和1675年，法国多个地区都发生过起义。①可是，普通民众的不满本身并不足以导致革命的发生。我们并不绝对清楚大革命发生前夕，民众的不满情绪是否有所加剧，但是确实存在着加剧的可能性。可是，只有当普通民众的愤慨与更加有权势的团体的愤慨相结合，哪怕是短暂地相结合的时候，这种愤慨才有可能在战火、鲜血和硝烟之中将君主制一举击垮。

在关于皇室专制主义的风光岁月的研究中，我们只是隐约地感受到了早期暴动的原因、农民世界的性质和构成法国人口主体的民众当时所面临的问题。②随着大革命的临近，农民社会的一些主要轮廓变得相对清晰了，这时上述问题的更多细节才显现了出来。由于在法国并不存在英国发生的那种商业革命，也没有出现类似普鲁士和俄国（因为迥然不同的原因）庄园主的行动，许多法国农民实际上成为少量财产的所有者。尽管给出这些“教区公鸡”③的确切数字是不可能的，但是他们显然是很重要、很有影响力的少数群体。在这些人之下的大多数农民，其地位在不易察觉的渐变过程中有所削弱，有的只拥有很小一块土地，有的根本没有任何土地，只能以出卖劳动力为生。缺地或无地者的数量缓慢、稳步地增长了至少两个世纪，人们所获得的印象（只是印象而已）就是这样的。勒菲弗④断言，到 1789 年绝大多数的农民所拥有的土地都不足以支撑生活，因此不得不为他人打工，或做些小买卖以贴补家用。关于这些人，我们一样也无法给出一个确切的总数，但是，在法国，有很多地方那些压根就没有任何土地的家庭多达农民总数的 20% 到 70% 。⑤

---

① Sée, *Histoire économique*, I, 214 - 215; Sagnac, *Société francaise*, I, 139 - 143。参见 Porchnev, *Soulevements populaires* 给出的丰富的资料。

② Goubert, *Beauvais*，主要聚焦于一个单一地区的统计信息，因此对于理解整个制度的运作并没有太大的用处。

③ 拥有少量财产的法国农民，后来在俄国这类农民被称为富农。——译者

④ Georges Lefebvre，1901 - 1991，法国社会学家、哲学家，新马克思主义代表人物。——译者

⑤ Lefebvre, *Etudes*, 209 - 212.

贫苦农民身上主要存在两个方面的要求。首先，也许是最重要的一方面是，如果他们没有任何土地的话，就想拥有一块土地，而如果已经有了土地的话，就想要略微大一点的土地。第二，他们迫切希望保存那些有利于自身的乡村社区的特定习俗。一般来说，贫穷的农民和乡村社区之间的关系并不紧密。当他们在大革命期间发现有机会可以瓜分农村公地的时候，他们发出的分地的呼喊声就会震耳欲聋。阻止瓜分公地的力量主要来自富农，部分原因是在通常情况下富农是唯一使用公地的人，他们用公地来放牧自己的牲口。①另外，对于贫苦农民来说，某些集体主义的做法是很重要的，其中最有价值的就是使用公共放牧地的权利。就已开垦的土地而言，这种权利是古代使用荒地习惯所形成的制度的一部分，在法国大部分未发生大规模圈地运动的地区一直都很盛行。这些耕地大都呈狭长状，围绕在村庄周围。所有的土地都得在同一时间经历农业周期的各个阶段，这一做法在法国叫轮作制（assolement forcé），在德语区叫共同规则制（Flurzwang）。正如布洛克曾经生动描述过的那样，庄稼收成后，业主的权利就处于休眠状态，牛群在不设栅栏的田地里自由自在地走动。在很多地区都盛行类似的制度，草地可能是庄园主、整个村庄或者富裕农民的财产，人们用这些草地来种草，在收割之后，就可以用草地来放牛，让牛群吃掉第二茬草。对于贫苦农民来说，使用公共放牧地的权利之所以重要，是因为他们没有权利频繁地使用村社的土地。尽管他们通常没有马和犁，但他们很可能有一头奶牛、一只绵羊或者几只山羊，用于自家食用或者卖点钱。对贫苦农民来说，拾穗的权利之所以很重要，是因为这种机会只有在某几个特定的日子里才有，到那时候他们才可以不顾忌田地所有者的注视成群结队地去拾穗。同样，在树林里拾柴和

① Cobban, *Social Interpretation*, 112－117，纠正了关于贫苦农民通常反对公地分割的一般认识。

放牧的权利对这些贫穷的农民来说也是非常重要的。①

这种情况造成的政治影响是农民阶级内部的分裂和农民社区的公开解体。很久很久以前，法国的劳动分工一直是由村社掌管着，村社会在小范围内为贫苦农民提供一个虽然简陋但却合法的居所，但是，随着现代化力量给社会造成了程度越来越大的分裂，法国贫苦农民像世界上其他许多地方的贫苦农民一样，成为最大的牺牲者。尽管法国乡村存在很多不同的类型，与英国乡村相比，总体上说它们所承受的苦难要晚一些、少一些，而且造成这些苦难的原因是不同的，但是随着18世纪接近尾声，法国社会还是受到了非常明显的冲击。②法国农村穷人的状况驱使他们中的很多人信奉暴力的平等主义。对于这些人来说，所谓现代化就是指那些富农阻止穷人分割土地(包括大革命时期没收来的土地)，推行现代形式的土地私有财产运动，其中包括限制拾穗和放牧的权利，使农民不得不忍饥挨饿。在大革命高潮时期，城市和农村的激进主义者能够联起手来这一事实有助于解释法国大革命的深度和暴力程度何以远远超过先行的英国革命。没有一场农民革命是农民们独自进行的，他们有时会参加首都和各个城市的革命，有时又会反对这些革命。在法国至少发生了两种意义上的农民革命，一种是主要由农民精英推动的革命，一种则是范围更大的有更多普通农民参与的革命，这两次路径不同的革命对城市里的革命浪潮在不同时间表现出不同的立场，有时融入有时对立。

---

① 要清晰地了解有关集体实践和对这种实践所进行的抵抗，参见Bloch，“Individualisme agraire”，esp 330－332，523－527。在后面的一些章节中，Bloch注意到，乡村中的贫苦农民对于分割公地的态度是因各地情况而有所不同的，而那些通过圈地运动撤销以往的共享权利的行为通常会对他们造成伤害。同时参见Lefebvre，*Paysans du Nord*，72－114关于集体利益的描述以及第424－430页关于它们在大革命时期的恢复。Lefebvre的实际证据指向了同一个方向：穷人通常希望分割公地，但是希望保留其他一些共享的权利。

② 了解一个地区的进程的具体细节能做到的，可以参见Saint Jacob，*Paysans de la Bourgogne*，esp 435－573的精彩描述。

现在让我们来看看农民阶级的上层，他们的不满源于其占有土地但却并不真正拥有土地的半吊子地位，至少这一点是比较清楚的。①众所周知，法国农民上层阶级在法律和社会方面所受到的约束比欧洲大陆其他重要国家要少。他们中的大多数都拥有人身自由。通过历史记录，我们能够观察到的他们所提出的要求主要是希望消除封建制度的随意性（这种随意性在旧秩序的最后几年有所加剧）。与资产阶级形成鲜明对照的是，他们并没有起而攻击贵族的社会地位和特权。相反，他们经常公开承认贵族的地位和特权，②这一事实显示他们不明白贵族特权与他们自身所面临的问题是有关联的。所以，1789 年时农民摇身一变成为了活跃的革命力量，这一点还是非常令人吃惊的，而且这种令人惊讶的转变只用了不长时间。

农民成为活跃的革命力量的动力之一来自贵族的专断行动以及三级议会之前和之后国王的优柔寡断。当然，对于诸如按顺序选举还是按人头选举之类的问题，农民既不理解也不关心，虽然这些问题在法国其他地方引起了轩然大波。同样的，对于波旁王朝摇摇欲坠的财政状况和濒临破产的前景，农民也不太可能太多地去关心。不同等级之间的税负分配几乎到了无人不关注的程度，而农民却只对其在村庄税负中需要自己承担的那一份感兴趣，而村庄中的赋税分配方法在不同的地方各有不同，令人费解到了只有专家才能理解的地步。③另一方面，许多受过教育的城镇平民针对所有这些问题展开了激烈的争论。贵族阶层试图通过三级议会机制来掌控国家，这延续了他们在封建反动时期就一直试图做的事情。他们拒绝在上述问题上妥协，使第三等级（既非贵族也非神职人员的人们）由过去的不过是一个法律标签的群

① Göhring, *Feudalität*, 57－58, 60.

② Göhring, *Feudalität*, 115－116.

③ 有关旧秩序下税收政策所具有的高压特性的一般描述可能是有些夸大其词了。Goubert, *Beauvais*, 152，强调了他所研究的这一地区的这一制度在本质上的公平性。

体变成了有统一理念的政治力量。

许多在大革命早期阶段发挥了很大作用的富裕人群特别是自由贵族还是愿意作出让步的。在农业问题上，他们甚至愿意无偿地放弃一些强制性的封建权利。让第三等级组织起来同仇敌忾的压力可能主要来自一群农村小庄园主，他们靠地租生活，尽管他们在丧失封建权利时也得到了一些赔偿，但是他们不愿意也没有能力和机会像一个一般老百姓那样管理好自己的事务。①

农民成为活跃的革命力量的动力还存在一些偶发因素。1786 年法国政府大幅削减了向英国产品征收的关税，让很多法国人失去了工作，就业机会的减少甚至消失在某些地区也给农民造成了影响。1787 年法国政府颁布的一条政令取消了粮食贸易的限制，不再要求种植者必须把粮食拿到本地市场上出售。1788 年秋天法国发生了灾难性的歉收。接下来的冬天又非常严酷，而第二年春天则发生了严重的暴风雨和洪水灾害。②到 1789 年夏天，自然灾害、政治动荡和人心焦虑在法国很多地方引发了一系列的恐慌和农民起义。

农民阶层的激进倾向开始显现。尽管被统称为“大恐慌”的骚乱在法国不同地区形式不同，但是共同的是各地都表现出反封建主义的潮流。甚至在没有农民起义的地方，农民们也拒绝履行封建义务。③关于贵族阴谋的流言满天飞（这些流言并不都是毫无根据的），出于对这些阴谋的恐惧，使农民很容易获得城镇中穷苦阶层的支持。随着中央政府权威的削弱，法国似乎变成了一个由小城镇和社区组成的松散网络。公共秩序的解体使一大部分地位牢固的资产阶级欢迎自由贵族加入其中。在另一方面，城镇中更穷苦的阶层对这些自由贵族并不信任，试图将他们驱逐出去。这样，在“大恐慌”肆虐的城镇和农村，

---

① Lefebvre, *Etudes*, 258.

② Lefebvre, *Grande Peur*, 13-14; Göhring, *Feudalität*, 129.

③ Lefebvre, *Grande Peur*, 119.

中产阶层自发地组织起本地的防卫力量，保护自己免受土匪和强盗的侵犯，任由狡诈的贵族阶层去统治国家。①

在另一方面，真正发生农民起义和暴动的地方却并没有出现“大恐慌”。②在这些地区，起义的农民其实都是土匪。不需要想象土匪是什么样的，也不存在把土匪想象成贵族的工具这种可能性。农民的全面暴动让资产阶级感到恐惧，最终把资产阶级，特别是那些将封建权利视为神圣财产的资产阶级群体推向贵族的怀抱。在巴士底狱风暴过后，一些地区尤其是发生了特别暴力的起义的阿尔萨斯地区的资产阶级，不遗余力地与特权阶级合作来镇压起义。③

大革命造成的恐慌使得所有的社会力量开始迫切地希望这场革命能够尽早收场。在巴黎，反革命力量有个所谓的领导中心，对国王有一定的影响。短期内，他们似乎有望成功。1789 年7 月11 日，国王仓促地解除了内克④的职务并将他驱逐出境。表示贵族们不愿意接受第三等级宣布的胜利，此时第三等级已脱离了国民议会，与神职人员和47 个贵族一起组成了大陆会议，其正式成立的时间是1789 年 7 月 7 日。巴黎周围开始有军队集结，农村则因为我们已经了解的原因而被鼓动起来了，饥荒正在威胁着法国农村。有人怀疑是国王策划了政变，大陆会议预期了最坏的结果。此刻发生了一场民众起义，继续推动了这次革命，使之变本加厉。巴黎人借由子弹和防御行动表现出他们并无意挽救大陆会议。这些日子恐慌连续不断，也是最早出现的大恐慌现象。民众看到巴黎被皇家部队和“强盗”包围着，担心自己被攻击和掠夺，就设立路障，拿起武器，从荣军院⑤抢走了32 000 条步

---

① Lefebvre, *Grande Peur*, 30, 31, 103 - 105, 109, 157 - 158.

② Lefebvre, *Grande Peur*, 165 - 167, 246.

③ Lefebvre, *Grande Peur*, 56, 139.

④ Jacques Necker, 1732 - 1804，法国路易十六的财政总监与银行家。——译者

⑤ 又名“巴黎残老军人院”，是法兰西“太阳王”路易十四时期的建筑。——译者

枪。7月14日早上，他们来到巴士底狱，找到了更多的武器，攻下了这座象征着无限威权的臭名昭著的城堡。①

如同勒菲弗指出的那样，占领巴士底狱，以及随后一轮短暂的民众报复行动，都展现出法国大革命某些主要的激进特征：对于反革命阴谋的恐惧、民众（主要是贫穷的手工业者和熟练工人）参与的防卫性起义以及惩罚和摧毁敌人的强烈意愿。②

这些特征在大革命的每一次重大的民众起义中都不断出现。众所周知，大革命起初是针对贵族的，后来变得越来越激烈了。更加激进的资产阶级掌权后推行了更为激进的政策，这些政策直到热月9日也就是公历1794年7月27日罗伯斯比尔③下台之前不久才终止。当然法国的保守力量也并不怎么保守，而且在每次革命时其构成也不同，每一次当这些保守力量试图终止大革命的时候，大革命都会被来自底层的力量继续推向前进。三次重大的民众起义，三个著名的日子，记录着这一系列左倾事件。第一次是1789年7月14日攻打巴士底狱，第二次是1792年攻打杜伊勒里花园，导致了路易十六被处决，第三次是1793年5月31日，这次起义与前两次相似但后果更严重，是造成恐怖统治和罗伯斯比尔短暂掌权的一系列事件之一。每一次起义的主要动力都来自巴黎的无套裤汉。这些起义从农村中获得的积极支持有多长久，起义就能持续多久。当来自农村的支持不复存在，当无套裤汉的要求与拥有财产的农民的要求产生冲突的时候，激进革命背后的动力就会消失，其在城市的残余力量也就很容易被镇压。

因此，可以公正地认为，农民阶层尽管不是大革命的主要力量，

---

① Lefebvre, *Révolution francaise*, 125-126, 134-135.

② *Révolution francaise*, 133.

③ Maximilien Robespierre, 1758-1794，法国革命家，法国大革命时期重要的领袖人物，是雅各宾派政府的实际首脑之一。——译者

但却是其仲裁者。尽管它不是主要的推动力量，但也很重要，从事后看来，农民阶层帮助大革命取得的最重要的、影响最久远的成就是废除了封建主义。

攻打巴士底狱具有重要的象征意义，尽管其重要性并不体现为具体的政治或军事胜利。几个星期后，在著名的1789年8月4日夜晚①在道德上给封建主义的打击是更重要的，就像刚才指出的那样，这种打击可以直接追溯到农民动乱那里。大陆会议此时陷入两难的困境之中，其成员主要是遵纪守法的良民，他们曾经得益于民众起义。一般来说，这些拥有大量财产的人不愿意看到农民横冲直撞。但是，如果他们以国王和皇家机器残余的部分为基础来重建秩序的话，就不得不采取一些有利于顽固贵族分子的措施，从而使大革命的成就付诸东流。在这种情况下，在少数派的竭力操纵下，大陆会议最终通过了废除封建主义的法令。

尽管这一法令一开篇就断言大陆会议已经彻底地摧毁了封建主义，但是这一断言有些夸大其词。封建地租的废除是以支付补偿金作为条件的，这意味着地租短期内仍然不会消失。包括尊重特权在内的其他一些封建残余，也存续了下来。一直到大革命的更激进阶段，通过新的立法才彻底消除了封建制度的残余，在这一过渡过程中，正如托克维尔所强调的那样，皇家专制主义继续在施加影响。尽管如此，大陆会议还是投票支持法律面前人人平等、废除以人身为基础施加的封建义务（无需给原先的受益者以补偿）、同罪同罚、人人有机会从事公共服务、废除卖官鬻爵和禁止什一税②（并不需要补偿教会）。有了这些规定，这一时期的历史事件被称为“向旧有政权开出死亡证书”

① 这一天法国国民议会中的贵族议员诺亚伊子爵提出无偿废除人身劳役，一切封建权利可由公共团体赎买或现金购买，或依据公平估价交换，全国都应按个人收入比例交税——即取消免税权。次日颁布了《废除封建制法令》——译者

② 支持宗教活动而将信徒收入的十分之一交给教会的做法。——译者

就是正当的了。①

我们需要强调的是这些规定并不是大陆会议善心大发和一时冲动，而是在混乱中被民众把枪架在脖子上而不得不采取的行动。②如果因此就认为激进主义在革命中是不必要的，或者脱离背景地看待上层阶级曾经表现出让步意愿，就有可能彻底歪曲了事实。

第二个激进阶段也是由针对反动派的行动引发的。我们看到相同的模式在不停地重复，只不过程度越来越深。国王企图逃亡，最终被困在瓦雷纳(1791 年 6 月 20 - 25 日)，这摧毁了法国大革命像英国那样建立起君主立宪制的任何可能。主要代表了商业和航运业利益的吉伦特省的领导者为了传播革命福音，也为了获取更多物质利益而发动战争。拉斐德③企图用战争达到完全相反的目的，那就是恢复社会秩序。当时的法国确实存在着发生军事政变的危险。④从 1791 年 11 月往后，农村很多地方发生了一系列的民众起义，抗议国家在饥馑时期还出口粮食。在法国粮食生产的成本比国外还高的情况下仍然出口粮食，这种做法本身就是极其荒谬的。尽管当时可以不费力气地镇压暴动，但是这些暴动反映出当时社会中的激愤情绪和失序状

---

① Lefebvre, *Révolution francaise*, 140 - 141。值得注意的是革命领导人在推翻农民内部的传统实践方面还是非常谨慎的。直到 1791 年 6 月 5 日之前，公安委员会都没有试图完全废除轮作制，也就是乡村里每一个成员都有义务与其他人一样在同一时间内犁地、播种和收获。随后它通过颁布一个法令间接地允许拥有土地的人们自由选择需要播种的农作物。大陆会议和国民大会都没有压制公共放牧地权，也就是当收获结束后，就马上把牛群赶到耕地上去散放的相应权利。同时参见 Bloch, "Individualisme agraire", 544 - 545。

② 参见 Lefebvre, *Grande Peur*, 246 - 247 和他的 *Revolution francaise*, 113, 119。关于 8 月 4 日的妥协，Marat 写道："在焚烧酒庄的熊熊火光中，他们慷慨大度地放弃了一种特权，那就是重新把那些恢复了自由的人关押起来的权力。" Postgate, ed, Revolution, 27 中的翻译。

③ LaFayette, 1757 - 1834，又译拉法耶特，法国大革命时期君主立宪派代表人物。起草《人权宣言》——译者

④ Lefebvre, *Revolution francaise*, 225, 227 - 228, 243.

态。日益增长的通货膨胀也严重地伤害了城市里的穷人。①在矛盾激化的气氛中，军队态度的转变如同火上浇油。最终又是巴黎民众，特别是贫穷的手工业者和熟练工人发动了政变，攻打了杜伊勒里花园，并于1792年8月10日屠杀了瑞士卫队。②尽管民众激进运动的中心在巴黎，但是该运动也得到了外省的积极支持。有这样一个情景，雅各宾派③的士兵唱着鲁日·德·李尔描写战争和暴动的歌曲（《马赛曲》），从马赛出发，一路游行，前往支援巴黎的同志。8月10日起义并不是像7月14日起义那样只限于巴黎一地，而是一次全国性的起义。④

这次起义对全国政治的影响包括曾经于1791年10月取代大陆会议的立法会议的实质性的解散，还包括1792年底开始的对路易十六的审判，以及民众早在1792年9月就通过大屠杀进行的复仇。这些大屠杀跟任何大规模民众行动一样，是自发地开始的。伺机而动的一小部分民众抓住了一批在押解途中的囚犯，当场将他们处死。接着，大屠杀就蔓延到监狱里。在大屠杀中，大约有1 100到1 400人丧失了生命，其中绝大部分是小偷、妓女、造假者和流浪者，只有大约1/4是牧师、贵族或某种“政治犯”。⑤类似的情形在法国其他城市和城镇也有发生。大屠杀反映了民众的报复行动具有盲目性和非理性。大屠杀不过是下一阶段正式出现的恐怖统治的序曲，而与大屠杀相比，恐怖统治的组织性更强，因而其结果也就不那么失控。

到1792年夏，农民起义取得了重要的成果，这归因于1791年到

---

① Mathiez, *Vie chère*, 59－71; esp 67; Lefebvre, *Révolution francaise*, 241.

② Rude, *Crowd*, 提供了关于大革命光荣时期巴黎民众构成的详尽资料。

③ 法国大革命时期最大的政治组织，因会址设于雅各宾修道院而得名。后成为资产阶级民主派活动中心。热月政变后被解散。——译者

④ Lefebvre, *Révolution francaise*, 246.

⑤ Rude, *Crowd*, 109－110.

1792年发生的多次起义。1792年8月25日，法国彻底取消了封建地租，除非原先的地契还存在，否则不予补偿。通过28日的另一个行动，乡村收回了被地主侵占的公地。法国还颁布了另一个法令，使得农村无产阶级能够更加容易地通过出售没收来的财产而获得土地。在巴黎，公社还招收失业者建造防御工事。①政府通过这些措施来满足农村拥有少量财产和没有财产的群体的部分要求，试图把这些自身要求一直被忽视了的群体与大革命的利益群体结合起来。但政府的行动并不是全心全意的。在将公社和流亡者的土地分给小农这一重要问题上，巴黎的革命政府采取了倒退的政策。结果富人和穷人之间的差距反而加大了。崛起的富人宣称，把土地分给无地者无异于"平权法"，简直就是意味着财产的共产主义。②

同时，政府态度的摇摆不定使激进的观点得以在农民中广泛传播。反对农民激进主义的那些敌人们，将类似的想法统统归结到"平权法"这一唬人的标签下面。对于贫苦农民来说，财产平等可能是其中最有吸引力的概念。但是，财产平等以外的理念超越了革命领导人关于私有财产的概念框架，即使是在最激进的阶段，他们也希望保留这一框架。财产平等以外的理念是基督教和集体主义思想的混合体。由于我们缺乏足够的记录，也由于这些理念受到了严重的压迫，因此很难说这些理念在农民那里究竟取得了多大的响应。1792年10月7

---

① Lefebvre, *Révolution francaise*, 254.

② Cobban, *Social Interpretation*, 115. 同时参见 Bourgin, ed, *Partage des biens communeaux*, xvii。关于合法性的进一步细节。农业委员会(第337－373页)主席的演讲是有启发性的，他试图把通过私有财产和对公地的废除而取得的农业进步这些鲜明的资本主义概念与满足穷人需要这两点结合起来。他在某一节点上陈述道："然而，先生们，如果说所有权是神圣的，那么贫穷的缘由也同样神圣。"(第360页)。翻阅 Bourgin 所出版的一系列请愿书令我我确信 Cobban 关于农民要求的解释是正确的，而他关于穷人反对分割公地是当时的主流趋势这一解释则是错误的。

日，居住在波尔多、对激进派极为痛恨的卡诺撰文说传播“平权法”就是传播恐怖，这种说法无疑夸大了事实。①农民激进主义显然让权威当局深感恐惧。巴雷尔②在大会上发表了一篇充满火药味的演说，鼓动大家采取行动去让农民了解对于财产的攻击哪怕是最轻微的攻击都是不被容忍的。第二天，1793 年 3 月 18 日，大会规定凡宣扬“平权法”者一律处以极刑。③尽管如此，平权观念的许多内容都得以留存，这说明这些观念与贫苦农民的需求息息相关，能够满足他们的部分需求。因此，我们仍然需要仔细地检视激进思潮的深层原因，这一点很重要。

前面提到作为1792 年 8 月 10 日起义的部分背景的粮食出口问题曾经引发过一系列暴动，与之同时农民也发起了第一次激进的进攻。在其中一个事件的发生过程中，博斯平原埃唐普镇附近的农民杀害了一个有钱的制鞋工人。这一事件波及全法国，该工人的葬礼变成了一个全国性的大事。可是，来自邻近地区的一个雅各宾派牧师皮埃尔·多利威尔(Pierre Dolivier)，竟然斗胆反对这种做法。1792 年 5 月他向立法会议申诉，指责被杀害的制鞋工人是一个贪婪的有钱人，并说他投机倒把买卖粮食，因此是罪有应得。在这一点上，多利威尔不仅代表贫苦人和挨饿者要求对粮食价格进行管控，而且还对财产权本身展开攻击：“只有国民才是其土地的真正主人。”④马蒂耶⑤正确地指出了多利威尔思想中所存在的陈腐因素。路易十四曾宣称自己才是法国臣民财产的真正主人，此时国家接替了国王成为财产的主人。另一方面，多利威尔及其后继者留下了一段在今天的读者看来颇符合现代观

---

① Guérin, *Lutte de classes*, I, 350 引用过。

② 法国大革命期间一个雄辩的革命家。——译者

③ 在 Soreau, “Révolution francaise et le proletariat rural”, 121 - 122, 可以看到他引用了很长一段 Barère的演讲。

④ Mathiez 在 *Vie chère*, 73 引用过。

⑤ Albert Mathiez, 1874 - 1932, 法国历史学家，以研究法国大革命史而著称。——译者

念的说法：国家有义务做到让大多数不那么幸运的公民都免于饥饿，这一义务在个人权利和财产利益之上。

多利威尔为愤怒农民采取的暴力行动进行辩护，又对财产权进行攻击，这一做法使立法会议大为震惊。但是，罗伯斯比尔却挺身为这个牧师辩护，这既预示了他后来在恐怖时期的行为，又与其在恐怖时期的行为形成反差。罗伯斯比尔对贪婪的资产阶级进行整体攻击，他认为这些资产阶级只是把大革命看作自己取代贵族和神职人员的手段而已，他们对自己财富的捍卫与特权阶级对自己出身的捍卫如出一辙。①因此看来，这些极端激进主义的思想与罗伯斯比尔所代表的小财产所有者的思想还是不乏相投的志趣。

在攻打杜伊勒里花园之后，上述思想也在法国其他地方到处出现，并不时有人将之付诸实践，但却并没有取得成功。另一个牧师告诉他的教区人员，“资产将变成公有，人们将进入唯一的谷仓里各取所需”。劝人们开设公共商店，各自按需取用物品，并废除货币。与此同时，我们必须明白，当时通货膨胀已经把粮食价格抬得很高了，而且有些农民，自己生产的粮食已经无法满足自己的消费了。那些没有土地的农民当然更无法生产出供自己吃的食物。在其他地方，一个里昂人独自设计并发表了一种极为详尽的将生活必需品国有化的制度。这种制度规定由国家以固定价格收购粮食，然后保证农民不受市场起伏的影响，将粮食储存在国有粮仓中，另外以固定的价格来分配面包。这一概念与当下的“常平仓”制度相类似，尽管后者是用来应对生产过剩而不是短缺的。

还有人发布了宗教性更强的小册子，它呼吁耶和华对傲慢的富人进行谴责，并以耶和华的名义进行祈求：“法兰克农民的法律！”这

---

① 关于 Dolivier 的故事，参见 Mathiez，*Vie chére*，66 关于其谋杀事件，以及 72－76 关于 Dolivier 本人的记录。

个小册子的作者像英国清教徒革命时的激进派一样，回望神秘的过去，试图证明历史上高卢人和日耳曼人每年都会重新分配他们的土地。①

不难看出，有一些恒定不变的主题贯穿所有这些激进的农民抗议。首先，农民们要么寻求完全废除所有私有财产，要么按照平等的原则对私有财产进行严格限制。其次，农民们建议采取措施防止对市场的人为操纵，比如建立粮仓以及在本地和全国范围的粮仓之间自由地调配粮食。而城镇里的人也许更倾向于在显眼的地方放上断头台，用这种威慑办法从那些贪婪吝啬之辈手中夺取生活必需品。②导致后来城乡对立的种子就这样埋下了。农民激进主义显然不仅是为了应对当时被扰乱了的社会秩序，而且也是为了应对资本主义对农村的侵蚀，能认识到这一点就足够了。总体而言，激进主义思想所针对的对象是那些通过操纵市场而敛取钱财的群体。人们连获得最基本的生活必需品都显得那么昂贵和艰难。在对这些基本问题的看法上，贫穷的农民和相对富裕一些的农民都会认同城镇里的无套裤汉。只要这些群体的利益汇合在一起，激进派就能以私有财产和人权的名义确保革命的继续进行。正如我们在1789年7月14日和8月4日发生的两个事件的关联中所看到的那样，资产阶级革命也需要激进派革命的帮助。到某一时间节点，资产阶级革命和激进派革命——实际上这两股主要、同时又是比较容易区分的潮流是由若干个小规模的革命融合而成的——能够齐心协力、相互促进。但是从根本上讲，这两种革命是不相容的，原因在于各自对财产的态度是不相容的，也就是有产者和无

① Mathiez, *Vie chère*, 90－94. 作者所引用的恺撒和塔西佗的话语表明他自己不可能是一个农民。在另一方面，似乎很显然，农民中盛行的平等主义的做法(例如公共放牧地)以及对这些做法的攻击必然会推动人们去寻找这些历史先例的合法性。

② Mathiez, *Vie chère*, 91－92.

产者之间的不相容。①当激进派开始与有产者分裂，使后者不再需要前者的帮助，大革命则戛然而止。我们在第三阶段必须对激进派和有产者之间的最后联合和分离过程加以分析。

最后一次的激进行动，跟之前一样，从1793年5月末巴黎民众的起义开始。这也是一次面对真正的危险而采取的惩罚性行动。迪穆里埃将军战败后向奥地利投降。他跟奥地利人达成了停战协定，其目的是向巴黎进军，把路易十七推上王位，恢复1791年宪法。②保皇主义叛乱正在旺代酝酿。马赛因反对无套裤汉而成为受害者，里昂因反对雅各宾派起义而成为受害者，这两个城市都脱离了革命者的控制。③五月起义本身是个精密策划的事件，起义当天是“大革命进程中组织得最好的一天”，使罗伯斯比尔领导的资产阶级激进派在与吉伦特派的斗争中处于上风。④

随着全国各地的农民激进主义开始显现，巴黎穷人中的激进主义思想也在此时明确地表达了出来。吉伦特派试图在战争和革命当中平衡供求关系，推行不干预食物价格的自由政策，然而这么做的结果却使小手工业者、熟练工人、一般工人和巴黎的各种流动人口(即无套裤汉)一起陷入悲惨的境地。通货膨胀使情况变得更糟，它实际上是将战争成本转嫁到穷人身上的一种方式。⑤到1793年1月，甚至连吉伦特

① 把城市无套裤汉叫做这一法国历史时期的无产阶级或者甚至是无产阶级原型，正如Guérin在*Lutte de classes*中所做的那样，在我看来是相当误导人的。激进的推动力主要来自被挤出了历史舞台的一系列阶层，这是现代革命特有的一个现象，正如我希望接下来将会展示的那样。不去努力用更可靠的解释来替代Guérin的错误观点而只是批评它，这成了一种时尚。我发现这些批评有些小人之见，我愿意公开表达对Guérin的谢意。如果没有他的著作和Mathiez的*Vie chère*，我是不可能写下这些章节的。

② Lefebvre, *Révolution francaise*, 334.

③ Lefebvre, *Révolution francaise*, 340.

④ Lefebvre, *Révolution francaise*, 340－342.

⑤ 正如Mathiez, *Vie chère*, 613指出的那样，纸币的通货膨胀方面，小老百姓承担的革命成本与牧师和流亡者承担的一样多。

派的领导人都不得不承认小麦价格是不会自发地下降的。[1]

在上述情况下，雅克·鲁(Jacques Roux)和自称“狂人”的一个群体开始引起巴黎人的注意。他们的思想比前面提到的农民激进派的思想还要简单，只有两个主张：1）商业自由只有利于投机者，却给穷人带来了极大的痛苦；2）有必要采取武力消灭投机现象。这些主张中也明显存在着倒退的倾向。1793 年 6 月的某一天，雅克·鲁在国民大会上将人们在旧有政权下轻松自在的生活与人们在本应代表自己利益的革命中所普遍遭受的灾难进行对比。在他看来，过去父权主义的监管让穷人得以不用花费三倍的价钱来获取生活必需品，对这些美好往日的逝去，他深表遗憾。除了上述两个主张，鲁主张的计划，如果可以称作为计划的话，并无法真正推行。但是，他的言辞本身就是对财产权和整个大革命的合法性的攻击，这当然也需要很大的勇气。[2]

此刻，农村和城市的激进派都仇视从大革命中获利的富人，也对市场的动荡不定表示不满。马蒂耶的报告中有一个关于 1793 年 5 月 31 日起义的重要细节，这一细节可以被看作是城市和农村激进主义寻求共同目标的证据之一。几个月以前，来自 83 个郡的联合代表来到巴黎。尽管吉伦特派领导人希望在其反对巴黎公社和蒙塔涅的斗争中利用这一团体，但这些代表们却受到了“狂人”的影响。[3]吉伦特派希望加以利用的外省人那么容易被这种思想所影响，这一点显示从总体上讲，反对资本主义的激进力量当时还是相当强大的。

也许正是因为这个原因，在 1793 年 5 月 31 日起义之后不久，蒙塔涅就发现向农民做出重要让步是明智之举。6 月 3 日，政府颁布了一个法令，允许将没收的流亡者财产划成小单元后出售，购买者可以分 10

---

① Mathiez, *Vie chère*, 113.

② Mathiez, *Vie chère*, 212, 218, 大量引用了 Roux 的说法。关于社会构成和无套裤汉的期望，更详细的分析请参见 Soboul, *Sans-culottes*, esp pt II。

③ Mathiez, *Vie chère*, 120－121.

年支付；6月10日，允许居民按人头划分乡村公地（这一措施是否得以实施，我们不得而知）；7月17日废除了残存的庄园主权利，并不需要给予补偿。①总结一下这次起义和相关事件的意义，我们可以看到城市的激进派和农民的这种组合虽然看上去并不协调，但是两者仍然在一起并肩作战，而资产阶级革命却在激进派施加的压力下急剧左转，放弃了温和的革命形式（其中戏剧性的一幕是6月2日有31个吉伦特派代表被逮捕）。

民众的叛乱使很多事情变得可能，包括促进一个充满冒险精神的英雄时代的到来，推动了革命恐怖和所谓的公共安全委员会的专制统治，他们建立新的军队，将反法联盟驱逐回莱茵河对岸并且击溃了旺代的反革命力量。当然，实际上，用20世纪的标准来看，公共安全委员会的专制统治相当原始、摇摇欲坠。由于通讯和交通技术的落后，阻止了委员会对经济的集权化控制，它也没有在全国范围内对消费采取配给制。②无法对粮食进行配给最终成为无套裤汉不支持罗伯斯比尔的一个主要原因。在农业方面，关键的问题是首先将粮食供给军队，其次是巴黎和大城市，最后才是确保从有盈余的地区向短缺地区供应。地区之间的粮食流动是长期困扰旧时代的一个难题，在新的革命条件下仍然没有得到解决。为了解决这一系列问题，革命政府推行了物资征用和价格管制措施。在很多情况下，征用不过是向邻近的省份或者驻扎在附近的军队转嫁负担。③管辖权的冲突继续困扰着委员会非常复杂的行政系统，公共安全委员会的代表通常都是站在当地利益群体的一边，反对巴黎和大革命的利益群体。④可是，尽管面临很

---

① Lefebvre, *Révolution francaise*, 344; Cobban, *Social Interpretation*, 117.

② Lefebvre, *Paysans du Nord*, 647. 关于委员会的控制计划，请参见Mathiez, *Vie chère*, pt III, chap III精彩的概要描述。

③ Mathiez, *Vie chère*, 479.

④ Mathiez, *Vie chère*, 464－470, 477.

大的抵制和骚乱，这一制度尚能运转，确保了城市和军队的粮食，挽救了革命，并防止了饥荒的发生。爱国主义和革命激情最终战胜了经济自由主义领导人的良知和顾虑。①

尽管有这些信念，但是紧急状况所带来的压力还是导致委员会进行了一些带有社会主义性质的零散实验，将这些实验看成20世纪集体农场的先例是有意义的。曾经有人提出要把从流亡者那里没收来的大地产变成国家农场或者某种形式的公社事业，以便为城市提供生活必需品。②作为1793年8月23日法令规定的全国性征用计划的一部分，政府试图让那些得到没收地产的人们将农产品上交给国家的储藏室，即大粮仓，以便将农民激进主义的一个重要主张付诸实施，尽管这种做法并不是有意为之或深思熟虑的。可惜的是，这一尝试最终还是失败了。③

富裕农民会有超过自己需求的盈余，所以他们最真切地感受到了公共安全委员会进行的控制对他们所造成的影响，成为抵抗委员会力量的主要来源。早在1790年(当教士公民组织法实行的时候)，反对教权的立法就已经让一些农民很是不安了，但是直到1793－1794年实行的食物供给的紧急措施才让更多农民起来反对大革命。农民负责粮食生产，要躲避价格管制制度，还是很容易的。尽管当时政府不允许进行私下交易，但是如果农民真的这么做了，也不会遇到什么真正的风险。旧政权迫使农民将粮食卖到市场上去的做法不复存在了。④为了应对农民对价格管制的躲避，以及满足当时政府自身的需要，政府加强了对农民的控制。政府开始征用农民的粮食，只允许农民为维持家

① Mathiez, *Vie chère*, 483－484.

② Mathiez, *Vie chère*, 436, 423－425.

③ Mathiez, *Vie chère*, 462, 464.

④ Lefebvre, *Paysans du Nord*, 648, 671. 尽管Lefebvre的信息只是来自北方，但是这些情形很可能已经蔓延到了很多地方。

庭生活需要和种子留存而保留一定的粮食。这种管制措施具有一定的弹性，农民可以在任何可行的情况下钻空子。所以国民大会很快就在雾月 25 日(1793 年 11 月 15 日)禁止家庭留存粮食。①在乡村，政府竭力收购所有的粮食，强迫农民按既定的渠道和价格销售粮食，在推行这种做法时，政府公然不顾牧师的反对，使用暴力胁迫，从而使这些做法不太像战时临时措施。到了大革命的激进阶段，这些行为对保守农民来说是一个沉重的打击，尽管这一打击维持的时间不长而且是零星发生的。②其中最坏的情况是，城镇游民和“外来者”(通常比君主制时期的行政管理人员和税收人员更加残忍)是政府在农村的主要代理人，他们甚至还会得到革命军队的帮助。在“恐怖统治”的高潮时期(即 1793 年 9 月 15 日实施了普遍最高价和 1794 年 3 月 24 日处决了包括埃贝尔在内的无套裤汉领导人的这两个时间点之间)政府允许建立“革命军队”，其目的更多地是征集粮食而不是与敌人作战。③

激进阶段一个具有决定意义的明显事实是：城市无套裤汉能够推动雅各宾派领导人制定挽救大革命的政策，但是这种政策的代价却是将农民推向了大革命的反面。如果巴黎政府在反对富裕农民的进程中始终能够获得贫苦农民的支持的话，激进阶段或许还会延续更长时间。但是，政府在实施价格管控上表现出的能力和意愿都比较有限，从而未能使贫苦农民和富裕农民形成对立。农产品价格飞升，给那些

① Mathiez， *Vie chère*， 471. 在这里和其他地方括号里的日期，是与大革命日历相对应的公历日期，代表的是我利用 Soboul 在 *Sans-culottes* 的 1159 - 1160 页里所提供的日期计算出来的。研究法国大革命的历史学家有一个很不好的习惯，那就是在给出日期时从来就不注明年份，他们这样做只是根据大革命时期的日历，因此出现疏漏的可能性还是非常大的。

② Lefebvre， *Paysans du Nord*， 846 - 847.

③ Guerin， *Lutte de classes*， I， 166 - 168， 189 - 191. 根据 Cobb， *Armées révolutionnaire*， II， 403， 在盛产谷物的区域，抵抗是最为强烈的。在其他地区，军队经常受到热烈欢迎，因为他们能够将投机分子、富裕商人和农场主绳之以法。但是，Cobb 的主要信息更多地是在关注小城镇里民众的反应，而不是农民本身的反应。

没有太多剩余农产品可以销售的小块土地所有者和需要购买部分食物的农业工人带来了严重的影响。这些人在动乱严重时期所受到的伤害最深。根据勒菲弗对法国北方所进行的详细而全面的研究，在一段时间里，上述群体尚能容忍所遭遇到的困难，因为面包的价格还没有像工资涨得那么快。勒菲弗认为，到 1793 年，这些群体与城镇居民相比，其生活变得更加艰难困苦。①在北方以外的农村地区，普遍存在着的困境使这些群体主动疏远了大革命的激进派，这样农村激进主义就丧失了其根源。

在罗伯斯比尔和圣鞠斯特于 1794 年 3 月，即无套裤汉领导人被处决之前所提出的措施中，就显示出他们已经意识到需要向贫苦农民妥协来获得后者对政府的支持。关于他们这时提出的被称为“风月法令”的建议②到底是不是一种政治伎俩，仍存在争议。这一插曲所展示的是罗伯斯比尔和圣鞠斯特对于农民问题所知甚少，他们提出的建议根本无法满足农民的要求，其实农民的要求都已经在请愿书上表达清楚了，革命领导人本应对其大概内容有所了解。③可惜的是，就算罗伯斯比尔和圣鞠斯特想要有所作为，能让他们施展的余地也所剩无几了。首先，从旧统治者那里没收来的土地已经无法满足穷人的需要。另外，以宽松的条件将土地分给少地或者无地的农民则将会进一步贬低纸币的价值。④如果不以阻止资产阶级和资本主义革命的滚滚车轮为代价，贫苦农民所表达出的愿望根本就不可能得到满足。事实是，就算罗伯斯比尔和圣鞠斯特提出的相对温和的建议也遭到了国民大会和公共安全委员会的强烈反对，最终不了了之。

这样，在革命的激进阶段，城市无套裤汉的需求和梦想最终与全

① Lefebvre, *Paysans du Nord*, 673, 678, 651 - 652, 702.
② Lefebvre, *Questions agraires*, 1 - 3, 43 - 45.
③ Lefebvre, *Questions agraires*, 57, 129.
④ Lefebvre, *Questions agraires*, 55. 同时参见他的 *Paysans du Nord*, 915。

国各阶层产生了直接而公开的冲突。这种冲突所体现出的主要症状是，城市和农村的商品交换情况每况愈下，特别是农村对城市的供应，这一问题对于后来俄国革命的走向和结果同样产生了很大的影响。因为反对无套裤汉组织对农村的侵入，农民不断减少对城市的供给，使得1793－1794年冬季巴黎无套裤汉的经济状况急剧恶化。①在对埃贝尔进行审判的时候，政府的一份调查显示农民不再给巴黎提供粮食，因为城里人都跑到农村高价购买农产品。显然，只有有钱的巴黎人才能这么做。另一方面农民也抱怨去巴黎没有用，因为他们无法得到自己想要的东西。②这一情形也不局限于巴黎。在法国其他地方，城市也将陌生人挡在外面，乡村的商贩们发现他们从城里根本买不到所需要的东西。③

马克思主义历史学家提出了资产阶级革命是无法满足巴黎无套裤汉的要求的这一论断，以此来解释激进革命最终为何失败以及罗伯斯比尔的戏剧性倒台。④尽管这一解释有一定的启发意义，但是在我看来，它显得过于形而上，而且是片面的。无套裤汉确实没有起来保卫罗伯斯比尔，而罗伯斯比尔在危机中其实也没有真的寻求过他们的帮助，尽管当时有人试图呼吁无套裤汉去帮助罗伯斯比尔。罗伯斯比尔遭到了无套裤汉的厌恶显然是其倒台的直接原因。罗伯斯比尔的民众基础瞬间蒸发了。但是，这一民众基础为什么会突然蒸发了呢？就这个问题来谈资产阶级革命和更加激进的革命之间的冲突会把问题混淆起来。罗伯斯比尔和公共安全委员会虽然代表私有财产的利益，但他们也表现出突破革命局限的强烈意愿。问题是他们推行的政策尽管可

---

① Lefebvre, *Révolution francaise*, 373－374; Soboul, *Sans-culottes*, 1029.

② Mathiez, *Vie chère*, 557.

③ Lefebvre, *Paysans du Nord*, 652, 672.

④ Guérin, *Lutte de classes*, II, chap XIV; Soboul, *Sans-culottes*, 1025－1035, 更为具体、更有洞察力。

以确保军事上的胜利，但是却造成了农村与城市穷人之间的直接冲突，而且加剧而不是减轻了城市居民的悲惨境遇。

实际上，无套裤汉的革命干劲并没有因为罗伯斯比尔被处决而消散。热月革命以及经济控制解除之后，巴黎穷人的物质状况进一步恶化了。1795 年春天，他们起而暴动，这次暴动也许比 1789 年 7 月 14 日、1792 年 8 月 10 日和 1793 年 5 月 31 日这几次起义的暴力程度更深。暴徒们闯入国民议会大厅，杀死一个议会议员，并把他的头吊在一支长枪头上。①但是，民众的这种革命激情并没有产生任何正面结果。农村拒绝向巴黎作出让步。革命政府也没有任何理由向激进主义作出让步。没有了国王这个障碍，贵族似乎也不再是障碍，革命军队又在前线打了胜仗。所以维护秩序和财产的力量利用军队(他们第一次开始对抗民众起义)压制了无套裤汉的最后一次强力冲击。②之后对无套裤汉们的镇压引发了白色恐怖。不管城市多么激进，如果没有农民的帮助它将一事无成。激进革命就此宣告结束。

6. 旺代省：农民反抗革命

让我们在开始检视激进动力对法国大革命造成的总体影响之前，先分析一下著名的旺代反革命运动中，农民进行的暴力抵抗。底层农民的暴力抵抗并没有经过太多时间的准备，1793 年 3 月战争的怒火迅速燎原，时断时续，直到 1796 年才结束。在随后产生的政治危机，例如 1815 年拿破仑的失败以及 1832 年君主政体拥护者计划不周的起义中，类似的抵抗再次发生过，只不过暴力程度不如以往。旺代的反革命暴动直至今日仍然是一个大家津津乐道的话题，因为它是唯一一次

---

① Guérin, *Lutte de classes*, II, 330-331.

② Guérin, *Lutte de classes*, II, 331-338; Lefebvre, *Révolution francaise*, 426-428.

以我们通常所说的左翼力量为直接对抗对象的大规模农民起义。农民起义者在斗争中高喊着："国王万岁！神父万岁！还我国王，还我神父，还我政权！"①在这些自发的起义中，农民尽管接受贵族对他们的领导，但同时他们却没有喊出"还我贵族"，这一点值得关注。对此进行深入了解之后，我们就能看出农民革命也体现出明显的保守性，这似乎是一个悖论。反革命暴动的主要动力是那些资本主义的反对者，他们反对城镇附近和散布在旺代中心区域的贸易商和制造商。旺代的反革命暴动以暴力对抗的形式拒绝资本主义势力对当地的入侵，这让人联想起20世纪共产党取得胜利之前推翻俄国和中国旧政权的民众力量。

马克思主义的反资本主义运动兴起之前的时代，法国自有法国的具体特征。正如我们已经看到的那样，反资本主义在法国乡村是一支强有力的力量。究竟是哪些因素允许并激励它在此以一种实际上的反革命形式爆发出来的呢？

为了找到这个问题的答案，有两个学者深入地研究了法国社会在旺代地区与仍然坚持革命的临近地区之间是否存在差异以及这些差异究竟是如何体现的。②这两个学者的研究令人信服地证明，这些差异确实存在。在反革命地区，农业尚未开始商业化。农民居住的村落，其周围并不是由典型的条块状土地组成的公地，而是孤零零的单个农场或者是散落着的小村庄，农民所耕种的土地是栅栏围成的地块，农业技术一直停滞不前。贵族占有了一半多的土地，但他们基本上不住在这里。而在相邻的"爱国的"和革命者的地区，农业商品化盛行，其影响日渐渗透到集居村庄和公地中。贵族虽然很多，但其影响力并

① Tilly, *Vendée*, 317.

② Tilly, *Vendée*; Bois, *Paysans de l'Ouest*. Tilly 的专著聚焦于南部安茹的反革命暴动地区和爱国者区域之间的差异；Bois 的专著则聚焦于萨尔特省的相对应的差异。两者都代表了历史和社会学方法论的汇合。

不太大。

根据现在掌握的信息，我们有可能相对完整地描绘出旺代的社会状况以及它与那些忠于革命的邻近地区的差异了。但是，社会结构方面的这些差异真的能够给我们提供答案吗？对此我深感疑虑。如果这些信息确实能够证实这两个地区的相互关系中存在着一种本质冲突的话，那么我们的问题就能得到解答。例如，如果有证据表明更为商业化的革命地区需要更多的土地因而觊觎并侵占旺代的土地，那么就比较容易相信两者之间迟早会发生非常激烈的斗争。但是，研究这个问题的那些人并没有试图给出这样的结论。文献给我们展示的只是差异的存在和冲突的事实而已。这两者之间的关联，也就是说不同的社会形式与反革命暴动之间的关联，至少在我看来是模糊不清的。①在下一章中，当我们试图理解美国内战时期的种植园奴隶制和工业资本主义之间的关联的时候，我们将在更大的范围内遇到类似的问题：单靠社会和经济差异本身并不能为冲突提供解释。

就旺代这个案例而言，一般的反思就能显示该地区的社会趋势和反革命暴动之间存在着两种可能的关联。很自然，我们可以推测在这个特定地区，贵族对农民施加的负担要比其他地方轻很多。同样，我们也可以推测，不管是旺代还是临近的革命地区，贸易和制造业的逐渐发展会进一步造成城镇市民对底层民众的压迫和打击。然而这两个推测中的任何一个都无法找到足够的证据来支撑。事实上，能找到的证据在很大程度上恰恰指向相反的方向。

不管其来源如何，所有资料都强调旺代地区的孤立性，因为它地

① Bois，*Paysans de l'Ouest*，（Book III）试图比 Tilly 更为清晰地把社会差异和政治行为关联起来。但是，“农耕社区的社会特性”究竟带来了什么样的政治结果仍然是一个谜。在这里以及在任何其他地方，我都无意要弄手段来在辛勤工作的研究者的结果上戳出逻辑的破绽。对其他人的研究（与纯粹的总结和复制完全相反）迟早都会提出超越其显性答案的问题。然而正是由于他们的辛勤劳动才使认识这些问题成为可能。

处偏远，接触不到推动法国现代化的主要力量，即君主制和商业潮流。因此在旺代地区，不容易出现通常的商业渗透及其可能造成的社会不满。旺代的纺织业分布于其中心区域的各个城镇，制造精细亚麻布供应旺代以外的市场。1789 年之前，纺织业出现过一次严重的萧条，给当地的编织工造成了很大的打击。有迹象表明有些编织工因此变得极为仇视资产阶级。但是，关于编织工的证据是混沌不清而且自相矛盾的。①而且，他们与农民——民众中的大多数——之间几乎不存在什么关联。旺代的农民与法国其他地方不同，并没有参与手工业劳动来贴补他们的日常收入。一个人不可能既是农民又是编织工。整体而言，当地的商业经济与农业经济并存，两者之间并不会发生太多的关联。说资产阶级对这个地区的农村造成了剥削会让所有证据失真。城镇里富裕的资产阶级家庭最多不过就是购买了一些土地而已。在旺代的某些地区，这种土地买卖的规模并不小。②另一方面，在法国很多地区，土地买卖都很盛行，但是并没有导致反革命暴动。总而言之，在法国大革命爆发之前，用城镇居民和农民之间的关系来解释 1793 年的血腥事件是比较牵强的。之后发生的一切则另当别论。

至于说领主给农民造成了多大的负担，这是一件更难评估的事情。在旺代，贵族拥有反革命暴动中心区域的大量土地，所占比例高达 60%。③但是，绝大多数贵族平常并不住在自己拥有的土地上。有人认为，是农民对那些与自己待在一起过着乡村生活的贵族的忠诚最终促使农民举起了反革命的大旗，当今的研究已经推翻了这种看法。④当时旺代的贵族，其收入主要是来自农民缴付的地租。许多贵

① Tilly, *Vendée*, 136 - 137, 219 - 224; Bois, *Paysans de l'Ouest*, 620 - 621.

② Tilly, *Vendée*, 54, 55, 71, 81, 144; Bois, *Paysans de l'Ouest*, 628 - 629.

③ Tilly, *Vendée*, 74 - 75.

④ Tilly, *Vendée*, 77, 119 - 120.

族会雇用全职的中间人，也就是资产阶级(这种情况几乎不可能造成农民因此而对资产阶级产生极度敌意，因为这种情况在法国其他地区比比皆是)。至于在旧政权的后期岁月里，贵族是否抬高了地租，那就不得而知了。尽管旺代那些不居住在土地上的贵族对固定收入更感兴趣，但是很难看出有什么原因让他们比其他地区那些不居住在土地上的贵族少受炫耀性消费的诱惑。有一些迹象表明旺代的领主也受到了诱惑因而抬高了地租。①

有一个证据似乎反映出了旺代地区的农民负担更轻一些：从1789年的历史记录来看，旺代反革命暴动区域与临近革命地区相比，对纯粹“封建性”问题的抱怨反而更少。在另一方面，正如蒂莉②所谨慎指出的那样，这一事实只是意味着那些敢于批判贵族特权的群体向来是人微言轻，因而其意见不太可能被记录下来。换句话说，批判者也可能因为长期处于地主及其代理人的阴影之下而不太愿意直言不讳。实际上存在着的大量不满言行并没有保存下来，而且，在与旧政权密切相关的其他方面，历史记录并没有明确表明当地确实不存在任何的不满。事实上，当时各种的抱怨在旺代都可能出现过。③

至今为止，很少有证据表明在旺代反革命暴动地区，农民需要承担的责任更轻，至少就严格意义上的经济负担而言。如我们上文指出的那样，旧时代学者经常强调旺代和其他地区存在的一个主要差异，即该地区的贵族会和农民共同生活、共享同一个文化观念，这显然是一个幻象。可是，在旺代反革命暴动地区的农业关系中，确实存在一个明显的差异，这种差异可能为我们提供一个合理的解释。

在邻近的爱国者地区，乡村面积相对更大，农民在块状布局的公地上耕种，而旺代反革命暴动地区则完全不同，其核心是被圈起了的

① Tilly, *Vendée*, 122–123, 125, 131.

② Charles Tilly, 1929–2008，美国历史学家。——译者

③ Tilly, *Vendée*, 177–183.

土地。在我所研究过的文献中并没有出现这里发生的圈地运动的确切时间和原因。但是有一点我们很清楚，这种分散型农场制度在大革命爆发之前已是长时间存在的既定秩序。农民从贵族那里租赁农场，通常能够租赁到20－40公顷的土地，根据法国的标准这一面积不算小，当然也有农民会租赁相对小一些的土地。当时的主要农作物是黑麦这一主食。租赁期分5年、7年或9年。尽管这些人都属于土地租赁人而非所有者，但是那些大型农场主要求地主续约是非常容易的，而农村的政治局面就是由他们来维护的。通常，他们的家族会世世代代地租赁同一块土地。①

我认为，上述事实的政治意义是，在反对革命的旺代地区，有一些上层农民已经享受到了拥有土地私有财产的一些好处。他们可以不受制于乡村的集体决定，自由支配犁地、播种、收获以及收获结束后在田地里放牧牛群的时间。而且，如果不出意外，他还可以把土地传给下一代。旺代农民固守的个人主义和独立性可能并不只是在文学作品中有所体现，它深深地植根于农村的社会秩序中，乡村财产几乎已经完全私有化了，村民们分散地居住着。在很多情况下，一个人可能会长时间见不到自己的邻居。②如果这些农民所遇到的革命浪潮是以无需承担任何义务就能拥有私有财产为名义，从而使得他们意识到革命了就可以不必再向贵族支付地租，那么我们就有理由认为他们应该不会拒绝这样的革命。但是除此之外，农民们还能指望从这样的革命中得到什么呢？值得注意的是，在农民之下并没有多少渴望获得土地、几乎称得上是无产阶级的农业劳动力，他们在革命到来的时候可以把革命推向激进的一面。③相反，如果革命无法将地租免掉，却从农民那里拿走比旧秩序时更多的税收的话，那么接下来将要发生的一

---

① Tilly, *Vendée*, 67－68, 114－115, 121, 125.

② Bois, *Paysans de l'Ouest*, 610－617.

③ Tilly, *Vendée*, 79.

切不就不言而喻了吗？如果革命还促成资产阶级大量地侵吞土地，农民又能指望发生什么呢？最后，如果革命事实上是在全面地攻击农民社会，情况又会怎么样呢？

而这些恰恰就是所发生的事情。

地租是土地财产的一种“资产阶级”形式，到了旺代发生反革命暴动的时候甚至之后一直存在。当革命时代发行的纸币开始贬值，地主就转而以货物的形式收取地租，可能还借此抬高地租。更严格意义上的“封建”义务的消除似乎并没有给农民带来好处。当什一税被取消后，地主的应对方式就是直接提高地租。①革命政府征收的税收比旧政权征收的要多得多。理论上，革命政府是希望由地主来承担这一负担的，但实际上有证据表明地主将负担直接转嫁给了佃农。②但是，革命时期的税收政策也许还不能算是决定性的因素，因为在法国其他地区，同样的事情也在发生。旺代的特殊性在于革命对神职人员的打击，这是影响最大的因素，因为这反映出革命是在对经济、政治和社会同时进行攻击。

1790年旺代地方政府被迫重组是这次攻击进程的一个阶段，结果是新选出了一个官员出身的市长来作为本地社区组织，即公社的发言人。而过去在很多情况下，当地居民都一直是选举牧师作为市长的。牧师是旺代“理所当然的”领导人，因为当地社会是由孤立的农场房屋和分散的小村庄组成的，而牧师恰巧处于松散合作关系的中心地位。宗教事务显然能够使旺代的农民有机会集合在一起，这种情形完全不同于其他农村中农民们每天低头不见抬头见的普遍情形。旺代每一个村民所归属的各种正式组织——学校、兄弟会、教区委员会、慈善团体还包括教堂本身——都与宗教息息相关，牧师掌管领主拨出的

---

① Bois, *Paysans de l'Ouest*, 628－633；Tilly, *Vendée*, 201.

② Bois, *Paysans de l'Ouest*, 632－633.

善款。即使是革命早期，牧师仍然是管理公社内部事务的主人。①但是，如果援引旺代农民特殊的宗教情绪来解释他们追随牧师反对革命这一事实来看待这一形势，也是错误的。在这里，农民可能会表现出强烈的宗教情绪。但是，如果事实果真如此，那么除了牧师在这一独特的农村社会中担当了一个特殊的角色、做了许多村民希望他去做的事情之外，还能找出什么因素维持住这些情绪？攻击牧师事实上就是攻击了农村社会的核心。

革命对牧师的主要攻击就是没收了教会的财产，而且要求牧师遵照民法对神职人员的规定效忠于法国新政府。在这一地区，从 1790 年开始，就可以看出攻击牧师所造成的影响，因为农民对公社的攻击也发生于这一时刻。资产阶级通过强制拍卖教会财产攫取了大量土地。富裕一些的农民也曾试图从中分一杯羹，但是一无所获。很多购地者并不是外乡人，而是旺代本地的商人、公证人和官员，是他们在当地推行大革命的改革措施，结果使得农村社区发生了翻天覆地的变化。②土地被剥夺是重要因素，但是尚无理由认为它就是决定性的因素。旺代中心区域的牧师，虽然还能算得上有钱，但主要依靠的仍然是什一税。③因此，对于那些看得见摸得着的土地大片被掠夺，农民是不可能坐视不管的。

决定性的因素其实是要求牧师效忠于革命政府，如果他拒绝的话，革命政权就想尽一切办法用外来者取代他。效忠之举是于 1791 年在这个区域推行的。实际上，在反革命暴动爆发的中心区域，所有的神职人员都拒绝效忠，而在临近的爱国者区域，拒绝效忠的神职人员

① Tilly, *Vendée*, 103 - 110, 155; Bois, *Paysans de l'Ouest*, 614 - 615.

② Tilly, *Vendée*, 232, 206, 211 - 212; Bois, *Paysans de l'Ouest*, 650. 在 Bois 所研究的区域，资产阶级外来者是这些财产之争的胜利者。

③ Tilly, *Vendée*, 105.

还不到一半。①从外面委派来的效忠于新政府的新牧师不久就发现，他们自己面临的情况，往好里说就是孤立于充满敌意的人群，往坏里说就可能会面临严重的人身危险。同时，当地的民众纷纷聚集，形成许多秘密组织，有的利用密闭的被废弃的教堂，更多的是在当地爱国者们无法找到他们的谷仓和开放的田地上进行秘密集会。民众积极参与各种秘密活动。②这就完全脱离了法制。虽然表面上没有发生任何变化，当地社会却一下子从常态变成了反革命状态。1793 年推行的强制征兵措施只不过是往大火里添了一把小柴火而已。我们的这个故事到这里就结束了。

在革命、反革命以及内战中有一个重要关头，正是在那时，人们突然意识到，他们已经不可避免地被从自己所了解并且生活了一辈子的世界抛离。在不同的阶层和个人看来，现存制度土崩瓦解和富有挑战性的突变的到来时间是不尽相同的。还有一些特定的时刻以及特定的决策(攻打皇宫、砍下国王的头颅、反过来推翻一个革命独裁者)，出现之后再也没有回头路可走了。发生了上述历史事件之后，这些前所未有的罪行反倒为新政权的合法性奠定了基础。此时多数的社会阶层已经被纳入了新的社会秩序中。

上述就是旺代反革命暴动的特征，这些特征也体现在其他暴力的社会动乱之中，尽管后者通常只是在教区或者是公社等小范围内发生的。旺代反革命暴动看上去一个更加独特的特征是，农村现存的社会秩序从大家都接受的合法秩序直接转变成为反叛的基础。我在文献中并没有找到证据表明在旺代这段历史中存在着这样两个过程：一是旧社会分化出大批游民和革命暴徒，二是相应地形成新的革命组织和新的统一局面。但是，这两个过程却被后来的共产主义者所利用，通过

① 参见 Tilly，*Vendée*，238，240 的地图。
② Tilly，*Vendée*，252 - 257.

不断试错的办法实现了自己的目的。旺代反革命的许多特征预示着资本主义冲击前现代农民社会时将会发生的事情。我们也许可以忽略有关具体斗争的描述，因为此前发生的一切已经包含了我们研究这一问题获得的主要启示。我们完全可以说，对反革命的镇压在法国大革命这一长剧中是最为血腥的一幕。接下来，让我们概括地评估一下革命恐怖时期，农民采取了怎样的报复行动，又遭遇到了什么样的报复，造成了多么大的悲剧和伤亡。

7. 革命恐怖时期的社会后果

恐怖时期和法国大革命在整体上强有力地推动了西方政治思想中一个具有极大影响力的思潮的形成，该思潮对任何形式的政治暴力都敬而远之。许多受过教育的当代人仍会把恐怖时期看成是一个暴徒的暴力恶魔式爆发的阶段，这些暴徒不分青红皂白地选择牺牲品；也有人会将之视为盲目仇恨和极端主义的表现，事实上也是一种特殊的乌托邦式思维模式的行为表现，该模式是 20 世纪极权主义的根源。在此，我希望能够让大家明白，上述认识是一种讽刺画式的曲解。

与任何讽刺画一样，这些认识还是含有一定的真实性的，如果一点真实性都没有，最终形成的印象将毫无现实基础。从九月大屠杀的受害者们——主要都是一些当暴徒冲进监狱时正好被关在监狱里的穷人——身上，我们可以看到民众情绪可以以一种不问青红皂白的突发性报复行为爆发出来。可是，在这一节点上，不能因为心怀恐惧，就不对事情进行冷静的分析；我们有必要去了解事情背后的真正原因。了解当时矛盾的不断激化，以及处于社会秩序最底层的广大民众所受到的屈辱和压迫，我们就能够清楚地知道原因所在。对九月大屠杀只表达愤怒而忘记其背后的恐怖，是一种褊狭的行为。因此这并没有什么不可理解的。当然，从另一方面来说，也有不可理解的地方。在稍后讨论到印度的时候，我们就会清楚地看到，民众承受巨大痛苦这种情形既不总是一定会导致革命暴动的发生，也不一定会造成革命的情形。印度的问题须留待以后再讨论。此刻，我们只要知道民众的绝望和愤怒是针对自己的遭遇所作出的反应就可以了。

恐怖时期要想成为一个有效的政策工具，也就是说能够产生有意义的政治结果，就不得不对民众的影响力加以合理的、集中的控制。这些影响力主要来自无套裤汉。从最开始，大家呼吁使用断头台时，就不只是出于纯粹的愤恨而已。这是为了抗议把民众推向凄惨境地的市场操纵行为，也是为了迫使富裕的投机分子们交出藏匿起来的物品的最原始的一种做法。尽管在一定时间内贫苦农民的情况和要求与城市贫民的情况和要求是并行的，但是 1793 - 1794 年间有组织的恐怖行为，其背后的重要力量并不是农民。农民暴力在法国大革命中确实发挥了决定性的作用，尤其是作为一个推翻封建统治的力量，只是这力量的作用主要体现在革命早期阶段。

随着事态的不断发展，民众和官僚的影响力一方面有融合，一方面也有冲突。罗伯斯比尔和蒙塔涅基本上继续了无套裤汉推行的大部分措施，包括大规模的恐怖统治，试图以此实现自己的目的，并开始将枪口转向对抗民众力量。①基本上，他们这么做是有其道理的。详细的研究表明，恐怖统治主要是用来针对反革命力量的，因此在反革命力量最强大的地方，恐怖统治也最强大。②当然，也存在一些特例和不公正的现象。但是，就其主要特征而言，恐怖统治并不是为了取

① Guérin, *Lutte de classes*, 非常详细地讲述了这个故事。

② Greer, *Incidence of the Terror*. 封面所使用的两张法国地图非常清晰地讲述了这个故事。一张地图展示的是反革命暴动发生和入侵的地区，把从没受到危险冲击的省份到需要采取重大军事行动的内战中的省份进行了等级划分。另外一张地图展示的是处决事件，对从少于 10 次处决的省份到超过 100 次处决的省份进行了等级划分。其关联是极为紧密的，除了巴黎是例外。在我看来，反革命和处决事件之间的关联是反对 Greer 的中心观点的有力证据，他认为法国社会的分裂是垂直的，恐怖统治并不是阶级战争的工具，这个问题在附录里会得到更充分的讨论。

乐而大开杀戒。

在法国，反革命力量有两个根据地，各自的区域特征非常鲜明，一个是旺代，还有一个就是里昂、马赛、土伦和波尔多这些商业和港口城市。这两个反革命中心区域的对照体现出大革命本身的社会特征。法国商业和现代化的影响力在旺代地区最弱，而在南部地区最强。在旺代，正如我们想象得到的那样，恐怖统治造成的受害者数量是最大的。南部的情形则恰好相反，尤其是在里昂，那里的丝织业已经发展到对手工业造成伤害的地步，并且出现了现代无产阶级的雏形。在法国南部很多地区，城镇里的富裕商业人士显示出与贵族和神职人员联手合作的强烈倾向，后者希望将吉伦特和联邦主义运动作为君主制度复辟的切入点。当革命变得越来越激进的时候，好几个城市都出现了拉锯战。里昂、马赛、土伦和波尔多落入更富裕群体手中，他们与特权秩序阶层结盟，转而对抗大革命。而革命政府依靠各地的情形和特性，通过不同的形式收复了这些地区。在波尔多，收复是和平进行的；在里昂，发生了激烈的战斗，后来发展成对恐怖行动的血腥镇压。①然而，在旺代和邻近的港口城市，杀人只是整个红色恐怖运动中一个很小的组成部分。被革命政权处决的接近 17 000 人。我们并不知道这些人当中究竟有多少是死在监狱里，多少是因为别的原因，也不知道究竟其中有多少是真正因为革命而丧生的。据格里尔(Greer)估计，因为革命镇压而丧生的人合计大约有 35 000 到 40 000 个，勒菲弗认为这一猜测是相当合理的，当然实际数字可能会比这大一些。②没有哪个严肃的思想者会否认这样的流血事件确实具有其悲剧性和不公正的一面。但是，在对这一事件进行评估的时候，人们需

---

① 参见 Greer，*Incidence of the Terror*，7，36，101－103，120。Greer 引用了一系列极有价值的关于经济和社会结构的本地专著。

② Greer，*Incidence of the Terror*，26－27，37；Lefebvre，*Révolution francaise*，404－405.

要时刻牢记的是，该事件是对存在压迫的社会秩序的一种回应。当时的社会秩序每一年都造成许多人的死亡，这种死亡完全是不必要的，因而令人感到非常痛心。如果有可能的话，计算一下旧政权时期由于本可以避免的饥馑和不公正因素造成的死亡率，会给我们带来很大的启示。如果我们用格里尔所估计的最低的法国总人口数2 400 万为基准的话，格里尔估算的革命造成的40 000 个受害者占总人口的比例为0.16%，而旧政权造成的上述死亡率很可能高过这个比例。①在我看来，后者的数字会高得多。大家可以对这些数字本身进行争论，但却无法对如下的一个结论进行太多的争论：过分地纠结于革命暴力的恐怖，却忘记了那些“正常”时期的恐怖，这纯粹是褊狭的伪善。

如果读者认为总是纠结于一些无情的统计数字是有些非人性的，那么他们怎么说都没有错。即使这些数字是完美无缺的，它们仍然不能回答一些最重要最难解的问题。革命的恐怖和流血真有必要吗？如果恐怖和流血确实产生了结果的话，那又是些什么样的结果呢？接下来我们可以针对这几个问题做一些讨论。

激进革命也是私有财产和人权革命的一个有机组成部分，因为它在很大程度上是从反面来回应资产阶级革命的。无套裤汉的革命和贫苦农民的抗议中存在的反资本主义因素，反映出的是他们在旧政权后期和大革命时期当资本主义特征逐步扩散到整个经济之后所遭遇到的困苦生活。把激进派视为一个极端组织，是附着在自由的资产阶级革命身上的一个毒瘤，是对事实的无视。资产阶级和激进派是相互依存的。没有来自激进分子的压力，资产阶级革命是不可能走得这么远的，这一点毋庸置疑。正如我们已经看到的那样，有好几次机会，当时的保守派都曾试图终止这场革命。

反对暴力的民主派可能会很快指出，保守派失败了才是真正的悲

① Greer, *Incidence of the Terror*, 109.

剧。让我们继续坚持温和派的观点：如果保守派成功了，如果法国大革命以1689年英国革命所实现的某种妥协而结束的话，那么法国就可以以与英国相同的方式逐渐建立民主，从而避免不必要的流血和随后的动荡。即使这一观点最终是无法得以证明的，但是也仍然值得我们给出答案。针对这一观点的反对意见，我已经相当详细地阐明了：作为基础的法国社会结构，与英国有着根本的差别，因而在一定程度上已经消除了像英国在18世纪和19世纪所经历的和平演变那样的可能性（其实正如我们已经看到的那样，那种演变实际上远非和平）。

一句话，如果法国要通过民主之门进入现代世界，她就不得不穿越大革命的烈火，包括其暴力和激进的方面。在我看来，历史研究可以证明两者之间的关系是非常密切的，当然，只要还存在具有不同理念的历史学家，这种密切程度仍然会引发争论。能够接受这一结论的人会合乎情理地问第二个问题：所有这些流血和暴力究竟给民主制度带来了什么明显的贡献呢？

人们很难像证明英国清教徒革命那样证明在法国大革命中暴力对民主渐进主义的贡献。拿破仑战争本身就使得我们不能给出这样一个解释。另外，研究20世纪法国历史的人指出，法国大革命所残留下来的裂缝正是法国政治制度不稳定的一个主要根源。尽管如此，法国大革命所引发的法国社会的某些变革最终还是有利于议会民主的发展的。

法国大革命沉重地打击了盘根错节的贵族特权：君主制、土地贵族统治和领主特权，这些特权构成了代表旧政权本质的复合体。这种打击是以私有财产和法律面前人人平等的名义进行的。否认法国大革命的主导力量和主要结果是资产阶级和资本主义的，是一种没有抓住问题要害的说法。而反过来认为这是一次资产阶级革命，其依据中也有值得质疑的地方，即他们认为一个强大的代表了工商业利益的群体在18世纪的最后25年间取得了足够的经济力量，为开启一个工业化大发展时代，完全依靠自己摆脱了封建的枷锁。我要说的是，这一观点过度强调了这些利益群体的独立影响力。各种力量共同作用造成的最终结果是建立了一个私有财产的经济制度和一个基于法律面前人人平等的政治制度，这些都是西方议会民主的本质特征；法国大革命是这一总体发展过程中的重要部分。上述真理不能因为我们都很熟悉就加以否认。

比较确定的是，在从 1815 年到 1830 年的复辟时期，波旁王朝的国王重又执政了 15 年，而那些旧时的土地贵族暂时又收回了他们曾经失去的很大一部分土地。根据有些学者的估计，他们收回了法国大革命时期丢失的大约一半的土地财产。土地贵族曾经是法国占主导地位唯一的政治群体，因此如今只是恢复原状而已。他们没有能够与法国中产阶级上层共享权力，没能让这个阶层成为他们的联盟，这是 1830 年法国革命的一个重要原因。由于 1830 年的革命，旧式贵族作为一个具有凝聚力的有效的政治团体从政治舞台上彻底消失了，尽管他们自那以后在很长时间内仍然维持了相当高的社会声望。①

就本书所提出的这些问题而言，摧毁土地贵族拥有的政治权利是法国现代化进程中最重要的一个过程。这一过程可以在很大程度上追溯到法国贵族一直以来对日益商业化的社会中的农业问题所作出的回应。因为这些贵族阶层在建立一个独立的经济基础方面面临困难，因而可以被皇家专制主义驯服和掌控。正如托克维尔很久之前就认识到的那样，法国大革命完成了波旁王朝的任务，即摧毁了可能形成右翼专制政权的一个不可或缺的社会基础，这种右翼政权显现出的是在先进工业的冲击下最终会朝着法西斯主义发展的强烈倾向。从大范围来看，法国大革命是部分地替代了一种并没有带上前工业时代特征的农业商品化发展进程，或者是对于该进程的另一种历史选择。在其他几

① 参见 Lhomme，*Grande bourgeoisie*，17－27。

个重要国家，资产阶级革命动力相对比较薄弱或者中途消失所造成的后果不是法西斯主义，就是共产主义。法国大革命摧毁了造成这种后果的一个主要根源，让土地贵族在现代得以存续一直到18世纪后期，从而对法国议会民主的发展作出了重大贡献。

因此，对这些土地贵族来说，大革命似乎是有利于他们的，甚至给他们带来了决定性的影响。但是，摧毁土地贵族的进程也正是创造小农财产的进程。在这一方面，大革命的影响是非常模糊的。勒菲弗提醒我们，农民财产的来源并不是来自从教堂和逃亡的旧统治者那里没收来的土地，这些财产可以追溯到法国历史更久远的时期。事实上，尽管当地农民的财产也得到了一定的增加，但是在很大程度上，资产阶级是上述土地出售的主要受益者，这一点很重要。①大革命的主要受益者还包括农民中的上层。但是，征地措施、对谷物推行最高限价，以及在大革命激进时期对小业主和农业劳动力革命热情的激励，促使农民中的上层决绝地反对共和国。这一影响造成的负面伤害维持了很久。②

有关19世纪甚至是20世纪的农民社会的资料都不如18世纪的那么可靠。③但是，下面给出的概括结论仍然需要更多的证据支持。首先，有影响力的农民根本就不关心这样的民主。他们需要得到的是对财产和自己在村庄里的社会地位的有效保证。具体而言，这些需求意味着要保证自己通过物资国有化政策从贵族那里获取的财产不受任何真正的挑战，或者保证自己不会受到要求对财产进行重新分配的任何激进思想的挑战。其次，资本主义工业的持续发展呈现出削弱小农财

---

① Lefebvre, *Etudes*, 232, 237, 239, 242.

② Lefebvre, *Paysans du Nord*, 911－912, 915－916.

③ 接下来的概论主要是基于Lefebvre的著作、Augé -Laribé 的*Politique agricole*；Hunter的*Peasantry and Crisis in France*以及Wright所撰写的两篇深有启发性的文章——“Agrarian Syndicalism in Postwar France” 和“Catholics and Peasantry in France”。关于这个话题的最近的思考，参见Wright， *Rural Revolution in France*。

产的倾向，因为后者在为市场进行生产方面处于劣势地位。农民的代言人经常抱怨说贸易条款对他们不利。由于上述原因的共同作用，农民财产所产生的影响是模糊的：它既是对资本主义和前资本主义贵族形式的大产业的一种威胁，也是从外部保护这些财产的一个屏障。到了20世纪，在法国共产党得到农民支持的地方，这种模糊性尤为显著。

事实上，这种矛盾更多的是体现在表面上，而没有太多实际的影响。农民作为一个前资本主义的社会群体经常会表现出强烈的反资本主义倾向。我在研究过程中，将试图指出这些倾向最终会采取保守的还是革命的形式所取决的条件。

8. 小　　结

在法国大革命的起源、进程和结果中，我能给出的核心观点是，对法国漫长的民主之路来说，用暴力摧毁旧政权是关键的一步。在这里有必要强调的是，这一步骤对于法国而言是关键的，因为法国民主所遇到的障碍与英国不同。法国社会并没有也不太可能以英国的方式产生一个具有资产阶级特征的地主所组成的议会。法国过去的历史发展将上层阶级变成了自由民主的敌人，而非民主阵营的一部分。因此，如果民主要在法国取得胜利，那么就需要某些制度作出让步。在这里，我们断言说民主和旧制度之间存在这一关联，并不意味着我们认同如下的一种观点：法国历史注定可以发展成自由民主。有充分的依据表明法国历史的整个进程可能走向一条完全不同的道路，而且，正是因为这一原因，法国大革命才是更加具有决定性的因素。

在皇家专制主义的统治下，法国的土地贵族通过把更多的压力转嫁给农民而适应了资本主义的逐步入侵，同时又使农民在事实上拥有了土地。直到18世纪中叶，法国社会的现代化进程一直是由国王所推进的。法国贵族与资产阶级之间的融合是这个进程的一个组成部分，不过这种融合与英国的情形存在很大差异。这一融合是通过对君主制的推动而不是反对所形成的，因而其结果，如果用一个可能不那么精确的说法来表达的话，是很大一部分资产阶级实现了“封建化”，而不是封建群体的资产阶级化。最终的结果是国王的行动自由被严重地束缚了，其决定由哪些社会群体来承担哪些负担的能力受到了限制。我认为，是这种限制而不是阶级或者群体之间存在的特别严重的利益冲突才是引发法国大革命的主要因素，而这种限制又因为路易十六个人的性格缺陷得以强化。如果没有法国大革命，贵族和资产阶级之间的融合可能会继续引领法国走向一条自上而下的保守的现代化道路，这条道路呈现出与德国和日本所发生的情况相似的轮廓。

但是，法国大革命最终避免了这种情况的发生。所谓资产阶级革命是指由已经到达经济力量顶峰的那个资产阶级来掌控国家政治权力，从这一严格的意义上讲，法国大革命并不是一场真正的资产阶级革命。虽然在资产阶级内部也确实出现了上述群体，但是皇家专制主义统治的既往历史阻碍了这一群体的发展，使之无法依靠自身的力量来成就这样的历史使命。相反，倒是资产阶级中的另一部分靠着旧有秩序和君主制垮台之际被释放的城市平民的激进运动而夺取了权力。这些激进力量同样阻止了大革命倒退或者革命在对这一资产阶级有利的某个节点上止步不前。同时，农民，在这个节点上主要是上层农民，借机摧毁了领主制度，而这正是法国大革命的主要成就。有一阵子，在乡村和城市，激进力量的目标与小产业者和保守的集体主义者的目标混同在一起，他们相互之间团结协作，就像在大革命最激进的阶段之前和之中所做的那样。但是，给贫苦的城镇居民和革命军队提供食物这一点触犯了相对富裕的农民的利益。农民对此的抵抗不断加剧，最终断绝了对巴黎无套裤汉的食物供应，从而使罗伯斯比尔失去了民众的支持，最终中止了激进的革命进程。从这一点来看，是无套裤汉推动了资产阶级革命，但农民决定了这一革命究竟能够走多远。在另一方面，法国大革命的不彻底性意味着要用很长一段时间才能在法国社会建立健全一个成熟的资本主义民主，这种不彻底性在很大程度上可以归因于18世纪晚期法国的社会结构。

第三章

美国内战：最后的资本主义革命

1. 种植园和工厂：冲突不可避免吗？

与英国和法国相比，美国通向现代化的资本主义民主之路有所不同，它起步较晚。美国并不需要面临那个棘手的问题，就是推翻一个错综复杂、根深蒂固的、封建或者官僚形式的农业社会。以弗吉尼亚州的烟草种植业为例，从一开始，美国的农业商品化就占据了重要地位，随着国家日渐稳定，其迅速地成为经济的主导力量。尚未接受商品化的土地贵族和君王之间的政治争斗并没有成为美国历史的组成部分。美国社会也从来没有拥有过像欧洲和亚洲那样庞大的农民阶层。①由于这些缘由，人们可能会认为，美国历史上根本就没有产生过可以与英国清教徒革命、法国大革命——更不用说俄国和中国20世纪革命——相提并论的革命。但是，在美国历史中，确实发生过两次伟大的武装斗争，那就是美国独立战争和美国内战，后者可以称得上是到那时为止现代历史上最为血腥的冲突之一。很显然，就美国到20世纪中叶发展出世界领先的工业资本主义民主的这一模式而言，这两次战争在其中都起到了重要的作用。人们通常认为美国内战这一暴力斗争是一个历史分水岭，将美国历史上的农业时代和工业时代截然分开。基于此，在这一章中，我准备从如下的立场来探讨美国内战的起因和结果：看看它是否确实是推动了美国政治民主建立的一次反抗旧社会结构的暴力冲突，同时也看看它是否可以与英国清教徒革命和法国大革命相媲美。更概括地说，我希望能够展示出美国内战在历史上发生的所有主要斗争中究竟处于什么位置。关于这一系列历史斗争的顺序，我们可以主观地认为它肇始于16世纪的德国农民革命，一直延续到英国清教徒革命、法国大革命和俄国革命，包括中国革命和我们现今时代的各种斗争。

尽管存在着许多不确定性，但是我们仍然能够给出如下的结论：美国内战是为了争取我们所谓的城市或资产阶级的资本主义民主而进行的最后一次革命攻击。需要补充说明的是，南方的种植园奴隶制度并没有从经济上束缚工业资本主义的发展。如果一定要说有什么影响的话，反而可能是正面的，因为正是种植园奴隶制度在早期推动了美国工业化的发展。不过，奴隶制度却是美国政治和社会民主的一个障碍。上述解释其实存在着一定的模糊性。通过随后的分析，我们可以更清晰地发现这些模糊性更多的是源于证据本身所具有的特征。有些模糊性更不易觉察到，就像我在本章末尾将展示出的那样，不管找到什么样的证据，这些模糊性都不会消失。

除了由于本书篇幅有限以及作者和读者本身的时间也有限，还有一些主观原因促使我在本章中不对美国独立战争进行详细的讨论，而只会对其作出一些简短的陈述。由于这次革命并没有引发美国社会结构的根本变化，因此我们也确实有理由质疑它是否能够称得上是一场真正的革命。尽管这场战争背后也有一些深层次的问题，但是从根本上说，它不过就是英国和美国之间为了各自的商业利益而进行的斗争。宣称美国也曾经历过一场反殖民地革命可能是不错的政治宣传，

① 与很多其他称呼一样，要想精确地界定农民这个单词也是不可能的，因为社会现实本身的边界的可区分性就非常模糊。农民依附于土地精英群体这一历史已经得到社会和法律认可。不过，这种情况也并不会阻碍人们采取一些与这个阶层不相符合的行动，因为鲜明的文化差异性和在事实上拥有一些土地这些现实构成了农民阶层有别于其他阶层的主要特点。因此当今南方的黑人雇农可以合法地被视为美国历史上的一个农民阶层。

但这显然不符合历史学和社会学的科学态度。20 世纪反殖民地革命的一个显著特征就是致力于建立一个包含了许多社会主义元素的新社会形态。挣脱外国势力的殖民枷锁是达到这一目的的一个手段。在美国独立战争中，那些激进的潮流在很大程度上甚至都没有能够浮现到表层上来。这次战争所带来的主要影响就是推动了殖民地的统一，使之形成一个单一的政治单元，并最终脱离英国的统治。

时常有人把美国独立战争单独拎出来证明美国人(或有时候是盎格鲁·撒克逊人)天生善于妥协和调和。但是美国内战显然与这一形象不符；它给整个美国历史留下了一道血淋淋的伤口。怎么就会发生美国内战了呢？这时候，美国人所拥有的解决争端的强大能力怎么就不起作用了呢？就像人性罪恶和罗马之所以灭亡这些问题一直困扰着圣人奥古斯丁一样，美国内战这一问题一直以来也总是激起研究美国历史的历史学家们的兴趣。焦虑似乎不利于讨论这一问题。通常，大家的讨论总是会集中到这次战争是否可以避免这一问题上来。时下的历史学家们已经开始不耐烦再用这样的方式来讨论问题了。对于很多人来说，这一问题似乎只是语义上的问题，因为如果任何一方愿意不战而妥协的话，那么战争就无从产生。①但是，仅仅把它看成是一个语义上的问题则回避了真正的问题，那就是为什么任何一方或者说双方都不愿意妥协呢？

避免用太多心理学的术语来解释问题，可能会对大家更有帮助。比较客观地讲，南方和北方的社会之间是否真的存在道德上的冲突

---

① Donald 在为 Randall 和 Donald 的 *Civil War* vi 一书所写的前言。这次总体调查记录完备，并有一个很好的书目，为我们提供了有关这一阶段的一些历史性观点的当下发展状况的极为有益的指导纲要。Beale 的 *Causes of the Civil War*(1946)一书发人深省地研究了过去发生过的所有争论。Stampp 的 *Causes of the Civil War*(1959)收集并整理了当代和现代所有关于这场内战原因的历史著述，对我们颇有助益。在他的编辑前言中，Stampp 重新引用了 Beale 在十几年前所进行的观察，认为由于现代历史学家们通常仅仅是在重复当时所确定下来的褊狭的主题，因此这些辩论仍然无法得出最终结论。

呢？在这一点上，如果我们不是通过理论性的探讨，而是试图在具体事实的基础上回答这一问题，那么其全部意义将会更清晰地浮现出来。基本上，我们要问的问题是，运作基于奴隶制的种植园经济的制度性要求与运作资本主义工业系统的相应要求是否在某一点上产生了严重的冲突。我假定，不管怎么说，从原则上讲，我们可以发现这些到底是什么要求，这种发现具有与一个生物学家发现生物繁衍和生存的必要条件——例如特定种类的营养成分、湿度和其他类似条件——一样的客观性。还有一点也是很清楚的，那就是种植园奴隶制度和早期工业资本主义的要求或结构性需要远不止于经济制度，其显然已经延伸到了政治制度领域。奴隶社会与基于自由劳动力的社会所具备的政治形式是不一样的。但是，回到我们的核心问题，是什么原因使他们非要争个你死我活呢？

人们可能会从这样一个一般性概念出发：奴隶制与实行自由劳动工资制的资本主义制度之间存在着固有的冲突。尽管这确实是我们这个故事的一个关键部分，但是我们仍然不能将之视为一个普遍观点，不能就此认为美国内战只不过是一个可以从这一普遍观点中衍生出来的实例而已。马上我们就可以看到，靠奴隶劳动力生产的棉花不仅在美国资本主义而且也在英国资本主义的发展中起了决定性的作用。只要能够利用奴隶制生产的商品、将之出售获得利润，资本家们压根就不会反对这样做。因此，从严格的经济学立场上看，拿工资的劳动力和种植园中的奴隶既可成为影响贸易和互补性政治关系的潜在力量，也可成为潜在的冲突，两者的潜力是一样大的。我们可以暂时给我们的问题一个否定的回答：关于北方和南方之所以不得不打仗，并没有一个抽象的概括性原因。换句话说，只有出现一些特殊的历史情境才能让劳动力没有自由的农业社会和逐渐兴起的工业资本主义变得势不两立。

为了获得上述历史情境的线索，我们不妨看一下在一个更大的政治团体中，这两种不同类型的亚社会之间所达成的合作。如果我们知道了使这种合作成为可能的因素，就知道了使之成为不可能的因素。德国的历史可以再次启发我们。19 世纪的德国历史非常清楚地表明，先进的工业与对劳动力实行高压制度的农业之间完全可以很好地共处。需要明确的是，德国的容克贵族并不是奴隶主，而且德国的情形也不同于美国。但是，两者之间的决定性差异究竟在哪里呢？容克贵族们努力把独立的农民揽入自己翼下，并且与大工业集团结成联盟，而大工业集团为了留住产业工人而恩威并施，也乐于接受容克贵族们的帮助。长期来看，这种影响对于德国的民主来说是致命的。

德国的经验显示，如果美国北方和南方之间的冲突能够通过某种妥协而得以化解的话，那么这种妥协将来也势必给美国之后的民主发展造成严重的阻碍。就我个人所知，目前还没有哪个修正主义历史学家研究过这一可能性。德国的经验同样告诉我们，从哪里下手会获益良多。在美国，北方资本家为什么不需要南方“容克贵族”的帮助来建立和巩固工业资本主义？存在于德国的政治和经济之间的纽带在美国缺失了吗？美国社会中是否还存在其他一些不同的群体，比如取代了农民的自主农场主？在美国，主要的群体到底在哪些方面结成了联盟，又是怎样结成联盟呢？现在让我们更加深入地分析美国的情况。

2．美国资本主义发展的三种形式

到 1860 年，美国已经在全国不同区域发展出了三种完全不同的社会形态：种植棉花的南方社会、自由农场主的西部社会和迅速工业化的东北社会。

美国社会内部相互冲突与共同合作并没有总是沿着上述三种方向发展。需要明确的是，从汉密尔顿和杰弗逊时代开始，在农业与城市商业和金融利益群体之间就一直存在着拉锯战。全美国都开始向西部挺进，这就造成有一段时间，即 19 世纪 30 年代杰克逊总统执政之际，农村民主所遵循的原则已经取代了亚历山大·汉密尔顿推行的原则，而且取得了永久性的胜利。这里所提到的农村民主原则就是在实际情况下，所谓的中央权威，其程度已经降到了最低点，整个社会存在着一种偏袒债务人而非债权人的倾向。尽管如此，即使是杰克逊时代，农村民主仍然面临着严重的困难。有两个密切相关的发展趋势将可能摧毁这种民主，一个是东北部的工业资本主义有了进一步的发展，另一个是南方形成了棉花出口市场。

尽管南方棉花的重要性已经为大家所熟知，但是它对整体资本主义的发展所产生的重大影响就不那么为人所知了。从 1815 年到 1860 年，棉花贸易决定性地影响了美国经济的发展速度。大约直到 1830 年，棉花贸易仍然是全国制造业发展的一个最重要的推动力。①尽管美国本土市场仍然很重要，但是这一时刻，棉花的出口市场开始占据重要地位。②到 1849 年，美国棉花产量中有 64% 出口到了国外，主要是销往英国。③从 1840 年起一直到内战时期，大不列颠棉花进口总量的 4/5 都是来自美国南部各州。④因此，很显然，基于奴隶制运作的种植园经济并不能被当作美国工业资本主义的不合时宜的累赘。它是美国工业资本主义制度不可分割的一部分，也是当时整个世界的主要推动力之一。

在南方社会，种植园和奴隶主的数量所占比例都不大。到 1850 年，在奴隶制度尚存的区域，在总共约 600 万的白人人口中，只有不到 35 万个奴隶主。⑤这些奴隶主加上他们的家庭成员，包括奴隶，其

---

① North, *Economic Growth*, 67, 167, 189.
② North, *Economic Growth*, 194.
③ Gates, *Farmer's Age*, 152.
④ Randall and Donald, *Civil War*, 36.
⑤ Randall and Donald, *Civil War*, 67.

数量最多可能只占白人总人口的1/4。即使是在奴隶主这个群体中，也是由一小部分奴隶主拥有绝大多数的奴隶。1860年进行的一次盘点显示，7%的白人拥有了将近3/4的黑奴。①最肥沃的土地以及实质意义上的政治控制权也集中在白人那里。②

后来，拥有种植园的地主精英群体逐渐分化，有的转变成利用奴隶进行土地耕种的农场主，也有大量转变成为不拥有奴隶的小农场主，还有的则干脆变成了贫穷的白人，在偏远农村废弃的玉米地里无精打采地耕作。那些贫穷的白人被隔离在市场经济之外，小农场主中的不少人也只是处于市场经济的边缘。③那些更有发展的农场主则渴望拥有更多的黑奴，从而能够进一步变成更大规模的种植园主。在杰克逊时代结束之后，这些处于中间状态的小农场主群体的影响力有所减弱，但是仍然有一大群来自南方的历史学家一直试图美化旧时代的南方自耕农和"普通人"，认为他们才是建立民主社会秩序的基础。④我认为这种说法毫无道理。在所有时代和所有国家中，保守派、自由派和激进派总是为了证明自己的理论而任意地"打扮"地位卑微的农村人。当然，他们的这一观点背后隐藏着一个重要的真相，那就是南方小农场主们在总体上还是愿意接受大种植园主在政治上的领导的。还有一些沾染了马克思主义色彩的学者则宣称，白人内部的团结其实是不利于小农场主们真正的经济利益的，而白人之所以能够团结在一起仅仅是出于对黑人的共同恐惧。这种说法有一定的依据，但仍然很值得怀疑。当小农场主找不到什么明显的有利选择，同时又有某种机会能够发展成为大农场主的时候，在很多情况下他们更倾向

---

① Hacker, *Triumph of American Capitalism*, 288，引用过这一数据。Randall and Donald 的数据与这些相接近。

② Gates, *Farmer's Age*, 151, 152.

③ North, *Economic Growth*, 130.

④ Owsley, *Plain Folk*, 138－142. 这个研究更像是民间传说式的社会学研究，几乎忽视了所有相关的政治和经济问题，给我留下了极深的印象。

于听从大农场主的领导。

既然种植园奴隶制度在南方社会中确实占据了主导地位，那么我们就很有必要深入地探究一下这个制度究竟是如何运作的，看看它是否造成了南方与北方之间的严重冲突。有一个观点认为奴隶制度因为内在的原因而自动消亡，美国内战完全是“没有必要的”，因为事实上这种暴力所带来的结果，早晚都可以通过和平的方式获得，因此双方根本就不存在所谓的冲突，但是，这一观点是站不住脚的。如果要让美国社会不再存在奴隶，那么唯有借助武力才能做到。

关于这个观点，最恰当的证据来自北方。美国内战期间，北方的和平解放运动面临着几乎不可逾越的障碍。当林肯试图推行一个温和的奴隶解放计划，试图补偿过去的奴隶拥有者时，那些拥有奴隶的联邦州对该计划虚与委蛇，表达出各种各样的担心，使林肯被迫放弃了这一计划。①大家熟知的《奴隶解放宣言》（1863 年 1 月 1 日颁布）并未包括联邦内的几个奴隶州以及联邦内的南方地区，如果借用当时一个英国评论家罗素伯爵（伯特兰 · 罗素的先人）的话，这个《奴隶解放宣言》只是针对“美国当局不能行使司法权的区域”。②如果说奴隶和平解放在北方都遇到了这么大的困难，那么在南方会遇到多么大的困难就可想而知了。

上述观察有力地表明了从经济上讲蓄养奴隶是有利可图的这一结论。最近有学者发表了一篇论文，令人信服地指出，在南方奴隶制之所以如此顽固，主要是因为它在经济上是有利可图的。他并不认同南方人关于他们自己在奴隶制的运营中总是亏钱这一说法，而是认为这是南方代言人在文过饰非，是企图为奴隶制找到一个更高的道德基础，是白人为了使自己显得文明而不得不找出的一些理由的早期形

① Randall and Donald, *Civil War*, 374, 375.
② Randall and Donald, *Civil War*, 380 - 381.

式。他们耻于在纯粹经济的基础上来为奴隶制度辩护，因为这样做会让别人把他们和贪婪的北方佬关联起来，所以这些南方佬更倾向于宣称说奴隶制是人类社会的一种自然形式，对于奴隶和主人都同样有益。①直到最近，仍然有两个经济学家不满于以往研究所依赖的证据（这些证据主要来自记录早期种植园活动的支离破碎、残缺不全的会计报表），并试图通过分析更为概括性的统计数据来找到正确的答案。为了了解奴隶制与其他形式相比是否更有利可图，他们收集了很多统计数据，包括奴隶买卖均价、一级商业票据的利率、保有奴隶的成本、每一个奴隶的产出、棉花营销成本、棉花价格和其他相关事实。尽管我对原始统计数据的可靠性和代表性存有一定的怀疑，但是我认为他们得出的结论与其他人的观点还是比较一致的，而且如果我们用同样的方式进行研究，可能也会得出同样的结论。他们认为种植园奴隶制的投资回报率颇高，因此在最适合种植棉花及其他一些特殊农作物的地区发展起来的这一制度是一种高效的经济制度。同时，在南方有些劳动生产率低下的地区还在蓄养奴隶，并不断把奴隶运往产出农作物的南方其他地区。②

从整体上看种植园奴隶制是有利可图的，搞清楚这一点很重要，但还远远不够。在不同时间点和不同的区域，种植园主之间的差异给美国政治的发展造成了不同的影响。内战爆发时，只有偏南方的地区还存在着种植园奴隶制。在那些烟草种植地区，1850 年之前就已经不存在这种制度了，其主要原因是因为这种制度对于大规模的农业运作来讲并没有什么大的优势。在马里兰、肯塔基和密苏里州，甚至连“种植业”这个说法在内战之前就已经过时了。③在 1850 年前后，种植园主发现了真

① Stampp, *Peculiar Institution*, esp chap IX.

② Conrad and Meyer, "Economics of Slavery", 95－130；要了解更为概括性的观点请参见 97 页。

③ Nevins, *Ordeal*, I, 423.

正丰厚的获利机会，主要是在那些未开垦的地区，例如最开始的亚拉巴马和密西西比州；1840 年后，人们发现了得克萨斯州蕴含的商机。不过，即使是在这些有待开垦的地区，最好的赢利方式仍然还是在土地潜力被消耗殆尽之前就把土地转售出去，转而开拓新的地区。①

种植园奴隶制开始从南方向西部大量迁移，这种情况确实给美国社会造成了一个严重的政治问题。当时美国西部的大部分地区尚无人居住或者人烟稀少，尽管棉花种植需要特定的气候和土壤条件，但是当时尚没有人能确定究竟有哪些限制条件。如果奴隶制无限制地扩散开去，那么奴隶州和自由州之间的平衡就可能会被打破，当然这种情况的重要性取决于存在着奴隶制的社会和不存在奴隶制的社会之间的差异的重要性。尽管南北双方通过签订《密苏里妥协案》②达成了和解，将密苏里作为奴隶州，将缅因作为自由州，这样使双方力量对比仍然保持平衡，但是，到 1820 年，双方的冲突已经非常严重了。从那时起，问题时有爆发。基于理性和权谋的政治交易可以解决一时的问题，但是不久事态还是会失控。被称为“半开发地区”（这些地区尚未成为美国的州）的奴隶问题在导致战争方面起了主要的作用。南北对立这种情况存在着一种根深蒂固的不确定性，这种不确定性很可能极大地强化了双方的经济冲突。

从其他方面来看，种植园经济的迁移趋势也很重要。随着南方地区旧有的棉花种植业的衰退，通过蓄奴来适应这一形势的倾向出现了，不过其程度却很难确定。但是，至少有一些相对清晰的迹象表明这样做尚不足以满足需求。从 19 世纪 40 年代早期到内战爆发这段时间，蓄奴的成本不断上升。棉花的价格也呈现上升的趋势，但是其波

---

① Gates，*Farmer's Age*，143；要了解更多细节，请参见 Gray，*Agriculture in Southern United States*，II，chaps XXXVII，XXXVIII。

② 1820 年美国南部奴隶主同北部资产阶级在国会中就密苏里地域加入联邦问题通过的妥协议案。——译者

动程度要高得多。在1857年的金融恐慌之后，棉花价格下降了，但是奴隶的价格却继续直线上升。[①]奴隶不能合法地转卖，这种控制奴隶贸易的措施似乎还是相对有效的。就在双方对抗最终爆发之前，南方关于重启奴隶贸易的讨论已变得相当活跃了，这一证据表明种植园制度面临着严重的劳动力短缺问题。问题有多严重呢？这更加难以回答。尽管资本家几乎总是在担心劳动力可能短缺的前景，但是对南方人的抱怨有所怀疑还是非常明智的。同样值得怀疑的还有这样一种观点：因为北方在经济上的扼制，种植园制度即将消亡。

至此，对于种植园经济的要求是其与工业化北方之间的经济冲突的根源的观点，还不是很有说服力的。说到底，难道种植园主自己就不是另一类资本家吗？内文斯[②]正确地观察到："运作一个庞大的种植园与运作一个复杂的现代工厂一样困难，两者在很多重要的方面都是相似的。漫无目的的做法是不能容忍的，两者都需要周密计划和精心管理。"[③]因此，难道南方种植园主们就不能与像他们一样精打细算的北方资本家和平相处吗？根据我的推测，如果理性的经济考量是唯一的问题的话，那么这种可能性的确存在。但是，请原谅我和马克斯·韦伯持有不同的观点，这种理性和计算的观念，即以会计账目和收支平衡表的概念来看待世界的态度，可能存在于各种各样的社会中，但有些社会也可能会因为其他问题而相互斗争。[④]就像我们在探

---

① 请参见 Phillips，*Life and Labor*，177 所列出的表格以及 Conrad and Meyer "Economics of Slavery"，115－118 中关于所谓的劳动力过度资本化的讨论。即使种植园主并没有被困于织就的网中——Conrad and Meyer 挑战过的 Phillips 的观点——有不少种植园主确实面临劳动力成本不断上涨的问题，这似乎是足够清楚的，而且这两位作者也没有否认。要了解当时的一些观点，可以进一步参见 Nevins，*Ordeal*，I，480。

② Nevins，1890－1971，美国历史学家和新闻记者。——译者

③ *Ordeal*，I，480.

④ Nevins 关于种植园的描述即使没有明确写出，但是与在中世纪英国庄园主中普遍盛行的有条理的计算方式有着惊人的相似。请参见 Bennett，*Life on the English Manor*，186－192，esp 191 的生动描述。

讨法国贵族时已经注意到的那样，这种观念本身并不足以产生工业革命。在美国南部，当然也并非由这一原因才引起与北方的冲突，那里几个主要的贸易中心，如新奥尔良和查尔斯顿以外的城市，其发展远远落后于全国其他地区。那时南方已经产生了资本主义文明，但很难说那就是资产阶级文明，当然它也不是以城市生活为基础的。而且，南方的种植园主并没有像欧洲资产阶级在反对贵族统治权的时候那样，去挑战建立在血缘基础上的社会地位，而是捍卫世袭特权，这才是真正的差异和问题之所在。

对于大多数南方人来说，人生而平等的观念与日常经验以及他们出于正当而又充分的理由创造出的事实相抵触。面对北方指责的压力和世界范围内废除奴隶制的趋势，南方为这一制度提出了一系列教条式的辩词。美国革命和法国大革命关于自由的资产阶级概念对于南方人来说是危险的颠覆性的主张，因为它们触及了南方制度（奴隶财产）的神经中枢。一个20世纪的北方人要想理解南方种植园主的感受还是需要一番努力的。但如果问一下一个20世纪60年代的美国商人，假设苏联处在加拿大在地图上的位置而且变得日益强大是什么感受，他就不难理解这一切了。还可以让他进一步想象，这个共产主义的庞然大物针对各种裂缝不断地叫嚣自我正义（尽管政府否认这些宣称反映了真正的政策），并越过边境不断地进行挑衅或者派出间谍。南方的痛苦和焦虑并不只是咄咄逼人的少数人的感受。亨利·克莱①这个南方温和派中最著名的人物在请求各派妥协的申诉中，给出了这样一段被普遍引用的耐人寻味的陈述："你们北方人在安全和平的氛围中冷眼旁观，而我所描述的这种怒火却正在奴隶州不断延烧……此刻，在一方面，我们似乎只注意到情绪、情绪、情绪；而在另一方面，则是财

---

① Henry Clay，1777－1852，美国参众两院历史上最重要的政治家与演说家之一，辉格党的创立者和领导人，曾任美国国务卿。——译者

产、社会组织、生活以及那些让生活变得理想和快乐的一切。”①

随着工业资本主义在北方越来越稳固，能言善辩的南方人重新发现了自我，并强调自身具有的各种贵族和前工业时代的优良传统：谦恭、文雅、有教养，以及相对于只知道敛财的北方人而言，其更为宽广的视野。在内战爆发前不久，流行着这样一个观点：南方所种植的棉花是美国财富的主要来源，而北方则对此进行横征暴敛。就像内文斯所指出的那样，这想法实际上与重农思想主义并行不悖，认为制造业和贸易的利润均来自土地。②在工业化逐步完成的地方，甚至在某种程度上在并没有实现工业化的地方，这样的观念也随处可见。在前商业时代，社会中商品化农业的扩展引发了各种形式的罗曼蒂克的怀旧情绪，例如雅典时代对斯巴达的崇拜或者是晚期罗马共和国对所谓早期美德的崇拜。

南方的合理化运动中也包含了相当一部分真理，否则这样的言论则太难让人相信了。北方和南方的文明类型之间确实存在着差异。而且，北方人也确实依靠销售棉花而获得了利润——大量的利润。毫无疑问，南方的合理化运动中存在着很大比例的谎言。种植园贵族制所谓的贵族美德和前商业或反商业美德恰恰是建立在奴隶制的纯粹商业利润的基础上的。要想分清楚究竟哪些是真实的哪些是虚假的非常困难，甚至是不可能的。就我们的目的而言，也没有必要分清楚。事实上，硬要分清真伪反而可能因为忽视了它们之间重要的关系而让我们的目的模糊不清。不可能把纯粹的经济因素看成是战争背后的主要原因，就像不可能把战争看成是在奴隶问题方面的道德差异所造成的后果一样。道德问题源于经济方面的差异。奴隶制作为一个道德问题在支持者和反对者两方面都引发了激烈的情绪。如果当时美国在奴隶制

① 引用 Nevins，*Ordeal*，I，267。
② Nevins，*Emergence of Lincoln*，I，218.

问题上并不存在不同理想之间的直接冲突，那么导致战争的诸多事件以及这场战争本身都是完全无法理解的。同时，经济因素在南方形成了奴隶经济，就像经济因素在全美其他地方形成了有着相反理想的不同的社会结构一样，这一事实简直就像空气一样平常。

这样论证并不意味着我们坚持认为，从某种程度上讲，只要存在差异就会不可避免地导致战争。南北双方有很多人，对于奴隶制，要么真的漠不关心要么表现得漠不关心。内文斯甚至做出这样的论断：1859 年的选举表明，全美至少有 3/4 的人在几乎最后一刻仍然反对要么全盘肯定奴隶制要么全盘否定奴隶制的激进主张。①尽管他的估计可能夸大了中立情绪的力量，但是无动于衷的大众没能够阻止这场战争的爆发确实是美国内战最令人清醒、最振聋发聩的特征之一。正是如此广泛的民意使得比尔德(Beard)这样聪明的历史学家也对奴隶制这一问题的重要性产生了怀疑。我认为他的怀疑是一个错误，一个非常严重的错误。不管怎么说，中立派的失败和崩溃构成了这一故事的关键部分，那些同情南方的人的倾向变化为该故事提供了有价值的线索：一定是南方以外的其他地方所发生的变化才形成了战争可能爆发的形势。

正如我们看到的那样，整个 19 世纪 30 年代北方资本主义本身的发展，其背后的主要动力来自棉花。在接下来的 10 年间，工业化发展的步伐不断加速，直到东北部发展成为一个制造业地区。这种扩展结束了美国经济对于单一农业作物的依赖。东北和西部过去给南方供应了大部分食物，并且这种情况一直持续着，但是东西部相互之间的依赖加强了，对南方的依赖却减弱了。对于北方经济来说，棉花仍然非常重要，但是已不再占据主导地位。②但从产品价值来衡量，在 1860

① Nevins, *Emergence of Lincoln*, II, 68.
② North, *Economic Growth*, 204－206.

年，棉花在北方制造业的产品中仍然位居第二。另一方面，这个时候北方已经能够生产出各种各样的制造品，确切地讲，这些产品通常是由小工厂制造的。其中很高比例的产出是用来满足农业社区的需求的：面粉加工、木材、靴子、鞋子、男式服装、铁、皮革、羊毛制品、烈酒和机器。①就像我们不久将要看到的那样，发展了制造业的北方与快速发展的西部地区之间在各自产出物的交换方面不仅数量大而且频度高。

尽管北方对南方棉花的依赖在降低，经济方面的对抗在发展，这两方面仍是双方关系中的主导性趋势，但是也有其他一些趋势值得我们关注。过度地强调分裂的倾向是欠妥的。在与种植园经济的关系之中，东北地区提供了金融、运输、保险和营销方面的服务。②大部分棉花出口都是从北方港口离岸的，纽约是其中最重要的一个港口。因此——这是一个摩擦的起源——南方人的很大一部分收入都转而用来向北方购买棉花营销服务，购买种植园需要但是本地却无法生产的东西，那些富裕的种植园主还要购买价值不菲的避暑设施。而且，北方和西部仍然继续分别向南方出售工业产品和食品。19 世纪 50 年代，密西西比河上的蒸汽轮船贸易发展到了顶峰。③更重要的是，从 1820 年到战争爆发这段时间，在外国竞争的压力下，新英格兰地区的棉纺织厂大大地提高了效率。从 1830 年开始，这些地区开始出口棉纺织品。④如果这一推动力更强一点的话，那么北方和南方的利益可能会越来越接近，而避免这场战争也许是可以想象的。不管怎么说，北方的商业利益集团绝不会鼓动一场解放战争，甚至也不会为了联邦利益就来发动战争。当然，我们仍需要更加充分地研究北方实业家的政治

① North, *Economic Growth*, 159 - 160.
② North, *Economic Growth*, 68.
③ North, *Economic Growth*, 103.
④ North, *Economic Growth*, 161.

态度和活动。①但是，如果真的认为北方实业家贪得无厌地利用联邦政府来满足他们纯粹的经济利益的话，那也实在是太不着边际了。

北方资本主义需要政府来做的是对私有财产的保护和合法化。但是，要想让南方种植园主和奴隶看起来像是对这一制度的威胁，显然还需要一些特殊的情境。北方资本家还想要的是，在他们积累资本和进行市场经济运作的过程中能够获得一定的政府援助，更具体地说，就是给予关税保护、援助运输网络建设、发放足够的货币以及建立一个中央银行系统。总之，最有能力的北方领导人希望能够只做生意，而不去骚扰州与州之间、地区与地区之间的边界。身为一个幅员辽阔的国家的公民，他们感到自豪，当然就像其他国家的人也感到自豪一样，在分裂的最后危机当中，他们反对美国巴尔干化这一不妙前景。②

关税是引起最大激愤的一个经济问题。因为1846年以后，美国工业在相对低的关税下取得了巨大的进步，因此北方要求提高关税、南方反对提高关税起初看上去就是一个伪命题。何谓伪命题呢？就是人们只是表面上为之争吵不休但实际上斤斤计较的却是另一件事情的问题。如果说北方工业正在蓬勃发展，那么它还需要什么政治保护呢？一旦有人提出这一问题，就会使“南方试图阻止北方工业发展”这一论断显得颇为可疑。尽管其他一些相关事实出现之后仍有再来讨论这一问题的必要，但是只要我们仔细地看看时间顺序，相信就能把大部

---

① 正如在资产阶级革命之前的法国资产阶级的例子中一样，我并没有找到一篇能够真正解决重要的政治和经济问题的优秀论文。Foner 在 *Business and Slavery* 中的研究比较深入，这确实给我们提供了很大的帮助，但是仍然不能依靠它进行概括性的分析，因为它集中在与南方关系紧密的纽约商业利益团体上。该作者是一个人所共知的马克思主义者，但是在这份研究中似乎并不教条。宾夕法尼亚州和马萨诸塞州的工业团体的利益是不能忽视的研究方向，但是这方面并没有出现相对充分的研究。

② 在关于联邦方的情绪，参见 Nevins 的 *Ordeal*，II，242，关于当时的编辑评论，参见 Stampp，*Cause of Civil War*，49－54。Buffalo，*Courier*（April 27，1861）的节选由于使用了原法西斯主义语言而耐人寻味。

分迷雾驱散。1850 年后工业发展得很快，但是在战前最后几年时间里，在某些领域，比如钢铁和纺织，问题变得严重了。到 1854 年底，世界各地市场上的铁库存都在大量积压，美国大多数工厂都倒闭了。而在纺织业领域，英国的兰开夏郡已经能够用比美国新英格兰工厂更廉价的方法来生产廉价产品；从 1846 年到 1856 年，印染棉布的进口量从 13 000 000 码跃升到 114 000 000 码，普通白布从 10 000 000 码增加到 90 000 000 码。1857 年美国发生了严重的金融危机。那一年美国通过了一个新的关税法案，这反映了南方施加给当局的压力，但是这一法案不但于事无补，实际上反而降低了钢铁和纺织这两个领域的关税。①这些事件在北方工业圈内激发极大的愤怒，部分原因是因为在此之前北方工业刚经历过一段繁荣和快速增长时期。

北方资本家们也需要足够的劳动力，在他们现有的工资水平上工作。这是一个重要的症结点。西部免费的土地显然会吸引大量的劳动力，或者至少有很多人会这么认为。推动杰克逊时代的经济发展的两个主要动力是以种植园主、“技工”或工人以及自由农场主为主的一方，和以东北部金融和工业力量为主的另一方。那么劳动力从哪里来呢？北方资本又如何能够挣脱这种经济和政治的包围呢？北方的政治和经济领导人找到了解决方案，使西部的农民脱离南方、投靠北方。西部经济和社会结构的明显改变使上述变化成为可能。接下来，我们有必要对此进行更深入的分析。但是，我们现在就可以认识到这些变化的意义：北方资本家通过利用这些趋势可以使自己不需要仰仗南方的“容克贵族”就能保住劳动力。这些趋势可能超过了其他任何因素，既建立了武装冲突的舞台又整合了战斗者，使这场为争取人类自

① Nevins, *Emergence of Lincoln*, I, 225 - 226. 在他关于这场战争的原因所作的最终评估中，Nevins 完全小看了关税和经济因素总体上的作用。请参见 *Emergence of Lincoln*, II, 465 - 466。我们在后面会再次提到这一点，但是至少在关税方面他的论辩在我看来是矛盾的。

由的战争取得部分胜利成为可能。

从拿破仑战争结束那一年到美国内战爆发那一年，如今被称为中西部，而当时只是被笼统地称为西部的这一片地区，从一个荒原发展成为商品化农场作业之地。事实上，当初经历过开拓者艰苦岁月的许多人看起来都已经在很短的时间内快速地撤离了这一地区，留下的只是别人的溢美之词。用出售多余粮食的钱来购买一些必备的生活用品和不多的机器设备，这一物物交换的现象很早就出现了。19 世纪 30 年代之前，这些剩余粮食一直大量地流向南方，支持南方更为专门化的经济，但是等到东部市场变得重要时，南方市场就失去其意义了。①这些小型独立农场主们虽然主要依靠自己的资源为生，但在 19 世纪的头 30 多年里开始热衷于从华盛顿的政客那里争取到对公共土地的控制权，而那些政客要么进行大规模的土地投机，要么对西部的诉求和需要置若罔闻。小农场主们则积极寻求本地自治，有时候不惜以脱离与联邦之间原本就比较脆弱的关系为代价。②当安德鲁 · 杰克逊攻击东部形成的财富堡垒时，这些小农场主们采取了同情的立场，并形成一支当时统治这个国家的平民化联盟力量的一部分。

东部制造业的发展和紧接其后人们对西部谷物和肉类需求的上升改变了这一局面。1816 年至 1818 年、1832 年至 1836 年、1846 年至 1847 年和 1850 年至 1856 年间的西部拓荒潮反映出大麦、玉米及其衍生品的获利性越来越高。③从 19 世纪 30 年代开始，西部的产品逐渐重新开始向东海岸地区输送。运河和铁路交通不断进步，发生了所谓的“运输革命”，解决了跨越山脉的运输问题，提供了一个运输西部农产品的新手段。西部与南方之间的贸易量从绝对额来讲并没有下降，实际上还上升了。只是比例发生了变化，这推动了西部更加向

① North, *Economic Growth*, 143, 67 – 68, 102.

② Beard and Beard, *American Civilization*, I, 535 – 536.

③ North, *Economic Growth*, 136, 及在第 137 页的图表。

北方靠拢。①

农产品的需求状况的变化逐渐地使西部的社会结构和心理态度发生了转变，形成了新的社会形态。早期个人主义者和小规模资本家的观念——东北部的典型特征——在西部农场主中占主流的上层群体中传播开来。在当时的技术条件下，家庭农场是一个比较高效的社会机制，有利于生产大麦、玉米、猪和其他适合销售的产品。②比尔德在他的评论中的几句话抓住了社会变革的本质："随着高速运输把农场产品运往东部市场并且带回来大把现金；铁路的发展、人口增长以及优质公路的增加都进一步地提升了土地的价值，同时砖瓦房也开始纷纷取代原先的小木屋；全面的繁荣有利于压制人们对'赚取快钱'的渴望，也有利于缓和人们长期以来固有的对银行的憎恨，所有这一切都产生了深远的政治影响。最终，群山那边获得成功的农场主们的欢唱，盖过了贫穷的白人们的哀叹……"③更进一步的后果就是反对奴隶制的情绪的扩散和加深，这种情绪的根源可能来自那些通过土地的商业化运作获得成功的家庭农场。④其中还是有一些不解之处，因为在南方也存在着大量完全不依赖奴隶运作的家庭农场，当然这些农场采取这种运作方式并非出于商业化考虑，而更多地是为了维持生计。不管怎么说，很显然，西部的农场制度的发展并没有受到种植园的负面影响，而更主要的是依靠家庭成员作为核心劳动力，因此非常担心奴隶带来的竞争。⑤

在19世纪中叶之前，曾经欢迎西部农场主成为反抗北方财阀同盟

---

① North, *Economic Growth*, 103, 140 - 141.

② North, *Economic Growth*, 154.

③ Beard and Beard, *American Civilization*, I, 638; Nevins, *Ordeal*, II, chaps V, VI, 描述的基本上是同样的故事。

④ 一张有关1847年废奴社会的分布的地图（Nevins, *Ordeal*, I, 141）显示出在俄亥俄、印第安纳、伊利诺伊州和马萨诸塞州它们的数量一样多。

⑤ 参见Nevins, *Ordeal*, II, 123。由于纽约农村地区对Seward的支持是强大的（Nevins, *Ordeal*, I, 347），因此有理由怀疑同样的情绪在东部农场主中也很强烈。

的南方种植园主们，开始把独立的农场运作看作是对奴隶制和他们自身所坚守的制度的威胁。早期曾经有过一个关于划分西部土地的提案，其中的一些优惠条款更有利于小农场主，因此这一提案大大地触怒了担心劳动力因此向外流失的东海岸地区，甚至还包括北卡罗来纳州在内的一些南部地区。免费分配土地的主张最初曾始于西南部，但随着西部地区纷纷推行商业化农场运作，原有的联盟发生了改变。不少南方人坚决反对免费把土地分给农场主的“激进”想法，他们担心这么做会“最终丧失”这片土地。①参议院里代表种植园主利益的力量阻止了1852年宅地法的通过。8年后，为了取悦当时那些反对该项法案的几乎所有南方国会议员，布坎南总统对一类似法案实施了否决权。②

对于西部农业社会所发生的变化，北方的反应是颇为复杂的。北方的工厂主们并不愿意自动把土地送给那些提出要求的人，因为这么做的话就可能会减少愿意到工厂里工作的劳动力的数量。南方对西部的敌意给北方提供了一个与农场主联盟的机会，但是北方人对此的反应却有些迟缓。直到1860年才形成了共和党的政治力量，当时全国绝大部分的选民都反对林肯，但是共和党最终推动了林肯入主白宫。这种总统和选民之间的协作似乎更多地应该归功于政治家和记者们，而不是商人。这个代表了拥有财产、受过教育的群体利益的政党通过提出将西部土地开放给个体定居者这一建议吸引了大批民众尤其是城市工人的追随。③

这种交易的本质是简单而又直接的：商业企业和工业劳动阶级都支持农场主对土地的需求，以此换得农场主对高关税政策的支持。

---

① Zahler, *Eastern Workingmen*, 178－179, 188, esp note 1, 179.

② Beard and Beard, *American Civilization*, I, 691－692；关于众议院的态度的更多细节，请参见Zahler, *Eastern Workingmen*, chap IX。

③ Zahler, *Eastern Workingmen*, 178.

“为你的农场投票——为你的关税而投票”成为共和党在1860年的竞选口号。①这样就形成了所谓的“钢铁和黑麦的婚姻”——再看看德国的工业和容克贵族之间的结合——不过这次是与西部的家庭农场主而不是土地贵族联合，因此其带来的政治结果也截然相反。在涉及内战时，也有人开始反对这场“婚姻”，提出了“离婚”的请求。1861年，小农场主利益的代言人C. J. 瓦兰迪加姆还在争辩说“以种植园为主业的南方是北方民主力量尤其是西部民主力量的最自然的联盟力量，因为南方人是一群农业人”。②

但这是来自过去的声音。除了因西部农村社会性质而发生的变化之外，重新组合之所以成为可能，还因为东北工业发展的特定情境。免费土地的存在使资本家和工人之间的关系在美国资本主义发展的初级阶段呈现出独一无二的特色，而在欧洲，同样的资本主义初级阶段则表现为暴力激进运动的发展。在欧洲用来建立工会和实施革命计划的力量在美国却被用来推行一个为每个工人都提供免费农场的计划，该计划并不考虑工人是否真的需要免费农场。所以当时的人们可能会把这样的提案看成是颠覆性的。③不管怎么说，向西部挺进的结果就是，通过散布对财产的兴趣使崇尚竞争和个人主义的早期资本主义得以巩固。在比尔德生动的描述中，共和党人把国家所有的一切“作为一种比面包和马戏更有意义的免费礼物”扔给了饥饿的无产阶级，在此之后社会主义运动就不见踪影了。④在当时的条件下，社会主义运动是不太可能发生的。就像比尔德稍后所评论的那样，美国内战本身就切断了革命走向激进主义的路径。至于说在内战之前，西部土地在

---

① Beard and Beard, *American Civilization*, I, 692. 这次和解代表了东部早期主流态度的重要逆转，关于和解背景的进一步资料，请参见 Zahler, *Eastern Workingmen*, 185 及 Nevins, *Emergence of Lincoln*, I, 445。

② Beard and Beard, *American Civilization*, I, 677.

③ Beard and Beard, *American Civilization*, I, 648－649.

④ Beard and Beard, *American Civilization*, I, 751.

多大程度上帮助了东部的工人阶级仍是一个未解的问题。当时不少投机分子已经攫取了大量土地。东部城市里真正的贫苦大众不可能离开矿井和工厂去购买一块小型农场，购置一些简单的工具，就开始赚钱，就算他们亲眼看到周围有人这么做且获利颇丰，他们恐怕也不会真的就背井离乡。

特纳有一个著名的论断，认为西部边疆对美国民主的发展是非常重要的，尽管有很多人反对这一论断，但其中确实存在着真理的成分，那就是西部的开放至少是在一段时间内造成了社会阶级和地理区域的重新组合。北方工业资本家和西部农场主之间所结成的纽带使得美国不可能对日益严重的工业主义问题持有传统的反动态度。北方工业资本家和南方种植园主也有可能组成联盟，联手对抗奴隶、小农场主和工业工人，这绝对不是抽象的幻想。在内战前，已经有一些力量在推动着美国社会朝这个方向前进，而这种联合自从南部重建结束后一段时间内，仍然是美国政治的一个鲜明特征。按照19世纪中叶美国社会的状况，任何和平的解决方案、任何温和派的胜利、恰当的判断和民主的进程都不得不采取反动的路径①，而且必将以黑人为代价，就像最终所体现的那样，除非人们真的相信一百多年前，北方人和南方人都准备放弃奴隶制度，并准备把黑人接纳到美国社会中来。当时，在美国存在着这样一种可能性，那就是根据占主导地位的经济阶层的意愿，直截了当地采取反动措施来解决国家的经济和政治问题，但是，北方工业资本家和西部农场主之间形成的联盟关系(其备也久，其来也忽)极大地降低了这种可能性。也正是因为同样的原因，这种联盟关系将国家推到了内战的边缘。

---

① 根据拉丁美洲的经验，Elkins，*Slavery*，194－197提出了一个可能有助于以不流血的方式消除奴隶制的“基本条件的目录”：让奴隶信基督教，保证奴隶家庭的神圣性，允许奴隶利用空余时间来赚取赎身费。在我看来，这些措施仍然是非常保守的，只不过是一种表面文章，而且还是基于奴隶制的框架。

3. 寻找美国内战的起因

我们可以用1860年时期的美国社会各群体之间的联盟关系来解释美国内战的性质，以及当时浮现出来和隐藏着的各种社会问题——更直截了当地说，就是这场内战究竟是关于什么的。这种联盟关系能够告诉我们的是，如果内战发生了，那么可能是发生过什么，然而并不能很好地告诉我们发生内战的根本原因。现在，我们掌握了一些相关的事实，能够更好地讨论北方和南方之间是否确实存在过一种内在的道德冲突这个话题。

让我们分别考虑一下两种不同的社会制度在经济方面的要求：1）资本要求；2）劳动力要求；以及3）营销最终产品的要求。

当时人们确实已经能够觉察到种植园经济中所存在的扩张主义压力，当然这一点可能会引发某些争议。要想赢得最大利润就必须得到从未开垦过的土地，而开垦这些土地就需要投入大量的资本，会给开垦者带来一定的压力。相应地，也有迹象表明当时的劳动力供应很紧张。因此，如果种植园主能够多拥有一些奴隶，将会非常有帮助。最后，为了让整个种植园制度得以有效的运转，棉花和其他一些农作物（棉花以外的作物重要性没有那么大）就必须得在国际市场上卖出一个好价钱。

北方工业则需要从政府那里获得一定的帮助，也就是被称为资本建设的间接费用和有利的制度环境的建立，包括运输系统、税赋以及银根紧缩政策，这样就不会让那些借贷者和贫穷者占便宜（不过另一方面，轻微的通货膨胀可以抬升价格，像现在一样，这种现象在当时也是颇受欢迎的）。在劳动力方面，除了购买工业产品需要一些拥有金钱的消费者这一事实之外，我们很难证明以自由劳动力为基础的工厂制度就必然优于奴隶制，但是要发展工业，就需要一批正规的领取薪水的拥有人身自由的工人，这一点有其合理性。当然，不断发展的工业最终确实需要一个不断扩展的市场，而这一市场当时在很大程度上依赖的是农业。西部也提供了一个比较大的市场，按照我们上述所提到的粗略的理论模型，西部也可以看作是北方的一部分。

即使我已经有意地试图让这个理论模型偏于上述方向，单靠分析这些基本的经济要求，我们也很难认识到在南北之间存在着任何真正严重的结构性或者“致命性”冲突。在这里，正如研究美国内战的修正主义历史学家们正确地指出的那样，必须记住的是每一个大国都充满了各种利益冲突。各个群体之间勾心斗角、尔虞我诈、你争我抢、相互厮杀，压迫和不公正的现象随处可见，这就是我们从有记录的历史中所看到的人类社会的本质命运。要弄清楚类似美国内战的暴力革命发生之前的这些事实，将这些事实判定为这场战争的决定性原因，实际上就是一种误导。需要再次强调的是，我们很有必要指出在这种情况下，双方是没可能相互妥协的。但根据目前为止的分析来看，双方无法妥协这一点似乎并不属实。顺着这条线，人们最多只能说奴隶制区域的不断扩大严重地损害了西部自由农场主的利益。尽管一种农业方式在哪些区域会获得收益，更多地取决于当地的气候和地理条件，如果不进行尝试，没有人能够确定究竟哪些区域才能获得更多收益。但是，单靠这一因素本身似乎仍不足以解释战争的起因。如果这些因素就是所有重要因素的话，那么北方工业区就应该会乐于看到西部种植园成为北方工业品的一个市场，就像他们看到任何其他市场一样，这样的话，冲突就可能被平息。潜在和实际冲突的其他方面似乎没有那么重要。并不能把北方在资本建设、内部改善和关税等方面的要求看成是会威胁到南部经济的致命负担。需要明确的是，处于边缘的种植园主们将会受到伤害，这一因素也有一定的重要性。但是，如果南部社会是由更为成功的种植园主们经营管理的，或者如果这种影响并不那么重要的话，那么小规模的种植园主就会出于交易的需要而被牺牲掉。在将奴隶与自由劳动力加以对比这一问题上，并不存在真正的经济冲突，因为这些区域有着完全不同的地理特征。我所看到的每一种解释都表明，对于反奴隶制这一问题，北方劳动力群体要么持无所谓态度，要么怀有敌意。

除了西部自由农场主和种植园制度之间的冲突之外，纯粹从经济的角度考虑，人们所能提出的最有力的说法就是，对于南部来说，脱离联邦之所以是一个合理的提议，是因为对于北方所能真正提供的东西，南方的需要并不强烈。从短期来看，北方不太可能再买更多的棉花了。北方能够提供给南方的至多就是重新开放奴隶贸易。当时已经有人在谈论将古巴视为奴隶的最新来源，甚至也出现了一些零星的重新开放奴隶贸易的行为。这些行为本可能会受到美国各地的极大欢迎，但是在当时的情况下，这一做法似乎既不现实又不可取。

总之，纯粹的经济问题是可以协商解决的。那么，究竟为何会发生这场战争呢？这场战争到底是关于什么的呢？由于纯粹从经济角度来加以解释有着明显的缺陷——不过，我马上仍然会论证其根本原因还是经济原因——历史学家们不得不去寻找其他方面的原因。我们从历史文献中能够找到的答案主要有三种。一是，美国内战从根本上讲，是双方由于奴隶制而引起的道德冲突。但是，北方和南方社会中有影响力的大多数人在赞成或反对奴隶制方面并没有表现得过于激进，这一解释存在着说不通的难题，事实上比尔德和其他一些人在寻找经济方面的解释时就试图绕过这一难题。二是，人们为了解决上述难题而提出了如下的主张：所有问题都是可以通过谈判来解决的，问题是政客犯了一些错误从而引发了这场南北双方民众都不愿意看到的战争。三是，美国社会用来达成共识的政治机器发生了故障而导致了战争的爆发，这种解释将上述说法向前推进了一步。但是，如果是基于这种解释，那么历史学家就很容易被拽回道德原因的老路上去了。①

每一种解释，包括强调经济因素的解释，都能获取大量事实作为支撑。不难看出，每一种解释都触及到了部分的真理。但是，如果我们就此止步的话，那就等同于我们置身于思想上的混乱状态而不思改变。我们的任务是将真理的不同部分相互关联起来，认识到其整体状况，从而理解这些部分性真理的关系和意义。虽说这样的探寻是无止境的，而所发现的关系本身也只是部分真理而已，但这并不意味着应该放弃这种探寻。

尽管有些时候有必要因为要回到经济因素上来，而将经济与政治、道德和社会等传统标签分离出来，但是从总体上说，这样做却是一种误导。类似的，有时为了容易理解，有必要在一些方面——比如现有的奴隶制、准州的奴隶制、关税、货币、铁路等内部改善以及南方给北方的所谓进贡——将问题一个一个地分解开来。然而，将问题分解成独立的类别就会部分地歪曲所描述的内容，因为个体的人是在同时经历所有的事情，对一个问题毫无兴趣的人可能会对另一个问题很关切。随着各种问题之间的关联变得越来越明显，有识之士的忧虑却开始出现了。即使每一个单个的问题都是可以协商解决，但是作为一个整体来说，这些问题却几乎是不能通过协商解决的。当时的很多人都认为它们是一个整体，因为它们是整个社会方方面面的体现。

让我们按照这一个观点重新开始分析。在 19 世纪，美国的社会结

---

① Nevins 在强调道德原因的同时又撰文指出大多数民众对此并不关心，至少在我看来，他并没有直接面对这一悖论。关于他的概论性解释，请参见 *Emergence of Lincoln*, II, 462-471；关于大众对和平的普遍愿望，见同上书 63，68。但是，为试图解决这一悖论，Nevins 给出很多有用的事实性材料。关于政客们有责任的观点的简明陈述，请见来自 Randall, *Lincoln the Liberal Statesman* 的摘要，重印时编入在 Stammp, *Causes of the Civil War*, 83-87。Nichols, *Disruption of American Democracy*; Craven, *Growth of Southern Nationalism* 展示出了关于第三个观点的几种不同说法。值得注意的是，针对某一具体的解释，没有任何一个作者提供出了一种单纯的说法或者像律师总结陈词那样清晰的描述。这是一个值得强调的事，非常值得强调。

构主要是由于经济和地理的原因而朝几个不同的方向发展。南方形成了一个以种植园奴隶制为基础的农业社会，东北部形成了一个工业资本主义社会，并且与西部以家庭农场为主的种植业社会建立了联系。北方和西部一起建立了价值观与南方相冲突的社会和文化，冲突的核心是奴隶制。因此，我们似乎应该认同内文斯的观点，认为道德问题具有决定性的影响。但是，道德问题离开了形成并且支撑着它们的经济结构，是无法理解的。只有在南方出现了普遍的废奴情绪的条件下，我们才有理由把道德情绪视为一个独立的因素。

根本的问题是，是否应该利用联邦政府这架机器来支持一种社会或另外一种社会。这一问题是诸如关税这样一些显然很无趣的事物背后的真正意义，也是南方关于自己给北方进贡这一宣称背后的激情之所在。中心的权力问题也使各个准备加入联邦的新州的奴隶制成为一个关键问题。政治领导人知道，接纳一个奴隶州或者自由州会以这样或那样的方式打破平衡。由于西部有些区域无人定居，有些区域其部分已经有人定居，因而西部的不确定性成为一种根本的特征，使相互妥协变得难上加难。对于双方政治领导人来说，越来越有必要对任何可能扩大对方优势的行动和措施都保持警觉。在这样一个更大的背景下，南方对北方所取得的进步总是不断地加以否定，说这种否定是战争爆发的一个重要原因还是很有道理的。

我希望，这种看法对于修正主义者的观点来说也是公平的，修正主义者所坚持的观点认为，内战主要是政客或者说是煽动者挑起的，当然我们也不应将政客和煽动者这些字眼看作是陈词滥调。当一个复杂社会开始推行先进的劳动分工制度，特别是议会民主制的时候，敏锐感知那些能够影响社会权力分配的事件这一特殊且必要的任务，首先落到了政客和新闻记者的身上，其次也落到了神职人员的身上。上述这些人也提供了各种各样的改变社会结构和维持事物现状的理由。在其他人忙于生计的时候，政客们的任务是对潜在的变化保持警觉，所以一个民主制度的典型特征是，政客们通常魅力十足，惯于扩大分歧。现代民主制度下的政客们所担当的角色充满着矛盾，至少表面看起来是如此。政治的一切都由政客代劳，因而无需大多数人操心，但出于同样的原因，政客们经常觉得有必要激发民众，使之意识到各种真实的或者是不真实的危险。

也是从这一观点来看，现代社会中舆论无法阻止战争这一现象就变得可以理解了。南北双方有影响力的人成为温和主张的核心。在平常时期，他们是自己所在社区的领头人，当代学习舆论学的学生可能会将这些人称作“意见制造者”。他们作为现存秩序的受益者，其主要兴趣就是赚钱，希望压制奴隶制问题，而不是寻求结构上的改革，因为后者在任何情况下都是一个非常艰难的任务。1850 年的克莱-韦伯斯特妥协案①对于这一团体来说是一个胜利，它提供了北方归还潜逃奴隶的更严格的法律，同时让联邦接纳了几个新的州，其中加州是自由州，新墨西哥和犹他州则在加入联邦时按州宪法的规定在未来某个时间成为奴隶州或自由州。②任何把奴隶制问题摆到桌面上并寻求新的解决方案的努力都会使这些群体中的大部分人立即放弃温和立场。1850 年妥协法案在颁布 4 年后就因为参议员斯蒂芬·道格拉斯(Stephen Douglas)重提各区域内的奴隶制问题而被终止。道格拉斯提出了《堪萨斯-内布拉斯加法案》③，给定居者以自决权。通过这样做，

---

① 美国国会就有关奴隶制问题于 1850 年 9 月通过的 5 个法案的通称。——译者

② 关于南方支持妥协案的社会群体，参见 Nevins，*Ordeal*，I，315，357，366，375。在 357 页他指出，“最大的因素就是大量温和派……他们对南方人的权利和联邦的做法都深表认同，但是希望这两者能够得到调和”。换句话说，他们也希望能够分到一杯羹。关于一般的反应和北方人的反应，参见 Nevins，*Ordeal*，I，346，293－294，348。关于一部分北方商业利益群体的反应的更多细节，参见 Foner，*Business and Slavery*，chaps 2－4。在南方和北方对潜逃奴隶反应最激烈的州是最不可能出现奴隶潜逃问题的州。需要指出的是，是 Clay 和 Webster 为上述观点提供了证据。参见 Nevins，*Ordeal*，I，384。

③ 1854 年美国国会通过的取消限制奴隶制扩展到西部新开发地区的法案。——译者

他至少在当时，使得大部分北方人从支持温和派的观点转向支持废奴主义的观点，而他在南方则并没有获得多少热烈的支持。①

从大体来看，温和派具备很多人都具备的一般美德，妥协和倾听对方观点的意愿和实用主义这些美德对民主的正常运转是必要的。和教条派正好相反，温和派的全部努力就在于拒绝只从表面上来看事实。温和派们总是竭力把奴隶问题搁置在一边，但是这么做并不能够影响大势所趋的历史事件的发生。②后来发生的很多危机，包括争夺“流血的堪萨斯”、1857 年的金融恐慌、约翰·布朗领导的奴隶起义

① 关于南北双方对 Douglas 的提议的反应，参见 Nevins，*Ordeal*，II，121，126－127，133－135，152－154，156－157。对 Douglas 的同情，请参见 Craven，*Coming of the Civil War*，esp 325－331，392－393。关于《堪萨斯-内布拉斯加法案》，Craven 作出了可信的论证，他认为不诚实的北方政客把奴隶制作为一个伪问题挑起来。关于林肯和 Douglas 的争论，他指出，林肯的听上去非常高尚的道德论调反而使 Douglas 显得对道德问题漠不关心。这个说法和 Nevins 的说法截然相反。Nevins 评论了 Douglas 通过《堪萨斯-内布拉斯加法案》重新提起奴隶制问题的行为，他指出（Ordeal，II，108），“当愤怒积聚就像大海被飓风搅动的时候，他被镇住了。历史上最难以抗拒的潮汐般的力量就是道德力量这样一个事实总是会为道德观微弱的人所忽视”。这是毕业演说，而不是历史。成功的政治领导人在努力应对冲突的道德力量的时候不得不在道德上采取模棱两可的态度。随后有不少历史学家们会把获胜的政治家塑造成道德英雄。一般地讲，给出这种毫无道理的结论显然不是 Nevins 的风格。

② 在 1858－1859 年的冬天，南方已经在计划成立一个新的党，这个党在 Nevins，*Emergence of Lincoln*，II，59 中被描述为一个“保守的、全国性的、拥护联邦的党，它把奴隶制抛在一边，谴责所有分裂主义者，推进广泛的内部改进计划，推翻民主党”。它所吸引的是有钱人、政治领袖、新闻记者，试图吸引小农场主而非大的奴隶主，但是并没有取得任何成效。在最后一个阶段，当分裂分子掌控事态时，主要的反对意见似乎是来自与北方有直接贸易联系的人，例如南方港口城市的商人和专业人士，还有小农场主。参见 Nevins，*Emergence of Lincoln*，II，322，323，324，326。纽约商界表现出忽冷忽热的态度。他们是 1850 年妥协法案最激烈的辩护者，但又因 Douglas 的《堪萨斯-内布拉斯加法案》而几乎变成彻底的废奴主义者，只不过随后随着情况的发展再一次转向。就像 Foner（*Business and Slavery*，138）所提出的那样，“从 1850 年之后，大多数纽约商人都有一种幻想，认为如果‘政治家和狂热分子们’把这些有争议的事件搁置一边的话，部派斗争将会自动纠正自己的错误。”在他们的观念中，听任问题自由发展的愿望似乎是一个不变的主题。过于激动对于商业是不利的。在 1857 年 10 月 10 日，*Herald*（Foner，*Business and Slavery*，140－141）预言道：“黑人问题必须让位给更重要的议题，比如稳定的货币、健全的信用以及一个牢固而又长久的安全基础，这个国家不同的商业和工业利益群体都需要的安全基础。” 南北双方的温和派至少在这一平台上能够取得共识。后来，这一平台成为内战及后期发生的各种混乱最终得以平息的基础。

的戏剧性发展以及其他一些事件，都大大破坏了温和派的立场，使其成员们越来越混乱、越来越困惑。通过长久的忽视来解决问题这一实用态度通常被自豪地视为盎格鲁-撒克逊式温和的核心，但是单靠这种态度是不足以解决问题的。即使大多数的人都共享上述观念，但是由于缺乏一个现实可行的分析和计划，这样一种态度和情绪，还是不足以推动民主的有效运作。要知道，达成共识本身并不重要，重要的是所达成的共识的内容到底是什么。

最后，当人们为了弄清楚这场战争的原因和意义而试着把美国社会作为一个整体来认识的时候，如果能够意识到一味寻找分歧的根源难免会掩盖核心问题的话，是非常有益的。对于任何一个已经存在很久的政治统一体来说，其自身的形成必定是有其根源的，人们放弃不可避免的差异而寻求调和必定是有一定原因的。但我们很难找到这样的一个历史案例，其中基于截然不同的原则发展出了完全不同的经济制度的两个地区，能够共同服从一个统一的中央政府的管辖，该中央政府对这两个地区都具有真正的权威。我自己也着实想不出任何一个这样的历史案例。①如果真的存在这种情况，那么当时必然存在着极为强大的凝聚力量能够抗衡分裂的倾向。而且存在这样一种可能，即由于内战的发生而使得人们忽视当时的凝聚力量，尽管，事实上，19世纪中叶美国的凝聚力量的确是非常薄弱的。

贸易就是其中一个能够起到明显影响的因素，能够使得同一国家的不同区域相互关联。南方生产的棉花主要还是销往英国，这当然是一个非常重要的因素。它意味着南方与北方之间的联系要脆弱得多。众所周知，在内战期间，英国偏向美国南方。但是，过多地强调贸易是南北分裂的一个重要因素并不合理。就像我们先前所指出的那样，

① 英联邦可能是最明显的候选人。在过去50年间，它逐渐被分解成一个个独立的单元，这一事实为我们得出上述结论提供了有力的支持。

当时北方的工厂也开始大量使用棉花。1857年危机爆发之后，西部市场急剧萎缩，纽约的商人一时间开始更加倚重与南方之间的关系。① 总而言之，当时的贸易状况已经发生了变化；如果美国真的避免了内战的爆发，那么那些试图首先从经济方面寻找原因的历史学家们应该不难找到合理的解释。

尽管棉花贸易使得南方与英国的关联比其与北方的关联更为紧密，但是当时另外两个方面的历史状况却有着更为重要的影响力。我们在前面已经提到过其中的一个方面：北方工业资本家们的财产并没有受到力量不断强大的激进工人阶级的威胁。另一个方面是，当时的美国并没有遭遇到强大的外敌。在这一方面，美国的情况与德国和日本截然不同，后两者后来（德国于1871年、日本于1868年）在各自的政治现代化进程中都经历了不同形式的危机。上述这些原因整合在一起，使得美国的农业和工业精英群体之间达成的具有典型保守特征的妥协并没有获得太多的支持。能够促使北方的工厂主和南方的奴隶主团结在一起、高举财产不可侵犯大旗的力量是不存在的。

在这里，让我们加以简短的总结，我们确实可以在不同经济制度的发展基础上寻找到这场战争的终极原因，那就是，这些不同经济制度的发展最终导致了不同类型的文明（当然仍然都属于资本主义文明），其对于奴隶制问题的观点有着极大的不可调和性。北方资本主义和西部农场主之间的联合，在短期内使得北方工业主和南方土地精英之间不再有必要形成一个保守联盟，事实上，只有这种保守联盟才是推动双方达成妥协、最终避免战争发生的重要因素。（后来，也正是双方之间的这种妥协最终结束了这场战争）另外，还有两个因素使得双方的妥协变得更加困难。首先，西部的未来很不确定，使核心权力的分配变得很不确定，这样就进一步激化了矛盾，造成了相互之间更多的

① Foner, *Business and Slavery*, 143.

猜忌和争论。其次，正如前面所提到的那样，美国社会的主要凝聚力尽管呈现出不断增强的趋势，但是仍然十分微弱。

4. 革命的动力及其失败根源

关于内战本身，在此我们无须赘述，尤其是考虑到我们已经提到了这场战争中最为重要的政治事件——《解放宣言》的颁布。这场战争反映出这样一个事实，那就是美国社会的统治阶层到这个时期已经一分为二了，其泾渭分明的程度超过了清教徒革命时期的英国统治阶层或法国大革命时期的法国统治阶层。在那两次社会大变动中，统治阶层的内部分裂促使激进倾向从底层开始酝酿，这一点法国大革命表现得比英国革命更为明显，而美国内战则并没有产生相应的激进狂潮。

从大体上，我们不难找到个中缘由：在当时美国的大城市中，并不像法国那样，到处都是窘困的手工艺人以及随后出现的无套裤汉。首先，由于美国西部存在着充足的土地，从而大大降低了爆发激进革命的可能性，当然可能只是间接地降低。其次，当时的美国也不存在促使农民起而暴动的根基。美国南方社会中处于最底层的主要是黑奴，并不是农民。这些黑奴要么无力奋起反抗，要么可能在很大程度上连反抗的意愿也没有。就我们希望达到的研究目标而言，这两种情况中究竟哪一种更接近事实是无关紧要的。当时确实发生了一些零星的奴隶暴动，但是这些暴动并没有在政治方面造成任何影响。总之，在所有的革命动力中没有任何一种是来自奴隶那个群体的。①

当时确实存在着这样一种革命动力，这种动力主要来自推行资本

① 众所周知的马克思主义学者 Aptheker 在他的 *American Negro Slave Revolts*, chap XV 收集了这些事件。

主义制度的北方，希望通过武力来改变现有社会秩序。在那些被人们称为激进共和党人的群体中，废奴主义理念与制造业阶级的利益联手点燃了革命之火，可惜这一火焰过于短暂，只发出几声劈啪的声响之后就陷入了腐败的泥潭，不久就熄灭殆尽。在美国内战期间，激进分子一直是让林肯头痛的难题，但是在他的领导下，北方最终仍然赢得了军事上的胜利，这主要归因于林肯，他总是以维持联邦政府为基础，确保南方财产权不受到严重的侵犯。在内战结束后的短短3年(从1865年到1868年)间，激进共和党人把持着获得胜利的北方这一边的权力，向南方种植园制度和残存的奴隶制度发动了直接进攻。

激进共和党人这一群体中的领军人物将战争看成是先进的资本主义对抗以奴隶制为基础的保守农业社会的革命斗争。在某种程度上，北方和南方之间的冲突确实体现出这样一种特性。正是因为这些激进共和党人，在内战结束之后，反而发生了一些影响力更为深远的斗争。以内战已过去100年的视角来看，这些斗争是最典型的资产阶级和资本主义进程中迸发出来的最后的革命火花，是中世纪城市平民针对封建领主的反抗斗争这一历史大趋势的最后一批继承者。在美国内战之后，所有的革命运动要么是反资本主义的，要么(即使是支持资本主义的话)是法西斯主义和反革命的。

继废奴主义偏执狂和自由土壤党人①之后，一小撮共和党政客也认同这样一种观念，认为奴隶制是一个“由‘男爵和农奴也就是贵族和奴隶’构成的正在衰亡的世界的不合时宜的残渣”。在他们眼里，内战是一个极好的机会，有助于他们彻底铲除并摧毁奴隶制这一压迫人身自由的不合时宜之物，也有助于他们以“自由言论、自由工作、学校教育和选举投票自由”为基础，以民主、进步的北方为样板来重

---

① Free Soil，1848年成立的美国小资产阶级政治团体。反对在西部新开发地区推行奴隶制，其口号十分明确：“土地自由、劳动自由、言论自由、人民自由。”1854年后瓦解，大部分成员参加了共和党。——译者

建南方。尽管美国众议院的激进共和党领袖撒迪厄斯·史蒂文斯(Thaddeus Stevens)在公开场合发表的言论相对还比较温和，但是他在私下里，在给法律界同行的信中则表达了不同的观点，他认为当时的美国需要的是一个拥有实权的人(不是林肯)，这个人“拥有足够的决心，足够的道德勇气，善于利用当下的形势掀起激进的革命，重建我们的制度……这就需要彻底将南方遗弃，解放所有黑奴，向另外半个北美大陆大规模地移民……”这一观点确实迎合了北方社会中一些重要群体的利益，因此也为废奴运动提供了动力，使之不再停留于纸上谈兵。①这些群体中包括了宾夕法尼亚州刚刚萌芽的铁矿和钢铁工业群体，还有铁路利益群体。史蒂文斯承担起这两个利益群体在国会中的中间人角色，他自己从每一方都获得了不少现金作为好处，根据当时盛行的政治道德标准，这么做并不是什么问题。②激进共和党人还获得了北方劳工组织的大力支持。当时的北方工人对于来自黑奴的竞争颇为担忧，认为新英格兰地区的废奴主义者不过是一群伪善的小人，代表的是工厂主们的利益，因而工人们对废奴主义者们的宣传报以冷淡的态度，但是尽管如此，他们对激进派所提出的关税保护措施以及使已经膨胀了的北方货币延缓贬值等主张则表现出了极大的热情。③另一方面，激进派反而没有得到金融和商业利益群体的支持。内战一结束，那些坚守原则的激进分子转而开始反对“北方的财阀统治”。④

综上所述，我们并不能就此认为北方激进派的进攻就能够完全代表针对种植园制度开展的资本主义进攻。在激进派进攻的巅峰时期，

① 参见 Shortreed 在“The Antislavery Radicals”，65－87，esp 68－69，77 中的精彩研究，引号中的陈述来自于此。

② Current，*Old Thad Stevens*，226－227，312，315－316.

③ Rayback，“American Workingman and Antislavery Crusade”，152－163.

④ Sharkey，*Money*，*Class and Party*，281－282，287－289.

他们是工人群体、工业主义者和一些铁路利益群体的结合体。当然，我们将这一群体称为一支具有创业精神的力量，甚至是进步的资本主义力量，并没有什么问题；这一群体吸引的是凡勃伦①大加赞赏的主导美国社会的创造性(和平民性)力量，排斥的是凡勃伦分外憎恶的力量——那些靠倒买倒卖而不是踏实做事来赚钱的自命不凡的所谓金融家。在撒迪厄斯·史蒂文斯及其同伴眼里，这一力量的结合体拥有一批有才能的政治领导人，还有足够多才华横溢的小知识分子，因而能够提出大战略。对于社会应该走向何方以及人们如何才能利用这一社会趋势，激进分子自有一套理论。对于他们来说，内战至少可以被视为一场真正的革命。对于军事上的胜利以及后来林肯遇刺，他们毫不掩饰其欢呼雀跃的程度，因为这给他们提供了一个短暂的机会，使内战发展成一场真正的革命。

撒迪厄斯·史蒂文斯又一次体现出其缜密的分析能力，并为激进派的日常活动提供了政治领导力。他所采取的策略就是牢牢抓住联邦政府这一机器，保护他所代言的群体的利益。要做到这一点，就必须改变整个南方社会，以免那些老派的种植园领导群体重新掌握国会，使激进运动再次受挫。这一点显然成为整个斗争中的革命性动力，尽管其影响力并不大。史蒂文斯拥有深刻的社会学方面的洞见，能够看出关键问题之所在，并找到可能的解决方法，同时还有足够的勇气去尝试这些方法。

在1865年的演讲中，史蒂文斯向公众和众议院提出了其行动计划和背后的依据，这些计划和依据与其秉持的观点之间有着令人难以置信的一致性。在他看来，南方必须被视作被征服了的区域，而不是有些人所谓的曾经脱离联邦而现在又在大家热烈的欢迎声中回归到联邦来的几个州。“必须打破南方的政治、市政和社会制度的基础，进行

① Thorstein Veblen，1857－1929，美国经济学家、社会学家。——译者

全面的重建，否则的话，人们的热血和财富就将白白地被浪费。而要做到这一切，我们唯一能做的就是把南方人视作一群被征服了的人。”①他还强调说，北方不该允许这些南方佬回归到联邦，“除非宪法能够加以修正，使之体现其制定者所期望的精神，使之能够确保联邦的政党拥有永久的权势”，而所谓联邦的政党就是指共和党。②

如果南方各州不能“被重建”——这一发人深省的委婉用语事实上代表的是自上而下的革命，这一用法从那时一直沿袭到后来美国的各个历史阶段——它们就可能轻而易举地压倒北方，史蒂文斯公开地、小心翼翼地盘算，以期使南方在战败之后能够得到和平。③

出于这些考量，史蒂文斯推出了自上而下重建南方社会的计划。他希望能够通过没收那些超过200英亩的地产来剥夺种植园主们的权力，“尽管这意味着(南方的)贵族面临着被流放的厄运”。通过引用大量统计数据，史蒂文斯争辩说联邦政府可以以这种方式获得足够多的土地，从而让每个黑人家庭都分到40英亩左右的土地。④“分到40英亩土地再加上一头骡子”变成了当时一句时髦的口号，使刚刚获得解放的黑人们原本有些乌托邦的希望变得有些可信了。但是，激进共和党人并不是乌托邦主义者，史蒂文斯本人也不能算是乌托邦主义者。全面进行土地改革的要求反映出的是这些共和党人对现实的认知——因为除此之外，并没有其他任何事情能够帮助他们打破种植园主们的权力。这些种植园主已经开始试图利用其他一些手段来恢复旧有权力，他们之所以能够这么做是因为黑人在经济上是无能为力的。对于这一点，至少有少数激进派非常明了。而且，也有一些迹象表

① 1865年9月6日在宾夕法尼亚州兰开斯特的演讲，来自Current, *Old Thad Stevens*, 215。

② *Reconstruction*, *Speech*, *December 18*, *1865*, 5.

③ *Reconstruction*, *Speech*, *December 18*, *1865*, 5.

④ 1865年9月6日的演讲，来自Current, *Old Thad Stevens*, 215。

明，将旧种植园进行分割并给每个黑人分上一小块土地具有一定的可操作性。在1864年和1865年，北方军事当局就曾经在这些方面进行过两次尝试，试图找到能够解决成千上万黑人的赤贫问题的有效方法。他们把没收来的以及被遗弃了的土地分给40 000多个黑人，据说在约翰逊总统后来把这些地产还给其原先的白人主人之前，有些黑人确实曾经以小农场主身份耕种过这些土地，并在一定程度上取得了成功。①当然，曾经身为奴隶的经历并没有帮助黑人获得像农村小资产阶级那样管理好自己事务的能力。史蒂文斯也意识到了这一点，他因而认为，在未来的很长一段时间内，黑人仍然需要那些支持他的国会议员朋友们来管理和监督。他同时也看出，如果缺乏最起码的经济保障和包括选举权在内的最起码的政治权利，黑人们很难为自己或者为北方的利益群体作出什么贡献。②

概括地说，激进派的重建计划可以被归结为，利用北方的军事力量来摧毁种植园主的贵族统治，从而确保黑人拥有财产权和选举权，进而在美国建立起一个资本主义民主的翻版。考虑到当时南方的具体情况，这一计划确实具有强烈的革命性。一个世纪之后的黑人民权运动所追寻的目标也不过如此，甚至在实际上可能还不如这些目标，因为此时的民权运动压根就没有涉及黑人所处的经济现状。如果说能够走在时代前列就意味着是革命的，那么史蒂文斯所推行的这些政策确实可以算得上是革命的。即使是那些富有同情心的北方人也承认史蒂文斯的政策让他们自己深受震动。针对史蒂文斯1865年9月6日的演讲，对废奴主义事业一直持同情态度的《纽约论坛报》的编辑霍勒斯·格里利(Horace Greeley)曾经这样写道："……我们反对任何会破坏到南方财产的战争 …… 因为与无知者和粗鄙者相比，南方阶层中的

① Stampp, *Reconstruction*, 123, 125－126.

② "在后期的奴隶州中如果没有投票权(我这里没有指自由州)，我相信这些黑人倒还不如继续做奴隶更好。" *Reconstruction*, *Speech*, *December 18*, *1865*, 6, 8。

富裕群体，更加开明、更讲人道，对黑人为害较少。”①格里利所表现出的忧虑让我们隐约地意识到，当南北双方的有钱人开始一致认同美国历史上另一个著名的妥协法案，将相互之间的差异暂时搁置在一边，让黑人自己去考虑得到自由之后应该做些什么的时候，其结果究竟会是什么样。

因此，激进派的计划一旦触及了北方的财产利益群体，激进派，或者更准确地说，其计划中的激进部分，很快就面临着巨大的障碍，无法真正推行。其实，这个结果并不值得大惊小怪。由于与温和派共和党人的愿望相违背，激进派未能将没收财产这一条写进1867年的重建法案。在众议院，史蒂文斯所推行的“分40英亩土地给每一个黑人家庭”的建议只获得了37张赞成票。②北方深具影响力的群体压根就不能容忍这种直接攻击私有财产的做法，即使这种攻击所针对的只是反叛者的财产，而且是以资本主义民主的名义进行的。《国家》杂志警告说：“把富人的土地分给无地者……将会让我们整个社会和政治制度受到巨大的冲击，而要想在不丧失自由的前提下从这种冲击中恢复过来是极为困难的。”土地改革的失败是一次具有决定性影响的挫败，它破坏了激进主义运动的核心。没有了土地改革，激进派计划的其余部分在不同人眼中都不过是安慰剂或刺激剂而已。可是，如果因此而认为激进派的这次失败为南方白人土地所有者和拥有其他财产的利益群体最终占据绝对优势地位扫清了道路，那也是夸大其词。③事实上，激进派从来就没有真正地阻挡过这些群体占据主导地位的道

---

① Current, *Old Thad Stevens*, 216－217引用了1865年9月12日的一期。Greeley同样还指责史蒂文斯没有能够在他的演讲中提出关于投票的政纲，在后来的演讲中他提出来了，似乎主要是因为马萨诸塞州的参议员查尔斯·萨姆纳的压力。我并不试图指出激进派内部的不同意见，而是希望聚焦于史蒂文斯，他是其中一个最有革命性的人物，当这场运动进入高潮时，他又是其中最具影响力的能够随时作出决策的战略家。

② Current, *Old Thad Stevens*, 233.

③ 参见Stampp, *Reconstruction*, 128－130的精彩描述。对Nation的引用出现在130页。

路。他们在这一时期所遭遇到的失败，只不过是揭示出了美国社会带给革命动力的限制而已。

土地不再被没收，也不再得以重新分配，在这种情况下，种植园制度通过推行新的劳动制度得以恢复。一开始种植园主试图推行发放工资的劳动制度。这一尝试失败了，部分原因在于黑人倾向于在劳动相对宽松的月份同样也领取工资，而当种植园主需要他们紧急采摘棉花时却逃之夭夭。因此，南方开始大规模地转向使用雇农，使种植园主能够更有效地掌控劳动力。这是一个非常巨大的转变。就像我们随后将会看到的那样，在亚洲很多地区，对雇农的利用，已经成为地主使用经济而非政治手段从农民那里掠夺剩余产品的一种有效方法，不过，政治手段通常是支持地主使用经济手段的必备条件。这样，在过去从未存在过农民阶层的美国社会，也出现了本质上与亚洲相似的农民类型，这一现象颇为耐人寻味。

农村商人根据美国的特殊情况对雇农制度进行了一定的改造，同样的情况也出现在中国和其他地方。美国的农村商人通常就是大种植园主。他将日用品赊给佃农和雇农，通过收取比普通零售价高得多的价格来控制住这些劳动力。佃农和雇农们不能到其他商店进行农产品交易，因为他们手头现金非常缺乏，而且又拿不到其他商店的信用贷款。①这样，对于许多黑人来说，经济纽带取代了奴隶制度的纽带。如果一定要说这种变化是一种改进的话，我们也很难说清楚这种变化对于雇农们来说究竟意味着多少真正的改进。但是，如果因此就认为种植园主之所以能够获得长足发展需要归功于这种新制度，也是不正确的。这种制度所带来的主要影响是让南方比过去更加严重地依赖种植单一作物的经济模式，因为银行家们总是在迫使种植园主生产能够

① 参见 Shannon，*American Farmers' Movements*，53 的简略描述。

快速变成现金的作物，而种植园主则转而将压力转嫁到种植者身上。①

南方的政治复苏和经济复苏一同展开，两者相互强化，不应该被看成是简单的因果关系。在这里我们不必重述战前南方统治阶层的后继者们为了更好地利用政治手段而在政治上所作出的改造和变化，值得提及的倒是所谓的“南方佬”（在今天可能被称为白人妥协主义者），其中包括大量的种植园主、商人，甚至还包括工业主义领导人。②正是靠着大量使用暴力，他们才迫使黑人继续“呆在原位”，并帮助白人在总体上重新占据优势地位，也许当时确实有一些更具道德感的群体起来反对过这些暴力，不过我们还不能确定这是否是真实的。③与此同时，工业主义者和铁路建筑者群体对南方各种事务施加了越来越大的影响。④简而言之，跟在北方一样，在南方，持温和态度的有钱人重新拿回了自己原先的权力、权威和影响力。使南北方跨越之前的冲突界限并结成联盟的基础已经全部具备了。1876 年，在海斯⑤与蒂尔登⑥之间发生了有争议的竞选，争议最终的解决方案是推举共和党人海斯就任总统，其交换代价是彻底清除北方占领政权在南方的残留影响，这一事件标志着美国南部和北方之间的联盟达到了顶峰。面对西部激进农民和东部激进劳动阶层的进攻，这一代表了北方财富、财产和特权的政党，终于决定抛弃所谓支持无产者和受压迫黑人劳动阶级权利的最后伪装。⑦南方“容克贵族”不再是原先的奴隶主，开始沾染上了更多城市商业的气息，而北方资本家则面临着更为

---

① Randall and Donald, *Civil War*, 549－551.

② Randall and Donald, *Civil War*, 627－629 勾勒了这些策略。

③ Randall and Donald, *Civil War*, 680－685.

④ Woodward, *Reunion and Reaction*, 42－43. 第 2 章提供了关于和平复苏的整个过程的一流分析。

⑤ Hayes, 1822－1893，第 19 任美国总统，共和党人。——译者

⑥ Samnel J. Tilden, 1814－1886，来自纽约的民主党总统候选人。——译者

⑦ Woodward, *Reunion and Reaction*, 36－37.

激进的震动，到了这一时刻，这种体现出保守特征的经典联盟才开始变得可能。接下来就发生了美国式的“热月政变”，最后终结了“第二次美国革命”。

5. 战争的意义

那么，这算得上是一次革命吗？如果按照我们通常认为的，所谓革命是指普通民众对压迫者的反抗的话，美国内战肯定算不上是一次革命。在不断发展的历史中找到它的位置，所遭遇到的困难不亚于我们试图清楚描述其原因和进程所遇到的困难。关于革命的一种认知是，革命意味着用暴力来摧毁一个政治制度，从而让社会走上新的征程。内战结束之后，美国工业资本主义确实得以大踏步的发展。很显然，当查尔斯·比尔德创造出“第二次美国革命”这个著名说法的时候，他所持的就是这样的想法。但是，工业资本主义的蓬勃发展果真就是内战带来的成果吗？而且，除了最保守的人以外，所有人都将人类自由与革命这个词相互关联起来，那么美国内战对于人类自由究竟做出了什么样的贡献呢？颁布了宪法第14修正案这一历史性事件可能算得上是这方面成就的一个模糊的缩影，因为该法案明令禁止美国各州剥夺任何人的生命、自由或者财产权。但是，正如任何一个受过教育的人都知道的那样，第14修正案更多的是在竭力保护公司的利益，在保护黑人这方面做得实在太少了。比尔德认为，这一点恰恰是修正案起草者的最初想法，这一观点已经遭到了一些人的反驳。①事实上，法案起草者的想法本身是不值得我们过多争论的。美国内战所带来的影响是毋庸置疑的。归根结底，人们对美国内战的评价取决于现

① Randall and Donald, *Civil War*, 583；关于相关文献的回顾，请参见 Randall and Donald, *Civil War*, 783－784。

代美国社会对自由的评价，也取决于先进的工业资本主义制度与美国内战之间的相互关联。即使再写一本书也无法把这些问题论证清楚。在此，我只能简单地、粗略地谈几个比较重要的想法。

显然，在北方取得内战胜利的同时以及之后，美国确实发生了极为重要的政治变化。这些变化可以总结如下：联邦政府已经成为一系列重要的保障，帮助人们尤其是大宗财产拥有者们保护其财产不受侵犯，同时联邦政府也成了一个代理机构，致力于将“越有的人越给予”这一基督教教义付诸实践。在联邦政府树立起的众多保障中，第一个就是对联邦自身的保护，这也就意味着随着越来越多的人在战后到西部去定居，美国已经发展成为世界上最大的国内市场之一，也成为自有国家以来受到最高关税保护的一个市场。①通过第 14 修正案，财产权获得了各州政府近乎狂热的保护。同样，通过一个全国性的银行系统以及重新开始使用现金支付，美国的汇率能够得到一个极为坚实的基础的支撑。有些人认为这些措施会严重地伤害到西部农场主，这种观点值得怀疑；有迹象表明西部农场主在战前以及战后一段时间内还是过得挺不错的。②不管以何种方式，他们都因为西部公用土地的开放(1862 年通过的《宅地法》)而获得了一些补偿，不过，恰恰是这一点表明了联邦政府确实已经成为上文提到的执行基督教教义的代理机构。铁路建设赢得了大量赞助，对公用土地的处置也为木材加工和采矿业积聚大量财产奠定了基础。最后，为了弥补那些可能因为上述措施而丧失劳动力来源的工业领域，联邦政府继续推行开放移民政策(1864 年通过的《移民法案》)。正像比尔德所指出的那样，“两代

① 1861 的《莫里尔关税法》是关税急剧上升的开端。它把平均关税率从 20% 提高到 47%，比 1860 年普遍的关税率高了一倍还多。最开始是为了增加战时联邦国库的收入而设计的，它也使保护主义倾向深深地扎根于美国经济政策中。1883 年、1890 年、1894 年和 1897 年的法案甚至给予了更大的关税保护。参见 Davis 等人所撰写的 *American Economic History*，322－323。

② Sharkey，*Money*，*Class and Party*，284－285，303.

联邦党人和辉格党人试图争取的一切，在这短短4年时间内就已经全都得到了，而且还加上了其他更多的收获。”①“短短4年”可能有些夸大其词了；联邦政府推行的措施中有一些是属于重建(1865－1876)计划的一部分，至于说恢复现金支付则一直要等到1879年。不过这是件小事情，因为重建计划也是联邦政府面对各种挑战所做出的回应中的一个部分，因此究竟花了多少时间达到目的其实并不重要。如果人们将这次重建计划与1860年推行的种植园主计划(联邦政府强制推行奴隶制，没有保护性的高关税，没有补贴也没有投入巨大的能够创造税收的内部改进，也没有全国性的银行和货币体系)②加以对比的话，那么我们就能够颇具说服力地给出这样一个观点，那就是，美国内战确实表明工业资本主义在挣脱种植园经济束缚的斗争中取得了胜利，而这一胜利的取得既离不开鲜血也离不开钢铁。

但是，如果我们能够深入地反省一下，对这一观点的认可马上就会烟消云散。值得注意的是，在这方面，比尔德自己的立场也是模棱两可的。在描述完上文刚刚总结过的北方资本主义所取得的胜利之后，他又评价道，“刚才提到的第二次美国革命所获得的主要经济成就，如果不通过武力冲突，恐怕也是可以实现……”③但是，除了指出像比尔德这样一个一流历史学家总是喜欢用这种振聋发聩的写作方式来试图阐明这些历史问题，我们并不想过多地质疑他的观点。关于美国内战是工业资本主义民主的革命性胜利以及它对取得这一胜利是极为必要的这一论断，我们可以从三个方面来加以反驳。第一，人们可能会认为美国内战和随后工业资本主义所取得的胜利两者之间并没

① Beard and Beard, *American Civilization*, II, 105；关于这里所总结的措施的调查请参见105－115；Hacker, *Triumph of American Capitalism*, 385－397同样提供了类似的、在某种程度上更为简明的分析。

② Beard and Beard, *American Civilization*, II, 29.

③ Beard and Beard, *American Civilization*, II, 115.

有任何真正的关联；因此纠缠于这一关联进行辩论就是在犯“发生于其后必然是其结果”这一逻辑错误。第二，有人可能会认为这些变化完全可以通过正常的经济发展、根据自身规律自然地发生，并不需要一场内战的推动。①最后，根据本章早些时候大篇幅讨论过的一些证据，有人可以争辩说，南北双方的经济体之间并不存在什么激烈的竞争：往好里说，两者是互补的；往坏里说，两者没能建立起更紧密的联系，而其中的原因大多是一些偶发的外部环境因素，例如南方将大部分的棉花销往了英国这一事实。

只有当我们能够充分证明以种植园为主的南方社会确实给工业资本主义民主的建立制造了不可逾越的障碍之后，上述这些辩论才能得到一个明确有效的答案。证据非常清晰地表明，种植园奴隶制度对于民主来说的确是一个障碍，至少是对于包括人类平等的目标(甚至是机会平等这一有限的目标)以及人类自由的任何民主概念而言。但是，这一证据并不能清晰地证明种植园奴隶制度对于这样的工业资本主义是一个障碍。从比较研究的角度而言，工业资本主义可以在任何一种社会中建立起来，这种社会无需承认这些民主目标，或者更加谨慎地说，在这种社会中，民主目标只不过是第二位的而已。1945 年前的德国和日本都是这一观点的主要例证。

这一探询再次地把我们引回到政治问题和南方文明与北部、西部文明这两种不同形式的文明之间的不可调和性上来。压迫劳工的农业制度，特别是种植园奴隶制度，在某个特定的历史阶段，对于某种特定的资本主义来说是政治上的障碍。由于缺乏一个比较精确的说法，我们不得不将之称为竞争性的民主资本主义。对于一个在英国清教徒

① Cochran, “Did Civil War Retard Industrialization? ” 148－160，在我看来就是关于这一观点和之前一个观点的一个版本。我发现它还是不能令我信服，因为它仅仅是以统计数据为基础来展示出内战暂时中断了工业发展。对于在我看来是核心的社会制度的变化这一问题，它只是简短地涉及了而已。

革命、美国革命(独立战争)和法国大革命以后建立的社会来说，奴隶是一种威胁，也是一种障碍。南方社会总是坚持以继承权作为判断一个人的价值的基础。而对于西部和北方来说，尽管人们所持的观点也已经有所变化，但是他们仍然坚守机会平等的理念。在这两个区域，人们所持的理念折射着当地所推行的经济制度，这种经济制度既是其动力之所在也是其魅力之所在。在我看来，正是由于南方和西部及北部社会都处于同一个政治整体中，因此要建立一个能让双方都满意的政治和社会制度，从根本上讲是不可能的。如果地理区域的分割能够再明显一些，例如如果当时的南方是一个殖民地，那么这一难题在当时就可能比较容易得到解决，当然受伤害的会是那些黑人。

北方最终获胜所带来的影响，与如果南方获胜带来的影响相比，前者相对比较模糊，但是有一点是明确的，那就是人们取得了自由这一政治上的胜利，对于这一点，我们显然无需再进一步地讨论。人们只需要考虑一下，如果南方种植园制度能够在19世纪中叶推广到西部并将东北部团团包围起来的话，那么事态将会发展成什么样。如果真的是那样的话，美国就将会与当今正在进行现代化的一些国家一样，拥有一个大庄园经济，一个占主导地位的反民主的贵族制度，一个既没有能力也没有意愿推进政治民主的依附性极强的孱弱的商业和工业阶级。这就是俄国所面临的情形，只不过是在19世纪后半叶，其农业的商品化倾向没有那么明显而已。如果处于上述情形中，相对于尽管有着各种缺点和缺陷但是根基牢固的政治民主来说，美国更可能爆发激进的运动，或者形成长时间的反动独裁统治。

推翻奴隶制度是决定性的一步，这一行为至少与英国内战和法国大革命推翻君主专制一样重要，是进一步发展的重要先决条件。我们的内战与这些暴力斗争一样，其主要成就从宽泛的意义上讲是政治方面的。后来几代美国人总是试图将经济内容置于政治框架中，想要通过给予人们一些决定自己命运的物质手段来提高他们在人类尊严方面的水准。随后发生的俄国和中国革命有着相同的革命目的，但是至今为止，其采取的手段在很大程度上已经使其结果远离了其初衷。基于这种情形，我认为美国内战应该得到适当的评价，给予适当的历史地位。

联邦政府不再强制推行奴隶制度，这一点非同小可。如果这一障碍不被扫除的话，那么不难想象有组织的劳工将要面临的困难，比如，在后来想要得到法律上和政治上的承认所面临的困难。从内战结束之后，为了进一步扩展自由的界限以及自由所包含的内容，劳工们发动了一系列运动，而由于1865年内战所赢得的胜利并不彻底，随后又出现了南北双方有产者的利益群体之间开始结成保守联盟的趋势，因此劳工们受到了极大的压制，他们不得不为克服这种压制付出了很大的努力。1865年的胜利所展示出的不彻底性其实是工业资本主义结构所固有的。旧有压迫手段中的很大一部分又开始回到南方，以看上去更为纯粹的新的经济手段作为伪装。与此同时，随着工业资本主义的发展和传播，南方和美国其他地区又出现了新的压迫形式。如果说联邦政府不再致力于强制执行逃亡奴隶法案的话，其实它要么是默许了这种新的压迫形式，要么是成了新压迫形式的一个工具。

至于对黑人，直到最近，联邦政府才开始朝相反的方向采取行动。在我写下这些纲要的时候，美国社会开始为黑人的民权问题承受痛苦的煎熬，这种挣扎在将来的时间里会时起时伏。民权问题所涉及的远不止黑人。只不过由于美国历史的特殊性，美国社会最底层阶级的核心组成部分是有色人种。要让美国这个世界上最强大的资本主义民主制度的性质有所改变，黑人作为美国社会中有强烈不满意见的阶层中的一个主要组成部分，就目前而言，几乎可以说是唯一的潜在动力。至于说这一潜力是否能够成就些什么，是否会分裂，是否会突然消亡，或者是否会与其他持不同政见者联合起来进而取得一些显著的成就，那则是另外一回事。

归根到底，黑人和白人联盟之间的斗争决定了当代资本主义民主制度是否有能力将其听上去颇为高尚的宣言付诸行动，还没有一个社会曾经做到这一点。在此，在关于这场内战的评估和解读方面，我们遇到了无法逾越的多面性。这种多面性贯穿了整个人类历史。伯里克利[1]和林肯，这两个时隔两千多年的自由社会的著名政治领袖都通过悼念阵亡者的演讲来表达自己的理想，这一点显然不只是巧合而已。对于持批判态度的历史学家来说，当他把伯里克利和林肯所做所说，所希望的一切以及实际发生的一切都放在一起进行分析之后，他会总结说，这两个政治领袖更像是政治多面性的代表人物。人们为了伯里克利和林肯所表达的理想而进行的斗争并没有结束，可能永远也不会结束，除非人类不再居住在地球上。如果有人为了解决历史的多面性问题而更深入地探索，这个探索者最终在自己和同伴身上以及那些被毋庸置疑的历史事实中所发现的仍然将是多面性。至于我们每一个人，也都不可避免地被卷入这些跌宕起伏的历史事件中，无论多么渺小，多么微不足道，我们的所作所为也都时刻成为过去，并影响着未来。

① Pericles，495BC－429BC，雅典政治家。——译者

第二部分

亚洲迈向现代世界的三条道路

注　释

在对欧洲和亚洲政治进程进行比较时遇到的问题

直到不久之前，仍然有很多理性聪慧的思想家们坚信，要迈向现代化工业社会世界，只能沿着一条主要的高速公路，只有沿着这样的一条高速公路前行，才能最终形成资本主义和民主政治制度。过去50年的历史经历已经戳穿了这个观点，可惜的是，不管是马克思主义理论，还是一些西方学者有关经济发展方面的著述，都仍保留了这种单线发展观的强烈印迹。西方的民主只不过是其中的一种结果而已，是基于特定历史情境的一种结果。我们在前面三章中所讨论到的这些革命和内战，确实是迈向自由民主进程中非常重要的一个组成部分。正如我们所意识到的那样，即使是那些引领英国、法国和美国走向资本主义民主的基本相同的常规发展路线之间也存在着明显的差异。但是，与这些民主国家体系内所存在的差异相比，其他一些差异表现得更为显著。德国历史反映出的就是一种最终演变为法西斯主义的发展形态，而俄国历史则反映出了第三种发展形态。我们绝对不能不加考虑地就完全忽视了这三种发展形态最终会重合在一起的可能性；很显然，就某些方面而言，所有的工业社会相互之间总是存在着一定的共同之处，并且都会呈现出与农业社会之间的巨大差异。尽管如此，如果我们将20世纪的第70个年头作为我们的观察节点，并且在同时还总是能够充分意识到这一观察节点与历史上所有有利于深入了解事物的观察节点一样，都是人为设置的话，那么我们就会得出这样一个不那么全面的真理：非民主的甚至是反民主的现代化进程也能取得同样的成功。

上述观点可能更适用于最终发展成共产主义的现代化形态，而不是最终导致法西斯主义的现代化发展形态，本书接下来的章节将会清晰地展示其中的原因。我们可以留待以后再来讨论，当下似乎无需给以太多的关注。德国和俄国都采用了非同寻常的手段，并最终发展成为强大的工业化国家，这一点毋庸置疑。在普鲁士贵族的领导下，19世纪时候的德国成功地推行了一次自上而下的工业革命。迈向资产阶级革命的动力——这里需要强调的是“革命”，而非“资产阶级”)——到1848年就慢慢地消失殆尽了。纵便是德国在1918年的战败也并没有让前工业时期的德国社会制度的本质特征受到任何损害。最终的后果是发展出了法西斯主义，而这一后果也许并不是完全不可避免的。在俄国，直到1914年之前，推动整个社会迈向现代化的动力显然并没有起到什么效果。众所周知，在那里，一场以农民为主要的力量来源的革命彻底摧毁了旧有统治阶级(直到1917年，这些旧有统治阶级仍主要是以农村为基地)，为自上而下的共产主义式的工业革命扫清了道路。

所有这些人所共知的事实都让我们坚信，包括民主、法西斯主义和共产主义(也包括专制主义、极权主义、封建主义、官僚主义)在内的所有名词，都是在欧洲历史的背景下出现的。那么，我们将它们应用到亚洲政治制度中的同时又能够保证其本意不被扭曲得面目全非吗？此刻，对于是否可以将基于一种背景和一个国家的一些历史术语套用到另一种背景和另一个国家这样一个常规问题，我们显然无需表明自己的立场，只是有必要指出，如果没有一定程度的相互套用，那么关于历史的讨论就会被分割成对一些不相干的历史事件的描述，从而变得毫无意义。如果是将这些问题放置于严格的哲学层面，那么它们实在是过于枯燥乏味而且永远也找不到答案，只可能让大家纠缠于令人厌烦的文字游戏中，再也没有精力去查明事实的真相了。在我看来，确实存在一些纯客观的标准，能够让我们将那些仅仅是表面相似的历史和真正相似的历史加以区分，因此在这里对这一点简单地加以解释应该会有所裨益。

所谓表面的以及偶然相似的历史，指的是那些与其他一些具有重要影响力的历史事实毫不相关的事实，或者是那些会造成人们误解的事实。如果一个作者总是在强调戴高乐将军和路易十四之间的政治风格上的相似之处，比如，他们俩都喜欢从形式上强制推行相互尊重这一礼仪，而且如果这个作者不是在开玩笑的话，那么他就是在铺陈一些毫不重要的琐事，很容易误导大家。戴高乐将军和路易十四之间获得自身权力的社会基础有着很大的不同，17 世纪和 20 世纪的法国社会也有着巨大的差异，这一切所展示出的历史意义显然要比那些表面的相似处大得多。①换个角度来说，如果我们从 1945 年前的德国和日本身上发现一系列具有相似结构、起源以及因果关系的体制活动的话，那么我们就有理由用法西斯主义来称呼这两者都拥有的这一复杂制度。这一点同样适用于民主政体和共产主义政体。要建立起这种关联的本质性质，只有仰仗实证调查。形成共产主义、法西斯主义或者议会民主的本质特征本身很可能不足以为中国、日本和印度的主要政治特征提供充分的解释。因此我们也许只能使用那些特定的历史因果关系纽带来承担起解释的重任，尽管这些纽带可能无法纳入任何可识别的系列历史事件中。我们在研究西方社会时已经碰到了这种情况；当我们开始研究亚洲社会时，恐怕也没有理由期待不碰到类似的情况。

---

①　如果有可能揭示出戴高乐和路易十四之间的相似性是一个更为深刻、更为显著的关联所呈现出来的症状和结果的话，那么它们就不再只是表面的相似性了。人们不能事先就排除这种发现的可能性。在弗洛伊德发现随口所说的话与人们真正担心的事情之间确实存在关联之前，随口所说的话似乎并无意义，是微不足道的。因此，有必要再次强调，只有深入研究各种事实才能解决这些问题。

第四章

中华帝国的衰落和共产主义变种的起源

1. 上层阶级和帝国制度

古代中国曾经有过一个主张“正名”的哲学流派①。他们坚信政治和社会智慧源于以正确的名称来称呼每一事物。时至今日，所有致力于研究中国问题的学者总是将大量时间花费在同样一件事情上，对于应该如何恰当地使用“士绅”、“封建主义”和“官僚制度”等名词一直争论不休。实际上，这些表面上对术语是否使用得当的争论，其中更深层次的问题才是决定性的，也是我们这一研究的出发点：在一个绝大多数人都属于土地耕种者的社会里，上层阶级与土地之间究竟有着怎样的关联？他们所拥有的权力和统治地位到底是基于其对土地财产的控制，还是归因于他们几乎垄断了所有的官僚职位呢？如果是两者的结合的话，那么这种结合的本质又是什么呢？既然这一争论会深刻地影响到我们对当代政治的洞察，那么就有必要把我们的这些洞察展示出来，希望能为准确地把握中华帝国社会的运作方式扫清道路。

有些西方学者强调中华帝国的官僚制度特征，而不怎么强调做官从政与拥有土地财产之间的关联。这样一种解释，其目的是双重的，一来可以据此批评马克思主义者所提出的政治权力派生于经济权力这一观点，二来可以据此谴责现代共产主义国家其实是向所谓的东方专制主义形式的倒退。②而在另一方面，马克思主义者，尤其是中国共产党人，总是把帝国统治时代甚至是国民党统治时期视为封建主义的一种形式，也就是说，在这样一个社会中，绝大多数的土地都是掌握在地主手中，而这些地主的主要收入均来自地租。③中国的马克思主义者通过削弱其官僚制度特征来隐藏他们自己的行为与封建制度之间的相似之处。对于中国来说，封建主义的描述不如官僚主义更适当。中华帝国并没有出现过分封制度，只有非常有限的土地册封用于换取军事服务。尽管如此，就像我们将要看到的那样，马克思主义者对于地主土地所有制的强调是绝对站得住脚的。总之，在我看来，西方学者竭尽全力否定土地所有权与政治职位之间的关联，而马克思主义者则反过来同样竭尽全力地希望能够在这两者之间建立起关联。

那么，这种关联究竟是什么？在最后一个大朝代——清朝时期(1644－1911)，究竟什么才是中国社会的决定性特征呢？这些结构上的特征究竟是如何引领中国走向随后的发展方向，最终在20世纪中叶让共产主义取得了胜利呢？在帝国系统崩溃的进程中，中国的议会民主运动一直缺乏强大的推动力量，那么中国土地精英身上的哪些特征导致了这种情况呢？

关于上述问题，一些简单的观点已经凸显出来了，这些观点也得到了大家的广泛认同，从而有助于我们获得初步的认识。首先，远在

---

① 此处应该是指春秋战国时期的学术流派之一——名家，其创建者是施惠、公孙龙，二人是研究“名实”的哲学家，也是中国最早研究逻辑学、语义学的哲学家。——译者

② 关于这个主题，Wittfogel 的 *Oriental Despotism* 是已知的最好的阐释。

③ 我自己并没有看到中国共产主义的历史论述。对于调研，请见 Feuerwerker 的“China's History in Marxian Dress”，323－353。我发现那些涉及这一问题的俄国资料都令人失望。关于清朝时期的资料，仔细的搜索也并没有得到什么收获，只有我在下文引用到的最近出版的几篇文章值得我们认真地考虑：对于1911－1949年这个时期，我研究得没有那么仔细，而俄国人所进行的研究也并没有给出任何迹象表明，他们对于农村(包括中国苏维埃政权和国民党政权统治的区域)实际发生的状况的研究比西方学者进行得更为深入。他们的偏见与我们的偏见相比似乎也好不到哪里去。

我们的故事开始之前，中国固有的政治体制已经彻底解决了其间存在着的与土地有着紧密关联的混乱的贵族制度所带来的各种问题。我们不用去考虑这一巨大的转变究竟发生在哪一个阶段，只需要指出那个帮助皇帝招募官僚从而更好地对抗贵族阶层的著名的科举制度在其中发挥了重大作用就可以了。科举制度始于唐代，到宋朝，中国古代贵族制度的成分就已经所剩无几了。①这种贵族制度是否是封建的，在公元前3世纪秦国第一次统一中国之前的早期中国社会是否也应该被视为是封建制度，这些问题还是先搁置一边为好，我们无需过多挂虑。②

在另一方面，有必要注意这样一个问题，那就是，在满族统治时期或在汉学家们都熟知的清朝时期，在中央集权制的行政管理的表象掩盖之下，是否仍然继续存在着一个土地贵族阶层。当时确实存在着一个富有的拥有土地权的阶层，对于这一点，每个人可能都不会反对，但另一个问题会出现，那就是，如何厘清富有和宽裕之间的界限。大家都认同，当时确实存在一个官员和儒生阶层，但是也同样存在如何划清这个群体相互之间的界限的问题，只不过我们可以清晰认出哪些人具备学术文化背景，哪些人并不具备。上述这两个群体有时候相互重叠，有时候又不完全相同，对于这一点，大家也都并无异议。当时至少有部分相对富裕的地主并不拥有任何科举身份，也有一些拥有科举身份的人并不拥有任何土地。当然，我们并无法确定两个群体之间相互重叠的确切程度。③

但是，如果因为达成了这一共识就不再深究下去，那也模糊了问

---

① 关于科举制度，Franke，*Reform and Abolition of Examination System* 给出了一个便利而又简洁的历史描述。我从他的第7页摘取了这些资料。

② 对 Wittfogel 的观点的批驳，请见 Eberhard，*Conquerors and Rulers*。

③ 除了在下一个脚注中提到的资料来源外，还请参见 Chang，*Income*，125，142，146。

题的本质。即使我们能够找到足够信息来了解那些既是地主同时又是官员或者儒生的人占总数的确切比例，我们仍然无法弄清楚具体是哪些人是同时属于两个群体的。没有哪个生理学家仅仅会因为知道了人体骨头和肌肉各自所占的比例而感到心满意足的，他更希望做的是能够充分了解在人体的各种活动中，骨头和肌肉究竟是如何通力协作的。要理解清楚中国的土地财产权、科举身份和政治职位之间的关联，我们显然也有必要掌握类似的知识。

将上述这一切连接到一起的机制是家庭，更精确的说是父系氏族。在农业相对发达的区域，尤其是南方，氏族所包含的范围更广泛，人们通常将之称为宗族。作为一种社会机制，一般而言，家族是按照如下的方式进行日常运作的。通过做官从政而获得一定的财富，并将这些财富用于土地投资，这样一种做法一直延续到现代时期。人们通常会为了氏族的利益而不断积聚财产。相应地，任何希望成为贵族统治阶层的家庭要实现这种愿望，都需要家族中有人能够拥有科举身份，或者有希望在将来获得科举身份，这个人也会得到该家族的鼎力支持，这些支持背后的动因更多的是希望他能获得个一官半职，并利用这个职位来进一步扩大整个家族的物质财富。通过这些帝国官职，儒生们就可以再次拥有或者进一步扩展家族财富，确保氏族的社会地位，这最终形成了一个完美的循环。宗族的作用方式同出一辙，只是它还容纳了很多纯粹意义上的农民，因此是一个涵盖了更多人的集体。就理论而言，官场职位也开放给那些地位最为卑下但却拥有一定才能并且野心勃勃的农民，但是由于当时社会缺少任何广泛的大众教育系统，因此考生们在经年的艰苦学习中通常都需要仰仗富裕家庭的资助。有时候，一些富裕家庭意识到自己的孩子在科举上没有希望之后，会转而支持一个来自贫苦人家的更有希望的孩子。因此，通过氏族而形成的官场和财富之间的关联是中国社会最重要的特征之一。基于上述这些原因，我们有充分理由把这一由士大夫和地主所组成的上层阶级统称为士绅阶层。①如果我们依次对该阶层中的每个组成部分进行深入观察的话，我们会意识到这一关联中其他一些重要方面。

在不先去假定地主的角色与官员相比谁更重要的前提下，让我们先从地主开始讨论。我们遇到的第一个问题是，在缺少强制性的封建义务的条件下，地主究竟是如何让农民心甘情愿地为他工作的。对此，我们并不能找到太多具体的细节性资料，而且至今为止并没有学者对这个问题进行过深入的探讨，但是，我们仍然还是能够找到概括性的答案，那就是，地主使用了租赁式手段，这在本质上与现代资本主义并没有什么不同。至少到19世纪初期，租赁制基本上是一种辅以雇佣劳动的分割租赁形式，当然具体的表现形式会因为不同区域而有

① 参见 Balazs，“Aspects significatifs”，81，84－85。这一分析性的文章对于在这里提出的这一问题是不可或缺的。有些关于宗族的资料参见 Liu，*Clan Rules*，110，129，140。同时参见 Chang，*Chinese Gentry*，186 和 *Income*，42。

在西方，有很多关于用“士绅”来指称中国上层阶级的讨论。因为这一称谓带有过多的西方意味，尤其是英国意味，因此很多人会拒绝使用它，这些人这么做显然也有一定道理，但是由于它已经被广泛地用来指称俄国以及中国的地主阶级，因此再过多地纠缠于是否应该使用这个说法就显得有些迂腐了。关于它并不适用于中国的评论，请参见 Ho，*Ladder of Success*，40。

要了解试图区分科举身份和土地所有权的关于士绅的定义，请参见 Chang，*Gentry*。Freedman 在 *Pacific Affairs*，XXIX，78－80 的评论也指出了将这一称谓局限于拥有科举身份的人是有一定困难的。Ho，*Ladder of Success*，38－41 与 Chang 在一些关键性的问题上有所分歧，如购买科举身份的人和拥有初级科举身份的人的社会地位。由于他在经济地位方面掌握信息极少，因此这本书对我们这里所提出的问题贡献很小。他将财富当作社会流动性的一个方面来讨论的做法将讨论局限于商人财富这个二级问题，关于土地财富几乎毫无提及。

在这个问题以及其他问题上，我希望能够特别感谢一下 Owen Lattimore，他对我本章的初稿给出了详尽的书面评论。当我读了另外一些资料后，我把我觉得很有启发的一些评论几乎原封不动地放在了我的正文里。由于其他地方的证据在我看来是指向了不同的方向，因此，通常而言，他人的评论是不应该承担任何责任的这一常规的免责说法，也符合这里的实际情况。

所差别。①与其他区域相比，某些区域的地主毫无疑问有着更重要的影响，他们提供土地，而农民则提供劳动力。农作物由两者分享。地主不可能像农民提供劳动力那样提供土地，这给我们更好地了解帝国官僚制度带来的利益提供了一个很好的线索：是帝国官僚制度确保了地主对土地的控制权。②一个富裕的农民可能并不会指望通过科举提升自己，但是对自己的儿子，他却可能抱有很大的希望，因此这个农民仍然会像其他人一样继续在田地里辛勤耕作。但是，士人们从来不会亲自动手干活。中国的士人或地主一般都居住在乡村，与英国和德国的同一阶层(甚至是有些俄国和法国的同一阶层)有着很大的差别，中国的这一阶层基本上不会去过问具体的耕种事务，甚至都不会亲自进行监督和管理。③正如我们随后将会看到的那样，中国士人或地主阶层的社会地位与日本的大地主们截然不同。中国和日本的政治命运在现代以及古代所呈现出来的众多差异也许可以归因于这一差异。

尽管有很多文献提及一些规模较大的稻米买卖情况，我们还是可

---

①　我无法找到任何有关这方面的专题研究。在 Ho， *Population*， 217－226；Chang， *Income*， 127； Hsiao， *Rural China*，384，385， 389 可以看到历史和地理方面的简短分析。Hsiao 梳理了大量的资料，很多是来自地方简报，他把这些资料加以摘录，按照一定顺序重新排列，尽量不做评论而是更多地直接引用。其结果差不多类似于一份简报夹，整合了众多来自报纸和旅行者关于美国政治阴暗面的评论方面的资料。只要大家能够记得类似的这些材料通常会过多地强调社会阴暗面——当然，也有一些敏锐的旅行者在评论中会偶尔直接提及很少有人会提及的该社会最根本性的缺陷——那么，这样一本书还是极其有用的，至少比起有些人收集的试图掩盖这一制度实际运作的那些迷惑人的统计资料更有用。事实上，人们可以证明 Hsiao 撰写的书为社会学者提供了更好的资料，胜过基于某一先验观点来过滤事实的许多精妙专著，不管这些专著的作者显得多么诚恳、多么聪明。但是，如果我们不得不阅读太多类似的资料，那还是很可怕的。

②　一个苏联学者 Khokhlov 在“Agrarnye otnosheniya”第 110 页宣称，大约在 1812 年，80% 的可耕地是掌握在上层阶级手里，而农民拥有余下的 20%。尽管这样的数字令人怀疑，但并没有理由怀疑前者的确占有了最大份额的土地。

③　可以想见，这样的印象可能是由于缺乏资料造成的。但是，Chang， *Income*，127 所引用的宗族家谱把避免管理看成是天经地义的。这种对于体力劳动的态度使得文人不可能告诉农民如何做工。就像下面所显示的那样，富裕的地主所做出的“经济”贡献就是从政府那里哄骗来的各种好处。

以比较合理地推断说使用雇农是占主导地位的模式，地主通过这种模式收取一定份额的谷物(在南方是大米，在北方是大麦和其他谷物)而不是金钱。即使是皇帝自身，也不过就是一个从自己的臣民那里征收谷物的超级大地主而已。①如果说帝国制度对于收取实物租税有着如此深重的依赖性，那么我们就可以确信这种方式在其他地方应该也是普遍盛行的。那些富裕的地主显然不可能消耗掉替代租金的全部稻米，因此也就让他能够将多余的谷物出售到市场上去。当然，这种做法并不占主导地位，而且光靠这种做法显然也不太可能发大财。

基于上述这种状态，地主对于我们通称的人口过剩显然会产生很大的兴趣。多余的农民可以抬高土地租金。如果一个饥饿的农民为了租赁可供耕种的土地，情愿只获得比原先租种土地的人少一半的谷物的话，那么另一个更为饥饿的农民为了争取到这块土地，恐怕会愿意获得更少的谷物作为报酬。当然，这样的竞争显然并不代表地主和佃农双方关系的全部。社会习俗的制约以及地主希望拥有高质量佃农的想法会阻止地主过分地压榨佃农。不过，在这种情况下，地主总是希望能够拥有足够多的农民，因为这些农民至少可以成为潜在的土地租赁者，这一点在中国具有决定性的影响。

这里，我们需要对上述情况的两个特征加以特别关注。首先，只有确实存在着一个能够保持社会秩序、保证地主财产权并确保地主收到租金的强有力的政府，人口所带来的压力才能真正有利于地主自身的利益。这正是帝国官僚制度必须承担起来的任务。因此，在中国，就像在日本和印度一样，人口过剩并不仅仅是土地和人口之间的一个

---

① 在清朝的鼎盛时期，政府通过大运河这一可以媲美金字塔的巨大工程运送大量物资。帝国宫廷、大量士大夫和帝国的一些军事力量都极大地依赖每年运输来的物资为他们提供粮食。Hinton，*Grain Tribute System*，esp 5，97。这一制度与在皇家专制主义统治时期的法国向巴黎提供谷物的方法形成了耐人寻味的反差。巴黎的制度是相当无组织的，缺乏法律和有效的行政控制，几乎完全依赖金钱经济对个人私欲的刺激。

简单的算术比率，它还有着特定的经济和政治根源。其次，制度方面的根源早在西方冲击中国之前很久就一直存在了。人口不断上升的巨浪最终会冲破中国社会长久以来建造的堤岸，进而将整个制度完全摧毁，帝国政权对这一点的担心早在18世纪50年代结束之前就开始显现出来了。①基于此，人口对土地造成的压力并不像有些马克思主义者所宣称的那样，纯粹是西方冲击的结果，或者是工业化进展受阻、本土手工业制作遭到了破坏以及相应的将大量农民与土地“紧紧捆绑在一起”这种做法所造成的结果。上述这些现象确实发生了，并使得原先就已经存在的情势变得更为严重。事实上，起源于中国的寄生型地主，其形成也早于西方冲击的到来，虽然在后文关于日本和印度的讨论中，我们也会遇到不同形式的处于不同发展阶段的寄生型地主。

就像上文已经指出的那样，地主依靠帝国官僚机构来确保他们的财产权并且强行收取实物或者现金地租。②这种官僚机构还以其他一些重要方式帮助地主达到其目的。为了帮助佃农获得较好的收成，地主对良好的灌溉系统有着浓厚兴趣。因此，本地的地主家族总是会不断地向政府施加压力，要求政府推动水利系统的建设，而要做到这一点，这些家族中就必须有人拥有科举身份以及因为有了这一身份才可能建立起来的官场关系。③这种对政府的督促手段可以算得上是地主作出的主要经济贡献，取代了其在农业耕作周期中应该做的直接监督和管理的工作。在省级范围内推行的更大型项目则是省级地主小团体的任务。至于说帝国范围内的水利项目则是那些具有全国视野的更强大的地主集团的任务。就像欧文·拉铁摩尔④所评论的那样，在每一

① Ho, *Population*, 266-268; Lee, *Economic History*, 416, 417, 419, 420, 翻译了其中一些发人深省的内容。

② 详细资料参见 Hsiao, *Rural China*, 386-395。

③ Hsiao, *Rural China*, 284-287, 292; Ch'ü, *Local Government*, chap X.

④ Owen Lattimore, 1900-1989，美国著名汉学家、蒙古学家，蒋介石的政治顾问。——译者

个大型的帝国项目背后都有着一个强势的大臣，而每一个大臣背后则有着一个强有力的地主集团。在我看来，这些事实有助于我们从正确的视角来看待水利管理和东方官僚机构等问题。①其次，正是官僚机构而不是土地本身，给地主阶级提供了最大的物质奖励。②由于中国家庭不存在长嗣继承权的说法，因此一个富裕的家族很可能会因为需要按照平均分配原则来传承财产并在经历几代之后就变得一贫如洗。阻止这种厄运的主要方法就是支持一些拥有科举潜能的家族成员跻身于帝国官僚机构。这些成员可以通过一些形式上不合法但是为社会习俗所普遍接受的腐败方式来发财，并进而增加整个家族的财富。投资购买土地，然后在官位上退休后再回到所购置的土地上，成为当时非常普遍的现象。因此，官僚机构确实成了从农民和城市居民那里榨取更多经济剩余的另一种方式，我们随后会对这一点进行更详尽的讨论。总体而言，官僚机构似乎是比土地所有权更强大更有效的工具之一，当然，本质上而言，这两者唇齿相依。土地财富源于官僚机构，同时也依赖官僚机构得以维持。在这一点上，对过于简单化的马克思主义观点进行批判的人们显然是有充足的理由的。最后，对于地主来说，只要他家族中的成员或者是他收养来的有才华的年轻人能够取得科举地位，那么他就相应地拥有了优越的社会地位以及不用亲自从事

---

① Lattimore, “Industrial Impact on China”, 106 - 107. Chang, *Income*, 49 与 Lattimore 的视角完全不同，但也强调了灌溉工程起源于地方。

② 这是 Chang, *Income* 一书的主旨。最好的收成到了官僚手里这一事实与土地拥有权构成了士绅阶层主要的经济基础这一观点并不矛盾，因为正如 Chang 自己指出的那样，这些收成主要还是到了少数人手里。在第 147 页中，Chang 强调说在 19 世纪只有少量士绅的收入主要依靠土地。他的数据显示的是士绅总收入中只有一小部分是来自土地租金，这是一个不同的问题。我没有找到任何数据表明有多少士绅并不拥有土地。也许有不少是属于士绅的最底层，即生员，Ho 认为这些人并不是真正的士绅。Chang 总结说，来自地租的收入可能占士绅总收入的 29% 到 34%（table 41, 329），这仍然是很大一笔收入。就像 Chang 谨慎地指出的那样，统计数据远非可靠。

在任何情况下，这是一个技术性的、在一定程度上是次一级的问题。土地财产当然需要官僚统治来确保其权利，通常是因为一个官场中的职位而获得的。就像我所认识到的那样，大家对这个主要观点没有什么异议。

体力劳动的自由。基于儒家教义和科举制度本身，这样的想法应该是合乎情理的，至少在地主自己看来是如此。

除了我们前面已经提及的公共任务，水利灌溉等项目之外，帝国官僚机构在社会日常实际运作中需要承担的主要任务其实是保持社会的和平以及征收赋税，用收上来的赋税来发展图书、绘画、诗歌、艺伎和其他娱乐形式，正是靠着这些享受，上层阶级才能过上惬意的生活，这一点在其他文明社会中也同样如此。在西方入侵中国之前，确保国家和平这一问题主要局限在中国内部，而西方真正开始入侵中国是在19世纪中叶，当时帝国内部的衰落使得中国历史上周期性腐败出现。①但从总体上来看，历史上外国的威胁还主要局限于野蛮人的阶段性征服。当这些野蛮人开始占据足够多的地盘并依靠自己的力量打造起一个新王朝的时候，他们也开始逐步改变自己以适应占主导地位的社会模式。在帝国时代，中国的统治者们并没有面临持续的军事竞争，至少并没有面临来自其他同等地位的统治者势均力敌的对抗。因此，国家的常设军队并没有占用过多的社会资源，也没有因为战争而使得国家的发展发生偏向，这种偏向在法国有所体现，而在普鲁士则体现得更为明显。中国的统治者也并没有面临需要制约内部的强大贵族团体以维持和平的问题，虽然在帝国日渐衰亡的时候确实出现过类似的情况。统治者所面临的最主要问题是尽量避免过多地压榨农民以至于迫使他们不得不背井离乡成为土匪，或者加入到那些心怀不满的上层群体所领导的暴动中去。

缺乏一种能够制止这种压榨的有效机制可能是这个制度最根本的

---

① 要讨论王朝的周期已经超越了作者的能力。现代汉学家们倾向于否认中国历史两千年来没有任何根本性的改变，断定这是我们的无知所造成的一种错觉。但是，对于一个非专业人士来说，似乎非常明显，中国的文明与欧洲相比在很大程度上是静止的。与西方经历过的城邦、世界帝国、封建主义、皇家专制主义和现代工业社会这一序列相比，中国究竟经历了什么样的变化呢？以建筑为例：在中国历史上有什么可以与帕提农神庙、沙特尔大教堂、凡尔赛宫和摩天大楼相比的变化吗？

结构性弱点之一。公正地、有效地收取赋税是符合王朝利益的。但是，帝国政府缺乏有效的手段确保赋税的收取，其可用的人手也非常有限。在另一方面，每一个官员都受到足够强烈的物欲的刺激而尽可能地中饱私囊，在习惯了明目张胆的腐败和巧取豪夺之后，即使偶尔有所收敛也只是因为担心丑闻爆发丢了乌纱帽。这一点我们接下来还要加以进一步的检视。

任何一个前工业化社会在试图建立一个大规模的官僚机构的过程中，都很快会面临困难。什么困难呢？就是从民众那里难以攫取足够多的资源来支付官员工资，从而使得那些官员对其上级必须完全唯命是从。为了克服这一困难，统治者必须使用各种手段，而其所采取的手段的不同会对整个社会结构产生巨大的影响。法国统治者所找到的解决方案是卖官鬻爵，而俄国的方案则更符合其本身幅员辽阔的地理特征，那就是给官员分封配有农奴的地产以换取他们为沙皇政府服务。中国的解决方案是允许或多或少的公开腐败。马克斯·韦伯曾经引用过一个估计数据，说一个中国官员的非法收入可能会达到他平常工资的4倍；一个现代研究者所提出的数据则比韦伯所引用的更高，他认为这些额外收入可能达到官员正常工资收入的16到19倍。①精确的数据可能始终是个历史秘密，不过，只要我们认为这个数字很大就行了。

很自然地，这种做法极大地削弱了中央政府的有效控制，当然其削弱程度因不同的历史阶段而有所不同。一般而言，官员阶层中最底层是那些管辖一个县的县官，其所管辖的这个县通常包括一个由四面城墙围起来的城市和城市周边的乡村地区，通常情况下，他所管理的百姓人数至少达到20 000人甚至更多。②通常每个县官的任期是3

① Weber, "Konfuzianismus und Taoismus", I, 344; Chang, *Income*, 30, 42.

② Ch'ü, *Local government*, 2.

年，因此他在这个区域能够逗留的时间并不长，对当地的情况应该是不太可能了解得非常深入的。如果需要推行什么政策，他就必须获得本地有名望人士，也就是那些拥有土地的权贵士人的首肯和支持，说到底这些士人是“和他一伙的人”。县官与农民的直接接触看起来几乎是不可能存在的。而那些在地方官办公室（衙门）当差的人，通常是一批较低阶层的人，他们通常没有资格通过参加科举考试而改善自己的命运，主要从事的多半是诸如收税之类的跑腿的活儿，一边收税一边趁机给自己捞一些油水。①总而言之，官员和当差的从社会所获取的资源总是会比其提供的用来回报社会的各种所谓服务多得多，就这一纯粹的客观意义而言，说这是一种剥削的制度应该是很公正的。在另一方面，为了让该种制度有效地运作，就不得不在尽量剥削压榨民众的同时，也给底层民众留出一点空间，让他们自生自灭。显然，彻底改变老百姓的日常生活的类似于现代专制政权所采用的方式是不可能的，即使像正规的民主政权那样，在国家处于持久紧急状态时在较小范围内采取这种措施，也是不可能的。正如我们不久将要讨论的那样，帝国政权确实有过一些试图控制老百姓生活的努力，但结果都是无效的。不过，除了玩忽职守和自私以外，该制度并没有大规模地蓄意实施残忍的暴政。②

在我们开始讨论关于这个制度崩溃之前的最后挣扎等具体问题之前，最好先关注一下该制度所拥有的一个更深层次的结构特征，这么做的部分原因是我们可以将之与日本的制度进行对比。中国的科举制度可能会培养出过多的官僚候选人，尤其是在科举制度的后期。③在

① Ch'ü, *Local government*, chap IV, 137.

② 这一点不能走得太远。面对威胁，中国人，无论是个人还是集体，与其他人一样能够表现出恐怖的一面。把活人放在油里煎是我注意到的惩罚之一。也请参见DeGroot, *Sectarianism and Religious Persecutions*，这是对早期西方关于中国的理想化看法所作出的耐人寻味的反应。

③ Ho, *Ladder of Success*, 220－221.

这个官员制度排名的最底层是大量的科举候选人(生员)，这是介于最终能够成为官员的群体和普通老百姓群体之间的一个过渡群体。他们是否应该被归入通常意义上的士绅群体，是许多专家争论不休的一个问题。处于特权阶梯的底层的这样一群人让我们联想到19世纪日本的低级武士。这两群人都是反对现行制度的中坚力量。在日本，这个群体中少数具有影响力的人为日本走向现代化提供了很大一部分动力，而在中国，类似的能量则因为现行框架下众多毫无成果的暴动和起义而消失殆尽。①毫无疑问，科举制度对这一群体的束缚是造成这种差异的主要原因。但是，应该还存在更深层次的原因。这些原因一定与中国社会中断现代化进程的方式有关，在当时的中国，按部就班地导入现代化已经为时过晚了。现在，让我们来探讨一下这一重大问题在最近时期的进展情况。

2. 士绅和商业世界

帝国统治下的中华社会从来就没有形成过一个与西欧封建制度晚期所发展出来的城市贸易和制造阶级相类似的阶级，虽然在这方面也曾出现过一些萌芽。帝国成功地确保了国家的统一，这可以被看作是造成这种差异的较为显著的原因之一。在欧洲，教皇和皇帝之间、国王和贵族之间的冲突使得城市商人能够突破传统农业社会的坚硬外壳，其中的主要原因就在于，在这样一种多方参与的竞争中，城市商人是竞争各方赖以获得权力的一个重要来源。值得关注的是，在欧洲，这样的突破首先发生在封建制度总体上比较薄弱的意大利。②中国独有的科举制度则让有理想的人们远离了商业。15世纪中国商业扩

① Hsiao, *Rural China*, 448, 450, 473, 479; Ho, *Ladder of Success*, 35-36.

② 参见 Pirenne, *Histoire économique*, 365-372 关于13世纪末期的政治因素的认知调查。

展的萌芽最终流产这一事实清晰地体现了这一现状。一个法国历史学家还进一步认为，那个时候“大资产阶级金融家”和士绅阶层在为了谁能占上风而展开竞争，不过他也特意补充说，这个新出现的资产阶级群体并没有放弃让自己的孩子去参加科举考试的愿望。①另外一个历史学家则给出了一个有趣的意见，他认为当时印刷的普及可能大大加深了士绅们的渗透能力。印刷使得那些小商人也可以获得足够的文化知识，从而谋个一官半职。尽管参加科举所费甚巨，因此始终是一个重要的障碍，但是当时的人们如果想要谋得一官半职已经变得相对容易了。他还列举了一些令人震惊的证据，表明能够从政对于很多中国人来说确实有着巨大的吸引力。这些商人中竟然有很多人甘愿自宫当上一名能够时刻亲近皇帝的太监。由于通过正常途径成为太监的人(他们是士大夫在宫廷里最主要的竞争对手)是不能接受任何文化教育的，因此这些自宫的商人则具有特殊的优势。②

更为深入地探询之后，我们可能会马上意识到，对于士大夫们来说，赚钱的营生绝对是一个威胁到他们自身利益的巨大挑战，因为拥有大量的金钱，也就意味着人们获得了另一种可以爬上社会名望和地位阶梯的方法，也为其获得比原先更高的社会地位的合法性奠定了一定的基础。无论搬出多少儒家说教、多少个人行为规范都不能指望永远掩盖这样一个简单的事实：赚了大钱的人完全可以购买到生活中各种各样的美好事物，甚至还能够购买到他人对自己的敬重，这种敬重的程度还可能颇高。如果这种情况开始变得普遍，情势开始失控的话，那么士大夫们经历千辛万苦获得的古典文化知识就会变得一文不值、不合时宜了。在这种文化和价值体系之间的冲突背后，即其最深层次的根源，是巨大的物质利益。所谓的传统给商业带来的障碍说到

① Maspéro and Escarra, *Institutions de la Chine*, 131.

② Eberhard, *Chinas Geschichte*, 280－282.

底还是极小的；有心突破者完全可以从儒家经典中找到商业存在的合理论据。①无论如何，士绅阶层是非常敏锐的，总是希望能够短期内不让这种情况失控。他们对商业课以重税，让自己牟利。或者，他们把商业变成国有垄断，然后给自己留出最有利可图的职位。盐业贸易是当时最重要的垄断行业。那些官员的态度基本上是以压榨为主。商业和土地一样，都变成了用来帮助有文化的上层阶级榨取利益的手段。我们又一次看到，帝国官僚制度充当了从老百姓那里榨取各种资源，然后将这些资源交付到统治者手中的一种工具，同时统治者们则在严格控制任何可能会威胁到他们特权的事态的发展。

18 世纪末之前，帝国机构就显现出逐渐衰退的迹象，它对商业元素的吸收和控制能力也随之不可避免地有所削弱。其实，就算是帝国制度仍充满活力，对于那些危害自身的新兴力量，其抵御能力也是相当有限的。因为，紧随着这些新兴力量到来的是西方列强的军事和外交进攻，这种进攻即便有所减弱，也只是因为列强中的某国过于贪婪，能够吓退其对手的贪心。等到 19 世纪后半叶，在中国沿海城市，士大夫的传统统治已经开始解体。出现了一个新的混合型社会，权力和社会地位不再只是为那些接受过传统教育的群体所拥有。②1842 年鸦片战争结束后，买办遍布于中国的所有通关口岸。这些人各显其能，在不断衰落的中国官府和外国商人之间充当中间人。事实上，这些买办的社会地位是模糊不清的。通过见不得光的做法，他们敛取大量钱财，过上优雅的生活。而在另一方面，许多中国人则不断指责他们为虎作伥，帮助外国邪恶力量不断摧毁中国社会的根基。③从那时开始，中国社会和外交历史所主要记录的就是中国人是如何勉力维持

---

① Chang, *Income*, 154 – 155.

② 关于整个过程，参见 Lattimore, “Industrial Impact”。

③ Wright, *Last Stand of Chinese Conservatism*, 84, 146 – 147; Levy and Shih, *Chinese Business Class*, 24.

这个混合型社会的秩序，以及那些更强大的力量是如何反向利用这种混乱的社会状况，将之作为他们攫取商业和政治利益的切入点。

19 世纪 60 年代，当中国的工业开始以一种不温不火的方式缓慢起步的时候，所面临的是各省士绅阶级投射下来的巨大阴影，这些士绅阶级最希望利用这些现代技术来实现自己争取独立自治的政治目标。当时首先需要解决的是军事问题，因此中国早期的工厂，例如兵工厂、海军基地等等，几乎都是与军事设备相关的。表面看来，统治者对各种形式的工业的兴趣主要源于希望巩固自己权力的考虑，这种情形让我们联想起西方社会历史中的重商主义时代。但是，事实上，两者之间的差异更值得我们关注。在欧洲，政府非常强大而且变得越来越强大，而在中国，清朝政府的力量则非常孱弱。要在中国推行科尔贝式的重商主义政策是不可能的，因为商业和工业元素都来自外国，基本上不受帝国政府的控制。中国的工业化发展，其主要动力基本上是来自省一级的权力中心，很少会来自帝国中央政府。①因此，中国的商业和工业力量所起到的作用更多的是破坏而非统一。人们期望商业和工业的发展能够对真正拥有权力的政治团体提供保护，如果是帝王，那他的权力会随着工商业的发展增强。如果是当地的官员，那么帝王的权力相反就会越来越薄弱。马克思主义过多地强调了西方帝国主义对中国工业发展的阻碍（印度的民族主义者也喜欢利用这个好找的替罪羊）。但事实上，如果不是因为受到纯粹来自国家内部势力的禁锢，西方帝国主义是不可能真正阻碍中国和印度的工业发展的。

一直到 1910 年，中国的商业阶级才开始明确地显示出一些最终摆脱了官府影响和控制的迹象。②最近的一次研究甚至让我们留下这样一种印象，那就是，19 世纪末的中国商人已经逐步从对外来势力的依

---

① Feuerwerker, *China's Early Industrialization*, I, 12 – 13; Levy and Shih, *Chinese Business Class*, 27, 29.

② Levy and Shih, *Chinese Business Class*, 50.

赖中解放了出来。①不过，具有决定性影响力的工业领域仍然掌控在外国人手中，而且延续了很长一段时间。商业和工业整体上的自生动力仍然居于次要地位。到帝国政权接近灭亡之时，据说中国已经拥有了差不多20 000个"工厂"。所有这些工厂中，只有363个工厂是依靠机械动力的，其余的工厂则主要使用人力或畜力。②

因此，和俄国一样，进入现代时期的中国社会，其拥有的中间阶层为数不多，而且在政治上仍然处于依附地位。这一阶层并没有像在西欧那样，形成属于自己的独立意识形态。尽管如此，这一阶层在削弱官僚政权并且试图组成完全取代旧有官僚政权的新政治集团的过程中扮演了重要的角色。这一阶层在沿海地带的不断扩展，加上帝国被分割成一些由总督管辖的独立区域，都预示了"资产阶级"和军阀角色的相互融合，这种融合从军阀混战时期(大约1911－1927)开始一直持续到国民党统治时代。这种发展进程的一个早期实例就是李鸿章，他在25年时间里(1870－1895)"致力于靠一己之力牢牢地把控外交事务、掌控海关关税收入、垄断武器制造并完全控制住帝国北方地区的军事力量"。③此外，士绅(以及后来由他们的后继者所发展出来的纯粹意义上的地主)阶层中的各部分和城市贸易、金融及工业领导人之间逐渐地进行了大规模的合并。④这种合并力量为国民党在试图恢复帝国制度核心的努力中提供了主要的社会支持力量，所谓帝国制度的核心就是结合中国固有的土匪主义并饰以伪儒教来为地主土地所有制提供强大的政治支持，这展示了国民党统治与西方法西斯主义之间耐人寻味的相似性。我们在后面的章节中会对这一点进行详细的探讨。土匪主义和伪儒教的这种结合在很大程度上需要归咎于士绅阶层未能成

① Allen and Donnithorne, *Western Enterprise*, 37, 49.
② Feuerwerker, *China's Early Industrialization*, 5.
③ Cf Feuerwerker, *China's Early Industrialization*, 13.
④ Levy and Shih, *Chinese Business Class*, 50; Lang, *Chinese Family*, 97.

功地放弃前工业时期的农业化运作形式，没有采用农业商品化形式。这一失败的原因正是我们现在需要加以关注的。

3. 向农业商品化转变的失败

为了赢利而孜孜以求，即使仅仅是局限于农业运作范畴，也与儒家所倡导的优雅生活理念格格不入，这其中的原因如果从文化学和心理学角度来解释，是很难解释得通的。在我看来，西方学界过于强调中国上层阶层对西方野蛮人的鄙视态度在其间造成的重要影响。正如我们在之前所提及的那样，中国的士绅如果有机会可以掌握西方的一些技术文明甚至是一些社会习惯的话，有不少人这样做时并不会畏首畏尾。有一个花费了很多心思研究中国的学者就曾经注意到，“在1894年前，有一个值得大家注意的历史阶段，在中国官员阶级中有一批深具影响力的成员已经开始推动工业和机器制造业的发展，而在西方人眼里，这些成员通常都是一些顽固的保守分子。”①最近也有一个研究中国历史的学者指出，19世纪90年代那些严谨的中国本土思想家已经将掌握好西方技术视为解决中国相对落后的经济问题的灵丹妙药。②如果说对于技术的进步确实可能存在着一些文化上的障碍，这样的障碍似乎也并不是永远不可逾越的。中国的上层阶级确实因为自身的军事和工业化发展目标而对技术表现出了相当大的兴趣，那么考虑到农业在他们的整个生活方式中所占据的更重要的影响，他们毋庸置疑地会对与农业相关的技术表现出更为浓厚的兴趣(如果当时果真存在一些技术上相对先进的商品化农业运作模式的话，那么我们实际上确实可以认为会有人提出这样一种解释)。然而事实恰恰相反，中国的

① Cameron, *Reform Movement*, 11.
② Feuerwerker, *China's Early Industrialization*, 37.

上层阶级除了在少数几次例外情况下提出过一些重视农业技术的简单主张以外，并没有表现出对农业技术的任何兴趣。①

让我们来检视一下当现代世界开始影响到中国时，中国所呈现的物质和政治状况，这样做兴许能够帮助我们得出一个更可信的解释。尽管当时的中国已经出现了城市，但是并没有出现如下特征：一个快速成长的城市群体，这一群体拥有的财富没有那么集中并不断增加，从而有效地刺激基于市场运作的配额化生产。根据稍后的情况来判断，那些居住在城镇或者城市周边地区的农民确实会更有意愿进行商品化的农产品种植，着手种植那些可以出售到市场上去的水果和蔬菜。在清朝早期以及清政府权势非常兴盛的时期，帝国所推行的政策可能不利于形成大型的土地产业。但是到了19世纪后半叶，这样的大型地产已经遍及整个帝国。②所谓大型地产通常只是一些小地产汇合在一起而已，也就是说，这种大型地产拥有更多的农民，地产所有者获取的地租加总起来数额更大，当然这一观点仍需要我们进行更为深入的研究。

在这里，我们触及了问题的要害。中国的地主—佃农关系是一种用来从农民那里压榨经济剩余并将这些剩余转化为地主的文明装备的政治工具（至于说农民从这一关系中究竟获得了什么、没有获得什么，尽管也是一个重要的方面，但我们暂时可以不用过多地去考虑）。由于缺乏一个规模较大的城市市场，因此似乎也找不到什么理由去改变这种情况，甚至压根就没有可能去加以改变。而帝国中有理想、有活力的人为了增加家族的产业都在努力进入仕途。

当然，在19世纪后期和20世纪头几十年，中国的农业并非死水

---

① Feuerwerker, *China's Early Industrialization*, 34.

② Jamieson et al, "Tenure of Land in China", 100, 提到江苏省大型地产的发展状况。Khokhlov, "Agrarnye otnosheniya", 100，断言，这些大型地产在19世纪初就到处都是了。

一潭，完全没有发生任何改变。不断兴起的城市生活确实对农业领域产生了深远的影响，其中一些已经引起了我们的注意，还有一些我们会在后文中加以讨论。在这里，我们只需要关注一下其中一个突出的观点。虽然农业运作的技术极为粗陋，但是因为劳动力资源极为充沛，中国的土地所有者并没有必要为满足城市市场的需要而进行配额化的农业生产。如果他的农场恰巧就处于城市周边，那么对于他来说，更简单、更舒适的做法就是袖手旁观，把土地租赁给农村的佃农，利用佃农之间的相互竞争来抬高他从土地上获得的收益，而他自己则无需付出任何辛劳。类似的，更富裕的城镇居民也可以很容易地从土地中发现赢利颇丰的投资机会。从经济学角度来看，这一过程意味着城市周边地区已经开始形成了一个不居住在土地上的地主阶层。从社会学角度来看，这就造成了早先士绅阶层中的部分群体和城市中的富裕群体之间的融合。但是，这种情况要保持一定的稳定，其前提是适当的政治措施能够推行以确保农民继续耕作并且继续缴纳租金。在相对不那么长的阶段里，人们发现要解决这一难题其实并不容易。

因此，中国的士绅阶层之所以没能成功地适应现代时期，并不是因为天生缺乏足够的适应能力，而是因为缺乏一定的激励因素，同时也因为他们在这一历史情况下总是能够找到可供选择的其他出路。在大多数时间里，规模足够大的市场并不存在，这使他们试图适应现代社会的这种努力无法体现出其价值。当市场真正出现的时候，在市场形成的地方，士绅阶层反而摇身一变成为依靠自己的政治关系来收租的群体，而不是农业中的实业家。只有一小部分人走出了这一步。但是，正是这一小部分人形成了这一强大历史趋势的先锋力量。考虑到中国士绅阶层所面临的情形，很难想象他们还能做出些什么不同的举动。就像所有正在衰落的统治阶级一样，中国的士绅阶层尽管还远谈不上是历史上最不受欢迎的统治阶级之一，但是其悲剧性命运仍然是可叹的。

4. 帝国的倾覆和军阀的兴起

在所有欧洲强国中，贵族和国王之间的斗争在长时期内都是政治的决定性因素之一。每个国家，甚至包括俄国，人们都可能在某些时间段内发现新兴的政治阶层，这些政治阶层正如德国历史学家所称的Stande，是一些占据了一定社会地位的团体，拥有很强的集体识别特征并得到公众认可的豁免权，他们会小心地守护，确保这些豁免权不受其他团体特别是国王的侵犯。现代化进程的启动基于其起始时间和情况的不同而以不同的方式影响着这些群体之间的对抗。在英国，现代化进程的起步方式更有利于议会民主的发展；在欧洲大陆，尽管通常在有些时候也会出现贵族式的自由主义反对意见，但是整个现代化进程则没那么有利于新兴政治阶层，或者总体上讲是非常不利的。

在我们所讨论的这一时期，中国的土地精英并没有发展出任何针对帝国制度的重大的原则性反抗。毫无疑问，有些人开始玩味西方的议会制度理念，但是所有的政治反对运动中并没有哪一种是深深扎根于中国国情的。当时其实还是存在着一些有利于朝着议会制方向发展的情况。中国的官员阶级——在这里我所指的是拥有科举学位的官员，不管他是不是地主——具有很强的集体认同意识，也有被皇帝和在一定程度上被广大民众认可的特权和豁免权。①在欧洲尚处于封建主义制度时期，是贵族创造了特权、豁免权和集体认同感，所有这些机制被有些历史学者视为最终推进了议会民主制形成的重要动力之一。在中国，任何一种类似的动力都面临着更大的障碍。中国社会的土地财产不能轻易从政治机构中分离出来，充当一种基本的政治力

① 参见Ch'ü，*Local Government*，173－175的精彩的简短总结。Ho，*Ladder of Success*，99，强调，在同一年科举入仕的成员会称兄道弟，这种虚拟的亲戚关系经常会延续到下一代。

量，因为地产正是借着政治机构而获益的。帝国制度不仅是他们用来确保自己所拥有的地产能够获益的方式，而且也是人们获取更多地产的一种手段。

从整体上看，当时中国的现状排除了出现自由的贵族式反对意见的可能性，这样一个事实使中国在面临新的历史挑战时不再能够像往常那样灵活自如地去回应，这也帮助我们解释清楚了在中国这个案例中所出现的一个新特征，那就是，中央政府几近全盘解体。清朝政权的许多重要特征已经延续了好几个世纪，但是由于受到西方势力的冲击，该政权在不到一百年时间内就彻底地分崩离析了。

可以确定的是，俄国也曾经在短暂的一段时间内面临了几乎同样的压力，当时的俄国中央政府实际上已经名存实亡了。但是，从最根本的社会趋势方面来看，俄国中央政府的崩溃作为一个发展阶段，最多不过是其历史进程中的一个小插曲而已。但是，在中国，这一几近无政府状态的最后阶段则持续了更长时间。如果要算最短时间，那也可以从 1911 年中华民国宣布成立算起一直到 1927 年国民党获得了最终的胜利。后者开启了一个力量薄弱的保守时代，这一时代也不同于俄国的经历，因为它发生在中央政府崩溃之后而不是在崩溃之前，下文会对此进行更为详细的讨论。在此，我只是试图指出一些促使中央政府解体的原因，引领大家关注中国的上层阶层当天塌下来的时候是怎样进行自救的。

在其统治的最后半个世纪，清政府陷入了一个极为严峻的两难境地。一方面，为了镇压内部的叛乱同时对付外来的敌人，它需要获得更多的钱财。另一方面，要获得更多的收入，就必须推翻整个士绅特权制度。国家要获得足够的收入，就需要大力鼓励商业和工业的发展。当时的海关完全由外国人掌控着这一事实也使得推行这样的政策难上加难。要提高政府的收入同样还需要推行一种高效的税收制度，并制止官员在帮助政府从老百姓那里收敛钱财的过程中拼命为自己捞取好处。如果这么做的话，政府就截断了士绅阶层收入的一个重要来源，从而会鼓励一个新的社会阶层的发展，这个新的社会阶层最终必然会在与士绅阶层的激烈竞争中逐步占据上风。只要政府本身对士绅阶层仍然有着极大的依赖，那么这样一条道路显然是行不通的。①只有像俾斯麦那样一个精明而又强势的统治者才能承受得住不得不付出的巨大损失，以疏远那些重要的群体为代价，尽管这些群体在他推行他自认为能够利国利民、巩固政权的政策时曾经给予过他很大的支持。真能赢得这样一场豪赌定然能够确保该政治家在历史教科书中占据一个显著的位置，这种"历史评价"也是所有政客都渴望得到的。但是，显然没有哪个统治者会不假思索地驱逐支持自己的力量，还要求其实施政治自杀。

中国要在19世纪的情形下进行成功的改革是不可能的，这么说并不就意味着中国政府并没有做出任何努力。政府和士绅阶层自然不会任由自己被历史的洪流淹没。当时确实有过多次改革的努力，但是这些改革都先后失败了，这让我们清楚地认识到当时的统治者所面临着的难以逾越的障碍。

根据玛丽·C·赖特(Mary C. Wright)在一本富有启发性的专著中的描述，当时力量最为强大的一次努力就是史称的"同治中兴"，从1862年到1874年总共持续了12年。领导这场运动的是当时一个声名显赫的官员，他竭力推行一种绝对算得上是倒退守旧的政策，试图解决政府所面临的内部暴乱和外敌入侵问题。其主要政策之一是努力强化士绅们的社会地位。他们一丝不苟地推崇这个阶层的法律和经济特权，在农民暴动剥夺了地主利益的地区，则按照过去的惯例恢复了地主们的土地所有权，并且主要为了减轻地主们的负担而推行减税政

---

① Wright, *Last Stand*, 184－190; Cameron, *Reform Movement*, 163; Morse, *Trade and Administration*, 值得读一下其中第4章。

策。他们把贸易和商业视为秩序井然的农业社会里的“寄生毒瘤”。[①]当然，他们绝非有意无视当时社会所遇到的经济和社会问题，但是他们主要是在宣传各种伦理道义，强调说要找到具备“合适”品行的“合适”的人来做“合适”的事情，这里的“合适”当然是根据儒家教义来界定的。这样一种大力强调传统的做法通常意味着统治阶级已经发现自己快要走投无路了。尽管“同治中兴”在当时确实取得了一定的成功，但是这种成功巩固了那些反对从根本上来改造中国社会的力量，反而可能加速了这个朝代的最终灭亡。基于此，中兴时代的这些政治家们反倒可能为民众以暴力手段推翻这个他们希望重建的阶级和社会制度作出了贡献。

20 世纪初的慈禧专制时期，清政府也推行过一系列的维新措施，但是这些维新措施有着不同的特征，从而引发了其他方面的问题。在这里，我们能够提及的慈禧所采取的措施包括试图废除科举制度，让中国的教育制度得以现代化。接着，就是 1906 年皇帝宣布愿意遵从立宪制政府的原则，但是要等到整个国家准备好了再去真正地实施这些原则。她还提议对官僚制度进行大刀阔斧的改革，并确实付诸实践。当她的计划遭到群臣的激烈反对之后，她一下子撤换了军机处 6 位大臣中 4 个的官职，以此表明她实施改革的“坚定决心”。[②]这种改革激情的喷发最终并没有取得任何结果，而且这次所谓的改革与这个脾气暴躁的铁杆保守派和老谋深算的阴谋家的早年行为相比，实在是极为可笑的，但是如果你真的对这次改革一笑置之，认为它只不过是一种毫无意义的表面文章而已，那也完全曲解了这个发人深省的历史事件。慈禧的行为模式强烈地表明其真正的目的是希望能够打造一个完全由她个人直接掌控的强大的中央集权的官僚政府，这与德国或日本

① Wright, *Last Stand*, 129, 167.
② Cameron, *Reform*, 103, 105; Bland and Backhouse, *China*, 431 - 432.

所选择的道路似乎是如出一辙。①

就我们的研究目的而言，我们从中可以得出的一个主要观点是，中国事实上缺少了形成上述这样一个政权的社会基础，其缺乏程度甚至超过了俄国。从意大利和西班牙的经历来看，这种政权的核心特征是一个联盟，联盟的一方是拥有相当强大政治权力和相对脆弱的经济地位的旧有农业统治阶级，另一方则是拥有经济力量但是在政治和社会地位上仍处于劣势的正在兴起的工商业精英群体。在这个时候的中国，土生土长的城市商业团体所拥有的力量还不够强大，尚不足以成为对上述联盟有用的合作伙伴。直到25年之后，在新的历史情况下，也就是在国民党的支持下，这样的反动努力才得以推行，并至少显示出能够获得成功的一丝希望。

在19世纪最后三十几年时间里，当士绅阶层本身的特征和地位都发生了重要变化之后，这一基础才得以奠定。随着支撑士大夫角色的物质基础以及该阶层在中国社会中的重要性逐步减弱，儒生的理想以及与之相关的整个中国在社会地位方面的传统制度已然土崩瓦解。我们在前面就已经时不时地意识到政府所面临的尴尬的两难困境，它不得不在如何增加收入以及如何不会损害到士绅阶层地位之间不断纠结。正是政府最终所采取的权宜之计促成了这个政权的最终崩溃。

在太平天国起义(1850－1866)对中国大多数区域造成了极大破坏之后，为了获得更多的收入，政府不得不放开买官卖官的后门，允许更多的人不用通过常规的科举考试，只要用钱就可以购买到官位。②尽管这些新晋的富裕官员并没有彻底主宰整个官场，但是科举考试的荣耀确实大为失色了，从而大大损害了旧政权的这一主要支柱。在试

---

① 关于这一点要找到进一步的证据，参见其1901年1月21日颁布的法令，Bland and Backhouse，*China*，419－424引用过，尤其注意第423页。

② Chang，*Chinese Gentry*，111，141；关于“非正常情况”的特征的不同评价，参见Ho，*Ladder of Success*，38－41。

图使之现代化的努力失败后，1905 年，政府最终宣布正式废除科举制度，这一措施最多不过是激怒了那些担心自己的技能即将过时的传统士人而已。不过，因为当时尚找不到新的制度进行替代，科举制度还苟延残喘了好几年。

士人们再也无法像以往那样承担起传统的角色，中央政府的权力也变得越来越微弱，因此，士绅阶层开始加紧对本地事务的掌控，这预示了中国社会将要经历一段漫长的混乱和血腥的战乱，这一状态直到共产党 1949 年取得胜利才宣告正式结束。在这个国家的很多地区，士绅们自己负责收取赋税，禁止人们直接向中央政府交税。①帝国政府推行了臭名昭著的厘金——向开店商人和行走商人收取的税金——加剧了混乱的趋势。这种税收事实上是增加政府收入的紧急措施之一，其推行最初是因为太平天国起义导致当时的政府无法沿用传统方法来收税。中兴时期维新运动的领头人更希望收取厘金而不是对土地课以重税，这当然没什么值得奇怪的。②帝国政府已经无法靠自身来掌控国家税收，而各地的税收却为新兴的地方力量（军阀的雏型）提供了经济基础。③

1911 年清政府垮台和 1912 年民国宣告成立只是间接地从宪法上认可了下述事实：真正的权力已经转移到了各地的总督手里了，这种情况将至少再延续 15 年。在这一阶段，士绅阶层中的重要组成部分要么自己转身变成军阀，要么通过与单个军阀结盟而继续维持自己的权力。曾经给予他们权力合法性的整部社会和文化机器已经被摧毁，无法修复了。士绅阶层的后继者将会成为纯粹意义上的地主、军阀土匪，或者是两者的结合体，这一趋势在帝国时代一直是潜藏在表层之下的暗流。

---

① Chang, *Chinese Gentry*, 46, 66, 70.

② Wright, *Last Stand*, 168 – 169.

③ Beal, *Origin of Likin*, 41 – 44; cf Chang, *Chinese Gentry*, 69.

在地主和军阀土匪之间形成了一种共生关系。这种关系更清晰地显现在征用制度(以劳动和实物交税)的实际运行中，这种征用制度仍然是迫使农民支持农村社会精英的主要方式。商人也在其中发挥着作用，这一点预示着那些支持国民党统治的商业团体和地主之间未来也将形成联盟。

从理论上讲，军事征用是基于土地税的。这一制度具有很大的灵活性，主要是对农民不利，使农民不再能够得到帝国官员以及对“合法”盘剥进行限定的法规的保护，这种情况的恶化已经开始了一段时间。最初缴纳2斤面粉的税赋估算可能会变成2斤半，3斤干草可能会变成6斤，而4车甚至会变成16车，依此类推。谷物商人与收税者沆瀣一气，经常充当地主的代理人，到期时按照总数计算，然后就提高谷物价格，获取固定价格和市场价格之间的差价，趁机大发横财。有时候，即使军队已经撤走，征收仍然没有终止。大地主自己通常可能就是军阀，总是迫使自己的佃农替他们纳税。①尽管我怀疑所收集来的各种信息可能会夸大了农民所受的苦痛，但是确实存在着令人发指的人为祸害，这一点是毋庸置疑的。

让我们先把农民的地位问题放在一边，等到适当的时候再作讨论，这样的话我们可能会注意到军阀时代更为一般性的特征。征用制度显示了官僚统治制度时期的士绅阶层与政治之间关系的延续，政治权力引发并支持经济权力，而经济权力则再次形成政治权力。随着中央政府的消失，土地精英失去了以其旧有模式维持中国社会的主要机制之一，尽管这一机制在当时也已经被破坏得百孔千疮了。根据一些权威人士的说法，在早期，士绅阶层和农民们齐心协力找出了一种新的权益措施，让一个新的充满活力的王朝重新掌权，进而使得整个社

---

① *Agrarian China*， 101－109. 我们所引用的这篇文章出现在1931年。尽管这些研究中有很多带有原始的马克思主义偏见，这仍是有关这一段不为人知的时期的有用的资料。

会的秩序得以恢复。在20世纪，确实有新的力量在发挥着作用，而旧统治阶级的后继者们却没能成功地成为新兴的联盟力量。这就是国民党的故事，现在我们了解一下国民党的命运。

5. 国民党的短暂统治及其意义

到20世纪20年代，商业和工业利益群体已经成为中国政治和社会生活中一个重要的因素，尽管它们仍然需要继续仰仗外国人并且对农业利益群体俯首帖耳，这也迫使它们不得不扮演与其西欧同伴截然不同的角色。同时，正如我们不久就会深入探讨到的那样，中国沿海城市周边出现了一个数量虽少但政治影响力很大的地主群体，并且开始与商业工业阶层混合，发展成靠收租维生的一个阶层。城市工人阶级也以一种极为猛烈的暴力方式在中国的历史舞台上崭露头角。

国民党在这种情况下变得活跃起来。关于它是如何发展壮大最终掌握权力的故事已经重复了太多遍了，在这里就无需赘言了。①就我们的研究目的而言，下文所展示的是一些基本的观点，当然这些观点某种程度上还不够明晰，而且还可能会招致异议。

在深具影响力的本土共产党力量和苏维埃政府的帮助下，国民党以南方为根据地不断地发展，到1927年晚些时候已经掌控了中国的绝大部分地区。直到这一时刻，国民党所取得的成功主要应该归结于其善于利用并有效驾驭农民和工人群体中的不满力量的能力。也因此，国民党推行的社会改革计划与军阀有着很大的差异，使之远远地超越了后者。在一段时间里，大家都抱着极大的希望，认定国民党的军事力量完全可以推翻军阀统治，并按革命计划统一全中国。

---

① Holcombe，*Chinese Revolution* 是一个具有前瞻性的研究。Issacs，*Tragedy of the Revolution*，在我看来是最好的概述。Schwartz，*Chinese Communism* 和 Brandt，*Stalin's Failure* 使人们对这一时期俄国和中国共产党的行动有了更多的了解。

当时确实显现出了表面统一的迹象，但是真正发生的与上文提到的大家的希望却并不相同。国民党的革命计划只有部分地取得了成功，这反而使那些因响应民族主义统一事业而暂时站在一起的不同群体间潜伏着的冲突公开化了。军队中的上层军官的主要来源是地主阶级，他们担心革命会使得自己丧失对农民的掌控，因此内心越来越感到不安。具有讽刺意味的是，中国共产党由于受到来自莫斯科的鼓动，竟在这样一个关键时刻鼎力支持这些士绅阶层的继承者，其理念是民族革命应该优先于社会革命。①这个时候的城市商人和金融资本家所担任的角色则并不清晰。②但是，当意识到国民党推行的“左倾”计划将会取得胜利这一前景，他们显然也不会比士绅阶层更高兴。

面对这些情况，牢牢掌控了一支重要军事力量的蒋介石，借由一系列的阴谋和军事政变成功地将自己从革命中脱离出来。在脱离革命的后期，蒋介石沿袭了农民和资产阶级联盟的经典模式，彻底背弃了工人阶级。1927 年 4 月 12 日，他的手下，与当时在场的其他势力，包括法国、英国和日本的警察和军事力量，联手针对那些被国民党指责为同情共产党的工人、知识分子等实施了大屠杀。③但是，蒋介石和他的军事机器并不只是农民和资产阶级联盟的被动工具而已。他同时也背弃了资本家，用投入监狱和处以极刑作为威胁手段没收这些资本家的财产或强制他们提供贷款。④

蒋介石的胜利开启了中国政治的一个新时期。不管是在言语上还是在实际行动中，国民党都高举国家统一的大旗，将之置于政治和农

---

① Brandt, *Stalin's Failure*, 106-107, 125.

② 一个新闻记者断言，蒋介石从上海主要的银行家和商人那里获得了巨额金融资助的承诺，他们之所以同意捐助金钱，是因为他们以为这个新政府一定会反对共产党。参见 Berkov, *Strong Man of China*, 64。

③ Issacs, *Tragedy of the Revolution*, chap 11。对外国势力所起的作用的描写在第 180 页。

④ Issacs, *Tragedy of the Revolution*, 181.

业改革之上。在实际运作中，这意味着借助军事力量来寻找解决农业问题的方案，换句话说，就是着力打压土匪和共产主义。如果谁断言这一解决方案从一开始就是毫无希望的，那么他可能会显得有些过分。在类似的反动政权支持下，伴以大量的镇压行动，日本和德国确实都开始了其现代化进程，而且德国也像中国一样面临着民族统一的重任。尽管如此，中国所面临的问题显然更为严峻。

要找到更多的细节来详细说明农业方面遭遇到的问题还是有困难的，我们能够找到的这方面的证据寥寥无几，尤其是我们几乎找不到任何值得信赖的统计数据，在研究中国这个案例时，数据欠缺的情况比我们在研究其他国家时遇到的情况要严重得多。不过，我们还是能够比较清晰地勾勒出这一农业问题的主要轮廓。第一个值得提出的观点是对我们已经提出的观点的否定。第一次世界大战之后的中国，除某些区域以外，并没有出现一个拥有庞大庄园的贵族阶级压榨大量贫穷农民和无土地劳动者的情形。但是，过于强调这一事实又会严重地扭曲真正发生的一切。在发展中的商业和工业的影响下，中国正稳步地迈向这样一种所有制，那就是，土地的主人并不居住在土地上，而且人们之间的财富差距日益扩大。这种变化在沿海区域尤其是大城市周边地区表现得最为明显。内陆的很多地区也同样如此，土地租赁问题日益严峻，尽管这些问题更多的是因为旧的做法遗留下来的，而不是新的力量造成的结果。①中国的农业运作靠的是大量的人力，极少需要依赖昂贵的工具或者牲畜(在以小麦种植为主的北方确实有一些富裕的家庭用马进行耕种)，这是一个人所共知的事实，无需在这里重复。托尼一如既往地用经典的散文笔法，以政治和社会背景为依据提出了其个人的看法。他观察到，中国农业所独有的特征是“空间是有

① Tawney 的 *Land and Labour* 是至今为止最好的描述。Buck，*Land Utilization* 包括了在 Buck 的指导下收集的一些有用的统计数据。

限的，原料是有限的，工具是有限的，饲料是有限的，燃料是有限的，废物是有限的，除了森林以外每一样东西都是有限的。人们毫无节制、不计后果地掠夺森林，以至于土壤遭到极大的破坏，当然人力并不缺乏，社会习俗使人力变得富余，而富余又使得人力变得非常廉价”。①

由于没有一个享有特权的封建庄园的传统，中国的地主和佃农之间的关系就包含了很强的商业契约成分。但是，这种契约始终是一种前工业时代的商业契约，依靠浓重的地方习俗来进行制约的。因此，关于租赁的统计类别可以帮助我们了解到很多不同的情形。有些地主可能因为购置了太多的土地而背了一身的债，他们的情况甚至还不如很多佃农。在另一方面，租种土地的人可能是一些有闲钱和工具的、生活相对不错的人，也可能是一些拥有很少的土地或压根就没有土地的贫穷的农民，任何一点无妄之灾都会使其状况接近于奴隶。②这样一些思考表明我们很难把地主和农民这些特定的称呼与任何有关社会阶级的一般概念关联起来。但是，人们也不应该陷入与之相对的错觉中：即由于统计数据不能清楚地区别不同的社会阶级，我们就不能讨论社会阶级这个话题。在中国的农村，确实出现了不同阶级之间的激烈争斗，这种争斗的程度究竟有多深是一个更为错综复杂的问题，我们在后文中将会对此有所涉及。

读者们可能需要了解几个估算出来的统计数据。到 1925 年前的一段时间，中国的土地基本上完全成了私有财产。国家只拥有大约 7% 的土地。剩下的 93% 的土地几乎都是掌握在个人手中。这些土地中有大约 3/4 是由耕作者自己拥有的，另外 1/4 则是用于租赁的。③乍一看，

① Tawney, *Land and Labour*, 48.

② Tawney, *Land and Labour*, 63, 65; China-U. S. Agricultural Mission, *Report*, 53; *Agrarian China*, 59.

③ Buck, *Land Utilization*, 9. China-U. S. Agricultural Mission, *Report*, 17.

这些数字似乎表明租赁问题并不是怎么严重的一个问题，但是如果我们将中国分成各个区域来看那就是另外一个情形了。在北方的小麦种植区，根据最可靠的估计，私人拥有的土地大约占了所有土地的7/8。①那里的租赁方式通常是按比例分成，因为在这些可能会遇到洪水或者干旱之类天灾的地区，这种方式更受佃农们偏爱。②鉴于随后共产党在北方很多地区都建立了根据地，我对这些统计数据深表怀疑，不过除了指出可能存在的问题之外，我也无能为力。根据其中一个信息来源，在共产党控制下的中国东北地区，地主所有制显然是非常普及的，而且是扎根于社会结构中的。③在南方，尤其是大米种植区，地主则是一个更重要的角色。有好几个省区，其用于租赁的土地大约占了40%或更多，尽管在产米区，总体而言有3/5的土地仍然是自有的。④在邻近大城市的区域，拥有土地事实上是比较罕见的。在这些地区，不居住在土地上、以现金方式来收取地租的地主已经成为一个引人注目的群体了，这一切发生在20世纪20年代晚期，如果不是更早的话。⑤因此，这一分区域的地图向我们展示了一个曾经听说过的类似的历史画面，那就是这个社会中的商业影响力正在不断侵蚀农民拥有的财产权，使得社会财富集中到一个新兴的社会阶层手中，这一新兴的社会阶层是由旧统治阶级中的部分成员和城市中崛起的新兴力量所融合而成的。

---

① Buck, *Land Utilization*, 194.

② China-U. S. Agricultural Mission, *Report*, 55.

③ Crook and Crook, *Revolution in a Chinese Village*, 3, 12, 13, 27－28. 这项研究是由一个加拿大人和一个英国人于1948年在共产党的赞助下进行的，有着不那么顾忌国民党统治的阴暗面的优势。尽管作者努力维持科学的客观性标准，这本书也绝对不是共产党的传单，但是我感觉他们在某种程度上未加批判地接受了共产党所描述的中国乡村最近的历史状况。

④ Buck, *Land Utilization*, 194, 195页的地图。

⑤ Tawney, *Land and Labour*, 37－38; China-U. S. Agricultural Mission, *Report*, 55.

这一融合而成的力量奠定了国民党的主要社会基础，因此国民党推行的农业政策就是试图维持或者恢复农业的原有状态。再加上，共产党作为一个事实上完全独立的对手存在，很容易使形势变得两极化，促使国民党推行更反动更具压迫性的政策。一个对国民党的遭遇深表同情的美国学者写下过这样的概述："共产党好比是一时狂热的农民起义的继承人，国民政府和国民党则是官僚统治的继承人。"①这样的评价显然并没有揭示出完整的事实，但是它还是相当准确的。在别的著述中，基于他的亲身观察，该学者这么写道：

> "由于国民党并没有推动农村的阶级斗争，因此旧有的阶级关系仍然得以延续。国民党和中央政府一直致力于推行土地改革计划，当然并不总能有所成效，有时候他们自身对计划的坚守程度也没有那么高……国民党对普遍存在的收益分成耕种方式、土地荒芜、放高利贷以及农村专制现象都听之任之，因为它发现这些现象有其存在的必要性，而它的全副精力都放在致力于打造一个国民政府、一支现代化的军队以及一个有效的金融体制，还包括能够彻底消灭一些在它看来最为邪恶的东西，例如鸦片、土匪还有共产党……"②

这一段表述表明该作者全盘接受了国民党关于他们所推行的政策背后的原因的表面陈述。尽管如此，这仍然是一段来自同情国民党的证人的重要证词，证明国民党推行的政策就是竭力保持农村的现状，而所谓保持农村现状本身就是阶级斗争的一种形式。

国民党无力推动对农业各阶层之间关系的革新并不意味着这些关

---

① Linebarger, *China of Chiang*, 233.
② Linebarger, *China of Chiang*, 147 - 148.

系没有得到任何改善。国民党会时不时地发布一些旨在改善农民状况的法令和通告。[①]在有些地区，例如四川，由于国民党的统治取代了军阀的强征暴敛，因此当地的状况确实有了一定的改善。[②]根据美国官方的一份报告，在一些地区，地主能够获得平均1/3的土地毛收入，这个比例可能比共产党和国民党曾经设置的收入上限，即37.5%略少一些。[③]自由派力量能够推行渐进式的改革，例如乡村改造运动，这些改革只要能够保证“政治上无害”，就能得到政府的包容。乡村改造运动的目的是“在不对阶级结构进行革命的前提下使整个社区获得进步”。[④]同样，还有在定县(Ting Hsien)这个拥有400 000人口的北方地区进行的“生活社会实验室”，在那里，中国的知识分子第一次开始主动地接触普通民众。[⑤]

所有这些证词，不管是偏向国民党还是仇视国民党，都极为清晰地展示了这样一个观点，那就是，国民党的改革主要是官样文章，正如他们没过多久就不再试图改变上层地主对地方生活的控制那样。在改革努力尚未涉及的地区，地主精英维持自己的权力并没有遇到什么障碍。即使是像林百克[⑥]这样(对国民党)友好的人也观察到：“许多县仍然在本地势力的控制之下，允许富裕的保守派逃避赋税，挪用政府资金，压制由农村耕作者自发形成的组织。”[⑦]在更为广大的范围内，帝国政权的终结并没有促使土地精英的政治和经济角色发生根本

① 这里有一些在Lamb，*Agrarian Movement*，45－46，78－79中有总结。

② Linebarger，*China of Chiang*，222.

③ China-U.S. Agricultural Mission，*Report*，56，并没有给出国民党立法的确切日期。

④ Linebarger，*China of Chiang*，220－221，这是Linebarger的描述。

⑤ Linebarger，*China of Chiang*，218－219，同时参见Gamble，关于*Ting Hsien*这个社区的报告。可以说，这个研究中大量统计数据背后的该社区的社会结构是看不出来的。

⑥ Paul. M.W. Linebarger，1871－1939，美国律师，曾任孙中山顾问。——译者

⑦ Linebarger，*China of Chiang*，220.

性的变化。在国民党统治下的那些松散地统一在一起的各个省区，上层地主们继续沿用其在军阀时代和满清统治时期一样的行事方式。批评国民党的资料更清晰地展示出了这种情形。为了鼓励农民推行农场制度，国民党在1937年颁布了《土地法修正案》，一个中国学者在就该事件发表的评论中指出，乡村的政治权力依然掌握在过去那些士绅阶层手中。“因此，压根就不可能指望这些士绅们会在任何程度上遵循新法令所推行的租赁政策，因为这样的新法令实际上会削弱他们对农民阶层的强力压制。”①同样，关于地方政府的一个研究也显示出在大多数省份的县级层面根本就没有推行过选举程序，其原因除了归咎于动荡不安的时局，也在于本地和更高一级的政府官员对选举程序的肆意践踏。②根据另一个资料，地主经常威胁说，如果佃农坚持要求降低租金，那么就会因为被指控为共产党而锒铛入狱。③

当然，当时的真实情况是，并非所有地方都像这些零星的批评所指责的那样糟糕，这一点应该是毋庸置疑的。这些批评能够在30年代早期或中期得以出版，这件事本身就是一个重要的事实，尤其是考虑到在几年前蒋所推行的血腥镇压。在这个阶段针对一些中国社区所进行的人类学研究也表明，很多地方的家长式态度和制度一直在设法制约对农民进行进一步的剥削。但是，作为这同一情景的一部分，这些人类学研究也同时记录下了地方上的前士绅阶层确实在延续着自己的统治，从而再次印证了国民党所推行的农业政策其实就是尽力维持旧有秩序这一结论。

关于旧制度在国民党时期的存续程度，也存在一些重要的区域性差异。正像我们已经注意到的那样，这些区域性差异反映的是历史发展的不同阶段。在一些偏远的内陆村庄，通过接受在西方人眼里看来

① *Agrarian China*，155，引用了1937年发表的一篇文章。

② 关于这段有启发的故事，参见Shen，“Local Government”，190-191，193。

③ *Agrarian China*，147，原文出现于1932年。

绝对是令人绝望的极低的生活水准，少数大家庭仍能展示出一些悠闲阶层的特质，如不用参加体力劳动、奉行享乐哲学，在有些情况下会抽抽鸦片提提神，虽然这样的生活与受传统教育的士绅阶层的理想生活相去甚远。①与这种情况截然相反，在一个邻近大城市的乡村，那里旧有的士绅阶层的印迹实际上已经消失，当地2/3的“田底权”属于来自城市的不居住在土地上的地主，他们只是将“田面权”交给了耕种者。②但是，在离南京不远的另外一个乡村，对它在被共产党占领之前的研究更加清晰地揭示出旧有统治阶级是如何存续下来的，以及他们是如何采用一些相类似的方式来维持其地位的。在那里，只有富裕的地主才能拥有“绅士”的地位。但是，即便如此，地主的权力范围也只在本地驻军所能提供的保护下有效，这是当时那个时代的一个显著现象。而各个县的周边地区是不受城镇警察势力管辖的，因此人们总是会“反抗地主，并且从来不缴纳租金”。③这些事实给我们提供了大量的信息，有助于我们真正了解在国民党统治后期的军事力量、资产阶级和富裕地主或者新兴士绅阶层之间的真正关系。④

关于旧有上层地主的存续以及他们在中国政治方面一如既往的重要性，国民党在抗日战争之前和过程中所推行的战略性政策给我们提供了更多的证据。大家都知道，在国民党统治下，商业和工业利益群体并没有能够取得显著的发展。乍一看，这一事实似乎可以归因于日本的封锁和占领。但是，因为日本直到1937年才开始实行封锁政策，

---

① 参见 Fei and Chang，*Earthbound China*，19，81－84，92 列举的例子。

② 参见 Fei 在 20 世纪 30 年代所进行的开创性的研究，*Peasant Life*，9－10，185，191，在土地具有双重所有权的重要性方面，Fei 同意 Tawney，*Land and Labour*，36－38 的看法。

③ Fried，*Fabric of Chinese Society*，7，17，101，196.

④ 关于过去的统治阶级在新形势下是如何生存下来的更进一步信息，参见 M. C. Young，*Chinese Village*，I，183－186。在另一个靠近广州的乡村，根据 C. K. Yang，*Village in Transition*，19，那里有一个受过传统文化教育的失业教师，那里的大地主们通常住在城市里，从来不参与农业劳动。

所以这不可能是故事的全部。一个重要的因素也许是中国农业在中国向工业化强国转化的进程中不断地对其加以反对和阻挠。一个绝对不可能带有任何马克思主义倾向的军事历史学家指出，在抗日战争开始之前，对于任何不可或缺的产品，中国都倾向于从外面进口，而不愿意致力于打造一个本土的工业基础。①战场上所采用的战术同样也反映出了中国的社会结构，虽然这位刘(Liu)姓军事史学者并未归纳出这一相当明显的结论。由于缺乏先进的武器，中国能够利用的只是大量的农村人力，激励战士们勇敢地保家卫国。这种“拼死作战”的态度，最终造成的伤亡必然是巨大的。光是发生在1940年的几次战役就损耗了28%的中国军队。同样来源的资料估计，8年抗战期间入伍的战士的伤亡率高达23%。②有人可能会反驳说，任何一个前工业时代的国家如果面临同样的情况都会遭遇大致相同的经历。我认为，这一反驳事实上是忽视了最主要的一点：中国之所以仍然处于前工业时代，主要原因就是士绅阶层的后继者们始终把持着根本的政治控制权。

现在让我们改变一下讨论的重点，用比较制度史的观点来看一下国民党政权。当我们从细节中抽身出来(尽管我们还希望能够拥有更为精确的细节)，我们就会发现国民党的20年统治带有欧洲响应工业主义时所经历过的反动阶段的一些本质特征，包括一些关键的专制主义特征。就像我们先前已经看到的那样，国民党的主要社会基础是一个联盟，或者换一种更合适的说法，是士绅阶级的后继者和城市商业、金融和工业利益群体之间的一种对立性的合作形式。由于掌控了暴力机器，国民党成为将这一联盟结合在一起的纽带之一。同时，国民党对暴力机器的掌控也使得它能够直接或间接地勒索城市资本家团体并

---

① Liu, *Military History*, 155.
② Liu, *Military History*, 145.

操纵政府的运作。从这两个方面来看，国民党类似于希特勒的国家社会主义德意志劳工党（NSDAP）。

但是，由于存在着社会基础和历史状况方面的重要差异，国民党与其欧洲同类又有着很大的不同。我们可以用这些重要的差异来解释中国的反动阶段具有的相对薄弱的特性。这些重要的差异中比较明显的一个是中国缺少一个强有力的工业基础。相应地，资本主义元素也非常微弱。因此说日本对中国沿海城市的占领进一步地削弱了资本主义群体的影响力，应该是没有什么问题的。最后，日本的入侵，尽管为中国的民族主义情绪提供了一个直接的发泄对象，但也确实有效地阻止了中国革命的这一反动阶段发展成为像法西斯主义统治下的德国、意大利和日本那样的对外侵略和扩张。基于上述这些因素，中国的反动阶段和类法西斯阶段更像佛朗哥时期的西班牙，那时候西班牙的农业精英也通过努力站到了权力的顶端，但是却无力推行更为激进的对外政策，这有别于相应阶段的德国或意大利。

恰恰是在不那么需要完全考虑到现实状况的政策教条领域，人们可能会意识到中国的反动阶段和西欧的相应阶段有着极为显著的相似之处。在掌握政权之前的革命阶段，国民党把自己等同于太平天国起义。在拥有了实权并推举蒋介石为真正领袖之后，国民党就开始180度的大转弯，把自己与帝国制度以及后者在1862－1874年同治中兴时期所取得的成功相提并论，这种转变确实能够让人联想起意大利法西斯主义的早期行为。①在国民党取得胜利之后，其党派主张变成了儒家教义和西方自由主义思想碎片的怪诞组合。众所周知，是孙中山将西方自由主义思想引进了中国，也因此孙成为这一革命运动中最受人尊敬的先辈。我们之所以认为国民党统治与欧洲法西斯主义具有类似

① Wright, *Last Stand*, 300，关于国民党的主张中纯粹中国特性的深入分析，参见301－312。

之处，主要是因为蒋介石或者那些撰写党派主张的人对这些思想碎片进行强调的模式和程度。

国民党关于中国问题的主要判断受到了半儒家的道义和哲学说教的影响，其最终判断是，辛亥革命发生后中国的情况之所以变得如此糟糕，主要原因在于中国人不能正确地思考。1943 年，蒋介石强调说，中国人总体上是无法真正理解孙中山“知难行易”这一深刻的哲学表述中所蕴含的真正智慧的，他们总是认为“知易行难”。在关于中国问题的判断中，唯一一个具体的并未脱离实际的内容是认为外国势力的主宰和不平等条约的签订确实对中国造成了巨大的伤害，当然还包括指责满清王朝过于孱弱、过于腐败。①这些诊断中基本没有提及到让中国陷入目前困境的社会和经济原因。事实上，如果国民党敢于公开地坦诚地讨论这些问题，那他们必然会面临失去上层阶级的支持这一巨大的风险。因此，正是因为国民党的主张缺乏任何现实性的分析，也因为导致这种现实性缺乏背后的一些根本原因，让人们容易联想起欧洲的法西斯主义。

同样的结论也适用于国民党对于未来行动的建议。在蒋介石所撰写的半官方著述中，偶尔会关注民生的重要性，使用民生这一说法，部分原因是因为它也是关于农民问题的委婉用语。但是，正如我们已经注意到的那样，在解决民生问题上，国民党几乎没有采取任何行动，甚至也没有提出任何建议。国民党确实曾经推行过一个工业化的十年计划，那也不过是纸上的空谈而已。相反，该计划的重点还是放在自上而下的道德和心理革新上，而这些所谓的革新并没有包含具体的社会内容。下面引用的蒋介石的话可以总结出国民党对中国问题的判断以及据此推出的行动计划：

① Chiang Kai-shek, *China's Destiny*, chaps I and II.

“由上面所说，我们知道建国成败的关键，在于社会风气的转移。而社会风气的转移，又系于一乡一县一省以至于全国有见识、有志气、有血性、负责任的人士，以真知力行为倡导，使一乡一县一省乃至全国的国民，行焉不著，习焉不察，则社会风气的改造乃能够达到成功。前面又曾指出，只要全国的青年立定志向，任他人所不敢任的工作，受他人所不能受的痛苦，乃至冒险犯难……如此，国家的改造，亦必易如反掌。”①

在这里，迫于形势的压力，儒家关于志士仁人的理论已经开始带上尚武的“英雄式”的特征。这种结合对于西方人来说，听上去已经很像法西斯主义了。

当我们看到这一英雄式的精英主义所采用的组织形式也就是国民党自身的时候，这一相似性变得更强了。尽管如此，还是存在一个重要的差异。国民党更接近于全民皆兵的概念。每一个人都应该因该党派的理念以及领袖作为道德楷模所发出的力量而表现得激动万分。不过，这种全民拥护的政党理念可以追溯到孙中山，而且确实有着一定的战术优势。蒋介石小心翼翼地为共产党敞开了一扇大门，希望他们最终能够合并到他的组织中来。②当然，事实上，国民党就像欧洲左翼或右翼的专制主义政党一样，很大程度上属于民众中的少数派，而且是个影响很小的少数派。③

就这种从道德层面和心理层面进行的革新而言，国民党公开表达的目标以及广为人知的组织体现毫无疑问是其军事力量。军事力量反过来有助于实现国家防御和民族统一。蒋介石一次又一次地把军事统

① Chiang Kai-shek, *China's Destiny*, 212.

② Chiang Kai-shek, *China's Destiny*, 212－216, 219－221, 233.

③ Linebarger, *China of Chiang*, 141－142. 在没有官方数据的基础上推测共有大约2 000 000 党员。

一放在第一位，作为其他所有革新的先决条件。关于自己的这一主张，他所给出的主要辩解体现出明显的专制主义色彩。他引用孙中山的判断说，中国不能以卢梭和法国大革命为榜样，因为那个时候的欧洲并没有赋予民众任何自由，而时下的中国人则享受到了太多的自由。沿用蒋介石和孙中山都喜欢引用的一个著名的比喻，中国人就像一盘散沙，随时都可能会成为外国帝国主义的牺牲品。“为了反抗外国压迫，”蒋介石直接引用孙中山的话，“我们必须放弃‘个人自由’的观点，团结起来，形成一个强大的具有凝聚力的整体，就像水泥和沙子混合起来浇筑成的一个坚固的整体。”他还用如下的评论对此详加解说：

> “换句话说，我们中华民族要结成坚固石头一样的国防的组织体，则个人不能享有像散沙一样的‘自由’是自不待言的。更详细一点说：我们中国在战时要取得最后的胜利，必须建立民族的国防体；在战后要与世界上独立自由的国家共同保障世界的永久和平，求得人类的自由解放，亦必须有同样坚强的组织。所以……无论在战时或在战后，一片散沙一样的‘个人自由’是不能成立的。”①

对蒋介石制定的国民党的主张进行简短的回顾，我们可以发现其中的三个特征。首先，这些主张中几乎完全不存在任何有助于解决中国问题的涉及到社会和经济方面的具体计划，而且事实上这些主张都非常明显地是在回避这些问题的事实真相。关于“训政”的谈论和为民主所进行的准备，都只不过是空谈而已。在现实执行中真正推行的政策则是尽可能不去过多地搅乱现存的社会关系。这种政策并没有减少对那些极易成为被攻击目标的民众所进行的敲诈勒索，也没有排除为某一利己目标强迫他们出钱出力。这与美国城市黑帮所做的一切如

① Chiang Kai-shek, *China's Destiny*, 208.

出一辙，黑帮们从未真正地希望要扰乱现有的社会秩序，因为他们的存在实际上仍然需要仰仗这种秩序。第二个特征，人们可以称之为掩盖，也就是在传统理念的社会基础长久以来不断遭到削弱的情况下，他们仍然希望能够通过让人觉得有些荒唐的努力来恢复这些传统理念，从而掩盖他们缺乏具体政治和社会革新目标的真相。由于玛丽·C·莱特教授已经在《中国保守主义的最后立场》（*The last stand of Chinese Conservatism*）一书中引用了大量具体的论据令人信服地讨论过这个观点，因此在这里我们只需要提醒自己，对过去加以扭曲了的爱国主义式的理想化的做法正是西方法西斯主义的主要标志之一。第三个也是最后的一个特征就是，国民党总是试图利用军事力量来解决其面临的各种问题，这又是欧洲法西斯主义的一个主要特征。

强调这三个特征并不是为了说明国民党与欧洲法西斯主义或早期的反动运动是完全相同的。完全相同从来就不会在历史中出现，也不是我们这里要讨论的问题。我们的观点是，这些相似之处形成了一个相互关联的整体，这一整体不仅有助于我们理解中国，而且也有助于我们理解专制主义运动整体上的动态。换句话说，我们在这里松散地收集到的并非只是一些偶然的相似性，其中中国的某些次要特征恰巧能够令人联想起欧洲的主要特征。作为单一的复杂整体，在一段时间内，这些特征成为欧洲和中国的政治、社会和思想氛围中的主导因素。

国民党试图沿着反动道路把中国发展成现代国家的努力以彻底的失败而告终。俄国与之相类似但成功希望更大的努力也失败了。在这两个国家，这种失败正是共产党取得最终胜利的直接原因和预兆。在俄国，共产党成功地打造了一个一流的工业强国；在中国，其结果在某种程度上仍然存疑。在这两个案例中，农民起义和暴动在推动这两个国家最终走上现代化的共产主义道路而不是资本主义的反动道路或者是民主道路方面，再一次作出了决定性的贡献。这种贡献在中国表现得比在俄国更为重要。很显然，我们应该借此良机仔细地分析一下农民在这些巨大变革中所发挥的作用。

6. 起义、革命和农民阶级

在中国，农民起义的频度之高是众所周知的。菲茨杰拉德列举过直到1900年之前中国漫长历史过程中发生的6次重大农民起义。①此外，中国也发生过很多区域性的、并未获得成功的起义。在这里，我试图给出一些关于现代时期之前的中国社会为何容易引发农民起义的主要原因，我的讨论将主要针对清朝后期，当然我所谈到的一些因素在中国早期的一些朝代很可能也同样出现过，但是这已经超出了本书的范围，事实上也超出了作者本人的能力。不过，我们可以断定这一事实：这些只是起义而非革命，也就是说，它们并没有改变社会的基本结构。其次，我会尽力向大家展示，这些原始制度的结构性弱点究竟是如何在新压力的影响下引致了一次真正的革命，所谓新压力主要指来自19世纪和20世纪以来的工商业发展。中国的情形与印度形成了极大的反差，给我们带来了深刻的启发。与中国相比，印度在进入现代时期之前，农民起义是非常罕见的而且也从来没有产生过多大的影响，印度的现代化进程使得农民变得越来越贫苦，影响程度和中国一样普遍，影响时间也同样漫长。中国与日本之间的差异也具有一定的启发性，只不过没有那么显著而已。在日本，统治阶级能够有效地制约现代化进程中产生的最终会引爆农民起义的动力，其部分原因是因为日本的农民社会是基于与中国完全不同的原则组织而成的。日本统治阶级所取得的成功反过来推动日本沿着一种反动的现代化模式发展，像德国那样，最终形成了法西斯主义。

在讨论中国农民之前，最好先回想一下19世纪中国的政治结构，

---

① Fitzgerald, *Revolution in China*, 13.

这一政治结构展现出了某些重要的弱点，这些弱点与农民之间并没有比较直接的关联，更应该归咎于地主和官员所组成的统治阶层的特征和组织形式。我已经说明了中国社会中的这一部分为何不能适应商业和工业化现代世界的某些特定原因。也有相对明确的迹象表明传统中国的政治机制本身就存在着一个缺陷。身为地主的士绅阶层在其居住地需要一个足够强大的帝国机构来确保他们对农民的统治。同时，能够强化帝国机构的那些必要措施却又与地方士绅阶层的短期利益相互冲突。因此，这些士绅阶层很不情愿交纳赋税，更希望能够按照自己的意愿来管理地方事务。①面对这样的情形，地方官也束手无策。随着腐败日益加剧，中央政府的作用也变得不那么显著，离心力开始上升，最终形成了一个恶性循环。

从我们当下需要回答的问题来看，最重要的结构性缺陷是将农民和上层阶级以及统治政权连接起来的纽带本身所存在的一系列弱点。就像上文已经指出的那样，士绅阶层在农业作业过程中根本不起什么作用，甚至从不参与监督管理这些能为他们提供作为农业社区领袖的合法地位的各种日常事务。事实上，在中国，一个拥有土地的士绅与一个富裕的地主之间的主要差异似乎就在于士绅可以避免参与任何体力劳动，全身心地投入到学问和艺术中去。为了提高水利灌溉水平，士绅确实需要与政府进行交涉，农民们确实可以亲眼看到水利工程带来的好处，我们也可以确信士绅总是会竭力向农民强调自己为了他们的利益所做的一切，但是，就水利工程本身的特征而言，这不可能是一个持续的或者可以重复发生的活动。任何一个地区都只可能挖掘固定数量的沟渠。更进一步地说，由于中央政府以及很多地方政府的资源正在逐步减少，维持已有的水利工程都变得越来越艰难，更不用说开发新的水利工程了。

---

① Hsiao, *Rural China*, 125 - 127.

当人们开始考证那些能够让士绅阶层的社会地位得以合法化的经济贡献的时候，人们能够立刻想到的可能就是众所周知的士绅们对天文知识的掌握，而天文知识在确定什么时间能够完成整个农业周期中的不同任务方面是非常必要的。当然，这一点仍需要进一步的分析——总体上，关于中国农民和士绅阶层之间的关系，我们总是需要更多更可靠的信息——但是有不少理由使我们怀疑19世纪的这种对天文知识的掌握是否真的那么重要。①更进一步地说，基于长期的实践经验，农民自己已经积累了很多有关农业周期的每个方面的实际知识，包括种植和收割每一种作物的最佳时间和地点等等。事实上，这种知识通常与经验有着极为紧密的联系，因此对绝大多数农民来说，背离原有的经验会遇到巨大的风险，即使是现代政府在说服农民改变其习惯时也会面临极大的困难。也因此，更有可能的是，这些所谓的天文学家们会根据农民的实际运作来调整自己掌握的知识，而不是倒过来，而且他们在现代也并没有做出任何让农民觉得必不可少的事情。

那么政府又为农民做了些什么呢？现代的西方社会学家可能过于急切地认为，我们不应该给出政府其实什么也没做这一答案，而我却认为这才是正确的答案。这些西方社会学家推断说，任何一个能够维持这么长时间的制度是不可能对生活在其中的人做出过于有害的事情来的（在我看来，这种说法似乎是在公然挑战历史上和当代的大量经验），因此他们总是孜孜以求地希望找到这一面临麻烦的制度所行使的一些“职能”。假定，不管是有意识的还是无意识的，对任何科学研究中所提出的问题都起着决定性作用，但是在此并不适合对这些假定的方式或方法展开辩论。不过，更现实的一种做法是，假定广大民众尤其是农民通常不会过多地去关心任何得失平衡，当然也根本不会去

① 或许是在任何时间。参见 Eberhard， *Conquerors and Rulers*， 22－23。Hsiao， *Rural China* 尤其有价值，部分是因为它不带任何偏见地收集了各种有助于了解社会控制在农村所造成的问题的资料，但并没有提及这一特征。

考虑是否真的存在着一种可能更好的制度，而只会单纯地接受他们正生活于其中的社会制度，除非真的发生了一些事情，直接威胁到并打破了他们的日常生活。因此，他们完全可能会接受一个这样的社会，在其中他们不过是这个社会运作机制的牺牲品而已。

有人可能会反驳说，当帝国官僚制度能够像在17世纪和18世纪那样运作良好的时候，它可以维持法律和秩序，确保一个客观的比同时代盛行于欧洲大多数地方的标准都要先进的正义标准。事实确实是如此。但是，公正的管理以及法律和秩序的执行并没有给农民带来太大的影响。理论上，毫无疑问的，老百姓可以在任何时候向官府报告任何犯罪案件、杀人、抢劫、盗窃、通奸和绑架。有的官员甚至允许人们击打放置在衙门前的锣鼓，表示他们有冤要申。当然，“农忙时节”是一个例外，那个时候官员是不会来审判任何民事案件的。①这些事实似乎表明官员在人民的生活中还是扮演了一个重要的角色的。但是，进一步分析之后，人们马上会意识到，这种情形其实是不可能发生的。官员需要负责维护差不多几千人的正义，甚至包括一些鸡毛蒜皮的小事。他的衙门坐落在四面由高墙围着的镇当中，这也是地区行政管理的中心。通常情况下他与农民压根就不会有任何接触。②即便有什么接触也多半是通过政府的差人，而这些差人多半是老百姓中的渣滓，总是与犯罪势力串通在一起，大肆欺诈普通老百姓。发生在农民中的一个杀人案有时可能会引起官员的注意。有证据表明，除此之外官员与农民的接触极少。家庭和宗族中的农民自己拥有一套维持秩序并根据自身情况进行公正管理的办法。除了希望帝国机构能够让土匪和流氓离农民的田地和农作物远一点以外，农民们对于帝国机构并没有什么更多的要求。但是，那些最终能够发展出很大规模、对农

① Ch'ü, *Local Government*, 118－119.
② Ch'ü, *Local Government*, 116, 151.

民形成严重威胁的土匪，其本身在很大程度上就是剥削成性的官府所造成的后果。在19世纪，由于帝国官僚制度所推行的政策反而激发了农民起来反抗，因此它越来越无法在广袤的中国维持哪怕是最起码的秩序。

总结我们到目前为止的讨论，证据有力地指向了这样一个结论：政府和上层阶级并没有行使任何让农民觉得对自身生活方式带来至关重要影响的职能。也因此，统治阶级和被统治阶级之间的纽带非常脆弱，并且在很大程度上是人为形成的纽带，一旦受到重压必然会很快断裂。

为了弥补这一纽带中所包含的人为性质，帝国政权采取了三种方法。一个是谷仓制度，也就是设置地方和国家的粮食存储地，这样在饥荒之年就可以给民众分发粮食。统治者们清楚地意识到了饥民和农民起义之间的关联，尽管饥饿其实并不是农民起义的唯一原因，正如我们接下来将会清晰地看到的那样。但是，这种公共粮仓制度不久就崩溃了，在19世纪最需要的时候，大部分粮仓都已经被废弃了。其中一个可能的主要原因是，对于士绅和富裕地主来说，把粮食卖给政府或者无偿捐献并不能给他们创造短期可见的利益。而且，饥馑时期恰恰是拥有粮食的人大发横财的最佳时机。①第二个办法就著名的保甲制度，即让百姓互相监督，这一制度类似于现代的专制主义程序，但比后者要早很多。十个家庭组成一保，推选一个首领负责汇报保里每个人的行为。若干个保(不同时间，具体数量不同)再被归入一个具有同样责任的相似的集体，依次向上形成不断上升的等级。这其实是政府试图在次于地区行政管辖区的范围内扩展其知情权和监督权的一种尝试。研究中国的现代学者判断说，保甲制度并没有达到预期的效

---

① Hsiao, *Rural China*, chap V, 描写了该制度运作的细节。

果。①互相监督与收税混杂在一起，这显然是不可能受到农民的拥护的。这种制度的效果取决于那些分散在各地的民众个体是否能得到足够大的利益，以至于愿意充当告密者这一不招人待见的角色，以及是否能够继续维持众人对这些告密者的足够尊重，从而使告密者能够及时地了解正在发生的各种事情。人们可能会推断说，在中国清朝，这种情况并不广泛存在。第三个办法也让人联想到现代的专制主义措施，那就是乡学制度，即定期向民众灌输儒家伦理观念。这种做法显然在 17 世纪就开始了。历任皇帝对此都非常重视。大量证据表明，民众对此并不重视，甚至把这种讲学看成是曲意逢迎的胡说八道。尽管这种说教制度一直延续到 1865 年，但是它逐渐地蜕化成了空洞的形式主义，讲学的官员和不得不听这些说教的老百姓们都不把它当回事儿。②

福利政策、警察监督和民众教化，所有这一切结合在一起，就构成了现代专制主义实践的一个耐人寻味的先兆。在我看来，它们充分地表明专制主义政体的关键特征在前现代世界就已经存在了。但是，在现代技术并未使专制主义政体产生广泛影响、现代技术的威力并未充分展现出来的农业社会里，这种专制主义政体只不过是一颗无法结果的胚芽而已。

在农民和上层阶级之间存在着第四根纽带是宗族，而宗族在将农民和现行秩序连接在一起这方面似乎更为有效。读者可能会回想起所谓的宗族就是来自同一祖宗的一群人。尽管宗族事务通常也是由其中的士绅成员所掌控，但是宗族确实容纳了大量的农民。它有特定的行事规则，活灵活现的仪式靠口头传播流传下来，在这些仪式上，所有的宗族成员聚集在一起，在众目睽睽之下重新确立他们在一个集体单

---

① Ch'ü, *Local Government*, 151 - 152; Hsiao, *Rural China*, 26 - 30, 43 - 49, 55.

② Hsiao, *Rural China*, chap VI.

位中的成员资格。一些儒家观念，诸如尊重长者和先人等，都是通过宗族渗透到农民中去的。至少这些观念确实相容于农业社会的结构。对长者的尊重就是其中之一，因为在一个社会变化非常缓慢的世界里，因时间而积累起来的经验确实具有其独特的价值。在这里，我们可能已经观察到形成农民保守主义的更强大的力量之一。用于仪式的土地，其所有权是集体的，为宗族提供了基本的经济基础。这些土地可以以低于市场价格出租给贫穷的宗族成员。在有些情况下，这些土地可以用来帮助宗族中有才华却很贫穷的成员，使他们有机会接受传统教育从而跻身官场，最终能够增加该宗族的资源。人们发现，与其他村庄相比，那些宗族势力强大的村庄尤其是所有居民都属于一个宗族的村庄是一些凝聚力更强、更为团结的单位。尽管北方地区也存在宗族，但是在农业更为发达的南方地区，宗族的力量尤为强大，这说明宗族现象也是与巨大的农业财富相联系的。①因此，我们可以认为宗族并不是遍布于所有地方的。在另一方面，宗族不过是父系和从父居住制的一种扩大了的形式，带有在上层阶级中普遍存在的强有力的家长式特征。由此，我们似乎可以合理地假定，在宗族势力并不明显的中国其他地区，存在着数量众多的规模较小的世系家族，这些家族中也包括了士绅和农民家庭，其所承担的任务是同样的，那就是，把统治者和被统治者捆绑在一起。

总体上讲，在当时的中国，宗族和父系世系家族已经发展成为中国社会中上层阶级和下层阶级之间唯一重要的一根纽带。因此，我们不该低估宗族和父系世系家族的重要性，但是接下来我们会发现，宗族也是一把双刃剑：它同样可以成为将起义暴动团体凝聚在一起的关键机制。与其他社会（俄国除外，因为那里同样经常面临农民暴动）相比，中国的统治阶级和被统治阶级之间的纽带一般来讲都非常脆弱，

---

① Hsiao, *Rural China*, 326－329; Liu, *Clan Rules*.

至少在清朝时就是这样的，因此我认为，这一点可以在相当大的程度上用来解释中国社会农民起义泛滥成灾的这样一个事实。但是，在农民社区中是否也存在着类似的结构性因素，可以用来解释中国政治的这一显著特征呢？

在这一点上，关于清朝的直接信息确实很少。但是，许多人类学家对现代中国农村进行过深入的实地研究，其中包括对一些处于内陆地区、并未受到太多现代化影响的乡村的研究。略去这些研究中所包含的显然是受到最近情况影响的事实之后，我们可以据此作出关于早期阶段的推论。

中国的乡村，跟其他任何地方一样，是中国乡村社会的基本单元，如果将之与印度、日本甚至是欧洲大部分地区的乡村相比，就会发现前者明显缺乏内在的凝聚力。在中国的乡村中，很少有机会需要众多村民一起通力协作来共同完成一个任务，从而形成团结的习惯，并培养起休戚相关的感情。①中国的乡村更像是众多农民家庭聚集在一起居住的一个场所，而不是一个活跃的运转良好的社区，只是与现代意大利的南部乡村相比略微不那么分散而已，在疏疏落落的意大利乡村，日常生活是一种“老死不相往来的”平静。②显然，孙中山和蒋介石时常提及的中国社会就像一盘散沙的说法不仅仅只是政治说辞而已。

在乡村里，经济生产(同样包括消费)的主要个体是家庭，一般而言，是一个男人和他的妻子，还有孩子。③著名的人类学家费孝通(Fei)认为，在耕种稻田时主要使用锄头使大多数农活都具有强烈的个

---

① 关于这一关系的概要分析，参见 Homans，*The Human Group*。

② 参见 Banfield，*Moral Basis of a Backward Society*。

③ 参见 Lang，*Chinese Family*，17，155，138－141；关于受到商业影响的地区的家庭，参见 Fei，*Peasant Life*，chap III，169－171；Yang，*Village in Transition*，32，37，91－92。

体特性。“集体劳动所取得的收成并没有比个体收成加起来多多少。集体劳动也不会让劳动效率提升太多。”①我们缺少更为详细的关于种植小麦的北方的信息，但是我们可以认为，在那里，基本上也是同样的制度(使用密集的人力劳动，耕种一系列分散的小块田地)和同样类型的乡村社会占据着主要地位。②因此，中国乡村的合作型实践发展得相对薄弱并不是技术这一单一因素造成的。

不可否认，当时确实也出现了一些合作，一些资料对此也有简短的评论，同时这些资料也为为什么不存在更多的合作提供了一个解释。要让稻米种植达到最高的效率，在插秧和收割时就需要投入大量的人力。在随后的章节中，我们会看到日本乡村是如何以非常有效的组织方式解决这一问题的，而印度的大部分乡村则在解决这一问题时表现得极为低效。中国人是通过多种方法来解决这一问题的。他们可以在内部交换劳动力，略微推迟一下种植时间让作物不会在同一时间都达到相同的成熟阶段，这样就可以给他们一些多余的时间来帮助自己的亲戚。亲戚之间相互交换劳动力被看成是最可取的一种办法。③如果在农业周期中的一些关键节点上，靠亲戚都不能提供足够的劳动力，那么就需要雇用额外的人手。多余的劳动力主要有三个来源。一个是拥有的土地太少、无法支撑全家生活的本地农民。④这一群体的存在使拥有足够多土地的人能够在现行的社会和政治制度的框架下迫使其他人为自己工作。第二个来源是不拥有任何土地的人，第三个则

---

① Fei, *Peasant Life*, 162-163, 170, 172，对稻米种植有生动的描述，整个家庭就像一个工作小组进行着紧密的合作。

② Gamble, *Ting Hsien*，罗列了很多统计数据，Crook and Crook, *Revolution in a Chinese Village*, esp. 1-5 更具启发性。

③ Fei and Chang, *Earthbound China*, 36, 64-65, 144; Yang, *Village in Transition*, 265.

④ 参见 Fei and Chang, *Earthbound China*, 299，作者估计不能够通过土地来支撑自己的家庭的农民的比例在所研究的4个乡村中差不多占70%。关于一个相对落后的村庄的额外劳动力的来源，参见同书60-63页。

是来自贫困偏远区域的没有足够的土地维持生计的人。直到20世纪30年代中期，还有许多流动劳动力(民工)是来自不同的民族背景的(“游魂”、“船民”)，身为流浪汉的他们甘心情愿接受很低的报酬，这就使得本地的工资水平总是难以提高。有时，来自另一个区域的没有土地的一些人可能会在村庄里安顿下来，但是由于他们并不属于当地的宗族，因此也不能拥有任何土地，通常只能离群索居，远离主流的乡村生活。①

只要劳动力充足并因上面描述的情况而有所剩余，那么中国乡村里任何个人之间的经济协作缺乏长久性或者缺乏一定的制度基础也就不足为怪了，类似的制度基础在印度是种姓制度，在日本则依赖其他形式。在前现代的中国，劳动力交换的安排或者是雇用额外劳动力的做法基本上是一个没有定势的、暂时的或者是不用那么上心的事务。北方地区和种植稻米的南方地区都表现出同样的现象。②即使是关系很近的亲戚，劳动力应该如何交换也需要年年重新讨论，重新安排，而且，有时候在最忙时节，土地所有者可以优哉游哉地等到最后一刻再以最低的工资雇用额外的劳动力。

唯一经常发生的需要合作的活动是水利管理。这一点更多地是一个如何分享一种稀有资源的问题，而不是如何通力合作来完成一个共同的任务，而且，稀缺的水资源总是会引发村庄内部或者村庄之间的争执。③与日本和前现代时期的欧洲形成强烈反差的是，在中国，与农业周期相关的重要决定都是由个体家庭作出的。没有任何迹象表明中国的做法有任何地方与 Flurzwang(强制性的共同规则)类似，

---

① Fei and Chang, *Earthbound China*, 58-62; Yang, *Village in Transition*, 11, 51-52, 101, 149.

② Crook and Crook, *Revolution in a Chinese Village*, 63; Gamble, *Ting Hsien*, 221-222.

③ Hsiao, *Rural China*, 419.

Flurzwang是欧洲乡村社区推行的一种实践模式，据此来决定什么时候其成员拥有的土地应该成为冬天的牧地——也就是大家共享的公地——以及什么时候可以把独立的土地归还给个人负责耕种和播种。中国的土地同样也是一块块的，散布在村庄的整个区域内。但是，由于缺乏足够的牲畜，土地本身也承受很大的压力，中国排除了推行欧洲模式的可能，即使是在种植小麦的北方地区。

俄国和日本的历史学家们都强调，共同承担税收在形成这些国家所具有的团结合作的乡村特征方面所起到的重要作用，因此我们也应该关注一下中国的帝国制度同样推行过的共同责任制。①正如帝国晚期的证据所表明的那样，中国的制度并没有能够产生类似的结果。显然光靠税收实践自身并不足以形成有凝聚力的乡村社区，尽管我们不能否认它们是其中的一个重要因素。就像我们已经看到的那样，帝国出于自身的考虑试图通过保甲制度形成团结合作的局面。保甲制度在中国遭到了公认的失败，而在日本，以中国保甲制度为基础推行的同样的做法却获得了巨大的成功，这一成一败在很大程度上强化了如下一个论断：帝国统治时期的传统中国乡村，其凝聚力普遍非常薄弱。由于我们的研究只能依赖近代人类学家在近期所做出的描述，我们关于中国乡村松散的个人主义和从来没有组织合作的印象可能会有一些夸大。但是，要说帝国统治时期乡村生活的基本结构模式与最近我们观察到的模式具有本质上的差异，也是不太可能的。雇农制度、上层阶级对于优雅悠闲的生活的沉迷以及对一群自己不必直接监管的劳动力的需求，这一切都指向了上文描述过的情形。因此，上层阶级的政治需求与农业运作方式的实施，推动了农民个人主义和剩余劳动力之间的相互结合，最终发展成为一个相对分散的农民社会。

陈述这些观察，并不是为了暗示说中国的乡村在任何时候都是大

---

① Hsiao, *Rural China*, 60, 84-86, 96, 尤其是100页。

家互不相让的微型战场。中国的乡村至少还存在着一些社区意识。这些乡村通常会有一个庙宇，还有在一定程度上所有有资格的村民都可以参与的很多节日盛会。同样，在当地知名人士的寡头统治下，这些乡村也总是能够找到一个一般而言比较有效的方法来解决村民之间的争端，并避免邻近地区的侵扰所引发的骚乱。这种社区意识的一个特征是，许多乡村会严格限制外来人员的加入，个中的原因很简单：并没有足够的土地可以供应给这些外来人。

通过这一事实，我们触摸到了中国社会的另一个基本原则：如果有人想要成为正式的完完全全的村民，就必需拥有一些土地。我们已经注意到土地是如何为宗族活动提供了基础的。拥有土地对于小规模的家庭来说同样重要。因为家庭是经济生产的主要单位，因此拥有一定数量的土地对形成强有力的稳固的亲戚关系特别有利。①如果没有土地财产，整个儒家道义所谓的孝敬就变得没有可能，也因此贫苦农民的孝敬程度要相对低得多。事实上，对于贫苦农民来说，要保证基本的家庭日常生活通常都已经是不可能的了。与西方社会长期以来占主导地位的情况不同，中国的贫苦农民生养更少的孩子，而且能够长大成人的孩子更少。②很多人根本无力成家。现代中国农村依然存在着大量的“光棍”，即那些穷得无法成家的单身汉。“在以家庭为生活中心的村民们眼里，他们是值得同情同时又可以嘲笑的对象。”③当然，也正是这些穷人会因为无力抚养自己的孩子而把他们卖掉，主要是女孩，有时候也有男孩。

一句话，没有财产就没有家庭，也没有宗教。这种说法太极端了一点。中国的乡村还是给没有土地的农业劳动力留出了一个很小的立

① Yang, *Village in Transition*, 80, 91－92.

② Yang, *Village in Transition*, 17－19. 参见 Crook and Crook, *Revolution in a Chinese Village* 中关于中国北方一个乡村的大致上相同的情形。

③ Yang, *Village in Transition*, 51.

锥之地，当然更普遍的情况是无地的农民不得不通过为其富裕的邻居干活来获得生活资源。尽管如此，学者们所认为的是儒家伦理将千万农民家庭整合成为中国社会的旧有概念在很大程度上是一种无稽之谈。留给人们的这种宗法印象更多的是一种贵族式的代价不菲的理想状态，远非农民们能够接触到的。要是说它确实也存在于农民中的话，那么它的存在无非是给农民家庭中的微型专制统治提供了合理依据，而这种微型专制统治则是生存空间极其狭小所造成的必然产物。中国的农民家庭已经逐渐积聚起巨大的爆炸潜能，共产党后来只是点了一把火而已。①

总之，中国农民社会的凝聚力显然要比其他农民社会弱得多，而且严重地依赖充足的土地财产的存在。在印度，我们可以再次推测说，种姓制度为没有土地的劳动力提供了一个小小的生存空间，让他们能够参与村里的劳动分工，对他们的处罚主要是看他们的劳作，而很少会直接取决于其所拥有的财产。这种差异所呈现出的政治意义使我们在试图做出正确评价时面临很大的困难，尤其是当人们回想起俄国的沙皇社会，尽管那里的农民已经形成了强有力的团结合作制度，但是农民暴动仍然还是泛滥成灾。显然，有些形式的团结合作会推动农民起义，有些则会阻止农民起而反抗，这是一个更重大的问题，还是留到后面再加以探讨吧。

在中国，农民社会的结构，加上把农民和上层阶级联结在一起的纽带力量相对薄弱，这两点都可以用来解释中国为什么总是特别容易出现农民起义，也能够揭示出这些起义所面临的一些障碍以及自身的局限性。从 19 世纪一直到 20 世纪，随着全国很多地方的贫穷加剧，该种结构显示出中国社会的破裂痕迹变得越来越明显。接下来，这些

① 关于传统家庭制度下城镇和乡村的年轻人和妇女内心里严重的不满情绪，参见 Yang，*Village in Transition*，192－193，201。

纽带可能会断裂。农民们开始背井离乡，到处流浪，变成土匪，到后来就可能被招募进军阀部队。这样的中国社会很容易会产生大量丧失了人生方向的废人，他们如同易燃物品，很容易被暴乱的火花点燃。在另一方面，真正意义上的起义不仅仅只是摧毁现有的社会纽带，它还需要能够形成新形式的团结和忠诚。这在中国是很不容易的，因为农民并不习惯于超越家庭或宗族来进行相互合作。在试图引进一种新型社会革命的情况下，这一任务尤为艰难。要不是一些意外情况的干预，共产党可能永远都无法解决这一个难题，而我们在这里所谓的意外是指那些并不会自行发生于中国内部的历史事件。对在帝国统治晚期和随后时期发生的一些暴力冲突的具体形式的检视可以给我们的观点赋予更大的意义。

即使是在“正常”时期，帝国制度仍然不足以维持农村的和平与安全，这就使得村民很容易变成土匪们的牺牲品，之所以称他们为匪徒是因为我们尚无法找到一个更好的词语。土匪们使用武力，不分青红皂白地抢劫所有的人，同时又压根不想去改变政治制度，甚至也不想用新的统治者取代旧的统治者。有必要提醒大家的是，千万不能把这些强盗浪漫化，不能把他们当作穷人的朋友，就像我们不能全然接受官方对他们的描述一样。通常，当地村民会和土匪达成交易以获得和平。当地的士绅领袖也经常会跟匪徒达成君子协定。当时既有职业土匪也有世袭土匪。①这并不值得大惊小怪。土匪通常会出现在法律和秩序相对薄弱的地方。欧洲的封建主义本质上就是土匪主义，只是形成了一个社会，并且通过骑士精神赢得了尊重。正如封建主义随着罗马行政管理制度的崩溃而兴起所显示的那样，这种损人利己的做法在原则上与健全的官僚制度的运作相悖逆。官僚制度要生存下去，必须拥有选择用谁来做牺牲品的垄断性权力，并且在实施过程中严格按

① Hsiao, *Rural China*, 430, 456, 462, 465.

照合理的原则，而这种合理的原则在中国就是儒家教义。帝国制度逐渐崩溃，陷入军阀割据，最终是国民党进行了不稳定的短暂统一，在这个发展进程中，整个制度呈现出越来越浓重的土匪特征，招致越来越激烈的民怨。

在清朝，纯粹掠夺式的土匪和有组织的起义之间的界限在绝大多数情况下都不是那么清晰的。但是，对于起义来说，单单从乡村中获得稳定的兵源还是不够的，尽管这么做在中国乡村社会结构的特殊情况下还算相对容易的。在一开始从乡村中招募兵丁是非常有必要的，起义者所做的无非如土匪那样从农村招降纳叛。要想让起义上升为真正的威胁，土匪就必须能够占领一个独立于政府管辖的根据地，并以此为基础不断扩展自己的地盘。占领一个根据地后，就能让整个村子转过头来效忠他们。在中国，那就意味着要让本地的知名人士包括住在当地的士绅答应和自己合作，并且还要尽力改善当地农民的生活状况。

很遗憾，关于19世纪60年代爆发的伟大的太平天国起义，还没有出现一本由一个敏锐地感知到其社会结构问题的学者所撰写的优秀专著。不过，关于曾经短暂地与太平天国起义合作过的捻军起义(1853－1868)，倒是有一个深具启发性的研究。这一研究所描述的事实可以让我们意识到19世纪的传统形式起义的一些根源和自身的局限性。因此，对这个案例做一些评论还是颇有帮助的。

与19世纪发生的其他起义一样，捻军起义也是帝国统治不断衰落的后果之一，而该起义也在同时加速了帝国衰落的进程。行政管理上的失误和大饥馑，有时因为洪水等巨大的自然灾害而雪上加霜，致使许多农民背井离乡，这可以说是发生类似暴动的直接起因之一。在某种程度上，洪水并不只是纯粹的天灾，而更多需要归咎于政府对堤坝和水利系统普遍疏于管理，因此可以说洪水背后有着深刻的政治和社会根源。①由于帝国政府无力保护当地社区免受匪徒的劫掠，这些社区就自己起来组织地方武装，自己征收赋税，自己掌控当地的行政管理。在捻军管理的区域，起义者们在村庄附近围起高高的土围墙。在这一环节中，秘密社团起了很重要的作用，在村庄之间发生争执的时候，这些人趁机寻找各种借口帮助村民进行抵抗。同时，地方士绅们获得了对本地军事力量的掌控。中央政府发现有必要利用一个地方军事力量来对付另一个公开宣布起义的军事力量，这种妥协最终进一步削弱了其自身的权力和权威。秘密社团和士绅掌控的军事力量的存在使该起义不再是纯粹的土匪叛乱。②

捻军通过占领那些被城墙包围起来的乡村而进一步地扩大了自己的地盘，这些乡村在很大程度上已经脱离了中央政府的控制。捻军游说地方上的名望人士，只要后者答应合作，就可以让他们自己来掌控各个地方，这种做法似乎是一种通用的方法。如果还有一些宣誓效忠朝廷的官员居住在那里，他们就会遭遇到公然的羞辱。值得注意的是，宗族形成了起义组织的基础。只有富裕的具有影响力的家族才能赢得足够的支持者和受保护者，使后者的忠诚有所回报。但是，这还不是全部。对宗族的忠诚奠定了农民热烈拥护起义领袖的基础。③尽管起义军主要是通过现行的社会组织实现自己的目的的，但是他们也推行了一个初级的经济和社会计划。他们意识到，救助挨饿的人是赢得其忠诚的关键。他们对在自己的家乡种植小麦和大麦极为重视。在收获季节，保护自己的领地周围的收成变成一项重要的斗争任务。④可能是受到太平天国的影响，他们推行了相对简陋的土地改革措施，

---

① 在这一点上，参见 Hinton，*Grain Tribute*，16－23 所提到的黄河变道情况。

② Chiang，*Nien Rebellion*，v－vii，17，32. Renville Lund 所写的前言特别有帮助。

③ Chiang，*Nien Rebellion*，38－42，48，113.

④ Chiang，*Nien Rebellion*，41.

平均分配作物，并且限制大地主的权力。①

在这里我们看到了传统制度下农民起义的一些局限性，而这正是共产党人需要克服的，当然也并非轻而易举的。士绅阶层的参与和领导使得产生任何真正变革的可能性变得非常有限。更进一步，就捻军制度本身而言，其本质还是掠夺性的，总是通过抢劫其他地区以获得粮食供应，这激怒了很多地区。②这其实是一种自我毁灭的行为。因此，我们很容易理解为并非所有的地方组织都会认同这些起义军。有些地方组织开始寻求“中立的自我防范”；其他则站到帝国一边进行抵抗。③在一定程度上，类似的因素也在太平天国起义中发挥作用。在一开始，很多地区的民众会认为这些起义军比帝国统治者要好得多。后来，随着人们看到起义队伍并不能带来真正的进步，也许因为起义军在与政府的对抗过程中还不得不加剧对地方的压榨，起义军最终失去了大部分民众的支持。④

在很长一段时间内，帝国军队采取一种纯军事政策来对付捻军，试图击垮这些土墙，但都以失败告终。最终，了不起的帝国大臣曾国藩，这个壮志未酬的“中国的俾斯麦”，通过以其人之道还治其人之身的方法赢得了胜利。他也采用了捻军曾经用过的同样的方法，和地方领袖一起合作，给农民提供具体的利益，包括支持农民的耕作，在农民对社会动荡日益厌烦的时候尽量重新恢复和平。到最后，政府军队还提供了许多金钱和食物诱使众多起义军投降。⑤这次捻军起义，开始于1852－1853年冬季，到1868年最终被镇压了下去。从我们正在思考的问题来看，更显著的特征之一就是起义军和帝国当局都能够操

① Chiang, *Nien Rebellion*, 37.
② Chiang, *Nien Rebellion*, vii, xii, xiii.
③ Chiang, *Nien Rebellion*, 90.
④ Hsiao, *Rural China*, 183, 200－201, 483－484.
⑤ Chiang, *Nien Rebellion*, 101－107, 116－117.

控地方的社会结构，双方在操控过程中体现出来的难易程度还颇为相当。这么看来，“组织的武器”并非是决定性的因素。农民阶层的怨愤才是更根本的力量。农民受到双方操纵和促进而不断变化的忠诚度才是起义爆发和最终被终结的决定性因素。

因此，传统中国社会的框架既鼓励起义，同时也限制了起义所能达成的成果。起义可能最终能够推翻一个王朝，在这种情况下，就像中国的文献所指出的那样，后代的历史学家总是会试图篡改整个事件。①或者，起义本身就可能发展成为更残酷的压迫，但当帝国统治力量重新控制局面后，起义的动力也就逐渐消退了。只有当现代世界的影响以先前我们所指出的方式逐渐侵蚀了整个上层建筑之后，一次真正的革命尝试才变得可能。现在，让我们试图去理解现代世界的到来对作为这一结构之基础的农民究竟意味着什么。

在19世纪，农民的经济状况呈现出如下一些明显的迹象：田地荒芜，灌溉系统恶化，农民失业率攀升。尽管在帝国每一个区域都呈现出农民陷入困境的迹象，且这种迹象可能在北方省份体现得更为严重，但是中国地域的分散和多样化仍然使得任何概括性的结论都会存在一些特例。有些省份继续保持富裕和繁荣，而其他一些省份则遭遇饥馑或者接近饥馑的状况。②农民手工业，作为农民微薄收入的一个重要补充，同时也是在农闲时节使用剩余劳动力的一种方法，遭到了廉价的西方纺织品的重大冲击。直到最近，常规的历史描述仍然在强调这一点，有时候可能是有些过度强调了。可以想象的是，农民可以及时找到其他的工作：对现代乡村进行的人类学研究经常会强调手工业的重要性，认为它虽然规模较小，但对于农民的生计来说却是非常

① Hsiao, *Rural China*, 484.
② Hsiao, *Rural China*, 396－407, esp. 397.

重要的贴补。[①]不管怎么说，有一段时间，这样的冲击在很多地方毫无疑问都是很严峻的。鸦片的蔓延，一开始是西方势力在竭力促进，后来则换成了日本人，使得人们变得道德败坏，对寻求改变意兴阑珊。

与此同时，在中国的沿海城市和邻近大江大河的区域，当地的乡村市场让位给了大型的城市市场，市场经济的影响力越来越深入地渗透到了农村地区。市场和金融经济作为一种机制早就存在于中国。这些变化并没有带来全新的事物。在20世纪30年代，生产出来的成品中，绝大部分不会被销往比本地市场所在的镇更远的地方，最远不过就是被销往县城。[②]但是，市场重要性的日益增长足以造成社会和政治上的很多错位，这一现象同样发生在欧洲历史的早期阶段。当市场逐步演变成一个更有效、更集中组织的机制之后，农民就被远远地甩在后面，其讨价还价能力也大大地降低了。由于没有足够的粮食储存，日常生活总是处于维持生计的边缘，农民们通常在收获之后需要马上将农产品出手，而这时粮食价格正好处于低位。可以想象的是，由于中国的运输条件和存储设施都比较落后，农产品季节性的价格波动是非常剧烈的。农民的悲惨境遇却通常有利于那些与地主勾结在一起的中间商和投机商。与前者相比，中间商们拥有大型的储存空间、更广泛的信息来源和更好的整合机会。有时，他们还会组成一个强大的行会组织，设置固定的价格，禁止会员之间相互抬价。考虑到这些情况，中间商通常总比农民占优势就不奇怪了。[③]

当农民欠债之后，他们不得不向外借债，而且通常是以很高的利息。如果他们不能偿还这些债务，那就不得不把土地权转让给地主，

---

① Crook and Crook, *Revolution in a Chinese Village*, 4; Fei and Chang, *Earthbound China*, 173-177.

② Buck, *Land Utilization*, 349.

③ Tawney, *Land and Labour*, 56-57.

自己则只能无限期地在土地上劳作。所有这一切过程对沿海省份造成的影响最为严重。1927 年也爆发了一次农民起义，根据研究太平天国的历史学家伊罗生①的说法，这次起义是继长毛太平军之后规模最大的一次农民起义。②

考虑到财产和社会凝聚力之间的关系，我们正在讨论的中国社会的变化中最重要的方面也许就是农民阶层的状况，他们处于乡村社会等级的最底层，数量庞大、极度贫穷，挣扎在生存线的边缘。关于当地的现代研究表明，这些贫穷农民大概占了所有居民的一半或更多。③如果说他们的人数在 19 世纪又有所增加了的话，那么具体究竟增加了多少，我们目前尚无法知晓。④另一方面，我们可以清楚地认为他们确实代表了潜在的爆发力。说他们处于生存边缘，并不只是从物理意义上来说他们生活在饥饿的边缘，也指他们所拥有的社会意义上的财产的不断减少，这实际上意味的是将他们与占主导地位的现存秩序连结起来的纽带已经被磨损得越来越薄弱了。事实上，他们与村庄的关联可能比人们在人类学描述基础上总结出的更为薄弱，因为这些人类学研究都是在法律、秩序和稳定始终占主导地位的区域中进行的。而全中国的广袤区域都处于活跃革命的痛苦中，或者处于土匪们的控制之下。因此，1927 年开始的革命以及最终 1949 年共产党所取得的胜利，其民众基础就是这些缺少土地的农民。中国和俄国都不拥有大量为现代资本主义庄园劳作的农业无产阶级，这一群体是西班牙、古巴和其他地方众多农村暴动的发起者。1789 年时法国的情形也与此

---

① Harold R. Isaacs，1910－1986，美国驻中国记者，历史学家。——译者

② Isaacs，*Tragedy of the Chinese Revolution*，221；关于与沿海城市社会改革的联系的进一步资料，参见 Tawney，*Land and Labour*，74；Lang，*Chinese Family*，64，178。

③ Yang，*Village in Transition*，61－62，41，44－45；Fei and Chang，*Earthbound China*，299，300.

④ 关于帝国在这方面的恐惧，参见 Hsiao，*Rural China*，395－396，687－688（note 84）。

不同，那里确实也存在很多失去了土地的农民，但是农村革命的动力主要来自农民中的上层群体，正是这些上层群体在革命呈现出逾越了确认财产权和扫除封建残余的迹象时，踩下了刹车。

光是大量农民变得贫困不堪以及其受到的众多剥削本身并不足以造成革命的局面。还需要让人们意识到社会结构中所存在的不公，也就是说，要么是该社会结构对受害者提出了全新的要求，要么是受害者们意识到过去对他们自身提出的要求已经不再合理。中国上层阶级的不断衰落提供了这一不可或缺的因素。士绅们丧失了他们存在的理由，转而变成纯粹的地主-高利贷者。科举制度的终结也宣告了他们的合法地位以及支撑这一地位的儒家系统的终结。在这一切当中，农民究竟真正接受了多少，还是很值得怀疑的。就像马克斯·韦伯所指出的那样，中国民众的信仰主要是更符合他们自身需要的道教和迷信的结合。有些儒家教义确实通过宗族渗透到了农民中去。在任何情况下，旧统治阶层在农民面前曾经肯定能够享有的自尊，此时大多已经化为乌有了。旧统治阶层崩溃所留下的真空地带被臭名昭著的“精英”、骗子、匪徒等诸如此类的人所占据。由于缺乏强有力的中央集权政府，民间的私底下暴力变得极为猖獗，地主为了确保其对农民的压榨，开始建立私人武装。许多地主搬到能够得到保护的城市里去生活。继续留在乡村里的地主则把自己的住地加固成堡垒，并且大力仰仗武力来收债收租。①当然并不是所有的地主都如此。很可能只有少数人才是这个样子的，但是根据人类学研究的描述，这么做的地主可能是那个地区势力最强、影响力最大的人物。世系家族关系伴随着赤裸而残酷的剥削继续存在着。这种情况已经发展得极为普遍，在中国很多地方都造成了一触即发的态势，从而给共产党提供了机会。值得

---

① Yang, *Village in Transition*, chap VII; Crook and Crook, *Revolution in a Chinese Village*, chap II.

注意的是，在印度，直至目前，其上层阶级中尚未出现类似的恶化情况。

我们说存在着革命的条件并不就意味着革命的烈火会按照自己的意志不断燃烧。来自中国本土的资料总是支持是“外来煽动者”造成了暴动和革命这一旧有的似是而非的真理，这个所谓的真理由于忽视了真正让煽动者的作用变成现实的条件而成为彻头彻尾的谎言。从大量关于乡村生活的描述中，我们并没有找到任何迹象表明农民会有效地将自身组织起来，或者根据自己的意愿采取任何措施来解决自己所面临的问题。在共产党出现之前，中国农村就已经爆发了很多公开的暴动这一说法与来自人类学实地研究的大量证据并不相符。①那些实在无法忍受这种情况的农民很可能离开自己的家乡，很多情况下加入土匪组织和军阀的军队，有时也加入正在不断壮大的共产党军队。在乡村的旧有框架下，农民是不太可能有任何自发的企图来做出什么事情的。就像在清朝时期，农民们总是需要在外来领导力量的主导下才能够主动地对抗现有的社会结构。至于说乡村本身，几乎可以确定这种情况只会不断地恶化下去，直到大多数村民最终在下一场饥荒中饿死。这恰恰是一次又一次真实发生过的状况。

这些观察并没有任何影射中国农民天生愚笨或者缺乏主动性和勇气的意思。革命军队的行为，即使是去除其中可能带有的宣传性和革命英雄主义倾向，也都体现出智慧、勇气和首创精神。我们希望表达的意思只是，在很多区域，直到最后一刻，旧秩序的触须仍然拥有强大的威力，紧紧地缠绕着每个人，阻止他孤立地采取行动，甚至阻止

① 人类学家在国民党的支持下在和平地区进行的研究，除了 Crook 的研究之外，都带有固有的偏见，这种偏见又被方法论上的偏差加剧了，而这种偏差太难理解了，因此就不在这里加以讨论了。尽管这些人类学家的研究因这些原因而打了折扣，他们所提供的证据还是有意义的，也得到了其他资料的佐证，比如共产党在日本人侵之前无法获得广泛的根据地。

他去积极思考是否应该采取这样的行动。在先前部分我们讨论过中国乡村缺乏凝聚力这一特征，这确实可能有助于共产党人，给共产党统治区提供了源源不断的后备力量。它也可能使共产党粉碎和改变旧有乡村结构的这一任务变得更为容易一些。对此进行可靠的分析还需要更多精确的信息。尽管旧秩序是如此的脆弱，但是它并不会因为这些乡村的自发行动而瞬间消失。当然这也是所有主要的现代革命所面临的情形。

即使在这种到处是苦难和衰败的情景下，中国共产党的加入也不足以带来根本性的变化，而且也不可能光靠其自身就带来根本性的变化。该党派成立于1921年。13年以后，共产党人不得不放弃他们在江西的主要根据地，开始进行著名的长征，走向遥远的延安。根据一些历史学家的判断，那个时候共产党人的命运正处于最低潮。他们所能展示出的是一种顽强的生存能力：从1930年到1933年之间蒋介石发起的五次围剿都未能将他们铲除。但是，共产党人也同样无法扩展自己的根据地，或者在自己直接控制的地区以外拥有更大的影响力。

共产党到此时所遭遇到的失利，在某种程度上，可以归咎于他们采取的错误战略。在1926年之前，共产党对于将农民发展成革命运动的基础这一点并未真正地表现出兴趣。①在1927年与蒋介石分道扬镳之后，该党仍然试图通过城市无产阶级斗争来夺取权力，但是这一战略带来的后果是灾难性的、血淋淋的。尽管放弃马克思主义的正统思维和采纳毛泽东依靠农民的策略都是必不可少的，但是共产党要取得胜利仍然需要更多的条件。②其中之一是对那些相对富裕的农民采取更为温和的态度，这一政策直到1942年才开始推广，当然这之前的早

① Ch'en, *Mao*, 107－108.

② Schwartz, *Chinese Communism*，确实是最早一个追溯到了这种战略变化的历史，第一个强调了(第190页)有利的外部条件的重要性。

期也已经出现了一些预兆。①所有这些变化都是非常重要的，但是光靠它们自身显然还是不可能帮助共产党赢得最终的革命胜利。一个决定性的因素是日本的入侵及其作为一个外国占领者所推行的占领政策。

日本占领中国之后，国民党官员和地主对此的反应是从乡村撤离，逃回到城市中，留下农民在土地上，让他们自生自灭。其次，日本军队时断时续地进行的清剿和三光政策促使农民凝聚成一个团结一致的整体。因此，可以说是日本人客观上帮助共产党完成了两个基本的革命任务，一个是清除了旧有的精英阶层，另一个是使被压迫者团结在了一起。②反面的证据也有力地支撑了这一表面上看来自相矛盾的结论。在日本或者其傀儡政权给予农民某些安全保障的地区，游击队组织并没有取得太多进展。事实上，在日本军队没有直接入侵过的地区，共产党甚至都无法建立起游击根据地。③

尽管日本入侵的作用是重要的，但是有必要从合适的视角认识这种作用。如果因为这两个敌对力量之间存在着所谓的合作，就认为日本人和中国共产党之间有某种邪恶的同谋关系，这显然是极为可笑的。当时的形势事实上确实是对共产党极为有利的，他们尽量利用自己的优势同时对付日本人和国民党，反而是国民党显示出强烈的与日本人合作的倾向，因为国民党极不愿意看到战争最终演变成一场社会革命。④战争激化了革命形势，使革命呼之欲出。从中国社会和政治的角度来看，战争本身不过是一场意外。从整个世界的政治和经济力量的相互作用来看，则很难说这次战争是一场意外。就像在俄国布尔

---

① 关于一些关键的节点，参见 Ch'en，*Mao*，162；Brandt et al，*Documentary History*，39－40，224－226，275－285。我们有必要记住的是，法令所规定的和实际所执行的大相径庭，尤其是在那些混乱的年代里。

② Johnson，*Peasant Nationalism*，esp 70，110，48－60，116－117.

③ Johnson，*Peasant Nationalism*，66－67，146.

④ Johnson，*Peasant Nationalism*，120.

什维克取得胜利这一案例中，一些历史学家总是将之视为第一次世界大战的一个意外结果，但是这种为了进行分析而不得不将历史中某些易处理的问题分离出来的做法，除非后人能够将这些历史问题放回到适当的背景中去，否则的话，必然会形成一些误导人的似是而非的、甚至是错误的道理。

我们不妨总结一下，简单地评论一下共产党为了摧毁旧制度残余而采用的方法，那就是利用乡村中已经出现的裂缝。幸运的是，我们手头拥有两个关于共产党占领时期南北方两个不同乡村的很好的研究，这两个研究确实展示出了这一进程中的不同阶段及其所面临的问题。

一个研究中涉及的北方乡村是在晋冀鲁豫交界地区，那里共产党已经占有了一块根据地，并将社会斗争跟抗日民族运动紧密地结合在一起。这一地区包括国民党的残余分子在内的富裕群体为了固守自己的财产而与日本人勾结起来，因此共产党能够将当时所推行的不那么激进的社会运动与抵抗外国侵略结合在起来，从而获得了重要的优势。一点一点地，共产党利用村子里的现存组织建立起自己的政治组织。然后他们又推行了另一个运动，让大量贫苦农民从中受益，让富裕农民承担起主要的责任。这一运动一开始取消了原本流入国民党腰包的租税，然后根据每个人的支付能力来分配赋税任务。新推出的宣传口号是“有钱的出钱，有力的出力”。当日本人威胁要在乡村征收赋税时，危机产生了，而这又是一个造成决定性影响的危机。共产党提出了赋税究竟应该按照日本人设定的统一税率交付还是按照共产党的制度所规定的由有钱人来承担这一问题，这就将乡村根据个人的贫富程度一分为二。同时，共产党又呼吁农民把粮食藏在山洞里，随时准备撤离这个地区。富人并没有这么做，但却发现日本人到来后可能会抢走他们的粮食。因此，富人们也不得不接受共产党的建议。这个事件所具有的重要性在于，它显示出共产党和其他一些早期的革命者一样，都能够推动整个乡村地区站在他们一边，并且接受他们的管理，同时也表现了日本的入侵究竟是如何帮助共产党形成了一个团结阵线。但是，与其他革命者相比，共产党人又向前迈进了一大步。虽然他们有时也会继续利用一些有历史污点的旧式领导人，但他们主要是在贫苦农民当中，甚至是在妇女这一中国社会最受压迫的阶层中建立起了新的组织。更重要的是，就像建立合作社所显示的那样，共产党人在当地推行了自给自足的经济计划，采取各种措施让农民在归顺和饿死之外还可以选择其他一些可行道路。有时候，共产党人也不急于推行大规模的土地改革。但是，当这一改革真正得以推行时，农民对通敌者和旧式压迫者的报复集中迸发了出来。了解这一点，便于我们更好地理解农民抗日以及帮助共产党最终击败国民党背后的真正的革命热忱。①

数年后，共产主义革命来到南景(Nanching)这个广州附近的小乡村，这个时候的革命则不再是以帮助抗日的形式而更像是一种自上而下的形式。在轰隆的爆炸声中，溃逃的国民党军队把珠江上的一座铁桥炸得粉碎，震碎了乡村的窗户，同时也宣告了旧政权的灭亡。几天后，一群携带武器的共产党小分队来到这里，到处张贴告示，宣布废除旧政治统治，命令旧政府的工作人员继续坚守自己的岗位直到他们的职务和文件顺利交接到新来者手中。10 个月过去了，当地并没有发生任何变化，接着土改工作队就来到了这里，是三个男的和一个女的，都是 20 岁不到或 20 岁出头一点的年轻人，“穿着肮脏的灰色制服，有意识地试图模仿农民的生活方式”②以掩盖他们自己的阶级背景。

整个土改过程一旦开始就非常快速地摧毁了旧有秩序，并马上着手推行一些初步的措施以建立新的社会秩序，所有这一切都是在政府

---

① Crook and Crook, *Revolution in a Chinese Village*, chaps I－V, esp 31－37.

② Yang, *Village in Transition*, 167, 134. 他的专著比 Crook 的研究更丰富、更完整，它也同样非常客观，可能是关于乡村生活的最好的专著。

的指导下进行的。本质上，其推行的措施就等于将富人的土地没收，分发给穷人。“总的战略是将穷苦农民、农业劳动力和中农团结起来，将富裕农民的立场中立化，以实现将地主孤立起来的目的。”①最终造成的后果与上述的目的并不相同。尽管共产党使用的阶级分类与基本反映乡村社会现实的分类标准并无二致，但是其造成的后果总体而言并不明确，即使是对主要的受益者贫苦农民来说，看上去这些贫苦农民和别人一样无法确定这一切究竟能够维持多久。以往，在两个对立的极端之间确实存在着被压制着的仇恨，这两个极端一边是富裕、剥削成性、残酷的地主，一边则是地主的佃农。但是，在新的制度下，整个乡村被系统地划分成不同的社会群体，各个群体之间是相互对立的。②

有一个方面值得特别提出，因为它能够让我们回过头更清楚地理解前共产党时代是如何运作的，也能让我们更好地理解共产党所采用的战术。土地并不是分配给整个家庭，而是平均地分给家庭中的每个个人，不分年龄和性别。也因此，共产党从根基上击碎了整个乡村，彻底切断了土地财产和亲属关系之间的关联。通过摧毁亲属纽带的经济基础，或者至少是极大地削弱了这些纽带，共产党将那些跨越了阶级界限以及年龄和性别界限的强大的对抗力量给释放了出来。正是因为共产党做到了这一点，农民反对地主、佃农反对收租者、牺牲者反对当地恶势力的斗争才变得公开化、激烈化。最后变得公开化的是年轻人反对老年人的斗争，就算是这种斗争也变得极为激烈。③

共产党政权在乡村和政府之间建立了新的纽带。每一个农民都明白其日常生活需要依赖国家的政治权力。C. K. 杨(Yang)认为，共产党通过这个新的纽带能够从乡村抽取更多资源。同时，新的更大的负担

---

① Yang, *Village in Transition*, 133.
② Yang, *Village in Transition*, 145.
③ Yang, *Village in Transition*, 178 – 179.

比过去更加平均地分配到了每个人头上。①所有这些变化都是暂时的、过渡性的。如何在一个充满军事强敌的世界上提高国家的经济产量对于中国而言是一个重大的问题，而摧毁旧秩序、与政府之间建立新的纽带以及从农民那里获取更多资源，所有这一切只能为解决这一重大问题提供初步的条件。不过，这一部分的故事已经超出了本书的范围。是农民提供了最终炸毁旧秩序的炸药，这一点在中国甚至比在俄国表现得还要明显。是农民再一次为一个政党的胜利提供了主要的驱动力，而这个政党则试图达到一个据说是不可避免的历史阶段，即农民阶层不复存在的历史阶段。

① *Village in Transition*, 158－159, 174－175.

第五章

亚洲法西斯主义：日本

1. 自上而下的革命：统治阶级对新旧威胁的回应

17世纪的日本、中国和俄国都是由于新政府开始执掌政权而终止了长期的内部动荡和纷争。在俄国和中国，和平和秩序的建立，只是一个最终必会发展成为农民革命的长期历史进程的初始阶段，从某种程度上说，我们也只能讨论到这一初始阶段。这两个国家所推行的农业官僚统治制度阻止了独立的商人和制造业主阶层的兴起和发展。做一简单的概括，我们可以说，正是由于这些国家并未推行资产阶级革命，反倒让农民革命为专制主义的现代化进程开启了道路。另一方面，日本的发展则走上了一条与俄国和中国很不同的道路，更接近于德国的道路。日本和德国一样，商人的影响力大大削弱了农业秩序，但是我们仍然无法把日本发生的革命称为成功的资产阶级革命。而且，日本成功地压制并扭转了农民的不满，以此阻止了农民革命。到20世纪30年代末，日本革命所产生的后果与欧洲法西斯主义极为相似。

那么，究竟应该如何来解释日本的现代化道路与俄国和中国的现代化道路之间的差异呢？我们马上可以给出的一种可能的解释是，这种差异是由日本所推行的封建主义制度所造成的。如果要说俄国和中国也确实存在过封建主义阶段的话，那恐怕不过是残存的记忆而已，当然，对于这一观点，学者之间仍存在很大的分歧。在另一方面，日本式的封建主义一直到19世纪仍然非常强大。到20世纪30年代，日本已经发展成为亚洲世界中唯一一个拥有强大工业力量的国家，基于这一事实，就宽广的历史范围来看，要对上述问题给出更有序更明晰的解释，封建主义制度是其中关键因素这一假设也就显得颇有吸引力了。①考虑到日本的封建主义确实促使旧有统治阶级的一个组成部分从占统治地位的社会秩序中脱身而出，推动了自上而下的革命，促成了工业化发展所必需的各种社会变化，因此封建主义显然可以成为上述解释的一个重要部分。但是，尽管如此，我们仍然有必要去了解一下为什么这一切是可能的，或者更精确地说，日本的整个现代化进程究竟是如何与存在于日本的封建主义制度相互关联在一起的。

在解释和评价这一转变的时候，我们必须提醒自己注意我们目前所拥有的历史视野的局限性。距今100年或更短的一段时间里，日本的社会革命和工业革命的不均衡性，尤其是1868年王政复古这一个带有很大局限性的“革命”，可能一直会被视为日本悲剧的核心所在。在这里，我们应该可以回想到，现代的历史学家们对于俾斯麦在试图整合德国的新旧元素方面所取得的成功，通常并不都抱着乐观的看法。在另一方面，尽管面临严峻的困难和缺陷，当代的中国社会反而体现出向前发展的迹象。可以想象，中国通过吸取苏维埃的教训而最终超越俄国。当然，我们无法预知未来的发展前景。但是，我们至少

---

① 最近一次关于欧洲和日本封建主义的异同之处的讨论，请参见Hall，“Feudalism in Japan”，15-51。日本封建主义与其随后采纳的西方实践有关联这一观点在东方主义学者中相当普遍，尽管我并没有找到任何关于这种关联的性质的具体分析。Edwin O. Reischauer在他发人深省的短文“Japanese Feudalism”，Coulburn，ed，*Feudalism in History*，46-48中，列举了日本封建主义的几个特征，他认为这些特征可能使日本向现代社会制度转变的过程变得容易一些。其中一个特征就是强烈的国家意识，这一点在我看来恰巧是与封建主义截然对立的。另外一个特征是，封建主义内部的资本主义实业的独立发展，也是指反封建制度的发展而不是封建主义的遗产。但是，日本这个案例确实可以支持这一观点：资本主义在封建主义内部的发展比在农业官僚主义内部要更容易。Reischauer所列举的清单总结的是整个日本历史经验的遗产，而不是日本封建主义的遗产。

可以避免想当然地持有“我们的发展轨迹大家都应该经历一遍”这种褊狭的观念。认为日本成功地应对了进入现代世界所面临的挑战，而中国则失败了，这种想法显得有些愚蠢。

让我们谨记这些提醒，尽力去发现前现代时期的日本社会的哪些特征在其现代化进程中起到了重要的作用。随着旧秩序不断被侵蚀，日本社会出现了垂直和水平两种裂缝，这两种裂缝或许有着同样的重要性。更进一步地，西方和日本的封建主义制度之间也存在着明显的差异。这么说当然还显得非常抽象；因此，为了更好地理解这些观察所蕴含的真正意义，我们有必要去深入地了解一下日本社会在一段特定时间内的实际运作状况。

德川家康，这个日本历史上最著名的统治者之一，赢得了1600年关原之役的胜利，终结了日本历史上军阀混战的时期，开创了一个内部和平的时代。从表面的政权执掌状态来看，这一被历史学家称为德川幕府的政权一直延续到1868年王政复古。①幕府的首要政治理念是固定不变的，那就是，维持国家的和平和秩序。整个日本社会被鲜明地划分成统治者和被统治者两个阶层。后者主要是由农民组成的，被武士统治阶层视为耕种田地、为该阶层提供税赋的主要工具。②反过来，当整个制度运作顺利的时候，农民也能从中得到一些好处，至少是一些经济上的保障和政治上的公正待遇。日本的统治者为了压制任何可能会削弱现存秩序的影响力量，采取了各种措施，包括推行严格的规范人们日常行为的法令，以及将日本与外部世界几乎彻底隔绝开来的政策，这一隔绝时期从1639年一直延续到1854年美国佩里将军的到来。我们接下来会提到的城镇里的商人，有时会成为社会动乱的主要来源之一，因而是统治者的心头之患。

① 参见 Sansom, *Short Cultural History*, chap XXI 中精彩的概述。也请参见他的 *Western World and Japan*, chap IX。下面会给出关于更多具体问题的资料来源。

② Asakawa, “Notes on Village Government, I”, 260, 278.

在统治阶层内部也存在着重要的等级划分。天皇本身是一个隐身的与世隔绝的角色，其所能起到的作用无非是最终帮助他人将地位和声望转换成真正的权力。在这样一个更类似于法国太阳王时期的专制主义制度，而不像早期欧洲历史上的分权制封建组织的社会制度下，拥有真正权力的是将军。将军自己加上德川家族的不同分支以及其随身侍臣，拥有了全国1/4到1/5的农业耕地，他们从这些耕地中获取自己所需要的各种资源。①为了管理好自己掌控的这些土地，将军雇用了差不多40个长期领取固定工资的管家。②因此，像同时代西欧的封建主义一样，日本的封建主义制度也染上了强烈的官僚色彩。

德川统治制度中有一些值得关注的方面。首先，它表明这个制度一直试图在一个四分五裂的封建政体之上施加某种程度的中央集权的官僚统治，在这样一个政体中，能够促使那些规模很大的封地之间互相牵制是很重要的。其次，德川政权从来就未能彻底消除该政体四分五裂的状态。到19世纪中叶，当德川政权开始面临日益严重的挑战时，有些最关键的垂直裂缝与1600年该制度刚建立时所掩盖过的裂缝是完全一样的。

比将军只低一级的是少数大地主或者叫大名。③1614年，日本共有194个大名，而到1868年维新前夕，也只不过增加到266个。到后期，登记在册的最大的封地，其每年的粮食产量达到1 022 700石④稻米。当时各个封地的平均产量大约为70 000石。

---

① Allen, *Short Economic History*, 10.

② Asakawa, "Notes on Village Government, I", 261.

③ 根据他们与德川家族的关系，可将他们分为3组。参见Craig, *Chōshū*, 17－21。

④ Asakawa, "Notes on Village Government, II", 160. 一石比5.2美制蒲式耳略少一些。一个封地报告70 000石这一事实并不意味着该封地的年收成就是那么多，而仅仅表明其土地在理论上能出产那么多稻米。关于这一点，参见Ramming, "Wirtschaftliche Lage der Samurai"。关于进一步的细节，尤其是高低税率的地区分配及其政治寓意，参见Beasley, "Feudal Revenue", 255－271。

在大名之下是大量的武士阶层，不同的武士所掌握的权力和财富存在着很大的差异。①武士加上他们的家族大约有 2 000 000 人，这个数量在维新前夕约占全国总人口的 1/6。②名义上，武士们是大名的武士家臣，从大名那里获取大米作为年度薪俸。德川幕府采取让武士接受薪俸的方法，切断了武士与农村中相对独立的权力根基之间的关联，一下子消除了造成以往各个朝代政治不稳定的主要根源之一。③同时，幕府通过维持社会的长期和平也剥夺了武士阶层在日本社会中可能承担的任何实际功能，从而推动了一个社会团体即贫穷武士阶层的形成，这一贫穷武士阶层在幕府最终被推翻的过程中扮演了关键的角色。

在和平时期，战士们能够耕种属于自己的土地，不过这种时代很久以前就已经终结了。早在 1587 年，丰臣秀吉，这个帮助建立了幕府政权的大将军，就宣布所有的农民必须统统缴出手中的武器。这一措施不仅是为了消除一个拥有武器的农民阶层可能形成的威胁，同时也是要强调阶级差别的分明性和稳定性。④此后，佩剑的权利变成了区分武士和富裕农民的主要特征。⑤

大名或者大领主不待在幕府将军的宫廷那儿的时候就住在带城堡的小镇里，身边簇拥着武士或家臣。这样的小镇，其周边的乡村之间距离通常不会超过 20 英里。⑥武士阶层以这些城堡小镇为该区域的中心来敛取税收，从农民那里榨取经济剩余来满足自己的生活。基本上，税收征集者主要由两种官员组成：一种是在城堡里或者邻近城镇

---

① 关于这些划分的更多细节，参见 Ramming，“Wirtschaftliche Lage der Samurai”。

② Allen，*Short Economic History*，11.

③ Smith，*Agrarian Origins*，I.

④ Sansom，*Short Cultural History*，430.

⑤ Smith，*Agrarian Origins*，179.

⑥ Smith，*Agrarian Origins*，68.

里任职的中央官僚，还有一种是分散地居住在封地上的地方行政长官。[①]在和平时期，这一制度在任何情况下都能够顺利运作，不需利用到太多地凭借武力。

在封地内，大藩主们各行其权。但是，他们不能建造新城堡、铸造钱币、建造军舰，或者在未得到幕府将军允许的情况下自行婚配。1664 年时的 16 个大的外藩政权，到 1871 年封建主义制度被正式废除之前，一直统治着自己的封地，这一事实说明了封地作为独立单位的连续性。可以明确的是，一开始，幕府将军毫无节制地干涉各个封地的内部事务，在很大范围内没收和转换这些封地的土地所有权。17 世纪中叶之后，整个制度已经逐渐稳固了，幕府将军的地位看上去也很安全了，因此继任幕府将军们所推行的政策开始变得更加谨慎，对封地的内部事务横加干涉的情况变得极为罕见了。[②]概括地说，这就是德川幕府所建立的政权。就像我们已经看到的那样，这一政权是一种相对集权和严格控制的封建主义，以至于有一个旧时代的作家将之称为警察国家，毫无疑问，1900 年时使用这一称谓比希特勒和斯大林在历史上出现之后再使用显得更为贴切。[③]尽管现在来看这个称谓似乎并不合适，但是德川制度也确实没有可能发展出现代西方文明中的自由社会的理论和实践。早期的日本封建主义制度本身也缺乏西方的特质，无法对上述理论和实践的发展作出重要贡献。在连接地主和家臣的日本封建纽带中，契约的成分非常薄弱；而在另一方面，这一社会更重视的是忠诚和对上级所承担的义务。[④]西方学者关于这种反差的讨论使日本的封建纽带比欧洲的纽带看上去更加原始、更不客观，也更缺乏理性。日本的封建纽带更多的是建立在不成文的习俗和严守仪

---

① Smith, *Agrarian Origins*, 202.

② Murdoch, *History of Japan*, III, 20－22.

③ Fukuda, *Gesellschaftliche und Wirtschaftliche Entwickelung*, chap IV.

④ Murdoch, *History of Japan*, I, 359－360, 368.

式的基础上的，带有一种在日本社会中被普遍利用的虚拟的亲戚关系特质，而很少像欧洲那样依靠书面或者是口头的契约来明确个人的义务或者特权。①这个社会朝着这种方向发展的内在趋势，在引进了儒教教义之后得到了进一步的加强，而儒教教义在日本则获得了几近于国教的地位。

到 1854 年佩里将军的舰队来到日本的时候，德川政权已经大大衰落了。旧秩序的衰退加上总是在试图维持土地贵族阶级的特权，已经促发了一些社会力量的兴起，这些社会力量积聚并最后建立起了一个政权，正是这个政权在 1941 年向珍珠港投下了决定其命运的致命炸弹。

造成日本政权衰落和重生的因素很多也很复杂。这些因素的确切性质和相对重要性可能成为专业研究人士长期争论的话题。但是，出于我们自己的目的，我们认为本质上这些因素可以分为和平和奢侈两部分，这种说法应该并不那么容易造成大家的误解。和平使商业化的生活方式不仅在城镇也在乡村里出现。即使是受到了严密的监管，商业影响仍然可能侵蚀了很大一部分封建根基。正如比较历史学家们总是将德川制度视为介于中国中央集权的农业官僚统治制度和中世纪欧洲更为松散的封建主义制度之间的一种制度一样，18 和 19 世纪的日本社会遏制商业的分裂和破坏作用的能力也处于上述两个极端之间。

在很大程度上，和平和奢侈的生活是从德川政体的中心向外扩散的。就像路易十四迫使他的贵族们住在凡尔赛一样，幕府将军也要求大名们在首都江户住满一定的时间。②在这一点上，这两者的作用是相同的。幕府将军激励手下的大名们纷纷仿效令人炫目的奢侈生活，从而削弱了这些手下贵族们的经济地位，同时也刺激了城镇贸易阶层

① Hall，“Feudalism in Japan”，33－34.

② 居住在首都的要求直到 1862 年仍然完全有效，1862 年放弃这一要求则预示着德川权力的终结。参见 Murdoch，*History of Japan*，III，723。

的发展。由于需要维持家中和江户两处住所，大名们的日常花费不断上升。大名们定居在首都所需要的花费以及维持自己和一大群家臣的往返所需要的费用都只能用当时的货币——硬币来支付，但他们自己又没有铸造钱币的权力。这些花销给许多领土的经济带来了沉重的负担。为了支付这些费用，大名们通常不得不假商人之手将他们封地上的剩余大米和其他土特产出售到市场上去。①封建贵族经常仰仗商人获得信用，而在另一方面，商人则依靠大名获得政治保护。

依赖于大名的武士，其经济地位在德川时代尤其是德川统治的中期之后开始明显衰落。不过，这方面的证据并不充分。大名努力应付自己的各种开销的方法之一是削减手下武士们的薪俸。②削减薪俸只有在德川时代才是可行的。在幕府确保社会和平和统治的前提下，大名不再那么需要依靠其家臣，因此也敢于牺牲武士们的利益。

不管武士们的真实经济状况是怎样的，他们在日本社会的地位毫无疑问正在下降。对于一个武士来说，其所得到的大米不过只能勉强维持一个武士最基本的生活而已。在德川政权依靠强势维持的和平状况下，武士并不需要承担什么特别重要的社会职能。同时，商人建立在财富基础上的不同形式的社会声望开始与武士通过武力获得的功德分庭抗礼。旧伦理确实被不断地削弱，尽管尚未出现能够取而代之的新伦理。这些变化的迹象早在 18 世纪初期就开始出现了。

武士职能的丧失加上商业的发展，给许多武士的忠诚感带来了很大的压力，使得他们在心理上无所依靠，生活上也变得漂泊不定。在谈到削减武士薪俸的做法的时候，19 世纪早期的一个作家写道："武士们像痛恨最恶毒的敌人那样痛恨他们的主子，"我们可以把这种描写看成是文学夸张，但是我们也可以确信，削减薪俸的做法的确引发

① Sheldon, *Merchant Class*, 18.

② 一些细节参见 Ramming, "Wirtschaftliche Lage der Samurai", 34－35。

了巨大的怨愤。①武士们还被禁止从事任何形式的商业活动，这就使情况变得愈发糟糕。尽管很多人为了维持生计而规避禁令，但是他们通过这种方式不管获得多少财富都很难提高其身为武士的安全感。②

结果，许多武士干脆切断了自己与封地的纽带，变成浪人，也就是无主的四处流荡的人，时刻准备着参加任何形式的暴力活动，正是这一群体加剧了德川统治后期的社会动荡。在1868年明治维新过程中发挥了关键作用的大封地长州，为浪人们提供了一个很大的避难所。③对这些浪人来说，把“野蛮的”西方人驱逐出去这一说法是很有吸引力的。许多浪人反对开放新的口岸，因为“这样的话，要想把野蛮人驱逐出去就变得毫无希望了……我们不得不开始把左边的衣襟盖到右边，学会横着写字，并且不得不使用他们糟糕的日历”。④由此，武士阶级中的低级阶层成为一个不受控制的暴力的来源，成为一个“破落贵族阶层”，时刻准备着为各种反动目的而卖命，而这些反动目的显然是不可能发展成为英国和法国式的革命的。在明治维新前后一些关键的军事斗争中，这些浪人同时出现在敌对双方的队伍中。⑤这一潜在的爆炸性力量需要归咎于德川统治下的和平时期武士阶级地位所发生的深刻改变，而且因为这一力量没有遭遇到外国势力的威胁，其领导阶层又缺乏足够的政治技能，所以极可能造成日本社会从缝隙处开始爆裂，并退回到封建的无政府主义状态中去。

商人阶层(町人)也是对旧秩序造成侵蚀性影响的直接根源，即使可能还谈不上是最终极的根源。他们在日本社会中所承担的角色与中世纪后期欧洲特别是西班牙的犹太人所承担的角色颇为相似。一般来

① Ramming, “Wirtschaftliche Lage der Samurai”, 7.

② Sheldon, *Merchant Class*, 32; Ramming, “Wirtschaftliche Lage der Samurai”, 10.

③ Murdoch, *History of Japan*, III, 737.

④ Murdoch, *History of Japan*, III, 720 引用过。

⑤ Craig, “The Restoration Movement”, 187－197, esp 190－191.

说，我们可以把武士贵族和商人之间的关系描述为一种共生的对抗关系。大名或者武士们依赖这些商人把农民种植的大米和其他农产品转化成现金，为前者提供许多生活必需品，并提供众多设施来维持其贵族式的生活方式。另一方面，商人也依赖武士贵族为自己所从事的贸易活动提供政治上的宽容和保护，而根据武士的伦理准则，贸易通常被视为有失身份，总体而言是一种寄生的生活方式。因此，商人压根就无需逃避任何封建的束缚，或者说他们甚至从未试图逃避过这种束缚，这就大大地提升了他们在这种关系中的地位，到最后他们成为这一关系中占主导地位的成员。

这种状况所造成的一个后果是，德川制度用来维持社会稳定的严格的阶级等级划分制度显现出加剧崩溃的迹象。武士们摇身一变成了商人，反之亦然。这一趋势在整个德川时期是否变得越来越明显，我们不得而知，但是大致看来，事实可能就是这样的。①在 19 世纪早期，在当时一个由 250 个商人家庭所组成的团体中，有 48 个或者说接近 1/5 的家庭，其祖先是武士出身。穷困潦倒的武士们有时把自己的长子撇在一边，过继一个富裕商人的儿子作为继承人。尽管 18 世纪早期的吉宗幕府禁止买卖武士地位，但是这一禁令不久就变成了一张废纸。②

一直到 18 世纪初，封建统治阶层才意识到，不管怎么样，商人都会大大地威胁到他们自己的权力。但是，到那时，尽管日本商人的经济发展动力事实上已经过了高潮期，但是一切还是为时已晚了。③事实上，最近的一些研究给人们留下了这样一种印象：如果西方军舰没有心怀鬼胎地进入日本境内，其封建统治阶层有可能遏制住这种威

① Sheldon, *Merchant Class*, 6，提及在德川幕府的最初 5 年里有武士血统的商人数量众多，并且很成功。

② Honjo, *Social and Economic History*, 204 - 205.

③ Sheldon, *Merchant Class*, 165.

胁，并且在相当一段时间内维持某种形式的均衡，即使这种均衡迥异于德川统治早期的均衡。①不管怎么说，封建贵族确实拥有一些对付商人的武器，并且也确实动用了这些武器：直接没收财产、强迫贷款（到德川政权末期变得越来越频繁）和拒绝还债。在德川时代后期，这些措施尤其是没收财产的做法所造成的后果是商人们更不愿意放贷了。②由于贵族们严重地（当然不一定是所有的贵族）依赖商人们所提供的这些贷款，因此要想完全消灭商人显然是不可能的。

许多商人时不时地欺压贵族，这确实让贵族阶层和日本社会其他有识之士产生怨愤，这一点是可以理解的。一些日本思想家争辩说，贵族和农民是社会唯一有用的成员，在某种程度上，这令人联想起同一时期欧洲的重农主义主张和后来的反犹太倾向。“在另一方面，商人从事的职业是无关紧要的……如果他们自行破产的话，政府根本不必予以关心。”③正如已经指出的那样，幕府政权时不时地尝试将类似想法付诸实践。从日益衰退的军事贵族和不断上升的商业利益群体之间的冲突中，我们可能会看到反资本主义观念的兴起，这种观念在法西斯主义的日本变种中将显得极为突出。

尽管封建贵族和商人之间的冲突代表了日本后期社会发展背景中一个非常重要的方面，但是如果只强调这一方面则会严重地误导人。与西欧不同，日本并没有形成一些自治的城镇，西欧的那些自治城镇制定了管理章程，以明确具体的条款表达其不受周边城镇约束的政治和法律独立性。需要明确的是，在德川政权的初期阶段，确实出现了一些朝着这个方向努力的颇有希望的开端。但是，随着德川政权推行集权的封建主义进一步地巩固了自身的统治，这样一些倾向很快就被

① 这一关联的推断主要出自 Dore 和 Sheldon 之间在 *Journal of Asian Studies*, XVIII, 507－508 和 XIX, 238－239 上的对话。

② Sheldon, *Merchant Class*, 119, 122－123.

③ Sheldon, *Merchant Class*, 105, 引用过。

扼杀在萌芽阶段。这个有时被人称为“重新封建化”的统治阶段，给商人设置了严格的限制，谨慎地将他们纳入封建秩序中，并且希望这些商人不会伤害到这个秩序。①1633－1641年推行的法令将国家完全封闭了起来，部分地消除了人们对外接触的可能性以及外界竞争所带来的刺激，最终大大地限制了商人的积极性。②就像我们已经注意到的那样，商业发展的主要动力在德川统治下的和平时代经过将近百年的发展已经消耗掉了大部分。从那以后整个社会的倾向是希望能够安顿下来，享受经营成果，坚守行之有效的商业方法。

就我们的研究目的而言，没有必要详细讨论德川统治者设计的用来对商人实行政治控制的机制。我们只需注意到这些控制确实是非常有效的，尤其是在早期，其所带来的后果使得商人们赖以获取经济权力的过程变成“几乎完全是地下活动”。③这些政治上的控制使得日本商人成为社会中一个依赖型的角色，尽管有时候商人的怒火也会令大名们胆战心惊。

当然，商人之间也存在一些显著的差异。大阪的商人与首都江户的商人相比，其依赖性相对弱一些。④而且，在这一时代的后期，乡村商人在物资和市场方面对封建关系的依赖程度要比旧时代的城市垄断商户们低一些。⑤

同属事实的是，商人们在某些艺术领域和悠闲生活方式方面发展出了一些独具特色的社会特征和品位，让人们联想起西方前清教徒革命时代的商人文化。但是，这种到18世纪初期达到繁盛顶峰的商人文化，就其本身而言，对德川政权并没有造成真正的威胁。⑥本质上，

① Sheldon, *Merchant Class*, 8, 25, 37.
② Sheldon, *Merchant Class*, 20－24.
③ Sheldon, *Merchant Class*, 32－36.
④ Sheldon, *Merchant Class*, 88, 92, 108.
⑤ Sheldon, *Merchant Class*, 163.
⑥ Sheldon, *Merchant Class*, 99.

这种被社会主流容忍的所谓放荡生活主要局限在首都的一些特定区域，起到了安全阀的作用。如果一定要说这种商人文化有什么作用的话，那就是，它有助于维持旧政权的生存，而不会对旧政权造成危害。①

由于这些原因，日本德川时期的商人脑子里充斥着封建伦理观念。在发展出反对传统观念的新思想观念方面，日本商人是绝对的失败者。赫伯特·诺曼(E. Herbert Norman)遍寻各种各样的日本文献，"试图发现是否有哪个作者敢于持续地、深入地批评日本封建主义最具压迫性的方面，批评其社会方面的僵化、思想方面的蒙昧、学术方面的贫瘠、人类价值观方面的堕落和世界观方面的褊狭"。②尽管他的确从一些编年史和专著中找到了对封建压迫的残酷性表示厌恶的一些零星陈述，但是他仍然无法找到任何一个有影响力的思想家对整个制度进行过正面的攻击。③在我看来，并不能用心理因素或者一些日本价值系统的效力来解释日本商人阶级为何没能形成一个能与西方相提并论的批判性思想观念。④因为用上述因素来解释，在逻辑上等同于认为鸦片的效果出于其"致眠"特性。要给出真正的解释，需要提出一个根本性的问题，那就是：这一特别的观念为什么会盛行于其所盛行的时间和地点？这一问题只有历史才能回答：日本商人阶级从17世纪开始逐步壮大起来的。国家的孤立、武士和商人之间的共生关系和武士长期的政治主宰这些基本的因素，可以用来诠释日本商人的视野为什么如此狭隘、如此有限。

---

① Norman, "Andō Shōeki", 75.

② "Andō Shōeki", 2.

③ Norman最终选择极为详尽地介绍18世纪早期的一个医生Andō Shōeki，他其实是一个与世隔绝的思想家，有生之年或者后来都没有什么影响。Andō Shōeki的主要作品从来没有出版过，虽然他的作品对封建主义制度抱有批评态度，但是更多地散发着一种乌托邦的农业原始主义气息，而不是对当时日本的"资产阶级"的批评。参见"Andō Shōeki", chap I, 100-110, 224-226, 242-243。

④ 关于这种解释，参见Bellah, *Tokugawa Religion*。

源源不断地流入商人金库的财富中，很大一部分最初来自武士贵族对农民的压榨。接下来我们需要更为深入地探讨那些阻止日本农民发展成像俄国和中国农民革命那么大规模革命的动力的真正因素。在这里，我们的讨论主要针对统治阶级所认知到的、影响到他们自身利益的那些农民问题。

当时的日本，农民大众交付税收来支撑其他人口，这在很大程度上与任何一个农业国家都一样。武士贵族阶级中能言善辩的群体抓住这个事实，宣称农民是一个健全社会的基础，这里的“健全”社会显然是指武士在其中占支配地位的社会。这是一群受到了商业利益威胁的农业贵族阶级最具代表性的巧辩。对农民阶级的崇拜是对商人阶级转弯抹角的指责。有一段经常被人引用的讽喻式俳句：“芝麻籽一样的农民哥；你越是被压迫，出油越是多。”真切地描述出了武士和农民之间的关系。①乔治·桑瑟姆②就曾经指出，德川政权高度重视农业，但是极不重视农民。

在19世纪60年代早期，农民问题与建立一支现代军队的问题纠缠在一起。这一问题的解决方案不仅影响到日本作为一个主权国家的独立，而且影响到整个社会的特质。就根本而言，政府为了确保日本不受外敌入侵，必须决定是否应该将农民武装起来。1863年，政府就是否值得采取这一步骤试探其高级行政官员。官员的回复当中有一些说法颇耐人寻味，反映出他们主要有两个担忧：一个是各个封地的大名可能会利用这些力量来对抗德川政权，另一个是农民自身也可能会成为威胁到现有秩序的力量之一。③后来，这两方面的担忧都被证明并非杞人忧天。

---

① Ramming, “Wirtschaftliche Lage der Samurai”, 28.

② George Sansom, 1883－1965，英国历史学家，以日本史为主要研究领域。——译者

③ Norman, *Soldier and Peasant*, 73.

对农民的掌控，在幕府直接控制的区域比边远地区的封地，尤其是长州，要弱得多。完全由德川控制的地区包括江户和大阪等大城市，也正是在那些地区，商业影响不断地向外蔓延。在另一方面，长州的领导人则推行了一个巧妙的预算和税收制度，维持了自己的财政独立，避免落入大阪的高利贷者和商人手中。部分地由于这个原因，农民基础和传统的封建制度纽带在长州自始至终都相当稳固。①尽管更早时期(1831－1836)长州也发生过一些相对严重的农民骚乱，但是直到1864年外国军舰封锁了长州的港口，长州封地的重要人物们才意识到，有必要按照西方道路进行改革，并且认为即便是农民也应该武装起来。正是由于长州所形成的这些军事力量，才让那些拥护天皇的力量赢得了重要的权力基础。②

在日本的其他地区，农民成为王政复古运动中反封建甚至是略带革命意味的力量的组成部分。在德川时代的最后几年，日本出现了大量的农民暴力骚乱，这些农民暴动都带有很强的反封建意味。就算这些起义明显缺乏十分清晰的政治目标，但是它们对统治者来说仍是一种威胁。有一本详细地研究这些起义的专著总结说，整个时期总共发生了1 000次左右的类似事件，其中绝大部分都揭示出了农民和控制他们的统治阶级之间的直接关系。从这些事件的频率图表可以看出，在这个时代的后期，即从1772年到1867年，事件的发生频率急剧上升。③当时的帝国军队在王政复古引发的战争中获得了来自农民起义军的帮助。例如，在越后地区，有60 000个全副武装的农民起来反抗该地方的德川军队的指挥官。同样，在其他地区，帝国军队的指挥官充分地利用了人们的反封建情绪，这种做法让我们想起当代的政治斗争。在其中一个事例中，

---

① Craig, *Chōshū*, chap II, 355－356.

② Craig, *Chōshū*, 55－58, 135, 201－203, 278－279.

③ Borton, *Peasant Uprising*, 17, 18, 207.

> “调解人和东山道总指挥”在显眼的地方张贴布告，向村子里的农民和商人分发宣传单，邀请他们到帝国军队的地方营地，控诉德川时代官员的暴政和残酷行径。调解人和总指挥特别能吸引那些最贫困潦倒的群体、孤儿、寡妇还有那些被封建当局迫害过的人。他们承诺所有的申诉都会得到认真的充满同情的倾听，还进一步声明将对有罪官员严惩不贷。①

在革命中，这种温和的组成部分当然并不完全仰仗农民的贡献。农民出于不同的动机，加入王政复古斗争的双方参加作战。就像我们接下来将会看到的那样，当时也存在着一个极为强大的反动力量，这一力量不仅存在于农民中间，而且也存在于天皇的其他支持者中间，这一力量可以回溯到最纯粹最神秘的封建社会的往昔。革命中这些不同组成部分交织在一起，为明治维新提供了充足的养分，而就我们考虑的直接事件而言，也使明治维新带上了某种程度的不确定性。

到此时，读者肯定已经认识到，王政复古运动绝对不是一场纯粹的阶级斗争，也绝对不像有些日本学者坚持认为的那样，是一场资产阶级革命。事实上，根据我的了解，并没有任何西方学者会认同这些日本学者的看法。在一些决定性的方面，王政复古是中央权力和封地之间一种旧式的封建斗争。②在那些起来领导对抗幕府将军斗争的主要封地，不仅是长州还包括萨摩(Satsuma)——也就是我们所知甚少的“日本的普鲁士”——那里，传统农业社会和封建忠诚度都要牢固得多。③

与一些大封地形成鲜明对比的是，德川幕府的财政在其时代末期

① Norman, *Soldier and Peasant*, 38－39.

② 描写德川统治最后时期的封地的一个法国学者宣称，只有在邻近城堡的区域，人们才会严格听从将军的统治；人们离江户越远，就越显示出自主和各州自主独立的精神。参见 Courant, “Clans japonais”, 43。

③ 关于传统的农业制度，参见 Norman, *Soldier and Peasant*, 58－65。Satsuma 是 Gōshi的封地，Gōshi是一个介于农民和武士之间的乡村贵族，是前德川时期的幸存者。

摇摇欲坠，而根据几个历史学家的判断，这也进一步加速了幕府政权最终崩溃的过程。但是，就像我们经常在各种旧政权那里见到的情形一样，财政困境不过是更深层原因反映出来的表象而已。外敌的不断威胁使幕府对收入和军队的需求日益强烈，更能感受到外敌威胁的似乎是德川而不是长州领导人。政府已经不能再压迫商人了，否则就等于杀鸡取卵。那么，此外唯一的来源就是农民了，而处于现有压力下的农民也变得越来越不安定，越来越难以管控了。

尽管这些社会裂缝和问题构成了王政复古的背景，但是从大约1860年起，在导致这场王政复古的所有事件中，这些裂缝和问题基本上都仍隐身在大背景的后面。无所不在的外国武装干预的威胁促使王政复古最终发展成为一个具有象征性的行动，许多社会团体出于各种不同的原因纷纷起而支持这一行动。王政复古本身并不是特别具有决定性的，其对日本社会未来的意义经过了很多年都仍然没有清晰地显现出来。与王政复古相伴的各种斗争极少带有泾渭分明的利益群体之间的冲突。由于这些原因，在西方人眼里，所有有关这些年代的描述似乎只不过是一团令人困惑不解的乱麻，充斥了阴谋，且错综复杂，毫无目的。我认为，之所以会出现这种状况，正是因为日本统治阶级内部的主要群体在自己所需要的东西方面大体上达成了一致，那就是，驱逐外国人，将其对现状的影响降到最低。归根到底，根据一个普遍的说法，①日本天皇希望通过幕府来对抗“极端分子”和“不守秩序”的社会群体，一句话，就是对抗任何含有革命意味的事情。

因此，真正的问题变成一个：谁应该挺身而出？后来争斗的双方更多地围绕着这样一个问题，那就是，如果这一行动真的能付诸实行，那么谁应该获得这一勇敢行动的功劳。在这一争斗中，幕府在政治责任方面处于巨大的劣势。对于那些不太可能守得住的承诺，例如

① Murdoch, *History of Japan*, III, 733.

在确定时间内将“野蛮人”赶走，一旦幕府不能兑现，那么其无能就昭然若揭。在另一方面，将军的对立者则很自然地倾向于推举一个“超越政治”的人物。在不可能的情形下仍然需要承担起政治责任这样一个劣势，加上其他因素，造成了幕府将军的最终失败。①

到这一节点，更加概括性地评估王政复古的起因可能是有益的。我相信，其中一个根本原因是，和平和秩序的建立促进了商业的兴起，而商业的兴起又导致了封建基础的一部分被侵蚀。这种侵蚀和外敌的入侵一起引发了一系列社会问题，而王政复古则是解决这些问题的一个重要的步骤。这一解决方案所体现出的政治反动性在很大程度上需要归因于帝国运动所吸引到的各个群体。这些群体之一是帝国宫廷里的贵族。另一个是一些尚未受到影响的封地头领群体，封建制度在他们的封地里似乎特别强大。那些不直接听从某一封地首领的领导但仍然受到封建社会影响的武士们，也作出了重要的贡献。在商业群体中，保守的旧商人对国家的对外开放怀有敌意，因为这将加剧他们所面临的竞争。尽管三井集团采取骑墙态度，但是，通常来讲，商人在这种争斗中并不扮演任何主动的角色。②人们只有在农民当中才能够找到反对封建制度的迹象，而这种迹象也不是普遍存在的。在社会教义方面，王政复古高举着象征传统的大旗，主要是儒家的大旗。就像我们已经看到的那样，旧秩序并没有遭遇到直接的理念上的挑战，尤其是来自商业利益群体在这方面的挑战。

考虑到支持王政复古的群体，让人惊讶的倒不是新政府做得太少，而是它做得太多。正如我们不久就会看到的那样，这个新政权，也就是大家熟知的明治政府（1868－1912）在按照现代工业社会的形象重新塑造日本的进程中采取了很多重要的步骤。那么，究竟是什么力

① 关于一些主要事件的描述，参见 Craig，*Chōshū*，chap IX，和 Murdoch，*History of Japan*，III，chaps XVIII－XIX。

② Sheldon，*Merchant Class*，162，172.

量推动了这个大体上仍属封建的势力去实施很多无疑具有进步特征的计划呢？其中的原因不难找到，而且也已经被不少日本历史学家强调过。统治阶级的特性呈现出一定的变化，当然这可能只是一个次要因素。由于日本社会的裂缝线既有垂直的也有平行的，这就使得农业统治阶级中的一部分得以将自己同德川制度分离开来，推动一场自上而下的革命。外敌的威胁在这一关系中起到了决定性的作用。新政府依靠团结一致的力量采取措施，维持了一小部分精英的特权，为其他人提供了机会，并确保了民族的独立。

自 1868 年起，日本的新统治者们从那些在旧制度下丧失了权势的武士群体中吸收了大量新生力量，但是他们开始面临两个主要的难题。一个是建设一个现代化的中央集权国家，另一个是创造现代化的工业经济。如果日本想要作为一个独立的国家继续生存下去，它就必须解决好这两个难题。这些难题整合在一起，推动了封建社会的解体，取而代之以一个现代化的社会。

在带有事后认知的优势和劣势的社会历史学家眼里，这一问题至少就是这样呈现出来的。然而，对于同时代的人来说，显然这一问题很难说就是这个样子的。当时很多人加入王政复古的目的是希望能够“尊王攘夷”，建立一个新的更好的封建主义制度。当然，我们的这种阐述方法可能过于抽象也过于具体了。说过于抽象，是因为王政复古背后的人群和明治时代早期的人群在绝大多数情况下并不希望看到随便什么形式的现代国家，而是希望看到一个尽可能维持统治阶级在旧制度下所享有的优势的现代国家，当然，这些统治阶级需要牺牲掉不多不少(在实际推行中其实是很多的)的利益来维持这个国家，因为如果什么都不愿意牺牲的话，他们最终将会丧失一切；说过于具体，是因为这给人的印象是一个具体的统一的现代化计划。日本明治时代早期的领导人并不是一些教条主义的社会理论家，没有像俄国的马克思主义者那样一头扎进政治责任的领域。但是，如果我们谨记这些条件，了解明治领导人所面临的任务，可以帮助我们厘清这一时期的重大事件、其造成的影响以及相互之间的关系。

建立一个有效的中央集权政府最重要的第一步发生在1869年3月，当时长州、萨摩、肥前和土佐这几个西部大领主“自愿”把自己的封地送给天皇，同时宣布“只能允许一个中央政府和一个普遍的权威存在，其完整性必须加以维护”。这一定是一个非常棘手的时刻。很显然，王政复古不过就是在封建制度内部进行权力的再分配而已。

那么，这些大封地领主为什么会采取这一行动呢？他们的宽宏大量和高瞻远瞩可能起了一定的作用，就像一些历史学家所宣称的那样，但是我对这些因素的重要性深表怀疑。我认为更重要的可能是这样一个事实：在这一步骤之前双方经历过激烈的讨价还价，大名们被允许留下其收入的一半，但是显然这并不是最终的解决方案。①一个更加重要的原因是，这些封地领主担心，如果他们不采取这一共同行动，某个地方的领导人群体就可能会接替德川的位置。当时萨摩本身就正在培植这样的野心。②换句话说，是权力争夺者群体之间的对立使一个当时仍然非常虚弱的中央政权得以巩固。

当时，政府尚未准备好试用一下这些新的力量，而是让过去的那些封建统治者充当帝国的代表担任各地的长官。但是，2年后，1871年8月，政府采取了最后一个步骤，发布了一条简单的法令，宣布各大封建封地成为中央政府下面的地方行政(辖区)单元。此后不久，政府要求所有的大名离开自己的地产，和他们的家庭成员一

---

① Sansom, *Western World and Japan*, 323－324, 327－328.

② Sansom, *Western World and Japan*, 324，在这里，作者加上了一段耐人寻味的概括性评论，说允许集会和公开发表言论的日本著名的宪章誓言，即第一份“宪法性”文件，“并不是对日益高涨的民主情绪的让步，而是为了防止任何一个封建团体的地位提升”。

起住到首都去，这一做法不禁让人联想起德川政权推行的政策。事实上，这种相似性绝非偶然。①1600年的胜利帮助德川打下了一个现代的集权国家的基础。明治政权则最终完成了这一建立现代集权国家的过程。

在建立政治地位的同时，政府也推行了一系列措施，其效果直到很久之后才充分显现出来。这些措施的主要目的是粉碎那些束缚人口和产品自由流动的封建桎梏，促进资本主义的发展。1869年，政府宣布各个社会阶层在法律面前是平等的，废除了不利于贸易和通讯的地方性壁垒，允许自由耕种，允许个人获得土地所有权。②尽管在德川时代，土地就已经开始从封建束缚中挣脱出来了，但是直到这时才成为可以像其他东西一样买卖的一种商品，这一变化对社会的其他部分造成了重要的影响，我们接下来会加以讨论。

如果希望所有的这些转变都能够和平地进行，并且是自上而下地而不是通过民众革命来进行的话，那么政府就有必要对旧秩序或者至少是其中一些关键部分提供足够的补偿。1869年，政府允许大名在交出自己封地的基础上保留一半的收入。这种宽宏大量的做法显然不能维持太久，因为当时的政府可以自如操控的空间是很狭窄的。1871年，政府试图重新修订条约从而允许自己获取更高的收入，但是这一努力并没有成功。1876年，政府发现有必要强行削减大名的收入和武士的薪俸。尽管几乎所有大名，（除了势力最为薄弱的大名之外）都得到了很有利的待遇，但是更小一些的封建首领和大多数武士的收入却被大幅削减了。③实际上，新政府给一些关键支持者的报酬是非常丰

① Sansom, *Western World and Japan*, 326.

② Allen, *Short Economic History*, 27. 根据 Norman, *Japan's Emergence*, 137 的说法，买卖土地的法律禁令直到1872年才被废除。

③ Sansom, *Western World and Japan*, 327－328. 关于这一问题的经济方面的更多信息，参见 Allen, *Short Economic History*, 34－37。下面会对这一点加以深入探讨。

厚的。而在另一方面，明治政府发现有必要应付好那些心怀不满的武士，他们是推翻旧秩序的力量的一个重要来源。

缩减武士薪俸只不过是一个长期趋势发展到了顶点而已。事实上，正如我们已经看到的那样，摧毁整个武士阶层的这一过程早在德川时代就已经开始了，明治政府只不过是将它最终完成而已。日本的现代化进程并没有包括对统治阶级中任何一个部分进行革命性的清理。相反，其整个现代化过程就如同是一个拉长了的安乐死过程，持续了整整3个世纪。武士阶层的社会地位随着法律面前全民平等的宣告而慢慢消失了，尽管他们仍然被允许拥有一个空头的身份，被称为绅士阶层，或者是前武士，但这一称呼已经不再代表任何权利或豁免权。他们作为武士在德川统治下的和平时代就已经丧失了大部分的社会功能。1873 年颁布的征兵条例最终完全地取消了他们在提供武力这一方面好不容易维持下来的社会特征。最后，正如桑瑟姆所评论过的那样，财产权的放开最终击中了封建荣耀和特权的核心，因为封建社会的基础就是农民耕种土地而地主拥有土地这一制度。①

所有这一切，显然不是武士们支持王政复古所希望得到的回报。很多参与推翻德川政权的武士们最初希望的是能够朝着有利于自己的方向来改造封建制度，而不是将它彻底摧毁。②因此，当新政府明确推行其政策后，封建势力起而反抗，攻击这个全新的政权，这一点也就不足为怪了。1877 年的萨摩起义是旧秩序最后一次血淋淋的动乱。在日本出现了第一个有组织的所谓“自由”运动，这显然是日本社会的最后震动的一部分，事实上这是日渐消亡的封建主义的直接产物。

① Sansom, *Western World and Japan*, 330.

② Scalapino, *Democracy*, 36.

这是一个不那么吉祥的前兆。①

镇压完萨摩起义之后，明治政府终于坐稳了天下。通过9年时间的努力，该政府使得封建制度的各种机构纷纷解体，并以现代社会的大部分基本框架取而代之。这确实是一种自上而下的革命，与18世纪的法国大革命和20世纪俄国、中国的革命相比，其完成过程似乎并没有伴随过多的暴力。不管怎么说，对于一个直到1873年后才开始拥有自己的军队、不得不在与大封地的对立中谨慎前行的政府来说，这场革命是一个令人赞叹的功绩，正如桑瑟姆所评论的那样，该政府所做的是更迫切地维持自己的统治，而不是对自己的政治和社会状况进行解剖。

有几个方面的因素对明治维新的成功作出了贡献。新的统治者在实现自己的利益方面明智地利用了各种机会。就像我们已经看到的那样，新的统治者对大名做出了很大程度的物质上的让步，后来又甘冒激怒武士阶层的风险。至于说到削减武士的薪俸，很难想象新统治者在那个关头除了这样做以外还能找到什么别的办法来获得资源。他们尽力克制，不在条件不成熟的情况下卷入对外战争。从历史因果关系的更深层面来看，德川政权通过其政策已经削弱了武士的优势地位，为建立一个中央集权的国家铺平了道路，同时又注意不引发任何压倒性的革命潜能。因此，如同我们接下来的描述将会展示出的那样，明治政权是先前趋势的延续，确保了原有结构中的很大部分都保持不变。最后，正如众多日本历史学家所强调的那样，帝国制度为本质上

① 关于“自由”起源的背景的具体情况，参见Ike，*Beginnings of Political Democracy*，55－58，61，65；参见Scalapino，*Democracy*，44－49，57－58，关于自由党的相关起源，我将在总结部分讨论到。在Norman，*Japan's Emergence*，85－86，174－175，以及Sansom，*Western World and Japan*，333中也可以看到一些有用的事实。对于许多日本人来说，西方的自由主义等同于西方的武器，是西方魔力的一部分，日本也希望能通过这种魔力而变得强大，击退“野蛮人”。民主主要是一种可以用来实现我们现在所称的专制主义共识的技巧。这里出现了与关于反叛乱和共产主义等美国概念相类似的有趣的平行概念。

保守的各种力量提供了一个团结的支点，同时也提供了一个合法的连续性框架，在其间可以进行很多必要的调整。

在进入更进一步的分析之前，我们可能需要停下来，再考虑一下本章开头提出的观点：封建主义是构成日本面临与俄国和中国现代时期不同的命运的关键。到现在这个节点上，也许我们可以清晰地看到，内部社会结构的差异只是其中主要变量之一，尽管是一个极端重要的变量。还有其他一些变量，包括前现代制度瓦解并逐渐适应现代时期的时机，以及外部情况。

对于日本来说，西方文明的到来是一个相对突然的事件。日本的许多领导人马上感觉到了西方武装力量和技术的优越性。国家存亡的难题和保卫国家不受侵犯而采取必要措施的需要极为迅速地冲到了前台。至于中国，为简单起见，我们会把问题限制在这些初步的比较基础上。中国在最初的年代里似乎比西方要先进。在很长时间里，中国的统治者用礼貌的好奇和鄙夷态度来对待西方文明的使者。可能正是因为这一原因，随着时间的推移，西方人能够在中国领土上获得很大的立足点。慢慢地，帝国制度的缺陷才开始显现出来。在一些关键时点，西方选择帮助清朝政府一同对抗内部的敌人，在太平天国起义中就是这样，这一因素也进一步延缓了清朝统治者意识到谁才是真正威胁他们自身的危险力量的觉醒过程。当权势阶层充分认识到这些危险时，比如说到了义和团运动爆发的时候，中华帝国衰落的进程已经走得太远，无法阻止了。

中国的官僚统治阶层为了更有效地对付19世纪后期内外交困的难题，需要鼓励商业的发展，拓宽税收的基础。但是，这一政策削弱了士大夫的统治以及维持这一统治所依赖的稳固的农业秩序。因此，反过来，随着中央机构的瓦解，官员和显贵家族开始大肆侵占地方资源。20世纪早期，地方军阀取代了早期的帝国官僚统治。

可以想象，其中一个军阀可能制服其他军阀，重新统一中国，开启一个政治上的反动时期，当然，这一进程中可能会带来一定程度的工业现代化。蒋介石曾经一度接近胜利。如果真的是那样的话，历史学家可能会更多地强调中日之间的相似性而非差异性。那样的话，中国社会中就会形成一个重要的社会分支，将自己与其余社会阶层分离开来，接管政府，推行保守的现代化发展进程。

但是，这场政治扑克牌里真有这样一种可能性，如同那些输了钱的赌徒所说的那样吗？给出直截了当的答案是不可能的。但是，起到重要作用的因素似乎都并不有利于这种情形的产生。除了中国官僚制度和日本封建制度之间的差异之外，我们还是需要再次强调时机的因素。当蒋介石试图统一中国的时候，他不得不直面急速扩张的日本。而且两个国家的国内情况也存在着差异，汉族政府官员和武士这两类人在两个国家中分别代表了具有明显差异的历史经验沉淀，他们在性格和观念上都有差别。中国的士绅-士人-官员所持有的平和理念越来越无法直面现代世界。日本武士理念的命运则截然不同。当时的日本统治阶级正在寻找各种能够重新敛财的方法。只要他们能够摆脱那些不合时宜的封建荣辱观念，那么就可以通过一种对他们来说并不陌生的军事方式来更好地利用现代技术。就像萨摩起义所显示的那样，要想去除封建的浪漫主义并不是那么容易的。但是，这显然也还是能够做到的，而且日本确实也做到了。在另一方面，对于受过传统教育的中国士大夫来说，现代技术究竟能有什么实际用途呢？它并不能够教给他们一种与人和平相处的方法。现代技术最多不过能被当作一种新的贿赂方式，而贿赂已经腐蚀了整个制度，或者被中国的士大夫们当成一种用来消遣的玩物。从官员的角度看，现代技术对农民也并不是特别合适，因为技术会让农民变得懒惰、不听管教。

因此，日本的封建军事传统首先为反动的工业化提供了一个有利的基础，尽管从长期来看，这一传统可能会导致致命的后果。而在中国前现代的社会和文化中，日本的军国主义式爱国主义的成长基础非常微弱，甚至可能根本就不存在。与日本相比，蒋介石的反动民族主义似乎也非常微弱，并不明显。只有当中国开始按照共产主义的概念改造其制度的时候，整个中国社会才呈现出强烈的使命感。

更进一步，尽管德川政府是中央集权统治，日本的封建组织仍然保持其独立的形象，作为永续的存在。日本的封地都是一些独立的个体，如果它们从德川政权主体中分离出来，可以很好地继续生存下去。封地的领导人从德川统治下的和平时代所争取到的是能够不受拘束地享用贵族的特权。当整个制度突然面临威胁的时候，一些封建诸侯脱离德川政体并发动政变，显然不会是过于困难的事情。基于此，王政复古就带有取得了成功的法国投石党的一些特性。但是，一个更好的比照应该是将近55年前凡勃伦在《德意志帝国和工业革命》一书中所提及的普鲁士。尽管接下来我们会讨论到两者之间存在的非常重要的差异，但是两者之间确实存在一些基本的相似之处，主要表现为一部分有地贵族为了追赶其他国家的发展，不顾更落后的成员的意愿来大力推动工业化发展的能力，也表现为20世纪中期两个国家所推行的整体政策带来的极大的灾难。带有很强的官僚等级因素的封建传统在德国和日本都得以存续。这也使得德国和日本有别于英国、法国和美国，在后面这些国家里，封建主义制度要么被消除了，要么本身就不存在，而其现代化进程也普遍开始得比较早，并得到了民众的支持——从它们所发生的革命的本质来看、从所有必要的资质来看，都称得上是资产阶级革命。在这一方面，德国和日本也不同于俄国和中国，后者是农业官僚制度而不是封建政体。

因此，封建主义制度本身（当然不是作为空洞的一般类别的封建主义）并不是日本社会进入现代方式的关键所在。人们必须给封建主义制度加上时机这一独特的因素。其次，正是日本的封建主义制度带有很多官僚制度因素特性才使日本有可能突飞猛进。日本封建制度纽带更多地强调社会地位和军事忠诚度，而不是自由选择的契约关系，这一特殊性意味着西方式的自由制度背后的动力来源在日本是不存在的。同样，日本政体中包含的官僚因素产生的一个特殊结果使其所形成的资产阶级无力挑战旧秩序，是一个被驯服了的胆小怕事的群体。日本社会也未能形成严肃的思想上的挑战，其原因植根于日本历史的最深处，也是日本历史现象的一个组成部分。能够推动西方资产阶级革命的思想和社会方面的挑战力量，在日本极为微弱，甚至不存在。最后，也许是最重要的一点，在整个转变时期和进入工业化社会时期，日本统治阶级能够遏制和转移源于农民阶层的破坏性力量。在日本，不仅没有发生过资产阶级革命，而且也没有发生过农民革命。理解日本统治阶级究竟是如何以及为什么能够驯服农民阶层，是我们接下来的任务。

2. 农民革命的缺失

在日本从农业社会向工业社会转变的过程中，之所以未曾出现过农民革命，是因为3个相互关联的原因。首先，德川政府所推行的税收制度似乎有助于将日益增多的农产品盈余留给农民，这样农民们也愿意积极增加产量。这种做法有利于刺激生产，在德川后期农产品产量不断上升的迹象就已经开始出现，并且一直延续到明治政府时期。其次，与中国形成鲜明对比的是，在日本，农村社会内部的农民社区和封建领主以及后期继承这些封建领主的地主之间的关系极为紧密。同时，与中国(尽管有关中国这方面的资料比较粗略)之间形成的另一个对比是，日本的农民社区提供了一个强有力的社会控制制度，使有怨愤的人，不管是实际怨愤还是潜在怨愤，都能自愿地接受现状。这需要归因于该社会特定的劳动分工形式，以及财产制度、土地所有权和德川政权统治后期开始通行的财产继承方式。第三，事实证明这样一系列制度在旧秩序和新秩序的压迫性机制的帮助下，确实能够适应农业商品化的发展。转变进程中的关键是形成了一个主要是来自农民阶级的全新的地主阶级，这一阶层利用国家以及乡村社区的传统机制榨取农民的大米收成，并将之出售给市场。旧有的封建制向租赁制的转变则进一步给那些处于社会地位底层的农民带来了一些优势。总之，所有这一切都证明全盘接收过去的旧秩序是可行的，将农民经济融入工业社会也是可行的——只不过是其代价是法西斯主义的产生。

这种转变并不是一件很容易的事情。统治阶级是否能够成功地应对这种转变，在很多时候是不确定的。当时还是出现了不少来自农民的暴力反抗。当代西方历史学家出于多种多样的原因倾向于将农民不满情绪所带来的重要影响降到最低。因此，我们有必要在仔细分析农村地区的社会趋势和关系之前先回顾一下相关证据。这么做可以帮助我们不被所谓的“历史上发生的任何事情都是不可避免的”这一幻觉所迷惑。在我看来，资产阶级革命显然是不可能发生的。但是，似乎没有什么理由认为农民革命也是不可能发生的。

正如我们看到的那样，德川时代后期发生了大量的农民暴动事件。要判断造成许多起义的客观条件显然是不太可能的，更不用说判断其参与者的动机了，但是有相当多的证据表明商业影响力的入侵的确起了重要的作用。在很多暴动事件中，商人都是一个明显的被攻击对象。例如，在1783－1787年间，经历了一系列的农作物歉收之后，西部地区的农民挺身而出，反抗商人，原因在于商人在借给农民钱和物品时，作为交换条件剥夺了农民的土地，摇身一变成为地主。在这些暴动中，农民同时也反抗乡村官员，后者身为统治阶级的代表，负责收税和监督农民，很多时候他们为一己私利而任意增加赋税。①1823年，在德川直接管辖的区域，又一次发生了有100 000农民参加的暴动，起因是农民无法忍受那些与米商狼狈为奸的地方行政官员的腐败

① Borton, *Peasant Uprising*, 18－19.

行为。在类似的一次大规模暴动中，其导火线是地方官员为了提高大米价格，竟然祈祷收成不好，并试图激怒龙王。①到德川时代中期或者说是18世纪中期，我们已经能够了解到不少针对佃农制的争执了，这种形式的冲突在王政复古之后将变得更为重要。②

直接诉诸暴力并不是农民使用的唯一武器。有些日本农民，就像俄国的农民一样，在尚未听到过投票之前就“用脚来投票”了，尽管日本农民能够自由迁移的机会与俄国相比还是很有限的。在有些区域，情况发展成一个或更多的乡村中所有农民一齐离开自己的家乡，这是日本乡村团结程度的一个显著体现。他们跨过邻近封地的边境，请求那里的领主能够让他们待在他的封地里。根据博顿③的说法，当时大约有106个类似的逃亡行动，绝大多数发生在四国地区。④

博顿给出的证据清楚地表明商业关系对乡村里封建组织的渗透让统治阶级面临日益严重的问题。农民暴动主要表现为三种情况：反对封建领土、反对商人和反对新兴的地主土地所有制。就这些势力相互纠结在一起的程度而言，农民运动绝对是危险的。明治政府能够平息这一风暴的原因是，在帝国运动的主要基地，即长州大封地里，这种相互纠结相对来说还比较薄弱。

王政复古运动开始后不久，有一段时间，这种威胁开始持续上升。政府向农民允诺，会把属于国家的所有土地(除了属于寺庙之外的)根据他们的利益进行划分。但是，农民不久就发现这只不过是一张空头支票而已，他们要承担的税收负担并没有减轻。很显然，农民从新政权那里得不到任何好处。农民暴动到1873年达到顶点，正是在这一年，政府推行了新的土地税法，这一点在关于地主问题的章节中我

---

① Borton, *Peasant Uprising*, 27-28.
② Borton, *Peasant Uprising*, 31, 32.
③ Hugh Borton, 1903-1995, 美国历史学家，以日本史为主要研究领域。——译者
④ Borton, *Peasant Uprising*, 31.

们将进行更深入的探讨。①在明治政府的第一个10年间，大约发生了200多次农民起义，比德川统治的任何一个10年都多得多。“在现代时期，日本还从未如此接近社会革命，”史密斯(T. C. Smith)说，他可并不是一个喜欢夸大农民暴力的人。②

这10年间农民运动的主题是“对租赁、高利贷和重税的深仇大恨”，这是农民对资本主义关系在乡村不断渗透的通常反应。③在日本，这种保守的反应是非常突出的。不少武士快速利用了他们对农民心理的把握，甚至成为农民反抗政府起义的领头人。就像我们将要看到的那样，武士们之所以可以这么做，是因为他们自己就是王政复古运动的主要受害者。但是，值得注意的是，在武士掌握领导权的地区，武士们的领导反而阻止了当地的农民运动发展成为一支有效的革命力量。

1877年的减税标志着第一次也是最严峻的一次农民起义的终结。④1884-1885年间的第二次暴动更多是一个地区性事件，局限于以生丝生产和纺织业出名的东京北部的山地地区。那里的农民家庭，从订单加工的模式中获取大部分家庭收入。在代表日本早期“自由”主义运动的日本自由党被迫解体之后，一部分激进的本地自由党成员对他们的领导者的变节深感失望，同时又受到持续的经济困难的刺激，转而开始公开的暴动。⑤在秩父县爆发了严重暴乱，足以与一次微型内战相比，并且吸引到了广泛的公众关注，以至于政府不得不投入很大的力量，甚至动用了军队和武装警察来镇压。与之相关联的也是发生在同一时期的几场暴乱中的一场，提出了直截了当的革命口号

---

① Norman, *Japan's Emergence*, 71-72.

② *Political Change*, 30.

③ Cf Norman, *Japan's Emergence*, 75.

④ Norman, *Japan's Emergence*, 72, 75.

⑤ Ike, *Beginnings of Political Democracy*, 164，关于整体的暴乱的描述，参见chap XIV。

和含有具体目标的公开宣言，这些目标包括降低税收、修订征兵条例等等。但是，值得注意的是，即使是这个暴动团体也将自己称为一个爱国社团(爱国真理社)。当然，政府成功地镇压了每一处的暴乱。这些暴乱的发生和被镇压所带来的主要后果是激化了农村更富裕的部分即新兴地主与贫苦的农民之间的分裂。

此后不久，1889 年，政府颁布了新宪法，规定只有有钱人才能拥有投票权。因此，在日本总共 50 000 000 人口中，只有 460 000 人拥有选举权。①这样，直到第一次世界大战之后不断涌现的佃农纠纷之前，农村的激进主义没有再次成为严重的问题。

上述农民暴动表明日本在从前现代化的农业制度转向新制度进程中确实发生了一些抵抗运动，这些抵抗运动还远非个案。这些暴动折射出了农村在向资本主义和商品化农业运作转变进程中碰到的许多常见的困难。那么，这些暴动为什么并没有进一步加剧呢？要找到这个问题的答案，需要更深入地分析日本农村社会及其所经历的变革。

跟任何农业社会一样，日本农民制造出来的经济剩余支撑着日本整个上层阶级，而榨取这些剩余的方法则形成了几乎所有政治和社会问题的核心。日本老一辈著名的历史学家朝河贯一教授②观察到，德川时代的农村管理中遇到的第一个问题就是如何收税。“乡村的法律条文中很少直接或者间接地涉及税收问题；封建制度和国家福利的整个结构的每个方面都受到那些旨在解决这个根本问题的方案的深刻影响。”③日本乡村紧密交织在一起的特征给不同的历史学家和现代观察者留下了极深的印象，这一特征在很大程度上可以用封建税收制度本身来解释。同时，日本的封建结构也使得农民和他们的统治者之间的关联更加紧密。

① Ike, *Beginnings of Political Democracy*, 188.

② K. Asakawa, 1873－1948，日本历史学家，耶鲁大学教授。——译者

③ “Notes on Village Government, I”, 269.

日本主要的税收来源是土地税，这种税收并不是以农民个体作为征收对象的，而是基于官方决定的每一块土地的产量。从官方的角度来看，农民只不过是确保土地能够正常收成的工具而已。①一直到最近，研究日本的权威人士仍然认为，由于受到了在将军首府和其他地方开销的巨大压力，德川时代的封建领主总体上仍不得不利用乡村行政管理机制从农民那里榨取越来越多的经济剩余。②对几个非常分散的乡村所进行的详细的税收状况调查使得这一结论变得非常不可信。真正发生的情况是税收总量始终保持不变或者几乎不变，而农民的农业生产力却有了显著的提升，最终的结果是农民能够保留最大部分的农产品收成。③

这种税收制度在根本上惩罚了那些无法提高土地产量的农民，而让能够提高劳动生产率的农民获得更大的收益。尽管我们对于这一运作方式的具体细节并不是很清楚，但是我们很容易理解每年基于每块田地的产量来收税的制度确实存在着这样的效果。我们并不能确切地了解日本的乡村究竟是如何分配税收的，如何按照地主对每一块田地产量的估算，然后以一定的比例来征收整个村子的赋税的。但是，确实有不少强有力的证据表明这种税收制度促进了产量的提高。④而且，也没有证据表明日本会对财产和负担进行定期的重新分配，像我们在俄国乡村所看到的那样。因此，不带主观意见地看，由统治阶级和农民自身共同制定出来的德川税收和农业政策更像是“强者得利”。

更进一步，日本社会的这种特征给农民内部革命潜能的发展设置了一些障碍，其中有一些可能在德川税收制度的运作中能找到影子。

① Asakawa, “Notes on Village Government, I”, 277.
② Cf Norman, *Japan's Emergence*, 21.
③ Smith, “Land Tax”, 3 - 19, esp 5 - 6, 8, 10.
④ Smith, “Land Tax”, 4, 10 - 11.

早期的德川统治者将武士和土地分离，这就意味着农民对政府的财政义务是以缴纳政府的公共赋税的形式而不是缴纳给地主个人的欠债的形式来体现的。这并非陈词滥调，早期的个体徭役确实已经逐渐被纳入公共徭役。①很可能正是由于这种公共义务的出现才使得在明治维新时期，当农民需要将对封建领主的忠诚转移到对现代国家的忠诚时，他们能够比较顺利地完成。

除了使自身变成一个凌驾于农民之上的冷血“政府”这些官僚社会特性之外，德川政府还保留了更重要的封建和家长制特征，这就使那些占统治地位的武士们能够把自己的触角深扎于农民社会之中。

为了让自己推行的税收制度和对乡村生活施行的家长式监督更为有力，德川统治者重新恢复了“保”这个古代中国乡村的行政管理制度。在中国，把所有乡村家庭分成一个个小团体，每一个团体都需要为自己团体中的成员负责，这样一种机制似乎从未奏效过。在日本，大家都知道，自7世纪从中国引进了这一制度之后，其执行也总是拖拖拉拉，敷衍了事，直到德川早期，政府才又一次抓住这一做法，并在他们所统治的整个农村和城市人口中强制推行。朝河教授强调说，每一个村民不管其租赁情况或者社会地位如何，都被要求归入这些5人一组的集体，而且这一命令确实得到了有效的落实。一般情况下，这个5人小组由5个拥有土地的住在附近的家庭的父亲组成，当然也包括他们的家庭成员、家属和佃农。②从大约17世纪中期起，流行的做法是让这个5人小组共同宣誓，听从地主的命令，将这些命令视为必须执行的规定而不断地重复。③

除了这些5人小组，政府还会通过颁布公告或者在乡村里贴出告示牌的办法来劝告农民端正其日常行为。人们偶尔会在现代的著述中

---

① Asakawa, “Notes on Village Government, I”, 277.
② Asakawa, “Notes on Village Government, I”, 267.
③ Asakawa, “Notes on Village Government, I”, 268.

看到这样的陈述：日本农民对上司是极为顺从的，光靠这些公告本身就足以维持和平和秩序了。就像我试图要表明的，之所以能够保证这种井然有序还有其他一些更有力的原因，这种有序当然也绝对经历过严重的骚乱时期。但是，值得先看一下这些告示之一的正文，因为它有可能会修正我们所认为的日本人“天生的”守秩序的印象。下文是17世纪中期的一段告示，其中尽管提到了佛，但其基调仍然是儒家的：

> 孝顺父母。孝顺的第一原则是保证你自己的健康。如果你能够不喝酒不吵架，爱护自己的弟弟，顺从自己的兄长，父母就会特别满意。如果你们能够谨守以上的原则，就会受到善行和佛的保佑，你就可以走上正道，你的土地就能带给你好的收成……反之，如果你变得放纵懒惰，你就会穷困潦倒，最终不得不靠偷盗为生。那样的话，法律就会惩罚你们，用绳子把你捆起来，把你放在牢笼里，甚至会把你绞死。如果这样的事情发生的话，父母将会多么伤心！而且，由于你们的罪行，妻儿和兄弟们都会遭到惩罚。

这一劝诫之后是关于善行所能得到的物质回报的一些评论，在结尾处则给出了这样一个发人深省的警示：

> 事实上，如果能够按时缴税，农民就可以拥有最安全的生活。因此，请时刻牢记上述训戒……①

通过5人小组和其他一些机制，整个村庄都被调动起来了，积极

① Takizawa, *Penetration of Money Economy*, 118.

关心每个家庭的行为。婚姻、领养、接班和继承都被有效地控制起来了。每个人都被要求监督和纠正其他人的行为，尽可能地通过双方调解来解决相互之间的争端。政府绝对不允许农民拥有武器，不许佩带刀剑，不许学习儒家经典，也不许参与稀奇古怪的宗教活动。①

官方控制的另一个途径是通过乡村村长。在大多数乡村里，村长的职位可以在一个为首的家族里由父亲传给儿子或者由几个大户家族轮流担任。②由地主或者官员来任命村长也是非常普遍的。③只有在受到商业影响、传统结构开始瓦解的村庄里，才会出现由村民来选举村长的现象。④

地主会充分地利用自己掌握的权力来提高并支持村长的威望和势力，而德川时代的村长如同是小规模的寡头，统治着整个乡村。本质上，村长要维持自己的权力还需要谨慎地操控村庄里的主流意见。村长为了不让自己孤立于主流意见，在危机发生的时候会站在整个乡村一边来对抗地主，即使这么做的后果几乎是必死无疑。当然，类似情形还是比较罕见的。通常，村长会致力于调和地主利益和村民们利益之间的矛盾，试图达成某种共识，或者创造有利于公共福利的结果。⑤

日本乡村展示出的对于从众性的强烈要求让人联想起俄国的大公性。个人事务被赋予公共特性以防止他们带来偏离正道的观点或者行为。由于任何私下进行的秘密事情都很自然地令人怀疑，所以与邻村人在私下进行商业往来的事就可能被迫通过村长来进行。流言、排斥以及其他更严重的惩罚，例如众人在一个人家门口聚集、一齐击打锅

---

① Asakawa, "Notes on Village Government, I", 275.
② Smith, *Agrarian Origins*, 58.
③ Asakawa, "Notes on Village Government, I", 277.
④ Smith, *Agrarian Origins*, 58.
⑤ Smith, *Agrarian Origins*, 59-60.

盘，这个人甚至还可能被驱逐(这就意味着切断了与人类社会之间的一切联系，这样不久之后，这个人要么饿死要么被迫以身试法)，所有这些惩处措施都有助于提升从众性，而且这样所形成的从众性比现代西方知识分子所悲叹的任何一种从众性都要严重。村长只有在通过认真咨询其他头面人物的意见并掌握了社区意见之后，才会对任何一个重要议题发表自己的观点。村民们会竭尽全力避免任何观点上的公开冲突。史密斯提到过在第二次世界大战之后发生的一件事，在一个村庄里，村委会成员在召开村民大会之前的一天私下开会，就为了能够达成全体一致的意见。类似的，德川时期的村长在遇到土地边界争执时会把所有相关方都拉到一起，达成妥协。只有妥协达成了，他才最终发布一个“命令”。①

税收制度加上支持税收制度的政治和社会控制手段，是日本乡村团结一致的主要外部根源。还有一些同样重要的内部根源，主要是经济合作制度以及与这一制度紧密关联的有关亲属义务和财产继承规则的结构。

尽管并没有任何迹象表明当时的日本存在任何一种集体耕种的制度，但是土地是属于整个乡村的，而乡村把耕种的排他权利留给自己的成员。②公地为农民家庭提供了燃料、饲料、粪肥和建筑材料。日本的公地与欧洲的公地不同，它们并不主要是为贫苦农民保留的，而是处在富裕家庭的有效操控之下。③同样，为稻米种植分配水资源对于整个乡村来说也是一件极为关键的大事。尽管灌溉问题确实是至关紧要的，但是单靠灌溉问题本身不足以形成日本乡村引人注目的团结程度。我们已经看到中国乡村的灌溉并没有带来任何引人注目的团结。即使是在德川时代，日本的稻米种植文化仍然需要为春季种植储

---

① Smith, *Agrarian Origins*, 60－64.

② Smith, *Agrarian Origins*, 36.

③ Smith, *Agrarian Origins*, 24, 42, 182－183.

备大量有序地组织起来的劳动力。稻米不是直接种植在田地里的，而是先在特殊的田床地里种植，稍后再把秧苗插入大田中去。这一任务必须在很短的时间内完成，以免对秧苗造成损害。这时就需要大量的水资源来灌溉田地，以保持田泥厚度的稳定，使之有利于秧苗生长。由于同一时段人们不太可能有充足的时间来浇灌太多的田地，因此有必要依照先后顺序浇灌和种植，使得每块田地的插秧时间缩短到几个小时。为了在这么有限的时间内完成插秧，就需要更多的劳动力，显然比单个家庭所能够召集到的要多得多。①

需要足够的劳动力这一问题在稻米种植中是最严峻的，当然也不仅仅局限于这一种谷物，日本农民解决这一难题的方法就是通过亲戚和继承制度，必要的时候也需要求助于更远房的亲戚甚至是冒充的亲戚。在17世纪的大多数乡村里，会有一两户甚至更多家庭，其所拥有的土地规模通常要比其他家庭的更大一些。用来获取耕种这些土地的部分劳动力的手段就是让家族中的年轻一代结婚后仍然留在家中以及接纳旁系的后代成员来扩展整个家族，这样就能使得整个家族所拥有的土地不再局限于小份的土地。在家族不足以提供足够劳动力(时常会这样)的地方，大份土地的所有者通常会采用两种手段：把包含了独立居住地的小块土地分给被称为义子(nago)的小块土地所有者——不同地方会有不同称呼——以换取其劳动服务；另外一种手段是利用世袭仆人(genin，也叫fudai)，这些世袭仆人和他们的孩子世世代代都隶属于一个家族。②

小块土地所有者和世袭仆人这两种方法在很大程度上都被融合到由大的家族分支的耕作模式中去。他们之间的经济关系本质上是相似的，只是程度上会有所差异。我们得以获取这方面信息的主要研究权

① 这段总结几乎是全文照抄 Smith，*Agrarian Origins*，50－51。许多纯技术性问题在今天的日本仍然是一样的。参见 Beardsley et al，*Village Japan*，chap 7。

② Smith，*Agrarian Origins*，8－11.

威史密斯警告过我们，千万不要把小份土地所有者看成是一个不同的阶级，他们的不同只是在形式上和法律上而已，在经济和社会方面，他们的地位接近于家族分支成员。①

因此，前现代的日本乡村并不是一个完全自治的农耕单位的聚合而已，相反，它是一个或大或小的土地所有者之间相互依赖的聚合。大份土地所有者提供工具、牲畜、种子、饲料和肥料等作为投入资本，小份土地所有者有权利不时地借用这些资本。相应地，小份土地所有者提供劳动力作为回报。②考虑到所有权的问题，资本和劳动力的分离以及两者在生产过程中的再次结合，显示出与资本主义工业世界的一些相似之处。一项针对 17 世纪日本各个区域登记在案的 100 个左右乡村所进行的研究显示，在大多数的乡村里，40%－80% 的可耕地所有者并不拥有宅基地。③在另一方面，大份土地所有者与劳动力提供者之间的家长式和半亲戚关系也有助于避免乡村里阶级冲突的发生。当然，很难断定说大份土地所有者拥有的是一种类似于垄断的权力，但是这种制度毫无疑问存在着剥削性的一面，多数小份土地所有者因分配给他们的田地过于贫瘠而无法耕种水稻。④在困难时期，大份土地所有者不得不向不那么走运的从属者施以援手。另外，提供劳动力的人们对大户也拥有一个极为重要的制约手段，那就是，在稻米收割的紧要时节拒绝帮忙，尽管这种拒绝需要最有力的理由才能为乡村的公众舆论所接受。⑤

简短地评述一下财产和继承问题可以帮助我们完成对前现代时期的乡村所进行的概述。就像我们已经看到的那样，小份土地所有者中

① Smith, *Agrarian Origins*, 46, 49.
② Smith, *Agrarian Origins*, 50.
③ Smith, *Agrarian Origins*, 42.
④ Smith, *Agrarian Origins*, 25－26.
⑤ Smith, *Agrarian Origins*, 51.

很多人是没有宅基地的，他们耕种着小块的土地，如果不靠出卖劳动力换取其他资源就无法养家糊口。①至于说大份土地所有者，我们知道，尽管他们的地产可以分给所有的继承人，但是户主的位置是不可能人人继承的。继承制度是不平等的，如果在分配时对旁系家族过于慷慨大方的话，那么公众舆论就会群起而攻之。进行这种不平等划分背后的理由是希望借此让主导家族摆脱支持“多余”家族成员的义务。主导家族通过保留大多数土地，把“多余”成员安置到小份土地上去，就可以确保自己拥有不错的大份土地，还能拥有足够的劳动力。②

这么看来，德川后期农民社会的政治意义似乎相当清晰了。显然，人们不能把日本社会在动荡时期并没有发生大规模农民革命的原因归结为土地所有权大致平等的结果。没有发生革命的原因更多地应该归结为日本社会将没有财产的人和拥有财产的人联结在一起的一系列纽带，这些纽带有助于维持社会的稳定。有充分的迹象表明，在前现代时期的日本乡村社区，有一个极为强大的机制能够容纳并控制那些拥有实际不满和潜在不满情绪的个体。而且，地主和农民之间正式和非正式的控制渠道似乎也颇为有效。地主可以公开表达自己的意愿，而农民也可以公开表明他们在多大程度上愿意遵循哪些明确认定的程序。人们会由此得到这样一个强烈的印象：在德川社会运作良好的时候，存在着由有影响力的领导人及其随从所构成的一连串自上而下、不断延伸的链条，通过家长式和个人化的纽带将上上下下联结起来，使在上位的人知道他们可以给下面的人施加多大的压力。也许这种安排确实存在着一些封建的特征，但是这同样也是所有稳定社会的特征。

前现代时期日本乡村社会结构的核心是通过更加个人化的亲属机

① Smith, *Agrarian Origins*, 48.
② Smith, *Agrarian Origins*, 37–40, 42–45.

制而不是通过市场这种非个人的机制来实现劳动力与资本之间的相互交换的。市场机制的到来彻底改变了这些制度，当然这些制度仍然在现代的日本农民社会中留下了深刻的印迹。因此，我们接下来的任务就是要追溯市场机制的影响，或者更宽泛一点，就是要了解早在德川时期就已经感知到了的农业商品化的兴起，特别是这种转变所带来的政治上的影响。

德川时代后半期，日本的农业技术已经取得了非常重大的进步。1700年后，在农业方面已经出现了真正的科学论著，与英国的发展同步，这种平行发展令人惊叹不已。通常，这些科学论著会对与自然和谐相处的儒家教义进行一些礼节性的赞美，然后马上就开始谈论如何改善自然条件之类非常实际的事务。有明显的证据表明，这些科学论著所提到的知识会逐渐地渗透到农民中去。当然，这些著述所诉求的主要动机是，家庭的而非个人的自我利益。这些著述也并没有诉诸任何有关社会或者国家福利的概念。①

过于详细地复述技术上所取得的进步可能会让我们过远地偏离政治变革这个主题。其实，只要简单地提及下述方面的技术进步就足够了：灌溉的进步增加了稻田的使用率，并提升了稻米的产量；商业化生产的化肥取代了从山边采来、踩烂以后放入田地的野草；新发明的脱粒设备，据说比旧的脱粒方法要快10倍左右。②就我们的目的来说，最重要的是这些变化与在过去100年间席卷美国农业的令人惊叹的机械革命之间形成了极为鲜明的对照，因为它们提升了而不是降低了日本农业对劳动力的总需求量。尽管诸如商业性化肥和脱粒设备改进之类的技术进步减轻了农忙时节播种和收割的工作负担，但是由于日本推行与美国不同的双季作物，因此，总体的劳作负担并没有减

① Smith, *Agrarian Origins*, 87－88, 92.
② Smith, *Agrarian Origins*, 97－102.

轻。新作物的农忙时节总是尽量被安排在旧作物的农闲时节。因此，常规的做法是将更多的工作均衡地分配到一整年当中去。①

通过市场来交换物品的行为越来越渗透到乡村地区，部分原因是农业产量的提高。同样渗透到乡村的，还有货币的使用，尽管人们很久以来就知道钱的存在，15 世纪朝鲜的一个大使就曾经说过，日本的乞丐和妓女除了钱之外什么都不接受。到德川后期，即使是在偏远落后地区，也可以看到每 10 天开放一次的成熟的市场。②尽管有证据表明农民高度的自给自足一直延续到明治时期，但是日本显然与中国不同，它早在 18 世纪就开始依靠自己的力量迈向一个现代化的国家。③两个国家之间所存在的这一差异，其中很大一部分原因可能是因为和平的德川时代完全不同于当时已经式微的满清统治下的中国的失序状态。

同时，经济的进步带来了广泛的影响，改变了日本由大块土地来整合很多卫星式的小份土地的传统制度，取而代之以家庭农场和地主佃农合作体。发生这种改变的最根本原因是乡村劳动力的日渐短缺。乡村贸易和工业的发展意味着大份土地所有者不得不把更多的土地分发给小份土地所有者，从而才能确保后者不受城市的诱惑。小份土地所有者也能够找到越来越多的机会通过手工业来赚钱。拿工资的劳动力取代了旧有的劳动力形式。依附性的小份土地所有者不管是作为一种法律上的群体类别，还是在经济和社会的现实中都逐渐从农村消失了。到 19 世纪晚期，这个阶层只留下了一点点遗迹。更为常见的发展趋势是，曾经是依附性的小份土地所有者的社会地位得到了提升，成了独立的家庭，这些家庭中有少数成了地主，而绝大部分则成了佃农农场主。④

---

① Smith, *Agrarian Origins*, 101－102, 142－143.
② Smith, *Agrarian Origins*, 72－73.
③ Smith, *Agrarian Origins*, 72.
④ Smith, *Agrarian Origins*, 33, 34, 83, 133, 134, 137.

就大份土地所有者所需要的劳动力的另一主要来源，即世袭仆人而言，一个并行的过程也产生了类似的结果。在这方面，市场的影响也使这些乡村劳动力脱离了传统的家族式关系，尽管其所获得的独立性可能是很小的。工资“契约”通常掺杂进了债务，因而地主仍然可以延长这些过去的仆人屈从于自己的时间。不过，供不应求所造成的根本优势是在劳动力的提供者一方的。到德川后期，拿工资的劳动力已经变得非常普遍了。稀缺性抬高了劳动力的工资，使他们脱离了传统的束缚。因此，过去的小份土地所有者和世袭仆人，两者经济地位的缓慢提升确实有助于加速佃农式农场经营方式的兴起。①

到19世纪中期，向佃农式耕种的转变已经发展成了一个强大的趋势。②早在半个世纪之前，大份土地所有者已经意识到，劳动力成本变着花样升高使他们无法成功地经营好大量的土地。不仅是劳动力成本在下一个世纪继续升高，而且到了19世纪中期，许多拿工资的劳动力发现光靠自己的收入就足够养家糊口了，因此他们不愿意主动认真地为土地所有者工作，经常在后者最需要他们的时候连招呼也不打一声就溜之大吉了。这种情况对于那些规模适合一个家庭耕种的土地倒是非常有利，这些家庭通常依靠过去曾是小份土地所有者的佃农来做雇工。③随着大单位的土地逐渐分割成可以由佃农耕种的容易管理的小单位土地，大份土地所有者就可以维持从土地上所获得的收益，甚至在某些情况下还能够提高自己的收益。而现在，佃农需要承担价格不断上涨的化肥和其他种植费用的压力。这些佃农通常借助两种方法来解决这些难题：一个是降低自己的日常生活水准，另一个是随着贸易和工业的不断发展通过从事手工业行当来增加收入。④

---

① Smith, *Agrarian Origins*, 108－118, 120, 123.
② Smith, *Agrarian Origins*, 5, 132.
③ Smith, *Agrarian Origins*, 127, 131－132, 124.
④ Smith, *Agrarian Origins*, 127－131.

因此，最终的结果，大份土地所有者不是消失了，而是改变了剥削方式，从一个基于家族及其附属人员的制度转为一个基于土地租赁的制度。耕种的单位变得更小了；而如果拥有财产，那么财产的单位则变得更大了。史密斯指出，这些大份土地所有者并没有将手中的大量土地清算出去，反而因为找到了靠佃农来耕种这个方法而解决了自己所面临的问题，并进一步增加了其土地所有量。①随着商业化农耕方式的出现，从农民阶层（似乎多过官僚阶层）中崛起了一个地主阶级，因此，家长式的关系被地主和佃农之间这种极容易造成冲突的关系所替代。正如我们已经了解到的那样，这种关系所带来的新问题将在很长一段时间里困扰着日本。

正如我们基于其他国家的经验所预料到的那样，新的商业关系引发了土地越来越集中到少数人手中的倾向，也使得农民社区中旧的家族式关系开始崩溃。②但是，日本的情况中更重要的一点在于，这些倾向并没有走多远。在佃农制农场经营方式这种能够解决农业商品化问题的形式兴起之后将近一个世纪，财产关系并没有发生什么改变。尽管出现了一些早期迹象预示农民所有权被剥夺，但是实际上这种剥夺并没有发生。农民也没有发动起义去剥夺日本社会统治阶级的财产。到 19 世纪中期，商业关系对农业的入侵仍然给旧秩序造成了一个危险的状态，并且为明治统治留下了很多严重的问题。

在明治统治早期，日本迈向工业化社会最初所采取的措施对大家来说都不会感到陌生，那就是，从底层民众那里榨取更多的资源。就像在苏维埃俄国一样，在日本也主要是农民提供了马克思主义所谓的原始资本积累，资本积累到一定程度使日本从农业社会一跃成为工业化社会。但是，在很大程度上，由于明治政权推进工业化的支持力量

① Smith, *Agrarian Origins*, 126, 131, 141.

② Smith, *Agrarian Origins*, 145 - 146, 149, 157 - 163.

是不同的，日本的经历与苏联的经历也几乎完全相反。

新政府需要稳定而可靠的收入来源。1873 年实施的土地税法就是他们所采用的一个手段，也许这也是在当时的情形下能够采用的唯一一个在经济上和政治上都可行的手段。农民为政府提供绝大部分的收入。①由于政府推行了工业化初期发展进程中所需要的绝大部分措施——在几年之内把农民转化成了私人土地所有者——日本的农民确实为早期阶段的工业化发展作出了贡献。另一方面，根据现代权威人士的判断，明治政府的土地税与德川政府所征收的土地税相比并没有太大的提高。新政府只是将税收重新导引到新的渠道中来，因此在实现现代化的同时，乡村的生活水准并没有因此而降低。②能够这么做的原因在于农业劳动生产率的持续上升，这和德川时期所发生的情况一样。③在本书中所讨论到的日本历史的大部分时期，劳动生产率的增长一直没有中止过。据估计，从 1880 年到 1940 年，日本农作物的收成翻了一番。④需要提醒的是人们不该据此就马上得出一个乐观的结论，认为这些事实表明可能确实存在着一条不通过革命就进入工业社会的道路。当日本军队长驱直入进入中国时，当日本的炮弹落到美国的军舰上时，日本开始为未能完成农业结构的现代化而付出了沉重的代价，其他那些和日本情况类似的国家也面临着同样的境遇。

在农民方面，经济生活所造成的直接影响加剧了德川时代就已经显现的某些趋势。农民不得不筹措现金来支付土地税，因此不得不越来越依赖多变的市场情况以及乡村里的高利贷者，后者通常是乡村里主要的土地所有者。有很多农民负债累累，并失去了自己的农场。有

① 根据 Smith，*Political Change*，25，在 1868 - 1880 年间，政府日常收入的 78% 左右是来自土地税的。同时参见该书的 73 - 82 页。

② Smith，*Agrarian Origins*，211.

③ 具体数据参见 Morris，“Problem of the Peasant Agriculturist”，361 - 362。

④ Dore，*Land Reform*，19.

多少这样的农民是专业人士争论不休的一个问题。虽然新政权给农民赋予了财产权，但是在实际操作中，这些底层的小农经常会变得一无所有，因为除了回忆和口头的传统，他再也没有什么可以依靠的了，而“法律”——总是由村长和官员来加以诠释——则通常站在大份土地所有者一边。①所有这些因素都巩固了地主的地位，而佃农或小份土地所有者则需要为此付出代价。这些因素使得依靠强者和清醒者这一传统模式得以延续，而这一模式也许是农民反抗种种剥削的起义屡屡失败的一个原因。②

明治政府的法律和经济因素的作用并没有造成对农民的整体性剥夺，当然确实有一些朝这个方向发展的倾向。如果要说有什么后果的话，那么其后果倒是反向的，那就是，地主的力量得以强化和合法化，而农民(不管是佃农还是小业主)对土地的占有也得以合法化。在日本并没有出现农民大量逃往城市的现象，也没有显著的可耕地合并或者外延现象。③

明治政府所推行的政策是保守的，因为它并没有考虑过把权力让给任何其他阶层。现代权威人士观察到，明治政府推行的政策同时也算得上是革命的，因为它粉碎了封建的特质，并且寻求将农民纳入一个保守的政体中去。在朝这个方向发展的过程中，一个极为重要的步

---

① 日本本土手工业的衰败是否让农民受苦这个结论显然是值得大家质疑的。目前一些西方学者的观点是，尽管可能会有严重的错位，但是新进口的农产品尤其是茶、丝绸和大米足以弥补这些损失。可以比较阅读 Smith，*Political Change*，26－31 和 Morris，“Problem of the Peasant Agriculturist”，366。

② 参见 Norman，*Japan's Emergence*，138－144 和 Morris，“Problem of the Peasant Agriculturist”，357－370 对 Norman 的批评。尽管 Norman 关于农民的困苦是因为他们开始不断地接触到市场机制的结果的描述可能有些过头，但我也怀疑 Morris 给出的显示农民们的困苦很少或者根本没有任何困苦的统计数字。他的计算建立在有问题的假定的基础上：1）不断提高的劳动生产率继续跟早期一样被分配(第 362 页)以及 2）货币经济到这个时候在乡村已经完全生效——这样的假定与当时的观察者的意见是相矛盾的(第 360，364 页)。就像下文所指出的那样，Norman 最终意识到并不存在广泛的对农民的剥削。

③ Norman，*Japan's Emergence*，149，153.

骤是军事征兵法的推行(1872－1873)。①另一步骤是，在1890年颁布了一条帝国法律，建立起了一个全民义务制教育制度。到1894年，有61.7%的日本适龄儿童进入小学学习；在进入20世纪之后不久，所有的适龄儿童都进入小学学习。日本的孩子除了接受阅读和写作等基础技能的训练以外，还被灌输了大量的爱国主义理念。②因此，革命的特性确实是政府政策的一部分，该政策基于创建一个强大的民族国家的目的而引进了西方文明的许多特质，这些特质对有文化的日本人来说似乎是很有必要的。事实上，日本政府的革命特性和保守特性之间的矛盾和对立表现得比实际情况更为明显。很自然地，在日本的领导人内部曾经有过很多针锋相对的辩论，这些辩论主要针对的是为达到这一目的究竟应该采取哪些必要措施。一部分少数派甚至纯粹是因为那些特质都来自西方而被吸引。但是，如果过多地纠缠于这些争论和分歧，那也是一种误导。如果日本真的希望自己发展成为一个独立的现代国家，那么它就需要自己的民众掌握至少能够帮助其操控现代化机器设备的读写能力，并拥有一个对外保家卫国、对内维持秩序的军队。这样看，这种政策显然算不上是革命的。

总而言之，明治政府所推行的政策等于把农民作为资本主义积累的一个来源。相应地，这样的政策需要确保农民经济向商业化影响敞开大门，并努力将农民纳入一个向心的政体中，以此来减轻一些因对外开放而给农民造成的负担。自上而下地消灭封建主义制度，与其说是一个正当的目的或者政策，还不如说是实现其他目的的一个手段。

回顾整个过程，我们可以更清楚、更具体地觉察到日本为什么没

---

① 关于整个这个问题，参见Norman，*Soldier and Peasant*。这是一本最具启发性的专著，尽管正如Sansom在导言(第xi页)中指出的那样，把德川晚期和明治早期的农民起义称为受制于征兵政策的推出的"不断增长的反封建民主革命"，要认为这些起义具有明确的政治目标，其实是找不到足够的证据来支撑的。

② Scalapino，*Democracy*，295－298.

有发生革命动乱的一些根源。农业劳动生产率的持续提高，使得整个社会的转型变得没有那么难以承受，这一点是至关重要的。当然，就其本身而言，我们也需要对劳动生产率的提升进行解释，不过，这一解释最好留到下一个章节中进行。尽管如此，劳动生产率的提高所带来的一个结果是日本的城镇并没有出现大的饥馑现象，也没有能够激发城市平民加入农民激进主义的行动——如同法国大革命高峰时期那样。在日本城镇里也没有出现任何资产阶级的反封建动力(要是有了这样的动力，更加温和的农民就会加进来一起推翻旧秩序)。市场的出现实际上反倒使得农民中的贫穷阶层能够拥有土地财产，尽管他们通常是以佃农的身份获得这种权利的。不管怎么说，拥有一块比过去大得多的土地可能起了一个稳定器的作用。

在不断崛起的资本主义中，新兴地主阶层自身的利害关系是相当明显的，这一点我们不久就会讨论到。在很大程度上，这个群体来自富裕的农民阶层，他们在德川时代快要终止的时候就变得日益显要，而在某些历史学家看来，他们对王政复古运动也作出了重要的贡献。农民精英群体通过成为地主而从王政复古运动中抽身而出，确保了自己在政治上的安全。另外，他们中有很大一部分人也获得了商业利益，因此并不反对旧秩序中的重要变革。但是，一般来说，这些富裕的农民业主并不希望破坏日本乡村的寡头统治制度，因为他们恰恰是这个制度的主要受益者。一旦贫苦的农民和佃农在明治时代开始提出激进的要求，这些富裕的农民就转而反对他们。①因此，在这样一个历史关头，日本的乡村社会本身就存在着重要的护卫力量，这些力量防止了任何严重的反资本主义运动的爆发，并且防止了任何针对新社会趋势的对抗行动。

---

① 关于维新运动前后的富裕农民的角色的深入分析参见 Smith，“Landlords and Rural Capitalists”。

如果说在这一阶段已经有了对付反资本主义的“过火行为”的制约力量，那么也相应地存在着某些重要的对付反封建过火行为的护卫力量。封建影响通过互相制约的5人制度和乡村头领向日本乡村渗透，并起着非常关键的作用。这些对付反封建影响的遏制措施可能会引发极不满情绪的危险积聚，这在一些区域已经很明显了，在这些区域，封建影响与新兴商业影响相结合，带给农民的是来自两个世界的最糟糕的东西，而这种压迫性的结合在帝国运动的主要基地（长州）则并不存在。

仍然保持了相当活力的封建制度和逐渐削弱这一制度的商业影响力之间的冲突给明治政府带来了灵活操控的空间。如果武士们时不时地参与领导农民起义，那么他们显然确实会对政府造成威胁。但是，总的来说，明治政府通过利用从农民那里征来的军队，仍然能够把反封建的情绪转化成对自己有利的力量，就像萨摩起义这一新政府所遇到的最大威胁最终被镇压下去了所显示的那样。尽管有时情势非常危急，但是政府却通过有效利用其敌人和联盟之间的分歧而得以生存下来，并且有所成就。

说日本的农民已经深刻地意识到了外国势力的威胁是值得怀疑的，但是在某些事件的发展过程中，外国势力的威胁确实发挥了重要的影响，并且造成了保守的结果。日本社会的革命力量还不够强大，因而无法完全依靠其自身来扫清现代化道路上的障碍。但是，当日本领导人试图扫清上述障碍，建立一个强大的国家来保有自己权力的时候，日本社会的革命力量提供了一个支持这些行动的基础，尽管力量有限。

3. 明治协议：新兴地主和资本主义

明治时代（1868－1912）是这样一个时代，其统治阶级内部的封建特征和资本主义特征在创建一个强有力的现代化国家的进程中相互扶持。德川时代商业地主就已经开始取代封建领主，我们需要聚焦于这一事实的政治意义。我们必须把这种改变放到统治者顺应现代世界，新社会组成部分取代了旧统治集体的背景上来认知。在这一点上，有必要对更高一层的贵族或大名和普通武士之间的性质加以严格的区分。

所有的权威人士都认同，明治政府同大名在1876年签订的《利益协议》实在是过于慷慨了。就像我们已经看到的那样，这一措施既确保了新政府能够得到大名们的忠诚，同时也剥夺了后者基本的经济基础。同时，它也使其中一些大领主发展成占统治地位的金融寡头。通过这种方式所获得的资本在推进资本主义工业发展的进程中起了重要的作用。①到1880年，国库中多于44%的股份属于这些新群体，他们中的大多数人都是过去的大名和帝国宫廷的成员(kuge)。②那些最终成功转向商业、工业和银行业的人数量并不多，但是非常重要。在德川时代，他们被迫与后者合作，并通过他们来获利，而现在他们能够把过去的商人阶级撇在一旁了。③

还有另外一些人则转向了农业经营。他们手中握有大量资本化的补助金，从而能够以极低的价格在北海道购买大量的政府土地，成为规模庞大的地主。④但是，这不过是一小部分人而已。德川和明治时代对利益的协议分配趋势所造成的结果是，把日本推进了一个并没有大量土地贵族的现代世界。从严格的意义来讲，在大约1880年后，日本就不存在大容克贵族阶级(尽管存在着很多小容克式贵族)，也没有

① Norman, *Japan's Emergency*, 96; Reischauer, *Japan*, 68.
② Norman, *Japan's Emergency*, 100.
③ Scalapino, *Democracy*, 93.
④ Norman, *Japan's Emergency*, 99.

类似伯克女侠①那样的大橡树，掩映着宽广的稻田。日本的土地贵族，尽管数量不多，但是，通过大笔一挥，他们几乎都飞速地跃进了一个全新的世纪，成为英国煤矿和啤酒大亨们的兄弟。19 世纪围绕着天皇的小圈子是由过去的领主通过转换封建特权、变形而成的资本家，以及一些旧商人家族加上一些出身行伍的特权人物所组成的。同时，在乡村也兴起了一个新的上层土地阶级，人数众多，关于他们，我们等一会儿再加以分析。耐人寻味的是，这些人称自己是新日本社会的“中产阶级”。②

到 1872 年，属于旧上层阶级的大名只是一个很小的团体了，总共只剩下 268 个。但是，武士的数量仍然很庞大，有差不多 2 000 000 人，或者说占了 1870 年日本总人口的 5 到 6 个百分点。③他们就没有那么幸运了，而且，对于很大一部分武士来说，他们遭遇到的命运无疑是灾难性的。明治政权剥夺了武士的社会、经济和政治特权。我们发现 1880 年的武士阶层所拥有的股票只占国家银行的 1/3 不到，④因此，断言他们向政府申诉的权益只被象征性地兑现，可能过于笼统了。⑤他们在 1876 年获得的债券收入加起来估计是他们在德川末期得到的稻米薪俸的 1/3 左右。⑥

正如处于最高层圈子的人可能不会认真对待赫伯特 · 斯宾塞的观点一样，政府同样不能袖手旁观，让武士自寻出路或者干脆饿死。最起码，他们是不能公开推行这些政策的。他们也同样不能给予武士无休止的救济。史密斯认为，工业化计划背后的动力中有很大一部分来

---

① 1852－1903，美国西部边疆的神射手。——译者

② Smith，“Landlord's Sons in the Business Elite”，98.

③ Norman，*Japan's Emergency*，81 提到的日本资料。*Taeuber*，*Population of Japan*，28 报告说，“1886 年的注册汇编表明日本总人口中的 5% 是贵族、武士或者这些团体的家族成员”，但并没有给出具体的数字。

④ Norman，*Japan's Emergency*，100.

⑤ Cf Smith，*Political Change*，31.

⑥ Smith，*Political Change*，32.

自为武士做事的必要性。①政府也采取了一系列更具体的措施，例如鼓励武士重新进行农业经营，给他们提供贷款做生意。根据一个对这些政策进行过详尽分析的学者的说法，这些措施无法提供一个切实可行的解决方案。②

尽管我们掌握的证据并不能如大家所愿的那样充分，但是武士群体的大多数似乎并不能在商业世界里找到一个令人满意的避风港。确切地说，只有一小部分武士在商业和政治领域变得富有而强大。更多的武士则各尽其能，努力寻找社会结构中能够找得到的任何空位，变成了警察、军官、教师、律师、公共人物甚至是人力车夫和惯偷等。③关于武士命运的一个线索来自同时代的政治理论家植木枝盛④的著作：他反对用财产作为条件获得投票权或者官位，因为这样的要求必然排除了大多数的武士，而在他看来，武士阶层恰恰是最适合政治生活的一个群体。⑤

武士在土地运作方面并不比在商业方面好多少。他们中的大多数人拿了政府的债券，试图通过做农民来维持自己的生计，但是他们发现自己无法与农民相比。⑥尽管在19世纪，刚刚从西部归来的充满激情的前武士推行了许多大规模的农场经营试验，但是绝大多数试验都以失败告终。⑦1887年的土地税(图表1)数据可以进一步展示出他们的命运，这张图表同时也展示出在王政复古过去了将近20个年头的时候，前武士(士族)和普通人(平民)的总数量。很显然，声称过去是武

---

① Smith, *Political Change*, 33－34.

② Harootunian, "Economic Rehabilitation of the Samurai", 435, 443－444.

③ Norman, *Japan's Emergency*, 75 (note 70); Scalapino, *Democracy*, 95 (note 3).

④ Ueki Emori, 1857－1892，日本革命人士，自由民权论者。——译者

⑤ Ike, *Beginnings of Political Democracy*, 131, 134.

⑥ Smith, *Political Change*, 32.

⑦ Dore, *Land Reform*, 18. 同时参见Harootunian, "Economic Rehabilitation of the Samurai", 435－439。

士的人的数量并没有显著下降，跟在早期一样，有差不多 2 000 000 人。

图表 1　1887 年日本土地税缴付情况

	人数	缴付的土地税(10 日元)	缴付比例
前武士	1 954 669	35 926	0.018
普通人	37 105 091	846 370	0.023

资料来源：La Mazelière，*Japon*，V，135－136。关于数字本身，支付 10 日元土地税的前武士的比例较低当然可能是由于有许多武士支付了不止 10 日元。基于我们掌握的其他信息来看，这是不可能的。

武士群体中的大多数在农业和商业上都失败了，但这并不代表全部的情况。在德川时代，大名并不是土地的唯一所有者。高阶层的武士同样拥有封地。①我并不能确定拥有封地的武士究竟有多少，在德川末期这些人究竟还拥有多少土地。或许这些武士的数量和他们所拥有的土地的数量都不是很大。我们并没有听说过在明治维新的协议签订时期曾经对这些人拥有的土地进行过清缴。因此，有可能，这一个小群体一直延续到了明治时代，并成为新的农业精英的一个组成部分。帝国政体中仍然存在着与过去紧密关联的另一个纽带。

带着这些条件，我们可以总结说，日本在进入现代世界时并不存在一个遗传于封建时代的大产业制度。后期日益严重的不公平现象应该归咎于其他一些原因。日本的现代地主阶级似乎在很大程度上都来自农民，这是自德川时代起农民经济变化所导致的结果。德川政权通过促使统治阶级中的很大一部分从与土地的直接关联中脱离出来，已经向着现代世界迈出了关键的一步。这种脱离在每一个工业化国家迟早都会发生。从这些重要的方面来看，日本社会在进入现代世界时所

① La Mazelière，*Japon*，V，108－109，列举了除拥有土地的大名之外的武士贵族的几个部分。Craig，“Restoration Movement”，190，指出一个武士“拥有 16 000 石的封地，比很多大名拥有的还大”。

留存下来的农业时代残迹比英国和德国要少得多。

早期的明治维新彻底消除了商业关系在农业发展中面临的最后的封建阻碍。在德川后期就开始增长的农业劳动生产率继续得以提高。从1880年到1914年间，除了由于人口增长而增加的粮食需求以外，日本农村基本上满足了全国的粮食需求。就在1914年之前，粮食和饮料的进口量占日本商品总进口量的比例比19世纪80年代要低得多。这样的成就只有部分应该归功于耕种面积的扩大，而大多数需要归功于耕种方法的改进和精耕细作程度的提高。①但是，就像中国的小农经营方式一样，日本农业的分散化特征长期以来也阻碍了机械化的广泛运用，直到二战之后，机械化耕作的可能性才开始出现。

同时，随着日本农业越来越多地进入世界市场，商业化的影响力日益上升。在19世纪80年代早期，日本的主要出口产品是生丝、茶和大米，其中生丝是最重要的。②1873年的税法制度改革进一步促进了商业影响力的传播。地主为了缴纳新的赋税不得不把稻米转换成货币。③

到这个时候买卖土地的障碍也不复存在了，因而土地被大量转手，有不少迹象表明当时已经出现了土地越来越集中到少数人手里的趋势。不过，与英国不同的是，日本并没有出现过农民的土地财产被大规模没收的情景，没有发生过农民被大量驱逐到城市里去的情景，也并没有形成规模较大的资本家资产。相反，基于日本社会本身的情形，商业化闸门的打开强化了原先就已经存在了的趋势，那就是，建立一个由地主(根据西方的标准主要是小地主)、佃农和独立业主构成

---

① Allen, *Short Economic History*, 57－58, 88. 进一步的具有启发性的统计指标和讨论，参见Ohkawa and Rosovsky, "Role of Agriculture", 43－67。

② Allen, *Short Economic History*, 87. 关于丝绸业的衰落对农民造成的影响，请见第306－308页。

③ Norman, *Japan's Emergence*, 161.

的制度。

从明治维新到一战临近结束的时间内，无论以多么严格的经济理论来看，我们都可以认为日本的农业的确是取得了成功，而且我们也可以确信这是一种顺应现代工业社会的需要而进行的成功调整。战后，日本社会一些内在的缺陷开始变得明显起来。我们有必要记住，这些缺陷恰恰是为了获得早期成功而不得不付出的代价，但是现在我们可以暂时把它们放在一边。日本在农业社会关系方面并没有发生任何革命，不管是和平的革命还是暴力的革命，因此，可以说日本在这方面所取得的成就是了不起的。印度也正在试图进行同样的壮举，但在经过了十多年的努力之后，目前的结果仍然相当乏善可陈，因此我们有必要多花一些时间仔细地探讨一下日本能够取得这么大成就的真正原因是什么。我们可以列举一些数字，让我们粗略地了解一下这个成就究竟有多大。如果以蒲式耳为单位来衡量一下每英亩土地出产的稻米量的话，1955 年前后印度的劳动生产率跟 1868－1878 年日本的劳动生产率差不多是相同的，介于 60 蒲式耳到 70 蒲式耳之间，可能更接近 60 蒲式耳。到了 1902 年，日本的劳动生产率提高到每英亩 74 蒲式耳多一点，到 1917 年更是接近了 90 蒲式耳，换句话说，日本的劳动生产率经过半个世纪的时间基本上已经稳步地提高了一半。①

另一个统计数据也揭示了日本具体是如何产生了早期经济奇迹的情况。地主以实物形式收取地租，把农民种植的粮食的很大一部分收成出售到市场上去，在 1878－1917 年间其出售的农产品总量占了总生产量的 58% 到 68%，当然这么说的前提是我们可以相信这些统计数据。地主希望获得现金，或者说他们也的确需要现金。②而他们获得现金的方式在我们看来是很容易弄清楚的，那就是，使用各种不同的

① Ohkawa and Rosovsky, "Role of Agriculture", 45(Table 1), 65.

② Ohkawa and Rosovsky, "Role of Agriculture", Table 6, 52.

法律和社会机制从农民那里获取稻米，然后出售给市场。

至于说地主在迫使农民更卖力、更高效地工作方面究竟发挥了什么作用，其细节方面我们并不清楚。根据多尔（R. P. Dore）的说法，日本的新兴地主，有不少都源于农民，他们总是会尽力劝说他们的佃农进行农业技术革新，这也就极大地提升了产量。①尽管我非常尊重多尔教授，但是我仍然对日本地主竟然会扮演这么主动的角色深表怀疑。就像多尔教授在别处提到的那样，农民之所以尽力提升产量，是出于自身的利益考量以及其他一些理由的。当然，地主为了激励他们采用新技术，有可能会把部分收益还给佃农。地主在这方面究竟返还了多少给佃农，我们实在是无法精确地进行估算；关于这些方面的陈述都非常模糊和概括，大多数陈述都说这些份额并不大。不管怎么说，这么做本身就可能已经足以带来重要的差异了。我们所看到的是，如果没有这些返还回来的份额，佃农对于如何增加产量的指导通常是无动于衷的。②

尽管说如果没有经济刺激就不可能带来产量的提高，但是这些刺激本身并不足以解释产量的提高。提升产量的概念之所以能够有效地渗透到整天待在水田里的农民中间去，主要得益于农民社区的特定结构。就像我们已经看到的那样，这是一个紧密联结在一起的社会，而在同时，其直属领主的影响仍然可以很容易地渗透进去，这与印度和中国的农民社区有着很大的不同。日本的制度性惯例根深蒂固，自上而下的创新要求可以借此传达到农民那里，而如果这些要求并不是太难以企及的话，就能够引发农民的响应。最后一个观点值得强调。正如多尔所观察到的那样，“……很显然，产量提升有很大一部分需要归功于农民更多地开始使用商业化肥，也就是说，这显然不能归功于

① Dore, “Agricultural Improvement”, 69-91.

② Ohkawa and Rosovsky, “Role of Agriculture”, 52 (note 15); Dore, “Agricultural Improvement”, 81-82.

创新，而恰恰是因为越来越多的农民开始采纳他们中的大多数已经在使用的方法。”①

土地租赁制度解体之后，其中的某些主要特征仍然维持着，一直到第二次世界大战之前（甚至直至大战当中）。由此，1903 年，有 44.5% 的可耕地是由佃农耕种的，而 1938 年的相应数字是 46.5%，同时并没有出现显著的波动。②土地拥有的规模和土地财产的分配也没有发生任何显著的变化。资料表明，到 1910 年，全国拥有一町或者更少土地的人群大约占 73%，他们所拥有的土地大约占土地总量的 23%，而不到 1% 的人则拥有了几乎 1/5 的土地。到 1938 年，集中度有所上升：全国拥有一町或者更少土地的人群大约占了 74%，他们所拥有的土地大约占土地总量的 1/4，而不到 1% 的人却拥有了超过 1/4 的土地。③

显然，资本主义的到来并没有推动日本农业产生革命，也没有使日本的农业走向瓦解。相反，有证据表明日本的农业只是在一开始产生了一些剧烈的震动，随后就是长时间的平静和势力均衡。对于全新的制度来说，地主是其中的关键因素。那么，如果以更宽泛的社会和政治角度来看，日本的地主究竟是一个什么样的人呢？事实上，“地主”这个称呼所涵盖的内容实在太多太杂，因此并不是一个令人满意的称呼，但是由于我们所拥有的证据迫使我们继续使用这个称呼。④这个称呼可以指代任何一个人，包括那些几乎很难跟农民区分开来的人，乃至拥有超过 1 000 町（大约 2 450 英亩）土地的 4 巨头之一。一个

---

① Dore, “Agricultural Improvement”, 77－78, 89.

② Takekoshi, “Land Tenure”, 118; Nasu, *Aspects of Japanese Agriculture*, 11 (table 15).

③ 参见 Nasu, *Aspects of Japanese Agriculture*, 11 (table 13, 14)。这些图表中有几行的总和加起来并不正确，因此人们除了用作粗略的估计并不能过于依靠它们。

④ 关于直到最近在日本和西方著作中占据主导地位的对激进传统的批评这一问题的简短回顾，请参见 Dore, “Meiji Landlord,” 343－355。

值得信赖的权威告诉我们，要找到对等于英语中的“地主”这个词所意味的社会地位，那么这个人就需要拥有大约 5 町的土地。在美国人在日本推行土地改革之前，大约有 28 000 个人租出去的土地超过了 5 町。在这些人中间，大约有 3 000 个人拥有的土地超过 50 町，也就是真正意义上的大地主。①

就这些在新政权统治下，身为乡村土地上的关键人物的地主而言，当一个非专业人士试图掌握其所蕴含的政治意义时，他一开始很可能会觉得特别迷惑。根据我目前所掌握的证据可以为日本的地主总结出这样一个形象，那就是，他类似于 18 世纪晚期英国有实业精神的地主，充满了活力，时刻关注各种重大商机。在各种文献中也存在一些旧时的传统描述，这些描述更强调这些地主在适应资本主义发展的过程中所呈现出的寄生性的一面。②一会儿我会建议如何把这两种解释调和起来，但现在最好还是先回顾一下大家关于这种寄生式的适应过程所展开的辩论。

这一辩论的本质非常简单明了，那就是，希望大家能够注意到地主所面临的境遇中的一些重要方面。在明治维新所形成的政治和经济背景下，许多日本地主事实上并不是一定要发展成为喜欢尝试新技术的乡村资本家。随着时间的推移，不断增长的人口给土地带来的压力抬高了地租。与中国相类似，在日本，也有显著的迹象表明人口的增长早于西方势力的入侵。间接的证据也表明，在 17 世纪，也就是德川幕府在日本建立了和平和秩序之后，人口增长率可能已经接近 40%。③和平和秩序带来的好处并没有均等地散布到社会的各个方面。在前工业时代和现代时期，日本的“剩余”人口是一种基于具体

---

① Dore, *Land Reform*, 29.

② Cf Nasu, *Aspects of Japanese Agriculture*, 130 – 131; Norman, *Japan's Emergence*, 150 – 151.

③ Taeuber, *Population of Japan*, 20.

的历史情境而产生的“剩余”，而统治阶级则从这种具体情境中获得了巨大的利益。随着时间的推移，实业家们也因为乡村大量的人力储备压低了城市工资水平而从中大大获益。

换句话说，在创造新兴地主和维持新兴地主的“剩余”人口方面，政治因素确实起了重要的作用。由于这是一个渐进的过程，因此持有不同观点的历史学家们对于地主的寄生现象真正开始显现的日期争论不休也就不足为奇了。不管怎么说，到1915年，正如善于观察的英国旅行者斯科特(Scott)所看到的那样，寄生地主已经遍布日本乡村。①在这里，我将提及的只是更重要的政治里程碑的一些早期形式。

1873年颁布的《地税法修订案》确立了地主的财产权，而这些财产权通常是有悖于农民的利益的。②就其本身而言，财产安全是形成靠收地租生活的寄生群体的必要条件，当然并不是充分条件。按照某些解释，1884年对《土地法》的修订是很重要的，因为它在一个长期性的通货膨胀时期将地税固定了下来。地主所需要付出的主要成本之一是要确保税赋的稳定，而他自己的收入则可以随着粮食需求的提高和经济的发展而不断上升。这种变化的进一步征兆从1890年日本第一次国会中自由党内部的地主的活动中可以看出来。当时地主希望能够削减税收，而为了达到这个目的，他们愿意放弃农业补贴，事实上，农业补贴更有利于农业而不是地主。③

这些新兴的靠收地租生活的群体究竟是否打算比其封建前辈更有效地从农民那里榨取更大的经济剩余，这一点还很难定论。但真正榨取到的经济剩余则有力地证明了新政体在服务于地主利益方面确实大

① *Foundations of Japan*，261，作者在第一次世界大战期间参观了日本的很多乡村地区。

② Norman，*Japan's Emergence*，138－139.

③ Dore，“Meiji Landlord”，351，352.

有成效的。如果一个现代学者认为，所谓早期资本主义使得日本耕作者的生活变得十分艰辛这样一个印象是错误的，在他试图加以证明时，发现从1873年到1885年间，地主霸占了农产品收成的3/5到2/3时，他显然就会意识到资本主义所带来的影响有多么重大了。①

一些有关日本后期状况的零散资料也表明，实际上发生的制度性变革并不是最根本性的。到1937年左右，在日本地主每年通过佃农支付的实物而获得的谷物中，有85%是用来出售的。如果用货币来衡量的话，一战之后，稻田的租赁成本增长了50%多。②在两次世界大战期间，依据当时占主导地位的制度，佃农必须把收成的一半上缴给地主。而由于是地主提供了所有的资本，佃农获得的所有回报只是土地的使用权而已。③从1929年开始，日本尝试过推行租赁法案，也获得了一些不那么显著的进步。但是，地主仍然能够阻止任何真正的改革的发生。④尽管我们必须在另一个节点上更全面地讨论农业面临的情况所蕴含的政治意义，但是我们在这里也可以简短地指出日本地主为了保护自身利益而发展出来的一套逻辑推论。本质上，正如人们可能预测到的那样，这一逻辑推论利用了传统的民族主义诉求，其目的无非是为了否定经济利益冲突的现实，而这也正是法西斯主义的主要元素之一。1926年日本土地所有者协会所发布的声明（见下）揭示出所谓的帝国和武士的浮华奢侈其实是服务于特定的经济利益群体的，这一声明同样也显示出，这些推论如果摇身一变成为法西斯分子的煽动性宣传又是多么容易。

“谨记我们国家的光荣传统，我们的主权和臣民构成了一个

① Morris, “Problem of the Peasant Agriculturist”, 359 (Table II).
② Ladejinsky, “Farm Tenancy”, 431, 435.
③ Ladejinsky, “Farm Tenancy”, 435.
④ Ladejinsky, “Farm Tenancy”, 443-444.

统一的整体，折射出过去我们国家发展的光辉历程，让我们强调资本和劳工之间的和谐关系，特别要确保地主和佃农之间的和平，要对我们农业村庄的发展作出应有的贡献。那些在没有失火的时候充满仇恨地敲响火警、引发阶级斗争，激发佃农起来怨恨地主的人们，究竟是怎样一些恶魔呢？如果这些恶意的计划不被制止的话，那么我们国家的根本将会变成什么样子呢？……因此，我们要下定决心，跟那些拥有相同理念的人们通力合作，激发民众舆论，推行更为合适的国家政策。"①

上述提及的证据都非常清晰地表明，在上层阶级顺应商业和工业发展的过程中含有压迫性的成分。在这里我需要强调指出的是，这才是关键，而那些名称上的所谓寄生性则并非关键所在。从这一立场来看，人们认为的那些有关能量、野心、经济驱动力方面的证据所存在的一些问题也就都不是问题了。②光是讨论追求成就的心理驱动力并不能告诉我们什么，除非我们知道这些驱动力是如何证明自身的。19世纪晚期的日本社会很可能已经形成了一个日本独有的具有实业精神的地主阶层，类似的英国实业地主们也给在18世纪前往英国考察的外国人留下过深刻的印象。另一方面，日本的这些实业地主阶层与国家之间的关系与英国恰恰相反。英国乡绅利用国家赶走了农民土地所有者，只保留下了一小部分佃农。日本的乡绅们则并没有把农民从土地上赶走，相反，他们利用国家以及那些从先前时代继承下来的更加非官方的杠杆力量，从农民那里榨取了更多的地租，并且在公开的市场上出售农产品。由此，从社会学角度来看，日本的地主更接近于18世

① Ladejinsky, "Farm Tenancy", 441－442引用过。

② 关于这一关联的标注，见Smith, "Landlord's Son in the Business Elite", 102－105。作者辩解说，地主阶级比商业领袖做出了更大的贡献，因为地主阶级拥有教育后代的手段，拥有培养辛勤工作美德的信念，拥有提升自身社会地位的愿望。

纪法国图卢兹的商业化贵族，而不是相应的英国绅士。

不过，将日本与法国的发展过程相互对照，似乎有些过于宽泛了。在18世纪，法国所发生的变化从思想和社会角度来讲，只不过是前瞻性运动的一部分而已。在日本，现代世界的到来确实促使了农业产量的提高，但是这种提高主要是因为形成了一个小业主阶层，他们利用了混合在一起的资本主义机制和封建机制，从农民那里榨取稻米。大多数农民的生存情况更接近于只能维持最基本的生存，当然他们并没有像中国和印度所发生的那样，时不时地面临大范围饥荒的绝境。那么，这个新兴的地主阶级反过来究竟对日本社会作出了什么样的贡献呢？就我本人基于历史记录而做出的判断而言，这一新兴地主阶级既没有发展出什么文化艺术，也没有像乡村早期统治者那样确保乡村的安全，事实上它所能给予的不过是狂热的原法西斯主义者情绪而已。一个滔滔不绝地吹嘘自己对社会作出了巨大贡献的阶级通常所走的道路其实就是一条威胁人类文明的道路。

对于这样一个土地精英群体，由于其本身并不是经济发展的先锋力量的一部分，只能凭借大量的强制性手段来维持自己的社会地位，因此他们在进入现代时期时注定需要面临一个不那么令人愉快的任务，那就是，要直接应对城镇里资本主义发展的代理人。在像日本这个资产阶级动力比较薄弱的国家，资本主义领导人可能更欢迎保守的农村对社会秩序和稳定所作出的贡献。在实际生活中，其真正的意味是资本主义因素尚不够强大，并不能单靠自己的力量引进全新的压迫形式。在明治维新开启了走向新世界的道路之后，城镇里的商业阶级在很大程度上仍然过于固守旧的企业制度，他们的观念过于狭隘，压根就无法利用新的机会。但是，已经有一小部分人的确从当时的斗争情况中捕捉到了重要的机会，并因为拥有了这一先见之明而在后来发展成为日本最重要也是最强大的商业联合体，也就是人所共知的财阀。

在明治时代早期，经济发展的主要动力来自现在已经被操控在一批新农业贵族手中的政府，也来自在德川统治下处于弱势的散布在各地的有能力、有活力的武士。商业继续处于一种从属的地位。在经济上，商业完全仰仗政府，后者则大力鼓励商业的发展，部分目的是为日本抵御外来压力（眼睛紧盯着未来向外征服的机会）打造一个充足的现代化基础，也是为动荡不安的农民阶层提供服务。①因而，从现代时期一开始，我们就发现，农业和商业利益紧密地结合在了一起，其目的对内是确保民众安守家园，对外是帮助日本赢得海外战争的荣耀。

即使是在明治统治的最后几十年，商业阶级的社会和政治地位仍然低于那些真正统治日本的精英阶层，这些精英阶层，尽管其经济根基已经延伸到现代工业世界中去了，但其文化根基仍然深深地扎根于农业历史中。社会上对商业的避讳和禁忌仍未消除。商人们在向官员表述自己的想法时，仍然是毕恭毕敬甚至满怀歉疚。商人们避免参与公开的政治活动，更多是参与那些私下的更有效的政治交易。腐败一向是能够用来调和商业和政治需求的机制。商人们继续与贵族的反商业态度进行斗争，但是他们也发现更为聪明的做法是避免树敌，并结交权贵。②

直到第一次世界大战推动了工业化发展的步伐，日本的资本主义才开始走上属于自己的发展道路。从1913年到1920年间，成品钢的产量从255 000吨上升到533 000吨。在同一时期，电力的产能则翻了一

① Smith，*Political Change*，31，强调了后一点。“富国强兵”这一口号足以清楚地表明经济革新的特征和支持力量，Brown，*Nationalism in Japan*，chap. V强调了其民族主义的方面。对外征服在一开始就占据了重要的政府领导人的头脑。正如上文指出的那样，问题是革新和征服孰先孰后。1871年日本现代军队的创始人之一山县有朋告诉狂热的武士团体的领袖人物西乡说，时机尚未成熟。他说，“我们的军队此刻正处于重组阶段；但是一年左右之后，军事系统的基础就可以建立起来，这样就没有任何障碍能够阻止我们向大陆派出一支军队。”参见Ike，*Beginnings of Political Democracy*，51。

② Scalapino，*Democracy*，251，253，258，262.

番还多，从504 000千瓦上升到1 214 000千瓦。①但是，即使是经历了这种飞速发展，日本的资本主义工业仍然没有发展到与德国、英国或者美国同等的水平。我们仍可以把两次大战期间的日本经济描述为主要是一种小工厂系统，而且事实上在大范围内仍然是农业和手工业系统，其中有少数几家大公司占据了主导地位，它们的影响力直接或间接地渗透到了每一个日本家庭。②在1929年，经济大萧条之前，财阀的影响力量达到了顶峰。通过发放贷款、提供技术方面的指导，以及对市场的操控能力，财阀甚至已经能够将自己的影响延伸到那些次要的农业产品类别和小规模的企业中去了。③

在现代时期的绝大部分时间内，让工业资本家和农业资本家产生分歧的主要的具体问题是稻米的价格。工业资本家们希望获得廉价的稻米供应给工人，因此向政府施加了很大的压力，有效地防止稻米价格过高，而在另一方面，稻米价格过高则主要对地主有利。④尽管可耕地上稻米的单位产量和总产量都在持续提高，但是在世纪之交之后，日本再也无法生产出足够的稻米来满足本国人口的需要，而不得不依赖进口。1925年后，日本的稻米进口量已经约等于本国稻米产量的1/6到1/5。但是，即使是借助进口，日本人均可消费的稻米量还在持续下降。⑤到这个时候，明治时代所取得的短期成功已经开始呈现出令人怀疑的一面了。

另一个引起分歧的问题是税收。因此，到1923年，工业资本家们开始变得十分离谱，甚至提议废除工业税，这一举动遭到了农业利益

---

① Allen，*Short Economic History*，107.

② Cf，*Beginnings of Political Democracy*，212中Ike的评论。

③ Allen，*Short Economic History*，128.

④ Dore，*Land Reform*，99.

⑤ Allen，*Short Economic History*，201（Table X）. Allen列举的数字只到1937年。根据Ohkawa和Rosovsky，“Role of Agriculture”，54（Table 8）和57（Table 12），同样的趋势至少一直持续到1942年。

群体的反对。[①]1932 年，在日本的国会里，“靠租金为生的利益群体和靠利润为生的利益群体”围绕着农业援助计划究竟应该推行到什么程度而发生了一场争斗，这一问题也由于当时席卷日本工业和农业领域的经济萧条而变得格外尖锐。最终，商业利益群体获得了胜利，其结果是强化了——至少在短时期内如此——加在掌控日本政治的地主和工业资本家之间的松散联盟之上的压力。[②]

这些冲突帮助我们更深入地了解到，在更近时期的现代化阶段，德国社会和日本社会之间存在的重要的结构性差异。由于日本缺少任何类似于 19 世纪晚期德国高层容克精英的社会团体，因此在日本并没有出现类似于著名的钢铁与黑麦联姻这样的公开交易，也没有达成任何能够同时满足工业资本家们所希望的海军扩张以及农业团体所希望的谷物关税的协议，而 1901 年德国推出的这一协议则代表着德国钢铁与黑麦之间的联姻达到了顶峰。相反，正如我们刚才看到的那样，日本不断增加稻米的进口量，当然我们需要提醒大家的是，这些进口稻米中的绝大部分都来自直接受日本政治控制的区域。日本和德国社会结构上的差异所造成的进一步后果是，在日本式的法西斯主义中，其中一个主要的组成部分是反资本主义的激进主义或者右翼的伪激进主义，他们来自农村小地主阶层，扎根于土地，而在德国，这一群体不过是一个次要的力量而已。

我们有必要从一个适当的角度来了解日本工业和农业利益群体之间的冲突。将商业从地主那里分离开来的力量，其重要性远不如让两者结合起来的力量。就像我们在接下来的一节中会看到的那样，当两个利益群体手中掌握的筹码减少的时候，他们就一定会牺牲掉那些反

---

① Tanin and Yohan, *Militarism and Fascism*, 137。这是翻译过来的俄国著作，但是相对来说没有太多的说教意味，值得认真阅读。它的主要缺陷是对“阶级斗争的尖锐化”的无当的乐观主义情绪。

② Tanin and Yohan, *Militarism and Fascism*, 155 - 157.

资本主义的激进主义力量。从根本上说，明治政府的土地协议和工业化计划事实上是促使农业和商业利益群体结合得更为紧密。在国内，由于意识到任何一种民众运动一旦成功必定会给两者相应的经济和政治利益带来威胁，因此两者不得不团结在一起。对外，他们团结在一起的原因则是因为受到外国分裂势力的威胁，或者是因为担心自己会重蹈中国和印度的覆辙，还有就是各自都渴望拥有更大的市场和荣耀。当商业变得越来越强大，为日本推行积极的对外政策提供了更多手段之后，这种结合所带来的后果也变得越发明显、越发危险了。

那么，为什么商业和农业只能在对内进行压迫、对外进行扩张这样一个计划上达成共识呢？这显然是一个合情合理的问题。也许他们还可以做一些别的事情。我相信应该会有，只是做那些事可能会面临政治自杀的风险。从上层阶级自身的角度来看，提高农民和工人的生活标准，并建立起一个国内市场，也许是一件极为危险的事情。这样做的话会威胁到本质上带有剥削性的家长制，而家长制恰恰是上层阶级在工厂里建立权威的基础，也是他们赚取利润的主要机制之一。对于地主来说，其后果可能会更严重。在一个真正意义上的政治民主社会中，那些富裕的农民阶层完全可能会剥夺地主们的地租，而地租被剥夺了反过来也就意味着地主们的整体地位被终结了。

对专制主义之日本变种的主要特征进行解释时，人们还可能倾向于在其中加入日本的价值观系统，尤其是武士们的武士道传统本身所特有的连续性特征。类似的连续性显然是存在的。但是，人们还需要解释清楚为什么这样一种传统能够持续。人们的情绪不会只是因为其自身固有的动能而维持不变。这些情绪必须一代一代地更新，并通过使之看上去或多或少地具有合理性的适当社会结构来保持活力。在武士道精神中，压根就不存在什么东西能够推动日本在20世纪走上对外侵略、对内压迫的道路。1600年德川的胜利对于封建武士来说是个劫数。在将近300年时间里，幕府将军能够相对轻易地抗衡这种大肆宣扬的武士道精神，借用和平和奢侈生活来尽挫其锋芒。当日本开始玩弄起军国主义游戏的时候，武士道传统和帝国小集团起初只是试探性地进行自卫，至少有一部分是出于自卫目的（就像在 1894 – 1895 年的甲午战争中那样），但最终则郑重其事地为上述一系列利益团体提供了合理化和合法化依据。

概括而言，日本农业制度的崩溃和工业化兴起所产生的主要后果之一是当时日本开始采取对内压迫、对外扩张的政策。我们并不想特别详尽地描绘日本的政治历史，只是希望在一定程度上更加具体地看一看上述政策所造成的政治后果。

4. 政治后果： 日本法西斯主义的性质

就我们的研究目的而言，自明治维新以来的现代日本的政治历史可以划分为三个阶段。第一个阶段是以农业自由主义的失败为标志的，该阶段随着 1889 年日本开始在形式上立宪从而呈现出一些议会民主的外在形式而宣告终结。第二个阶段随着试图突破这个制度所强加的各种障碍的民主力量宣告失败而结束，民主力量的失败到 20 世纪 30 年代早期经济大萧条到来之时已经一清二楚了。20 世纪 30 年代民主力量的失败又开启了第三个阶段，即战争经济和日本右翼专制政体的阶段。很显然，这种划分有其随意性特征，但是如果它确实能够帮助我们聚焦于更重要的发展，那么这种划分显然也有一定的益处。

读者们可能会回想起，“自由主义”运动的兴起源于武士们的封建制度和沙文主义的反应，这些武士对明治维新带来的成果极为失望。尽管有这样一些反应，这次运动还是提出了一些可以被称为是自由主义的主张，因为在言论权和选举权方面，在公众参与政治的层面，这次运动所提出的要求显然比明治政府能够允许的范围更广泛。

在经济上，这一群体呼吁“自由和民权”，因此他们称自己为自由党，事实上，他们似乎是起源于小地主阶层的不满情绪，反抗明治统治时期的贵族和金融寡头对政治的操纵。诺曼将其自由主义的部分倾向归结于这样一个事实：19 世纪 70 年代的许多地主不是一些需要自己亲自工作的小规模商业资本家，就是一些清酒酿造商、豆制品制造商和其他诸如此类的群体。①对这样一种存在于酿酒业和民主之间的所谓关联，我深表怀疑，我相信，这只不过是诺曼不加批判地运用欧洲的案例和马克思主义概念范畴的观点之一，这种情况对诺曼本身来说都是罕见的。19 世纪 70 年代和 80 年代，日本的民主运动之所以失败，并不是因为那些力量薄弱的商业阶级将自己归顺到封建贵族的怀抱中以求得后者的保护，并帮助自己对抗工人，即像马克思所说的那样，用统治权做交易来换取赚钱的权利。日本并不是德国，至少在当时还不是。

如果我们站在明治政府统治者的角度来看，那么日本所面临的问题是如何调和乡村地区的上层阶级与新秩序之间的关系。②明治政府希望能够建造船只、军用物资和重工业，所有这一切都意味着需要从土地中榨取更多的税收。也因为这个原因，1881 年自由党在自己的成立大会上就起来抗议以增加海军军费为名义而征收的税收。③自由党作为一个团体已经充分意识到其他人，尤其是政府内部人士正在不断敛取明治维新的主要成果，因此开始致力于扩大自己的支持基础，甚至开始深入地渗透到农民中去。但是，当地主遭遇到农民的激进要求，并且发现这些要求显然会威胁到像自己这样的有地利益群体的利益的时候，自由党内部就开始分裂并逐步瓦解了。当时，在某种程度上还有些“左倾”的自由党于 1884 年正式解散了，并没有让自己发展成一个真正激进的党派——事实上这种情况在当时也是不可能发生的。

---

① Norman, *Japan's Emergence*, 169 - 170.

② Cf Ike, *Beginnings of Political Democracy*, 173.

③ Scalapino, *Democracy*, 101.

日本第一次有组织的政治自由主义的探索就这样结束了。这次运动起初是在地主当中萌芽的，并快速风起云涌，但是当地主们意识到运动激发了农民的真正需求时，他们马上就抛弃了这场运动。在当时看来，这绝对谈不上是城市商业阶级进行的一次尝试，甚至都不是像有些作者所认为的城市商业阶级试图实现“资产阶级民主”却最终中途流产了的尝试。①

尽管如此，尽管“自由”运动真正如火如荼的时间非常短暂，明治政府还是毫不犹豫地对其采取了镇压措施。早在1880年，当这个新兴政党崛起的最初迹象刚刚浮现之时，明治政府就发布法令，规定“任何一个政治组织都不得宣传其言论或者进行各种辩论活动，不得通过派出宣传员或者派发宣传资料来鼓动民众加入他们的行列，不得与其他类似的社团进行合并和相互交流”。②不过，随后自由党所采取的行动表明，这一法令并没有得到严格的执行。从政府的角度来说，1884－1885年的农民暴动毫无疑问更重要。就像我们看到的那样，尽管这些暴动中有一些类似于小型内战，但是由于它们相互之间并没有通力协作，因而很快就失败了。政府依靠自己新成立的警察力量和征用来的军队，相对轻松地就平息了这些暴动。③

1885年，自由党解散一年后，日本的经济状况开始有所好转。时机似乎总是站在政府这一边。然而，当政治活动重新兴起的迹象再次显露的时候，政府又一次扑火成功，这次靠的是1887年12月25日颁布的著名的《和平维持法》，这是在明治后期最有权势的人物之一山县将军的指导下，由大都市警察总署署长和其他人一起起草的一份法案。该法案的主要条款是，如果警察认为住在离天皇宫廷大约7英里

① 请见Scalapino，*Democracy*，96－107和Ike，*Beginnings of Political Democracy*，68－71，88－89，107－110的描述。

② Scalapino，*Democracy*，65.

③ Ike，*Beginnings of Political Democracy*，chap XIV.

范围内的人“正在谋划对公共安全有害的事情”的话，他就有权将这些人驱逐出去。山县将军很好地抓住了这次机会，利用武力肃清了大约500个人，其中包括几乎所有的反对党领袖。一开始，警察就接到了将所有抵抗者全部消灭的秘密指令。尽管如此，当时至少还有一个主要的反对党人物，即后藤象二郎，仍然继续在农村和城市到处发表演讲，后来在宪法颁布后没几天，政府授予了他一个交通大臣的职位，终于堵住了他的嘴。①

上述描述简略而清晰地显现了政府所推行的策略的一个主要特征。该策略是各种小策略的结合体，其中包括了直截了当地利用警察进行镇压，推行一些能够改善某些不满情绪同时又不会伤害到主要统治集团利益的经济措施，以及给反对派领导人授予明治官僚体系中一些颇具吸引力的职位，从而彻底地将反对力量根除。也许除了在执行细节中或者在公文修辞中所体现出的风格特征之外，人们很难从这一政策中找到任何特定的日本文化的蛛丝马迹。当然，就这种政策的内涵来说，人们完全可以认为任何一个明智而保守的统治阶层，如果处于大致相似的情形之中，都会推行同样的政策。

当时，这一政策取得了成功。当然，如果对抗这一政策的是那些决心通过民主手段——让我们说就是大致沿着英国的方式——来实现现代化的活力充沛、团结一致的力量的话，那么这一政策是不太可能取得成功的，但是问题是，在当时日本社会的特定情形下，很难出现这样一种反对力量。工业化的工人阶级尚处于萌芽阶段；农民尽管是反对力量的一个来源，但是他们相对来说是微弱的、不团结的；至于说商业阶级，在封建贵族的统治下基本上尚未冒出头来。1889年自上而下推行的宪法反映的正是这些社会力量之间的平衡状态，而且，由于这种平衡披上了帝国合法性的外衣，因而其自身也得以稳定，并永

① Ike, *Beginnings of Political Democracy*, 181, 185-187.

久化了。

我们显然没有必要继续详细地描述直到第一次世界大战时日本的国家政治。就像大家熟知的那样，国会对钱袋子的控制受到了新宪法的严格限制。尽管军队拥有非同寻常的权力，但是它与皇权的接近更多地是其在日本社会中所拥有的权力的反映，而不是这一权力的根源。政府集体辞职并不是因为在选举中失败(选举结果通常都是被暗中操纵的)，而是因为他们丧失了精英团体中的某个重要组成部分(贵族、官僚或者军国主义分子)对他们的信心。①1901 年伊藤政府的辞职标志着寡头阶层中平民一翼的倒台。1909 年伊藤被暗杀后，军人出身的山县开始掌控日本的政权，直到他 1922 年去世时为止。②

就我们的研究目的而言，更为有意义的是一些思想潮流，在地主们对代议制政府曾经产生过的有限热情消退之后，是这些思想潮流吸引住了他们的注意力。直到大约 1914 年才兴起的被称为“农本主义”（字面意思就是“农业是根基主义”）的运动，是相信日本承载了独特使命的神道民族主义和西方人所理解的重农主义理念的奇特混合体。在这个混合体中，令人瞩目的是“对乡村生活所承载的精神价值的一种神秘信仰以及……如同宗教说教般地宣扬日本的家族制度和家长制的魅力，以及对如下各种美德的强调：节省、虔诚、勤劳、顺从和奉献精神……这一切构成了‘地主的家长式说教’的传统教义”。③

将农民美德尤其是那些有利于农村上层阶级的美德抬到爱国主义的高度，是一个受到商业势力入侵威胁的农业社会的特征之一。在日本，农业问题一直延续到了工业主义时代，因而也使得这种反动的爱国主义变得比其他任何地方都要重要。农本主义只是一个更大规模的

① Scalapino, *Democracy*, 206; Reischauer, *Japan*, 98.

② Reischauer, *Japan*, 121, 125.

③ Dore, *Land Reform*, 56-57.

运动当中的一个阶段而已。我们可以从德川时代的重要思想家那里找到它的前身；而它的历史继承者则是年轻军官中的那些狂热分子，是他们的暗杀行动和政变企图为20世纪30年代时期的专制政权做好了准备。①

在明治时代的最初几十年间，尽管农本主义强调的是日本的独特性，但是，在向日本引入大规模的资本主义农场运作的运动中，它还是起到了一定的作用。就像我们已经看到的那样，这场运动的尝试基本上都是徒劳无功的，因为对于日本的地主来说，把土地分成小块租赁出去比自己亲自经营更加有利可图。②

这场运动中，更重要的是这场运动对农民所表现出来的态度，当然，因为它正好与第一次世界大战之前的官僚机构甚至是工业界意见一致，所以它并没有取得任何具体的成就。试图缩减小农场主——即使是那些只有可怜巴巴的半町土地的小农场主——数量的任何努力都会遭到强烈的反抗。1914年，农本主义学派的“资深泰斗”满怀深情地谈到，随着农民纷纷购买柠檬水、伞和拖鞋，随着年轻人纷纷戴上歇洛克·福尔摩斯式的帽子，乡村里就开始呈现道德败坏的景象。今天的我们可能会对这个日本版的布林普上校③一笑置之。但是，当时的政府和工业家们则有着足够的理由来支持这一运动。根据他们的推断，稳定的农民家庭可以为他们提供容易驯服的士兵，提供对抗颠覆的支撑基础。大量的农民的存在也使得工资维持在较低的水准上，从而使日本能够扩大出口，并建立一个工业化的基础。④

在这里，人们可以又一次看到，是物质利益将农业资本家和工业资本家紧密地捆绑在一起。对于这些利益群体来说，温和版的农本主

① Dore, *Land Reform*, 57.
② Dore, *Land Reform*, 58－59.
③ 英国漫画家创作的漫画人物，是一个自命清高的保守分子。——译者
④ Dore, *Land Reform*, 60－62.

义为他们提供了一种有用的合法化和合理化依据，尽管这种温和版农本主义也许很难与“正常的”日本爱国主义和对天皇的崇拜区分开来。考虑到当前大家都希望认真看待这些思想的倾向，我们有必要在此再次强调一下，这些思想只不过是合理化的依据而已，并无他用。①这些思想对政策的影响是零。当需要为这一感性的道德教化运动的主要对象——即农民和佃农——做一些具体实事的时候，国会里的地主利益群体很快就会遏制这样的努力。尽管1898年的公民法典在一些重要的议题上为佃农提供了一定的保护，但是它只适用于1%的租赁土地。正如多尔所总结的那样，“绝大部分的普通佃农并没有得到任何保护”。②

在第一次世界大战之后，日本社会的力量对比发生了变化，这种变化是不利于乡村上层群体的。对于日本工业来说，战争年代是一段强制推动其发展的特殊时期，而20世纪20年代既标志着日本民主发展到了顶峰，也标志着商业对日本政治的影响发展到了顶峰。1922年，山县将军死了。在此后数年时间里，很明显地，权力开始从军国主义分子手中转移到了商业阶级和国会手中。③政治气候中有风向标意义的变化是这样一个事实：1922年华盛顿海军裁军协议签订之后，受工业利益群体操控的一些日本报纸甚至大声疾呼：“军人不干政。”④1930年伦敦海军条约的通过也使一些学生对议会力量寄予极大的希望，⑤但可惜的是，经济大萧条很快使这些希望化为了泡影。

商业的进步和议会民主之间的关联，经济大萧条和议会式民主的失败之间的关联，这些都算是非常重要的，但是单凭这些关联仍然不

① Cf Benedict, *Chrysanthemum and the Sword*. 我需要诚实地承认，直到我开始认真地研究日本历史时，我才开始认真地对待这些问题。

② Dore, *Land Reform*, 64.

③ Allen, *Short Economic History*, 99.

④ Tanin and Yohan, *Militarism and Fascism*, 176.

⑤ Colegrove, *Militarism in Japan*, 23－24.

能揭示出问题的核心。经济大萧条不过是给了这个已经因为自身严重的弱点而遭受到巨大伤害的结构以轻轻的一击而已。只有少数优势群体从日本的资本主义发展中获得了好处，而资本主义的邪恶影响对日本社会来说则几乎是有目共睹的。①资本主义没有有效地分配其物质利益，而且在当时的情形下也无法做到这一点，因而也没能激发大批民众对维持资本主义民主的兴趣。尽管资本主义对国家的依赖形式因为历史时期的不同而有所不同，但是资本主义从来未曾摆脱过对国家的依赖，因为国家既是其产品的购买者又是其市场的保护者。在资本主义制度下，随着商业界发现自己还能够通过其他方式获利之后，缺乏有活力的内需市场这一状况就会成为永久性的。最后，由于日本的资本主义是在完全不同的情形下成长起来的，其承载民主理念的程度从来无法达到商业和制造业利益群体在19世纪欧洲所达到过的程度。

在这个相对民主的阶段，地主利益群体的地位尽管呈现出衰退的迹象，但是在政治上仍然很强大，仍然是商业和工业群体需要加以重视的一个因素。直到1928年日本推行男性普选制时，乡村的土地所有者仍然控制着国会两大主要政党的绝大部分投票权。②20世纪20年代的农业利益群体同时积极地支持原法西斯主义和反资本主义运动。在一定程度上，政府官员鼓励，甚至亲自参与这些运动，这对日本的未来发展来说并不是一个好兆头。但是，就当时的情形而言，农业的极端爱国主义及其城市翻版，仍然无法吸引足够的民众支持。③

尽管如此，即使是在这一时期，极端爱国主义仍然是一支重要的

① 研究日本的西方学者很可能会回避这一主题。而我与讨论过这个问题的那些人都认为，反民主的潜力和民主的潜力之间的平衡可能比这里提及的更大。我认为，这种估计过于看重言论和政治机制了。日本缺乏民主突破的基本前提：即工业部分的经济力量在其成员之中相当广泛地散布，同时足以让他们以很大的独立性针对政府和其他一些社会组织采取行动。但是，这一问题仍然需要深入的研究。

② Scalapino, *Democracy*, 283; Dore, *Land Reform*, 86.

③ Scalapino, *Democracy*, 353, 357, 360, 362.

政治力量。在第一次世界大战之后的几年时间里，乡村和城市激进主义采取了暴力的方式。爱国组织帮助政府镇压佃农和工人的罢工，而雇佣来的暴徒则大肆破坏工会和带自由倾向的报纸。①政府的反应则是由教育部来推行反对“危险思潮”的运动，其针对的主要目标是学生。1925 年 4 月，政府颁布了《和平维持法》（比 1887 年的更具针对性），用监禁的措施来惩处以推翻现有政府制度或者否定私有财产为目的的社团。这一法案开启了日本大量监禁民众的政策。②

1923 年发生的一个事件让我们看清了极端爱国主义是如何毒害当时的政治氛围的。当年 9 月东京发生了地震，这反倒为政府逮捕成千上万的居民提供了借口，这些被逮捕的人中间绝大多数都是社会主义活动分子。一个宪兵队长亲手掐死了当时著名的劳工领袖和他的妻子，以及其 7 岁大的外甥。尽管后来这个宪兵队长受到了军事法庭的审判，被判了 10 年监禁，但是仍然有几份带有极端爱国主义倾向的报纸将他称为民族英雄。③很明显，当时确实需要一个部分由政府操控、部分由无组织和“自发”力量参与的一整套暴力机构来控制日本民众中的大多数群体，根据一些作家的描述，当时的日本民众几乎整齐划一地对其上司充满着“封建式的忠诚”。

到了 30 年代早期，当时的日本议会民主又经过了大萧条的最后一击，终于被压垮了。但是，它的垮台并没有像魏玛共和国那样充满了戏剧性。在日本政治历史上，要在民主阶段和专制阶段之间划清界限比在德国历史上这样做要难得多。④1931 年日本对中国东北三省的占领是历史学家经常使用的一个分界线。在外交事务上，这一事件标志

① Reischauer, *Japan*, 138, 140.

② Reischauer, *Japan*, 143 - 144.

③ Reischauer, *Japan*, 140 - 144.

④ 关于德国，人们可以在 1932 年——自由选举的最后一年——给魏玛共和国的故事划上句号。

了日本政府在1930年伦敦海军代表大会时所展示的立场开始有所转变。在国内事务上，刺杀首相犬养毅和1932年5月15日右翼极端分子的政变企图，则标志着政客霸权的终结。①暗杀犬养毅这一事件又一次揭示了当时日本政治的很多特性，因此值得我们简短地概述一下。

1932年，一小群年轻农民在一个和尚的领导下发誓要暗杀那些应该对日本农业惨况负责任的“统治小团体”。在列出一个包含了商业和政治领域的暗杀对象的名单之后，这群农民中的每一个成员都通过抽签挑选要暗杀的对象。在阴谋暴露之前，遭他们暗杀的被害者包括前大藏大臣井上(2月9日)和三井商社会长团琢磨男爵(3月5日)。一大批年轻的海军和陆军军官时刻准备着把这一暗杀任务继续进行下去，在1932年5月15日，他们对财阀、政治党派和天皇周围的人发动了攻击，宣称这么做的目的是“要把日本从崩溃中解救出来”。其中一个小组负责暗杀犬养毅，另外一些小组则负责攻击宫廷官员、京畿警察局和日本银行。②

这一事件开启了一个半军事化的独裁统治时期，而不是一个彻底的法西斯主义统治时期。4年后，到1936年，日本推行了相对自由的选举。公开宣称激进理念的右翼团体只赢得了400 000选票和国会中的6个席位，而劳动党的选票则翻了一番，获得了18个席位。出乎意料的是，获得最多选票的政党(立宪民政党：4 456 250张选票，205个席位)所喊出的口号之一是“我们向何处去：是议会政府还是法西斯主义？”需要明确的是，选举的结果表明，选举这种做法也不能确保民众对民主的支持：选民放弃投票的比率比以前高得多，尤其是在城市里，这揭示出民众普遍仇视政治和政客。与此同时，选举本身也显示那些激进的爱国主义者并没有得到太多选民的支持。

---

① Reischauer, *Japan*, 157; Scalapino, *Democracy*, 243.

② Scalapino, *Democracy*, 369－370.

基于这种情况，军队的一部分成员尝试了另一次政变，在日本历史上被称为“二二六事变”（1936）。他们杀掉了几个高级官员。叛军设置了路障，在城市的一个角落固守了3天，向人们散发传单，解释他们政变的目的是要彻底摧毁旧的统治团体，用“新秩序”来拯救日本。军队的高层并不愿意借用武力来恢复秩序。最后，在天皇本人的请求下，又因为政府聘请了一个受到革命者信任的谈判专家，同时也因为看到政府用来对付他们的强大军队正在附近集结，革命者才不得不缴械投降了。这样，日本从这场自萨摩起义以来最重要的国内危机中恢复过来了——如果我们认为恢复是一个比较合适的用词的话。①

“二二六事变”（1936）可以说是一个前奏，引发的是进一步的政治运作（不过我们无须为此多做解释）以及一个专制主义统治形式的浮现，这一切都发生在1938年到1940年之间。根据一份极具洞察力的日本分析报告，这一政变标志着“自下而上的法西斯主义”的失败，也就是反资本主义的和受到大众欢迎的右翼力量的失败，成了“自上而下的法西斯主义”（或者我们也可以说是体面的法西斯主义）的牺牲品，在这种体面的法西斯主义中，政府的高级官员接纳了那些可以为他们所用的特征，却抛弃了其中受到大众欢迎的成分。体面的法西斯主义现在开始大踏步地前进。②国民动员被写入法令，激进分子被逮捕，政党被迫解体，取而代之的是大政翼赞会，这其实是对西方专制政党的不成功的拷贝。不久之后，日本加入了反第三共产国际的三角同盟，解散了所有的工会组织，代以“工业济国会”。③因此，到1940年末，日本已经开始表现出欧洲法西斯主义的

① Scalapino, *Democracy*, 381 - 383.

② Maruyama, *Thought and Behavior*, 66 - 67.

③ Reischauer, *Japan*, 186; Scalapino, *Democracy*, 388 - 389; Cohen, *Japan's Economy*, 30, note 62.

主要外部特征。

就像德国那样，日本专制主义的外表掩盖了内部互相竞争的利益群体之间的分歧和争斗。在这两个国家，右翼激进分子从来就未曾拥有过真正的权力，只不过日本并不需要通过流血的清洗运动来将这些右翼激进分子驱逐出去。但在日本，对经济的中央集权式控制与德国相比似乎更像是一个闹剧。①

日本的大企业成功地抵制了政府要求它们为了爱国主义目标而上缴利润的企图。军国主义霸权和法西斯主义的整个发展过程都对商业极为有利。工业产值从1930年的60亿日元上升到1941年的300亿日元。轻工业和重工业之间的相对位置倒转了过来，1930年重工业占所有工业产量的38%；到了1942年，它的比重上升到了73%。②财阀名义上属于政府管控，但是仍然能够获得相对完整的对所有工业领域的控制权。③4个最大的财阀，三井、三菱、住友和安田，其总资产在1930年只有8.75亿日元，到二战结束时已经超过了30亿日元。④

对于财阀来说，反资本主义力量不过是个小麻烦而已，而且到了1936年后，它们自己就能够有效地控制住这一麻烦，这只不过是他们为了推行可以给他们带来巨额利润的国内高压统治和国外扩张政策所必需付出的一点小代价罢了。大企业需要法西斯主义、爱国主义、天皇崇拜和军事力量，就像军队和爱国者也需要大企业来推动它们的政治计划一样。而农业激进分子们却看不到这一点，或者不管怎么样都拒绝承认这一点。尤其是那些秉持了农本主义理念的人发现自己被逼进了死胡同。这些人中间，有些人秉持着一种明显的无政府主义倾

① 细节方面，参见Cohen，*Japan's Economy*，58－59。

② Cohen，*Japan's Economy*，1.

③ Cohen，*Japan's Economy*，59.

④ Cohen，*Japan's Economy*，101. 对财阀更具同情心的态度，参见Lockwood，*Economic Development*，563－571。但是，我仍然觉得Lockwood的证据是不能支撑这一论断的。(第564页)“最终，财阀是自身建立起来的制度的牺牲品。”

向，还有一些人则浪漫地信奉个人恐怖主义行为。①他们的理念主旨就是极端仇视那些财阀统治以及被他们视为是财阀阶层之走狗的传统军国主义精英分子。但是，除了日本农业社区这样一种理想化的形式之外，他们也提不出任何其他理念。由于激进的农业理念与现代工业社会所推行的扩张主义政策之间存在着激烈的冲突，更正统的精英分子毫不费力地把这些激进农业理念撇在一边，同时为了确保民众对他们的支持，竟无耻地抢占了其中一些理念。在德国也发生过同样的情况，当然由于发生了摧毁激进纳粹分子的1934年血色大清洗，这种情况的发生也表现得更加突然、更加暴力。

在日本，如果我们站在军队的角度来检视整个故事，农业右翼激进主义和对天皇狂热的崇拜中所体现的内在局限性就显得更加清楚了。在1920年到1927年间，候补军官队伍中大约有30%是小地主、富裕农场主和城市小资产阶级的后代。那个时候，一旦农民与地主有所争执，这些预备役军人有几次都选择站在农民一边。②因此，到这个时候，已经形成了具有新社会基础和政治观念的新团体，并开始取代军队中更贵族化的旧领导层。到20世纪30年代，荒木贞夫将军是这一新团体的主要代言人，是摆脱金融巨头和宫廷小团体统治以期获得“独立”的主要倡导者。③与这种激进观念一致的是，他们中的很多人都反对军队现代化，反对再次强调经济计划，反对采纳更先进的技术。④在1932年后的一段较短的时间内，荒木关于需要对农业实施援助的言论在工业资本家内部引发了一些不安情绪。但是，即使是在早期，由于自己所处的位置的特殊性，荒木自己不久就改变了论调，

---

① Storry, *The Double Patriots*, 96 – 100; Tsunoda et al, *Sources of Japanese Tradition*, 769 – 784，给出了这些论著的一些样本。

② Tanin and Yohan, *Militarism and Fascism*, 180, 204.

③ Tanin and Yohan, *Militarism and Fascism*, 182 – 183.

④ Crowley, "Japanese Army Factionalism", 325. “二二六事变”标志着军队激进分子的决定性挫败。

开始谈论日本农民受到现代化诱惑的邪恶影响后变得懒惰了。①在30年代的战争狂潮时期，工业资本家们赢得的大把利润又一次惹恼了与农业有关联的持不同政见的军队成员，并直接导致了1940年陆军部长的下台。②军队甚至试图在中国满洲成立一个自给自足的运作基地，希望能够在那里彻底摆脱日本工业联合体的影响。直到关东军被迫承认靠它自身无法让满洲实现工业化，因此不得不勉强地借助政府的工业援助之前，满洲仍然主要是一个农业地区。同样，也是直到军队吸取了教训，提出对满洲实行工业援助并促进了军队和商业利益群体之间更紧密的合作之后，日本最终占领中国的华北地区才成为可能。③

军队试图远离现代世界的景象生动地展示了日本右翼农业理念的无用及其最终不得不依赖大企业的悲哀。大企业所宣称的口号可能并没有放弃反资本主义，但是实际上在实践中却完全放弃了反资本主义，而这也正是大企业们利用日本帝国主义所推行的权宜之计，压榨农业和小资产阶级爱国者所必须付出的代价。

在日本式的法西斯主义中，军队在一定程度上代表了不一样的社会势力，同时扮演了一个与希特勒统治下的德国军队不一样的政治角色。在德国，军队是一批并不同情纳粹的传统精英分子们的避难所。除了1944年，在眼看着就要输掉战争之时军队曾经发动过一次针对希特勒的流产了的阴谋之外，德国军队不过是被希特勒操控的一个被动的技术工具而已。将军们担心并抱怨战争带来的后果，但是他们对希特勒仍然言听计从。在日本，对于来自乡村和来自痛恨财阀的城镇小商人们的压力，军队的敏感度要高得多。两者的差异在很大程度上可以追溯到日本和德国社会之间的差异。与德国相比，日本的发

① Tanin and Yohan, *Militarism and Fascism*, 198－200.
② Cohen, *Japan's Economy*, 29.
③ Cohen, *Japan's Economy*, 37, 42.

展相对来说是落后的，它的农业部门更重要。因此，日本的军事领导层不可能轻易地忽视他们的要求。由于同样的原因，我们也发现日本军队会干预政治领域，并会试图使用政变这种与德国军队截然不同的方式。

日本的法西斯主义与德国，甚至是墨索里尼时期的意大利法西斯主义相比，在其他几个方面也有所不同。在日本，并未出现过突然的权力更替，也没有用暴力打破先前确立的立宪民主制的行为，也没有类似进军罗马的行为，这部分是因为在日本并没有经历过一个可以与魏玛共和国相提并论的民主时代。在日本，法西斯主义的兴起要“自然”得多；也就是说，法西斯主义在日本的制度中找到了比在德国更相投的元素。日本并没有平民元首或领袖。相反，在日本，是天皇以相似的方式作为国家的象征。日本也并没有一个真正有效的一体化的民众政党。大政翼赞会只不过是一个二流的山寨版而已。最后，日本政府并没有像希特勒针对犹太人那样推行针对底层民众中某一特定群体的大规模恐怖和清洗政策。这些不同之处也可以归因于日本相对落后的状态。日本人的忠诚和顺从问题可以通过宣扬传统的象征和审慎的恐怖主义来解决，而大部分的恐怖则可以留给“自发的”民众情绪。在工业主义早期阶段腐蚀了传统欧洲人信仰的世俗和理性主义潮流，对于日本来说只不过是一种舶来品而已，从来没有真正地生根发芽。到日本工业加速发展之际，这些潮流的大部分原始力量都是局限在欧洲各国发挥其影响。因此，在面临工业发展带来的经济问题和伴随这种发展应运而生的政治问题时，日本被迫更多地依赖自己文化和社会结构中的传统因素。

在意识到所有这些差异之后，我们显然可以认为德国和日本的法西斯主义之间的基本相似性仍然是其根本特征。德国和日本都是在较晚的历史时期进入工业化世界的。在这两个国家中，新兴的政权所推行的主要政策是对内压迫、对外扩张。在这两个国家的实例中，这一计划的主要社会基础是商业和工业精英阶层（他们最初的地位是相对薄弱的）和传统的乡村统治阶级之间的联盟，其直接对抗的是农民和产业工人。最后，在这两个实例中，面对不断发展的资本主义所带来的压力，处于困境的小资产阶级和农民群体中兴起了一种右翼激进主义。这一右翼激进主义为两国的高压政权提供了一些宣传口号，但是在实践中他们却变成了政府为了获取利润和“效率”的牺牲品。

在日本的专制主义和法西斯主义的发展进程中，我们还需要考虑一个关键的问题：如果农民真的有贡献的话，究竟是什么样的贡献？农民真的像有些作者宣称的那样，是狂热的民族主义和爱国主义的重要源泉吗？

在试图回答这些问题时，我们重新回顾一下在第一次世界大战和第二次世界大战之间的那些年份影响日本农民的主要经济因素，还是有帮助的。在关于这个时期日本农业生活的标准描述中，有三点比较明显。第一点是试图改变租赁制度的内在尝试的失败，第二点是日本乡村经济中丝绸的重要性的不断提高；第三点是经济大萧条所带来的影响。总而言之，后明治时代的主要趋势是日本农民越来越受制于世界市场。

关于租赁制度，我们只需简略地提一下，因为我们已经讨论过了其主要特征。一战结束之后不久，地主—佃农之间的冲突浪潮开始席卷乡村。1922 年热心参与城市劳工运动的温和派社会主义者组成了第一个全国性的佃农联合会。在接下来的 5 年里，地主和佃农之间的冲突数不胜数。但是，到了 1928 年，这一运动的势头开始减缓，当然，如果统计数据值得相信的话，我们发现，在 1934 年和 1935 年出现了一轮更大规模的冲突潮。从那之后，该运动的热潮明显消散了。就我所能够发现的而言，并没有太多人仔细分析过这些运动失败的原因，至少没有多少西方学者对此进行过仔细的分析。但是，几个主要的原因还是相对明确的。在日本乡村就从来没有发生过真正的阶级之间的战争。由于过去承继下来的结构的影响，地主的实力已经渗透进了乡村生活的各个角落。而且，对于个体佃农来说，他们似乎总有机会能够独自解决问题。因此，尽管由于明治协议使租赁制兴起，但是这些针对租赁制的斗争并没有对乡村的统治制度产生真正的影响。①

对于日本农民来说，从事丝绸业作为收入的一个补充来源是很重要的，对有些人来说甚至是主要的来源。丝绸业的运作需要大量现金，也需要一些安全保障，这种安全保障主要来自产品的多样化。在20世纪30年代，大约有2 000 000农民，占农民总数的40%左右，从事丝绸业。日本农民把茧出售给缫丝工，后者通常会得到横滨或者神户的中间商的资助。缫丝工需要支付高额利息，而且需要把生丝运到中间商那里以偿还他们预付的定金。贷款的数量如此之大，以至于中间商基本上控制了生丝的销售。对于农民来说，他依赖缫丝工的程度跟缫丝工依赖中间商的程度一样深。养蚕是一种全家都可参与的劳动，可以让一家之长仍然继续干其他农活。按照这种方式，丝绸业确实能提高从事该行业的农民家庭的收入。②尽管如此，在市场占主导地位的组织之下，城市里的大商行可以从中抽取大部分利益。这种情形导致了农民反资本主义情绪的兴起。

经济大萧条对稻米和丝绸生产都是沉重一击。1927年-1930年稻米取得了大丰收。稻米售价开始大幅下降。③价格的下降对地主(也许也包括大型的土地所有者和种植者)的影响可能远大于对佃农的影响，因为佃农通常是用稻米来支付他们的地租，而地主则需要把收成的85%出售给市场。④丝绸价格的下降，以及美国经济的崩溃，更加直

---

① 细节参见Dore, *Land Reform*, 29；更多细节参见Totten, "Labor and Agrarian Disputes", 192-200, table 2, 203。

② Matsui, "Silk Industry", 52-57. 同时参见Allen, *Short Economic History*, 64-65, 110。

③ Allen, *Short Economic History*, 109.

④ Ladejinsky, "Japanese Farm Tenancy", 431.

接地影响到了日本农民。1930 年生丝的价格下降了一半。当年的丝绸出口只是 1929 年出口额的 53%。很多农民都遭了殃。一些学者已经意识到了乡村经济所遭遇到的双重打击、“自由”政府的被推翻和权力转移到支持军事侵略的人手中这三者之间的相互关联。这一连串的因果链中一个关键的纽带应该是由农民士兵和小资产阶级军官等组成的军队，这些人的经济状况使他们更容易受到极端民族主义主张的吸引。①

我认为，这一理论是将情况过于简单化了，因而会严重地误导我们。并没有足够的证据表明农民们热情地支持极端民族主义。②体现在农本主义之类运动中的传统爱国主义的农业浪潮主要是城镇和地主参与的事件，是直接与农民的利益作对，想让农民节衣缩食、心满意足，一句话，让农民安分守己。农业超爱国主义最多对更富裕的土地所有者兼种植者可能有一点吸引力，这些人把自己看成是地主，而这些理念为他们作为稻米出售者的地位提供了合理的依据。

可以明确的是，农民所面临的情况中有一些方面，尤其是与丝绸贸易有关的方面，很容易让他们受到反资本主义观念的吸引。当农民中的反资本主义情绪与其他一些因素结合在一起的时候，就可能变得足够强大，从而使农民顺从乡村上层阶层的领导。整体来看，农民对日本法西斯主义——或极端民族主义，如果人们在这个关头更倾向于使用这个提法——的贡献总体来讲是被动的。农民确实为军队提供了大量顺从听话的士兵，并且在日常生活中形成了一个巨大而顺从的厌恶政治的(比如说保守的)群体，这一群体对日本政治具有重大的影响。

---

① Cf Allen, *Short Economic History*, 98－99, 111.

② 参与 1932 年 5 月对犬养首相的暗杀便是这样一个运动，但是首相自己在乡村地区拥有很多追随者。参见 Borton, *Japan Since 1931*, 21－22 和 Beardsley et al, *Village Japan*, 431－435。

现在，不管政府下达的命令是什么，对命令不假思索地顺从已经不仅仅是心理方面的问题了。这种行为背后的观念是具体的历史情境的产物，就像西方至今为止仍推崇备至的自力更生这一观念一样。而且，日本的案例毫无疑问地显示，这种被动的态度并不一定是先进的工业主义的产物。在特定的情况下，这种态度也会出现在农业社会中。

在日本，这些情形体现在日本乡村的结构中，正像从德川晚期和明治早期继承下来、因为更加现代的经济趋势而得以强化的那样。地主仍然是农民社区中的领导力量，没有受到什么挑战。他们利用乡村结构能够继续在本地为所欲为。同样地，乡村也给他们提供了一个政治基础，凭借这个基础他们可以把自己的目标拔高到国家层面，但是在这个层面他们遇到了挑战，成为我们已经讨论过的整体的妥协力量的一部分。因此，现在让我们更深入地探讨一下农民为什么如此愿意接受地主影响的原因。

直到美国人开始主持日本的土地改革之前，日本乡村的最显著特征是富人掌控一切，并且压制各种公开的冲突。①乡村统治的主要基础是土地财产的所有权。因之而生的关系都会受到国家的支持，甚至偶尔也会使用残酷的武力来确保这种支持。在一定程度上，这些关系也会趋向温和，并且基于年龄、传统和习俗等表面因素而看上去更合

① 在这里我们遇到了一个专业术语上的难题。日本的 buraku 在美国的历史中无法找到合适的同类。这是一个社区，通常不到一百户人家，所有的成员都相互熟悉。它的土地边界界定得很模糊，但是其成员对一个清晰界定的社会单位有着强烈的归属感。Mura 则更大一些，其成员相互之间可能不认识，尽管它是日本法定的最小的行政单位。一个 mura 通常包括几个 buraku。Dore 经常把 buraku 翻译成小村庄，通常“village”（村子）留给了更大的行政单位。对于 T. C. Smith 来说这倒不是什么大问题，他在 *Agrarian Origins* 一书中仅仅是涉及日本早期，因此使用“village”（村子）来指代自然的社会单位。本书中，我说的“村子”系指 buraku，除了上下文清晰地指明的一些特殊情形这一词被用来指代 mura。关于进一步的细节，参见 Beardsley et al, *Village Japan*，3－5 和书后的术语表。

乎民意。住在本地的地主经常会参与管理乡村的事务，当然更大一些的地主会让其他人来操心这些杂事，而自己则在背后行使权力。佃农有时候也会在村里担任个一官半职。①在很多乡村或者更大的区域内，会由一个相互联姻的被形象地称为“接吻圈”的地主家族小圈子来掌控本地事务。②通常来讲，小地主提供后备力量去担任村里有收入的官职，因为这样就可以在地租之外为自己争取到一点微薄的工资。③

只有在极端的情况下，地主才会任意地剥夺佃农的唯一生存来源，或者会采取激烈的行动。④但是，地主可以以一百种微妙的方式让佃农和其他人时时意识到地主拥有对佃农生计进行生杀予夺的权力。因此可以说，实际上是详细规定出来的顺从行为准则背后的那种终极制裁手段在真正地掌控着农民与其上级之间的关系。佃农小心谨慎地观察着“地主老爷的脸色”。多尔提供了这样一个观察，这一观察是将地主统治的黑暗面最小化了，而不是夸大了。但是，连他自己也认为，佃农的顺从完全是出于对各自优势的有意识的计算，是出于建立在经济依赖这一残酷事实基础上的恐惧。⑤因此，当许多美国参观者因为日本的新奇和与自身经历迥然不同的情况而对日本那些繁文缛节的顺从行为准则赞叹不已的时候，我们要记住，这种顺从背后的终极原因是恐惧和依赖，至少在乡村是这样的。人们可能会猜测说，这些参观者身在美国的时候不难识别出非常友好的欢快背后所潜藏着的敌意，但是对于日本人温文尔雅的历史根源和当前意义，他们显然是无从知晓的。在那些因为美国人主持的土地改革或者其他原因而使

① Dore, *Land Reform*, 325.
② Dore, *Land Reform*, 330.
③ Dore, *Land Reform*, 337.
④ Dore, *Land Reform*, 373.
⑤ Dore, *Land Reform*, 371 - 272.

经济依赖关系彻底消失了的地方，地位的传统结构和顺从关系也一去不复返了。①如果有人倾向于怀疑乡村中的所谓寡头统治和日本的礼貌准则所依赖的其实是经济基础的话，那么地位的传统结构和顺从关系部分地消失了的情况就似乎令人信服地展示了其中的关系。

在日本，大大小小的土地所形成的卫星式系统一直持续到现在，其中一个原因在于这一系统通过推行租赁的机制能够适应市场经济，同时也因为没有出现什么力量直接挑战该系统。日本乡村的团结和“和谐”，避免公开冲突——也许我们应该说是压制——或多或少也是一种成功地顺应了现代时期的封建遗产。在尚未进入现代时期的乡村里，这种团结起源于农民之间的经济合作制度，也起源于地主所推行的税收和家长式监督政策。这两个因素的现代形式在两次世界大战期间继续起着作用，甚至直到今天仍然在施加许多同样的影响。无须过多地纠缠于细节，我们只要这样评论就足够了：金钱经济对乡村的持续影响确实在一定程度上束缚了旧有的关系，但是至今尚未使之发生非常巨大的改变。②

在政治方面，也有一些因素在继续发挥着维持乡村团结的作用。在德川时代，“大”议题——将富人和穷人分开来的议题——并不是在地方层面决定的，即使是在现代时期也不是。③只影响到地方社区的“小”议题则更多的是靠任何参加过学术委员会的人都很熟悉的一种方法来处理的。人们可以给它们一个统一的说法，那就是，共识是因为枯燥无聊和筋疲力尽而达成的。也许，我们在这里碰到的是一些社会学家真诚追寻的普遍性或者规律之一。在根本上，这种机制让有

① Dore, *Land Reform*, 367.

② 关于本章早些时候描绘的行为延续下去的具体细节，参见 Embree, *Suye Mura*, chap IV, 但是 Embree 对社会阶级和政治的看法实在是对我们没有什么启发；进一步地，关于耕种实践，参见 Beardsley et al, *Village Japan*, esp 151; Dore, *Land Reform*, 352 - 353。

③ Dore, *Land Reform*, 338, 341.

意见的人无休止地发表意见，直到整个团体为某一决定承担集体责任。在日本，也许在其他地方也一样，真正的讨论通常是远离公众耳目的，这样可以让参与讨论的人更坦诚，而且也更可能达成大家都接受的妥协。这一制度奖赏的是某一个人坚持意见的力度而不是意见的合理依据。同时，这种制度也算得上是民主的，因为它允许大家尽情地发表不同意见。只有当委员会以外的竞争党派势均力敌的时候才会发生冲突。在现代日本乡村，为首的家族不止一个，在这个精英群体中总有热烈的讨论，我们需要再一次强调的是，这些人所谈论的纯粹是本地的事务。尽管日本在民主美德方面完全不存在任何固有的传统，但是日本确实也发展出了一些自己的制度性特征，而且这些特征似乎确实只产生于日本本土。①那些形式上表现得更正式的民主国家其实并没有资格评论说，日本的民主是在最无关紧要的地方最富有成效地发展出来的。

在日本最近历史的专制主义阶段，乡村被整合进了整个国家的结构，这种整合方式让人清晰地联想起德川政权渗透和控制农民社会的技巧。我们在众多资料中无法找到更有力的证据表明两者之间有着直接的历史连续性。②但是，即使没有连续性，这些做法仍然显示出日本封建主义的大部分与20世纪专制主义制度之间相互兼容是很容易实现的。

读者可能会回想起德川政权为了实现责任共担的目的而推行5人小组制度。乡村里的公共布告栏强化了这些小组的作用，全力劝诫农民保持品行端正。1930年后，政府组织起了邻近小组，每一个小组都有一个头儿。多尔观察到，这个制度和在这之上的官方行政管理一

---

① 关于乡村政治，参见Dore，*Land Reform*，chap XIII 和 Beardsley et al，*Village Japan*，chaps 12，13，esp 354－385。Dore的描述回过头来阐明了1945年以前的政治行为。

② Embree，*Suye Mura*，34－35支持了这种连续性。

起，通过面对面的逐级下降的指令层级制度为中央政府提供了一个直达每一户家庭的办法。内政部通过发布布告将指令下达到每一户家庭。碰到重大情况，每一户家庭都需要通过盖章来表明他们收到了指令。这种机制提供了组织农村民众的有效方法，有助于实现诸如配给供应、收集公粮、购买战争公债和紧缩开支之类措施的目的。尽管美国军管会废除了这种下降式的传达制度，但是地方组织仍然继续存在，因为它们还需要承担地方上的一些职能。由于地方组织继续存在，而且在发布信息方面提供了比村民们通常容易忽视的布告栏更为有效的方法，因此这些组织不久就恢复行使职能了。①

当历史学家回首17世纪以来的日本乡村历史之时，最让他们感到震撼的特征是其连续性。寡头的结构、内部的团结和与高层统治者之间有效的垂直纽带，所有这一切在经历了为适应市场需求而进行现代化生产的转变过程中都存续了下来，很少发生变化。同时，历史的连续性本身并不能为我们提供任何解释；反而是这种连续性需要我们加以解释，尤其是其他方面的情况发生了那么多变化。我主张，这种解释的核心在于如下这一事实：由于地主通过旧的乡村结构就能够榨取并出售足够多的剩余产品，从而确保自己总是在社会阶层的最高位置上，因此他们会竭尽全力去维持旧乡村结构中的大部分。那些未能进入这一等级的人们则为农村的伪激进主义提供了后备力量。用租赁关系来替换伪亲戚关系是所需要的唯一的制度性变化。这一切只可能发生在稻米文化中，因为在这种文化中，采用传统的方法仍然能够大幅度地提高劳动生产率，正如众多事件所展示的那样。日本的统治阶级与18世纪的英国地主、16世纪的普鲁士容克贵族或者20世纪的俄国共产党人都不同，他们发现自己不需要去摧毁现存的农民社会就能达到自己的目的。如果日本的地主只靠传统的社会结构并不能达到其预

① Dore, *Land Reform*, 355.

期目标，那么我怀疑他们对农民的态度不会比其他任何国家的地主更仁慈。

日本政治和社会制度对资本主义原则的适应性帮助日本避免了用革命的方式进入现代历史阶段。部分是因为对那些早期恐怖的逃避，日本最终陷入了法西斯主义和战败的泥沼。非常宽泛地讲，德国也因为同样的原因陷入泥沼。避免以革命的方式进入现代时期，其代价是非常高昂的。印度也为此付出了高昂的代价，在那里，这场戏尚未发展到高潮；当然，其剧情和人物都是不同的。不管怎么说，我们从到目前为止所研究的案例中学到的这些教训可能有助于我们更好地理解这一场戏的真正意义。

第六章

亚洲的民主：印度及其和平变革的代价

1. 印度经验的相关性

说印度归属于两重世界是老生常谈了，但这恰恰是事实。就其本身的经济发展情况而言，它仍处于前工业时代。它尚未发生过目前为止我们所谈到过的两种资本主义形式中任何一种的工业革命，也没有发生过共产主义革命。在印度，没有发生过任何形式的资产阶级革命，没有发生过自上而下的保守形式的革命，也没有发生过农民革命。但是，就政治种类而言，印度的确是属于现代世界的。1964 年尼赫鲁去世之时，印度的政治民主已经存在了 17 年了。这样的民主尽管可能是不完美的，但绝对不是一个假象。印度自 1947 年获得独立以来就一直在推行议会制度，拥有一个独立的司法系统，还拥有标准意义上的自由：自由的全民选举，执政党已经因此而不得不在国内一个极为重要的区域承认自己的失败，军队由文官控制，国家首领只能有限地使用宽泛的形式上的权力。①这里确实存在着一种悖论，但不过仅是一种表象上的悖论。在这样一个拥有亚洲背景而又未曾经历过工业革命的国家里，竟然能够发展出政治民主，这实在是令人深感怪异的，但是逐渐地，人们会突然意识到，印度政府之所以会面临这么多令人震惊的问题，恰恰就是因为这些特定的事实。事实上，这也正是我在本章中尽力加以解释的，那就是，为什么现代社会的到来并没有给印度带来政治和经济上的动乱，或者，更简要地说，现代社会的到来这一过程给当下的印度社会究竟留下了什么遗产?

这个故事就其本身而言能够给我们带来很多启示，而对于本书和其他著述中所提出的理论，尤其是对于那些对西欧和美国迥异的历史经验做出响应的民主理论而言，它则既提出了挑战，同时又予以进一步的检验。由于印度在实现现代化的过程中遇到了极其坚固的障碍，因此也有助于我们更多地理解那些帮助其他国家克服类似障碍的因素。但是，在此我们仍然需要加以强调的是，为了更正确地理解整个故事，我们需要时刻谨记，这个故事尚未终结。只有未来才能够真正揭示出印度社会究竟是否能够在进行现代化发展的同时又保持或扩展其民主自由。

通过这段开场白，随着我逐渐深入地讲解这个故事，读者可能会发现听听这个故事还是很有帮助的。在英国女王伊丽莎白一世执政时期，印度国内的伊斯兰征服者们已经在印度次大陆的大部分地区建立起了一种制度，该制度被那些旧一代的思想还比较开放的学者冠以东方专制主义制度的称谓。到今天，我们需要将之命名为农业官僚制度或亚洲形式的皇家专制制度，这种制度比中国所推行的制度更为原始，是一种不利于政治民主发展和贸易阶级兴起的政治制度。不论是贵族还是资产阶级所拥有的特权和自由都未曾对莫卧儿王朝产生过威胁。农民内部也不存在任何力量能够在经济上或者政治上打破与现存社会之间的联系。在广大的区域内，耕种是非常懒散、低效地进行的，这可以部分归咎于莫卧儿王朝对农业课以重税，部分归咎于通过种姓制度所组织起来的农民社会的特殊结构。种姓制度为发生在乡村社区的地方层面上的一切社会活动提供了一个框架，这些社会活动从表层形式上讲，包括了人们从入胎到死后的所有社会活动，从而使得印度社会的中央政府在很大程度上变得多余。也因此，印度农民的反

① Brecher, *Nehru*, 638.

抗很少会采取中国式的大规模农民起义的形式。由于可以不断形成新的种姓或者亚种姓，创新和守旧不断地被稀释、被吸收，而不会带来任何变化。在不存在推动实质变化的任何强大动力的情况下，莫卧儿制度却自己分崩离析了，其关键原因在于该制度所推行的农业税制度导致剥削现象日益严重，造成了社会的变动。莫卧儿制度在18世纪的崩溃反倒是给了欧洲人一个在印度建立扩张基地的机会。

在英国占据印度之前，印度社会自身拥有的特性中已经呈现出了许多不利于现代化进程的强有力的阻碍性力量，而随着英国对印度的不断征服，印度社会特性中的其他因素也都浮现了出来。在18世纪晚期和19世纪初期，英国人引进了全新的税收制度和土地租赁方式，同时也引进了纺织业，后者给印度的手工艺种姓阶层造成了极大的伤害。英国人更进一步地向印度社会展示出代表西方科学文化的所有机制，这对于印度社会传统的祭祀特权来说是个威胁。印度社会对此的回应是发生在1857年的暴乱，这次暴乱是一种保守主义的挣扎，最终并没有将英国人驱逐出去，只能以失败告终。法律、秩序和税法的引进加上人口的不断膨胀，这一切所带来的更深刻、更长远的影响是，在印度社会形成了寄生式的地主土地所有制。尽管耕作技术非常落后，但是农民还是生产出了大量的经济剩余。英国力量的存在，叛乱的失败，以及社会的特性使印度无法采纳日本式方案来解决社会的落后问题，即由那些主张将农业剩余作为工业发展基础的本土精英阶层中的一支新生力量来统治社会。相反，在印度，最终利用并消耗了这些农业剩余的是外国征服者、地主和放贷者。正是因为这样，印度的经济停滞一直贯穿整个英国统治时代，直至现在。

在另一方面，英国力量的存在也阻止了地主精英阶层和力量相对薄弱的资产阶级阶层之间建立典型的反动联盟，同时，英国文化的影响对印度的政治民主进程作出了重要的贡献。英国在印度的统治高度依赖土地精英群体。在另一方面，印度本土的资产阶级尤其是制造商们则受制于英国政策尤其是自由贸易方面的束缚，因此而总是试图要开拓一个受到保护的印度市场。当民族主义运动不断高涨并且开始找寻民众基础的时候，甘地通过非暴力主张、托管统治制和印度乡村社区的荣耀化，在资产阶级中力量相对强大的群体与农民之间建立了一个纽带。由于这些以及其他一些原因，尽管印度民间的大力反抗最终迫使日益衰落的大英帝国不得不从印度撤走，但是印度的民族主义运动并没有采用革命的形式。所有这些推动力带来的最终结果实际上是政治民主，但是这种政治民主并没有为印度社会结构的现代化作出什么贡献。因此，在印度，饥馑的阴影总是若隐若现，挥之不去。

如果撇开错综复杂和相互矛盾的一切，那么所剩下的无非是令人觉得极为荒诞的一片光秃秃的景象，我们接下来所读到的故事就是这样的景象。对印度远比我有研究的人可能不愿意承认上述粗略勾勒就是他们潜心研究的对象。而我则希望，接下来一一呈现出的证据可以使得我所勾勒出的情形更可信，当然，这也很可能只是我的一厢情愿而已。

2. 莫卧儿王朝统治下的印度：民主的障碍

在西方势力进入印度之前，众多占领者中最后一个占领者是莫卧儿人，这是用来指称伟大的蒙古领袖成吉思汗的追随者中一个很大的分支的名字。早在16世纪，他们中间的第一个首领就侵入了印度。他们在阿克巴(1556－1605)王朝统治时期(这个王朝与伊丽莎白一世属于同一个时期)达到了权力的高峰，尽管随后的统治者所控制的区域有所扩展。到16世纪末期，这对我们的描述来说是一个合适的起始点，这一伊斯兰王朝控制了绝大部分的印度领土，包括大约沿半岛向下直到孟买北部的从东到西的一条线。南部的印度斯坦王国则保持独立。随着莫卧儿人根据印度斯坦的情况逐步调整自己的统治方式，最终这两个王国之间几乎没有差异，不过，在最盛时期，莫卧儿统治区的管理比印度斯坦王国的管理要好一些，这确实是事实。①

根据一种大家都熟知的描述，传统印度政体的根本特征是有一个统治国家的君主、一支拥护王室的军队和支撑前两者的农民。②为了充分地理解印度社会，在这三者之外，人们还必须加上种姓的概念。就当下而言，我们可以把种姓制度描写成把民众分成世袭的同族通婚的群体的组织方式，在这些群体中，男性承担着同样类型的社会职能，比如神父、武士、手工业者、耕种者等等。与“净秽”相关的宗教概念将这种社会分类变成理论上密不透风、层级上壁垒森严的各个部分。③种姓可以被用来（而且至今仍被用来）组织乡村社区的生活，而乡村社区是印度社会的基本细胞和单位，不过这一基本单位在强有力的统治者不存在的时空条件下特别容易解体。

乡村社区通过种姓组织在一起，用税收来支撑作为统治者主要支柱的军队，这种制度联合体被证明是极其坚固的。在整个英国统治时期，印度政体体现出的正是这一特征。即使是在争取独立时期以及在尼赫鲁的统治下，莫卧儿王朝制度中的很大部分仍然原封不动地保持了下来。

从本质上来看，莫卧儿时代的政治和社会制度是一种农业官僚制

---

① Moreland, *India at Death of Akbar*, 6.

② Moreland, *Agrarian System*, xi.

③ Moreland 在其关于莫卧儿社会的详细描述中很少谈及在当时像过去几个世纪一样盛行的种姓制度，这一点似乎有些奇怪。其原因可能是因为 Moreland 不得不使用莫卧儿王朝的官方文件和当时旅行者们的描述来组织自己的文章。这两种类型的描述没有哪一种特别聚焦于生动现实的乡村社区，在其中种姓制度已经成为劳动力分工的基础。你可以征收赋税，征用士兵，或者，如果你是一个外国人，想从事贸易，你只需要具备关于种姓制度是如何运作的最基本知识就行了。由阿克巴的部长 Abul Fazl 所撰写的关于莫卧儿王朝基本概述的 *Ain i Akbari* 一书中则多次提到了种姓制度，但主要是因为好奇而已。Habib 的 *Agrarian System*（1963）一书对于 Moreland 的描述中的一些关键论点，尤其是关于低级贵族所担当的角色和他们与农民起义之间的关联，进行了修正和延伸。在其他方面，该书印证了 Moreland 的分析，他对于种姓制度的描述尽管比 Moreland 要多一些，但也只是轻描淡写而已。

度，该制度建立在一群不同类型的地方官员上面，这些地方官员的资源多少不等，权力大小也不等。随着18世纪莫卧儿的统治逐渐衰落，该制度开始转向一种更为松散的形式。在阿克巴和随后一些强有力的统治者的统治之下，没有出现过完全独立于国王、在全国范围内都有影响的土地贵族，至少在理论上不存在，在很大程度上现实中也没有出现过。尽管莫卧儿统治者至少在相当程度上成功地把土著酋长们整合进了莫卧儿的官僚制度中，但是后者仍然具有很大程度的独立性。不久我们会详细讨论土著酋长们的地位。总的来看，就像莫兰①所说的那样："独立是叛乱的同义词，而一个贵族要么是统治权力的仆人，要么是其敌人。"②对于17世纪的印度来说，贵族是比较脆弱的，这是一个重要的特征，因为就像是在其他一些国家一样，这种脆弱性阻碍了由本土力量推动的议会民主的发展。对于印度来说，议会制度是一个迟到的新奇的舶来品。

土地，在理论上而且很大程度在实际操作中，是完全由统治者自由支配的。除了出于建房目的可以购买小块土地之外，土地是绝对不允许购买的。③通常的做法是把一个村庄、若干村庄或者是更大的区域的收入委派给一个官员，作为该官员在莫卧儿帝国担任公务员所给予的服务报酬。阿克巴不喜欢这样的安排方式，因为这么做有着与农业税一样的典型缺陷。受帝国委派的某一区域的负责人总是禁不住剥削农民的诱惑，也可能努力为自己的势力打下基础。因此，阿克巴试图用常规的现金支付手段来取代这种委派制度。这一努力后来失败了，其原因我们后文将要讨论到。④

---

① Moreland，1868－1938，英国历史学家，对16和17世纪的印度特别是北印度的经济历史特别有研究。——译者

② Moreland，*India at Death of Akbar*，63.

③ Moreland，*India at Death of Akbar*，256. 但是，根据Habib，*Agrarian System*，154中所言，土地所有权是可以购买的。

④ Moreland，*India at Death of Akbar*，67和他的*Agrarian System*，9－10。

同样，在理论上，并不存在所谓的官位世袭制，每一代人都需要一切从头开始。当官员死亡之后，他的财富就被充公，纳入国库。但莫卧儿在征服了一个地区之后会继续留用那些印度教地方官员，由后者进行统治，以换取他们对新政权的拥护，这些人的官位可以继承，这是印度继承制方面一个重要的特例。不过，在这些征服者内部确实也存在着贵族家族。但是，这些贵族在死亡之际，其财产充公的概率非常高，财富积累常常变成了一个危险的根源。①

除了阻止官位上的财产权增长的这些努力之外，印度的政治制度还呈现出其他一些官僚主义特质。所有的职务都被分等级，担任不同职务的条件由皇帝详细地列出。一个人被选入为帝国效劳的行列之后，会得到一个军事头衔，然后该官员会被要求招募骑兵和步兵，其数量要与所得到的军事头衔相匹配。②在另一方面，莫卧儿官僚制度并没有发展出现代社会常见的用来保护官僚统治权的一些保障措施。没有晋升原则，没有体格检查，也没有关于特定职能的胜任力的概念。在官员的晋升、降职或者开除方面，阿克巴显然完全依赖他自己对官员品性的直觉判断。当时一个最为著名的文官在军队管理上成绩卓著，而另一个文官在宫廷服务了多年之后到前线指挥部队时却遭到了灭顶之灾。③与中国清朝的公务员制度相比，阿克巴的制度相对来说显得过于原始了。确切地说，中国也明确地反对任何极端的专业化，因此人们可能很容易地从中国历史中找到与上文提及的相类似的诸多职务。而中国的科举制度显然比阿克巴随心所欲的招募和晋升方法更接近于当代官僚制度的实践。中国在阻止官位上的财产权增长方面取得了成功，这是中国和印度之间一个比较显著的差异。我们不久

① Moreland, *India at Death of Akbar*, 71, 263; Moreland and Chatterjee, *Short History*, 211－212.

② Moreland, *India at Death of Akbar*, 65.

③ Moreland, *India at Death of Akbar*, 69, 71.

就将看到，晚期的莫卧儿王朝在这方面是不成功的。

积累财富的风险和通过遗嘱来转移财富的障碍使印度人格外热衷于摆阔。当时社会占主导地位的特征是消费而不是储蓄。这是将奢靡生活建立在污浊之地上这一风尚的起源，今天到印度访问的人仍然会对此深感震惊，而在莫卧儿时代，这一点也给从欧洲来的旅行者们留下了生动的印象。皇帝是奢靡生活的带头大哥，朝臣们则纷纷效仿。①这种宫廷内的奢靡是防止财富向官员手中聚集的一种方法，但是，正如我们即将看到的那样，从统治者的角度来看，这种方法也会造成不幸的后果。随从官员们在自己的马厩上所花费的金钱大大超过了家庭中其他部分的开销，珠宝可能要除外。体育和赌博很兴盛。②充足的人力资源提供了大量的家仆，这一习俗一直延续到现代。由 4 个人照料一头普通的大象，至于供皇帝玩赏的动物，伺候的人则上升到了 7 个。莫卧儿王朝后期，有一位皇帝为英国人送给他当礼物的每一只小狗都配备了 4 个用人。③

莫卧儿王朝的统治者通过把老百姓生产出来的大部分剩余产品都夺走，并将之转化成向外炫耀的资本，可以一时地避免贵族阶级对他们的权力进行攻击的危险。同时，对剩余产品的这种使用方法严重地限制了经济发展的可能性，或者更精确地说，限制了可以突破农业秩序、建立起一个新型社会的经济发展。④这一点值得强调，因为马克思主义者和印度的民族主义者通常会辩解说，印度社会正处于一个从农业制度的束缚中挣扎出来的关键节点，此时，是英帝国主义的到来摧垮并扭曲了朝这个方向发展的潜在力量。从我们掌握的证据看来，这样一个结论似乎是站不住脚的，反而为完全相反的观点——即使在

① Moreland, *India at Death of Akbar*, 257.
② Moreland, *India at Death of Akbar*, 259.
③ Moreland, *India at Death of Akbar*, 88 – 89.
④ Moreland 在 *India at Death of Akbar*, 73 清晰地指出了这一点。

没有外力的情况下，17 世纪的印度社会也无论如何都不可能产生资本主义民主或者议会民主——提供了强有力的支持。

让我们把注意力转向城镇，看一看那里的印度资产阶级的萌芽，而后会更加坚信上述结论。印度的城镇里确实出现了某种资产阶级的萌芽，甚至出现了类似于饱受争议的社会历史的主导力量——新教伦理观念——的痕迹。塔韦尼耶，一个 17 世纪的法国旅行者，曾这样描述职业以银行家和经纪人为主的素食种姓商人：

> "这一种姓的成员在贸易中表现得如此微妙而富有技巧……以至于他们甚至可以给最精明的犹太人上课。他们习惯于在孩子还很小的时候就不让他们养成懒惰的习惯，不像我们一般经常做的那样，让他们走到街道上去和大家一起玩，而是向他们传授算术……孩子们总是跟着父亲，父亲会指导孩子们做生意，而且不厌其烦地给孩子们解释其中的道理……如果有谁与他们发生了争执，他们就只是耐心地倾听，相隔四五天之后，当他们确保对方的怒气已经消掉的时候，再去找对方。"①

但是，在当时的印度社会，这些美德无法找到足够的机会推翻占主导地位的生产制度。

当时的印度也有城市。当时的欧洲旅行者把阿格拉、拉合尔、德里和建迦耶等同于当时欧洲的大城市——罗马、巴黎和君士坦丁堡。②但是，印度这些城市的存在并不完全依赖贸易和商业。它们更主要的是政治中心，在某种程度上也是宗教中心。贸易者和商人相对来说并不是那么重要的。法国旅行者贝尼耶评价到，在德里"并没有

① Tavernier, *Travels in India*, II, 144.
② Moreland, *India at Death of Akbar*, 13.

中产阶级。人们要么是高等人，要么生活在水深火热之中”。①当然那里还是存在商人的，而且他们也参与与国外进行的商业往来，但是在这个时候葡萄牙人攫取了这个领域里的绝大部分利润。②在这里有一个支持下述观点的事实：欧洲帝国主义抑制了迈向现代化进程的本地动力。不过，这在我看来，绝非一个具有决定性意义的证据。印度的城市里还存在着一些手工艺者，其主要工作是为富人们制造奢侈品。③

印度在商业上遇到的最主要障碍是政治性的和社会性的。有些也许并不比同时代欧洲的情况更糟糕，在欧洲，拦路抢劫、无理诉讼和收取高额过路费现象也是司空见惯的。④其他一些情况则更糟糕。莫卧儿王朝的司法制度落后于欧洲的司法制度。希望执行合同或者收回债款的商人无法将案件交到专业的律师手里，因为这一职业并不存在。他不得不自己出面向一个充斥着私人性和随意性的司法系统提出诉讼。在这个过程中贿赂几乎无所不在。⑤

更重要的是，在富裕商人和官员去世的时候皇帝将他们的财产收归已有的做法。莫兰引用了莫卧儿王朝的最后一位统治者奥朗则布所写的书信，其中一段是贝尼耶这位旅行者保存的：

> “我们对此已经习以为常了：一旦一个贵族或者富裕商人停止呼吸了，甚至有时在他的生命火花尚未熄灭之前，我们就会在他的保险箱上盖上封印，把他的仆人或者管家关起来，狠狠地打上一顿，直到这些人乖乖地将所有的财产全都交出来，甚至连那

① Moreland, *India at Death of Akbar*, 26 引用过。

② Moreland, *India at Death of Akbar*, 239.

③ Moreland, *India at Death of Akbar*, 160, 184, 187.

④ Moreland, *India at Death of Akbar*, 41；同时参见 Habib, *Agrarian System*, chap II。

⑤ Moreland, *India at Death of Akbar*, 35－36.

些最不值钱的珠宝也不放过。这种做法毫无疑问是有好处的，但是我们能够否认其不公正性和残酷性吗？”①

也许并不是每一次都会采取这种做法。但是，正如莫兰冷静地观察到的那样，当资本所有者的死亡使业务陷入暂时的不确定性的时候，生意一定会面临其所有有形资本突然被要求收回的风险。②人们很难相信，皇帝能有意识地克制其冲动，不去人为地加速这些人死亡的自然进程，因为那样做的最终结果对皇帝来说是充满愉悦的。所有这些想法肯定会在商人内部广泛传播，因而抑制了印度商业的发展。

总之，印度政治统治者对商人的态度似乎更接近蜘蛛对苍蝇的态度，而不像同时代在欧洲普遍存在的奶农对他的奶牛的态度。即使是阿克巴这个最开明的莫卧儿皇帝也并没有一个像法国的科尔贝那样的重商主义大臣。在信印度教的地区，情况可能更糟糕。本地统治者，例如某个镇的镇长，有时也可能会持有不同的观点，尽管他们自己也面临着要快速发财、快速消费的压力。总而言之，我相信这样一个结论还是能够得出的：和平和（某种）秩序的建立并没有使印度的商业得以发展，商业对农业秩序的削弱也没能够达到日本的程度。莫卧儿制度在这方面太具有掠夺性了，并不是因为其统治者和官员们在做人方面一定是更加恶毒的（尽管后期的一些统治者也许是因为无聊和无望而整天沉湎于毒品，甚至嗜血），而恰恰是因为这一制度把统治者和官员们置于一种困境，在这种困境中只有贪婪的行为才显得合理。

有时，这种掠夺性特征严重地削弱了莫卧儿制度。在18世纪，仅仅是面临几支小小的欧洲力量（他们又主要进行相互之间的争斗）的挑战，莫卧儿王朝就轰然倒塌了，以至于伟大的莫卧儿当政者不得不靠

① Moreland, *India at Death of Akbar*, 277－278.
② Moreland, *From Akbar to Aurangzeb*, 280.

接受英国的薪俸而过活。对莫卧儿官僚制度和农民之间的关系的分析将有助于揭示其中的某些原因。

在莫卧儿统治印度之前，印度斯坦的制度即规定农民把其收成的一部分交给国王，国王会在习俗、法律和交通能力可以允许的范围内确定归他自己所有的份额以及税收的厘定和征收方法。莫卧儿从印度斯坦那里接受了这种方法，基本上未作任何改变，部分原因是这种做法与其自身传统极其吻合。①莫卧儿的行政管理理想，尤其是在阿克巴统治时期，是在农民和国家之间建立起直接的关系。理想的状态是，收入的厘定和征收通过具体负责各个环节的官员们集中控制。②然而除了在较短的时间以及相对较少的地区内，莫卧儿统治者们从来就没有实现过这一理想。要使这种做法得以真正实行，需要建立一个直接受皇帝控制的庞大的薪俸制官员体系。这种做法似乎超出了印度这一农业社会的物质和人力资源，而同样的做法就算沙皇俄国也难以实行。

莫卧儿王朝并没有从皇室国库中直接拨款支付给帝国官员，最普遍的做法是在一个指定的区域里将皇家收取的份额定下来。皇家在确定分配标准的同时给官员授予了充分的行政管理权，可以厘定和征收所要求的税收数额。指定的区域可能大至一个省，小至一个村子，而所征收的数额可能体现了维持军队或者是执行其他政府职能的成本。在莫卧儿王朝时期，帝国的绝大部分，有时候大到7/8的地区，掌控在这样的代理人手里。③除了征收赋税，这种做法还可以作为军队征兵的手段。同一支官员队伍要为莫卧儿官僚统治执行上述两项根本任务，同时还负责维持和平和秩序。④

① Moreland, *Agrarian System*, 5-6.
② Moreland, *India at Death of Akbar*, 33.
③ Moreland, *Agrarian System*, 9-10, 93.
④ Moreland, *India at Death of Akbar*, 31.

关于这个基本模式，各地还有许许多多变种，而关于其细节我们目前可以忽视，这不会有什么问题。正如莫兰观察到的那样，阿克巴王朝是一个极为现实的王朝。“一个官员或者是拉甲，如果他表示效忠并且同意上交合理的税收就可以保留其官位；那些拒不服从或者心怀怨气的人则会被杀头、投入监狱或者被驱逐出境，而他原先拥有的土地则被收归国家直接控制。”但是，有一点值得我们关注。莫卧儿王朝的皇帝们发现，有必要通过地方管理者来统治和征税，这是一个广泛的认识，尽管不是绝对普遍的认识。这些中间人的通用称呼是柴明达尔。

这个名称的实际情况和词语滥用的存在，给人造成很大的困惑。但是还是有可能根据柴明达尔相对于中央政府的独立程度将他们分成两个宽泛的种类。在全国很多地方，一系列的征服造成一种局面，其中征服种姓的成员能够拥有特定区域内从农民那里征收赋税的权利。有自己的武装家丁的地方贵族的城堡遍布大多数乡村。尽管这样的柴明达尔并不拥有得到莫卧儿王朝承认的征税权，但是通常他们也会被要求征税并缴纳收入。因此，他们征税的权力并行于作为莫卧儿官僚的权力。在实际运作中，柴明达尔的权力可以出售，可以分割，并且可以通过继承来转换，就像以债权和股票形式存在的企业的权益。很自然地，莫卧儿统治阶层一直试图抵制这种对他们自己统治权的隐形挑战，竭尽全力要让这些柴明达尔为己所用。莫卧儿的政策主张是，帝国政府可以随心所欲地恢复或者授予柴明达尔权力。莫卧儿王朝究竟能做到什么程度，这一点并不清楚。其他一些柴明达尔后来发展成为几乎完全独立的首领。只要他们付清税款，就可以不受管制。尽管最富裕、人口也最多的区域(包括柴明达尔已经或多或少被吸收进来为帝国服务的那些区域)都是由帝国直接控制的，但由地方首领及其后代控制的区域是绝不可轻视的。①

① Habib, *Agrarian System*, 154, 160, 165, 170, 174, 180, 183, 189.

因此，帝国是由一些范围和独立程度都差异很大的地方专制政权组成的，当然所有人都需要向帝国国库上缴赋税。①小的柴明达尔形成了一系列地方贵族。这些小的柴明达尔是作为被征服对象而从接近皇室的家庭里分离出来的，他们太松散、与地方的联系太紧密了，因而无法扮演皇家专制主义制度的挑战者和替代者，像英国贵族那样。但是尽管如此，他们仍然扮演着一个起着决定作用的政治角色。②随着帝国制度越来越衰落，变得越来越带有压迫性，大大小小的柴明达尔变成了农民起义的中心人物。土生土长的精英群体和农民一起虽然无法靠自身的力量把印度焊接成一个有生命力的政治体。但是，他们可以惩罚外国人犯下的错误，动摇他们的地位。在莫卧儿王朝统治时期，农民这样做了，到了英国人统治时期，他们与新的同盟一起，也这样做了，即使是在20世纪的50年代之后，同样的倾向仍然保持不变。

柴明达尔问题还是一个更大的问题的核心，这个问题是，印度社会究竟是否拥有土地私有财产制度。有时，我们意识到，这个问题其实是要质问人与人之间的关系是什么，这些人是指那些使用物质手段把所有人组织起来给自己提供食物、居所和文明配备的人。在土地方面，这一问题不难给出答案，至少是可以给出宽泛的概要。当时土地储备是充裕的，通常是谁耕作谁拥有。因此，从统治者的角度来看，问题在于如何促使农民去耕种土地。如果帝国的一个臣民占有了土地，他就需要给统治者支付一定比例的收成，以换取统治者对自己的保护。莫卧儿王朝的行政管理理论和实践强调耕种的义务。莫兰提到过一个案例，讲的是一个地方官员因为一个村庄头领未能耕种田地而亲手把这个头领砍死。③尽管这个案例是一个极端，但是它仍然揭示

① Habib, *Agrarian System*, 184.

② Habib, *Agrarian System*, 165－167.

③ Moreland, *India at Death of Akbar*, 96－97; Habib, *Agrarian System*, xi－xii.

出了问题的根本。个人的所有权源于公共的耕种义务，需要绝对顺从公共的耕种义务。这一事实改变了基于土地的社会关系，甚至一直延续到了情况已完全不同的当下时期。

莫卧儿王朝的政策给行政制度带来了巨大的财务压力。尽管阿克巴的继承者贾汗季(1605－1627 年在位)致力于安抚印度斯坦的归顺者而没有试图扩展自己的王国，但是沙 · 贾汗(1628－1658 年在位)则极尽奢靡，大兴土木，建造了泰姬陵和孔雀宫殿等建筑，前后花费了 7 年时间，材料花费高达一百多万英镑银币。他同时也开始对印度斯坦采取歧视态度，尽管是以一种温和的方式进行的。[①]奥朗则布(1658－1707 年在位)对印度斯坦民众实行大规模的迫害，并且通过耗费巨大、终至毁灭自身的战争来扩展帝国的版图。这些骄奢淫逸和领土扩张政策，可能肇因于更多土地意味着更大收入来源这一事实，将印度社会内在的结构性缺陷表面化了。

如果皇帝允许他的官员在很长一段时间内管理同一个地方的话，随着后者逐渐地形成独立的收入来源和权力基础，皇帝就可能会面临丧失对手下的控制的风险。在另一方面，如果统治者不断地把官员的管辖范围从一个区域调动到另一个区域去的话，那么其手下就会竭尽全力在自己管辖的时间内尽可能多地榨取农民。耕种就会倒退，帝国收入也会下降。因此而导致的结果是中央统治的凝聚力松懈，皇帝将丧失其试图通过频繁的人事调动而寻求实现的政权控制。不管皇帝选择了哪一条道路，从长远来看，他都注定会失败。上述两种可能性中的第二种与实际发生的情况非常接近。

早在贾汗季统治时期，我们就了解到频繁的人事安排和调动造成了农业不稳定。[②]17 世纪中期的旅行者贝尼耶让一个他比较熟悉的官

---

① Moreland and Chatterjee, *Short History*, 241, 242.

② Moreland, *Agrarian System*, 130.

员代替他说出了下面一段被广泛引用的话：

> “为什么这块土地被忽视的状态会让我们心感不安呢？为什么我们要花自己的钱和时间来让它丰收呢？我们很可能在下一瞬间就被剥夺了这些收成，我们自己也好，我们的孩子也好，都不能从我们的努力中得到任何好处。让我们尽可能地从土地中榨取钱财吧，就算农民会饿死或者逃走。当我们被迫放弃这片土地的时候，我们就应该听任它变得一片荒芜。”①

尽管贝尼耶可能有一些夸张，但是有足够的证据表明，他确实一针见血地指出了莫卧儿政权的主要缺陷。

贝尼耶以及其他一些旅行者们所提供的证据与我们所知道的奥朗则布统治时期的情形是非常契合的。这一切共同为我们描绘了这样一幅图景：在其中，农民被征以重税，并且受到严格的管制，而同时农民的人数逐步下降，其中部分是因为他们纷纷逃离了莫卧儿王朝的管辖范围。②农民一逃走，官僚的收入必然会下降。任期短暂而不确定的官僚必然会努力通过向仍留下来耕种的农民施加更大的压力来尽量弥补自己的损失。因此，整个过程不断累积、恶化。莫卧儿王朝的制度把农民推向了多多少少有些独立性的地方官员一边，因为那里的情形相对要好一些。许多第三方的资料来源证实了贝尼耶关于农民们在这些区域所受到的压迫相对要少一些的说法。与莫卧儿官僚之间处于不公平竞争的小柴明达尔也发现，善待农民其实对自己有利。因此，独立统治权未被莫卧儿王朝彻底清除的焦点地区就成为农民起义的着力点。即使是在莫卧儿王朝的鼎盛时期，农民暴动的发生也是相当频

① Moreland，*Agrarian System*，205 引用过。

② Habib，*Agrarian System*，chap IX. 同时参见 Moreland，*Agrarian System*，147；*From Akbar to Aurangzeb*，202。

繁的。①随着莫卧儿官僚统治变得越来越高压，腐败越来越猖獗，农民起义也越来越严重了。在印度广泛的区域内，农民们拒绝缴付赋税，拿起武装，到处洗劫。领导农民的地方官员压根就没有意愿改善他们的生活条件。据称，有人甚至这样评论这些普通民众，“金钱对他们来说不方便；给他们一些饲料和一头驴就足够了”。②尽管如此，或许是因为完全绝望，加上对家长制和种姓制度的忠诚，这些农民依然心甘情愿地追随着这些地方官员。事实上，不断衰落的莫卧儿王朝制度下的农民运动是一种矛盾的混合物，其中既有对家长制的忠诚、对宗教革新以及对现存秩序的不公正性的敌视和对血腥复仇和洗劫行为的抗议，这些都展示出与其他社会的那些农民相似的行为特征，这些社会的总体情况在一点上是相同的——非常原始的商业关系正在侵入一个带有压迫性的农业秩序。③

到 18 世纪中叶，莫卧儿官僚统治已经退化成一个由相互之间不断争战的众多小王国构成的体系。当英国人开始积极地向印度乡村挺进的时候，所面临的就是这种情形。

回过头看一下历史记录，人们很容易得出这样一个结论——也许可能是太轻易了——那就是，莫卧儿王朝制度的状态，不论是对于西方模式相类似的政治民主还是经济发展来说，都是不利的。印度不存在成功地从君王那里获得了独立和特权又保持政治一体性的土地贵族制度。相反，在印度，这些贵族的独立，如果这还能够被称为独立的话，反而给这列火车带来了混乱。在资产阶级方面也缺乏一个独立的基础。这两个特征都与一个掠夺性的官僚制度相关，随着其权力逐渐衰落，这一制度变得愈发贪婪，通过压榨农民、迫使他们起来反抗而使这个南亚次大陆回到它过去经常处于的状态，即成为相

① Habib, *Agrarian System*, 335 - 336.

② Habib, *Agrarian System*, 90 - 91, 350 - 351 引用过。

③ Habib, *Agrarian System*, 338 - 351.

互争斗的一系列分散的碎片，而这些碎片又随时可能成为外国入侵者的猎物。

3. 乡村社会：起义的障碍

从16世纪到18世纪，欧洲的部分地区出现了迈向资本主义和政治民主的经济和政治运动，而印度上层阶级和政治制度的特征则能够说明印度之所以没有出现这些运动的部分原因。对印度社会中的农民地位加以深入研究，可以帮助我们找到更深层次的最重要的两个特征：一是糟糕的耕种状况，这与中国和日本的花园式农业耕作方式形成了最强烈的反差；一是印度农民在政治上体现出的显著的易控制性。尽管这种易控制性也有例外（对此我们会在另一个章节中予以详细的讨论），但是印度的农民起义从来不像中国的农民起义那样具有重大的意义。

在印度广大的区域内，作物品种和耕种方法在阿克巴时期与现代并无二致。孟加拉以大米生产为主。北印度通常耕种的是谷类、小米和豆类。德干出产高粱和棉花，而南部则以大米和小米为主。①不论过去还是现在，好的收成都取决于每年雨季的雨水量。关于印度的标准研究中，一个经常重复出现的说法是，在这个国家的绝大部分区域，农业是关于雨水的赌博。在一定程度上，灌溉工程可以缓解这种危险，即使是在英国统治之前也是这样，但对整个国家来说去除风险几乎是不可能的。如果雨季不能如期而至，有时印度就会发生严重的饥荒。不仅仅是早些时期发生过饥荒，在英国统治时期也发生过好几次。最后一次严重的饥荒发生在1945年。人们经常会说，自然力量的

① Moreland, *India at Death of Akbar*, 102, 104. 更多具体的研究参见Habib, *Agrarian System*, chap I。

不可预测性使得印度农民变得更加消极、更加麻木，阻碍了他们进行密集的耕种。对此，我深表怀疑。中国和印度一样，经常会遭遇饥荒，但是从很早的时候开始，中国农民就因为其充满活力和精心耕种而受到普遍的赞誉。

相对而言，印度的做法似乎既浪费又低效，即使是把早期英国人的描述中的种族中心主义的偏见撇开来看，也是如此。技术似乎是停滞不前的。从阿克巴时期到20世纪早期，农业器械和技术并没有发生任何显著的变化。①直至今天，由公牛所拉的一把轻犁仍然是最重要的农业器械。因此，母牛是动力的来源，是食物(当然不是指牛肉)，是燃料，也是宗教崇拜的对象。②至少是在某些区域，在19世纪早期甚至可能更早，人人都了解了大米移植插秧的好处。但是，与日本相反的是，组织工作如此低效，以至于耕种者所获得的好处少得可怜。布坎南③在报告中说，在1809－1810年，孟加拉东北角的一个地区，“在农忙季节的第2个月里，所有作物中大约一半移植插秧完毕”，“其产量极高；剩下的作物中的5/8在第2个月得到移植，收成因此而不同；而在第3个月移植了3/8，其收成实在很惨。分成三个月似乎是很糟糕的组织方法，但是如果不这么做，这些人就会无

① Moreland, *India at Death of Akbar*, 105－106.

② O'Malley, *Popular Hinduism*, 15，引用了一个现代印度学者关于印度人对母牛态度的一段描述：“母牛是所有动物中最神圣的……它所有的排泄物都是神圣的……它排出的水应该被视为最好的圣水保存下来——这是一种可以涤除罪恶的液体，能够洗清它接触过的所有物体，再没有什么东西能够具有像母牛粪便那样的清洁效果。一头母牛屈尊排下其神圣粪便的任何地方，后来都应该永远被视为圣地。”使用母牛粪便作为燃料并不是由于缺乏木材，因为在有充足燃料的地方，人们也是用母牛粪便作为燃料。参见Buchanan, *Bhagalpur*, 445。由于母牛粪便燃烧起来非常缓慢、非常均衡，根本不需要费什么心思照看，因此这种实用的优势可能是母牛粪便直至今日一直被广泛使用的重要原因。

③ Francis Buchanan, 1762－1829，苏格兰医生，在印度生活期间，曾经作为地理学家、动物学家和植物学家作出了很大的贡献。——译者

所事事”。①

布坎南是详细描绘过当时印度农业运作情况的少数作者之一，他还告诉我们，这个地区的耕种者们经常会在同一块地里混合着种植好多种作物，而不是进行作物的轮种。这是一种低级的保险形式：虽然没有任何一种作物会长得很好，但是颗粒无收的情况也很少出现。②在恒河沿岸的另一个地区，有这样一种普遍采用的耕种方式：他们不预先在土地上做准备，而是把大量的种子广撒在干涸的土地上，这与日本的做法之间有着天壤之别。这种做法在布坎南前面提及的地区也出现过。③布坎南的报告中到处都是关于低效耕种和低劳动生产率的观察，同样的观察也出现在早期法国人关于莫卧儿王朝统治情形的描述之中。

土地数量相对富足，这一点很可能是在英国统治之前贯穿印度大部分历史中的低效耕种和农民对抗特性的一个重要原因。许多地方都有足够数量的土地，等着那些拥有资源的人们去耕种。正如我们看到的那样，农民经常用集体远走他乡来对付统治者的高压。借用最近一个权威人士的说法，逃跑是“面临饥荒或者他人压迫时的第一反应”。④以这种方式进行互动的高压政策，加上富足的土地资源，可以很好地解释莫卧儿王朝晚期和英国统治早期非常频繁发生的大面积的土地荒废或低效耕种现象。这种解释尽管很重要，但是还不充分。

---

① Buchanan, *Purnea*, 345. Buchanan 是一位医生，同时也是一位敏锐的观察者，他并不会毫无保留地接受印度人告诉他的一切，而是试图尽可能地验证自己听到的一切。他还是一个不受任何形式的国家偏见影响的人。他关于印度北部和南部地区的详尽观察使人们颇为相信他的描述。他的全名是 Francis Hamilton Buchanan，他的有些著作好像是以 Francis Buchanan Hamilton 的名字发表的。

② Buchanan, *Purnea*, 343.

③ Buchanan, *Bhagalpur*, 410－412.

④ Habib, *Agrarian System*, 117. 同时参见 Moreland, *Agrarian System*, xii, 161－163, 165, 169, 171。但是，逃到森林地区显然需要面临开垦荒地的巨大困难。关于这点参见 Baden-owell, *Village Community*, 50－51。

印度的有些地区，例如恒河平原西部地区，在阿克巴时代的人口跟在20世纪早期几十年间的人口一样多。而且，当土地变得越来越稀缺的时候，全国很多地区的耕作仍然是低效的。这样的事实使我们怀疑，基于土地的社会制度在这一解释中是否具有重要的作用。

其中一个制度是印度的税收制度，这一点我们先前已经提及。印度农民与日本农民一样，对于统治阶级来说是收入的主要来源。我们看到，日本的土地税收是固定的，这使精力充沛的农民能够保留一些剩余。莫卧儿王朝和印度斯坦的税收制度则主要是基于收成的比例。因此，在印度，农民种的地越多，他必须交给收税官的税就越多。而且，莫卧儿王朝的农业税收制度本身就具有一种尽力压榨农民的内在倾向。这种差异很可能会对印度和日本这两个国家的农民阶层的特征产生决定性的影响。我们知道，在印度，这种情形一直以来都占据着主导地位。头人或者在某些地区的乡村贵族委员会，通常扮演粮食征收者的角色，在居民中分配征税数量，分配用于耕种的土地。尽管头人或是委员会充当了统治阶层和农民之间的缓冲器，这一方式与日本的制度类似，但是，在印度，领主们似乎不太愿意去监督乡村里的事务。只要税收能够源源不断地产生，维持和平与秩序的任务就会完全交给乡村贵族和头人们。①

印度农民社区劳动力的组织方式也与日本不一样，这种差异也有助于解释印度相对低效的耕作水平。在这里，我们直接面临的是种姓制度，不久我们将对它进行全面的分析。此刻，只需记住，在德川统治晚期、日本的制度开始改变之前，该制度基本上是基于虚假的亲戚关系的纽带。而印度的制度则是建立在拥有大量土地的种姓和拥有很少土地或压根就没有土地的种姓之间，以劳动和服务换取食物这一交

---

① Spear, *Twilight of the Mughuls*, 123 – 124; Moreland, *Agrarian System*, 162, 203; Baden-owell, *Village Community*, 13, 23 – 24; Habib, *Agrarian System*, 185.

换的基础上的。尽管这与现代雇佣劳动力的制度相当接近，但是当时印度的制度还得到习俗和传统观念（这是一个粗略的概括）的支配。这一制度似乎具有现代制度和忠诚习俗两方面的缺点，但却没有两者的优点，该制度抑制了劳动分工的变化，也抑制了劳动分工在某一任务中的广泛应用。尽管实际运作中种姓制度具有灵活性，但过度地强调这一灵活性是不明智的，尽管这一趋势似乎是明显的。现代的密切监督管理是很难进行的。在许多紧密地捆绑在一起的传统劳动集体之间进行相互合作也是很困难的。绝大多数的印度劳动力处于种姓制度的最底层，在很大程度上是被排斥在乡村社区之外的，正如人们对他们的称呼“不可触摸者”所显示的那样。这些“不可触摸者”根本就不知道现代意义上的罢工为何物，一部分原因是因为这些劳动者被分别归入不同的种姓，但是正如一个现代权威所说的那样，“降低劳动强度的意思，他们还是明白的”。①这是印度的农耕一直死气沉沉的原因之一。另外一个原因是，高级的种姓阶层总是为了减少麻烦和监管而宁愿减少一点所获得的收成，他们不愿意监视工人，不愿意迫使后者改进他们的耕种方法。

在深入研究种姓及其政治影响之前，我需要给大家提个醒。种姓制度，至少从其整体影响力而言，是印度文明中独有的现象。由于这个原因，人们总是非常强烈地倾向于用种姓制度来解释印度社会中显得与众不同的所有事情。显然，这种做法并不总是能够管用。例如，在过去的研究中，人们用种姓来解释印度的宗教战争明显不多的原因。但是，在现代——不说早期印度教对穆斯林试图改变人们宗教信仰的抵制——在种姓制度仍然存在的情况下，宗教战争却随处可见。种姓以及灵魂转世理论形成了其教义的一个重要部分，这同样也被用来解释印度农民明显的政治顺从性以及现代印度社会中缺乏高涨的革命热潮这一现

---

① Spear, *Twilight of the Mughuls*, 120.

象。但是，我们已经看到这种革命热潮正是当初最终推翻莫卧儿王朝的力量中一个重要的组成部分。后来，革命热潮其实也并没有销声匿迹。关于印度人比较顺从这一点，确实存在着压倒性的证据。种姓制度在产生和支持这种行为方面起到了一定的作用，这一点我认为没有必要否认。问题的关键在于对形成这种被动接受性的机制的理解。

我们介绍一下通常的解释。根据灵魂转世理论，如果一个人能够遵守种姓生活礼仪的要求，那么他在来世就可以升级为高一级的种姓。此生的顺从是为了得到在来生社会地位上升的回报。这种解释要求我们相信，普通的印度农民接受了由城市僧侣阶层所给出的理由。也许婆罗门在一定程度上确实通过这种方法取得了成功。但是，这不过是整个故事的一小部分而已。只要有可能让农民们回到过去对待婆罗门的态度，我们就可以清楚地知道，农民并不是被动地、全心全意地接受婆罗门，他们不把后者视为善良的、值得追求的行为楷模。他们对超自然力量的垄断者的态度似乎混合着崇拜、恐惧和敌意，与众多法国农民对天主教教士的态度类似。“在这世界上有 3 种吸血鬼，”印度北方有一句谚语，“他们是跳蚤、臭虫和婆罗门。”①因为婆罗门通过向乡村提供服务而榨取费用，因此农民们有敌意也是正常的。“农民如果不先花钱请婆罗门来举行宗教仪式的话，他就不可以收割粮食；商人如果不先给婆罗门交钱的话，他就不可以经商；渔夫如果不搞仪式、不给钱的话，就不可以建造新的船只，也不可以开始捕鱼。”②非宗教的惩处显然是这种种姓制度的一个组成部分。通常来说，我们都知道，人类的态度和信仰是很难维持长久的，除非使之再生的情境和惩处措施能够长久地维持下去，或者更粗略地说，除非人们能够从中得到点什么。如果我们希望理解种姓制度，显然就需

① O'Malley, *Popular Hinduism*, 190－191.

② Kaye, *Sepoy War*, I, 182－183.

要研究这些具体的支持条件。

第一个支持条件，就是土地的所有权问题。婆罗门的普遍优越性只是一种教职上的虚构，与现今种姓制度的运作不相称，也可能从未相称过。在现代乡村里，经济上占主导地位的团体便是占主导地位的种姓。在一个村庄中，这可能是婆罗门，在另一个村庄则可能是农民种姓。即使是在婆罗门居于最高地位的地区，他们的主导地位也主要是因为他们在经济上所承担的职能，而不是他们在教职上所承担的职能。①因此，我们看到，不论过去还是现在，种姓制度都是既具有经济基础也能进行宗教解释的，两者之间长期以来都难以协调。在特定的地区拥有土地的种姓——种姓制只有在地方上才是现实的——就是最高等的种姓。当然，用现代情形来争辩过去是不怎么可靠的。在英国势力发挥广泛影响之前，根据现在的说法土地仍然富足的时候，种姓制度的经济基础可能不那么明显，但是它的确是存在的。即使是从早期来看，证据也清楚地表明，高等种姓通常拥有最好的土地，并且可以要求低等种姓为他们做工。②

---

① 关于18世纪晚期和19世纪早期能够找到的婆罗门种姓成员从事的各种各样的职业，请参见 Abbe Dubois，*Hindu Manner*，I，295 的描述；关于更晚些时间的情况，参见 Senart，*Caste*，35－36。

② 参见，例如 Buchanan，*Purnea*，360，429－430，439。Bailey，*Caste and the Economic Frontier* 报道，早些时候，在奥里萨邦，有士兵的家族经常把从事农业劳动的帮佣家族逐出种姓制度，变成贱民。Abbe Dubois，*Hindu Manner*，I，55，57，58 报道了在贱民内部存在这种近乎于奴隶的农奴，尽管他也说到，在他的时代这种情况已经相对罕见了。

Patel，*Agricultural Laborers in Modern India and Pakistan*，9 宣称，传统的印度社区缺乏任何具有特色的农业劳动者阶级。他的主要证据来自 Campbell，*Modern India*，65 以及 Sir Thomas Munro 从一本现代印度著作中摘录来的引言。我认为，这种宣称代表了印度民族主义试图把前英国统治时期加以理想化的一个实例。Buchanan 发现了南部印度的许多地区都存在着农业劳动者。参见他的 *Journey from Madras*，I，124，II，217，315，III，398，454－455。奴隶是如此普遍，以至于人们特别注意到了他的 *Journey from Madras*，III，398 文中的一部分缺少了这种奴隶的身影。在他关于印度三个北方区域的详细报道中，倒是经常出现农业劳动者这个独特的阶级。参见 *Purnea*，119，123，162－164，409，429，433，443－446；*Bhagalpur*，193，423，460，468；*Shahabad*，343 以及其他一些我没有提及到的资料。关于这个问题，也请参见 Moreland，*India at Death of Akbar*，90－91，112－114；Habib，*Agrarian System*，120。

推行种姓制度规范的主要的正式工具，就是种姓委员会，该委员会是由一小部分领头者组成的，这些领头者是从居住在某一特定区域的所有村庄里的各个种姓的成员中挑选出来的。在印度有些地区，人们会发现这些委员会也有等级。委员会控制的只是自己所属种姓的成员的行为。按常规来推测，对于每一个种姓来说，建立委员会的地理范围过去比现在小一些，原因是那时候的交通条件比较落后。也不是每一个种姓都拥有一个委员会的，在这一点上，地方情况不同，也会有很大的差异。另外值得关注的是，并不存在一个能代表全印度的某一种姓的委员会这种可能性。①种姓只是在地方层面表现自我。即使是在乡村，也并没有一个集权的组织负责监督种姓制度发挥作用，例如，低级种姓成员需要对高级种姓成员表现出恰当的顺从。低级种姓会进行自我管束。低级种姓的成员必须学会接受自己在社会秩序中的位置。在这一点上，低级种姓的领导人显然需要承担一个重要的任务。他们这样做会得到非常具体的回报。有时候，他们得到所在种姓的劳动力报酬的佣金以及因违反种姓制度规范的行为而罚没来的罚款。②

如果一个人严重地触犯了种姓规范，所受到的惩处是遭到联合抵制，也就是取消他使用乡村社区的各种设施的权利。在一个人人都完全依赖这些设施(或其与同伴之间形成的合作组织)的社会里，这样一种惩处确实是很可怕的。接下来，我们会看到现代社会的到来如何在一定程度上缓和了这些惩罚所造成的影响。

确切地讲，这一制度推行了什么呢？很显然，是当地的劳动分工以及权威和权力的相应分配。但是，它真正发挥的作用远不止这些。在英国统治之前的印度社会，甚至是今天，在大部分乡村里，出生于

① 任何一个具体的地方描述中都会对种姓委员会有所描述。参见 Mukerjee, *Economic Problems*, 69 中的 Blunt, “Economic Aspect of the Caste System”一文。

② Buchanan, *Bhagalpur*, 281－282.

某一种姓的事实决定了一个人一生的生存轨迹，可以毫不夸张地说，决定了从他出生前一直到死亡后的每一件事。这决定了其父母可以为其选择的结婚对象、其后代的抚养方式以及这些后代的结婚对象选择、他或者她可以选择的工作、宗教仪式、食物、服饰、排泄的规矩（这是非常重要的），一直到日常生活的细节，所有这一切都围绕着“净秽”这一概念。①

如果没有这种普遍的监督和灌输，很难想象低级种姓是怎样以及为什么会接受种姓制度，使之在缺乏更集中的有组织惩处的情况下仍然能够运作下去。在我看来，从宽泛和粗略的意义上讲，种姓制度的普及和种姓制度超越了西方人认为的经济和政治领域，这才是种姓制度的本质。我们可以观察到，各种不同文明中的人确实都有一个建立“人为”区别的倾向，而这些区别既不是来自合理的劳动分工的必要，也不是来自政权的合理组织的必要（在这里我们是在很严格的意义上使用“合理”这个词的），这种必要是指为确保该文明群体的生存，提供一个执行当下任务的有效社会机制的必要。在西方社会，孩子们总是在演绎人为的区别。而从统治任务中解脱的贵族也坚持这样做。事实上，执行某一特定任务的必要可以打破这些人为的区分：战场上的军事礼仪通常不像指挥部里的军事礼仪那么繁琐。势利化倾向——在一些最为“原始的”社会中，这种势利化十分严重——背后的原因并不容易了解。②尽管我自己无法加以证实，但是我想，他人的痛苦可能是一个人类满足感的来源，而这构成了势利化倾向的终极原因。

不管其起源是什么，我深信，在印度，种姓制度是用来组织覆盖范围极广的人的活动的，这一事实已经产生了深远的政治影响。作为一种制度，种姓制能在特定区域有效地安排生活，这意味着全国政权

① Hutton, *Caste*, 79.
② Lévi-Strauss, *Pensee Sanvage*, 117－119.

的存在是无关紧要的。乡村以上的政府只不过是外来者强加进来的一个累赘，而不是必需品；对这种政府需要有耐心，这种政府也不需要在天下大乱时被推翻。因为种姓制度可以处理一切事务，因此政府与乡村之间实在毫无关系，特别容易被人们视为掠夺成性。对于维持乡村的秩序来说，政府并不是必要的。印度政府在维护灌溉系统方面的作用也是非常微弱的，希望马克思能原谅我的这一不同看法。①同样，这些更多属于地方事务。印度与中国在社会结构上的差异是非常巨大的。在中国，帝国官僚制度给整个社会带来一定的凝聚力，而当村民们遭遇漫长的灾难时，官僚制度首当其冲成为需要改变的对象。即使如此，用这样的方式进行对比仍是浮于表面的。在中国，地方士绅需要帝国官僚统治作为一种机制，让他们从农民那里获取能够支持其在本地和全国之地位的经济剩余。而在印度的地方上，并不需要这样一种力量，那里的种姓制度规范取代了这种组织方式。在那些有柴明达尔的地方，这些人占据着管理地方事务的位置。他们不需要依靠中央政府帮助他从农民那里榨取必要的生活开销。因此，印度和中国这两种制度各自的特征意味着各自的农民反抗行为也会呈现出不同的形式。在中国，社会变革的主要动力在于用一个具有相同特征的“好”政府取代一个“坏”政府；而在印度，更多的情况是，乡村干脆摆脱强压在其上面的政府。而且，我们很少看到，在印度绝大部分的地区存在任何意义上的强大推动力，更多看到的是事物发展的一般方向，这是由印度社会的特征决定的。总而言之，在印度，政府是多余的，很少会成为乡村努力对抗的对象，尽管这种对抗有时也会发生。

由于种姓制度涵盖了如此广泛的人群的各种行为，所以在印度社会存在着采用另一种种姓形式来反对现存秩序的一种强烈倾向。在犯罪种姓这个例子中，这种倾向令人非常震惊，这个阶层主要是杀手团

---

① Habib, *Agrarian System*, 256.

成员(英语中“杀手团”一词就出自此处)，他们在19世纪前半期让英国人吃尽了苦头。①同样，因为种姓更多是以宗教仪式表现出来的，因此对种姓高压特征的反抗很可能会通过建立另外一个种姓来实现。这个说法具有部分的正确性，因为在印度并不存在与罗马天主教制度类似的宗教等级制度，事实上也不存在可以被当成一个特定目标的具体的正统教义。因此，种姓制度，过去是现在也是，由在各地相互协调的社会群体(他们通过产生另外一个群体来包容新奇的事物)构成的一个巨大的聚合体，其具体表现形式维持着令人惊叹的持续性和灵活性。这是许多外国入侵者，例如伊斯兰人甚至是欧洲人，占领印度时都要面临的情况。这些人实际上也逐渐变成了一个独立的种姓，尽管他们在厌恶度方面的等级与他们在政治权力方面的等级正好相反。我好像在什么地方读到过，说在英国统治早期，高贵的印度人总是习惯于在与英国人打过交道之后赶紧洗个澡，以便彻底洗掉所沾染到的污秽。

但是，即使是以隐蔽的形式，印度都很少有人反对这种等级制度。英国统治时期以及更早时期，频繁发生的是一个种姓试图通过努力爬升到尊严和净秽度阶梯的更高一层这种行为，其采用的方法是劝说自己所在种姓的成员接受合适的(例如婆罗门式的)饮食、职业和婚姻习俗。能够让寡妇自焚殉葬是一个种姓在社会上所达到的高度的一个具有决定性的象征。印度社会通过提供严格遵守上层种姓设定的规矩和习俗这一集体的向上流动的形式，进一步限制了产生政治对抗的可能性。因此，这一制度强调的是个人对种姓的职责，而不是可以对抗社会的个人权利。所谓对抗社会的权利通常是种姓的集体权利。②

---

① 它们一直延续到最近时期，而且据我所知，现在仍然存在。参见 Blunt, *Caste System of Northern India*, 158 中的耐人寻味的来自现代人的描述。

② Park and Tinker, eds, *Leadership and Political Institutions*, 7 中的 Brown, “Traditions of Leadership”。

由于其受迫害者心甘情愿地接受自己个人的卑微地位，缺乏发泄敌意的特定目标，缺乏承担痛苦责任的具体焦点，所以印度的种姓制度在现代西方人眼里，简直就像是卡夫卡所看到的世界，是一幅夸张、奇怪的讽刺画。在某种程度上，这些负面的特征可能正是英国占领者进入印度社会而引发的社会扭曲所造成的后果。不过，即使这是事实，这些扭曲了的特征也是在英国人出现之前就已经普遍地存在了，这些特征在随后发生的悲剧的形成过程中起了不小的作用。

总的来说，我至少可以临时性、试探性地总结说，种姓制度作为乡村劳动力的组织方式，即使不是印度耕种效率低下的唯一原因，至少也是原因之一。而且，种姓制度作为对地方社区权力的组织形式，抑制了政治上的统一，这一点似乎更加明确。印度社会具有极大的灵活性，因此发生根本性的改变似乎是很难的。但是，改变并非完全没有可能。事实上，取代莫卧儿王朝的新征服者们已经埋下了很多种子，不管是他们自己还是别人都无法预料，这些种子会结出什么样的果子。

4. 1857 年以前英国势力引发的变化

我们不应该把英国统治给印度社会带来的影响看作一个一成不变的事业持续经营了 3 个多世纪所造成的结果。要知道，英国社会和前往印度的英国人的特征在伊丽莎白一世时代和 20 世纪之间发生了巨大的改变。最为显著的一些变化发生在 1750 年到 1850 年这 100 年间。在 18 世纪中叶，英国人一直是通过“光荣”的东印度公司来组织商业和资源掠夺活动，它此时所控制的区域不过是印度的一小部分而已。到 19 世纪中叶，他们已经变成了印度实际上的统治者，通过一个官僚制度进行统治，他们自己为这种制度所包含的公正传统和公平交易而颇感自豪。从关于官僚制度的现代社会学理论角度来看，几乎不可能看出这些改变究竟是如何发生的，因为可以利用的历史原始资料是毫无指望的：一方面是一群很难与海盗区分开来的商人，另一方面则是不断衰退的一系列东方的暴君统治。人们可能将这种社会学和历史学悖论合理地向前推进一步：正是从这个同样令人感到无望的混合体中，最终崛起了一个可以正当地宣称为民主国的国家！

就这个古怪混合体中的英国一边而言，其发展进程可以非常简要地概括如下。在伊丽莎白时代，英国人来到了印度，其目的混杂，有冒险，有国家利益，有商业，也有资源掠夺。我们很难清楚区别其动机和原因，当时处于这样一个时期：随着传统基督教中世纪文明的不断衰退，新的更加世俗化的文明逐步上升，整个欧洲迸发出了无穷的活力。尽管印度蕴藏的财富是无穷无尽的，但是不久英国人就意识到，有必要在那里建立一个自己的地盘。如果人们希望购买辣椒或者靛青，能够以相对合理的价格获得这些产品的唯一方法是在当地有一个人，在价格下降的收成时节负责讨价还价，将产品买下来，然后一直储存到货轮到来，把早先买下的产品运走。因此，英国人建造了很多仓库和堡垒，并以此为出发点，开始进一步地把自己的势力延伸到乡村，购买大量的靛青、鸦片和黄麻，操控这些产品的价格，从而更有利于贸易发展。由于印度地方统治者的行为在英国人眼里总是显得古怪、不可预测，所以英国人抓住更多权力的欲望变得很强烈。当然，把其他欧洲对手驱逐出去的欲望也同样强烈。同时，就像我们已经看到的那样，莫卧儿王朝正在不断衰退。1751 年克莱武①取得阿尔果德胜利之后，伟大的莫卧尔王朝很快就蜕化成了一个纯粹的空架子；1757 年克莱武取得了普拉西之役胜利，最终结束了法国人的霸权统治。如果说英国对印度帝国的占领不是心不在焉的，其中也确实存在着防御性因素：葡萄牙人和法国人与本地统治者勾结在一起，准备

① 1725－1774，英国殖民者，孟加拉省省督。——译者

把英国人驱逐出去。英国人奋起反击。他们在逐步扩展自己所占据的势力范围的同时，也抢占了被征服领地上的财产，在很大程度上迫使印度人为英国人的征服买单。随着英国人控制的区域不断扩展，其责任也随之扩展开来，他们逐渐地将自己从商业掠夺者转变成为更加和平的统治者，通过由自己操控的少量武装力量来建立和平和秩序。从本质上讲，英国人获得维护领土的责任是整个过程的关键，也是他们转变成为官僚统治的关键，确切地说，这种官僚统治源于关于公正的英国概念，同时，这种统治制度与阿克巴时期的政治制度相比显现出令人吃惊的相似性。①直到现代，这些相似性也没有绝对消除。

粗略地概括，这就是英国从海盗转向官僚统治的演进过程。这对于印度社会来说有三个相互关联的影响：首先，通过在乡村建立法律和秩序、常规税收政策以及财产权制度，开启了最终农业商品化进程（虽然无果而终）；其次，部分摧毁了乡村的手工业；最后是1857年叛乱，这是一次试图把英国人驱逐出去但以失败告终的斗争。这三个过程反过来建立了一个基本框架，包容着直到现在所发生的所有的一切。

让我们先从税收制度开始谈起，并解开各种关联关系。到18世纪末，尽可能迅速地敛财，然后打包回家，这种旧观念在有一定责任心的英国官员中基本上消失殆尽了。在他们试图建立一个稳固的政治统治形式的努力中，并没有任何迹象表明他们试图榨干这个国家的最后一滴血。尽管如此，英国官员的核心兴趣与阿克巴王朝的兴趣毫无二致，那就是，从印度榨取足够多的资源来支撑自己的政府，同时

① 关于上文所概述的整个过程，参见 Woodruff，*Founders*，pt I，chap 1 of pt II。尽管这种描述是传记式的甚至可以说是趣闻轶事式的，但它读起来确实非常流畅，而且主要观点会逐渐显现。*Cambrige History of India*，V，141－180 给出了对当时那个时期一些有用的额外细节的描述，但是理解起来可能有些困难。Spear，*Twilight of the Mughuls* 是关于18世纪晚期德里邻近区域的一流分析。

又不至于发生危险的叛乱。不久之后，有一些人真的认为印度可能会在很短时间内就变成另一个英国，成为英国商品的最大市场。但是，就在印度的英国人自身而言，这种想法只不过是一支极其细小的潜流而已。一旦英国人在印度占领了很大的地盘之后，就不能单纯用商业动机作为他们继续待在印度的主要解释。他们待在那里的真正原因可能是简单得多。在我看来，他们就从来不曾有过从印度撤走的念头，因为那意味着他们是不战而败的。当然，如果他们想继续留在印度，就需要找到这么做的可行的基础，而这就意味着征税。

研究印度事务的学者都把如何厘定和征收赋税的决策称为“和解”，这一叫法乍看上去非常怪异。然而，它的确是一个非常合适的名称，因为如何征收税赋的决策确实是“和解”一系列复杂问题的努力，其目的是让本地居民能够和平地操持自己的事务。实际上的“和解”是英国所推行的政策和偏见，以及某一特定区域中印度社会结构和当下政治形势之间相互作用的结果。所有这些因素在不同的时间和区域呈现出很大的差异。①在19世纪剩下的时期以及20世纪前半期，随着经济和社会趋势的不断发展，一些主要的差异在英国殖民统治的影响下变得不那么重要了，因此在这里没有必要详细地加以分析。对我们的研究来说，真正重要的是这些差异在印度社会发展的一般进程中所占据的位置。简短而言，“和解”是乡村变化这一整体进程的起点，其中法律和秩序的建立以及财产的相关权利极大地激化了寄生式

① 关于英国人的先入之见的具体分析，参见Stokes，*English Utilitarians*，pt II。当Baden-Powell在19世纪末期试图以一种背景介绍尽量简洁、适于英国统治者阅读的形式来介绍这些征税制度的时候，他发现即使是3卷厚厚的文件卷宗都不足以完成这样一个工作。参见他的*Land Systems*。在后面的概述中，我主要是借用了这本著作。Stokes，*English Utilitarians*，105认为，Baden-Powell有时过分地沉溺于英国式程序的实证方面；在并没有详细地了解所研究的主题的情况下就给出确定的判断，我发现Stoke的讨论过多地受到了各种英国理论的影响。

地主土地所有制的问题。更重要的是，“和解”形成了政治和经济制度的基础，在其中，外国人、地主和高利贷者从农民那里掠夺走所有的经济剩余，而又不把这些剩余投资到工业发展中去，因而排除了进入现代社会的日本模式的可能性。当然，还存在着其他障碍，甚至也许还存在着能使印度进入现代时代的其他模式。但是，从英国管理和印度乡村社会的融合中兴起的特殊农业制度足以决定性地消灭印度选择日本道路的可能性。

第一次也是印度历史上最重要的一次和解是“永久和解”（也被称为柴明达尔和解）协定，于1793年在孟加拉推行。从英国人方面来讲，他们既试图获取收入，同时又希望摆脱管理他们难以理解的极为复杂的地方税收制度。当然，把英国乡村的“进步”影响力、在当时处于顶峰时期的颇有进取心的地主，引入印度社会，也确实是一个奇怪的做法。在印度方面，一个重要的特征是莫卧儿王朝的行政管理实践，利用处于统治者和农民之间的地方收税官员柴明达尔，正如我们已经看到的那样。当莫卧儿制度尚且政令畅通的时候，至少从表面上看，柴明达尔并不是财产的所有者。随着这种制度逐渐衰退，柴明达尔占有了事实上的财产权，在某种程度上就像20世纪的中国军阀那样。英国的印度总督和将军康华里爵士就认为，他在柴明达尔身上看到了社会阶层的一种类型，他们很有潜力，可以发展成为有进取心的英国地主那样的力量，如果能够确保他们在未来不会像在莫卧尔王朝统治下那样被课以重税，不会因丧失了生存条件而痛苦万分的话，那么他们就可以把印度的乡村清理干净，推行欣欣向荣的农耕生活。这也是英国为什么要坚持缔结永久性和解协议的一个原因。在新政府统治下，柴明达尔得到了财产权，并得到了财产权持久稳定的承诺。同时，他们仍然承担着一个征税官的任务，就像在莫卧儿王朝时期那样。按照“永久和解”协定所设定的条例，英国人占据柴明达尔从佃农那里收缴来的收成的9/10，把剩下的1/10留给这些柴明达尔，作为

“他们的辛劳和责任”的回报。①尽管我们能够证明，“永久和解”的法律框架确实比人类的大部分发明创造都更配得上这一名称——它一直延续到1951年——但是，相对于其制定者的希望而言，其后果却令人极其失望。英国人一开始厘定的征税标准过高了，以至于那些柴明达尔无法征收到税赋。结果，很多柴明达尔丢失了他们的土地，被那些我们现在称为“协作者”的人取代了。当时的英国人开始用“高尚的土著”一词来指代这些人。到19世纪中叶，也就是印度反英暴动之前不久，在那些“永久和解”了的印度的重要区域，有大约40%的土地以这种方式易了主。②丧失了土地和官职的柴明达尔是这次暴动的重要原因，而刚刚获得土地和位置的那些“协作者”则是英国统治的支柱。19世纪印度人口不断膨胀，不过他们的税收负担却没有变化，地租因此大幅提高，那些“高尚的土著”当中有很多人变成了寄生式地主。

我们有必要了解，在孟加拉和“永久和解”区，英国人的政策只是加速并激化了转变为寄生式地主土地所有制的趋势。这一趋势本身并没有形成这一新的社会阶层。一份关于1794年孟加拉的极具启发性的报告清晰地展示，印度农业社会的衰退因素（关于20世纪的描述所重点强调的也是同样的因素）的根源早在英国统治之前就呈现出来了。③这些因素包括好逸恶劳的地主、被层层盘剥的佃农和一个没有财产的劳工阶级。在人口众多的河谷区域，市场经济使得这些问题变得相对严峻。在远离市场经济的内陆地区，这些问题则没有那么严峻。在那里，地主尚未从收税官员中脱胎而出。我并没有从布坎南在其关于马德拉斯邦之旅的3卷著述中发现任何迹象，表明在本地人或

① Baden-Powell, *Land Systems*, I, 401–402, 432–433; Griffiths, *British Impact on India*, 170–171; Gopal, *Permanent Settlement in Bengal*, 17–18. Habib, *Agrarian System* 指出了孟加拉当地的莫卧儿实践中的强有力的先例。

② Cohn, "Initial British Impact on India", 424–431.

③ Sir Henry Thomas Colebrooke, *Remarks on the Husbandry and Internal Commerce of Bengal*, 30, 64, 92–93, 96–97.

者英国人眼里，地主已经变成了寄生虫。当然，轻微的债务问题还是存在的。尽管有些区域的确存在着农业劳工甚至是奴隶，但是我们却几乎不能说那里存在着农业无产者阶层。①

南部也是印度的一部分，但是，在那里，占主导地位的是其他主要的“和解”形式。这种“和解”形式被称为莱特瓦尔(ryotwari，来自佃农 ryot，也有其他的写法，主要是指耕种者)，因为收成是直接从农民那里征收来的，而不是通过一个中间人征收的。在有些区域，莫卧儿王朝也曾经采取过这种做法。对“永久和解”的不愉快体验，当地盛行的家长制，加上英国人关于需要勤勉农民和寄生性地主的经济观点(通过李嘉图的租赁理论鲜明地表达了出来)最终造成了上述结果，同时避免了税率永久化。在我看来，更重要的事实是，在马德拉斯邦，当这个模式在 1812 年推行之际，那里并没有柴明达尔可以帮助实施和解。产生这种情况的主要原因在于，这个区域的地方官员错误地判断了形势，起而反抗英国人，而英国人则恩威并重，在镇压了一批人的同时又用发放津贴的方法拉拢了另一批人。②从我们现在的研究角度来看，莱特瓦尔和解(税收制度)的主要影响是负面的：它并没有阻止寄生式地主土地所有制的兴起，而在接下来的时间里，这种制度给印度南部许多地区带来了严重的问题，跟北部没什么两样。就像已经显示出的那样，尽管在当时的文献和现代的历史记录中都存在关于不同类型的“和解”措施之间差异的描述，但是，经过不长时间，由于财产安全和人口增加的总体效应，这些差异逐渐相互抵消了。

宽泛地说，和平和财产权是英国统治者给予印度这个南亚次大陆

---

① 参见 Buchanan, Journey from Madras, 关于市场和商业：I, 19, 39, 40, 265－266; II, 452, 459; 关于地主：I, 2－3, 124, 298; II, 67, 187－188, 213, 296, 477; III, 88 以及 index s. v. *ganda*; 关于农民和土地：I, 271; II, 309; III, 34, 385, 427－428。他的描述发表于 1807 年。

② *Cambridge History of India*, V, 473, 463; Baden-Powell, *Land Systems*, III, 11, 19, 22.

的第一个礼物，他们在那里的乡村启动了缓慢酝酿着的变化。第二个礼物是英国工业革命的产品：从1814年起到1830年，大量的纺织品蜂拥而入，渗透到印度的绝大部分乡村地区，摧毁了本地一部分手工业。首当其冲的是城镇里制作高质量产品的编织工，或者是专门为市场生产纺织品的乡村，尤其是马德拉斯邦的乡村。而制造供本地人消费的粗糙产品的那些普通的乡村编织工，相对而言则没有受到什么影响。间接的影响是城镇里的编织工被迫回到土地上，城市就业的机会也相应减少了。①尽管在历史上，19世纪30年代印度社会受到的冲击是最严重的，但是整个19世纪纺织品的进口一直没有中止。管理印度事务的英国官员们竭尽全力保护印度的利益，但是都并没有成功。②具有讽刺意味的是，罗梅什·杜特(Romesh Dutt)——一个印度官员和学者的著述中收录的英国官员们的说法，似乎是印度民族主义者和马克思主义者所共享的一个观点的起源，该观点认为，印度是一个制造业国家，而英国因为要满足自己的帝国主义欲望而将印度一味地简化成一个农业国家。这个赤裸裸的观点实在是无稽之谈。被摧毁的是印度手工业而已，并不是现代意义上的制造业，而在手工业蓬勃兴起的时期，印度仍然是一个彻头彻尾的农业国家。更进一步地说，英国人对印度手工业的摧毁远远早于现代垄断资本主义的兴起。但是，也没有充分的证据指出，我们可以不假思索地忽视这一观点。即使人们可能从这一观点中得出了错误的理论推断，但是对于印度所受的苦难而言，其真实性是丝毫不差的。就像我们接下来将会看到的那样，在一定程度上，英国人确实反对印度发展工业。

---

① Gadgil, *Industrial Evolution*, 37, 43, 45; Anstey, *Economic Development*, 146, 205, 208; Raju, *Economic Conditions in Madras*, 164, 175, 177, 181。参见Dutt, *India in the Victorian Age*, 关于如今很难接触到的更有趣的具体资料，参见101, 105－106, 108, 112。

② 参见上文引用的Dutt著述中的资料，以及Woodruff, *Guardians*, 91。

对于印度的乡村社会——当然印度社会绝大部分都属于乡村——来说，税收和纺织确实是一个极大的冲击，因而，在现代历史学家看来，印度的反英暴动还是很容易理解的。这些冲击并不止于我们刚刚简单提到的那些因素。该类事件的深远影响是导致反英暴动的重要的直接原因。在印度北部和西部地区，到 1833 年产生了一种新的土地“和解”形式，介于柴明达尔制度和莱特瓦尔之间。这一制度在任何可行的地方都偏向乡村的村民团体而不是地主，让这些团体共同负责政府的税收。①在奥德邦，也发生了类似的情形。在那里，英国人赶走了当地的土地精英群体，他们是各式各样的收税的农场主，他们从乡村中征税，然后靠税收提成过活。奥德邦也是孟加拉军队征募士兵的一个富裕的中心地区，该军队在得知英国强占了自己的家乡之后深受打击。②反英暴动的最后也是最直接的导火索是人人尽知的“牛油子弹”这一传言，传言说使用新发下来的步枪时英国人要求士兵们用嘴咬一下子弹，而子弹已经被恶意地涂上了猪油和牛油。

奥德邦的土地精英们被清洗这一事实，加上其他一些事实，使很多学者认为土地精英群体的不满才是反英暴动的主要原因，并将暴动前英国所推行的支持农民的革新政策与暴动后所推行的有利于土地精英群体的保守政策加以比照。③这似乎是另一个被夸大了的局部事实，但却掩盖了一个更重要、更广泛的真相。英国所推行的政策，不论是其原因还是其结果，连续性是大于差异性的。对农民阶层的一种家长式态度，认为自强、单纯的普通人能够而且应该独立自主、自食

---

① Baden-Powell, *Land Systems*, II, 21；同时参见 Woodruff, *Founders*, 293－298, 301。

② Chattopadhyaya, *Sepoy Mutiny*, 94－95。Metcalf, “Influence of the Mutiny”是一篇极具启发性的文章，尽管我觉得作者过分地强调了英国政策在反英暴动前后的反差。

③ 关于这一主题的很好的现代陈述，参见 Metcalf, “Influence of the Mutiny”；一个关于上层地主内部的不满导致了反英暴动这一观点的很好的旧版本，参见 Kaye, *Sepoy War*, I, chap IV。

其力，这样一种浪漫的自我发展理念，构成了整个英国占领时期的一个有力的政策，只不过农民从中究竟获得了什么样的利益是不太清楚的。

尽管在农村地区，阶级关系是非常重要的，但是，如果不放到一个更广泛的背景中来考察，这些关系是无法让人理解的。农业情况，尤其是在印度，是不能从种姓制度和宗教信仰中分离出来单独考虑的，因为这些因素一起形成了一个制度混合体。反英暴动所揭示出来的、印度社会所存在的主要断层存在于一个被冒犯了的正统观念和一个不温不火态度之间，前者得到既得利益群体的支持，后者则为受益于英国政策或并未受英国太大影响的社会群体所支持。这一裂缝按宗教划线，在一定程度上也按物质划线。印度教徒和穆斯林各自的人数都很多。[①]在奥德邦，农民和他们过去的主人一起，代表了一支团结一致反抗英国入侵的力量。因此，我们可以公正地得出这样的结论：不管英国人做了什么或者试图做什么——正如我们看到的那样，他们在不同地区和不同时期所做的事情差别很大——他们仍然有可能会捅马蜂窝。总之，作为只掌握少量军队的殖民地征服者，除非万不得已，英国人是不会轻易采取什么行动的。在反英暴动爆发之前的“改革”，其实是最低限度的“改革”。

在更深的因果关系层面进行分析可以看出，反英暴动揭示出西方入侵如何对印度社会造成了根本性的威胁：英国人所带来的是对商业和工业的重视，对物理世界的世俗和科学态度，对工作中所展示出的胜任能力而不是世袭地位的强调。这些特征，不管是整合在一起还是

---

① Chattopadhyaya，*Sepoy Mutiny*，100－101。有些旧时的英国学者认为，穆斯林需要为反英暴动承担主要责任，并且认为这是试图重新恢复莫卧儿王朝统治的最后挣扎，这种看法把一场混乱的在某些领域是真正的自发的起义说成了一个有计划、有组织的活动。反英暴动确实主要发生在印度北部的穆斯林区域。参见 Chattopadhyaya，*Sepoy Mutiny*，28 页的这个有趣的地图，其中展示了反英暴动的主要几个中心区域，他对此的评论参见 150－153 页。

分开来考虑，对于一个围绕着种姓制度和宗教惩处措施而组织起来的农业文明来说，都显得格格不入。英国人在印度谨小慎微。在印度进行实地管治的那些英国人并不希望全盘推行自己的社会结构而招惹麻烦，只有在纯粹为了商业的稳定、为了给自己提供物质支持，以及在某些印度习俗深深地触动了英国人的良心时才进行改革。

后者的一个例子是Sati（殉夫自焚），这个名称是指印度的一种风俗习惯，即一个女人的丈夫去世后，立即将这个寡妇烧死或者杀死。这种做法让许多英国人大为震惊。在孟加拉，通常的情况是一个寡妇“会和尸体绑在一起，很多时候尸体已经高度腐烂；如果绑的绳子被烧断，这个可怜的已经被烧得面目全非的牺牲者仍然挣扎着要逃脱的话，手中拿着木棍的男人就会把她重新推回到火堆中去”。①在绝大部分情况下，至少是在18和19世纪，这样的女人都是在在忧惧和恐怖中走向火堆的。许多人都听说过19世纪40年代一个著名的英国官员所说的话，当时他在回应那些声称殉夫自焚是一个民族习俗的婆罗门时说道：“我的国家也有一种习俗。如果男人把女人活活地烧死，那么我们就会把这个男人给吊死……让我们都来根据各自国家的习俗行事吧。”②对于今天最坚定地信奉所有文化都具有平等价值的人来说，这样一种习俗事实上可能确实是对其信念的考验。除了偶尔采取一些行动之外，英国人长期以来一直避免过多地干预殉夫自焚这种习俗，主要是担心这会引发当地的敌意。在英国统治的主要地区，这种习俗一直到1829年才被废除。③但是，这并不是这个故事的结束，这种习俗尚未终结。那些熟悉印度的人告诉我，殉夫自焚事件到现在还

---

① Woodruff, *Founders*, 255.

② 这一评论出自Woodruff, *Founders*, 327中1843年Sind的征服者Charles Napier爵士。

③ Woodruff, *Founders*, 257. 显然，尚属宽容的阿克巴也并不喜欢这种习俗，不过同样不愿意加以干涉。Woodruff在这里引用阿克巴自己的说法，“认为应该通过妻子的自我牺牲求得自我解脱的男人高尚，这实在是一个奇怪的论调”。

时有发生。

英国推行的官方宗教政策足以引发正统教派，包括印度教和伊斯兰教的警觉，尽管后两者有着各自矛盾的特征（关于这种关系，我们有必要看到，对于那些教士来说，即使是一点点实证主义的科学都代表了一种威胁，因为这些教士是地方艺术的发起者和认同者，同时还能向使用这些艺术的人收取费用）。一方面，英国政府每年花费巨资来维持清真寺和印度教宗庙。在另一方面，他们允许，在一些地方甚至鼓励，大规模的基督教传教士进行传教活动。传教士们宣称，他们在1852年拥有22个团体和313个站点，尽管当时只有443个传教士。①由传教士开设的向女孩子传授读写技能的本地语言学校让很多人忧心忡忡，担心这样的技能会激发女性的好奇心，担心学会了读写的女性会变成寡妇。②这些证据跟英国人对寡妇殉葬所做出的反应一起，暗示着印度人痛恨英国人的一个重要原因是欧洲人以多种方式干涉了男性的性特权和个人特权，而这些特权是印度教文明高度强调的，不过这一事实并不妨碍女性中的长者在许多情况下在家庭内部拥有统治地位。而且，英国人在日常生活中迫切需要的军队、监狱和铁路（在反英暴动前刚投入使用）也引发了印度人的恐惧，他们担心英国人意在摧毁种姓制度这一印度社会的支柱。不过，在当时以及现在，印度人在这方面的感受究竟有多强烈，我们是很难判断的。在一些当时事件中，种姓相互混杂但并未制造出任何麻烦，这些事件意味着这样一种可能性，那就是，西方人高估了这些感受的重要性。③尽管如此，很显然，英国人的入侵在整体上已经带来了足够多的易燃之物，一旦被火

① Chattopadhyaya, *Sepoy Mutiny*, 37.

② Chattopadhyaya, *Sepoy Mutiny*, 33－34.

③ 参见Kaye, *Sepoy War*, I, 195－196关于废除在监狱里给不同种姓成员提供不同的烹饪工具的做法；同时Chattopadhyaya, *Sepoy Mutiny*, 37也着重指出，在马德拉斯和孟买的军队里，军阶要高于种姓层级。但是，请注意在此书中第103页中引用的极具启发性的反抗宣言。

柴点燃，就会形成熊熊烈焰。

英国人从这场大火中幸存下来的部分原因是反英暴动所呈现出的一系列自燃自灭的特征。在一些区域，尤其是在印度中部，民众似乎已经准备好了时刻揭竿而起，但是地方统治者有效地控制住了这些情绪。以土著王公为主的旧精英阶层和在英国保护之下成长起来的新贵们结合在一起，成为支持英国政府的主要社会力量。农民的愤怒与统治阶层的愤怒情绪联合起来、进行了大规模暴动的主要地区是在奥德邦和西北部省区。①反英暴动从根本上说是试图重新恢复那个被理想化了的，英国入侵之前的状态。从这个意义上说，这是一种不折不扣的反动动乱。这一动乱赢得了来自民众的普遍支持这一事实，似乎与这样一个评价相矛盾，但是时间的推移将证明我们的结论。②

由于英国人被视为征服者兼新文明的主要传播者，因此我们很难看出这一暴动还会发展成别的什么样子。它的最终失败排除了印度沿着日本路线发展这种可能性。这种可能性不管怎么说都如此遥远，以至于不值得认真考虑。这倒并不是因为外国人在印度拥有了极其牢固的立足之地。认为英国人会被驱逐出去并不是痴人说梦。问题的症结在于，在印度的情形下，外国人的出现反而给出了一个反动的解决方案。印度实在是太分散了，太不固定了，同时也太大了，以至于无法在持不同政见的贵族统治下，像日本那样凭借农民的帮助而将整个国家统一起来。经过很多个世纪的漫长历史，印度出现了这样一种社会：在很大程度上把中央集权的统治看作是多余的，或者将这种统治看作具有内在的掠夺性和寄生性。在印度的情形下，在19世纪中叶前后，持不同政见的贵族和农民对现代化的深切痛恨是一致的，他们只有在这一点上能够一起合作。他们不可能像在日本那样，通过现代化

① Chattopadhyaya，*Sepoy Mutiny*，95－97，159－160.

② 关于能够体现民众组成部分的相反的解释，参见 Chaudhuri，*Civil Rebellion in the Indian Mutinies* chap VI。

而把外国势力赶走。又过了90多年，英国人才最终被赶出了印度。尽管同时有新的因素卷入，但是驱赶英国势力的反动力量仍然非常强大，强大到严重地阻碍了后来印度发展成一个工业化社会的努力。

5. 1857－1947年：印度是地主的天堂吗？

在镇压了反英暴动之后，英国人得以在印度推行法律和秩序达将近一个世纪之久，并基本上形成了一个政治统一的局面，但是由于始终还是存在着政治上的干扰，而且由于在第一次世界大战之后这些干扰有所增多和加剧，所以最终所形成的统一并非完整。尽管存在着这些问题，1857－1947年这段时间仍然可以算作印度历史的和平年代，与世界其他地区同时代的历史状况形成了最鲜明的对照。

形成这个和平时代所付出的代价则是我们需要讨论的另外一个问题。强化法律和秩序的政策更有利于已经拥有特权的那些人，甚至那些并未掌握太大特权的人群从中也有所得益。这确实应该归功于英国政策所引发的其他更深层的力量，不管这些力量的行动多么缓慢，但仍给印度带来了不小的影响。英国统治主要依赖的是印度乡村的上层阶级、地方王公和乡村中数量巨大的大地主。在那些具有重要影响力的地方王公的宫廷里，通常会有一个常驻的英国顾问，他主要负责的是“外交”关系，尽可能不去过多干预地方上的事务。而在英国人直接控制的地区，他们则主要是与反英暴动之后兴起的一切势力合作。①

尽管在后面，我们还会对过于依赖乡村上层阶层这一倾向所产生的一些政治后果进行更加详细的分析，但是我们有必要现在就予以关

① 关于各地条件所造成的很有启发的反差，参见 Metcalf，“Struggle over Land Tenure”，295－308。

注。这种倾向在19世纪就已经缓慢地崭露头角，其本质是疏离商业和专职工作者——印度的新兴资产阶级。正是因为英国势力的存在，使得那些土地精英和相对软弱的新兴城市领导力量相互区隔，从而避免了两者在印度形成德国或日本式的反动联盟。这对于在印度土壤上最终建立起议会民主确实是作出了决定性的贡献，其重要性至少不亚于英国理念在印度通过专职工作者进行渗透而引发的重要影响。如果没有社会结构性上的有利条件，那么这些理念显然只不过是文字游戏而已。最后，英国人的出现推动了印度资产阶级与农民阶层调和以获得更大的民众基础。我们将在接下来的一个章节中看到这一奇迹究竟是如何产生的，以及最终究竟带来了一些什么样的后果。

除了法律和秩序之外，英国人还给19世纪的印度社会引进了铁路和数量众多的灌溉工程。至此，印度农业商品化和工业发展的最重要的先决条件似乎都具备了。但是，这些发展最终却无果而终、百病缠身。为什么呢？ 在我看来原因不少，其中具有决定性的一个因素是，印度的和平时代有利于地主和高利贷者们将乡村所产生的所有经济剩余都装入自己的腰包，而在日本，这些剩余则被用来支撑工业化进程中最为痛苦的初始阶段的发展。作为外国统治者，英国人在印度的主要目的并不是推动工业革命。他们既不会用类似日本的方式也不会用类似苏联的方法在农村收税。因此，在盎格鲁-撒克逊法律所提供的公正保护伞之下，寄生式的地主土地所有制给印度造成了比日本更为不利的影响。

把责任全部推到英国人身上显然是荒谬的。前面章节中所提到过的许多证据都表明，这种衰退，其根源更多在于印度自身的社会结构和传统。长达两个世纪的英国统治只不过使这一因素得以进一步地扩大，并在整个印度社会中更深地扎下根来。具体地说，和平时代使得印度的人口极速增加，地租随着竞争而不断上涨。尽管印度的英国法庭所推行的财产权法律和政治新框架在为地主阶层提供新的统治工具方面确实起到了一定的作用，但是更可能的情况是地主们通常较少依靠这些新工具来增加收入，而更多地依靠种姓制度和乡村组织所蕴含的传统力量，这种做法至少直到最近时期仍在继续。

我认为，在乡村里榨取经济剩余的这一特殊方法和国家未将这些剩余用于推动工业化发展，是印度长期处于落后状况的复杂历史因果链中的一个关键环节，这种解释方法比人们通常所提出的其他一些解释显得更加重要，一般的解释通常包括种姓制度的作用、文化传统的惰性、企业家精神的短缺等等。尽管这些因素也确实起到了一定的作用，但是我们仍然有充分的理由认为它们只是上文分析到的榨取经济剩余的方法的衍生物而已。即使是在种姓制度影响力极为强大的乡村地区，也已经有足够强烈的迹象表明种姓制度的障碍正在不断瓦解，一些迫于当地实际条件而致力于迈向更彻底的市场经济的动力也已经出现。总之，正是因为乡村精英群体中的高层成员为了维护自身的利益，出于我们前文中提及过的一些原因而使种姓制度得以维持下来。在后文中，我会试图对这一切进行分析。

如果只是粗略地加以总结，这一解释似乎还能令人信服。不过如果有人试图克服自相矛盾，试图面对那些支离破碎的证据的时候，有可能发生下列两种情况：有的时候，井然有序的史实变成杂乱的无组织状态；有的时候，则因为那些带有选择性的证据而形成了一个过于顺畅反而不可能是真实的论断。要说服一个真正有明确信念的怀疑论者，任何一个作者都是无能为力的。尽管如此，仍然应该提及的是，在研究这一时期的印度历史时，我曾经怀疑，所谓的寄生式地主很有可能是印度民族主义和半马克思主义学者们所杜撰出来的一个传奇性的社会阶层。但在看过不少的证据之后，我相信这种地主是真实存在的，而现在我所做的就是要将更重要的证据关联起来。

先来讨论一下“印度并没有经历过任何农业商品化变革”这一概论的一些例外，这可能会让大家都有所收获。尽管印度并没有发展成为一个种植业殖民地，生产原材料并出口到经济上更加发达的国家，但是在19世纪和更早的时期，确实出现过一些朝着这个方向发展的端倪。印度人从远古时期就开始从事棉花种植业。黄麻只是供本地人自己使用的，直到19世纪50年代，才成为商品化作物。类似的农作物还包括茶叶（主要是阿萨姆茶）、辣椒和靛青。这些作物的经营方式很多，既有接近于直接的种植园方式，也有转包小作坊制度的形式，该形式可以为小型个体耕种者提供预付款。①

从地域和所卷入的人力数量方面来说，这种半种植园形式的经济，其规模是比较小的。否则的话，政治民主的建立可能会面临更加难以克服的障碍。在我们研究了美国南部的情形之后，这一观点显然无需赘述。来自国外的竞争与地理和社会因素的结合能够比较好地解释种植园制度为何未能在印度占据主导地位。印度出产的棉花是无法与美国棉花竞争的；或许是因为在美国内战之前印度对本地纺织品的扼制造成了这样的结果，但这一观点显然是值得怀疑的。合成染料的发明摧毁了靛青贸易。黄麻只在一个地区——孟加拉和阿萨姆邦——出产，当然也不能排除其他地方种植这种作物的可能性。最主要的局限似乎是社会学方面的局限。由于很难控制大量小耕种者各自的运作方式，因此各种转包小作坊的农业形式并不是十分有效率的。另一方面，雇佣奴隶劳工或者半奴隶劳工的直截了当的种植园制度需要一个有效的高压机制。要大规模地建立这样一种机制显然超越了英国人或者印度的能力，随着时间的推移更是如此。

随着英国统治逐渐稳固下来，土地开始具备了世界其他地区在同样情况下都具备的商品特征。尽管说土地不太可能像锅碗瓢盆那样不断重新生产出来卖给市场，但至少是可以买卖的。土地开始拥有可以

① 关于辣椒，参见 Buchanan，*Journey from Madras*，II，455，465-466，523 的精彩描述；关于靛青和种植园制度的其他方面，参见 Gadgil，*Industrial Evolution*，48-50。Anstey，*Economic Development*，115 指出直接的种植园通常掌握在欧洲人手中。

用货币进行衡量的价值，而且由于财产安全有所保障，印度的人口压力也开始不断增加，促使土地的价值稳步上升。反英暴动结束没多久，一些敏锐的观察者们就已经意识到了这种明显的上升趋势。有不少迹象表明，这一进程其实在很早之前就已经开始了。1880 年的赈济委员会断言，有证据表明在先前的 20 年间，印度全国范围内的土地价格都已经有所上升。①马尔科姆·达林②爵士列举了一些令人震惊的数字，有力地支撑了这一观点。尽管这些数字主要出自旁遮普邦，但是事实上这一过程发生于整个印度。一英亩土地在 1866 年大约值 10 卢布，到了 1921 - 1926 年间则上涨到平均 238 卢布。大萧条时期，这种上升趋势有所放缓：这一数字到 1940 年只达到 241 卢布。在 1862 - 1863 年间，印度政府为土地的价格升高到了等于土地在 7 年内的收成而沾沾自喜。1930 年，与之相应的数字是 261 卢布。③

市场经济的部分侵入和土地价值的提升导致了高利贷者角色的变化。高利贷者是乡村里的重要人物，我们有必要深入了解一下。在印度社会，高利贷者一直都存在，并非英国统治带来的新事物。有迹象表明，在英国人到来之前的村庄里，经济交换很少用到（或者根本用不到）现金。在乡村的许多地区，手工艺种姓阶层直至今日仍然把获得他人一部分农作物作为自己的服务的报酬。在另一方面，即使是在阿克巴时期，而且毫无疑问在更远的时期，税收主要是以现金形式征收的。在这种情况下，高利贷者进入了乡村经济。通常，他们属于一个特定的种姓，尽管并非全部如此。在莫卧儿时期，经常会听到许多

---

① Great Britain, *Report of Famine Commission*, 1880, II, 125. Great Britain, *Report of Commission on Agriculture in India 1928*, 9, 指出，这种上升趋势显然与 1837 - 1838 年发生的饥荒一样早。人口膨胀的普查证据一直到 1871 年才在首次普查中出现，尽管人口早就呈现出膨胀的趋势，这几乎是确定的。一份关于几十年人口增长的图表表明，一直到 1921 年之前，人口增长速度只是每隔 10 年才有一次显著提高，在那之后人口增长率稳步提高。参见 Davis, *Population of India and Pakistan*, 26, 28。

② Malcolm Darling, 1880 - 1969，英国印度总督。——译者

③ Darling, *Punjab Peasant*, 208.

农民抱怨说，他们不得不在收成时以低价出售农产品，后来因为急需又不得不以高价再买回来。①高利贷者在这种传统经济中行使着两个有用的职能。首先，他们作为一个简单的平衡力量而存在，主要是对丰年与歉年进行平衡。除了饥荒时期，其他情况下，当农民自己的粮食短缺的时候，他可以向高利贷者借用。其次，当农民需要现金来缴纳税款的时候，高利贷者作为现金的常规来源而存在。②很自然，高利贷者是不会无偿地提供这些服务的。在另一方面，传统的乡村社区似乎做到了对高利贷者大肆勒索钱财行为的限制，只是在后来的情况下，这种限制变得越来越无效了。③与此同时，将社区紧密地结合在一起的传统约束也有助于确保债务的有借有还，使高利贷者在最低额度的抵押下敢于预借相当大数额的现金。④从整体上看，这种情形似乎对于所有相关群体来说都是能够接受的；值得指出的是，印度教的法律中并不存在西方那种对于收取利息的敌视。

在英国人来到印度之前，高利贷者通常更看重农产品而非土地，后者虽然数量充沛，但是如果没有人去耕种，就毫无价值可言。这种情况一直持续到 19 世纪后半叶，即一直持续到土地价格开始上涨，英国人通过法庭保护财产的做法开始站稳脚跟，这一趋势随着反英暴动以及随后英国人越来越倚重乡村富贵阶层而得到强化。⑤这时，高利贷者开始改变自己的策略，试图获得对土地的所有权，让农民继续留在土地上替高利贷者耕种，从而能够提供更为稳定的收入。⑥

在 1860 年到 1880 年间，这种情况发展到了顶峰。1879 年，印度

---

① Moreland, *India at Death of Akbar*, 111－112; *Agrarian System*, ii, 126; *From Akbar to Aurangzeb*, 304. Darling, *Punjab Peasant*, 168－169 提及，在英国统治前期印度的大部分地区，高利贷者是一个重要的角色。

② Darling, *Punjab Peasant*, 6－7.

③ Darling, *Punjab Peasant*, xxiii, 170.

④ Darling, *Punjab Peasant*, 6－7, 167.

⑤ Mecalf, “*British and the Moneylender*”, 295－307.

⑥ Darling, *Punjab Peasant*, 180; Gadgil, *Industrial Evolution*, 166.

颁布了《德干农业援助法令》，也是第一次尝试对土地所有权转让进行限制，从而更好地保护农民。在19世纪余下的时间里，印度其他一些地方也通过了类似的法律。该法案的核心条款是阻止将土地转让给不亲自耕种的种姓阶层，换句话说，就是高利贷者。这样做的主要结果是使提供给农民的本来就有限的信贷被缩减了，转而鼓励耕种种姓中富裕农民阶层的成长，由他们来向不那么富裕的农民放贷。①尽管并没有足够的统计数据能够表明究竟有多大比例的土地正式地从耕种者手里转到了高利贷者或者富裕农民手中，但是从1880年的饥馑报告中可以清楚地看出，这个问题已经很严重了，而且在后来很多年一直如此。②在印度乡村的很多地方，高利贷者是属于非耕种种姓的，而在旁遮普邦，他们则是属于印度教的信徒而不是穆斯林。长期以来，其典型的形象代表是乡村里的商店店主。因此，法律上的所有权转让对于这种耕种制度来说并没有真正意义上的差别。过去的耕种者仍然拥有自己的耕地，只是在某些区域需要上缴其农作物剩余，用以支付高额的租金，而不是借贷的利息。③这种趋势一直延续到最近一段时期。尽管没有确切的数据作证，但许多敏锐的观察者都认为，土地从耕种者手中转出去的趋势一直延续到大萧条时期，只是在第二次世界大战的繁荣时期才暂时地略有收敛。④

因此，印度有限的现代化进程的主要后果之一是将从农业中榨取的经济剩余转移到新的人群那里去了。在旁遮普邦，20世纪20年代晚期的借贷利息在农业人口中上升到每年每人104卢布，与之相比的是4

---

① Anstey, *Economic Development*, 186－187; Gadgil, *Industrial Evolution*, 30－31, 164; Darling, *Punjab Peasant*, 191, 197; India, *Report of Famine Inquiry Commission 1945*, 294.

② Great Britain, *Report of Famine Commission 1880*, II, 130.

③ Gadgil, *Industrial Evolution*, 166.

④ India, *Report of Famine Inquiry Commission 1945*, 271.

卢布的土地收益率。①这些借贷并不完全来自高利贷者；大量的借贷出自更富裕的农民。尽管在20世纪20年代，每4个纳税人中就有2个属于借贷群体，但并非所有的高利贷者都穿金戴银。②虽然这些数字是非常粗略的，但是它们证实了这样一点，那就是，印度的农民生产出了可观的剩余，而这一剩余并没有流入国家。印度农民为原始资本积累承担了许多苦难，而印度社会并未因此获得任何收益。

土地转到高利贷者手中并没有带来耕种单位的合并。印度并没有经历过大规模的圈地运动，在农业耕种技术方面也没有产生过任何革新。直至今日，农业的方法和工具仍然是极其落后的。根据第二次世界大战之后不久印度发布的一个权威报告，印度本地使用的耕犁和其他一些农具与1 000年前所使用的并无多大差别。③印度农业的一个典型特征一直以来就是，其大多数主要农作物的亩产量与世界上其他国家相比总是很低。农作物中最主要的还是稻米和小麦，而稻米比小麦重要得多。1945年，这两种作物占据了几乎一半的粮食作物区域，其收成所占的比例则更高。④由于缺乏任何重大的技术革命，即使到了20世纪，尽管绝大部分种植者也会时不时地向市场出售一些剩余农产品，但是印度绝大部分的农作物仍然是用来维持人们最基本生活的，这一点显然并不奇怪。⑤

到此，我们最好还是别把印度视为一个整体来加以分析，而是要简短地检视一下印度乡村不同区域地主土地所有制的发展和特性。我们也许可以以孟加拉地区为起点，正如我们已经看到的那样，在那

① Darling, *Punjab Peasant*, 20, 218－222.

② Great Britain, *Report of Commission on Agriculture in India 1928*, 442.

③ Thirumalai, *Postwar Agricultural Problems*, 178. 这一判断可能有些过分。参见Lewis, *Village Life* 中给出的一个在单一乡村里所进行的技术革新的清单，有些还是比较重要的。

④ India, *Report of Famine Inquiry Commission 1945*, 288.

⑤ Anstey, *Economic Development*, 154.

里，问题的主要特征早在英国影响力蔓延开来之前就形成了。这一区域所提供的信息向我们展示了两方面的事实：一是寄生式地主偶尔也会承担一些经济任务，二是这种寄生性深深地扎根于农民的各个阶层中。在一定程度上，这些事实既掩饰又放大了寄生式地主的印象。

在开荒方面，孟加拉区域的柴明达尔的确起了一定的作用，即便不能说他们真正辛勤地劳作过了。这些荒地在1800年前后在该区域是乡村风景中一个引人注目的部分。而柴明达尔们之所以能够开荒主要是因为他们把压力转嫁到了农民身上。例如，他们通过免除地租诱使相对来说尚未开化的部落居民留驻下来。而一旦土地得到开发，这些柴明达尔就又通过法律途径把这些佃农从土地上赶走，取而代之以熟练掌握农业技巧、愿意支付更高租金的佃农。据说，柴明达尔通过这些手段和其他一些方法，例如对佃农征收特殊赋税，在1800年到1850年间将土地出租率翻了一番。大约在1850年后，柴明达尔逐渐转化成纯粹的地租征收者，对耕种的扩展或者农业的改善贡献甚微。①

根据一个现代学者的说法，到反英暴动爆发之际，基于“永久和解”协定，农民所能获得的权利已经极度恶化，恶化到他们基本上随时会被勒令退租。反英暴动爆发之后不久，英国采取了一些措施来改善这一状况。此举得以实施，是由于孟加拉摆脱了反英暴动的恶劣影响，因此在那里没有那么大的必要对地位稳固的地主阶级进行妥协。②早在1859年，英国人就已经颁布了一系列佃农法令，通过这些法令，英国人试图给佃农提供一定程度的保障。在印度其他地区也通过了类似的法令。这些法令的主要条款是，持续耕种12年就可以形成所有权的基础，这就能够保护佃农不会受到被驱逐的威胁。对此，地主们的应对措施则是在12年期满之前就先把佃农驱逐出去。在另一方

① India, *Census 1951*, VI, pt IA, 445－446.

② Metcalf, “Struggle over Land Tenure”, 299. 由于下文所提到的原因，我认为Metcalf关于这些有利影响的评价可能是过于乐观了。

面，新法令使得租赁权可以像其他一些权利那样自由转让。在发生这种情况的地方，对土地的竞争加剧了转租的做法。越来越多的农民转型成为小地租收取者，因为每个人都发现利用土地转租权比起自己亲自耕种土地能够获利更多。①随着政府征收的赋税（受到“永久和解”协定的限制）和土地竞争压力所产生的租金之间的差距变得越来越大，租赁和转租的链条也越拉越长，在这一区域的某些地方甚至达到令人无法想象的长度。

一些关于土地租赁问题的历史研究文献给我们造成了这样的印象：在一些地区，如果支付土地税的地主和实际耕种土地的农民之间存在着大量中间人的话，那么那里的农民租赁负担会更重。但实际情况并非如此。之所以会纷纷涌现出这么多中间人，只是因为耕种者所支付的租赁费率和地主所上缴的收成或者赋税之间的差距实在是太大了。②在20世纪40年代，孟加拉土地收入委员会发现，在租赁层级极多的区域，需要支付的地租比印度其他许多地方要少。委员会的成员们甚至由此推断说，“在孟加拉，有充分理由支撑我们提高而不是降低地租。”③关于后一个观点，人们可能会有不同的看法。但是，有一个观点还是比较清楚的。在很多地区，经济“剩余”并没有完全被富裕的地租收取者刮走。相反，对土地的竞争造成土地被许多人瓜分，这些人中绝大部分都远谈不上是富人。正如印度负责普查的官员所谨慎指出的那样，印度的乡村地主并不全是一些富裕悠闲的地租收取者，他们中有人甚至仅能维持最基本的生活，但是仍然不曾做出过任何经济贡献。④在那些依赖土地地租生活的人中间，可能包含很大比例的寡妇、年老体弱者和老弱的地主，由于他们没有已经成年的儿

① Mukerjee, *Economic Problems*, I, 221－223, 227－228, 230.

② India, *Report of Famine Inquiry Commission 1945*, 282.

③ India, *Report of Famine Inquiry Commission 1945*, 278.

④ India, *Census 1951*, VI, pt IA, 355.

子，而且自己也无力耕种土地，因此不得不把土地租赁给别人耕种。①在一些区域，即使是乡村里的仆人、鞋匠、理发匠、洗衣工、木匠和其他一些人也都可能成为并不居住在土地上的地主。②我不能找到确切的数据告诉大家究竟有多少人是属于前面描述过的不同类别的“贫穷的地主”。但是，他们的总体数量超过富裕的地租收取者这一点是毫无疑问的。因此，也不是所有地主都可以被视为完全的寄生式地主，即他们既没有在经济上作出贡献，也没有在更宽泛的意义上，比如在专业领域里，作出过贡献。

针对寄生式地主土地所有制的观点所进行的所有这些修正都属于对这一问题的客观评估。同时，公正独立的社会科学家们在判定这一切究竟意味了什么的时候需要更为谨慎。当下存在着一种强烈的倾向，即不断地指出数据中的特例和缺陷，直到让真正的问题看起来并不存在，或者问题只是昏了头的臆想的产物而已，以此来对抗对于现状的批评。在这一案例中，寄生式地主土地所有制绝对是一个真实的问题。大量的贫苦人民在这一制度的阴翳下筋疲力尽地争取可怜的最基本的生存条件，但是尽管其数量众多，仍无法充分地抵御一个从内在来讲就是浪费的、阻碍经济发展的社会制度的侵害。总之，所有地主收入中的绝大部分都被一小撮富裕地主给侵占了，这种可能性非常明显，即使是贫穷地主的数量远远超过富裕地主的数量，即使并没有充分的统计数据能够清晰表明收入在地主阶级内究竟是如何分配的，这些事实也都不会降低这种可能性。

现在让我们看一下印度南部地区的发展，在那里，根据莱特瓦尔“和解”协定的规定，是由英国人直接从农民的村庄中征收赋税，而不是通过中间人。

---

① India, *Census 1951*, IX, pt IA, 121－122.

② India, *Census 1951*, IX, pt IA, 119.

我们可以先快速看一下19世纪最后10年间的马德拉斯管辖区，这个地区正巧是布坎南90年前旅行过的地方。我们可以通过一个为英国人工作的早期印度官员——登记局总检察长的眼睛来看问题，这位官员在1893年发表了关于前40年马德拉斯发展状况的备忘录。①这位作者显然是一个相对公正的学者型官员，当然因为他自己就是其中一个获益者，因此，他可能有点过于急切地希望能向世人尽量多地展示印度在英国人统治下所取得的进步。但是，他所描绘的画面更多地反映出一小撮极为富裕的地主精英群体是如何压榨大量贫穷农民的，他们把财富大肆挥霍在诉讼和花天酒地的生活上。在该管辖区总共9 000万英亩土地中，有2 700万英亩或者大约1/3到1/4的土地归属于849个柴明达尔。有15个柴明达尔每个人拥有接近50万英亩的土地。在他们之下是大约460万个依靠莱特瓦尔式租赁制生活的农民小业主。②根据该作者的计算，一个农民家庭若要确保自己的基本生存并且无需为他人打工的话，需要有大约8英亩的土地。③有1/5不到(17.5%)的农民是在上述标准线之下的，他们一个家庭所拥有的土地平均数量只略多于3.5英亩，因此不得不通过为他人工作而维持自己的生存。④这些数字是基于土地收入回报的，因此我们需要谨慎对待。但是，我看不出有什么理由能够驳斥这些数字所体现的基本状况。在孟加拉，从1830年到1850年谷物价格下降的这段时间内，许多旧时拥有土地的家庭在无法缴纳应缴的赋税时被迫放弃了自己的地产。很自然，有另外一些人从中得了利。⑤将马德拉斯管辖区的行政长官Raghavaiyangar在1893年撰写的有关马德拉斯的备忘录与布坎南关于19世纪早期的简略

① Raghavaiyangar, *Madras*.
② Raghavaiyangar, *Madras*, 132, 134.
③ Raghavaiyangar, *Madras*, 135－136.
④ Raghavaiyangar, *Madras*, 135, 137.
⑤ Raghavaiyangar, *Madras*, 133.

描述对照来看，就可以引导我们得出这样一个结论：英国统治的一个主要结果是农民所拥有的土地开始短缺了，还有一个是兴起了一个数量不多但是极为富裕、好逸恶劳的地主阶级。

而差不多在同一时期，在孟买，有人认为那里并不存在可以与印度其他地区的柴明达尔相提并论的大地主阶级。当地的乡村居民中绝大部分是直接向政府支付土地税收的农民。在另一方面，1880 年饥荒的研究者们注意到了一个趋势——有许多农民开始转手租赁他们的土地，靠着收到的租金和向政府支付的赋税之间的差额来维持生活。① 这一证据又一次显示出了一系列我们所熟悉的特征：人口在不断膨胀，对土地的需求在不断上升，在农民阶级中一个小地租收取者阶级在慢慢兴起。不久，租赁引发的问题就显现出来了。在包括孟买和马德拉斯部分地区的莱特瓦尔区域，次级佃农一直到英国统治末期都缺乏法律保障。保护传统权利的动向直到 1939 年才开始。②到 1951 年，尽可能减少地主问题的存在变成了官方的政策。但是，1951 年全民普查报告引用了一些有趣的细节报道，说在孟买市的邻近地区仍然存在着一个大地主阶级。在农业地租收取者群体中，几乎有 1/3 都获得了第二种谋生手段。这两个事实都揭示出地主土地所有制与城市商业利益群体之间有着紧密的关联，这也许与中国港口城市的情况相类似。③

我们可以通过对旁遮普邦——这个现在属于巴基斯坦的小麦种植区域——的分析来结束这部分基于区域性的调查。旁遮普邦之所以可以给我们以启示，是因为它是农民种姓之一，贾特种姓的源头，尽管这个种姓的背景主要是士兵阶层（这显然已经是很久远之前的事情了），但他们都是一流的农业耕种者。旁遮普邦也是英国人很早就在其

---

① Great Britain, *Report of Famine Commission 1880*, II, 123.

② Mukerjee, *Economic Problems*, I, 223; Gadgil, *Industrial Evolution*, ix.

③ India, *Census 1951*, IV, pt I, 16, 60.

中大范围地引进灌溉工程的地区。马尔科姆·达林爵士，这个优秀的富有同情心的观察者在20世纪20年代描述过这个地区的情况，说那里的地主主要集中在印度河河谷地区。地主手中掌握了大约40%的可耕地。①达林的说法与1945年赈济委员会所引用的推测——当地2.4%的土地所有者掌握了38%的可耕地——相吻合。②从总体上来看，这些地主被刻画成一批骄奢淫逸之徒，只关心体育运动和自己的地租，对如何改进自己的地产毫无兴趣。③在19世纪80年代，英国人推行了一个大型的灌溉工程，使得这个荒漠地区实现了繁荣，安顿了一批拥有不同规模地产的农民以及拥有更大块土地的、分布在各地的农民。英国人希望(又一次受到康华里的影响！)后面这个群体能够发展成为拥有土地的绅士阶层，但是这些农民土地拥有者却变成不在当地居住的地主，因此从这一方面来看，英国人的这一试验以失败告终。④不过，这种状况倒并不完全是令人绝望的。达林也曾提到过城镇里思想进步的具有商业头脑的地主阶层。他们并非来自英国政策试图维持的拥有土地的传统种姓阶层。⑤这一暗示与我们所知道的在印度其他地区，传统地方精英群体手中的土地被自由转让的事实综合在一起，显示出在印度，农业领域中产生某种资本主义革命并不是完全不可能的。当然，我们不必现在就去追索这一个观点的寓意，不如将之留待以后，与开启尼赫鲁时代的自愿农业革命的尝试一起考虑。

就像这一区域性的调查分析所显示的那样，英国统治所带来的最明显后果之一，是逐渐清除了莱特瓦尔制地区和柴明达尔制地区之间的差异。在第一次世界大战爆发之前，随着租赁问题变得越来越普

① Darling, *Punjab Peasant*, 98.

② Great Britain, *Report of Famine Inquiry Commission 1945*, 442.

③ Darling, *Punjab Peasant*, 99, 109-110, 257.

④ Darling, *Punjab Peasant*, 48.

⑤ Darling, *Punjab Peasant*, 157-158. 关于英国所推行的政策背后的考虑，参见E. D. Maclagan撰写的前言。

遍，关于两种制度各自好处的激烈争论在很大程度上就已经销声匿迹了。根据一个权威的说法，即使是在乡村的内部构造中，可以追溯出这一区分的差别也已经是少之又少了。①在两次世界大战期间，也没有清晰的迹象表明这两种制度之间究竟哪一种更加有效率。②

就统计数据方面的证据本身而言，我们并不能作出任何关于英国统治时代佃农的数量是否上升了的判断。这其中主要的难点来自这一事实：一个农民经常会在自己拥有一块耕地的同时，租赁一块或多块额外的土地来耕种。因此，在不同的时间点上收集用于统计数据流程上的差异会使结果波动极大，从而完全无法体现真实的情况。确实存在一些迹象表明，直到1931年，佃农的数量一直在上升。考虑到印度人口的增长和土地竞争的激化，佃农数量还是很有可能增加的。1951年的全民普查则显示，这种趋势呈现出了令人吃惊的逆转，但这并不能被视为是有力的证据，因为它几乎可以确定地归结为不同的普查对佃农和土地所有者的定义上的变化。③我们也不能像印度民族主义学者们那样，据此就毫无疑义地认定在英国统治时期佃农的物质生活逐步恶化。租赁制本身并不能作为证据，而且不管怎么说，与此相似的关系在过去就普遍存在了。最重要的事实其实是人口的增加。我们可以把这一事实与农业领域缺乏大规模的技术改进这一点结合起来，作为强有力的证据来证明佃农的物质生活确实有所恶化。

我们也无法获得任何精确的统计数据来衡量，在多大程度上，市场重要性的提升与新的英国法律措施一起开启了土地财产过度集中的过程。在英国人来到印度之前，少数人拥有大量土地的情况在许多地

---

① Gadgil, *Industrial Evolution*, 63; Thirumalai, *Postwar Agricultural Problems*, 131; Great Britain, *Report of Famine Inquiry Commission 1945*, 258.

② India, *Report of Famine Inquiry Commission 1945*, 265.

③ 参见 Thirumalai, *Postwar Agricultural Problems*, 133 的精彩分析，同时还给出了一些相关的数据。同时参见 Thorner and Thorner, *Land and Labour*, chap X 的具体分析。

区都是司空见惯的。据说，在英国人撤离印度时，这种情形反而相对罕见。①关于印度整体的唯一一个统计资料来自1953－1954年进行的一次研究。由于是在那个时期废除了柴明达尔制度（尽管我们可以看到这种制度的废除远非彻底），而且，由于掩盖自己的财产规模不让官员们知道实情具有巨大的好处，情况很可能是，这份研究所报告的土地集中程度会比英国统治末期普遍的情况要低得多。尽管如此，主要的一些结论还是值得关注的。印度乡村家庭中有大约1/5，总数为约1 400万到1 500万户，并不拥有任何土地。一半的乡村家庭拥有不到1英亩的土地。这些人拥有的土地总份额只占全体的2%。至于说这一等级的最高层，我们发现，在所有地区最顶层的10%的乡村家庭拥有总土地的48%或更多。但是，大土地所有者，比如说拥有超过40英亩土地的地主，所拥有的土地加总起来只有1/5左右。②因此，乡村展现的景象是这样的：乡村拥有一个巨大的无产阶级，大约占了乡村总人口的一半；还有一个数量较少的富裕农民阶层，占乡村总人口的1/8不到；另外，还存在着极少数的大地主。

很显然，在英国统治的影响之下，印度乡村社会结构的主要变化就是乡村无产阶级规模的扩大。这一无产阶级的绝大部分是由农业劳工组成的，他们要么没有土地，要么只有一小块土地，足以将他们同地主捆绑在一起。我们很难说清楚这个群体的人数到底增加了多少，因为每一次普查与另一次普查在分类方法上的变化使得我们难以给出正确的对比。曾经有一个学者一直在试图克服这些难题，他给出的结论说，农业劳工的数量从1891年的大约13%上升到1931年的大约38%，随后就趋于稳定，因为与印度人口增长趋势并行的土地拥有量

① India, *Report of Famine Inquiry Commission 1945*, 258.

② India, *National Sample Survey*, *Report on Land Holdings*, iv, 16. 同时参见表4.3，4.4，pp，14，15。

的减少，意味着靠家庭劳动力进行耕种变得更加容易了。①

在印度，无地者或准无地者的出现并不是对农民进行任何形式的大规模剥夺的结果。这些人绝对称得上是贫困潦倒，这是毋庸置疑的。在北方邦的一个区域，在身为农业劳动者的贱民群体中间，有一个很久以来就被大家接受了的习俗，那就是，食用从动物粪便中采集来的清洗过的谷物。显然，这种做法并不被看成是令人反感的，而且据说这个区域大约有1/5的人都是靠这种方式维生的。②毫无疑问，这是一种极端的例子。但是，让我们还是把它当作和平状况下文明人贬值的一个例子来看待吧。其实，普通人的情况就已经足够糟糕了。

关于乡村无产者的这些概述很粗略，但是能足够有力地支撑起这里所提出的论点。印度乡村底层人的历史是模糊不清的，我们有足够的空间，事实上也极有必要，对此进行进一步的研究。需要再次重申的是，这一最底层阶层并不是英国和平统治的直接产物。人们很难给出结论认为，这些人与雇主之间的关系在英国统治时期发生了根本性的改变。③

印度乡村社会（包括城市在内）最底层人民所遭遇到的骇人听闻的悲惨境遇又一次把我们的讨论带回到我们最初提出的那个问题。尽管印度农民与中国农民在过去两个世纪里遭遇过同样巨大的痛苦境遇，但是印度始终未曾经历过一次农民革命。一些可能的原因已经清晰地显现出来了，那就是，在西方势力入侵之前，印度和中国在各自社会

① Patel, *Agricultural Labourers*, 7 – 8, 14 – 15. India, *Agricultural Labour Enquiry*, I, 19，说乡村家庭中有大约1/3属于农业劳动者阶层，而其中一半家庭没有土地。Thorner and Thorner, *Land and Labour*, chap XIII 指出，关于农业劳动者的调查更多地聚焦于抽样的技术方法，而几乎完全忽视了社会现实，因此其收集数据的方法是绝对值得批评的。因此，这样的分类和切分方法是没有任何用处的，甚至比无用更糟糕，因为会造成严重的误导。

② Nair, *Blossoms in the Dust*, 83, 从国家应用经济研究会中引用了数据。

③ 关于早期一些有价值的概览，参见 Buchanan, *Purnea*, 443; *Bhagalpur*, 193, 460, 468。

结构方面的差异以及西方影响力在时机和特征方面的显著不同。暴力因素是对西方冲击作出响应的一部分，但是至今为止只是很小一个组成部分而已。要清楚地解释为什么印度没有发生更多的暴力对抗，就有必要讨论一下印度民族主义运动的特征以及偶尔爆发的暴力对抗。

6. 非暴力运动：资产阶级与农民阶级建立联系

我们一开始分析就会注意到，在欧洲人来到印度之前，印度的社会结构给商品化发展道路设置了很多阻碍：财产权的不确定，资本积累面临的障碍，对奢靡生活的追求以及种姓制度。这些力量相互抗衡的结果并非全是负面的。在其他国家，奢侈品通常刺激了各种形式的商业发展。而在印度，显然也存在着商业；银行业甚至达到了很高的发展程度。①但是，本土的商业注定没有发展成为最终能够摧毁印度传统农业社会的分解剂。商业和工业革命的欠缺，在一定程度上可以归因于英国人对印度的占领和统治、对手工纺织业的破坏和对那些可能会与自己竞争的商业利益群体所采取的保守态度。在另一方面，英国人在阻止一个本土的现代商业阶级的兴起方面绝对谈不上完全成功。各种记录也表明，他们在阻止这个阶级的兴起上并没有付出太多努力。

到 19 世纪末，交通运输条件的改善使得机器进口成为可能，再加上更大市场的逐步开放，印度本地的工业，尤其是棉花和黄麻加工业，开始变得重要起来。②到 19 世纪 80 年代，印度已经拥有了一个具有各种现代特征的商业和工业阶级。同时还拥有了一个以言语为生的

① 参见 Singer, ed, *Traditional India*, 25－35 中简短而又精辟的文章，Lamb, "The Indian Merchant"。

② Anstey, *Economic Development*, 208.

专业阶层，其中律师是出现在印度社会的最早也最重要的现代资产阶级成员，这一点得益于英国在印度所推行的法制和官僚统治制度，为有这方面才能和志向的印度人提供了用武之地。①法律很可能也比较契合婆罗门在权威和形而上思考方面的传统。大约40几年之后，英国的官方到访者为自己在印度的影响力而颇为得意，对那些在孟买马拉巴尔希尔区中拥有庄园的印度商业巨子津津乐道，并告诉我们邻近加尔各答的黄麻磨房和孟买的棉花工厂的资本家中绝大部分都是这样一批人。②

也正是在这些小圈子中，首先出现了对与英国关系是否能够给印度带来好处的怀疑。19世纪后期英国的商业利益群体开始担心自己会遭到印度本地同行的竞争。印度商人则觉得，所谓的自由贸易反而抑制了商业自身发展的可能性。长期以来，这些商人就在寻找一定的保护、政府援助以及能够独占印度市场的机会。③因此，在作为1857年后英国统治的最主要受益者的印度上层地主群体和认为自己受困于印度—英国关系的商业阶级之间在意见上出现了分歧。这种分歧一直持续到印度获得民族独立。

这一分歧同时造成了很重要的政治后果。我们从其他地方(国家)观察到，那些具有很强影响力的上层地主与正在兴起但力量仍然微弱的商业阶级之间的联盟关系，在经济发展进程中一直是形成反动政治阶段的一个关键因素。而英国人在印度的存在则阻止了任何类似联盟的形成，因此可以说英国确实对议会式民主在印度的建立作出了贡献。

但是，这远非故事的全部。商业阶级同时也在通过民族主义运动

① 更进一步的细节，参见 Misra, *Middle Classes*, chap XI。

② Great Britain, *Report of Indian Statutory Commission*, I, 23.

③ Gadgil, *Business Communities*, IX. 关于主要经济事实可以在 Misra, *Middle Classes*, chap VIII 中发现。

与农民建立起联系。要搞明白最先进的人群和最落后的人群之间这一充满悖论的关系，我们有必要简短地讨论一下民族主义运动历史中一些最重要的事件，并且谨慎地检视一下甘地的著作和演讲。通过接下来的分析，我们会清楚地发现，这样的关系远谈不上完美，而且时不时地产生一些摩擦。

印度国民大会党（国大党）和首届印度商会都是在1885年成立的。直到第一次世界大战结束，国大党最多就是“一群说着英语的知识分子谨小慎微的年度聚会”而已。后来，尽管也曾有过一个短暂的阶段，有另一种力量将商业利益群体推回到了不重要的背景中去，但是与这些商业利益群体之间的关系仍然是决定国大党立场的最重要的影响因素之一。①例如，在一战之前，提拉克②成为充满暴力的本土文化保护主义抵抗运动的领袖，该运动总是从印度的历史中寻找灵感。转向使用暴力这一变化，其部分原因是因为这些人对国大党温和而无效的请愿方式产生了普遍的失望情绪。1906年，在提拉克的影响下，国大党采纳了Swaraj（独立）的目标，当时将此定义为“在自治的英国殖民地中争取到政府制度”。③在更晚的时期，另一种形式的激进主义，带上了社会主义色彩的激进主义对国大党的官方立场产生了影响，1931年通过了关于基本权利的卡拉奇决议，在那时，国大党认可了一个相对温和的社会主义民主计划。④由于缺少政治上的责任，这些教条像阵风一样，只产生了非常有限的影响，而商业利益群体则提供了一种稳定的力量。更重要的是，英国统治者的出现抑制了内部的冲突，实现了一定程度的联盟，这种联盟，包含了西化了的激进知识

① Gadgil, *Business Communities*, 30, 66; Brecher, *Nehru*, 52. 土地利益群体一开始在国会中也是很重要的。参见Misra, *Middle Classes*, 353。

② B. G. Tilak, 1856－1920，印度资产阶级民族运动领导人，国大党小资产阶级激进派领袖，历史学家。——译者

③ Majumdar et al, *Advanced History*, 895, 928, 981.

④ Brecher, *Nehru*, 176－177.

分子、商业人士以及农民阶层当中的政治活跃分子。

一直到第一次世界大战结束之后，到甘地在1920年于那格浦尔召开的全党大会上得到公开承认并崛起成为民族主义运动的领袖人物之时，国大党才开始接触农民阶层。从这时开始，印度国大党不再是上层阶级的俱乐部了，而开始成为一个民众组织。在接下来的一年中，国大党党员广泛接触农民，很像俄罗斯民粹主义者们在19世纪70年代所做的那样。①甘地从这时起直到离开人世，一直是这个由西化的知识分子、商人和实业家以及普通农民组成的奇特集合体——印度民族主义运动——无可争议的领袖。究竟是什么力量使他能够维系住这样一个由众多利益相互冲突的群体所组成的队伍呢？

对于尼赫鲁之类的知识分子来说，甘地的非暴力运动似乎提供了一条走出困境的出路，该困境归咎于两个政策，而这两个政策都已经被证明是无效的，它们是提拉克提倡的暴力对抗，和国大党早期提出的毫无吸引力的立宪主义。②是甘地拨动了印度教文化的心弦，拨动得如此巧妙，以至于能够激发全国民众一致对抗英国统治，同时又不会威胁到印度社会的既得利益。正如我们不久就会看到的那样，即使是那些上层地主也不是甘地直接攻击的对象，尽管这些人对甘地深怀恐惧之心。如果认为缺乏任何经济激进主义因素是甘地精心策划的阴谋的结果，那是不太现实的。就我们的目的来说，他的个人动机并不重要。更重要、也更具启发意味的是，甘地在他的大量著作和演讲中所提出的计划。在这些著作和演讲的主要纲要中，他的核心理念自始至终令人惊叹地保持着一致，从他开始领导一直到他生命的终结。

独立的目标(Swaraj)和非暴力不合作运动的方法(Satyagraha)，有

① Brecher, *Nehru*, 72, 76.
② Brecher, *Nehru*, 75.

时候也被称为消极抵抗运动，是甘地计划的两个主要主题，两者对于受过教育的西方人来说是非常熟悉的。而他们不怎么熟悉的是甘地计划中的社会和经济内涵，这些内涵主要是以著名的纺纱机为标志，被冠以国货运动(Swadeshi)之名。1916 年，甘地是这样定义这一主要理念的：

> “国货运动是我们身上的那种精神，它要求我们尽量利用我们就近的周遭环境，并接受其提供的便利，而不是依赖来自远方的资源。因此，就宗教而言，为了满足这一定义的要求，我必须限定自己只信奉我远古的宗教。这就是在利用我就近的宗教环境。如果我发现这种环境有缺陷，我就应该帮助清除其缺陷，并效力于它。在政治领域，我应该利用本地的制度，弥补其已被证明了的缺陷，并为之效力。在经济领域，我应该只使用离我最近的邻居们所生产的产品，而在各种产业可能有用武之地的那些地方，我也要为它们效力，使它们更加有效、更加完整。
>
> 如果我们追随国货运动的主张，你我的义务就是去发现能够满足我们需求的邻居，假设有邻居正需要健康的职业，在他们不知道如何去做的地方，我们要去教他们如何满足我们的需求。那么，印度的每一个村庄几乎都会是一个自给自足的地方，只与其他村庄交换本地无法出产的必需品。这一切可能听上去不合乎情理。印度本就是一个不合乎情理的国家。当一个好心的伊斯兰教徒准备提供纯净水供你饮用的时候，你却因饥渴而宁愿让喉咙烧焦，这也是不合乎情理的。但是，成千上万的印度教徒恰恰是宁可渴死也不愿意喝一口来自伊斯兰教徒家庭的清水。”①

① Gandhi, *Speeches and Writings*, 336－337, 341－342.

甘地所追求的是返回理想化的旧日时光，那是印度的乡村社区，当然需要清除一些更加明显的不体面和高压性特征，比如有关彼此不可触摸的种姓制度。①

与国货运动概念紧密关联的是甘地通过受托人职责概念所表达出来的关于财产权的理念。用圣雄自己的话来说，就是：

> “假如我获得了一笔相当数量的财富，要么通过继承，要么通过贸易和工业，我必须明白所有这些财富并不是属于我个人的，真正属于我的是一种有尊严的生活的权利，这种生活不应该比成千上万的其他人所享受的生活更好。余下的财富是属于社区的，必须用于社区的福利。当社会主义者们因柴明达尔和统治头领们拥有大量财产而建议我们的国家选择他们的道路，并打算清除这些权贵时，我必须强调我的理念。我希望这些人能够摆脱自己的贪婪和占有欲，忘记自己拥有的财富，把自己放在与通过劳动谋生的普通人相同的层面上。劳动者需要意识到，富人对财富的拥有程度要低于劳动者对其劳动权力的拥有程度。”②

刚才引用的陈述出自1939年甘地发表在报纸上的一篇文章。5年前，他就已经被人们问过，他为什么会允许私有财产的存在，因为这看起来与非暴力运动不符。他的回答是，必须对那些赚了钱但是不愿意将他们所赚的钱用于人类福利的人做出一定的让步。当人们进一步用为什么不提倡国家所有制来取代私人财产这一问题逼问他的时候，他回答说，尽管国家所有制确实优于私人财产权，但是这么做是以暴

① 一直到1933年之后，甘地才开始把自己的主要精力转向废除有关不可触摸的种姓制度，这一措施受到了英国人的欢迎，因为他们希望这可以转移人们对政治议题的注意力。参见Nanda，*Mahatma Gandhi*，355。

② Gandhi，*Economic and Industrial Life*，I，119.

力为基础，因此应予否定。“我坚信，”他又说道，“如果国家通过暴力镇压资本主义的话，那么它就会陷入暴力本身的罪恶之中，在任何情况下都无法推动非暴力运动了。”①

很显然，这种观念中并没有太多值得财产拥有者甚至是那些通常对甘地充满敌意的土地贵族恐惧的内容。甘地基本上持之以恒地坚持着自己的这个观点，持续地指责农民运动使用了暴力，在1938年他甚至说这种运动“有些像法西斯主义”。②从至今为止我能够找到的资料来看，对柴明达尔的财产应该被没收这一观点，甘地曾经采取的最激进步骤是在1946年，当时他间接地威胁说，国大党成员中并非人人都是天使，并且暗示说，一个独立的印度可能会落入那些主张废除柴明达尔税制的不公正的人手中。即使是到了这个关头，他还是很快地补充说，他希望国大党能够保持公正，因为“否则的话，它曾经做过的所有善事将会在转瞬之间消失得无影无踪”。③

正如国货运动所暗示的那样，甘地计划的主要动力是让传统的乡村印度得以重生。甘地的真心所系乃农民也，也正是农民对他的运动报以了最大的热情。正如他在1933年评述的那样：

> “我只能从千百万乡村民众的角度出发来考虑问题，只会把我的幸福建立在他们当中最贫穷的人的幸福基础上，只想在他们能生活下去的前提下生活下去。我极为简单的头脑无法思考这小小的纺锤以外的东西，这个纺锤我总是随身携带着，我能轻而易举地做出这个纺锤。”④

---

① Gandhi, *Economic and Industrial Life*, I, 123.

② Gandhi, *Economic and Industrial Life*, III, 178, 180. 也参见III, 189中他在1943年发表的声明。

③ Gandhi, *Economic and Industrial Life*, III, 190－191.

④ Gandhi, *Economic and Industrial Life*, II, 157.

对于他来说，提升乡村生活水准这个任务似乎是无关政治的，应该得到所有团体的积极响应和通力合作。①甘地从来就不曾想过，维持乡村印度意味着要让印度大众继续过着一种肮脏不堪、愚昧无知、百病缠身的生活。他觉得，工业主义只会带来物质主义和暴力倾向。在他眼里，英国人是现代文明的牺牲品，他们值得同情而不是痛恨。②

甘地对乡村的热爱其实带有反城市甚至是反资本主义的意味，对农村生活向后看的各种理想化理念通常都具有同样的特征。印度的历史中有支持这种观念的真正的基础。那些关于英国工业产品对印度乡村手工业尤其是编织业的破坏的描述在甘地心中留下了深刻的印象。1922 年，他激烈地批驳了英国人给印度带来的好处是用法律来治理国家这一说法。对于他来说，法律不过是对赤裸裸的剥削的掩盖而已。他强调，不管怎样玩弄数据，都不能掩盖“肉眼就能看到的许多乡村里尸骨累累这样的证据。如果确实有上帝存在的话，那么英国人和城市里的印度人都必须为这种历史上史无前例的有悖于人性的罪恶行径负责，对此我毫不怀疑”。③他的很多其他演讲也在重复相同的主题。他认为，乡村生活提升主要是“把被城市人残忍无情地掠夺走了的东西归还给农民的一种真诚的努力”。④当有很多任务找不到足够的工人来完成的时候，机械化操作就是一件好事，反之则是邪恶的。“尽管听起来可能有些奇怪，但是每一座面粉厂对于村民来说，通常都是一个威胁。”⑤

这种理念当然无法获得支持民族主义运动的富人们的认可。一些

---

① Gandhi, *Economic and Industrial Life*, II, 162.
② Nanda, *Mahatma Gandhi*, 188.
③ Gandhi, *Speeches and Writings*, 699 – 700.
④ Gandhi, *Economic and Industrial Life*, II, 159.
⑤ Gandhi, *Economic and Industrial Life*, II, 160, II, 163.

富裕的商人也因为甘地的贫民收容所①接纳了那些“不可触摸者”而深感震惊，而他在第一次世界大战后期对艾哈迈达巴德的罢工工人的支持可能也触怒了一些人。②乍一看，这似乎有些自相矛盾——那些富裕的城市阶层应该是民族主义运动的支持力量，而那些土地贵族却通常充满着恨意，虽然甘地代表他们的利益，发表了许多安慰性的声明。

当我们意识到国货运动的整个计划以及当地自治实际上是“购买印度货”的主张，是有助于减轻来自英国商品的竞争压力的时候，上述矛盾也就部分地消失了。更进一步，从富裕阶层的立场来看，甘地关于劳动者尊严的主张有其有用的内容。甘地反对政治罢工，因为罢工不符合非暴力不合作的框架。“并不需要太多的知识，”他在1921年说道，“就能发现除非劳动者明白国家的政治情况并时刻准备为一个共同的利益而努力，否则对劳动者进行政治上的利用就是一件最危险的事情。”③即使在经济罢工中，甘地也强烈地要求“在发动罢工之前要三思而行”。随着劳动者的组织更加完善、所受教育更加完善，他希望能够用仲裁原则来替代罢工。④甘地对诸如没收私有财产和阶级斗争这类社会主义理念进行谴责，而这些观点主要出现在强势的国大党工作委员会在1934年6月发布的一份声明中。⑤

因此，甘地的主张，尽管具有农民激进主义的一些典型特征，还是缓和了富裕城市阶层阵营中的空气。他的思想有效地与西方的激进观念(主要局限于少数知识分子)相抗衡，并且以这种方式将民众引入争取民族独立的运动中，给该运动带来了动力，使其有所成就，而同

① Nanda，*Mahatma Gandhi*，135.
② Nanda，*Mahatma Gandhi*，165.
③ Gandhi，*Speeches and Writings*，1049－1050.
④ Gandhi，*Speeches and Writings*，1048.
⑤ Brecher，*Nehru*，202.

时，甘地的思想也有助于使这场运动不过多地伤害到那些拥有财产的人们的利益。

从根本上说，甘地是印度农民和乡村手工艺者的代言人。有足够的证据表明，这些人热切地响应他的主张。正如我们在接下来的分析中将会看到的那样，这一团体中的大部分人正受到资本主义入侵的伤害，使得他们由来已久的惨况雪上加霜。因此，在日本通过年轻军官运动和超级爱国主义找到发泄口的怨怒之气，在印度则在甘地的领导下从一种不同的民族主义那里找到了另一种形式的出口。尽管如此，两者之间的相似之处至少与其差异之处一样重要。两者都是在向后看，是向一个被理想化了的过去那里寻找良善社会的典范。但是，两者都无法理解现代世界的问题，尽管对于甘地来说，这一说法可能过于严苛了。许多被现代工业社会的恐怖现象所困扰的西方自由主义者，发现甘地是一个值得大家同情的人物，尤其是因为他对非暴力的强调。在我看来，这种同情只是现代自由主义不合时宜和他们在解决西方社会所面临的问题方面极为无能的证据。如果说至少有一件事情是确定的话，那就是，现代科技将会一直存在下去，而且不久就会扩展到世界上的其他地方。同样可以确信的是，不管理想社会将会采取什么样的形式到来，如果它真的能够到来的话，也肯定不会是自给自足的印度乡村那个样子，一个由以甘地的纺锤所象征的地方手工业者支撑着的社会。

7. 印度农民暴力的程度和特征

英国统治时期阶级关系的构成和民族主义领袖的性格使印度整个民族主义运动形成了一个不那么引人注目的转折，这一转折最终削弱了农民内部的革命倾向。其他因素也是重要的，比如农民阶层的最底层因为种姓制度和语言差异而表现出极为分散的特征，但又因为传统规则和少量财产而与现存秩序紧密地捆绑在一起这一点。尽管如此，甘地的声望以及英国人始终抱有的将混乱程度降到最低的愿望加起来，部分地掩盖了实际发生过的暴力的真正数量。在过去200年间，印度农民并没有表现得像过去那么顺从。我们需要检视一下农民转向有组织暴力行为的基本情境，尽管凭借目前能够找到的资料想要完成这样一个任务并不容易，但是这种检视也许能够帮助我们理解通常情况下阻止这些暴力发生的根本因素有哪些。

检视一下普拉西之战之后，在英国确立了对南亚次大陆的霸权和反英暴动结束这段时间内所发生过的农民叛乱，可以给我们带来一些启发。一个印度学者最近刚刚完成了一个任务，即收集整理了大量关于这100年内发生的民众骚乱的资料，这个任务显然是很有意义的。在这些骚乱中，人们可能会找到10个相对来说比较清晰的案例，都表明有大量农民起来对抗他们的主人。这些案例中至少有5例是在我们所讨论的问题的范围之外的，因为它们所涉及的要么是农民内部的伊斯兰教运动，要么是关于土著居民的。①如果将印度农民起义的完整记录与中国相比，显然是远不如后者那样引人入胜。但是，这些记录仍然提供了一些重要的事实。我们将要分析的暴动，其规模都是相当

---

① Chaudhuri，*Civil Disturbances*. 参见 Index s. v. *peasantry and peasant movements*。孟加拉的8个案例在28页的注释2中给出，注释14、15、18、22、23是关于非印度教群体的，还有2个孟加拉以外的案例；关于一些主要事件，参见141，172页。我对印度的了解尚不足以详尽到能够精确地判断究竟哪些案例能够、哪些案例不能够反映出印度教区域的社会状况的地步，因为伊斯兰教通常是印度教制度的一层单薄的外衣。在另一方面，伊斯兰教本土文化保护主义运动通常会以所有人生而平等为诉求（如第14个案例，即瓦哈比教派），因此与我们的讨论似乎并不相关。Natarajan，*Peasant Uprisings in India* 给出了一个从社会激进主义倾向而不是民族主义立场出发的更为简短的研究。Natarajan 收集了四大暴动的详细资料：1）由非印度教土著居民发起的1855－1856年桑德尔起义；2）1860年靛青种植者罢工，这是一个掺杂了种植园经济形式的特殊案例；3）马拉塔起义或者也被称为1875年德干暴动，是似乎卷入了普通的印度教农民的唯一一次起义；以及4）莫普拉起义，从1836年一直持续到1896年，是由伊斯兰教种植者反对印度教地主而发起的一系列暴动。尽管这本小书是有用的，但是它并没有揭示出印度农民起义中的激进传统。

大的。所有这些暴动都明显地揭示出了农民在经济上所遭受的苦痛。有一次暴动发生在一次全民调查将要展开之际；在另外一些暴动中，我们看到愤怒的农民将深受其横征暴敛之害的婆罗门征税官吊死。在其他一些暴动中，印度教农民起而反抗伊斯兰教征税官。①在最后一次暴动中，由几百个人组成的起义队伍横冲直撞，洗劫了整个乡村，还吸引了一些在反抗当时尚未稳固的地方政府的居民参与暴乱。需要强调的另一点是，起义中的团结至少能够暂时地超越种姓，超越将农民与手工艺人和乡村仆从这类种姓成员分开来的明显界限。在一个例子中，挤奶工、榨油工和锁匠联合了起来；另一个例子中，理发师和家庭仆从，包括高利贷者的家庭侍从联合了起来。②事实证明，并不是在所有的情况下，印度乡村的分裂都是反抗斗争的障碍。概括地总结一下我们从这一证据中所了解到的情况，可以得出以下几点结论：印度农民对公正和不公正的原则还是有着非常明确的想法的；经济上的苦痛能够使原本顺从的民众在地方范围内起而反抗；最后，与农民有着密切联系的传统领导人在这些起义中起了一定的作用。

在英国统治下的和平时代后期，尤其是在第一次和第二次世界大战之后的不安定时期，印度很有可能也曾发生过大体上相似的暴动。但是，这一阶段的暴力，其特征在本质上并不是革命的。可能有的革命的组成部分体现出更多宗教战争的特色，这一点有必要再次谈到。但是，在其中一个地区——海得拉巴(Hyderabad)，在英国撤出印度前后的那段动荡岁月里，潜伏着的不满之火最终爆发成公开的革命暴动。作为有助于我们更清晰地了解基本情况的一个特例，海得拉巴暴动值得我们细致分析。

---

① Chaudhuri, *Civil Disturbances*, 65–66, 141, 172.

② Natarajan, *Peasant Uprisings in India*, 23, 26, 58.

在印度获得独立之前，海得拉巴是印度面积最大也是势力最强大的王室继承邦之一，这个地区中从穆斯林统治时期继承下来的政治和经济结构基本上一直保持完整不变。①当地常住居民中有80%是印度教徒。②与印度其他地区相比，它可能稍显落后，但是并没有证据表明海得拉巴农民的地位比印度其他地区的农民要更糟糕。但从一些详细的描述中，我们可以看到：土地所有权通常是分散的，人口压力很大，1939－1940年间，粮食种植区中的每个人平均只能分配到1.15英亩土地，还有租赁问题、借贷问题，以及大量生活非常悲惨的农业劳工（可能占总人口的40%）问题。③一些农业劳工债务缠身，几近于奴隶，其情形可能会比印度其他他方的人更糟糕。④当然，在并未发生过暴动的许多区域同样也能发现大致类似的情形。而且，暴动本身主要是发生在佃农问题反而不那么严重的乡村区域。⑤暴动从安得拉邦这个共产党人已经能够在相对比较富裕的拥有土地的种姓成员中建立牢固地位的地区一直蔓延到邻近的特伦甘纳。⑥

1940年共产党人开始在海得拉巴邦的特伦甘纳地区的农民内部进行活动。他们所取得的成功是惊人的。一个村庄又一个村庄，尤其是在马德拉斯邦边境区域，从1943年到1944年，农民们拒绝服从地主关于提供强制劳动力、交纳地租和税收的命令。⑦

整个社会状况的混乱不清和统治阶级权利的暂时中断，再加上海得拉巴的尼扎姆地区努力避免被纳入新印度联邦，反而给了共产党人一个更进一步的机会。他们在1947年末或1948年初宣布，至少

① Smith, "Hyderabad", 28－31，给出了一个较好的概括性描述。

② Qureshi, *Hyderabad*, I, 30.

③ Qureshi, *Hyderabad*, I, 39, 61, 67.

④ Qureshi, *Hyderabad*, I, 72.

⑤ Qureshi, *Hyderabad*, I, 133－134. 这一地方就是Telingana（特伦甘纳），也拼写为Telengana, Tilangana。

⑥ Smith, "Hyderabad", 32; Harrison, *India*, 162.

⑦ Smith, "Hyderabad", 33.

有2 000个村庄“被解放了”。乡村苏维埃不断兴起，掌控了一大片地区。短期内，共产党人斗地主、打警察、分田地、废债务、灭敌人(以经典的方式)。一个学者观察家曾经把这说成是“在中国以外的亚洲地区最大的、在短时间内也许是最有成效的农民起义”。①海得拉巴的尼扎姆地区试图利用共产党人和以法西斯团伙形式组织起来的穆斯林反动暴徒，一起来阻止自己的领地被归并(进新印度联邦)。在1948年9月13日，印度军队只花了不到一周的时间就占领了这个地区。但是仍然需要采取“好几个月”密集的军事和警察行动，逮捕成千上万个人，毫不留情地射杀领头人，才最终将特伦甘纳那里听从共产党人领导的农民镇压了下去。②

海得拉巴革命的失败给出的第一个教训是反面的。所有认为种姓制度或者印度农民社会的其他一些特性能有效地阻碍起义的看法，明显是错误的。在印度农民中的确存在一种革命的潜能。其次，物质状况的恶化本身并不是产生暴动的决定性因素，尽管它们确实对整体上的暴动潜能的积累起到了一定的作用。并没有证据表明，在发生暴动的区域，农民的物质状况更加糟糕，反倒是有足够的证据表明事实恰恰相反。是自上而下的政治统治的崩溃才使得共产党人能够暂时扩张他们的范围，尽管还不能牢固地建立其地位。过去发生过类似情况是乡村暴动的先决条件。在1947年和1948年的海得拉巴，这种政权的崩溃是一个特例，也是暂时的。如果未来别的地方也出现了同样的情形，那么共产党人的统治在该地区也可能很容易得以发展壮大。

至今为止，在印度，革命极端主义并没有获得稳固的立足之地，只不过产生了微弱的影响而已。③直到尼赫鲁去世以及之后，印度的

---

① Smith, “Hyderabad”, 33－40.

② Smith, “Hyderabad”, 45, 47.

③ 关于这方面的细节，参见Overstreet and Windmiller, *Communisim in Inida*。可惜这一大部头专著很少将共产主义与印度社会趋势关联起来。

中央政府才变得足够强大，能够在共产主义发展成一种革命的时候将之镇压下去，并在共产主义演变成一种改良的时候将之纳入法律的框架之内。让我们回溯一下历史，看看之所以会产生这种结果的原因。

我在前面就已经提到过，在英国统治之前，种姓制度就为组织地方社区提供了一种方法，这种方法使得中央政府显得有些多余，政府不再是当事情搞砸了的时候需要加以改造的对象。种姓制度同时还能让一个由多种人种、宗教信仰和语言组成的高度分裂的社会得以组织起来，使得他们至少能够在同一个区域内共同生活。尽管这种分裂的困难有时在特定的地区也能够被克服，但是对于大范围的起义来说，它显然是一种障碍。更进一步，种姓制度强制推行了层级式的顺从。通过上千个既定的日常行为来让一个人感到自己是卑微的，这样他必然会以卑微的方式行事。种姓制度的传统礼仪并不仅仅是一种累赘；它具有明确的政治影响力。最后，作为一种安全阀，种姓制度通过梵文文化(适应上层种姓的信仰、习惯和仪式)提供了一种集体性的向上移动的形式，不过这仍然是在传统制度的框架之内的移动。从各个方面来看，印度社会与中华帝国之间都有着天壤之别。

随着在英国人统治下有限的现代化的介入，上述这些因素在乡村地区始终起着作用，尽管其影响力日渐式微。现代化发展的方式在很多方面也趋向于稳定。反英暴动的危机发生时，激进运动尚未学会如何把反动的欲望转化为革命动力；至于说激进运动是否真的能够最终推动革命，还是一件很难确定的事情。随着民族主义运动深入到农民中去，这一运动由于我们前文已经提及的原因而产生了强烈的调和倾向。权力在未给统治者带来真正危机的情况下就已经迁移到印度人手中了，这本身就已经够令人称奇了；尽管发生了一次小危机的海得拉巴，也确实曾经发生过一次革命暴动，但该革命最终以流产告终。

还有一点值得我们进行更充分的探索，尽管这可能已经超越了我的能力。现代世界的入侵所带来的许多敌意也许能够在印度教和伊斯兰教之间所发生的宗教战争中找到一个发泄口。作为其重要性的证明，下面这一点就足够了：在分裂邦和独立邦的骚乱中，大约有20万人丧失了生命，而据说大约有1 200万人逃往对方所在的邦。[①]在印度历史中的很长一段时期内，两个不同的宗教阵营相互之间的愤恨会间歇性地呈现出暴力的形式。这看上去主要归咎于伊斯兰教统治者总是希望通过武力来迫使印度教徒皈依。从性质上来说，20世纪的宗教冲突和宗教狂热主义不同。它们更接近于大家都熟知的本土文化保护主义现象。在世界很多地方，当一个成熟的文化开始衰退并威胁到一部分民众之际，人们会极力重申传统的生活方式，以此进行回应。通常这种重申与历史现实之间只有一种脆弱的关联。这类事情显然也发生在印度，这一趋势就目前有限的研究而言，显然需要得到更加详细的论证。宗教团体之间的情绪在印度相对缓和的反动时期起了一定的作用。事实上，至此这些情绪已经呈现出了其最恶劣的一面了。但是，至少是对印度共和国及其领导人来说，这些情绪的趋势从严格的意义上讲是非官方、反政府的。甘地和尼赫鲁都竭尽全力反对宗教团体之间的暴力，这是他们永久的功绩。宗教战争也许可以成为革命的替代品，它同样也不过是印度社会碎片化状态的一个极端体现而已，这种碎片化状态是所有有效的政治行动的一个障碍，而不只是革命激进主义的障碍。这种激进主义自然而然的影响目标很可能是贱民和乡村无产者。除了向梵文文化倾向以外，激进主义在这里还遭到了其他一些障碍。革命者如果不能煽动贫农和中农，那么即使是披上了和平的外衣，也无法吸引到乡村无产者。不管怎么说，革命运动所面临的真正问题都是如何让整个村庄和整个地区从现状中脱离出来，而在印度，要完成这件事，如果仅仅是基于有限的本地基础的话，那将是很困难的。有些区域的共产党能够将吸引民众的部分工作建立在语言和地区

① Mellor, *India Since Partition*, 45.

性忠诚的基础上，而且确实也取得了一定的成功。在其他一些区域，他们也这样做了，而且还试图利用种姓之间的冲突做到这一点。①挑起当地各种分裂情绪有时可能是一个比较好的革命策略。但是，当需要把地方上的不满情绪融合进一个更大的政策的时候，这些小小的敌意所能做到的无非是使相互之间的情绪得以中和，只形成一个小吵小闹的不和谐音而已。革命应该带有泛人类的大理想，而不是微不足道的地方性的目标。

对到目前为止声称具有革命传统的仅有的少数团体而言，快速地转变策略(其原因与印度自身的状况并无关系)而导致的问题，以及对外国政府，不管是苏联还是中国政府的认同，都是要面临的障碍。最重要的是，尼赫鲁政权得到了农民阶级中最顶层的人群的拥护。维持秩序的势力手中拥有强大的王牌，尽管这些王牌也都是从过去继承下来的，但是除非印度的政治领袖们对已经在逐步改变印度的乡村的未来潮流能够控制好其流向，否则的话，这些王牌的价值就将逐步降低。虽然其结果就内在而言是无法预测的，但是我们仍有可能通过已经完成的研究和那些尚未完成的研究任务背后的原因来理解上述问题。

8. 民族独立以及和平变革的代价

到1947年英国势力被赶出印度的时候，一个恶性循环已经在印度社会牢固地形成了。由于用来打造工业化的工厂所需的资源并没有探明和开采，因此只有很微弱的一股动力在推动工业化的进程。印度的农业发展一直处于停滞和低效状态，其根本原因是城市没有进入农村去刺激劳动生产率或者改变乡村社会。出于同样的原因，乡村并没有

① Harrison，*India*，222－223，提供了一个很不错的案例。

生成能够用于工业发展的资源。相反，地主和高利贷者攫取了所有的剩余，并将之主要用于非生产性目的。

说是恶性循环可能会给人带来这样一种暗示，认为这种情形是无望的。事实并非如此。正如其他一些新近实现工业化的国家的历史经验所展示出来的那样，能够打破这一循环的政策还是存在的。从最宽泛、最根本的角度来看，问题和答案都很简单。它们意味着需要用经济刺激和政治强制相结合的方法去引导土地上的人们提升劳动生产率，同时利用因此产生的很大一部分剩余来建设一个工业化社会。在这个问题背后存在着一个政治问题，即在这个社会中是否已经兴起了一个有能力、有勇气强制推行变化的阶级。英国拥有乡绅地主和早期的工业资本家，俄国有共产党，日本存在着一个可能会转化成官僚阶级的持不同政见的贵族群体。然而基于到目前为止已经比较深入地讨论过的原因，印度在这一方面还很欠缺。

在我们进行深入分析之前，我需要再次警告大家，在对印度缺乏一个引导变革的强有力的动力这一点进行评论之时，要避免沿用某些唯心主义的理论，或者说只在表面上接受事实而不去真正地探寻它们之所以变成事实的根本原因，这种做法是不足取的。时下，我们可以把讨论范围仅限于乡村。部分地出于无法找到一个更好的说法，我们暂且把地主称为是寄生式的。但是，并不能因此就认为在每一个地方，地主只是坐在树荫下面，等着地租源源不断地流进家门，尽管这确实也曾经是事实，而且甚至可能在相当广泛的范围内都曾经如此。还有许多地主，他们是极为活跃、精力充沛的人。在他们身上体现出了大企业家的才能和强烈的建功立业的欲望，与人们所希望的在最典型的新教徒资本家身上所发现的特质一样。但是，在印度社会的架构里，这种创新的才能所能做到的，不过是偶尔抗衡一下旧式高压制度而已。印度的地主可能在英国人设立的法庭和乡村政治及社会结构本身所提供的机制之间来回摇摆，想方设法地抬高其向佃农征收的租金。①要想把在这个制度内部所发生的所有的创新案例都堆积在一起来证明印度缺少这种才能，是很容易的，因为那些拥有企业家才能的人在任何大规模的群体中都可能是少数。真正的问题在于如何释放这一才能，如何为了实现更大的社会目的而掌控这一才能。从更长远的角度来看，创造出能够释放这一才能的合适条件是一个政治问题。

如果印度乡村缺少创新才能算不上是一个障碍的话，那么资源的匮乏同样也算不上障碍。就其潜力而言，印度乡村有着足够的资源。为了让大家相信这一点，我们可以通过一个人类学家的眼光来看一下一个普通的印度乡村：

> “戈巴尔布尔的农民以只有非常富裕的国家才能承受得起的一种规模来从事其农业运作。这些农民不使用数量合适的高质量的确有发芽能力的农作物种子，而是非常浪费地大量播撒未加挑选、未曾验证过的种子。由于不能保护好田地里的幼苗，农民只能和鸟儿、昆虫以及到处游荡的野生动物一起分享这些幼苗。他们把粪肥和混合肥料漫不经心地堆在户外，甚至不去考虑一下如何让这些肥料免受日晒和雨淋。他们通常会把收割下来的粮食放在屋子里的陶罐里，甚至更糟糕，随意地散放在粗制滥造的石头地面上，而不会小心翼翼地储存好。老鼠吃剩的谷物又会被蠕虫和甲虫们钻孔，最后碎成了粉。”②

尽管并不是所有村庄都像上述这个村庄那么糟糕——有的可能更糟，有的可能会好一些——但是，在获得民族独立 17 年之后，这种情

① Neale, *Economic Change*, 204－205 中可以看到一些生动的案例。
② Beals, *Gopalpur*, 78.

况在整个印度仍然颇具代表性。印度的村庄有500 000个以上。把这种情况乘上几十万，人们就可以看到，单靠改变一下人们农业实践的方法，印度就可以拥有多少潜在的资源。

当然，只是告诉人们应该怎么做，他们还是不会改变的。这种情况已经持续了一定的时间。如果希望他们改变自己的行为，就有必要改变他们所面临的条件。如果这一点没有发生(实际情况在很大程度上也是如此)，那么其背后很可能有着一定的政治原因。在关于印度的讨论的最后一个部分，我们面临的任务就是要找出这些原因，去估计一下变革所面临的障碍，发现究竟什么样的推动力可能会出现，并进而克服这些障碍。这个任务并不是一种预测，而仅仅是对一个问题的分析，并明确一些可能的解决方案的范围以及这些方案的相应代价，其中也包括找不到任何解决方案的代价是什么。

最好的办法是再一次概略地考察一下印度在1947年获得民族独立初期全国范围内的政治状况，以及在整个印度社会起作用的各种力量都有哪些，以此作为分析的基础。英国的统治催生了一个反对运动组织——国大党。其成员，有如尼赫鲁之类具有社会主义倾向的知识分子，有认为社会主义观念为毒药的地位稳固的商人阶层，还有能够精确表述各种不同观念的新闻从业人员、政客和律师。而该党派的基础乃是那些新近为甘地这个本质上更像是一个传统意义上的印度圣人而非现代意义的政客所唤醒的农民群体。工业工人阶级规模仍然非常小，尚不能发挥任何主要的政治作用。英国殖民政权的存在为任何一个在印度被搞砸了事都提供了一个方便的解释，因此长期以来，对英国统治的同仇敌忾一直在消弭这些团体中那些雄辩的领导者之间的冲突，并且使他们习惯于同舟共济。一旦这一共同的敌人消失了，这些冲突就立刻浮现到表面了。但是，由于在工业工人或者农民内部缺乏任何强有力的激进运动，至今为止保守群体在确保印度沿着尚未严重地威胁到他们利益的温和道路前进这一点上，并没有遇到太大的困难。

印度获得民族独立之后马上发生的经济政策方面的斗争有助于我们更好地理解这些温和派力量为什么如此强大。在萨达尔·帕特尔①的支持下，商业群体针对食物和其他必需品的价格控制制度展开了成功的攻击。政府被迫放弃了价格控制，结果就遭遇了极为严重的通货膨胀。几个月内价格就上涨了30%左右。然后，因为有数百万人在“正常”情况下其收入基本上也只能承担其必要生活用品消费，在他们遭受这次通货膨胀的严重伤害之后，政府又重新对价格进行控制。现在，帕特尔成为“双人执政”中的合作伙伴之一——另一个是尼赫鲁——从分裂开始一直统治着印度，直到1950年帕特尔离开人世。作为商业界的代言人，帕特尔是地主和正统印度教徒们在面临农业改革和俗世主义威胁时可以向其寻求保护的领导人。这时候，甘地只有当自己感觉到严肃的道德准则面临危险的时候，才会对政治加以干预。对价格控制的争论显然就是这种情形之一。很明显，甘地的干预有效地使得天平向放松控制方向倾斜。因此，在一个影响到成千上万人的福利的关键问题上，也是民族独立后出现的第一个关键问题上，农民群体的领导人支持了保守派。②从这一插曲中，我们可以看到农民和商业群体之间为大家所熟知的纽带，一段时间内这一纽带在印度政治作为一个重要的事实存在。

1948年甘地被暗杀了。萨达尔·帕特尔死于1950年。在一年内，尼赫鲁通过一系列议会和幕后操纵成功地把自己变成国大党和国家不可争辩的领袖。最终，印度准备好继续向前发展，或者至少是开始认真地解决自己面临的问题。1950年3月计划委员会成立，尼赫鲁担任

---

① Sardar Vallabhbhai J. Patel，1875－1950，在印度民族独立斗争中发挥重要作用的政治和社会领导人。——译者

② 参见Brecher，*Nehru*，509－510对放弃控制这一历史时期的描述。关于双人政权及帕特尔的个性特征的描述，参见第390，395页。

主席。1951年开始了第一个五年计划，紧接着就是第二个和第三个五年计划。但是，一直到1955年之后，政府才开始致力于采纳一种“社会主义的发展模式”。①

尽管一直有很多涉及社会主义道路的讨论，多到足以相当严重地干扰商业活动，但是实际上，印度政府在这方面所推行的措施非常少。到1961年，中央政府已经开始在诸如原子能、电力、机车、航空制造、电子设备、机械工具和抗生素等诸多领域经营很多公司，邦政府也拥有或者援助了很多其他公司。但是，私人拥有的行业仍然占了很大比例。根据第三个五年计划的规划文本，政府希望能够把公共部门在制造业中的贡献比例从1961年的不到2%提升到接近25%。但是，政府投资资金的绝大部分仍然拨给了交通和通讯业，换句话说，就是为了更好地给私有行业提供服务。②这样一种政策并不一定是错误的。但是，将印度的经验视作社会主义的一种形式，似乎是一个严重的错误。印度在工业方面确实取得了进步。在这里，我并不想评估这一进步，只是想列举一些最原始的统计数字：印度的工业产量指数从1956年的100上升到了1963年的158.2，也就是上升了一半多，人均收入的提高远超过人口的增长速度，后者从1951年到1961年以每年大约2%的速度缓慢增长。③然而，我们仍然需要再次强调，这些数据中包含了很多猜测的成分。至今为止，在资本主义条件下，印度确实取得了一定程度的进步。

在农业领域，主要的政策是在从阿克巴和英国统治时期继承下来的现行制度的框架下，尽力追求更大的产量。尼赫鲁统治时期所推行的农业政策包含两个主要分支：对地主土地所有制的打击和通过社区

---

① Brecher, *Nehru*, 432－436, 520, 528－530.

② India, Planning Commission, *Third Five Year Plan*, 14, 23.

③ *Far Eastern Economic Review*, 1964 Yearbook, 174, 168. 根据1962－1963年间的估算，人均收入略有下降。

发展计划来刺激农民提升产量的努力。

印度取得独立之后不久，政府就对长期以来大家热议的柴明达尔问题进行了正面攻击。正如我们已经看到的那样，柴明达尔不仅仅是地主，同时也是处于政府和实际耕种者之间的征税的官员。在废除柴明达尔这个问题上，其目标绝不是采取一种农业的社会主义形式，而是通过将土地的永久权益给予该土地的实际耕种者，并尽量阻止勒索地租、使用强制劳动力和其他一些滥用行径，从而鼓励农民的农业活动。①实际的立法权留给了新成立的共和国内部的独立各邦。印度各地方千差万别的具体情况为这么做提供了一个很好的理由。在另一方面，把具体问题留给各邦来解决，同样也增强了地方上强势利益群体的作用力。而这些不久就对改革的合法性提出了挑战。当地方上的这些延迟行为对形势构成威胁的时候，中央政府对宪法进行了修正，以便加速这一进程。②到 1961 年，根据官方资料的宣称，除了少数几个小地方，在几乎所有的乡村里，中间群体都已经被清除殆尽了。过去这些中间群体的权限覆盖到了印度大约 43% 的可耕地，这一份额到 1961 年据说已经缩减到了只有大约 8.5% 。③如果对当时的情形进行更为深入的了解，人们会开始怀疑这些统计数据是否反映了乡村中的社会现实。

在柴明达尔问题上，如果简单地认为印度已经将这个问题解决掉了，那会导致极大的误解。在几个邦里，只要柴明达尔把土地用作居住，并确实是在进行耕种的话，政府就不会给他们可以保有的土地数量设定限额。这么做的目的是值得称颂的，因为它避免了将更有效的大农场拆散，当然我们也有必要记住，印度的大农场更多的是把土地租给很多小佃农的大片土地，而不是一种有效管理的整体耕种单位。

---

① Patel, *Indian Land Problem*, 402.

② Patel, *Indian Land Problem*, 477.

③ 参见 *Times of India Yearbook*, *1960－1961*, 102。

但是，许多地方的最终结果是，柴明达尔为了给自己的家庭农场增加面积而把佃农赶走，这些佃农中很多人都是长期耕种这些土地的。有一位谨慎的学者称这一结果为印度历史上前所未有的侵占。①即使是政府也在第三个五年计划的文件中承认，在实际操作中，租赁立法的影响并没有达到预期，其原因在于地主在佃农自愿放弃的托辞下剥夺了佃农的权利。关于各邦改进状况的记录直到1963年末仍然是非常零散的，而这时改革已经推行了不下10年。②实地的观察和当地的研究表明真正发生的变化少之又少。1960年丹尼尔·索纳③总结说："本质上是那些大人物拥有了大量的土地，而且他们正找别人为他们耕种土地。"④

不过，乡村里的大人物在很大程度上已经不再像过去那样安全了。政府机构不再像英国统治时期那样坚定地支持他们了。我认为，下面这种说法是极其接近真相的：这些大人物不再像过去那样强大了，而尼赫鲁时代的租赁立法，推动小地主和富农——这两个群体通常是同一个群体——成为印度乡村中的主导。⑤一项关于土地所有权分配状况的统计研究强化了这一印象，该研究是在1953－1954年进行的，到那时，中间群体照道理已经几乎完全被消灭了。在印度，这些统计数据是极不可靠的，其原因上文中已经指出过了。但是，一半的土地掌握在占农业总人口不到1/8的人手中，这一总体上

① Patel, *Indian Land Problem*, 478－479.

② Planning Commission, *Third Five Year Plan*, 224－225. *Far Eastern Economic Review* (November 7, 1963), 294记载了由于土地改革毫无进展，计划委员会对各邦政府的持续批评。

③ Daniel Thorner, 1915－1974，美国经济学家，以农业经济学和印度经济史方面的研究而闻名。——译者

④ Land and Labour, 5. 同时注意第4页对埃达沃地区最初的社区发展项目所做的耐人寻味的一手观察。

⑤ Neale, *Economic Change*, 257.

的结论可能并非误导。①官方的农业政策具有一种平等主义的色调，不过这种色调更强烈地体现在言辞中，而不是在实际结果中。对于我们接下来将要分析的社区发展计划来说，上述结论同样是适用的。

社区发展计划在思想上和制度上的前身跟马克思主义的社会主义毫无关系。这一计划中一个重要的成分是甘地的信仰，他认为理想化的印度乡村对文明人来说是最适合的社区形式。第二个元素是我们在农业延展服务方面所积累的美国经验。第三个元素是英国家长制的影响，更具体地说，就是“乡村提升”运动。在我看来，最后一个元素是最重要的。除了乡村发展计划所尝试过的范围这一特例，F. L. 布雷恩②的《印度乡村的再造》③或者马尔科姆·达林爵士的作品，描述了所有重要的内容。

这种古怪的渊源形成了社区发展计划主张的两个主要概念。一个是，印度的农民一旦看到经济进步的好处就希望获得经济进步，同时也会通过自身的努力来维持这种进步。另一个主题是，这种变革必须而且将会通过民主的方式呈现出来，也就是说，是与印度村民的“被感知到的需求”——这样一个人人喜欢使用的说法——相呼应的，村民在一定程度上能够参与到针对全体民众、对更加美好的生活所进行的规划中去。这个计划的很多初始讨论，大多假定印度确实存在着一个储藏民众能量和热情的巨大仓库，它们将被崭新的，却又相当模糊的社会理想激发出来。

这种氛围，加上随后的失望，令人联想起19世纪俄国知识分子的“民众运动”。印度社区发展和合作部部长曾经试图否认经济进步是

---

① 这里的数据来自 Mitra，“Tax Burden”，in Braibanti and Spengler，eds，*Administration and Economic Development*，299。

② F. L. Brayne，1882－1952，英国的印度总督。——译者

③ 2d ed (Oxford，1929).

其真正的目标：

> “社区发展规划的目的并不是更高的农业和工业的劳动生产率、更好的道路和房屋、更多学校和卫生所。这些东西当中没有任何一个是这个规划所追求的目的。对于一个社区规划来说，并不存在多重目的，而是只有一个目的，这个单一的不可分割的目标是创造更加美好的生活。”①

很多事件都显示，广大农民对于采纳由外来人引进的一种新耕种方法颇为勉强，而当官僚计划者坚持要速见成效的时候，民主的说服方式最终变成了一套极为缓慢的无效的程序。这些困难是尼赫鲁政权极力推行的民主改革所面临的两难困境的核心。

社区发展计划在1952年开始正式推行，因此到现在我写下这些文字的时候，该计划已经推行了12年。到1963年后期，官方新闻宣布说发展板块(等于发展项目的区域)实际上已经覆盖了整个印度。②尽管在1959年初期，国大党通过了一个决议，宣布将集体主义的一个修正形式作为未来的目标，但是实际上该形式根本就没有被执行过。③社区发展计划的政策在实际推行中，在涉及乡村社会结构的任何变化方面，都进行得非常谨慎。在最开始，给那些将会与村民实际接触的执行该计划的官员的指示中，并没有提及种姓、财产关系或者乡村剩余

---

① Dey, “Community Projects in Action”, in Park and Tinker, eds, *Leaderships and Political Institutions*, 348. 该文整体上证明了关于社区发展计划，官方一贯保持神秘性。

② *Times of India* (November 27, 1963).

③ 根据大家所知晓的《那格浦尔决议》——“未来的农业模式应该是一种合作制的共同农场运作，土地整合在一起共同耕种，农民能够继续保留自己的土地所有权，根据土地拥有比例获得相应的收成份额”。没有土地的劳动者也能得到一些的份额，尽管不太确定。参见 *Congress Bulletin* (January - February 1959), 22 - 23。

劳动力——换句话说，并没有提及任何真正的问题。①我在这方面并没有看到任何变化的迹象。大多数改革的尝试都是尽力通过鼓励建立村民委员会来复兴和重新引入乡村民主。在有些乡村地区，这一努力的后果是削弱了旧地主，甚至是上层农民群体的统治权。但是，这一进程并没有走得很远。从根本上讲，乡村民主的概念不过是一种罗曼蒂克的甘地式怀旧情结而已，与现代的实际情况并无关联。前现代时期的印度乡村，其本身不过是一个小专制统治，这种小型专制统治的程度与小一个共和国统治的程度一样深；当然，现代的印度乡村也是如此。指望着不改变财产关系就在乡村进行民主化，实在荒唐（让乡村自己对土地重新分配并未获任何响应，这一点已很明确，无需再加任何评论）。最后，变革的真正来源，决定农民阶级命运的真正因素，是在乡村的界限之外的。农民，通过投票箱及其对邦和国家政治所施加的压力，是能够针对这些问题有所作为的，但这种作为并不涵盖在乡村政治的框架之内。不管怎么说，当该计划开始面临严峻困难，当推行过程中的定期评估出现了一些间接的批评意见之后，即使是意志坚定的甘地主义官员也开始公开指责独立的乡村共和国这个概念，并且主张进行自上而下的更加严格的监督。②

如果不对该计划的内容加以修正的话，那么更加严密的自上而下的监督也不可能取得多大成效。在实际操作中，其内容意味着通过官僚程序把资源和技术送到农民门前，同时还要避免对社会结构和那些阻碍农民采纳更好方法的基本现状进行任何变革，或者试图进行任何变革。我认为，在这里，整个政策存在着一个根本的错误。社区发展

① 参见 Dube，*India's Changing Villages*，22。

② Braibanti and Spengler，eds，*Administration and Economic Development*，116－117 中的 Tinker，“The Village in the Framework of Development”。同时参见 Retzlaff，*Case Study of Panchayats*，esp 43，72，110。

计划也好，土地改革计划也好，都未曾采取任何措施去开发利用农业领域已有的和潜在的剩余，将之用于经济发展，并最终能够让农民受益。事实上，一个著名的印度经济学家曾经计算过，政府在农业上所花费的远远高于它从农业中拿走的！①

这样说，并不是暗示说尼赫鲁政府应该对农民实施斯大林式的压榨。根本没必要走得那么远。一个民主的框架本身就存在着能够取得更大成就的足够空间。问题是，在改革主义华丽言辞和官僚主义表面功夫的掩盖下，由于允许旧的制度在印度仍然继续存在，尼赫鲁的政策意味着：1）允许旧的转移农业剩余的形式继续存在下去；2）未能引进一个市场经济，或者建立一个可以从农民那里获取食物提供给城市的一种可行的替代手段；以及3）由于上述这些原因而未能提高农业的劳动生产率，或者更好地开发利用乡村里现有的巨大的潜在剩余。直言不讳地说，尼赫鲁的农业计划彻头彻尾地失败了。当然，我们应该给这一严苛的判断提供足够的证实和解释。

社区发展计划推行了7年后，官方的一份报告宣称，印度粮食产量中超过3/4从来就未曾进入过市场。②85%的村民借贷仍然来自高利贷者和“其他个人”，他们很可能就是那些更加富足的农民。和过去一样，最终进入市场的谷物通常是以被压低了的收成时节的价格卖给地方贸易商的。耕种者因为信用不足仍需支付令人咂舌的利率，而其借贷中很大一部分是用于习俗上的炫耀性消费，比如嫁妆。在耕种者所使用的农业借贷中，通过合作社覆盖到的不到

---

① Mitra, “Tax Burden”, 295.

② India, *Report of Food Crisis*, 98. Thorner, *Land and Labour*, chap VIII, 并不看好这份报告，把它当作仓促出台的政治操控的结果，其目的是通过造成农业领域的恐慌以把政府注意力从对工业发展的关注中转移出去。根据我的判断，这份报告尽管并没有触及问题的根本，但是随后的事态发展还是为其带有悲观色调的论断提供了合理依据；它也包含着大量有价值的事实。

10%。①合作社的放贷程序与高利贷者相比缓慢而又繁复，因而在乡村生活中一直普遍存在着一种不满情绪，把合作社视为官僚主义的外来入侵者。

表 2　印度大米产量记录*

年	产量(千吨)	年	产量(千吨)
1948－1949	22 597	1956－1957	28 282
1949－1950	23 170	1957－1958	24 821
1950－1951	20 251	1958－1959	29 721
1951－1952	20 964	1959－1960	30 831
1952－1953	22 537	1960－1961	33 700
1953－1954	27 769	1961－1962	33 600
1954－1955	24 821	1962－1963(估算)	32 500 或者 31 000
1955－1956	27 122		

* 来源：1948－1957，参见 India，*Statistical Abstract*，*1957－1958*，437；1958－1961 参见 *Times of India Yearbook*，*1960－1961*，113；1962－1963，282；1961－1963 参见 *Far Eastern Economic Review*（Nov. 7，1963），294；1962－1963 年间的较低估算数据来自 *Far Eastern Economic Review*，1964 Yearbook，174。

最严重的缺陷体现在提高粮食产量方面的失败，粮食产量根本没有任何显著的增长。在深入探讨其原因之前，最好先回顾一些统计方面的证据。尽管有关产量和收成的数据本身远谈不上可靠，但是它们所讲述的故事还是非常直截了当的，所以，除非能够找到一个巨大的错误，我们才有必要修正通常所接受的解释。表 2 所反映的是印度从 1948 年到 1963 年间所报告的大米的产量。由于大米绝对是印度最重要的粮食品种，我们只聚焦于此，是情有可原的。也没有必要去看 1963 年以后的数字。到那时，印度社会的潜在危机已经

① India，*Report of Food Crisis*，6，85，71.

人所共知。这里，我们所面临的问题是，应该如何去评估粮食增产失败的原因，而不是在一个不断变化的情形下，不断地去测量其失败的程度。

人们并没有想到，社区发展计划到1956年能覆盖1/4的人口；到1959年，它覆盖了乡村居民中大约61%的人口；到1963年，照道理，几乎所有人口都应该感受到这一计划的影响。①根据这一年表，如果这一计划能够有效地提高产量的话，那么人们有望看到1954－1955年间就会出现一些初步的效果，并在此之后或多或少稳步地、快速地上升。尽管产量确实有所提高，但是并没有看到稳步上升的趋势。在1953－1954年和1954－1955年间甚至还有将近3 000 000吨的下降，另外，在1956－1957年和1957－1958年间产量下降了几乎3 500 000吨；1960年后，产量持续走低，其中1962－1963年间情况最严重。1960年10月，加尔各答暴徒因为大米而发生暴乱。以往的产量几乎都无法超越人口增长的速度。1962－1963年间的歉收吞噬了所有的余粮，当时的报告显示人均粮食消费量下降了2%。②

用一句话来说，直至今日，印度的农业始终与阿克巴和英国寇松③总督统治时期并无二致：纯粹就是一场与雨水的博弈，一旦歉收就意味着成千上万人忍饥挨饿。在20世纪后半叶，这远非地理和物质问题，而是一个社会和政治问题。正如社区发展计划的工作人员所感觉到的那样，即便是在地方范围内，现存的资源就能够大大地抵消气候所造成的影响。但是，这也意味着要进行某种社会的和技术的革命。相反，印度至今为止所取得的进步主要是来自将低效的旧制度扩展到印度新的（可能是边缘性的）地区而已。

---

① Dube, *India's Changing Villages*, 12; *Times of India Yearbook*, *1960－1961*, 264; *Times of India* (November 27, 1963).

② U.S. Department of Agriculture, *Foreign Agriculture* (February 10, 1964), 7.

③ George Nathaniel Curzon, 1859－1925，英国驻印度总督，外交大臣。——译者

表 3 印度和日本水稻产量记录*

	每英亩 100 千克	
年	印 度	日 本
1927 – 1928 1931 – 1932	14.4	35.4
1932 – 1933	14.1	34.7
1933 – 1934	13.8	41.8
1934 – 1935	13.9	30.6
1935 – 1936	12.3	33.6
1936 – 1937	14.5	39.3
1937 – 1938	13.9	38.6
1948 – 1949 1952 – 1953	11.1	40.0
1957 – 1958	11.8	44.3
1958 – 1959	14.0	46.2
1959 – 1960	14.1	47.5
1960 – 1961	15.3	48.6
1961 – 1962	15.1	47.0

* 来源：1927 – 1938 参见 *Annuaire international de statistique agricole 1837 – 1938* (Rome， 1938)， table 77， 279；1948 – 1962 参见 Food and Agriculture Organization of the United Nations， *Production Yearbook 1960*， XIV， 50， 1962， XVI， 50。

有不少证据都是指向这个方向的。关于每英亩产量的统计，有一些令人深感震撼的数据。不管怎么说，这些统计数据与总产量数据相比，能够更好地衡量劳动生产率的变化。这样的数据同时也帮助我们把英国统治时期与这一时期进行对比，不过我们也不能完全从字面上去理解这些数据，因为自从二次世界大战之后，估算农作物收成的方法也有了改进。①表 3 所展示的是印度和日本在特定年份水稻田的产

① 关于这个观点更全面的讨论，参见 "Food Statistics in India"， *Studies in Agricultural Economic*， III， 8 – 11。

量。在战前时期，印度的产量并不包括缅甸。

我们无需对这些数据加以评论。即使是在新政权下，印度粮食的产量仍然徘徊在20世纪20年代晚期和30年代早期的水平上下。而日本则在一个更高的基础上起步，在临近几年里获得了突飞猛进的持续发展，其劳动生产率是印度的3倍。光用气候这单一因素几乎无法解释这么大的差异。

我们可以用更为恶劣的制度因素来解释印度劳动生产率更低这一事实，然而这一因素已经超越了乡村的范畴，而且我们在前面已经触及了，但是为了获得更充分的理解，看一下制度因素在农民社区内部所起到的作用还是有帮助的，事实上也是很有必要的。更进一步，全国的平均数会掩盖掉那些具有决定性的事实。有些区域确实有了引人注目的进步。如果我们希望理解这些障碍，就有必要去看一下为什么有些地区能够进步，而另外一些地区却一直停滞不前。为了试图把这些因素分离出来，我决定首先分析一下印度一个产量有显著提升的区域，然后再回顾乡村社区中那些仍然在抑制经济发展的因素。

马德拉斯是印度整块版图上最亮丽的部分之一，那里的稻米产量据说已经上升了16%到17%。①在深入了解了那些起作用的因素之后，我们发现了一个与官方宣传截然不同的状况。考虑到土地面积，印度至今最重要的农作物是种植在水稻田里的大米。在该邦所有被耕种的土地中有大约1/3，也就是1 427万英亩中有450万英亩，得到了灌溉。而在1952年到1959年期间，只有34.4万英亩得到了灌溉，因此灌溉方面的改善并不是劳动生产率提升的主要原因。②问题的答案似乎是，相比其他地区，马德拉斯率先在农业中采纳了资本主义形式。

---

① India, *Report of Food Crisis*, 180.

② *Madras in Maps and Pictures*, 41 - 42.

考虑到找到这一变化背后的原因具有更大的意义，我们至少应该粗略地分析一下。19 世纪末期，在马德拉斯，正像在印度其他地方一样，人们已经可以注意到土地从农民手中转移到别处的趋势，而这也引起了官方的关注。但是，马德拉斯的职业高利贷者却很罕见。相反，借贷主要是在耕种者之间发生的。而且，耕种者和城市贸易阶级之间的界线也不是那么分明。后者保留了自己的土地财产，又通过购买有灌溉系统的稻田来增加自己的财产。印度独立之后推行的一系列法令似乎加速了这些趋势。1956 年颁布的公平租赁法迫使以谷物分成的形式进行土地租赁的中层地主转向雇用劳动力直接耕种土地，其中一个推动力在于当时的工资水准并没有同时增长。①结果是，在最适合大米生产的三角洲地区，财产变得高度集中，形成一个占有土地的少数人和占劳工多数的无产阶层相对峙的局面。即使富裕的有产者不自己去耕种土地，他也可以通过对雇佣劳动力进行紧密监管、更合理地利用化肥以及其他一些措施来获得高达每英亩 27 公担的收成（1 公担等于 100 千克），这与该地区 17 公担的平均收成形成了鲜明的对照。②

因此，在这个地区，劳动生产率的提升绝对可以归因于资本主义影响力的入侵，这是非常清楚的。这一切并不是因为政府推行了有利于农民上层阶层的政策。对于农业工人和小农来说，上述政策所带来的政治结果也是可以预见的：他们与国大党之间的关系日渐紧张、对其抱有的幻想不断破灭，对共产党人则更加同情。

大量关于乡村的文学作品（碰巧的是，对于坚信印度乡村的情况五花八门、没有固定模式的那些人来说，这是一个一流的矫正方法），也给出了资本主义的部分影响的概括性印象，尽管比马德拉斯所受到的

① Dupuis, *Madras*, 130－131, 144－145.
② Dupuis, *Madras*, 125, 132, 151－152.

影响相对来说要轻得多。①到现在，人类学家已经研究了大量不同类型的乡村，包括全国各地以及处于现代化进程中的不同发展阶段。②我不准备把现代化乡村和落后乡村放在一起进行分析，因为已经有人对一个区域内的两个邻近乡村进行过相当深入的研究了，我在这里试图分析的是每一个主要的障碍，并且希望能够揭示这些障碍究竟是如何被克服的，以及障碍最终被克服的具体情境。

读者们也许能够回忆起社区发展计划的基本假定——印度农民将会出于其自身的自由意志，因为其"被感知到的需求"，在看见技术改进之时立刻决定采纳这些技术。其中很大一个麻烦是，行动缓慢、与农民隔绝的官僚只是一直在大肆作秀而已，对地方上的情况一无所知。如果这个计划能够将其民主倾向更多地指向一些实事，而不是指向长老会式的改革的话，那么其结果可能会好一些。事实上，自治的乡村和政府之间的长期以来的分歧始终存在，从未消失过。

有一份报告是这样分析被派到乡村的政府官员的："乡村一线工作人员的双手光滑而又柔软。他每天都在写一些工作进展汇报，保证自己的办公室整洁有序，时刻准备着哪一天他的上司会突击检查他的工作。"在这一特定的乡村里，政府工作人员开始督促农民试着使用

---

① 参见 e.g. Tinker, "The Village in the Framework of Economic Development", in Braibanti and Spengler, eds, *Administration and Economic Development*, 94－133，摘录了社区发展计划的评估报告，形成了最近时期一个不错的简短调查，尽管这篇文章更多是针对政治问题而不是经济问题的。Dumont, *Terres vivantes* 是一份极有价值的报告，但是显得过于松散。Epstein, *Economic Development and Social Change* 或许可以称得上个体案例研究中最有价值的。其他一些有价值的资料包括 Mayer et al, *Pilot Project India*，是现代形式的首次尝试；由 Marriott 负责主编的文集 *Village India*，本书其他地方引用过其中的一些资料；Mayer, *Caste and Kinship*；Lewis, *Village Life in Northern India*；Dube, *Indian Village* and *India's Changing Villages*，后面两份著述都是早期阶段完成的，但是对于主要的问题都非常有启发。Singer, ed, *Traditional India* 和 Srinivas, *Caste in Modern India* 则是更加概括性的，但也提出了不少有意义的观点。

② Epstein, *Economic Development and Social Change*.

一些化肥。但农民们使用化肥时太漫不经心了，以至于农作物都枯死了。到了第二年，还是同样的村民，态度友好地接受官员们的建议，在干涸了的灌溉水库里种植小麦。这次是锈菌侵蚀了作物。随后，村民为了要除掉这些锈菌又搞坏了一支昂贵的德国制喷雾器。政府官员们最终认为，这些农民又笨又懒，实在是令人绝望。不敢再冒这种风险的农民继续沿用他们自己懂得的真正有效的传统方法。①这种描述可以无止境地重复下去。我只会再加上一份摘自敏于感知、通情达理的法国农艺师勒内 · 杜蒙(Rene Dumont)的专著的一段描述。他为了让自己能够亲身接触到印度乡村的灰尘和泥土，带着厌恶的心情离开了联合国评估小组，因为该小组一开始就是被牵引着到处走马观花地参观。还有一次，当地官员自豪地向他展示了一块“最佳”大米生产地，那里的产量在全印度创下了纪录，但即使如此仍然比日本的产量低了40%。这个地区的印度人试图引进日本式的耕种方法，就像他们在印度的许多地区所做的那样。但是，日本式的耕种方法无法零打碎敲地引进来。所需要的不仅仅是移植而已，还需要小心地管理好水供应和合适的土壤条件。当地的差异性也需要考虑进去，还要采取相应的适应措施才能获得好结果。相反，在印度，情况是“每件事都由文件规定得好好的，但在实际中却无能为力，无所作为”。杜蒙义愤填膺地批评道，作为给每一个发展领域的建议而制订的改进计划几乎都是全国一刀切。②

在另一方面，在技术确实切合当地具体情形的区域，以及在技术确实被证明为有效的区域，农民通常很快就会采纳该技术。在一个乡村里，牛瘟病在当时是这一地区致命的流行病，农民的做法一开始是把牛群赶走，而不是让它们接种牛瘟疫苗。尽管花了不少力气，但是

① Beals, *Gopalpur*, 79, 82.

② Dumont, *Terres vivantes*, 144－145; 124－127.

只有47头耕牛接种了疫苗。当接种过疫苗的牛群存活了下来，而牛瘟病让将近200多头没有接种过疫苗的耕牛丧命之后，该地区的农民对于创新的态度有了极大的转变。①

在这一事例中，由于官僚制度能够而且确实提供了一种响应“被感知到的需求”的服务，创新得以推广。但是，事实并不总是如此。任何社会的“被感知到的需求”在很大程度上都是个人特定的社会情况和成长经历的产物。这些需求是创造出来的，而不是天生就存在的。因此，有必要更为深入地探讨下去，看看其背后究竟是什么，从而发现何谓被感知的“正常”需求。印度乡村所体现的是这样一个事实：“被感知到的需求”主要依赖的是乡村寡头统治的小暴君，他们相互之间不断争斗，但是又能够借由种姓制度和传统的乡村政治结构来维持整体上的霸权统治。强大的既得利益使得草根群体不愿意采纳新的方法。从本质上来说，这些是占统治地位的种姓群体的担心，是失去劳动力和用实物支付的额外补贴。杜蒙指出，只要使用简单的工具和设备，一年中绝大部分时间都有空的劳动力，是能够把由小型水库(水箱)构成的传统灌溉系统整治好的。根据他的估算，这么做可以增加产量高的优质土地的数量，足以解决印度绝大部分的粮食问题。那么，为什么最终一事无成呢？因为管理村庄的有产者们担心，由于这些水箱而占用的耕地将会缩减他们收到的地租，使贱民阶层有机会为他们所付出的劳动讨价还价。②人们无休止地谈论着印度文化传统的持久性、种姓制度几千年不衰的内在动力和村民们的冷漠，与关于民主的新名词一起，竖起了一张波涛汹涌的巨大烟幕，掩盖了上面所

① Singh, “Impact of Community Development”, in Park and Tinker, eds, *Leadership and Political Institutions*, 361－365.

② Dumont, *Terres vivantes*, 139; Beals, *Gopalpur*, 79, 指出，富人从其随从的经济地位的提升方面并没有得到什么好处。这种情况与日本明治早期所发现的情况大相径庭。

说的利益关系。①

对于印度社会中属于压倒性多数的乡村底层人口来说，他们的需求和欲望所受到的限制，对于那种在我们看来难以忍受的狭隘目光，和对“外来者”谨慎的怀疑态度，无非是对现存条件的现实而明智的反应。在耕种者如此贫穷以至于稍有灾难就会被推向毁灭边缘的地方，在采用稍微不注意细节和当地条件就会失败的那些新耕种方法面前，如果该耕种者还是一味听从官僚们的建议的话，那么他就是一个十足的蠢蛋了。他也不可能像人们所希望的那样，在大部分利益都归本地寡头群体所有的情况下还付出巨大的努力，投入极大的热情。在这种情况下，他那“被感知到的需求”自然会设得很低。因此，在很多地区，社区发展计划不过是刮了一阵旋风，引发了当地的一丝热情——几乎没有人不喜欢自己成为别人争相讨好的对象——并维持一阵子，使该地区进入官方记录中。随后，许多村庄又重走老路。在取悦了统治者们一阵子之后，整个世界又回到常态中去了。

无论是整合起来看还是单个地看，这些障碍中没有任何一个是不可逾越的，尤其是它们各自之间还在相互强化。最好的证据来自这一事实：当形势需要时，农民是能够克服这些障碍的。通常，他们会将传统社会机制中管用的那些部分加以调整，以适应新的情况。②但是，对于那些显然不合适的东西，农民们会毫不犹豫地抛弃。有一个

---

① 关于种姓作为支配他人的一种有效手段的具体研究，参见 Gough，“Social Structure of a Tanjore Village”，in Marriott，ed，*Village India*，36－52。种姓制度的这种功能似乎或多或少地清晰地呈现在各种描述中，不过 Gough 的描述在我看来是最好、最简洁的。

② 即使是种姓制度也有可能变得与民主相协调。参见 Rudolph and Rudolph “Political Role of India’s Caste Associations”，5－22，在其中作者指出，种姓之间的关联可能提供了一个充分的机制，能够把不识字的农民纳入到民主的范畴里来。关于其负面部分，印度的传统概念表现在其限制了经济发展中乡村的创造性以及其本身所具有的反动的、乌托邦式特性，参见 Rudolph 更具悲观主义色彩的文章“Consensus and Conflict”，特别是 396－397 页。

研究针对两个村庄进行了对比，其结果极具启发性，其中一个村庄的灌溉工程使得大规模引进甘蔗种植成为可能，而它的邻近村庄则无法确保水的供应。在得到灌溉的地区，农民开始毫不犹豫地种植甘蔗，尽管这么做需要彻底地重新组织工作模式。事实上，作者颇为令人信服地说，全面重组可能比部分重组要容易。即使是在种姓制度对下田劳动带有偏见的情况下，农民仍然能够把家庭劳动力中大约一半的劳动力分拨出来种植甘蔗。所有这一切之所以能够发生，主要是因为当地的一个甘蔗工厂能够提供稳定的甘蔗市场。在同一区域，大米种植却始终是非常低效的。没有人能够采用日本的方式。因为当地并没有大米市场，或者只有很小一个市场。值得注意的是，引进甘蔗作为一种商业农作物，也就是转向了货币经济，这一点在乡村生活的常规状态方面产生的差异相对来说是极微小的。农民还是农民，只不过比以前富裕了而已。尽管人们的工作习惯有所改变，但是种姓和传统制度与这种转变基本上还是契合的。在邻近的灌溉水资源无法保证的村庄里，情况则完全不同。村民不得不靠为别人提供各种各样的服务而勉强度日，他们提供服务的目的是为了利用周边区域经济水准的提升。因此，在干旱的村庄，传统秩序进一步地解体了。从这个对比中最清晰地展现出来的是原初的农民社会在外来刺激下所作出的调整，而这一农民社会在整个区域未引进灌溉工程之前基本上是千篇一律的。如果某一农产品的市场没能兴起，那么光靠灌溉本身也不可能产生这些有利的结果。①在印度其他地区，常常由于农民不能很好地利用灌溉系统，致使灌溉系统的状况迅速地恶化。

以上文所讨论的方式引进货币经济是有启发意义的，因为它有助于消除其中所涉及的令人难解的先验概念。但是，这并不是通常所发

① Epstein, *Economic Development and Social Change*. 关于蔗糖，参见第30，31，34，35，53页；关于大米和其他作物，参见第63－65页；关于“干旱”村庄与整体之间的反差，参见结论一章。

生的典型事例。一个更加常见的情况是这样的：具创业精神的小地主和农民展示出强烈的参与商业活动的倾向，他们要么在本地市场上出售自己的农产品，要么在邻近的城镇里伺机参与商业性副业活动。部分地讲，这是社区发展计划一个意料外的结果，该计划的主要好处都流入了富裕农民的手中。①在这一点上，当前的印度显示出强烈的类似新经济政策时期苏维埃俄国那样的特征。在那里，也同样有一群活力充沛的上蹿下跳的小人物善于发现现存制度中的各种缝隙，从而在其中为自己谋点小利。这同样也是传统秩序具有灵活性的又一例证。靠种姓来抵制通商现在不再像过去那么有效了，因此即使是一个农民也可以购买服务而无需依赖一个封闭的经济系统。由于抵制商业运动的衰退，整个种姓制度也丧失了其最重要的制裁能力之一。

小地主和富裕农民开始追逐快钱，这一点有着鼓舞人心的一面。它展示出这样一种趋势，那就是，一旦出现能够利用旧社会杠杆的有利可图的替代选择，很多野心勃勃的农民就愿意抓住这一机会。这也许就是印度赖以转向农业商品化的方式，大致上也类似法国在 18 世纪晚期和 19 世纪所采用的模式。现代技术也使得摆脱那些辛苦却徒劳无益的密集劳作成为可能。但是，政治上的危险还是存在的。印度的乡村无产阶级过去是借由种姓制度义务和一小块巴掌大土地而与现存的秩序关联在一起的。而未来的改变方向似乎转向薪水制劳动，而不是朝着日本那样对家长式纽带进行修正的方向发展。如果当前的趋势持续下去，那么传统的纽带就会变得越来越脆弱。向城市贫民窟的大规模迁移已经出现了，共产党的煽动在那里确实得到了很大的响应。如果整个社会中都找不到一个地方能够容纳这种乡村转型所产生的流动劳动力的话，那么很可能出现爆炸性的政治后果。

---

① Braibanti and Spengler, eds, *Administration and Economic Development*, 130－131 中的 Tinker, “Village, in the Framework of Development”，极为鲜明地指出了这一事实及其影响。

当把乡村放在一边，试图获得关于整个印度问题的最终认识的时候，我们也许可以提出这样一个合乎情理的问题：造成这种持续不断的停滞和发展受到很大阻隔的终极原因究竟是什么？有一些相关的原因似乎比较清楚，那就是，市场经济的相对失败，没能渗进乡村深处，没能使农民靠快速提高粮食产量来应对这一局面。乡村社会结构只不过是次一级的障碍，这种障碍会因为外界情况而发生变化。如果只聚焦于地方上的抗拒态度，派出一组又一组的人类学家去研究乡村，我们会将注意力从困难的主要来源——德里的政府政策制定者——那里转移开来。这一点稍后我可以再做更多的说明。市场的推动力之所以微弱，是因为印度政府始终不能把农业产出作为资源调拨出来，用于工业化建设。再进一步，与其他国家相比，我们可以看出印度如下的历史发展进程：整个社会没有出现任何一个阶级有志于将农业剩余用于启动工业化的发展进程。国大党的运动所获得的民众支持主要来自农民，并且通过甘地而到处传播其意识形态。

这大概是社会学分析所能做到的极限了。我自己则开始强烈怀疑这种社会学的分析是否已经走得太远了，我认为恰恰是尼赫鲁个人应该承担起很大一部分责任。当我们过于聚焦周围的环境和客观上的困难时，就会犯下这样的错误：我们已经忘记了，所谓伟大的政治领袖就是指那些在面临障碍时仍能实现重要制度性变化的人物。尼赫鲁是一个非常强有力的政治领袖。认为他缺乏足够的改革空间似乎是荒谬的。但是，在所有问题中一个最具决定性的问题上，他的政策不过是花言巧语而已，而且还飘忽不定。行动的气氛替代了行动本身。至少在这一点上，印度的民主制度是无独有偶的。

西方自由主义观察者对这一评估的回应几乎是不假思索的，他们认为，尽管印度的农民政策，事实上包括其整体的经济政策，长于空谈而短于实绩，但是至少不像共产主义现代化那样残酷。他们辩驳说，在发展速度上做出一些牺牲对于民主本身来说是必要的。

这一令人宽慰的说法忽视了印度在所谓从容政策所带来的人类苦难方面付出的巨大代价。用冷冰冰的统计数据来估算这些代价是不可能的。但是，少数几个数据还是能够给出关于其程度的粗略概念。在1924年和1926年，根据全印度医务研究工作者大会的估计，印度每一年光是因为完全可以预防的疾病而死去的人数就高达500万到600万。①在1943年的大饥荒之后，孟加拉赈济委员会总结说，大约有150万人由于“饥荒和随后的传染病”而死去。②尽管战乱加剧了这些悲剧性的后果，但是从根本上说，饥荒是印度社会结构的产物。③在这里提及的大量死亡者仅仅是指那些连纯粹的生物性生存方面都无法保证的人。这些数据本身并无法告知在处于生存线之上的上百万人中，因为疾病、肮脏、污秽，以及由于宗教信仰固化而造成的野蛮和无知所导致的死亡人数。人口的不断膨胀趋势也意味着，除非进步的速度能够急剧提升，否则大规模死亡的威胁将一直盘桓在印度的上空。

另外，有必要指出，如果民主意味着一个理性的人在决定自己命运时能够有机会有意义地发挥作用的话，那么这种民主显然并不存在于印度的乡村。印度农民尚未获得进入民主社会的物质和思想上的必备条件。正如我早先指出的那样，村务委员会的“复活”主要是一个浪漫的说法而已。事实上，社区发展计划也是自上而下地强制推行的。推行这一计划的那些人希望能够尽可能地推行他们关于民主的理想，其结论是民主进程“过于缓慢”，因而更多地以“结果”——通常是诸如所挖的堆肥坑的数量之类的空洞统计数据——为导向采取行动，并以此来取悦于上级。

计划是自上而下地强制推行这一事实本身并没有什么问题。关键

① Great Britain, *Report of Commission on Agriculture in India 1928*, 481引用过。
② India, *Census 1951*, VI, pt IA, 80引用过。
③ 从英国人观点出发的较好的背景描述，参见Woodruff, *Guardians*, 333－337。

是这些计划的具体内容。如果民主意味着不管对象群体受其历史影响，变得多么无知或残酷，任何对其生活方式的干预都是必须被禁止的，并且人们有权就这一点批评政府。那么抱有这种形式主义民主概念的人都必须接受这样一个事实，那就是，印度大部分农民都是不想要经济发展的。而他们不想要经济发展的原因，我已经试图解释过了。从这一角度来看，唯一一个可行的计划只能是取消任何计划，让印度农民自己吞咽下污秽和疾病缠身的苦果，直至饿死。然而这种结果显然无法让任何一派民主理论家满意。

更现实的政策可能是认真思考应该采用哪种干预方法，仔细评估一种方法相对于另一种方法的代价。随着印度各邦沿着现存的社会裂缝逐步分崩离析，究竟采用哪一种方法，或者不采用任何方法，则是另一个问题，在此我并不准备加以讨论。

如果按现存政策的基本纲要继续下去的话，就我们所能预见的程度，其结果肯定是改进速度极为缓慢，而且改进也主要是通过上层农民的行动——继续沿用农民形式的商品化农耕——来实现的。早就有人指出该种情况所蕴含的危险：城市和乡村的无产阶级不断增加，规模日益庞大。这一政策有时也许会产生对立面，尽管在印度要出现一种激进式的变革所面临的困难也是巨大的。

从民主的角度来看，更理想的是政府为了自己的目的而利用好这些趋势。那就意味着，放弃甘地的主张（对于目前刚刚开始执政的新一代行政领导人来说也许并非不可能），让乡村地区的上层阶层得到自由，但是要对他们的利润征税，同时组织好市场和借贷机制，直至将高利贷者驱逐出去。如果政府通过这种方式成功地获得了当前农业产生的剩余，进而鼓励更大剩余的产生，那么印度就可以把自己的资源更多地投入工业发展。随着工业得到发展，就可以吸收乡村释放出来的剩余劳动力，可以推进市场进程的持续加速发展。这样，把技术和现代资源送到农民面前的努力将修成正果。①

第三种可能是转而更加广泛地采用强制措施，或多或少地采纳共产主义的模式。即使印度可能会尝试这种模式，其奏效的可能性似乎也很小。在我看来，在未来很长一段时间内，在印度的情况下，没有一个政治领导层——不管多么智慧、多么勤政、多么无情——能够推行一个革命性的农业政策。尽管这种情况逐渐会有所改变，但这个国家还是过于多样化、过于不定型。要冲破种姓制度和 14 种语言下的传统所形成的障碍，来强制推行一个集体化计划，其间所面临的行政和政治难题似乎实在太巨大了，以至于无须进一步探讨。

这样看来，只有一种政策路线会带来真正的希望，重复一下，这样说也并非暗指印度政府会真正地采纳这种政策。不管怎么说，如果印度想要有所变化，引进有力的强制因素还是很有必要的。除非能够出现某种技术上的奇迹，让每一个印度农民仅仅通过一杯水或者一碗沙就生产出足够的粮食，否则就必须更加有效地使用劳动力，引进先进的技术，找到为城市居民提供粮食的手段。要么采用包括日本在内的资本主义模式中的大规模隐蔽性强制手段，要么采用接近于社会主义模式的更直接的强制手段。悲剧性的事实是，不管是采纳社会主义模式还是资本主义模式，现代化发展所需要付出的最沉重的代价总是要由穷人来承受。唯一能够让这一代价变得正当的依据是，如果不经历现代化，穷人的境遇会进一步恶化。就目前的情形来看，这种两难境地的确很残酷。那些需要直面这一遭遇的人们有理由获得他人最大的同情。但是，在另一方面，否认这一两难境地的存在，则意味着思想上和政治上的不负责任已经达到了极点。

---

① 一些研究农业问题的印度学者意识到了这一问题。例如，Khan，“Resource Mobilization from Agriculture and Economic Development in Agriculture”，42－54 和 Braibanti and Spengler，eds，*Administration and Economic Development*，281－303 中的 Mitra，“Tax Burdern”，更重视经济方面的技术性细节，而不是政治方面的讨论。

第三部分

理论的寓意和推断

第七章

进入现代社会的民主之路

至此，我们也许可以从时下的视角来概述一下三条通向民主世界的道路中每一条道路的主要特征。这三条道路中最早的一条是资本主义和议会民主在经历过一系列革命之后相互结合的道路，这些革命是英国清教徒革命、法国大革命和美国内战。我给这条道路冠以资产阶级革命之名，英国、法国和美国或先或后地都走上了这条道路，不过它们各自在走上这条道路的最初时期所依存的社会条件之间存在着巨大的差异。在本章稍后我们也会涉及一些关于这条道路的保留意见。第二条道路也可以称得上是一条资本主义道路，但是，由于没有受到强有力的革命冲击，因此它所采取的是一种反动和倒退的政治形式，并最终发展成为法西斯主义。值得强调的是，通过这样一种自上而下的革命，德国和日本的工业毋庸置疑地发展和繁荣起来了。第三条道路当然是指共产主义道路。在俄国和中国，以农民为主（但农民不是全部根源）的革命使得各具特色的共产主义变得可能。最后，到20世纪60年代中期，印度摇摇晃晃地进入了向现代工业社会挺进的路程。印度这个国家既未经历过资产阶级革命，也未经历过自上而下的保守革命，甚至都未曾经历过共产主义革命。印度是否能够真的像尼赫鲁时代所试图做到的那样，避免上述三种革命所需要付出的令人毛骨悚然的巨大代价，试图找到某种全新的革命形式，或者在某种程度上继续屈就社会停滞所带来的同样令人毛骨悚然的巨大代价，这始终是尼赫鲁的继承者们需要直面的棘手问题。

在有限的程度上讲，这三种革命类型——最终发展成为西方形式民主的资产阶级革命、最终发展成为法西斯主义的自上而下的保守革命和最终导致共产主义的农民革命——也许涵盖了可供各国采纳的各种道路和选择。很显然，这些道路是一些相互连贯的历史阶段。因而，它们相互之间展示出的是一种相对有限的决定性关系。一个国家所选择的现代化方式会影响并改变下一个准备向现代化发展的国家所面临的问题之维度，正如凡勃伦在发明那个现在很时髦的说法“后发优势”时所意识到的那样。没有英国先前的民主式的现代化发展进程，德国和日本也不太可能选择反动的方式。没有资本主义和反动的经验，就算最终共产主义仍然会形成，其方式也将会截然不同。我们很容易地甚至可能会深感同情地意识到，印度所表现出来的畏葸不前在很大程度上出于对所有这三种革命形式的先前历史经验的负面教训的批判性反应。尽管在工业社会的建设过程中确实存在着一些共同的问题，但是这始终是一个会发生持续变化的任务。各种主要政治类型的先决历史条件相互之间存在很大差别。

即使是在每一类型内部，既存在着明显的相似之处，也存在着极大的差异，其中最大的差异也许存在于民主革命的不同形式当中。在本章中，我们应该试图通过对为西方民主发展作出过贡献的某些农业社会特征的分析，来合理地对待相似性和差异性这两个方面。即便在此试图对民主进行定义有可能会把真正的议题引到鸡毛蒜皮的诡辩上，但是我们仍然有必要再一次鲜明地指出西方民主这一冠冕堂皇的说法究竟意味了什么。笔者认为，民主的发展是试图完成一个漫长的、由三件密切相关的事情构成的过程，当然这一过程迄今尚未完成。这三件事情是：1）制约专断的统治者；2）用公正合理的原则替代任意的规则；3）在制定规则时为底层民众争取一定的份额。砍下国王的头是第一件事情中最剧烈的同时也绝非无关紧要的方面。建立法治的努力、立法机关的力量和后来把国家作为社会福利的发动机等，都是第二项和第三项为人熟知的一些方面。

尽管对前现代化社会早期阶段的详尽研究并不在本书的范围之内，但我们至少还是需要简略地提及一个问题，那就是，各个国家的起点是不同的。在农业社会中是否存在着一些结构性的差异，从而可能在某些情况下更有利于议会民主的发展，而其他一些起点则可能使实现这一目标困难重重或者干脆就排除了其可能性呢？当然，起点并不完全能够决定接下来可能经历的现代化进程。14 世纪的普鲁士社会也展示出与西欧议会民主的先祖们颇为相同的许多特征。但事实上真正在本质上改变了普鲁士以及最终德国社会发展道路的决定性因素恰恰是在接下来两个世纪里所发生的根本性变化。尽管起点可能并不是决定性的因素，但是我们认为有一些起点还是有可能比其他一些起点更有利于民主的进展。

我认为，在有利于民主发展方面西方封建主义确实有别于其他社会的某些制度，这一观点还是站得住脚的。德国历史学家奥托·欣策(Otto Hintze)在他有关封建社会的社会秩序(*Stände*)的探讨中已经竭尽全力地令很多人信服了这一观点，当然这一观点至今仍然是学者们热烈讨论的一个话题。①就我们自己的研究目的来说，这些制度中最重要的方面是认为某些群体和个人能够豁免于统治者权力这一观念的不断发展，以及人们有权起来抵抗不公正统治这一理念的兴起。这组理念和实践，与由封建仆从关系中衍生出来的、自由人能够自由缔结契约的概念一起，形成了一个极为重要的遗产，这一遗产从欧洲中世纪社会一直延续到现代西方关于自由社会的概念。

只有在西欧才兴起了这一既有理念又有实践的结合体。也只有在

① 参见 Hintze, *Staat und Verfassung*, I, “Weltgeschichtliche Bedingungen der Repräsentativverfassung (1931)”, 140 - 185; “Typologie der ständischen Verfassungen des Abendlandes (1930)”, 120 - 139; “Wesen und Verbreitung des Feudalismus (1929)”, 84 - 119。某些同样的近代观点，参见 Coulborn, ed, *Feudalism* (1956)。

那里，在涉及为议会民主提供重要支持的贵族权力究竟怎样才不多不少这一点上获得了巧妙的平衡。别的地方也确实出现了很多部分相似的情况，但是，在这些情况中要么缺少了其中一种关键成分，要么各种情况相互之间的关键比例尚不到位。俄国社会确实也曾经发展出了一种庄园制度(*soslovii*)。但是，伊凡雷帝彻底击碎了独立贵族的根基。贵族们的特权直到彼得大帝的铁腕统治被解除之后才得以恢复，最终的结果是贵族们虽然获得了特权，但不用承担相应的义务，或者说在政府行政管理中并没能得到任何集体的代表权。官僚主义统治的中国则形成了“天命”的概念，给人们起身抵抗不公正高压统治提供了一些合法的色彩，但是却又未曾形成一个有力的集体豁免概念，这一有悖于官僚主义政体的概念，士大夫们曾经创造出来但只在小范围内运用过。日本确实兴起过封建主义，但是它更强调个人对上级和神圣统治者的忠诚，缺乏存在于理论上平等人的契约概念。从印度种姓制度身上，人们可以感受到豁免和集体特权概念的强烈倾向，但是同样也缺少自由契约的理论或实践。

为前面提及的这些差异找到一个全面的解释的尝试，受到马克思的轻率判断的刺激而兴起，最终发展到极致，出现了魏特夫①基于各个国家对于水利的掌控情况而提出来的东方专制主义这一颇具争议的概念，可惜这些解释的尝试都不是很成功。当然，这并不意味着它们的指引方向是全然错误的。水利本身也许是一个太过狭隘的概念，但传统专制主义可能兴起于这样一些国家，其中中央集权统治能够行使各种不同职权，或者能够有效监督和维系整个社会运作的基本活动。早期的政府不太可能像现在的政府那样善于掌控局面，现代政府能够自己界定什么对社会而言是必不可少的，而且还要迫使底层民众被动

① Karl August Wittfogel，1896－1988，亦名魏复光，德裔美籍剧作家、历史学家和汉学家，早先为马克思主义者和前德国共产党领袖。——译者

地接受这些任务。因此，我们可以有把握地假设，由政府承担核心任务这一状况，比起前工业社会，更可能会发生在现代社会。另一方面，一个社会如何组织劳动分工和维持社会凝聚力，似乎有多样化的选择，而不会是一种政治可能。农民村庄、封建领地，甚至是粗陋的地区性官僚统治，都可能在基本相似的农业技术下面形成决定性的政治水准。

在对各国起点的类型进行了简短分析之后，我们接下来可以转向现代化进程本身。在这里，有一点非常清楚地显现了出来。皇室专制主义的持续存在，或者更概括地说，前工业时代官僚统治的持续存在，造成了不利于西方各种形式民主发展的条件。中国、俄国和德国的不同历史集中表明了这一点。我们可以宽泛地称为皇室专制主义或者农业官僚主义的强大的中央集权政府，在16世纪和17世纪，在我们这次研究中所涉及的主要国家里（当然不包括美国），即英国、法国、德国的普鲁士部分、俄国、中国、日本和印度，其自身政权都得到了巩固，这是一个令人惊奇的事实，不过我并不想对这一事实进行解释。不管是出于什么原因，这一事实形成了一股强大的力量，支撑着所有现代化进程的初始阶段。尽管君主制度的持续存在带来了不利的后果，但是强大的君主制度在早期阶段在控制贵族阶级的骚乱方面还是起到了不可或缺的作用。在掠夺成性的贵族随时可能烧杀掳掠的阴影下，民主是不可能兴起并得以发扬光大的。

同样，在现代早期，现代民主的一个决定性的先决条件是，在皇室和贵族阶级之间形成大致的力量均衡，其中皇室权力占主导地位，但是也给贵族阶级留有相当大程度的独立性。一个独立的贵族阶级是民主发展进程中的一个基本元素，这一多元主义概念有着坚实的历史事实方面的基础。而阿克巴统治下的印度和满清王朝统治下的中国则缺少这样一种元素，或者更精确地说，这两个政权未能为事实上已经存在的不同程度的独立人群确立一个可接受的合法地位。这种独立被消灭的方式也是同等重要的。英国给我们提供了正面的证据，其中最经常被引证的事件是玫瑰战争，该战争大大地削弱了土地贵族的权力，使得在英国建立一个相对于法国来讲更加温和的皇室专制主义形式变得相当容易了。因此下述认识是明智的：这样一种实现平衡的结果对于自由主义和多元主义传统来说是极其宝贵的，它大多数情况下依赖暴力形式，偶尔也会依赖革命形式，这些形式通常都是当代自由主义者所反对的。

在这个节点上，人们可能会问，倘若土地贵族不能获得大批充满政治活力的城镇居民的支持，那么他们是否还会试图摆脱皇室的控制，什么时候才会开始试图摆脱皇室的控制，去争取自身的自由？我们可以换一种不那么精确的方式来提出这一问题：如果贵族在资产阶级革命并没有发生的情况下寻求自由，那么事态又会怎样发展呢？我想有一点能够明确，那就是，这么做的后果对于西方式的民主进程将会是极为不利的。在18世纪的俄国，服务帝国的贵族曾经试图废除自己需要对沙皇专制统治承担的义务，而在同时又希望能够维持甚至提高自己的土地所有数量以及对农奴的掌控权力。而整个发展进程对民主造成了严重侵害。德国的历史在某些层面甚至更发人深省。在那里，贵族阶级对抗大选帝侯①的斗争，在大多数情况下都与城镇无关。当时贵族提出的要求中有很多与英国贵族提出的要求相类似，那就是，在政府中，尤其是在政府征税的方式方面要有发言权。但是，最终的结果并不是议会民主。到中世纪晚期，城镇在德国南部和西部兴盛，后来则开始不断衰落，而德国城镇的弱点在之后的德国历史上一直是一个稳定的特征。

无需再深入寻找更多的证据，也无需进一步探讨有关亚洲方面的

① 该词用于指代那些拥有选举罗马人民的国王和神圣罗马帝国皇帝的权力的诸侯，是德国历史上的一种特殊现象。此制度严重削弱了皇权，加深了德意志的政治分裂。——译者

类似资料，我们已经可以直截了当地、强烈地认同马克思的观点，他认为城镇居民这一充满活力的独立阶级是议会民主发展进程中不可或缺的元素。没有中产阶级，就没有民主。如果我们把注意力完全聚焦于农民阶层的话，那么城市的主角是不会出现在舞台上的。虽然乡村地区的角色确实也是其中一个足够重要的部分，值得我们进行仔细的研究。同样，如果人们希望撰写一部兼顾英雄和恶棍的历史，这种做法似乎被时下的学者们所不齿，专制主义的恶棍有时候的确是生活在乡村里的，他们与城镇里的民主英雄们曾经结成过意义重大的同盟。

举例来说，这就是英国所发生的情形。尽管专制主义在法国、德国大部分以及俄国发展得越来越强大，但是在英国的土壤上，它却遭遇到了第一次重大的挫败，在那里建立专制主义的势力要微弱得多。在很大程度上，情况之所以会这样，是因为英国土地贵族很早就开始浸染上了商业的气息。在对随后的政治进程产生影响的诸多因素中，最具决定性影响的是，一个土地贵族阶级究竟是否已经转而采用商品化的农业运作模式，如果是这样，这种商品化发展究竟采取了什么形式。

让我们试图从比较的视角出发，从其主要轮廓来感知一下英国土地贵族的这一转变。欧洲中世纪的制度是这样一种制度，其中封建地主拥有一定比例的土地，也就是领地，农民为地主耕种以获取后者的保护和公正的行政管理，确切地说，后者会更倾向于实施有利于其自身物质利益的措施。农民利用地主土地中的另外一部分来耕种养活自己的粮食，并在那上面建立自己的住所。第三部分土地则是由林地、溪流和牧地组成，通常被称为公地，为地主和农民提供燃料、游戏活动场所和家畜饲养地。地主用各种不同的方式将农民与土地牢牢地捆绑在一起，这样做，部分目的是为了确保地主获得足够的劳动力来源。在英国中世纪的农业经济中，市场确实扮演了一个重要的角色，其重要程度甚至超过人们以往的估计。但是，与晚期不同，在一定程度上，此时地主以及农民一起组成了一个自给自足的社区，能够凭借当地资源和当地技能来满足很大一部分需求。这一制度垄断了欧洲的大部分区域，但是因各地情况不同而呈现出区域性差异。而中国并不存在这一制度。封建的日本则呈现出与这种制度极为相似的特征，在印度的一些地区也可以找到类似的情况。

城镇商业的进步和专制统治者对税收的需求给很多方面都造成了影响，其中一个影响是，领主们对现金的需求越来越大。对此，在欧洲的不同地区出现了三种不同的应对方式。英国土地贵族们转向了商品化的农业经营方式，让农民自由迁移并尽可能靠自己的力量进行转化。法国土地精英群体则通常让农民在事实上拥有土地。在转向商品化运作的区域，他们会迫使农民上交一部分收成，由贵族将之销售到市场上去。在东欧，出现了第三种变种，也就是庄园式的应对方法。东欧的容克贵族为了耕种和出口谷物，强迫过去的自由农民转化成农奴，而在俄国，也产生了一个类似的进程，不过那更多的是出于政治而非经济原因。直到 19 世纪，谷物出口在俄国才成为一个影响其经济和政治的主要特征。

就英国本身而言，土地贵族向商品化农业的转化使他们在很大程度上摆脱了对国王的依赖，他们对斯图亚特王朝推行专制主义的蠢笨做法产生了很大的敌意。同样，与德国东部相比，英国所采纳的商品化农业运作模式最终推动了一个与城镇利益群体相关的大社区的兴起。这两种因素都是英国内战发生的重要原因，也是议会事业最终取得胜利的原因，其影响一直都是很重要的，并被 18 世纪和 19 世纪的新事业继续强化。

如果我们把英国的经历和其他一些与其不太相同的情况放在一起，这些影响看起来就更加明显。宽泛地讲，还有其他两种可能性。如果在土地上层阶级内部，商业推动力相当薄弱，那么在那些出现过这些推动力的地区，其所造成的后果则是留下了一个巨大的农民群体，这一群体从最好的角度来看，也给民主带来了一个巨大的难题；从最坏的角度来看，则是蓄积了一个最终将导致共产主义专制的农民革命的火药库。另外一个可能是，土地贵族将利用各种不同的政治和社会杠杆来把劳动力和土地捆绑在一起，用这种方式使其转向商品化农业运作。这种情况如果与已经达到相当程度的工业化发展结合在一起，就可能产生我们所谓的法西斯主义。

在下一章中，我们将会讨论土地贵族在形成法西斯政府的过程中所扮演的角色。而此刻我们只需要注意到：1）农业商品化的形式和商品化进程本身一样重要；2）合适的农业商品化如果不能在早期发展阶段就站住脚跟，那么也可能会为现代民主制度开辟另外一条可行之路。在法国和美国历史中，这两个特征同样都是很明显的。在法国某些地区，商品化农业运作没有改变农民社会，但是农民却受到了更多的压榨，因此最终成为革命的推动力。在法国绝大部分地区，贵族阶级进行农业商品化的动力与英国相比要薄弱得多。法国大革命削弱了贵族阶级的权力，开启了通往议会民主的道路。在美国，种植园奴隶制是资本主义发展的一个重要方面。在另一方面，它也不利于民主的发展。美国内战克服了这一障碍，但只是部分地克服了而已。整体而言，种植园奴隶制只是适应资本主义高压性的一种最极端的形式。它有三个因素使之妨害民主：土地贵族更倾向于支持一个拥有强有力的高压机器的国家，其会强制推行一个不利于人类自由政治和社会舆论的整体气候。其次，它鼓励乡村占据超越城镇的优势，而这很可能让城镇变成仅仅是一个将货物出口到更远市场的转运港而已。最后，还有精英群体与其劳动力之间的关系所带来的残酷后果，这一后果在劳动力来自不同人种的种植园经济中显得尤为严重。

既然向农业商品化转化是一个重要步骤，那么人们又该如何来解释它最终发生或者不发生的方式呢？一个现代社会学家可能会借用文化术语来寻找答案。对于农业商品化未能得到普遍发展的国家来说，可能会强调贵族传统的抑制性特征，比如荣誉观和对金钱利益和体力劳动所持的负面态度等。在这一研究的初始阶段，我自己也倾向于寻找这样的解释。随着证据的不断累积，出现了不少依据让我开始怀疑这种攻击贵族传统特征的说法，当然，使用这种说法所引发的一般性问题随后还需要进一步探讨。

要让他人对此深信不疑的话，在用文化来解释问题时需要展示出一些差异，比如，在英国土地贵族阶级内部，尚武传统和地位、荣耀观念比在法国弱很多。尽管与法国相比，英国贵族阶级并不是一个那么封闭的集体，也没有关于降格的规范，用这些文化上的差异解释经济行为上的差异，是值得怀疑的。而且，人们该如何理解德国东部那些脱离殖民和征服转而寻求谷物出口的贵族阶级呢？一个更重要的考量是这样一个事实，那就是，在商品化推动力弱于英国的德国土地精英内部，人们经常会发现，有一个数量虽少但是影响力很大的群体，在一些当地情况显得颇为有利的区域成功地进行了商品化运作。在俄国的部分地区也一样发展出了一些以出口为主要目的的商品化农业运作。

这些观察引导我们开始重新强调各国或各地区在采纳商品化农业运作的时机上的差异，例如，最关键的一点是邻近城镇是否存在市场，以及是否有足够发达的交通手段，在铁路普及之前人们主要是通过水路进行大宗货物运输的。尽管土壤和气候的差异性确实也是非常重要的，但是我们又一次看到，资产阶级作为这场戏剧的主角却躲藏在幕后。政治上的考量起到了决定性的作用。在有些地区，地主能够充分利用国家的高压机器，既游手好闲又地租照收，这种现象在亚洲极为普遍，在革命前的法国和俄国也于一定程度上存在，很显然在这些地方并不存在转向不那么具有高压性的现代化的动机。

尽管农民中的农业商品化问题与民主之间相关性不那么大，在这里我们还是有必要对此补充几句。总体而言，通过把农民转化成其他类型的社会阶层从而彻底消除农民问题，对民主来说似乎是一个最好的预兆。但是，在斯堪的纳维亚和瑞士这些小型民主国中，农民通过实行一些特殊形式的农业商品化(主要是为城镇市场生产奶制品)，成为民主制度的一部分。至于在农民似乎总是顽固地抵制这些变化的国家里，比如在印度，要想根据客观存在的情况给出一个合理的解释似乎并没有那么困难。那里通常缺乏一种真正的市场机会。对于生活在生存边缘的农民来说，现代化进程显然有着太大的风险，尤其是在现存的社会制度之下，利润可能流入他人之手。因此，在这种情形下，唯一合乎情理的调整方式就是接受地狱般的低生活水准，并时刻保持极低的期望。最后，在环境有所不同时，人们发现情况在短时期内发生的戏剧性变化。

至今为止，我们的讨论集中在两个主要的变量上：土地贵族与君主之间的关系以及前者对为市场而生产这一要求所作出的响应。第三个主要变量，其实已经在我们的讨论中悄悄地呈现过了，即土地贵族与城镇居民之间的关系，后者我们可以笼统地称为资产阶级的上层阶层。这两个群体内部和相互之间的联盟以及反联盟已经构成了政治行动的基本框架和氛围，这一切在世界上的有些国家至今仍然处于构成过程之中，而这一过程本身产生了一系列机会、诱惑以及许多禁区，各国政治领导人则时刻需要因应这样的框架和氛围。因此，从更广泛的角度来看，我们所面临的问题变成了试图清楚地识别土地贵族与城镇居民之间的关系所处的情境，后者对现代自由社会之发展作出过贡献。

最好还是让我们从回顾城镇和乡村之间以及这两个人群内部的某些自然裂缝开始谈起。首先，众所周知，城市廉价获得食物、高价出售所制造的产品的需求与乡村高价出售食物、低价获得手工业者作坊和工厂制造出来的商品的需求之间难免存在利益冲突。随着市场经济的扩展，这样的冲突可能会变得日益严重。阶级之间的差异，例如乡村里地主和农民之间、师傅和学徒工之间、城市里工厂主和产业工人之间的差异贯穿着乡村与城市之间的裂缝。城镇和乡村上层阶级的利益产生了共通之处，共同对付农民和工人，但是其结果很可能对民主非常不利。当然，这一切在很大程度上取决于使这些上层阶级之间联合起来的历史环境。

土地贵族和城镇上层阶层的主要群体之间的利益总是会交织到一起，在这方面一个很重要的案例发生在英国都铎和斯图亚特王朝统治时期。在那里，这种利益交织发生在现代化进程中的较早阶段，并导致两大群体起而反抗皇室统治。这些方面对于解释民主的结果来说是至关重要的。在法国，制造商们主要是为国王和宫廷贵族制造武器和奢侈品，而与同时代法国形成对照的是，在英国，资产阶级活力充沛、精神独立，对出口贸易兴趣盎然。

至于说土地贵族和绅士阶层，当时确实存在着一系列对他们有利的因素。16 世纪以及之前，羊毛贸易已经对乡村产生了影响，引发了为饲养绵羊而产生的圈地运动。英国饲养绵羊的上层阶级，尽管数量不多但是具有很大的影响力，他们需要城镇来出口羊毛，这种情形与德国东部非常不同，在德国，谷物种植主要控制在容克贵族手里，直接跳过了不断衰落的城镇。

内战爆发前的英国，土地贵族和城市上层阶级相互融合，其融合方式特别有利于自由事业，这种融合在几个主要的国家内部都存在，这可以说是一个独特现象。也许，这种融合只是一个更大的形势的一部分，这种形势在人类历史上只能发生一次：从 17 世纪开始一直到 19 世纪大部分时间，英国的资产阶级对人类自由有着极大极重要的影响，因为它是有史以来第一个资产阶级，当时其国内国外的对手都还羽翼未丰。尽管如此，基于英国的经验，以一个暂定的假设提出一些推论可能还是有用的，该假设所针对的是在什么条件下，城镇和乡村上层阶级中重要部分之间的合作最终能够有利于议会民主的发展。正如我们早就指出的那样，一个重要条件是双方共同反对皇家官僚统治。第二个条件是，商业和工业领导者必须行动起来，成为社会的主导力量。在这些条件下，土地贵族才能够养成资产阶级的经济习惯。这种情况的发生并不仅仅靠单纯的复制，而更多是作为他们对一般情况和他们自己生活条件的响应。这些条件似乎只有在经济发展的早期阶段才可能发生。在20世纪，要想在任何地方复制这一切，似乎都是不太可能的。

在本质上已经属于资产阶级社会（英国在19世纪就是这样的社会）的情形下，沾染上一点资产阶级色调，就能使土地贵族在后来阶段更容易拥有政治统治地位。我们可以在此指出三个更进一步的重要因素。一个是，工商业阶级和旧土地阶级之间存在着相当大程度的对立情绪。第二个是，旧土地阶级维持着相当稳固的经济根基。这两个因素会阻止反对改革的上层阶级之间形成牢固的统一战线，激发了他们对民众支持的争夺。第三点也是最后一点，我认为土地精英必须把自身的贵族观念传播给工商业阶级。

这种传播所包含的内容比内部联姻更多，在后者当中，一个旧有阶层可能通过与新的财阀势力结盟来延续自身的存在。这一传播过程中牵涉了不少态度上的微妙变化，目前人们对这些变化的理解仍然差强人意。我们只知道这一传播所带来的后果：像在德国发生的一样，资产阶级的态度变得越来越强硬了，而不是相反。这一渗透发生的机制至今尚不清晰。尽管教育本身几乎很难被视为决定性的因素，但是，教育制度毫无疑问在其中也发挥了重要的作用。对那些关于英国的极为丰富传记文学的探索，可能会带给我们丰厚的收获，但是英国人对坦诚地讨论社会结构总是有一种禁忌，这种禁忌有些时候跟不能公开地讨论性问题这样的禁忌一样强烈。在社会、经济、宗教和政治方面的裂缝并不相互重合的地方，冲突可能不太激烈，民主调和可以发挥作用，不过这种制度的代价，是大量“可容忍的”攻讦詈骂成为永久秩序。当然，能享受“容忍”的，主要是该制度的既得利益者。

快速地扫视一下英国农民阶层的命运，我们可以发现这是民主发展的另一个条件，而且可能是具有决定性意义的。尽管英国作为“解决农民问题的最终方案”的圈地运动，可能并不像早期有些学者让我们认识到的那样残忍或者那样彻底，但是，作为工业化革命一部分的圈地运动，确实消除了英国政治中的农民问题，这是毋庸置疑的。因此，像德国和日本一样，英国不再存在大量可服务于土地贵族反动目的的农民。英国也不存在像俄国和中国农民革命赖以实现的群众基础。美国也摆脱了农民问题这一政治麻烦，只不过出于完全不同的原因。法国没能逃脱这一问题，而 19 世纪和 20 世纪法国民主之所以不稳定，其部分原因也在这里。

圈地运动公认的残酷性让我们不得不直面和平地转变为民主这一可能性的局限，从而提示我们在民主建立之前发生过的所有公开的暴力冲突。是时候开始重新辩证地看待事物，并提醒大家革命暴力在其中所扮演的角色了。这一暴力有很大一部分特征，也许是其中最重要的特征，都起源于西方民主道路上的农业问题。英国内战挫败了皇室专制主义，解放了具有商业意识的大地主，使他们在 18 世纪和 19 世纪早期在摧毁农民社会的进程中发挥了应有的作用。法国大革命粉碎了土地精英群体的权力，这一群体主体上还具有前商业时代的特征，尽管其中有些部分已经开始转向利用高压机制来维持其劳动力的要求。从这个角度来看，正如我们曾经指出的那样，在创造出最终有利于民主的机制方面，法国大革命提供了另外一种可供选择的方式。最后，美国内战同样粉碎了土地精英群体的权力，该群体所掌握的权力是推进民主的障碍，但是，在这一情形中，该群体最终发展成了资本主义的一部分。

不管人们认为这三种暴力抗争是有助于还是有碍于自由的资产阶

级民主的发展，我们仍然有必要意识到，它们都是整个过程中的一个重要组成部分。这一事实本身为资产阶级革命——或者有人倾向于将之指称为自由革命——提供了合理依据。尽管如此，将各种革命归成一类，或者对任何主要的历史现象进行分类，确实都是很困难的。在我们进行更深入的探讨之前，最好还是先讨论一下这个观点。

一些带有很大概括性的考量让我们有必要采用宽泛类别这种特定的标准。很明确或者应该很明确的是，有一些制度，比如封建主义、君主专制主义和资本主义，都有其发生、发展和灭亡的过程。任何一种制度首先会在一个国家兴起，然后再在另外一个国家兴起，就像资本主义在意大利、荷兰、英国、法国和美国先后兴起一样，这一事实与普遍的历史进化概念并不相悖。没有一个国家会经历所有的阶段，而只会基于其自身情况和制度框架，将某一特定的制度发展到一定程度。因此，代表了生产资料私有制的革命在有些阶段取得成功，而在另外一些阶段则无法取得同样的成功。在 14 世纪和 16 世纪革命过于稚嫩，不可能有所作为，而到了 20 世纪后半叶，这种革命尽管不能说微不足道，但是确实已经落伍了。深刻地影响革命前景的除了某个国家特定时间的具体历史条件以外，还有世界范围的条件，比如扩展到世界上其他地方的技术水平以及经济和政治组织的状况。

上述所有考量引导我们得出这样一个结论，那就是，我们有必要按照其对广泛的制度性结果的影响来给革命分类。我们之所以不太愿意套用更大的类别概念，也担心使用这些概念会给人们带来困惑，其根本原因在于这一事实：为革命提供支持的群体，领导革命的群体，以及最终从革命中获益的群体，事实上是截然不同的群体组合。只要我们在所分析的每一个案例中都清楚地意识到这种差别，那么我们就可以合理地将英国内战、法国大革命和美国内战看作是资产阶级-民主革命发展过程中的不同阶段（为了有效地找到它们相互之间的区别，认清其相互之间的相似性，这么做甚至是极有必要的）。

当然，资产阶级革命这一说法也是有一定缺陷的，而且我们也的确有必要指出使用这一说法可能是会给人造成误导。对于有些学者来说，采用资产阶级革命这一概念实际上是在暗示城镇商业和制造业阶级的经济权力会稳步增强，直到发展到一定节点后，与仍然掌握在旧统治阶级(土地贵族)手中的政治权力之间形成冲突。到了这一节点，照道理革命就应该随之爆发，商业和制造业阶级就能够顺时抓住政治权力的缰绳，引进现代议会民主的主要部分。这样一个概念并不是全然错误的。即使是对法国来说，仍然有一些有力的证据表明，对于旧政权所设置的束缚极为不满的资产阶级来说，其部分经济权力确实得到了提升。但是，以此来定义资产阶级革命则过于简单化了，更像是在展示一幅描绘已经发生过的一切的讽刺画。至于说为什么这是一幅讽刺画，我们只需要回顾一下下述几个事实就行了：1）英国乡村资本主义的重要性，这种资本主义使英国土地贵族一直到 19 世纪都牢牢地把持着对政治机器的掌控；2）微弱的法国资产阶级推动力，资产阶级与旧秩序的紧密关系，在大革命时期资产阶级依赖于激进联盟，以及农民经济维持到现代时期；3）美国种植园奴隶制度最终发展成工业资本主义的一个内在的组成部分，其给美国民主带来的阻碍要大于给资本主义带来的阻碍。

正如刚才所指出的那样，我们所遇到的主要困难在于，如果采用资产阶级革命和农民革命，这些表述就会将革命推动者和革命受益者不加分别地混为一谈。同样，对于社会群体积极参与的革命来说，这些表述也使得其法律和政治后果混淆在一起了。20 世纪的农民革命在农民内部获得了广泛支持，而农民却成为共产主义政府所推行的现代化进程的主要牺牲品。尽管如此，对在使用这些术语方面会出现的不一致现象，我将保持坦诚公开。在讨论农民革命时，我们会谈到革命背后主要的民众支持力量，充分意识到其在 20 世纪带来的结果是共产主义。在讨论资产阶级革命时，使用这一术语的依据则是基于一系列法律和政治后果。要保持术语的一致性就需要发明新的术语，而我担心这将增加更多的混乱。归根到底，我们主要需要解决的问题是弄清楚究竟发生了什么以及发生这些情况的原因，而不是如何恰当地使用标签。

现在，与上述这些事情一样，我们能够基本确定的是，清教徒革命、法国大革命和美国内战在政治变革的长期过程中都是暴力程度颇大的斗争，而正是这一政治变革带来了我们所认识的现代西方民主。这一进程有一些经济上的根源，当然它们并不是唯一的原因。通过这一过程所形成的自由，展现了经济原因相互之间所存在着的清晰关联。这些不同类型的自由与现代资本主义的兴起结合在一起，揭示了一个特定历史时代的特征。社会的自由和资产阶级秩序中的关键因素包括投票权，在并非行政机构橡皮图章的立法机构中所拥有的代表权，一个至少在理论上不会因为出身或者世袭的社会地位而给予其特权的客观的法律制度，财产权以及消除使用从过去继承下来的财产所存在的障碍方面的安全，宗教宽容，言论自由以及和平集会的权利。尽管实践远比不上宣称那么美妙，但是这些因素是现代自由社会的标志，已经得到了广泛的认可。

对农业方面的控制，已经成为这样一个社会历史过程产生的决定性特征。这种控制与人们更为熟悉的对工人阶级的管束同样重要，而且两者紧密相关。事实上，英国的经验诱使人们认为，让农业不再成为一个主要的社会活动，是民主取得成功的一个先决条件。土地贵族的政治统治必须被打破，或者被转变。农民必须转变为为了市场而不是为了自己和地主的消费而进行生产的农场主。在这个过程中，土地贵族要么像在英国那样，成为资本主义和民主浪潮中的一个重要组成部分，要么就会在革命或者内战的风暴中被席卷而去，如果他们起而反抗这一浪潮的话。一句话，土地贵族要么帮助推动资产阶级革命，要么就被资产阶级革命所摧毁。

在结束这一讨论之时，还有一点对我们会有所助益，那就是，为明确对于民主发展来说的最重要条件，以及作为一个粗略验证，我们需要将这些条件放在印度的案例中来探讨。如果能够证实某些条件的存在与印度议会民主中相对成功的方面或者这些方面的历史起源之间存在关联，而且，在另一方面，如果某些条件的欠缺与印度民主所遇到的困难和障碍之间存在关联的话，那么我们给出这些结论时就可能更有信心。

我们的分析中所遇到的民主发展的第一个条件是一种均衡态势的发展，既要避免国王过于强势，又要避免土地贵族过于独立。在莫卧儿王朝鼎盛时期，国王的权力相对土地贵族具有压倒性的优势。贵族们缺乏任何有效的财产权保障，借用莫兰提出的广为人知的说法，他们要么是统治力量的仆从，要么是其敌人。莫卧儿制度的衰落解放了上层阶级，将整个平衡力量推向了相反的方向，即一个相互争斗的地方小君主政体。尽管如此，接下来在 18 世纪，英国人试图在印度的土壤上培植出一个有活力的与英国本土相似的进步绅士阶层，但是这一努力彻彻底底地失败了。印度社会同样未能满足民主发展第二个先决条件：土地贵族或者是农民阶层向适当形式的农业商品化转变。相反，英国推行的法律和秩序所提供的保护伞推动了人口的膨胀，助长了寄生式的地主阶层跟高利贷者一起剥削农民的农业剩余部分。这些情况反过来极大地抑制了资本的积累和工业的发展。印度民族独立的部分原因是受到了农民的推动，他们希望回到被理想化了的过去的乡村生活中去，这更进一步地束缚了，甚至极其有害地延误了真正的乡村现代化进程。对于有牢固根基的民主的建立和运作来说，上述情况是主要的障碍，这一点在此无需赘言。

在另一方面，英国人的退出极大地削弱了土地精英群体的政治统治地位。有很多人认为，印度独立之后的改革才最终摧毁了这一力量。从有限的程度上来看，印度民主制度的发展确实是仿效了西方的模式。更重要的是，英国的占领和统治，由于过多地依赖这一土地精英群体，大力支持英国的商业利益群体，而最终将城市商业和贸易阶级中有影响力的群体推向了对立面，阻止了强有力的土地精英群体和力量薄弱的资产阶级群体之间产生灾难性的联盟，而这种联盟，正如我们在下一章将要详细阐述的那样，一直是欧洲和亚洲的右翼专制主义政权和运动的社会起源。因此，印度符合了两个条件：土地贵族力量削弱了，以及对抗农民和工人的贵族资产阶级之间未能形成联盟。

事实上，印度尽管没有经历过革命的暴力阶段，但它仍不失为一个重要的案例，它至少产生了民主的形式结构及其实质的重要部分，例如合法的反对派以及抗议和批评渠道的存在(反英暴动主要是一个向后看的保守事件)。但是，印度缺少了第五个条件，即缺少一次与过去彻底决裂的革命，以及至今为止仍未出现朝着这个方向发展的任何强大的运动，这些都是造成印度长久落后的主要原因，也是自由民主在那里面临超乎寻常的困难的主要原因。有些研究印度事务的学者对此深表惊讶：受过西方教育的一小批精英分子在他们能够轻易推翻民主理想的时候，却一直对其表现出虔诚的信仰。但是，他们为什么要去推翻民主呢？民主为拒绝改革那个维持其特权的社会结构的行为提供过合理的依据。公正地说，人们还必须加上这一条：这一任务所面临的困难如此巨大，以至于除了最教条的激进分子之外，任何人在想到要承担这一责任的时候都不免胆战心惊。

尽管我们还想对上述这一观点进行进一步的探讨，但事实上，印度政治在这里之所以相关只是因为我们可以用它来对民主理论进行检验。关于印度民主发展所获得的成就和本身的缺陷，以及至今为止其仍然面临的障碍和不确定性，我们在这里利用从其他国家的经历中衍生出来的五个条件，都给它们找到了合理的解释。不管怎么说，这还称不上是证明。但是，我想，我们还是可以确信，这五个条件不仅可以用来阐明印度历史的重要方面，而且其自身也从印度历史中得到了有力的支持。

第八章

自上而下的革命和法西斯主义

我们把通向现代工业世界的第二条主要道路称为资本主义的反动道路，德国和日本最清晰地体现出其主要特征。在这两个国家里，资本主义在工业和农业两个领域都占据了极为有利的地位，从而推动了这两个国家最终转变成为工业化国家。但是，在实现这一目标的过程中并没有发生过由民众推动的革命暴动。这两个国家向民众暴动方向发展的倾向都比较微弱，其中日本远比德国更为薄弱，而且，在这两个国家中，即使是这些已然是非常微弱的倾向最终也被转移了，被彻底摧毁了。这两个国家的农业状况以及发生在其农村中的特定类型的资本主义转型过程，成为革命暴动不成气候的重要原因，也部分地使得这两个国家推动西方民主形式发展的动力比较脆弱。

不可否认的是，在德国和日本的乡村还是存在着一些有助于资本主义转型的特定形式的，单从是否能够产生高额利润这方面而言，这些特定形式是有可能在经济上获得成功的，但是由于一些众所周知的原因，这些形式都不利于19世纪西方形式的自由制度的发展。尽管这些形式相互之间互有交错，但是我们仍然不难从中分辨出两种主要类型。以日本为例，土地贵族通过向乡村社会引进足够的变革，鼓励农民生产出足够剩余，供上层阶级分配并出售给市场牟利，从而确保现存农民社会维持现状，不受冲击。或者，土地贵族也可以沿着种植园奴隶制度的路线设计出全新的社会制度。在现代时期，我们能够找到的一个符合标准定义的赤裸裸的奴隶，多半是由那些侵入热带地区的殖民入侵者制造出来的。但是，在欧洲东部地区，本地贵族确实曾经做到了重新引进农奴制，把农民与田地重新捆绑在一起，其结果与热带殖民地的奴隶很相似，这是处于前两种类型中间的一种形式。

一种能够在确保农民社会完整性的同时又保证地主从中榨取更多利益的制度，以及使用奴隶式劳动力或者半奴隶式劳动力来进行大面积土地耕种的做法，这两者都需要仰仗强有力的政治措施来榨取剩余产品，严格管束劳动力，在整体上使该制度得以有效运作。当然，从相对狭隘的意义上讲，在这些措施中，并非每一种措施都可以归结为政治手段。尤其是在农民社会仍然保持完整的地区，也曾有过各种尝试，试图利用传统的人际关系和态度作为地主稳固其地位的基础。由于这些政治措施确实会深重地影响到整个社会，因此给它们赋予一个名称会有助于我们探讨问题。在对劳动密集型农业和资本密集型农业类型加以区分时，经济学家们根据的是该制度所赖以利用的是大量人力还是大量资本。对我们同样有所裨益的是探讨一下强制劳动制度，这种制度中奴隶制是一种最极端的形式。提出这样一个概念的难处在于，人们完全可以合情合理地追问，世界上究竟还有哪种形式不算是强制劳动呢？我在这里试图提出我的区分方法，那就是，在为了确保有充足的劳动力在土地上耕作，创造出农业剩余供其他阶级消费方面究竟仰仗什么，是完全依赖政治（这里使用的“政治”是我们刚刚表明的广义的概念）机制的作用还是完全依赖劳动力市场。不管是哪一种情况，遭受深重苦难的都是底层人民。

要确保这种强制劳动式的农业制度真正有效，一个比较好的办法是确保足够数量的人能够按照这种方式工作。在这里值得注意的是，我们还需要明确地指出哪些情况并不属于这一概念，例如，19 世纪中叶美国式的家庭农场就不包含在内。在那种情况下，可能会有对家族成员劳动的剥削，但是这种剥削显然主要还是来自家族首领自己，极少依赖外在的帮助。同样，一种雇佣式农业劳动制度也不能被归入这个类别，在这种制度中，劳动力还是有着相当多的真正自由的，他们可以拒绝接受这些工作，能够自由决定自己的去留，尽管在实际中这种情况很少会出现。最后，如果当领主在确保人们受到公正待遇和生活安全方面所作的贡献与耕种者在提供农作物方面所作的贡献相比大致平衡的话，那么前商业化和前工业化时代的农业制度也并不一定就属于强制劳动制度。当然，这种平衡是否能够在任何客观的意义上固定下来，是一个有待讨论的观点，最好留到下一章在涉及与农民革命的原因相关的议题时再作讨论。在这里，我们只需指出，在现代化的进程中建立一种强制劳动的农业制度给农民带来的痛苦并不一定会比其他形式更大。日本农民比英国农民的日子相对就要好过一些。我们在这里面临的问题其实是一个完全不同的问题，那就是，强制劳动的农业制度究竟是如何以及为什么提供了不利于民主发展的土壤，并且成为一个制度集合体的重要组成部分，而这一制度集合体最终导致了法西斯主义。

在对议会民主的乡村起源进行讨论时，我们注意到，因为脱离了君主制而获得的有限的自由成为有利于议会民主发展的条件之一，尽管并不是所有地方都形成了这一条件。一个强制劳动的农业制度可能是以反抗中央集权统治为出发点的，但是发展到后期则可能为了寻求政治保护而与君主制融合。这种情形也会导致贵族内部尚武精神的存续，而这种状态对于民主制度的发展是不利的。普鲁士国家的演变就极为清晰地表明了这一点。既然这些情况我们已经在本书的一些节点上提及了，在此只适合概述一下。

在德国东北部，15 世纪和 16 世纪建立起来的反动的庄园制度（关于这一点，我们最好另找场合进行更为详细的论述）中断了把农民阶层从封建束缚中解放出来的发展进程，也终止了与前者紧密相关的城镇生活的发展进程，而城镇生活在英国和法国那样的西方民主进程中则达到了顶峰。谷物出口的兴起尽管不是唯一的原因，但却是一个根本原因。普鲁士贵族以农民为代价大肆扩展自己的占有物，把原先在条顿骑士团统治下几乎接近自由的农民重新变成农奴。而这一过程中，贵族们又在出口谷物时绕过城镇而使城镇逐渐丧失了其独立性。后来，霍亨索伦[①]统治者通过努力摧毁了贵族阶级的独立性，粉碎了庄园等级，让贵族和城镇市民不断内讧，从而制约了真正有利于议会政府发展的贵族力量。到了 17 世纪和 18 世纪，最终的发展结果形成了"北方的斯巴达"，即王室官僚和土地贵族之间的军事化结合。[②]

而在土地贵族方面，则形成了身为统治阶级与生俱来的优越感观念以及对自身地位问题的敏感认知，这些显著的特征一直延续到了 20 世纪。这些观念受到来自新生力量的推动，在后期逐渐地平民化、庸俗化了，发展出了一套种族优越感的主张，吸引了德国全体民众。王室官僚无视贵族的激烈反对，引进了一套让大家彻底毫无反抗地归顺一个超越了阶级和个人的国家机构的理念——而在 19 世纪以前的德国，谈论民族是犯了时代错误的。普鲁士人的素养、顺服和对战士坚强品格的崇拜，都需要归功于霍亨索伦试图打造一个中央集权君主制的努力。

所有这一切当然并不意味着从 16 世纪开始就有一种不可阻挡的命运在驱使着德国走向法西斯主义，也不意味着这一过程是不可逆转的。随着工业化进程在 19 世纪开始蓄势发展，还有一些非常重要的因素，需要参与其中并产生影响。关于这些因素，我们有必要稍后再加以讨论。在最终导致法西斯主义的常规模式中也存在一些重要的变种和替代者，如果你希望能够表达得更为精确、更有技术性的话，那么你完全可以说，在通过自上而下的革命而实现的保守现代化进程中的主要选择下面还有一些次要选择。在日本，就分列于政治制度等式两

---

① 德意志的主要统治家族，曾是勃兰登堡、普鲁士及德意志帝国的统治家族。——译者

② Rosenberg, *Bureaucracy*; Carsten, *Origins of Prussia*.

边的两个制度而言，对政府完全效忠的概念显然是来自封建制而不是君主制。①同样，在最早发明法西斯主义的意大利，并不存在一个强大的国家君主制。墨索里尼不得不一路回溯到古代罗马帝国那里去寻求对应的象征理念。

在现代化进程的稍后阶段，出现了一个全新的也是关键的因素，其表现形式是在土地贵族中有影响力群体与正在兴起的工商业利益群体之间形成的一个初步联盟。这基本上就是整个19世纪的政治格局，当然这一格局还一直持续到了20世纪。在讨论到最终失败了的1848年德国革命时，尽管马克思和恩格斯对于该革命主要特征方面的断言是错误的，但是他们确实正确地点明了造成失败的一个决定性因素，那就是，商业和工业阶级过于微弱，过于依赖他人，以至于靠自己的力量无法掌权，无法进行统治，只能被迫投靠土地贵族和皇家官僚，用统治权来交换发财权。②在这里有必要再加上一条，尽管商业和工业力量比较薄弱，但是它们的力量当时也已经足够强大了(或者说后来变得足够强大了)，能够成为一个不可轻视的政治联盟。否则的话，导致共产主义的农民革命就有可能横空出世。在俄国和中国，在建立这样一种联盟的努力未能获得成功之后，所发生的就是这种情况。看起来在联盟形成之后，还加入了另外一个元素：采用强制劳动的农业制度迟早会因为来自其他国家在技术上更加先进的竞争而面临极大的挑战。美国内战结束后，大量出口的小麦为美国带来了巨大的竞争力，使得欧洲许多地区面临困难。在反动联盟的背景下，这样的竞争加剧了土地精英阶层中的专制主义和反动倾向，这一阶层发现自己的经济基础正在不断下沉，因此转而寻求政治杠杆来维持其统治。

而在能够成功建立起上述联盟的地方，随之而来的是长时期的保

① Sansom, *History of Japan*, I, 368.

② 参见 Marx, *Selected Works*, II, "Germany: Revolution and Counter-Revolution"，该书主要是由恩格斯撰写的。

守甚至是专制政府，当然这种政府的专制性显然远远不及法西斯主义。这些制度的历史边界通常有些模糊。根据更粗略的估算，人们可以判定的是，下列时期的政府都采用这种制度：在德国，从施泰因-哈登贝格改革[①]开始一直到第一次世界大战结束时期，在日本，从德川幕府垮台开始一直到1918年。这些专制政府也体现出一些民主特征：引人注目的是他们都拥有一个权力有限的议会。在两国的历史进程中，曾经也夹杂了一些推广民主的努力，这些民主努力也曾成功地建立起了不够稳定的民主政权（德国的魏玛共和国、20年代的日本和焦利蒂[②]执政的意大利）。但是，由于这些民主制度无法解决当时面临的各种严峻问题，它们最终不愿意或者也没有能力给社会带来根本的结构性变革，因此导致通往法西斯政体的大门被逐渐地打开了。[③]在对这些政府进行社会解剖时，我们可以发现其中存在一个因素，也是唯一一个因素，那就是，土地精英群体在其中始终保有相当大份额的政治权力，归根到底，这一过程缺少了由农民与城市阶层相结合而推动的革命突破。

在这一基础上兴起的一些半议会制政府自上而下推行或多或少算得上是和平形式的经济和政治革命，这种革命使得它们在通向现代工业化国家的进程中需要走上很长一段路。在这个方向上，德国走得最远，日本与德国相比走得没有那么远，意大利走得更近，西班牙则只走了一小步。现在，在这种通过自上而下的革命所推行的现代化进程中，这样一种政府必须完成许多与其他国家在自下而上的革命协助下所完成的相似的任务。正如德国和日本的历史进程所显示的那样，谁

---

① 指19世纪初由普鲁士首相施泰因和哈登贝格进行的自上而下的改革。——译者

② Giovanni Giolitti，1842－1928，意大利政治家，5次担任首相。——译者

③ 波兰、匈牙利、罗马尼亚、西班牙甚至希腊差不多都经历了这一顺序。我不否认在这方面我确实缺乏足够的认识，但仍想斗胆地提出这样一个观点，那就是，拉丁美洲大部分地区仍处于半议会式专制政府的时代。

要是认为对于扫清工业化的“封建”障碍而言，暴力形式的大众革命在某种程度上是必须的话，那绝对是无稽之谈。然而另一方面，自上而下地摧毁旧秩序所带来的政治后果有着显著的差异。在这些半议会政府试图推进保守现代化发展的进程中，它们试图尽最大可能地维持原初的社会结构，在条件允许的情况下尽可能地让大部分群体融入新的社会结构中去。这样的结果就好像是给当代的维多利亚式房屋装配上现代化的电器化厨房，没有足够的盥洗室，新粉刷好的墙壁背后整齐地隐藏着漏水的水管。这种权宜之计最终仍将以崩溃告终。

这些政府所推行的所有措施中极为重要的一条是政治秩序的整顿。这意味着打破长期以来建立起来的区域划分形式，就像日本封建藩或者是德国和意大利的独立州和公国。除了日本之外，其他国家打破区域划分的工作都推行得不够彻底。但是，随着时间的推移，一个中央集权的政府确实建立起了强有力的统治，而且形成了一个统一的行政管理制度，出现了或多或少算是统一的法规以及法院制度。同样，这些国家在不同程度上成功地建立起了一个足够强大的军事机器，能够在国际政治舞台上充分表达其统治者的愿望。在经济上，一个强大的中央集权制政府的建立和内部贸易障碍的消除，意味着有效经济单位的规模得以不断扩大。倘若没有这种规模上的扩大，除非所有国家相互之间都愿意心平气和地进行贸易，否则的话不可能形成工业化社会必须具备的劳动分工体系。作为第一个进入工业化的国家，英国已经能够利用自己可以接触到的世界大部分疆域来为自己提供资源和市场，这种情况到 19 世纪开始逐渐衰落，因为其他国家开始迎头追赶，纷纷寻求利用国家力量来确保自己在世界范围内的市场份额和资源供应。

政治秩序整顿的另一个方面还涉及在一个新型的社会中如何改造公民。对于大众来说，能够识字和拥有初步的技术技能是必需的。推行全民教育制度很可能会与宗教权威发生冲突。如果这些宗教信仰已经突破了国家边界或者由于相互之间发生了极为激烈的竞争以至于开始摧毁内部和平的话，那么就需要用对一个新的抽象之物，即国家的忠诚来取代对宗教的忠诚。在这一点上，日本面临的问题比德国、意大利或者是西班牙所面临的要少得多。但是，即使是在日本，正如神道教在一定程度上依赖人为的力量得以复活所体现的那样，这么做也遇到了不少困难。为了克服这些困难，一个外国敌对势力的存在就变得非常有利了。这样，与土地贵族的尚武传统相互契合的爱国情绪和保守观念就可以克服这一重要群体内部的地方化倾向，进而把底层阶级的迫切要求挤压到一边去，这种要求无非是希望在新秩序所带来的利益中分得一杯羹，尽管这一点并无保证。①在执行政治秩序整顿和扩展这一任务时，这些19世纪的政府所做的一切正是其他国家皇室专制政权已经完成了的工作。

在保守的现代化进程中，一个令人惊奇的事实是一群风采各异的政治领袖的涌现：意大利的加富尔②；德国的施泰因、哈登贝格和其中最为著名的俾斯麦；以及日本的明治时代的政治家。尽管产生这一现象的原因我们并不十分清楚，但是，在相似的情形下出现了一个相似的领导群体，这似乎不可能是纯粹的巧合。这些人在他们所处的时代和国家的政治谱系中都属于保守派，对君主制忠心耿耿，有决心也有能力利用君主制作为推行改革、实现现代化和促进民族统一的工具。尽管他们都是贵族，但是他们对旧秩序来说都是一些持不同政见者，或者是某种程度上的局外人。通过了解他们的贵族背景对其政治指挥习惯和政治天赋的影响程度，人们可以辨别出农业旧政权对于建

① 保守的加富尔在对付相对激进的加里波第(Giuseppe Garibaldi，1807－1882，意大利民族统一领袖。——译者)时碰到了这样的困难，其中一个原因可能是意大利土地贵族中的尚武传统是相对薄弱的。

② Camillo Benso Cavour，1810－1861，撒丁王国首相、意大利王国第一任首相、意大利统一时期自由贵族和资产阶级君主立宪派领袖，开国三杰之一。——译者

造一个现代社会的影响力。但是，这里也存在着强有力的反向拉力。通过了解这些人在贵族内部被冠以异己分子的程度，人们可以发现，这一阶层并不具备一种只凭借其自身思想和政治资源就能迎接现代社会所带来的挑战的能力。

在这些保守政府中，最成功的政府确实获得了极大的成就，不仅摧毁了旧秩序而且建立起了一个新秩序。这些国家通过多种重要方式极大地推动了工业化建设。国家成为原始资本积累的发动机，整合各种资源，并且把这些资源引向建造工业化工厂。在驯服劳动力方面，国家同样扮演了一个重要的角色，并不仅仅只是作为一种高压统治工具而存在。军事武器是工业发展的重要驱动力。保护主义关税政策同样也是如此。所有这些措施在某些节点上都涉及从农业领域获取资源或者人力。因此，它们有时会对由商业和农业领域上层阶层中的重要部分所结成的联盟施加很大的压力，而这种联盟是当时这种政治制度的主要特征之一。如果没有来自外国危险势力的威胁，那么这些拥有土地的利益群体就会起来阻碍工业化的建设，甚至进而危及整个进程。外国势力的威胁有时候是真实存在的，有时候很可能是想象出来的，有时候，像俾斯麦的例子所显示的那样，纯粹是为了本国目的而蓄意捏造出来的。但是，我们不能纯粹依靠外敌威胁这一单一因素来解释这种行为。①物质和其他形式的奖赏——用黑帮和博弈论的术语来说就是“分红”——对于合作双方来说都是很大的，只要这些奖赏能够成功地保证农业和工业劳动力都谨守各自的本分。在像德国这样一些经济取得显著进步的国家，其发明的 Sozialpolitik（社会政策）就能让产业工人得到显著的收益。而只有在经济一直比较落后的那些国家，例如从某种程度上讲，意大利，以及更大程度上讲，西班牙，其

① 关于 19 世纪末德国情况的精彩分析，参见 Kehr, *Schlachtflottenbau*。Weber, “Entwickelungstendenzen in der Lage der Ostelbischen Landarbeiter”, in *Gesammelte Aufsätze*, esp 471 - 476 非常清晰地点明了容克贵族的立场。

本地民众中才出现了互相侵食的倾向。

保守的现代化要取得成功，看来必须具备某些条件。首先，需要一个非常能干的领导层来拉动其思想认识还不那么到位的反动力量，这些力量主要集中在土地贵族中，当然也并不完全局限于该群体。日本在一开始为了控制住这些力量，不得不镇压了萨摩暴动这一真正意义上的起义。反动派总是能够讲出貌似有理的道理，认为推行现代化的领导人所进行的变革及让步只会激发底层阶级的贪婪欲望，进而必将导致革命。①同样，为了使自己免受社会中极端反动力量的影响，也免受社会中大众或者激进压力的影响，这些领导人必须随时拥有或者能够打造出一个足够强大的官僚统治机器，包括各种镇压机构，军队和警察力量（可以与德语中的说法 Gegen Demokraten helfen nur Soldaten 相比）。政府必须从社会中分离出来，与被简单化了的马克思主义理论所允许我们相信的相比，这种事情其实更容易发生。

从短期来看，一个强有力的保守政府有其独特的优势。这种政府在激励经济发展的同时也能做到控制经济发展。这种政府能确保底层阶级不会给自身造成太大的麻烦，后者不管在任何形式的现代化进程中都需要付出代价。但是，德国甚至包括日本在内，都在试图解决一个本质上无解的问题，即，在不改变其社会结构的前提下实现现代化。摆脱这种两难困境的唯一出路只能是推行军国主义，把上层阶级团结在一起。军国主义会更加激化国际冲突的氛围，而国际冲突的激化反过来又使得工业发展变得势在必行，尽管在俾斯麦统治下的德国，由于当时军国主义尚未发展成为一个大众现象，因此还能够在一段时间内控制住形势的发展，使之不至于恶化。至于推行彻底的结构

① 这样一些论断在英国也是非常显著的，这是对法国大革命的反应的一部分。有很多内容被收集在 Turberville，*House of Lords* 中。但是，托利党改革可以在 19 世纪的英国有所成效，其原因至少有部分是因为它不过是一种虚假的战争而已：资产阶级取胜了，而只有那些特别迟钝的人才会意识不到这一点。

性改革，比如不依靠压迫手段而让在田地里劳作的农民开始推行有回报的农业商品化，并在工业领域也采用同样做法，一句话，为了提升人类福祉而合理地利用现代技术，这一切其实已经超越了这些政府的政治愿景了。①这些制度一开始总是先尝试着推动民众接受法西斯主义这一反动形式，最终却在进行对外扩张的努力中土崩瓦解。

在对最后这一阶段进行讨论之前，再看一下在其他国家未能成功进行下去的反动趋势对我们应该是有所启发的。正如上文提及的那样，在某些节点上，在我所分析过的所有案例中，我们都能够找得到这一反动综合征的影子。了解反动趋势在这些国家遭遇失败的原因可以帮助我们进一步认识其在其他国家取得成功背后的根源。在差异如此之大的国家中，比如英国、俄国和印度，简略地考察一下这些趋势可以帮助我们总结出一些极为重要的隐藏在各种不同的历史经历之下的本质相似性。

从法国大革命晚期开始一直延续到1822年，英国社会经历了一个反动阶段，这个阶段让我们回想起刚刚讨论过的两种情况和当代美国民主所面临的问题。在这些年份的绝大部分时间，英国不断地对抗一个革命政体及其后继者，有时候似乎纯粹是为了确保国家的生存而已。正如在我们自己的时代那样，人们不加辨别地把国内改革的倡导者和外国敌对势力都视为恶魔的化身。更进一步，就像在我们自己的时代，暴力、高压统治和法国革命运动带来的背叛大大地伤害并阻止了英国的革命支持者的步伐，而反动势力在急于扑灭已经通过各个渠道向外喷射的革命火焰时，反而更加容易、更为合理。20世纪20年代

① 在这一点上，德国和日本显然并不是独一无二的。从第二次世界大战开始，西方民主已经开始呈现出越来越多的相同特性，它们的理由也是类似的，但却不再与农业相关。马克思这样评价说，资产阶级在其倒退阶段重新制造出他们原先反对的罪恶和无理性。社会主义在确立自身地位的过程中也一样，因此使得20世纪的民主飘扬起沾满污泥和鲜血的自由旗帜，并且不再像以前那样充满了直截了当的讽刺性伪善。

伟大的法国历史学家埃利·阿累维(Elie Halévy)显然不是一个喜欢进行戏剧性夸张的学者，他曾经断言："在整个英国，贵族和中产阶级已经建立起了一个恐怖统治，这种恐怖尽管没有弄出多大动静，但是却比(激进派)喧闹的示威更令人胆战心惊。"①在阿累维写下这段话后的40多年中发生的许多事件已经让我们的感知钝化了，并且把我们的标准大大地降低了。现在，没有谁会把这一阶段称为恐怖统治。高压统治所造成的直接牺牲者数量很小。在1819年的彼得卢惨案中——这个说法只不过是可笑地参照了威灵顿公爵的更著名的滑铁卢大捷——只有11个人被杀害。尽管如此，要求议会进行改革的集会运动并没有得到法律许可，媒体被迫保持缄默，带有激进主义意味的社团被禁止，法庭开始一连串的通敌审判，间谍和密探渗透进普通百姓当中，与拿破仑进行的战争结束后连人身保护令也被迫取消了。高压和苦痛是真实的、广泛的，只是因为遭到一些坚定、善辩的反抗者的反对而部分地得以缓和，这些反抗者中包括了在议会中勇敢地挺身而出进行抗议的法克斯之类的贵族以及拒绝以叛国罪或者其他罪行判人有罪的前仆后继的法官或者陪审团。②

那么，为什么这一反动浪潮在英国只是一个转瞬即逝的阶段呢？为什么英国并没有在这条道路上继续前行，成为另一个德国呢？盎格鲁-撒克逊人的自由意识、大宪章、议会和诸如此类的说法，显然并不能作为真正的答案。在议会里对高压统治投赞成票的人当时是占绝对多数的。

---

① Halévy, *History of the English People*, II, 19.

② 关于这个阶段英国底层阶级的生活究竟是什么样子的出色而又详尽的描述，可以从Thompson, *Making of Working Class* 中发现。关于政府所采取的主要措施及其带来的一些后果可以在Cole and Postgate, *British People*, 132－134, 148－149, 157－159, 190－193中追溯到。关于其他一些有价值的细节，参见Halévy, *History of the English People*, II, 23－25。关于贵族对高压统治的反抗，可以在Trevelyan, *History of England*, III, 89－92和Turberville, *House of Lords*, 98－100中发现。

真正答案的一个重要部分可以从下述事实中体现出来：在一个世纪之前，某些具有极端主义倾向的英国人砍下了其君主的头颅，从而彻底粉碎了英国皇室专制主义统治的魔力。从更深层次的因果关系来看，在其以往的整个历史中，英国更多地依赖海军而非陆军，更多地依赖无需付出代价的和平时代的正义而非王室官员，这一切使得中央集权政府所掌控的高压机器比欧洲大陆强大的君主制政府所掌控的要弱。因此，最终形成德国式制度的资源在英国不存在，或者说没有得到更好的开发。不过，至此，我们已经看到，尽管一开始看上去毫无希望，但后来仍然发展出足够大的社会和政治变革，以至于我们会怀疑，如果情况更加有利，英国也会形成同样的制度。所幸的是，对人类的自由而言，这样的情况并没有发生。在英国，很早就出现了迈向工业化发展的推动力，因此对于英国资产阶级来说，就无需过多地依赖国王和土地贵族。最后，土地贵族自身也没有压迫农民的必要。他们所希望的是农民能够自动让步，以便他们能够开始推行商品化的农场耕种方式；整体而言，当时所推行的经济措施已经足以为土地贵族提供他们所需要的劳动力。土地贵族通过这种方式已经能够在经济上获得成功，因而并不需要寻求政治上的高压措施来维持自己的领导地位。因此，在英国，在19世纪余下的时间里，制造业和农业利益群体为赢得民众支持而展开相互竞争，逐渐扩大选举权，同时又心怀猜忌地相互对抗，并相互粉碎对方提出的更加自私的措施（1832年改革法案、1846年废除谷物法和绅士阶层对工厂法规的支持，等等）。

在英国经历过的这一反动阶段中，也显现出一些最终可能会发展成为法西斯主义的迹象，尤其是其中一些反对激进主义思潮的暴动。但是，这些只不过是表面迹象而已。一切都还为时过早。我们可以在稍后时期、在世界上另外一个国家那里，更清晰地看到法西斯主义的迹象，这就是1905年之后俄国所经历的一个短暂的极端主义阶段。这一个阶段即使是以俄国当时的标准来看也是极端的；人们甚至可以理直气壮地提出下述看法：是俄国的反动派发明了法西斯主义。俄国历史上的这一段时期是尤其耐人寻味的，因为它深刻地揭示出法西斯综合征1）之所以能够出现，是为了回应不断发展的工业化所带来的压力，与社会和文化背景无关；2）其部分基础可能在农业生活中已经奠定了；3）其之所以出现，还有部分原因是推动议会民主发展的力量微弱；4）在工业化没有发生或者农业经济占压倒性地位的社会背景下是无法发展起来的。确切地说，所有这些观点都因为中国和日本最近的历史发展而得到了充分的证明，当然在俄国历史的发展中，这些观点得到了更有力的确认，这一现象颇为耐人寻味。

在1905年俄国革命之前不久，俄国社会内部规模较小的商业和工业阶级已经显现出对高压沙皇专制统治的不满情绪，并显现出试探着推行自由立宪的某些迹象。但是，工人大罢工以及在1905年10月17日发布的帝国宣言中提出的满足罢工工人部分要求的承诺，又把工业资本家安全地拉回到了沙皇统治阵营的怀抱。①尽管面临这样一个背景，俄国还是爆发了黑帮运动。②黑帮们从美国吸取了一些经验，向俄文中引进了“私刑”这个单词，要求推行私刑法。他们重新采用突击队式的暴力行径，大肆镇压“叛国行为”和“恶意煽动”。他们在宣言中竭力鼓动说，如果俄国能够粉碎“犹太人”和外国人的势力，那么每一个俄国人就能够重新恢复“真正俄国人”的生活方式，过上幸福美满的生活。这种带有强烈反犹倾向的本土文化保护主义对于城市里和小贵族群体内部落后的、尚未进入资本主义的小资产阶级来说带有相当大的吸引力。但是，对于在20世纪早期经济仍然极为落后、尚处于农业阶段的俄国来说，这种形式的右翼极端主义是无法找到一个坚实的民众基础的。它在农民内部的成功主要是在一些不同国籍民

---

① Gitermann, *Geschichte Russlands*, III, 403, 409 - 410; Berlin, *Russkaya burzhuaziya*, 226 - 227, 236.

② 20世纪早期俄国的极端民族主义运动。——译者

众混居的地区获得，在那些地方，人们把所有的罪恶都归咎于犹太人和外国人，这种情绪基于农民自身的经历，还是有一定合理性的。① 众所周知，就农民在政治上的活跃程度而言，他们是深具革命精神的，而且最终也是能够发展成推翻旧政体的主要力量的。

在落后程度与俄国不相上下(不能说更落后)的印度，类似的运动同样未能获得坚实的民众基础。确切地说，1945 年去世的鲍斯②曾经显露出一些独裁统治者的想法，他为轴心国工作过，还得到了很多民众的追随。尽管鲍斯对法西斯主义的同情与其公开表达过的其他方面是一致的，似乎并不只是间歇性热情或者机会主义的产物，但他在印度历史上还是更多地被视为一个极端主义者甚至可能是被他人误导了的反英爱国分子。③印度也曾出现过秉承本土文化保护主义的零散的印度教政治组织，有些甚至表现出了不少类似于欧洲集权政党的独裁做派。在围绕印巴分治问题而造成的混乱和骚动中，这些人的影响力达到了顶峰，在那个时期，他们出面推动以反对穆斯林为目的的暴动，建立印度教社区的抵抗机构，抵抗与之相似的穆斯林组织所领导的攻击。这些印度教政治组织所推行的计划缺乏实际的经济发展内容，看上去主要是一种好战、排外的印度教主义，致力于打破印度教固有的被种姓制度所分化的荏弱和平的传统。因此至今为止，他们对选民的吸引力依旧非常有限。④

法西斯的印度教变种之所以迄今仍然如此薄弱，一个可能的原因是种姓、阶级和民族界限所造成的印度教世界的四分五裂的特性。因

---

① Levitskii, "Pravyya partii", *Obshchestvennoye dvizheniye v Rossii*, III, 347 - 472. 参见 esp 432, 370 - 376, 401, 353 - 355。

② Subhas Chandra Bose, 1897 - 1945, 印度革命者，二战中率领印度国民军与英美一方作战。——译者

③ Samra, "Subhas Chandra Bose", in Park and Tinker, eds, *Leadership and Political Institutions*, 66 - 86, esp 78 - 79.

④ Lambert, "Hindu Communal Groups", in Park and Tinker, eds, *Leadership and Political Institutions*, 211 - 224.

此，对某个特定群体有吸引力的典型法西斯主义诉求可能会惹怒其他群体，而带有某些普遍的泛人类理论色彩的一般性诉求则又会丧失其法西斯主义特质。值得注意的是，在这一运动中几乎所有极端的印度教群体都反对种姓制度中的身体接触禁忌和其他社会障碍。①但是，其主要原因可能只是因为如下这一简单事实：甘地早就已经先入为主地向印度人口中占绝大多数的民众，也就是农民和传统家庭手工业领域的手工业者，灌输了反对外国势力和反对资本主义的情绪。在英国统治所制造的条件下，甘地能够把这些情绪和商业阶级中一个很大群体的利益紧密地连接在一起。在另一方面，土地精英群体对这一切通常只会采取事不关己高高挂起的冷淡态度。因此，在印度，反动倾向是非常强大的，拖延了民族独立后的经济进步。但是，大规模的群体运动却不曾涉入法西斯主义的历史轨道。

尽管将德国、日本和意大利在法西斯主义之前推行民主运动的失败情况进行平行考虑也会同样有助于我们的分析，但是就当前我们的研究目的而言，只要注意到下面这一点就足够了：如果没有民主的发展，或者不存在一个有些时候被人们夸张地称为“民众进入这一历史阶段的通道”，那么法西斯主义的形成是不可想象的。法西斯主义是将反动和保守主义变得大众化和平民化的尝试，当然，在这一过程中，保守主义失去了它曾经拥有的与自由之间的重要关联，我们在前面一章中已经讨论过这一关联的某些方面了。

在法西斯主义的阴影下，客观公正的法律这一观念彻底消失了。在法西斯主义最显著的特征中，其中一条就是对人道主义理想的粗暴抛弃，包括对任何潜在的人类平等理念的粗暴抛弃。法西斯主义观念不仅强调不可避免的等级、纪律和服从观念，而且还断定这些观念都具有天经地义的价值。关于同志关系的罗曼蒂克理念勉强地与这种观

① Lambert, “Hindu Communal Groups”, 219.

念相契合；这是因为顺从而形成的同志关系。法西斯主义的另外一个特征是推崇暴力。这种推崇已经远远超过了任何一种对暴力在政治中所呈现的实际重要性的理性而冷静的评估，到了“为强硬而强硬”，对“强硬”进行神秘崇拜的地步。鲜血和死亡总是会呈现出一种奇异的吸引力，当然，在其尚未受到极度推崇的时期，法西斯主义尚属比较“健康”和“正常”，承诺大家回到温暖的资产阶级式甚至是前资产阶级的农民式母亲的怀抱中去。①

因而，单凭平民的反资本主义倾向这一特征，就可以将20世纪的法西斯主义与其前身即19世纪半议会式保守政体最清晰不过地区分开来。这一倾向是资本主义对乡村经济的入侵和资本主义工业后竞争时代带来的压力同时作用下的产物。也因此，法西斯主义在德国发展得最为充分，在那里，资本主义工业在一个自上而下的保守的革命框架下发展得最为成熟。在俄国、中国和印度这些落后地区，法西斯主义则仅仅作为一个微弱的次级倾向。在第二次世界大战之前，这种倾向也未能在英国和美国扎下根来，这些地方要么是因为资本主义得以有效运作，要么是因为政府能够在民主的框架内努力纠正各种缺陷，并在旷日持久的战争帮助下取得成功。绝大部分针对大企业的反资本主义倾向不得不在实践中束之高阁，当然我们不能因此就错误地认为法西斯主义领导人只不过是充当了大企业的代言人而已。人们经常会指出，法西斯主义对受到资本主义威胁的城市底层中产阶级来说是有一定吸引力的；在这里，我们只能简短地回顾一下一些证据，表明法西斯主义在不同国家中与农民所建立的不同关系。在德国，试图在乡村建立起一个大规模保守基础的努力比纳粹的出

① 说法西斯主义具有返祖性并不足以把它给区分开来。对革命运动来说也一样，正如我在下一章中试图详细展示的那样。

现要早得多。正如亚历山大·格申克龙①教授所指出的那样，容克贵族通过1894年建立起来的农业联盟赢得了非容克区域小型农场里的农民的大力支持，在这种相对成功的努力中，纳粹主张的基本要点已经清楚地显示出来了。元首崇拜、超级国家概念、军国主义、反犹主义，这一切与纳粹关于"掠夺性"资本和"生产性"资本的区隔紧密地关联在一起，成了用来迎合农民反资本主义情绪的有力工具。②还有许多迹象表明，在1894年之后直到大萧条时期，大量富裕农民慢慢地丧失了根基，退化成了力量薄弱的普通农民。大萧条引发了广泛而又深重的危机，面对这种危机乡村的反应是国家社会主义。在德国，乡村对纳粹的支持率平均达到了37.4%，实际上与1932年7月31日最后一次相对自由的选举中整个国家支持纳粹的平均数基本吻合。③

如果人们看一下展示乡村区域纳粹选票分布情况的德国地图，将之与展示土地价值分配、种植种类④或者小型、中型和大型农场分配⑤的其他地图进行对照的话，那么第一个印象就是，乡村纳粹主义倾向的分布情况与上述几个因素中任何一个因素的分布情况都不一致。但是，当人们更深入地研究这些地图之后就会发觉，有重要的证据证明，纳粹对农民吸引力最大的地方是农民所拥有的土地很小、基本上

---

① Alexander Gerschenkron，1904－1978，美国经济历史学家，哈佛大学教授。——译者

② *Bread and Democracy*，53，55.

③ 关于乡村选举，参见Loomis and Beegle，"Spread of German Nazism"，726的德国地图，展示的是1932年7月去除了城市之后乡村地区的纳粹选票的分布情况。关于纳粹在整个德国获得的选票，参考1919年到1933年由Dittmann在*Das politische Deutschland*中所收集的选举统计数据。

④ 把Loomis-Beegle的地图与Sering，ed，*Deutsche Landwirtschaft*中插入的地图VIII，VIIIa，I进行一下比较。

⑤ 属于*Statistik des Deutschen Reichs*中的附录，作为Sering，ed，*Deutsche Landwirtschaft*，IV中插入的地图不那么详细，但是放在单独一页上。

无利可图的地区。①

对于这些小农民来说，资本主义发展所造成的市场定价和抵押贷款等问题给他们造成了很大伤害，而这些方面通常总是被操控在狠毒的城市中间商和银行家手里，因此，纳粹所宣传的一切给他们展现了一个农民在理想状态下的罗曼蒂克印象，即“自由土地上的自由人”。农民成为纳粹所演绎的激进右翼意识形态中的关键人物。纳粹很喜欢强调的一个观点是，对于农民来说，土地不只是他们用来维持生活的手段而已，它还意味着家乡的情感，而农民与家乡之间的关联要比白领工人与办公室之间，或者产业工人与车间之间的关联更为紧密。重农主义和自由主义观念与激进的右翼主张混杂在一起。②希特勒在《我的奋斗》中这么说道：“一直以来，一批数量稳固的小农和中农就是我们用来对付现在所面临的社会恶魔的最好防御力量。”这样一个农民阶级也是一个国家能够确保其国民每一天都能吃上面包的唯一手段。他继续说道：“工业和商业必须从其不利于社会健康的主导性岗位上退下来，重新回到基于需求和平等的国民经济总体框架中去。这两者不再是解决国家吃饭问题的基础，而只是对后者略施援手而已。”③

就我们自己的研究目的而言，分析这些理念在纳粹执掌政权后的

---

① 特殊的研究也提供了证据，证明在资本主义条件下日子比较难过的“小人物”最容易接受纳粹的诉求。在 Schleswig-Holstein 看来，其中纳粹能够赢得 80% 到 100% 选票的乡村社区是大家熟知的盖斯特地区，该地区主要是一些土地贫瘠的小农场，高度依赖脆弱的牛崽和猪崽市场。关于这一点，参见 Heberle，*Social Movements*，226，228。汉诺威的一些地区也显现出同样的情况。在邻近纽伦堡的地区也一样，纳粹同样赢得了 71% 到 83% 的选票，这些地区土地价值相对低廉，有很多中等规模的家族农场，通常是依赖城市市场的边缘型农业。参见 Loomis and Beegle，“Spread of German Nazism”，726，727。进一步地指向同一个方向的证据被总结和引用在 Bracher et al，*Machtergreifung*，第 389 - 390 页中。

② Bracher et al，*Machtergreifung*，390 - 391.

③ Mein Kampf，151 - 152. 关于纳粹政策的主要事实，同时参见 Schweitzer，“Nazification”，in *Third Reich*，576 - 594。

命运并不能给我们带来什么帮助。尽管这些理念在很多地方都显露出苗头，但是绝大部分都是无用功而已，因为它们有悖于一个强大的必须以工业为基础的战争型经济的要求。从工业中撤退的想法显然只是其中最荒谬的特征。①

与德国一样，在日本农民阶级内部，伪激进的反资本主义倾向也曾获得过很大一个立足点。在那里，初始的推动力也来自土地贵族。另一方面，该推动力中一种更极端的形式，例如底层军官内部形成的暗杀团，尽管也声称是代表农民的，但似乎并没有在农民中获得太多的追随者。极端主义倾向被吸纳进“值得尊敬的”日本保守主义和军事扩张这一更广泛的框架中去了，其民众基础是由农民提供的。由于我们在先前的章节里已经具体地讨论过日本这个案例了，因此这里就没有必要再进行进一步的分析了。

意大利法西斯主义呈现出与德国和日本相同的伪激进和支持农民的特征。另一方面，在意大利，这些概念更像是一种机会主义，是一种利用时机制造出来的具有讽刺意味的装饰。机会主义在德国和日本当然也出现过，不过在意大利表现得更明显。

1914 年战争结束之后不久，在意大利北部乡村曾经发生过一场残酷的争斗，一方是社会主义和基督教民主贸易工会，另一方是大地主。在 1919 年到 1920 年这段时间，根据伊尼亚齐奥 · 西洛内②的说法，墨索里尼并没有把心思放在乡村，也不相信法西斯对土地的征服，而是认为法西斯主义应该只是一个城市运动而已。③但是，地主和代表雇佣劳动力和佃农利益的工会之间的争斗给了法西斯主义一个意想不到的浑水摸鱼的机会。包括理想主义者组织、复员军人和普通

---

① 关于农业计划的命运，可以参考 Wunderlich，*Farm Labor*，pt III，“The Period of National Socialism”。

② Ignazio Silone，1900 - 1978，意大利作家和政治家。——译者

③ Silone，*Fascismus*，107.

小混混儿在内的法西斯党徒把自己打扮成反抗布尔什维克主义的文明拯救者，开始冲击乡村工会总部，而警察对这种行为通常采取睁一只眼闭一只眼的态度，法西斯党徒最终在1921年彻底摧毁了乡村的左翼运动。在汇入法西斯运动洪流的人群中包括已经成为中层地主的农民，甚至还包括痛恨工会的垄断做法的佃农。①在这一年夏天，墨索里尼发表了他那著名的观点："如果法西斯主义不希望就此灭亡，或者沦落到更糟糕的地步，即不希望自毁前程的话，那么它就必须给自己创造一个主张……我真的希望，在我们召开全国大会之前的这两个月时间里，就能够创造出一种法西斯主义哲学。"②

只是发展到后来，意大利法西斯分子才开始宣称，法西斯主义能够让意大利"乡村化"，能够捍卫农民的事业，或者说意大利法西斯主义更主要是一种"乡村现象"。这些宣称绝对是胡说八道。从1921年到1931年，自主耕作的土地所有者数量减少了50万；以现金或者农作物收成作为报酬的佃农人数则上升了大约40万。从本质上讲，法西斯主义通过牺牲农业劳动者、小农和消费者的利益来保护大农业主和大企业主。③

当我们回头再来看法西斯主义及其前身的时候，可以看到，在西方和亚细亚文明中，每当农业经济面临严重困难，都会呈现出歌颂农民阶级的迹象和症候。在本书后记中的适当地方，我将分析这种歌颂在其最激烈阶段中重复出现过的几种形式。如果说这样的理念只是上层阶级强加给农民的，那也是不正确的。因为这些理念的确能够在农民的经验中找到回应，其接受度可以很高，而且在一个国家，其工业

① Schmidt, *Plough and Sword*, 34 - 38; Silone, *Fascismus*, 109; Salvemini, *Fascist Dictatorship*, 67, 73.

② Schmidt, *Plough and Sword*, 39 - 40 引用过。

③ 关于数据和具体细节，参见 Schmidt, *Plough and Sword*, v, 66 - 67, 71, 113, 132 - 134。

化和现代化程度越高，对这种理念的接受似乎也就越广泛。

人们可能会试图引用杰斐逊对小农场主群体的赞美和约翰·斯图尔特·穆勒①对农民农场经营方式的辩护作为证据，来批驳歌颂农民具有反动性的说法。但是，按照早期自由资本主义的典型特征来看，这两位思想家为已经发展成为独立小产业所有者的农民进行辩护的力度并不大。在他们的思想中，尽管确实偶尔也展示出向往乡村生活的一种罗曼蒂克态度，但是其中并不能找到其后来版本所展示的对军国沙文主义、等级和顺从观念的歌颂。即使如此，对农业问题和乡村社会的态度也确实揭示出了自由主义思想家在相应历史时期所表现出来的局限性。为了让这些思想在20世纪服务于反动目的，必须将其涂上新的色彩，并赋予其一个新的情境；与19世纪中叶或者18世纪后期相比，20世纪对勤劳习惯和小产业的辩护显然带有完全不同的政治意味。

① John Stuart Mill，1806－1873，英国哲学家、经济学家。——译者

第九章

农民和革命

现代化过程肇始于农民革命的失败，而在20世纪则因为农民革命的成功而达到顶峰。过去，曾经有一个观点认为，农民只不过是一个“历史客体”而已，社会生活的一种形式而已，这种生活形式只会被无数变革碾压而过，而不会成为任何历史变革的动力。如今，再也不会有谁认真地对待这种观点了。对于那些一直在玩味历史之讽刺意味的人来说，有一个让他们惊叹不已的现象，那就是，在现代时期，农民既是推动革命的机器也是革命的代表，并且在革命机器横冲直撞所向披靡之时开始逐步扮演起一个有影响力的重要历史角色。尽管如此，在世界上几个主要的国家里，农民对革命所作出的贡献并不是均衡的：在中国和俄国是具有决定性的，在法国是相当重要的，在日本其重要性很低，在印度至今为止仍然是无所谓的，在德国和英国当初期的革命暴动被击溃之后，其贡献就变得无足轻重了。在这一总结性章节中，我们面临的任务是将这些事实系统性地相互关联起来，希望以此来发现究竟是哪些社会结构和历史情况真正地推动了农民革命的兴起，而又是哪些因素最终抑制或阻止了农民革命的发生。

这可绝不是一个简单轻松的任务。根据我们这里所分析到的资料，在试图给出传统的一般性解释时，我们遇到了一个特例，而且是一个重要的特例。任何一个只强调单一因素的理论似乎都无法给出让人满意的结论。既然大家都认可反面的发现也有其价值，在此我准备先简要地总结一下那些有必要舍弃的理论。

一个现代调查者可能选择的第一种解释是单一的经济方面的解释，其给出的结论是，农民的处境由于受到商业和工业的影响而不断恶化。而一旦这种恶化情形扩展到了很大的范围，那么我们就有理由认为革命会随之爆发。印度的例子再一次为我们提供了有力的验证，尤其是当我们把它和中国放在一起考虑之后。并没有迹象表明，在19世纪和20世纪，印度农民阶级经济状况的恶化程度比中国农民更糟糕。应该承认，印度和中国这两个例子作为证据都远非完美。印度的农民起义大多是无效的地方性起义。如果认为中国和印度两国之间任何一种差异都足以解释过去一个半世纪中两国在农民政治行为上存在根本性差别的原因，那实在是不靠谱的。考虑到这些差异一直可以向前追溯几个世纪，因此，很显然没有任何一种简单的经济解释能完成这一任务。

有人可能会反驳说，那是因为这种用经济原因进行解释的形式过于简单了。或许，我们可不可以说，不止是农民的物质生活水准在退化，而且其整个生活模式，以及其存在根基——财产、家庭和宗教信仰——都受到了巨大的威胁，这才导致了革命的发生呢？我们获得的证据又一次表明结论恰恰是相反的。大规模地揭竿而起、发动暴动的并不是那些被圈地运动逼迫得到处游荡的英国农民，而恰恰是那些并未受到太多圈地运动威胁的法国农民。1917年时俄国的农民社会并未受到太多的冲击。同样，正如我将在本章稍后详细探讨的那样，在16世纪发动血淋淋暴动的，并不是那些因为庄园主的反动行为和农奴制度的重新引进而使其生活变得十分艰难的德国东部农民，而恰恰是那些基本上仍然能够维持甚至扩展其旧有生活方式的德国南部和西部农民。事实上，正如我们接下来将会看到的那样，更接近真相的反而是反向假设。

另一个大家熟悉的观点源于19世纪保守的罗曼蒂克传统，该传统认为，与贵族沉醉于奢侈生活并常住在首都的地方相比，贵族居住在乡村、与农民朝夕相处的地方爆发激烈农民起义的可能性要小得多。18 世纪和 19 世纪法国和英国贵族之间的不同命运似乎是这种观点形成的根源。但是，19 世纪的俄国地主大部分时间都居住在庄园里，但这一事实并没有阻止俄国农民焚毁庄园，农民最终把士绅阶级赶出了历史舞台。即使就法国本身而言，上述观点也是值得怀疑的。现代研究表明，并不是所有的法国贵族都是优游于宫廷的扈从；有许多贵族一直居住在乡间，而且其生活方式也很符合道德规范。

有一个观点认为，一个规模庞大的由不拥有土地的劳动力所组成的乡村无产阶级是叛乱和革命的潜在根源，该观点在一定程度上可能是比较接近真相的。但是，印度乡村中无产阶级这一阶层的存在，其惊人的数量和惨况似乎一下子就驳倒了这一观点。在另一方面，该阶层中有很多人因为拥有一块极小的土地，再加上种姓制度，而不得不与现存的制度紧密地捆绑在一起。在类似纽带已经被粉碎或者压根就未曾存在过的地方，例如，在依靠来自不同人种的非常廉价的雇佣劳动力或者依靠奴隶进行运作的种植园经济制度中，发生叛乱的可能性则要大得多。尽管美国南部奴隶主在表达其对叛乱的恐惧时可能有所夸大，但是在世界上其他一些地方确实存在着足够的理由让人担心叛乱发生：在古代的罗马，在 18 世纪和 19 世纪的海地及加勒比海的其他地区，在现代西班牙的有些地方，以及最近在古巴的甘蔗种植园。要证明这个假设正确，我们仍需要进行更加仔细的研究，但即便如此，该假设也无法清楚解释那些在历史上产生深远影响的案例。在 1905 年或者 1907 年的俄国革命中，这种类型的乡村无产阶级都没有起到什么重要的作用。①尽管关于中国情况的记录并不完善，在那里，出于各种原因被驱逐出自己土地而不得不到处游荡的农民群体确实有着非常重要的影响力，但是，1927 年和 1949 年的革命浪潮显然并

① Robinson，*Rural Russia*，206，在这一点上是明确的。

不是那些在旷野上劳作的乡村无产阶级所推动的。19 世纪的革命暴动也同样如此。显然，单凭上述观点我们无法给出一个一般性的解释。

从物质方面的解释回过头来，人们可能会很自然地转向关于宗教在其中所起到的作用的假设。乍一看，这似乎是一个可行的方法。用印度教来解释印度农民阶级的消极状态可能不那么容易。一般来讲，一种自然形成的能够推演出统治阶级角色合理性的宇宙论，总是隐藏在强调听天由命和接受个人命运的宇宙和谐理论背后，而一旦农民接受了这种宇宙论所给出的日常规范的话，那么它也就令人信服地成为一支强有力的阻碍农民造反和起义的力量。但是，这种说法马上面临另一个难题。这些宗教通常是城市阶层和教士阶级的产物。农民阶级究竟在多大程度上接受它们是值得探讨的。总之，农民的信仰不同于受教育阶层所持有的信仰，甚至经常与之针锋相对，作为潜流存在的这种信仰才真正体现出了农民社会的特征。这些隐藏在民间的地下传统靠的是一代一代的口口相传，其中只有一些碎片可能会被载入史册，而且通常是以一种被扭曲了的形式载入。

纵使是在宗教无处不在的印度，还是有大量迹象表明人们普遍痛恨婆罗门。也许，印度和其他国家的农民确实是相信这种巫术和仪式的效力的，但同时他们也极为痛恨举行这些仪式的人类代理人以及需要为这些仪式而支付的代价。废除神职人员，获得对神和巫术本源的直接接触，这一运动在欧洲和亚洲长期以来一直不断地在地下酝酿着，不时以异教徒和造反运动等形式爆发。就这种关联而言，我们也同样希望知道，究竟是什么样的情形使得农民对于这些运动有时候能够接受，有时候不能接受。这些运动并不总是与历史上重要的农民暴动相伴相生。在法国大革命之前和之中，也没有什么迹象表明农民暴乱中存在着任何宗教成分。在俄国革命中，那些源于城镇的革命概念，不管是宗教的还是世俗的，都不太重要。罗宾逊①在其关于1917年前俄国农民生活的研究中指出，从外部世界进入的冲击农民的宗教理念和其他思想潮流全都是保守主义观念，极大地削弱了来自城镇的革命思想的影响力。②可以想见的是，更进一步的研究可能揭示出地下传统的作用，这些地下传统源于农民阶级自身，可能也披上了宗教的外衣。尽管如此，在俄国或者任何社会的例子中，这样一种解释如果要更有意义，还需要更多信息来揭示思想究竟如何与具体的社会情境相关联。宗教本身显然并不能提供任何帮助。

上述所有假设的缺陷在于过多地把注意力集中到了农民阶级身上。花点时间反思一下任何一次前工业时代起义的过程，我们就能发现，如果不去关注在很大程度上激发了起义的上层阶级的行为的话，那么我们始终无法真正地理解这些起义。农业社会的起义还有另外一个值得注意的特征，那就是，这些起义总是容易沾染上他们所反抗的社会的固有特征。在现代，这种倾向不再那么明显了，原因是成功的起义往往意味着对整个社会进行暴力清洗。然而在早期的农民起义中，这种倾向则更为明显一些。就像在德国农民战争期间那样，叛乱分子为了恢复“旧律法”而斗争，在俄国的农民暴动中则为了“真正的沙皇”或者“好沙皇”而斗争。在传统社会时期的中国，农民起义的最终结果通常是用一个充满活力的新王朝取代一个不断衰败的旧王朝，也就是说，相同的社会结构最终得以恢复。因此，在分析农民阶层之前，我们有必要先对整个社会进行一下分析。

考虑到这些，我们可以提出一个问题，那就是，是否某些类型的农业和前现代社会比其他社会更可能爆发农民暴动和起义，而我们应该用什么样的结构性特征来解释存在于这些社会之间的差异。

---

① G. T. Robinson，1893－1971，美国哥伦比亚大学俄国史教授。——译者

② *Rural Russia*，144.

印度和中国之间的反差足以证明这种差异的确存在，而且确实造成了持久的政治影响。同样，在印度，撇开其他小的起义不说，即使那里只有一次真正意义上的农民暴动，即发生于1948年海得拉巴的农民暴动，仍能强有力地说明，没有任何一个社会结构能够全然不受现代化进程中所形成的革命倾向的影响。另一方面，有些社会显然比其他社会更容易受到革命倾向的影响。当下，我们可以先把现代化进程中出现的所有问题搁置在一边，集中精力讨论一下前现代社会的结构性差异。①

印度和中国之间的差异可以让我们提出一种假设，一种可能比刚刚讨论过的那些假设更加站得住脚的假设。正如许多学者已经评价过的那样，印度社会很像是一个体积庞大但结构简单的无脊椎动物有机体。对于这样一个社会而言，其持续运转并不必然需要一个中央协作的权威统治，并不需要一个君王，或者继续沿用生物学的类比，并不需要一个大脑。印度历史的大部分时间一直到现代，并未存在过任何一种中央权威，有能力将自己的意愿强加于整个次大陆。印度社会让我们联想起海星，渔民总是怒气冲天地把它砸成碎片，但不久之后每一个碎片又会长大，成为一个新的海星。当然，这种类比方法显然是不精确的。事实上，印度社会更为简单，更多差别。印度各个地区之间在气候、农业运作方式、税收制度、宗教信仰和其他许多社会和文化特征方面都存在着相当大的差异。在另一方面，所有地区都存在着种姓制度，并且为印度社会提供了一个框架，每个地方的各种生活都因为围绕着这个框架而变得井然有序。这使得差异变得可能，同时也

① 正如“immune(免疫的)”和“vulnerable(易感的)”所显示的那样，英语的特定用法容易使得对革命的分析带上保守的偏见：这里隐含的假定是一个“健康的”社会可以免受革命的影响。因此，作者有必要将反对这种假定的意思明确地指出来。关于革命为何会发生或者为何不曾发生的分析并不带有赞成或者反对的寓意，尽管没有哪个研究者能彻底摆脱这样的倾向。在这里，我并不试图发展这一辩论，只是认为病态社会不可能发生革命这一观点应该能够找到强有力的根据。

使得这样社会中任何一个区域成分都可以从整体中分割出来而不会给该地区或者社会其他部分造成伤害，或者说至少不会造成致命的伤害。从我们当下遇到的问题来看，这一特征的反面更为重要。任何一种创新的努力，任何一种地方性的变异，最终都只是变成了构成另外一个种姓的基础而已。这不只是关乎于新的宗教信仰的问题。对于印度社会而言，由于敬神和渎神之间的差别是非常模棱两可的，而且涂抹上了宗教色彩的种姓制度法则基本覆盖了人类活动的所有范围，因此前现代时期的任何创新活动或者创新努力都有可能成为另外一个种姓的基础。甚至，反抗社会和掠夺社会最终也会以土匪种姓的形式或者以宗教分支种姓的形式成为社会的一个组成部分。中国也同样存在着异教徒式的土匪群体。①但是，在中国的情境下，撇开由于不存在种姓制度而使得招兵买马相对容易这一点不谈，这种异教徒式的土匪群体所造成的影响是很不一样的。在中国，地主需要一个强有力的中央集权统治作为榨取农民剩余这一制度的组成部分。直到最近，由于种姓制度的存在，中国这样的制度在印度仍然是不必要的。基于这个原因，中国社会需要的是一种类似于大脑的东西，一个不仅充当初级协调者而且是处于中心地位的权威力量。在中国，土匪很显然是一种威胁，而且有可能会演化成为农民暴动。

基于上述简短概括，加上“其他条件相同”这个很多学者为避免棘手问题而使用的熟悉的习惯性用语，我们可以建立这样一个一般性假设：一个高度分化的社会，依赖松散的制裁手段来维持其凝聚力并从底层农民那里榨取剩余价值，几乎可以免受农民起义的冲击，因为其反对力量可以通过建立另外一个分支（小社会）而存在。另一方面，一个农业官僚制度的社会，或者一个依赖中央集权统治来榨取剩余价值的社会，则最容易受到农民暴乱的冲击。封建制度

① Hsiao, *Rural China*, 462.

则处于两者之间，由一个力量微弱的君主实行名义上的统治，其真正的权力被分散到了若干个中心去。这一假设至少与本次研究所呈现出的主要事实相吻合。在传统时代的中国和沙皇俄国，农民暴动都是一个严峻的问题；在中世纪欧洲，这个问题相对来说就没有那么严重，但也会频繁地从社会表层底下冒出来；从 15 世纪开始，这个问题在日本变得相当引人注目；而在印度历史上则几乎找不到什么农民暴动的记录。①

回到现代化进程本身，我们再一次注意到，上层阶级采纳农业商品化的努力最终成功与否对政治结果会产生巨大的影响。在土地精英阶层向市场生产转变，让商业影响渗透到乡村生活中去的地方，农民革命向来都只是影响力甚弱的事件而已。这样一种反革命的转变过程得以完成，其所采用的形式各有不同。在日本明治时代早期，一个很快就恢复固有势力的土地精英阶层大体上维持住了传统农业社会，将它作为榨取剩余的机制。在其他主要的案例中，农民社会则被彻底摧毁了，农民或者像英国那样被切断了与土地的联系，或者像普鲁士那样因为重新引进农奴制而强化了与土地的联系。反之，也有证据表明，在有些地区，由于土地贵族未能在其内部发展出一种真正强有力的商业推动力，从而导致革命运动勃兴，对社会造成真正的威胁。在那种情况下，最终遗留下来的可能是一个受到了破坏但仍然能够保持相对完整的农业社会，而土地贵族与这个社会的关联则弱化了。与此同时，面对一个已经改变了的世界，土地贵族还会试图从农民那里榨取更多的剩余产品，以维持自己原来的生活方式。总体而言，这就是法国在 18 世纪以及俄国和中

① 日本的暴动呈现出一些欧洲早期阶段现代化的典型特征，这一事实与日本更加中央集权的封建主义相符合，该封建主义与欧洲在绝对君主专政时期维持特权和现状的努力相类似。参见 Sansom， *History of Japan*， II， 208－210。

国在19世纪和20世纪所发生的状况。①

1524－1525年伟大的德国农民战争以一种令人震惊的方式揭示出了这些关系，尤其是当人们把战争进行得最残酷的地区与战争不过是轻描淡写的地区加以比较的话。鉴于这场战争或许称得上是欧洲现代早期发生的最为重要的农民革命之一，在这里我们简短地加以讨论还是很有意义的。再一次，当我们将它与英国社会进行对比之后，其寓意变得更为清晰。英国社会的土地精英阶层中具有影响力的群体所需要的是用来养羊的土地，而不是劳动力。在另一方面，德国容克贵族所需要的则是劳动力，尤其是与土地关联在一起的劳动力，为前者生产出口用的谷物。后来，德国和英国这两个国家的大部分历史发展状况都可以追溯到这一最普通不过的差异。

在普鲁士，谷物出口使其类似于西欧的早期发展趋势发生了急剧的逆转。当时的西欧，议会民主制度已经逐渐取得了胜利。到14世纪中叶，普鲁士与西欧相比颇为相似，尽管前者通过一条不同于后者的道路而到达这一阶段。当时的普鲁士土地肥沃，农民相对非常自由。农民能够获得自由主要归功于两个方面：一方面普鲁士有必要向当时移民过来的德国殖民者提供有利条件，就像后来发展成为德国东北部的地区所做的那样；另一方面是一个强有力的中央政权的发展，这种政权以条顿骑士团和充满活力的城镇生活为表现形式。德国农民有权出售土地，把土地留给自己的后人，同时也有权把农产品出售给临近的城镇。他们需要向领主支付的金钱和劳动赋税，其数额都不大，而地主在乡村事务中的权力也受到了严格的限

① 对于农业社会的存续是现代革命的原因这一一般性结论来说，印度看起来像一个例外。部分可以归因于印度前现代时期的社会结构中对起义和革命的内在阻碍，部分可以归因于其现代化进程至今为止仍然在继续。然而最重要的是，在印度乡村，现代化进程几乎还未开始，这些都是印度并不是例外的主要依据。尽管印度也有可能会变成一个例外。史学上的归纳并不像物理学那样是一个不变的规律：历史进程本身反映的就是人们试图挣脱任何强加在被概括表达的先决条件之上的束缚。

制，更多局限于行使“更高一级的司法权”，比如处理更严重的犯罪行为。至于其他方面，村民们则完全靠自治。①

在殖民地区，整个乡村都是由贵族地主所雇用的土地边界勘定者来处置，后者会劝说移居者离开最初居住的地方，分配田产给这些移居者，自己负责测量乡村的田地，所获得的回报是摇身一变，成为比其余人拥有更多田产的可以世袭的镇长。②因此，在某种意义上，德国东北部的乡村更像是一些人为的社区，凭借上层颁发给他们的特许状获得属于自己的特权。在这一点上，其情形不同于南部德语乡村的情形，后者经历了与领主之间长期斗争之后才赢得了自己的权利。这种差异可以部分地解释为什么东北部地区在后期被征服过程中缺乏抵抗性，当然其他因素可能更重要一些。这些地区与南部地区之间的另一个差异是，随着德国人不断移居到斯拉夫人区域，该区域呈现出种族混杂的人口特征。但是，德国人的乡村通常是建立在一些未被开发过的土地上，而斯拉夫农民不久也赢得了与德国人一样有利于自己的法律地位。③

到14世纪末期，开始出现了一些变化，逐渐地造成了德国农民的农奴化。城镇势力逐步减弱，中央集权统治被削弱。最重要的是，谷物出口市场兴起了。所有这些力量聚集在一起，改变了乡村中的政治平衡。德国和欧洲其他地区也受到了货币贬值力量的冲击，象征着皇家统治被不断削弱，同时还受到了一场农业危机的冲击，这场危机最终导致了贵族对农民的压迫变本加厉。这些冲击引发了许多历史事件，进而最终导致了农民战争的爆发。④但是，具有

① 关于农民状况的具体细节，参见 Carsten，*Origins of Prussia*，pt I，esp 29 - 31，41，62，64，73 - 74。Stein，*Agrarverfassung*，I，431，434 简明扼要地增加了一些法律方面的材料。

② Carsten，*Origins of Prussia*，30 - 31.

③ Carsten，*Origins of Prussia*，32，34 - 35，37 - 39.

④ Carsten，*Origins of Prussia*，115.

很大影响力的谷物出口贸易在东北部地区兴盛了起来。

这一切给农民造成了灾难性的后果。地主对从农民那里征收现金赋税不再感兴趣了，转而要求征收农产品并且希望扩充自己的领地。要做到这一点，农民劳动力是必不可少的。地主要求延长农民提供的劳动力服务期限，农民被迫与土地捆绑在一起。农民出售和遗赠田产的权利几乎被彻底废除了，而他们也不再被允许在地主庄园外成家立业。这些改变，绝大部分都是在16世纪发生的，当时正值谷物价格飞涨。值得注意的是，在这种情况下，劳动力稀缺却并没有给农民带来什么好处，反而因为地主要确保农民不会私自逃走而受到了更为严格的管束；另外，数量众多但相对较穷的贵族则能够在不依赖强有力中央集权政府的基础上建立起了强制劳动制度。事实上，1525年条顿骑士团统治的正式结束是最终导致上述历史结果的重要代表性政治事件之一。①

在殖民地时期，从实际居住形式来看，德国农民乡村通常是与贵族庄园分离的，很大程度上是独立的有机体。到15世纪后半叶，随着地主在经济上接管农民田产尤其是镇长的大规模田产，在政治上建立司法的垄断，②其势力不断向乡村渗透，上述分离的独立运作态势最终完全消失了。③如果没有这种对乡村社区的侵占以及对其自主权的破坏，我们很难理解这群具有离散倾向的贵族为什么能够如愿以偿。

到17世纪末，绝大多数贵族都已经变成了自己庄园所在区域内的小小暴君，没有任何来自上层或者是来自底层的正式威权对其加以束缚。16世纪和17世纪容克贵族的"资本主义"革命几乎完全是一种社会和政治形式的革命。在所有历史文献中，我们都无法找到

① Carsten, *Origins of Prussia*, chap XI, esp 149 - 150, 154, 163 - 164.

② Aubin, *Geschichte des gutsherrlich-bäuerlichen Verhaltnisses*, 153 - 156.

③ Stein, *Agrarverfassung*, I, 437 - 439.

任何资料表明在容克贵族取得统治地位的过程中，农业方面曾经发生过任何重要的技术变革。直到七年战争时期甚至是直到18世纪，该区域农村最普遍推行的还是三区轮作制度，其农业运作，尤其是容克大庄园里的农业运作，远远落后于德国西部省区。①

农民确实进行过反抗，不过很有限。唯一一次有影响力的暴动发生在1525年的柯尼斯山附近区域，那是在条顿骑士团统治被废除之后不久。不出所料，这次暴动的一部分推动力来自城镇自身，还有那些遭受损失最多的富裕自由民。这次暴动后来被快速地镇压了下去，其根本原因在于城镇支持力量过于薄弱。当时，那个区域与爆发德国大革命的区域相比，行业工会的力量比较薄弱。②

最终导致1524－1525年德国大革命爆发的情形，就其最重要的方面而言，几乎与德国东北部的情况完全相反，这令人不由自主地联想起大约两个世纪之后最终推动法国大革命爆发的一些特征。由于德国大革命和最终汇聚成为这场大革命的众多起义覆盖了极为广泛的区域，包括如今的奥地利西部，和差不多所有瑞士地区，还有德国西南部的部分地区，以及莱茵河谷上游的大部分区域，因此不同地方的情况迥异是很正常的，这种差异增加了我们对大革命原因做出判断的难度，因此，直到现在，这方面的激烈争论还在进行中。③

---

① Stein, *Agrarverfassung*, I, 463－464.

② Carsten, "Bauernkrieg", 407. 德国对于建立农奴制的无力抵抗与同一历史时期俄国的情况形成鲜明对照，后者在农奴制建立之时和之后都发生过农民的骚乱和暴动。造成这一差异的主要原因可能是下述这个之前就已经引起过大家注意的事实：俄国的农奴制是应对政治形势建立的。俄国农奴制作为专制主义建立自身地位的过程的一部分，提供了一个用土地来支撑沙皇官员的办法。同样，俄国的农奴制对农民乡村造成的破坏似乎比普鲁士要小得多。尽管丧失了大部分自治权，但俄国的村社组织（mir或者更精确的sel' skoe obshchestvo）仍然能够继续存在。关于16世纪和17世纪俄国变革的精彩论述，参见Blum, *Lord and Peasant*, chaps 8－14；关于农民骚乱，参见258, 267－268，关于mir，参见510－512。

③ 参见Franz, *Bauernkrieg*，结尾处的3张地图。

尽管如此，不同的学者还是达成了颇为广泛的共识，即在德国大革命区域，地方诸侯的势力并没有像在东北部那样变得更弱小了，而是变得越来越强大了，而且他们在抑制贵族地位、建立一个统一的现代行政政权方面已经采取了一些早期步骤。但是，由于皇帝在教皇之间争夺特权所进行的争斗无端地消耗了德国太多的能量，因此这种形式的专制主义只能是一种变了形的小型分散的专制主义。在德国这一区域，城镇生活欣欣向荣；中世纪晚期是德国资产阶级的黄金年代。

由此看来，农民有时也能从城市平民那里得到支援。但是，如果因此就对农民究竟与哪些社会阶层结成联盟又与哪些社会阶层为敌给出一个概括性结论的话，还是会冒一些风险的。在不同时间和不同地点，农民会与几乎每一个可以想象得到的社会群体为敌，而与其他一些群体结盟：在莱茵兰，农民与贵族站在一起反抗教会的财产拥有权，①也反对在其他地区的贵族特权；而在另外一些地方又与贵族结盟，来对抗资产阶级和地方诸侯。②人们唯一能够颇具自信地给出结论的是，冲突通常主要是发端于富裕农民相对温和的要求，这种要求在后来的发展过程中逐渐变得激进，最终变成了托马斯·闵采尔③的末世论。这种进步的激进化发展进程部分需要归因于其早期的温和要求未被满足，④还有部分需要归因于农民总是倾向于寻求宗教改革运动所提出的新宗教观念，为其在经济、政治和社会生活中被激发出来的不满情绪提供合理依据。⑤农民与城镇之间的关

① Waas, *Grosse Wendung*, 13-15, 19.

② Franz, *Bauernkrieg*, 84, 32, 26.

③ Thomas Münzer, 1489-1525，德意志平民宗教改革家，农民战争领袖，空想社会主义的先驱者之一。——译者

④ 参见 *Grosse Wendung* 中 Waas 的观点。

⑤ Nabholz, "Ursachen des Bauernkriegs", 144-167，清晰地提出了苏黎世地区存在的这种关联。请特别注意 162-163，165，167。

系可能也对这种激进化发展进程产生了影响，这一点在早些时候就出现了一些征兆。①这种激化发展进程也可能是出自农民阶级中底层农民的抱怨，就像在18世纪晚期的法国一样，德国的农民也被划分成富农和贫农，不过我并没有找到关于这种关联的明确表述。

当时的贵族开始面临双重压榨：一方面是地方诸侯试图建立自己的统治地位，另一方面是商业经济的扩展造成了更普遍的影响。贵族需要获取财富，并且用尽各种办法这样做，尽一切可能重新恢复往昔的权利，或者——就像在农民看来那样——试图创造出一些新的义务让农民来承担。事实上，农民最初的不满表现为希望维持现状或者回到“古法”中去。②但是，除了星星点点的小范围活动之外，贵族们并没有为了市场的需要来组织农业生产。在这一点上，德国大革命区域和容克德国区域呈现出了至关重要的差异。

至于农民，其中大部分群体的经济和社会地位在一段时间内已经得到了改善。正如一个学者在20多年前所观察到的那样，有关德国大革命地区农民和资产阶级在中世纪末期就已经非常富裕的证据是如此丰富，以至于我们已经不可能再相信，是普遍的经济状况恶化引发了农民暴动。③这一事实显然也符合如下一个观点，那就是，那些受到压榨的贵族总是试图极尽能事地压榨农民。④几个世纪以来，农民社区和地主之间为了各自的利益一直在进行拉锯战，这种争斗其实也包括了双方在很多问题上的共同利益。有时，争斗的结果以书面的形式被记录了下来，以乡村法典的形式得以固化，所谓

① E. g. in the piper of Niklashausen. 参见 Franz, *Bauernkrieg*, 45 – 52。

② Franz, *Bauernkrieg*, 1 – 40.

③ Waas, *Grosse Wendung*, 40 – 42.

④ 苏联学者 Smirin 在“Ocherki istorii politicheskoi bor' by v Germanii”, chap II 中提出了有关这一方面的证据。Smirin 尽力证明，确实存在“庄园主的反动”，有时他对证据的使用有些过度了，以至于反而显得愚蠢了：比如，他列举一年 3 天的劳役（第65页）来显示农民的重要性。但是，他关于农民因为自己需要承担的义务的不确定性和不断变化而感到不满的论断（第85页）可能是正确的。

乡村法典是对习惯法的汇编，主要记录的是社区中富有经验的老人谨守誓言对所问问题做出的回答。根据至今保存下来的记录，1300年以后，乡村法典的数量有了显著的上升，数量最大的时候发生在1500年和1600年之间，此后就开始急速下降了。①这些文件和其他类似证据揭示出一个紧密关联在一起的乡村社区，尽管该社区的财产增量不断提高，但是其主体状态仍然处于缓慢变化中，与领主之间的关系是对抗式合作。②劳役和领地耕种的重要性开始逐渐下降，现金赋税的重要性开始上升，而东北部的情况则恰好与此相反。不少农民已经接近于获得事实上的财产权了，摆脱了封建租赁制的大部分烙印，当然在不少地方这种烙印仍然存在。③

在暴动的早期阶段，农民的要求通常是重复那些来自古老乡村法典的主题。④这一事实又一次强烈地表明，暴动最初总是开端于乡村社区中令人尊敬的具有影响力的成员的“合法”申诉。⑤

德国大革命最终被血腥地镇压了下去，以失败告终。无论是激进的宣言还是保守的宣言都被迫转入了地下。部分是由于贵族最终取得了胜利，正如我们在德国东北部所看到的那样，贵族的胜利应该归因于完全不同的因素，基本上也没有受到什么抵抗。在德国，自由民主的发展被截断了几个世纪，一直到19世纪，德国才又一次朝着革命的方向迈出了步伐，但是这种进步显得犹豫不决，后来果然不成气候。

英国绅士阶层取得胜利和德国容克贵族取得胜利，使得两者在促进土地贵族阶层转向农业商品化方面所采取的方式截然相反，在摧毁

---

① Wiessner, *Sachinhalt und Wirtschaftliche Bedeutung der Weistümer*, 26-29.

② Wiessner, “Geschichte des Dorfes”, 43-44, 60, 63, 70-71. 尽管这一描述局限于奥地利，但是很可能在别的地方也会出现同一类型的差异。

③ 关于苏黎世区域，参见 Nabholz, “Ursachen des Bauernkriegs”, 158-159; 关于奥地利，参见 Wiessner, “Geschichte des Dorfes”, 49, 50, 67; 关于德国，参见 Waas, *Grosse Wendung*, 37-38。

④ Waas, *Grosse Wendung*, 34-35.

⑤ Franz, *Bauernkrieg*, 1-40.

农民阶级政治运动赖以成功的基础方面所采取的方式也截然相反。在德国大革命区域，上层阶级并没有对农民社会进行经济上的打击，只是明目张胆地致力于提高从农民那里榨取来的财富数量，因此尽管革命未能取得胜利，这一地区的政治运动仍然富有活力。

我希望，这一段偏离了正题的、对一个具体案例所进行的讨论能够向大家展示出几种主要的方式，反映出土地贵族面对农业商品化挑战时所做出的不同反应最终如何形成了有利或不利于农民暴动的不同情况。在现代时期发生了农民革命而且这种革命具有重大影响的主要国家，如中国和俄国，在如下这一事实方面是相类似的：土地贵族基本上都未能成功地走进一个商业和工业的世界，而且也未能摧毁农民内部占主导地位的社会组织。

现在我们可以暂时不再关注地主的行为，而开始对农民阶级内部起作用的因素进行更条分缕析的讨论。对于农民来说，除了自己早晚会成为现代化的牺牲品这一简单而又残酷的事实之外，现代化究竟意味着什么呢？一般而言，人们总是希望，在各式各样农民社会中所形成的不同类型的社会组织，加上现代化过程本身的时机和特征，能极大地影响农民的回应究竟是革命的还是被动的。但是，这些变量之间究竟又有什么样的关联呢？让我们先看一看在这个复杂的过程中究竟发生了什么样的整体性变革。

在农业领域，经济现代化意味着市场关系开始扩展到比过去更广泛的领域，同时原先为生存而生产的目的越来越被为市场而生产的目的所替代。①其次，在政治领域，成功的现代化包括在广泛区域内建立和平与秩序，打造一个强大的中央政府。不过在这两个过程中并无

---

① 在前现代时期的农民乡村里，市场并非绝对不存在。即使是住在郊区的现代商人仍然会因为在后园种出几只番茄感到自豪。如果不是因为反概念化的学者们沾沾自喜于靠凸显细枝末节来抹杀历史差别的话，其实也没有必要提及这些观点。很明显，重要的是市场在乡村所起到的定性作用，即其对社会关系的影响。

必然联系：罗马和中国都在各自的时代建立起了力量强大、影响深远的政权，尽管缺乏任何向现代社会发展的推动力作为基础。但自15世纪以来，正是上述两个过程的结合推动了世界上很多不同的地区迈向现代化。国家统治的扩展以及在不同时期到来的市场的入侵，影响了地主和农民之间的关系、乡村里劳动力分工和统治制度、农民阶级中阶级分化以及租赁和财产权利等诸多方面。在某些时间节点上，这些外在力量的影响可能会带来技术上的变化以及农业领域劳动生产率水平的变化。就我自己所掌握的有限知识而言，并没有任何例子证明哪个主要的农业技术革命来自农民阶级内部，当然正如我们已经看到的那样，确实有报道提及比较重要的技术革命在日本德川统治时代末期出现过。迄今为止，在西方，技术变革显得更加重要；在亚洲的稻米种植经济中，劳动生产率的提高主要还是依靠增加人力劳动。

在这一组相关的复杂变化体中，有三个方面在政治上具有特别的重要性：农民社区和地主之间关系的特征，农民阶级内部的财产和阶级划分，农民社区所体现出来的团结或凝聚程度。由于这三个方面关联紧密，因此在试图追溯其中每个方面在现代化进程中所显示出的典型特征时，几乎不可避免地会出现交叉和重复。

回到这一过程的起点，人们会发现，在许多农业文明中，在农民社区或者乡村之间、它们与外部世界的关系之间存在着很宽泛的相似性。一开始就概要地来勾勒出这些社区的一般模式，并意识到其中存在着大量从政治角度来看明显的偏离现象，这种分析方法对我们应该是很有益的。事实上，如果我们能事先理解清楚这些一般模式的话，那么要认识清楚这些偏离情况所蕴含的寓意就会更加容易。我会把分析限定在乡村领域，即被耕地包围着的紧凑的聚居地。尽管极为分散的个人聚居地也普遍存在，但是，也许除了那些在殖民地时期和西部开发时期的美国部分地区以外，这种个人聚居地并不是一种占主导地位的形式。就这一点而言，这一情况也是我总是拒绝用农民这个称号来指代美国农场主的原因之一。

在乡村生活中，身处其间的领主不管是直接还是间接都扮演着一个关键的角色。在封建社会里，他是庄园主；在官僚制度的中国，他是依赖帝国官僚统治的地主；在印度部分地区，他是柴明达尔，是一个处于官僚制度官员和封建庄园主之间的人物。这个世俗领主的日常所为无非是提供抵御外敌的安全保障而已。尽管不是所有时间，但是大部分时间他都会行使司法权，并负责解决乡村居民内部的争端。与世俗地主一起的通常还有担任宗教职务的人员。宗教人员的任务是为现存社会秩序提供合法性，并且为个体农民提供解释和应对不幸和灾难的方法，因为个体农民所拥有的传统的经济和社会技能不足以解决这些问题。作为对其行使这些职能的回报，领地主和宗教人员从农民那里获取经济剩余，其形式是劳工、农业产品甚至可能是金钱，不过在前商业化时期支付金钱这种情况通常不那么重要。这些义务在农民中的分配情况差别很大。农民耕种土地、保留部分产品为自己所用的权利通常取决于上述义务的完成情况。

有很多证据都支持这样一个观点：建立在领主和农民社区之间关系基础上的纽带越是坚固的地方，发生农民起义(以及后来的革命)的趋势越是微弱。在中国和俄国，尽管在农民社区结构方面的差异巨大，大得超越了人们的想象，但是由于这些纽带都不够牢固，因而农民暴动在这两个国家里就变得非常流行。在农民革命得到有效控制的日本，上述纽带是非常紧密的。当然，这些证据中还存在着一些令人困惑和自相矛盾的地方。印度在英国统治之前，除了在一些特定地区之外，其政治权力并没有渗透到广大乡村地区。但是，通过宗教关系，乡村与权威统治阶层之间却形成了稳固的纽带。

这种纽带关系要成为社会稳定的有效催化剂，有两个条件可能是必不可少的。一个是，在农民和地主之间不能出现对土地和其他资源的激烈竞争。这并不像究竟能有多少土地可供耕种那么简单。在决定农民是否会渴求获得更多土地这一点上，社会制度与土地数量的重要性是相当的。因此，我认为的第二个条件与第一个条件紧密相关，那就是，要获得政治上的稳定，就需要把领主和(或)宗教人员接纳为乡村社区的成员，这些领主和教职人员为效力于周而复始的农业生产周期和乡村社会的凝聚，并因此获得大致相当的特权和物质回报。这一观点显然会引发一些颇受争议的议题，所以需要在此对其进行更为深入的探讨。

这一观点面临的困难在于，什么样以及多少酬劳和特权才算与上层阶级所提供的服务相匹配。在封建社会中，在确定的一年时间内，究竟应该给多少只母鸡、多少个鸡蛋，究竟需要在地主的土地上耕作多少天，才能算得上是对地主所提供的保障和公正裁决服务的“公平”回报呢？难道说这不是一种全然主观的判断，是只能通过对力量测试才能决定的事情吗？更概括地讲，“剥削”这一概念难道不是一个纯粹主观的概念，是一种无法获得任何客观定论或者评估的政治表述方式吗？今天绝大多数社会学家很可能会对这些问题给出肯定的回答。如果人们采取这种立场，那么刚刚提及的主张就变成了文字上的同义反复。它所意味的是，只要农民能够接受贵族拥有特权，认为自己对贵族承担的义务是合法的，他们就不会起来造反。至于说农民为什么会接受这一切，则依然是一个无解的大问题。根据这一立场的框架，暴力和欺骗是可以回答这一问题的唯一答案，因为判定此一酬劳与判定其他酬劳都一样，都是随意的、无标准的。在我看来，至此关于剥削的整体性和主观性解释瓦解了，变得十足地自相矛盾。怎么能说农民被迫交出9/10的收成，而非1/3的收成，就不多不少恰恰是随心所欲的呢？

我认为，相反的观点，即认为剥削在本质上是一个客观概念更合乎情理，而且至少是提供了一种可能性的解释。在这一点上，大家争论的焦点在于，人们是否能够对性质上不同的活动，例如打仗和耕种田地，甚至包括对某一社会持续存在所作出的贡献，进行客观的评估（经济学家曾经告诉我们，这是可能的，至少有一个竞争性市场就有可能，但是我估计他们不愿意走得那么远）。在我看来，对于一个置身事外的观察者来说，他是能够做到这一点的，如果他提出以下几个传统意义上的问题：1）这一活动对社会来说是必不可少的吗？如果这一活动突然终止或者改变了，会发生什么呢？2）为了让人们有效地从事这些活动，有哪些资源是必不可少的呢？尽管这些问题的答案一定是不够明确的，但是这些答案还是存在着一个客观的、核心的共同点。

在能够确保社会运作的足够宽泛的限度内，剥削的客观特性似乎是极其明显的，以至于人们不得不怀疑真正需要加以解释的反而是否认其客观性的做法。农民社区究竟是在哪些时候得到了领主的真正保护，而哪些时候领主是无力阻挡外敌甚至与外敌沆瀣一气的，要解释清楚这一点并不难。一个地主，如果无法保证一方平安，但却抢走农民绝大部分粮食，霸占农民女人——就像 19 世纪和 20 世纪中国很多地方普遍发生的那样——显然就体现出了剥削性。这是一种极端情况，另一种极端情况是地主能够进行客观公正的裁决，在这两极之间是各种各样的中间地带，其中地主所提供的服务与他们从农民那里所榨取的剩余产品，这两者之间的比率容易引起争议。这种争议可能只会引起哲学家们的兴趣，而不太可能造成整个社会分裂。这里所提出的观点只是认为，军人、官员和神职人员的贡献，对于农民来说必须是显而易见的，农民对这些人的贡献的回报不能与从这些人那里获得的服务完全不成比例。用另外一种方式来进行这一辩论，老百姓关于正义的概念确实存在着一个合理的、符合现实的基础；要推行与该基础相背离的制度就很可能需要利用欺骗和暴力手段，而越是使用欺骗和暴力手段，双方背离的程度就越深。

某些形式的现代化特别有可能破坏依靠农民社区和土地贵族之间

关系所建立起来的均衡状态，进一步束缚将两者关联起来的机制。如果哪一个国家的皇室穷兵黩武，奢靡成风，不得不为庞大的官僚体系支付巨大的成本，从而开始不断强化并加深农民负担，那么这种皇室专制主义发展下去就可能对农民暴动推波助澜。①波旁王朝和俄国沙皇都以其各自不同的方式推行了一揽子这样的政策，以农民遭到极大伤害为代价来试图约束各自的贵族群体，其最终所造成的后果就是暴动时有发生，这种情况俄国比法国更严重。英国的都铎和斯图亚特王朝则面临了截然不同的情况，一个国王为此掉了脑袋，这部分应该归咎于他们试图保护农民不受商业化贵族“反社会”行为的伤害。在日本，德川幕府坚定不移地将自己与外部世界隔绝开来，因此并没有像欧洲专制君主那样建立起代价如此高昂的军事和行政机构，也因此，直到德川时代后期，日本的农民暴动才显得重要。

通常来说，中央集权君主制度的形成，意味着农民的直接领主丧失了其对农民的保护特权，将该职能交给了国家。在法国和俄国，其采取的变革方式是在很大程度上让地主控制农民义务的权利保持不变。由于皇室统治无法承担得罪所有贵族的巨大代价，因此这些地主的权利得到了新的国家权力的支持。相应地，随着地主所需要的或者他认为自己所需要的城镇商品开始慢慢地渗透入乡村，再加上宫廷里骄奢淫逸的消费需求，使得地主需要从农民那里榨取更多收成。因为农业商品化无法在广泛的范围内得到更有力的推广，因而这种情况变得愈发糟糕，意味着地主们几乎丧失了可以压榨农民的其他方法。正如我们已经看到的那样，当时与农业商品化相关的趋势是强制劳动制度。在法国、俄国和欧洲东部的其他地区，小地主们变成了最反动的角色，其原因可能就是他们无法找到任何其他可能的选择，比如依靠宫廷、一个好的婚姻或者是试图推行商品化农业运作。我们没必要浪

① 关于17世纪法国的情况的具体描述，参见Porchnev，*Soulèvements populaires*。

费精力来找出这些趋势和农民不满情绪之间的关联，在这一方面，众多历史学家早就有定论了。

在发生农民暴动的地方，也有迹象表明，在传统方式继续存在或甚至有所加强的情况下，又增加了新的资本主义的方法从农民那里榨取更多经济剩余。18 世纪时的法国就是这样的，在那里，在粉碎旧政权过程中作出贡献的农民运动既具有强烈的反资本主义特征，又具有强烈的反封建主义特征。在俄国，沙皇自上而下推行的废除农奴制的行动并没有让农民感到满意。正如随后大量积压的欠款所显示出的那样，农奴需要付出的赎身费太高了，而所获得的土地又太少了。由于乡村并没能实施彻底的现代化，赎身费反倒变成了从农民那里榨取剩余产品的一个新方法，而且还能阻止农民获得本应该属于他的土地。同样，在中国，农民用行动表明他们对那些将旧时代税收官员和国民党政权下商业地主的特征都占全了的官员深恶痛绝。

这些事实倒不是在暗示，在这些情况下农民身上的负担越来越重了。事实上，农民阶级经济状况的改善反倒可能是发动暴动的前奏，这一事实在历史上司空见惯。①对于 1381 年农民暴动之前英国乡村、16 世纪德国大革命地区和 1789 年前法国农村来说，这一事实似乎比较容易得到验证。而在一些其他案例中，其中最重要的是俄国和中国，农民身上的负担则很可能是加重了。

实际上，在向商业化和工业化世界转变的早期阶段，旧政权所面

---

① 这些改进似乎与客观的剥削造成了农民暴动这一观点相矛盾，但事实并不一定如此。地主和农民社区之间的关系可能变得更具剥削性，而农民也并不一定会变得更穷，事实上，他们的物质条件还有可能得到提高。而一旦地主提高了其对农民的压榨，同时他对乡村安全的福利作出的贡献却在不断下降的话，那么就会发生这种情况。地主贡献的减弱，加上总体经济的改善和地主为了增加其“所得”而作出的努力，可能会不出所料地带来巨大的不满情绪。用若干个案例来谨慎地测试客观剥削这一概念可能是一个艰巨的工作，不过这一工作也会带来很大回报。我并没做过这一工作，我是在试图理解这些数据的长期努力的过程中接触到这一概念的，在此我把它作为一个已经找到了一些支撑证据但尚需加以完善的假设。

临的巨大威胁之一是丧失了农民阶级中上层阶层的支持。对此，人们通常会从心理学角度来加以解释，认为这一阶层经济地位的有限改善反而促使他们提出越来越高的要求，最终引发革命暴动。“期望值上升造成的革命”这一概念可能有一定的解释力。但是，我们仍然无法用这一概念来给出一般性的结论。对于俄国和中国来说，即使是到了20世纪，这一概念仍然因为缺乏可辨识的证据而受到挑战。取决于特定的历史情境，以及这些情境对不同形式农业社会造成的冲击，富裕了的农民如果想要转而对抗旧秩序，其实仍然有很多方式可以选择。

农民阶级生活产生变化的时机以及受到这种变化影响的人数都是关键的因素。我认为，这些因素甚至比食物、住所和衣服等物质方面的变化更重要，当然如果后面这些方面发生了非常突然、非常巨大的变化除外。缓慢的经济恶化可能会被受其影响的牺牲者作为常态的一部分而接受下来。尤其是在并不能清晰地看到还有其他选择余地的地方，日益加剧的困苦能够逐渐地被纳入农民的标准，告诉他们什么是对的，什么是合适的。真正让农民(不仅仅是农民)感到愤怒的是一个突如其来的新的强行规定或者要求，一下子使许多人受到冲击，而且背离了他们原先普遍接受的规则和习俗。19世纪60年代的英国地主为了迎合突然繁荣起来的纺织品市场，试图迫使印度农民生产靛青，以让后者濒临饿死绝境的价格出售，这就迫使那些在传统上习惯于逆来顺受的印度农民也奋起参加集体罢工，并且将农民暴动的风暴吹遍孟加拉大部分地区。①在法国旺代地区所推行的反神职人员的革命手段也造成了非常相似的后果。我们没有必要再举更多的例证了。重要的是，在这些情况下，个人的怨愤积聚起来，一瞬间变成了明显的集体怨愤。如果其所造成的冲击是这一类型的话(震动具有突发性、普遍性，但还没有严重到从一开始就让人觉得集体抵抗毫无希望)，那么就

① 一个激进观点的启发性描述，参见Natarajan, *Peasant Uprisings*, chap Ⅳ。

能够在各种农民社会中燃起团结一致的起义或革命之火。就我目前所能感知到的一切来说，没有哪一种类型的社会能够免受这种情况的影响。但是，在发生暴动的潜力方面还存在着很多差异，这些差异与农民社会的类型密切相关。

在这一研究过程中，我们已经意识到农民社区的合作程度与相关的劳动分工程度方面确实存在着范围颇广的差异。在一个极端，我们可以以旺代农民为代表，他们居住在相互分散隔离的农庄里，对于文明社会里的农民来说他们是非典型性的。在另一个极端，其代表则可能是日本乡村，高度整合在一起，而且这种整合一直持续到现代时期。一般而言，农民所展示出来的团结程度会对政治趋势造成重要的影响，因为其团结程度似乎非常明确地表现了个人在其中生活的整个社会关系网络。尽管如此，由于这一因素总是与很多其他因素相互交织在一起，因此要正确评价其重要性还是相当困难的。在阅读相关证据时，我发现缺乏团结(或者更精确地说，存在一种微弱的团结状态，因为无论如何某种程度的合作总是会存在的)给所有政治行动都造成了极大的困难。因此，缺乏团结的后果也是保守性的。但我们刚刚讨论过的那种突如其来的冲击类型可能会掩盖这种保守趋势并激发农民起而采取暴力行动。在另一方面，对于那些表现出极大团结力量的地方，我们就有可能将那些保守形式与那些有利于起义或者革命的形式区分开来。

在团结力量体现为起义和革命的情况下，社会制度就能通过农民社区将愤恨传播开来，并将其变成一致对抗地主的统一战线。很多迹象有力地表明，在19世纪晚期和20世纪早期，俄国乡村就发生过这种情况。米尔(mir，村社组织)内部时断时续的财产重新划分所造成的主要后果之一，似乎就是对土地的渴求被普及化了，把富裕农民和贫苦农民给一下子拉平了。显然，这是斯托雷平①得出的结论，他推翻

① Pyotr A. Stolypin，1862－1911，俄国政治家。——译者

了官方早期对米尔的支持，试图建立起一个强壮的俄国式自由民阶层，由他们来支撑罗曼诺夫王朝摇摇欲坠的权力宝座。①有必要指出，中国共产党人在执掌政权之前也不得不试图通过难以驾驭的社会资源来实现这种类型的团结。

相反类型的团结，即保守性团结，则是试图通过将有着实际和潜在怨愤的人与现存的社会结构捆绑在一起而获得凝聚力。正如日本和印度的资料所表明的那样，这种情况的发生多半是通过劳动分工来实现的，其背后有着强大的制裁手段，而在同时也试图为只有少量田产的人提供一个生存空间，尽管有些卑微但总算还是能够得到承认的。激进性团结和保守性团结之间之所以存在差异，其关键很可能就在这一点上。就像俄国制度所体现的那样，激进性团结形式试图找到公平分配土地这一稀缺资源的方法；保守性团结则是建立在劳动力分工方式的基础上。总体而言，让人们相互合作完成一个共同的任务，比让人们在使用稀缺资源的过程中相安无事地合作似乎要容易一些。②

我们可以用略微不同的方式来表述同样一个观点，不同的财产制度在将农民与现存社会捆绑在一起的方式上体现出很大差异，因此所造成的政治影响也很不一样。在中国乡村，要成为一个正式成员，并且受到亲戚关系和宗教义务网络的保守影响，就有必要拥有财产，哪怕是最少的一点财产。现代化进程显然使得最底层农民的数量急速上升，这种情况在前现代时期也有可能发生，因此激进的潜力也随之急速上升。在另一方面，日本和印度乡村则为在前现代时期以及后来都拥有很少财产甚至不拥有任何财产的人都提供了一个尽管卑微但总算

---

① Robinson, *Rural Russia*, 153 指出，在1905年农民暴动过程中地主损失最为严重的20个省中，有16个省显示，个体农民家庭压倒性地倾向于重新分割租赁权，而不是倾向于地产世袭化。关于政府对农民之间的团结的忧虑，参见同书264页。

② 比方一个大家庭要在海滩边搞一个复杂的野餐，其中一个孩子负责准备柴火，另一个孩子负责生火，这与早晨大家抢着用洗手间时的情形作比较，可以算是一个小小的例子。

是合法的地位。

对任何形式的政治行动都起到抑制作用的非团结模式则更多是一个现代时期的现象。在资本主义法律框架建立之后，在商业和工业已经产生了重要影响之后，农民社会很可能达到一种新形式的保守的稳定状态。这种情况发生在19世纪前半叶的法国大部分地区、德国西部部分地区以及欧洲西部的其他地区。马克思把由小农民业主组成的法国乡村比作是一堆土豆，确实抓住了问题的本质。①这种社会的关键特征就是缺少一个合作型关系网络。这使得现代的乡村与中世纪的乡村截然相反。最近对意大利南部这种类型的乡村所进行的研究表明，组成乡村的家庭单位之间的相互竞争阻碍了所有形式的政治行动产生效果。"非道德的家族主义"——这是对资本主义的讽刺式说法——便起源于该乡村特定的历史，这种极端的发展状况与意大利其他地区更具合作性的关系形成了鲜明对照。②更重要也是更普遍的因素可能是共同权利的消失，农业周期中大家合作完成某些任务这种情况的消失；由家庭劳动力耕作小块耕地变得越来越重要了；再加上资本主义引发的竞争性关系。在工业发展进程更先进的阶段中，正如我们在德国部分地区所看到的那样，这种由极为分散的小农民组成的乡村可能变成乡村内部反动的反资本主义情绪的培植基地。

总而言之，产生农民革命的最重要原因是在农业中并没有发生过由土地贵族领导的商业经济革命，以及面临新的压迫和束缚时农业社会制度并未解体，一直存续到现代时期。在农民社会组织得以继续生存下去的国家，例如日本，为避免革命的发生，乡村组织与乡村里占统治地位的阶级紧密地联系在一起。因为对农民革命起到重要作用的一个原因就是将农民社会与上层阶级捆绑起来的制度纽带非常脆弱，

---

① 参见"Eighteenth Brumaire"，415。

② 参见 Banfield，*Moral Basis of a Backward Society*，chap 8，esp 147，150－154。

当然还要加上这种关联关系所具有的剥削性特征。有一种革命征兆是统治政权丧失了富裕农民中上层阶层的支持，原因是这些人已经开始转向资本主义的耕种方式，并且在对抗贵族阶级的过程中赢得了自己的独立地位，后者试图通过巩固传统义务来维持自己的地位，就像 18 世纪法国所发生的那样。在这些条件欠缺或者情况正好相反的地区，通常则没有发生过农民暴动，或者，即使发生了暴动，也容易被镇压下去。

皇室专制主义庞大的农业官僚体系，比如中国的官僚体系，特别容易促成有利于农民革命的各种因素的结合。这些强势的官僚体系使得它们能够阻止独立的商业和制造业阶级的兴起。这些官僚体系就像 17 世纪的法国那样，可能出于骄奢淫逸和穷兵黩武的目的而鼓励那些愿意与皇家圈子捆绑在一起，而自身却处于非组织状态的商业和制造业阶级的存在。国王通过驯服资产阶级削弱了以资产阶级革命为形式的向现代化发展的动力。即使是在法国，这种影响也是非常显著的。而俄国和中国则由于逃过了资产阶级革命反而变得更容易产生农民革命。而且，由于对税收有着极为强烈的需求，一个农业官僚制度更容易驱使农民与城镇里的地方精英群体结成联盟，从而产生风险，而随着官僚制度进一步推动皇家官吏脱离于普通民众，这一情形尤为危险。①最后，当皇家专制主义进一步地剥夺了那些居住在乡村里的地主所能行使的保护和司法职能之后，也最终削弱了将农民和上层统治者捆绑在一起的重要纽带的力量。换句话说，如果皇家只是部分地、随意地剥夺这些职能的话，它很可能会发现自己在榨取农民剩余的时

① 在投石党运动之前和之中的混乱中，这种情况尤为清楚。参见 Porchnev, *Soulevements populaires*, 118－131, 392－466。作者令人信服地指出，投石党运动远不只是贵族的恶意行为而已。因为这些原因是我试图提出的整个论断的一部分，所以在这里就不需要重复了，但是我反对该作者以及其他马克思主义学者将皇家专制主义等同于封建主义的理念。

候会遇到来自地方精英群体的竞争。在这种情况下，地方贵族总是倾向于站在农民一边。

农民不同的团结类型之所以如此重要，主要是因为它们构成了一个关键的支撑点，以此为基础可以建立起一个独特的农业社会，该社会是与统治阶级相对立的，是形成民众所持有的正义和非正义概念的基础。这常常与统治者的观念大相径庭，继而引发冲突。至于说最终的结果是保守的还是激进的，则取决于促进农民凝聚力的制度体现为何种特定的形式。农民阶级的团结能够既可能有助于统治阶级，也可能会变成对抗统治阶级的武器，有时候则会在两种情况之间轮番转换。在一些前现代时期的社会中，人们可能会发现，劳动分工所形成的凝聚力相对要弱得多，就像中国这一案例所揭示的那样。因此，现代化进程影响下的革命爆发的可能性，因为其农业社会基础不同而体现出很大差别。在另一方面，更极端的社会分散化形式则多少有可能发生在资本主义晚期阶段，这种分散化情形严重地束缚了任何政治行动的效果，从而导致强有力的保守性后果。这样一种以自我为中心的贫困文化可能仅仅发生在先进工业主义影响尚未完成时的一股回流，而且也只是一个短暂的过渡阶段。

我们可以用上述因素来解释农民阶级内部的革命潜能究竟是如何兴起的。至于说这种潜能是否能够不断发展，在政治上产生影响，则取决于农民的怨愤和其他阶级的怨愤是否存在着融合的可能。光靠农民本身是无法完成革命的。在这一点上，马克思主义者是绝对正确的，尽管他们在其他关键方面值得商榷。农民必须依靠来自其他阶级的人作为其革命的领导力。但是，单靠领导力本身也不行。中世纪和中世纪晚期的农民暴动是由贵族或者城镇里的人来领导的，但最终还是被镇压了下去。这一点可以用来好好地提醒一下现代的决定论者，当然他们绝不只包括所有马克思主义者。这些人总是认为，一旦农民觉醒了，巨大的变革就必然发生。实际上，被镇压的农民暴动通常远多于成功了的农民暴动。农民暴动要取得成功，需要各种条件以某种不同寻常的方式组合在一起，而这只有在现代时期才会发生。严格地讲，成功本身是负面的。农民为推翻旧制度提供了火药。但是，在随后的制度重建工作中，他们却是无能为力的；相反，他们成为首当其冲的牺牲品，即使在法国也不例外。在农民革命变得可行之前，上层阶级在很大程度上会显示出盲目性，这种情况主要是特定历史情境的产物，但其中也总是存在着一些重要的个体特例，他们会例外地投身革命之中。

当然农民运动有可能吸引到一小部分精英群体，尤其是在现代时期会吸引到一小部分心怀不满的知识分子来充当领袖，但是农民阶级在精英群体中是不可能找到自己的联盟的。而这样一些知识分子，除非与怀有不满情绪的大众紧密结合，否则不可能在政治上有所成就。那些心怀不满、四处寻找灵魂归属的知识分子能够吸引到的注意力远远超越了其在政治方面所展示的重要性，两者的比例是完全不相称的。之所以会出现这种情况，部分原因就在于这些上下求索的灵魂留下了大量文字记录，同时也因为这些知识分子恰恰是撰写历史的记录者。如果仅仅因为农民革命的领导人恰好是专业人士或者知识分子，就不承认革命发生的根源在于农民的怨愤的话，那绝对一个诡计，一个特别容易误导大家的诡计。

一个国家里怀有不满情绪的农民究竟能够找到什么样的联盟，完全取决于该国所处的经济发展阶段以及特殊的历史情境；这些因素同时也决定了这些联盟最终背叛农民运动、削弱其力量甚至对其进行镇压的确切节点。德国大革命时期的农民从城镇贵族和持不同政见的土地贵族那里得到了一些帮助，但是并没有取得任何成效，土地精英群体所拥有的集体权力仍然是压倒性的。在法国，农民运动之所以能够与资产阶级的要求融合在一起，主要是因为先前的封建式反动行为激怒了富裕农民。在我看来，这样一种关联似乎是靠不住的，而且很可能会走向相反的方向，因为许多资产阶级在乡村也拥有财产，其自身利益也会因为农民运动所造成的不安定而受到滋扰。法国农民另外一个主要的革命联盟是巴黎的城市民众，尽管采用了联盟这个说法但并不意味着大家所推行的政策是协同作战，或者我们可以据此认定其中所有阶层都提出了真正统一的政策。无套裤汉主要是一些小手工艺者和熟练工人，他们所承担的革命角色比马克思理论为我们揭示的角色要重要得多。

在1917年的俄国，对于那些心怀愤恨的农民来说，商业和工业阶级并不是非常合适的联盟对象。尽管在具备贸易和工业基础的地区，其技术水准与法国相比显得更高一些，但是俄国整个国家资产阶级的数量要比法国少得多，其力量也要薄弱得多。尽管俄国资产阶级也曾尝试推行过西方立宪理念，但是他们与沙皇政府有着千丝万缕的联系，尽管沙皇政府对某些温室式资本主义发展的鼓励则更多地出于军事目的。最重要的也许是，俄国农民阶级中并没有像法国农民那样形成过一个重要的群体，致力于反对封建残余势力、获得财产权。俄国农民的要求极其简单：摆脱地主，瓜分土地，还有结束战争。在所有政党中，最具有资产阶级意识的立宪民主党，早期曾经考虑过对农民的要求作出让步。但是，当需要直面实际问题时，农民对财产的正面进攻实在让该政党觉得难以消受。在另一方面，瓜分土地这一理念并不包含任何会触犯到产业工人利益的内容，至少当时并没有。结束战争对农民具有很大的吸引力，他们因为大屠杀政策而成为主要受害者，并且压根就不愿意出力去保护一个拒绝让步的政府。在农民当中，布尔什维克并没有找到真正的追随者。但是，作为唯一一个与现有统治秩序没有任何关联的政党，布尔什维克为了能够最终掌握政权，愿意暂时对农民的要求作出让步。在接管政权和内战结束之后，布尔什维克的确这样做了。之后，为了让农民成为社会主义式的原始资本主义积累的主要基础和牺牲品，布尔什维克自然意识到，必须背离那些把他们推上执政地位的群体，从而将农民集体化了。

在中国，我们看到的是历史情境以另一种方式结合在一起，关于这一点人们知道的还不多，部分是因为这些事件是最近刚刚发生的，尚未成为人们进行深入历史研究的主题。尽管当时对国民党的不满已经遍布于所有阶级当中，但是我们仍然很难清楚地指出农民的联盟究竟是哪一个阶层，也正是部分地因为农民对国民党不满，共产党才能够借助农民的力量，最终取得了胜利。正像当代一个学者令人信服地指出的那样，如果仍然继续死守着城市无产阶级作为反帝革命斗争先锋具有其不可替代的重要性这一马克思主义理论的话，那么中国共产党是不可能取得多大进步的。①当时，共产党确实获得了大量农民的支持。但是，如果没有城市领导人，农民是不可能组织起红军的，不可能进行这场党派之间的战争，也不可能使这场革命区别于过去的革命并为接下来的革命努力树立榜样。农民给其敌人带来的影响是耐人寻味的；一些西方人学习游击战争“经验”的热情让人回想起19世纪日本人关于民主的观念：这一信念认为民主是一个可以仿效的简单技巧，可以给自己带来其敌人所具备的所有优势。

在俄国和中国，用农民革命以外的手段有效阻止政权的衰退进程，这种概率是极低的，其主要原因在于这两个国家的贸易和制造业阶级内部不存在任何坚强基础，足以支撑自由资本主义或者反动资本主义制度。关于这一点是否也适用于印度的情况，目前还是个未知数，只有未来才能给出确定的答案。仅凭中国的经验就快速地归纳出关于印度的结论是非常愚蠢的，因为两者的农业社会结构在许多方面都是截然相反的。如果目前印度政府所推行的农业计划无法解决其所面临的食物问题，而且又确实能够找到大量支撑我们做出悲观评价的证据的话，那么印度确实很有可能会出现某种类型的政治动荡。但

① 参见Schwartz，*Chinese Communism*。

是，这种动荡并不一定会以共产党领导的农民革命的形式出现。考虑到其社会结构，印度开始转向右翼道路或者是沿着地域性界线发生分裂，而这两种情况的某种组合，似乎更有可能。印度的情况迫使我们提出这样一个问题，那就是，农民革命的巨大浪潮作为20世纪迄今为止最显著的特征之一，在印度是否已经到了强弩之末。如果想认真地探究这个问题，需要对拉丁美洲和非洲进行深入的研究，这一艰巨的任务还是留给他人去完成吧。但是，在此还是有必要把这个想法提出来。总体而言，在现代化进程中，农民所处的生活状况很少会使农民成为主张民主的资本阶级的联盟，不管怎么说，这一历史组合现在已经过了其巅峰时期。就算革命浪潮在未来的岁月继续席卷世界上的落后地区，也几乎不可能再采取这种形式了。

后　记

反动意象和革命意象

在建设一个新社会或者努力阻止一个新社会兴起的过程中，难免给人类带来痛苦，给社会带来分裂，而正是由于这些痛苦和分裂现象的存在，人们才会思考一个社会究竟应该如何或者不应该如何这样的问题，在大致具有可比性的情境下提出相近的概念。当然，如果有人希望在一种比较的框架下充分讨论对社会所做出的各种各样或激进或保守的批判，那显然需要另外再写一部鸿篇巨制。①在这里，我将只是简短地评论一下几个主题，这几个主题来自更为广泛的观念，而这些观念所涉及的是土地精英阶层与农民所面临的几类不同的历史经验。对这些概念本身，大家都已经足够熟悉了，因而也无需再做更详尽的解释了。这些概念你中有我，我中有你，呈现出极为有趣的关系，它们可能会对人类的自由社会观的形成作出贡献，也可能被用来对人类的自由社会观进行攻击。我对这些概念的观察不仅是极为简短的，而且可能会激怒一些人（我希望我用激怒这个词时能够表达出它的正面意义），我希望这些观察能够激励他人去更深入地研究这些问题。我针对这些概念与社会运动的关系提出了一个构想，这一构想是我所进行的这项研究的一个成果，尽管我无法做到在整个研究中都始终如一地坚持这一构想，但是一开始我就这一构想直截了当地提出来还是有好处的。

在我开始探讨那些推动或者阻碍土地精英阶层进行农业商品化的影响因素的时候，好几次我都遇到了同样的问题。在解释最终发生的结果时，我们究竟应该给那些普遍流行的观念、行为准则或者价值观设置多大的权重？我想，尽管我们所掌握的证据指向的方向是只应该强调不同群体所面临的情境，这些情境才是我们解释一切的核心，但是细心的读者可能会怀疑，观念或者文化倾向说不定已经在一定程度上悄无声息地渗透进了这种解释。读者的怀疑可能是相当正确的。我认为我们不能轻易地忽视这些怀疑，不应该相信上述解释之中一定存在着真理。我反对人们用观念或者文化倾向来进行解释的方式，因为，据我估计，这种解释方式是披着科学的中立和客观性外衣，但却会造成强烈的保守偏见。当然，不言而喻的是，这种偏见也并不是有意要撒谎。在严肃的思想者当中，有意欺骗者可能是极为罕见的，而且，从长期看来，相对于因为其自身结构和社会环境而形成的思想所指引的方向而言，有意欺骗所造成的后果也远没有那么重要。

普通的观察就已经足以显现出，无论是个体还是集体，人类对一个“客观的”情形的反应，绝对不会像化学物质放在试管里之后所发生的相互反应那样。我认为，这种严格意义上的行为主义形式是绝对错误的。在人和“客观的”情形之间总有一个干预性的变量，或者有一个像有人所说的过滤器，它是由各种各样的需求、期望和基于过往经验而衍生出的其他观念所组成的。这一干预性变量，我们可以简便地称为文化，会对客观情形中的某些部分加以过滤，而对其他部分则加以强调。来自这一源头的认知和人类行为相互之间的差异，其数量是有一定限度的。当然，以文化倾向来进行解释确实可以找到一些真理，主要体现为在一组人看来是机会或者诱惑的事情，在另一组有着不同历史经历、生活在不同形式社会中的人看来，则并非如此。以文化倾向来进行解释的弱点倒不在于它们对于这些事实的陈述，而恰恰

① 最终，我希望能够更仔细地研究促发了激进批判的具体情形以及并未出现过激进批判的情形。

在于它们在解释中采用这些事实的方式，当然关于前者的重要性尚有争辩的空间。唯物主义者总是努力希望将文化解释中的唯心主义幽灵驱逐出去，但他们显然是在冲着错误的幽灵大喊大叫。

真正的幽灵是社会惯性这一概念，它可能是出自物理学。现代社会科学领域有一个流传颇广的假设，那就是，认为社会的连续性是并不需要任何解释的。按道理，这并没有问题。真正需要解释的是变化。①这一假设会让研究人员无视社会现实的某些关键方面。文化或者传统(用一个不那么技术性的术语)并不是一个处于共同生活于社会中的人类个体之外或者独立于这些个体而存在的事物。文化价值并不是从天而降来影响历史进程的，它们是观察者个人得出的抽象概念，其建立的基础是观察者对人群在不同的情况下，在一段时间内，或者在这两者兼备的条件下的行为方式方面的相似性所进行的观察。尽管人们时常能够基于这些抽象概念，对群体或个人在短时期内的行为方式做出精确的预测，但是这些抽象概念仍然无法解释其行为。从文化价值观的视角来解释行为就是在进行循环推理。如果我们注意到土地贵族拒绝商品化经营，那么我们并不能说贵族在过去就是这么做的，或者说他们本身就是传统的承载者，因此会对这样一些活动充满敌视，如此解释这一事实显然是行不通的，真正的问题在于我们应该判断究竟是出于什么样的经历，包括过去的和现在的，这一阶层才形成了并努力维持着这样一种观念。如果文化确实有一种实证性意义的话，那么它就是植入人类思维中的一种趋势，是“人作为社会一员而获得的”某些特定的行事方式。“人作为社会一员而获得的”借用了著名的泰勒②定义中的最后一句话，泰勒定义中的这一说法先是被学术界采纳，进而逐渐为普通大众所使用。

---

① Parsons, *Social System*, 205 使这一观点变成了一个明确的组织性假定。
② Edward Burnett Tylor, 1832－1917，英国人类学家。——译者

关于惯性的假设，也就是文化和社会的连续性是无需解释的，掩盖了这样一个事实，那就是，两者都需要在每一代重新创造，通常伴以巨大的痛苦和折磨。为了维持和传递一个价值体系，人类受尽折磨——被殴打、被欺凌、被监禁、被投入集中营、被劝诱、被贿赂、被推举成英雄、被迫阅读报章、站在墙根前被集体射杀，有时候甚至被迫接受社会学的教育。讨论文化惯性其实忽视了通过灌输、教育和文化传承这一复杂过程所支撑起来的具体利益和特权。我们可能会认同下面这一观点： 对于经济机会的判断，19 世纪中国士绅阶层中的一员的方式与 20 世纪美国商业化农场主们的方式是大相径庭的。但是，该士绅之所以会这样做，是因为他生长在中华帝国这一社会，该社会的阶级结构、奖励制度、特权和制裁手段都表明，凡是有可能会破坏统治阶级的统治和威权的任何经济收益都会受到惩罚。最后，视价值观为社会学解释方式之出发点的这种做法，也使得我们很难理解价值观会随着时势的变化而变化这一显而易见的事实。美国南部民主理念被扭曲是一个大家都非常熟悉的例子，这一事实如果离开了棉花和奴隶将是难以理解的。如果关于人们是如何认知这个世界，以及人们在基于自己所看到的一切之后希望或者不希望做些什么我们缺乏了解，那么我们自己将会寸步难行。脱离使人们最终得出这一概念的具体方式，脱离其特定的历史情境，将其抬举到一个自成因果、自行其是的独立元素的地位，这种做法其实意味着那些本应该秉持公正的研究人员开始屈从于并接受了统治群体为其残酷行径所找出的所谓正当理由。我担心的是，这正是大量学院派社会科学研究者今天的所作所为。

现在让我们转向更具体的问题吧。追溯历史，我们可以了解到土地精英群体的经历在思想上对自由社会的概念作出了很多贡献，但是，要充分地讨论这些贡献却是不可能的。在这里，我们只要给读者提个醒就行了，要知道，英国的议会民主在很大程度上就是这个阶级群体所创造出来的，该阶级到第一次世界大战前一直在掌控着议会民主的运作，从那之后一直到现在也不断地在发挥影响力。合法统治和开放社会这些现代概念，有很大一部分是出自这一远非那么团结的阶级与皇室统治之间的斗争。但是，我会针对一个主题，即“业余者”这一理念进行评论，因为这一群人的命运充分地展示了一个曾经占统治地位的阶级的理念和原则如何在特定的情境下发展成为马克思主义者所称的批判和进步理论。这一问题之所以值得指出，是因为它所引发的思考并不仅仅局限于土地贵族。正如在对农民的讨论中再次出现的那样，也许正是日益衰亡的阶级对一个自由社会的愿景作出了决定性的贡献。

尽管土地贵族在很多国家都形成了一个友善的社会氛围，使得那里能够产生业余者这一理念，并得到进一步的发展，但是这一理念形成的根基显然延伸得更广更远。纵然其表现形式各异，但是这一理念可能是大多数前工业化文明的典型特征。我们可以用下列方式来展示这一组理念的主要特征。由于贵族地位原本就要表明其在本质上优越于他人，其才华是世袭的，而不是一个一个后天努力获得的结果，因此人们显然不能指望贵族们在任何一个特定方面进行太持久或者太热诚的努力。他可能出类拔萃，但是不只是在一种活动上如此，也不能是长期培训的结果——那属于平民现象。值得注意的是，世袭也并不完全是决定性的因素。因此，业余者和绅士的概念在古希腊和中华帝国有着同样的重要性，这些社会从理论上将世袭地位的重要性尽量缩小，可能只比某些层级(比如奴隶)高一点而已。尽管如此，也正是在这些社会中，只有数量有限的人才被认为是有能力争取到完整的贵族地位的。对于他们来说，“真正的”统治者加绅士是一个本质上与众不同的一群人。在这些社会以及在包含了更明确的阶级或者种姓结构的其他社会中，人们期待贵族在各个方面都表现得不错，但是任何一方面又都不能太好，即使是做爱这方面也不例外。在西方社会里，这个概念在很大程度上由于工业社会取得胜利而消失殆尽了。例如，在美国，业余者和专业人士之间的差异只存在于普通人并不认真对待的某些生活领域，通常大家对前者更为认同。人们会提及业余运动员或者业余演员①，在有些圈子里甚至会提及业余历史学家，但是，除非是作为贬义的称呼，否则很少有人会提及业余商人或者业余律师。

正如读者可能已经预料到的那样，关于业余者的传统概念在英国体现得最清晰，在那里，贵族(这里我宽泛地使用该词，包括绅士阶层的大部分)很好地维持住了自己的地位，并没有受到太多伤害。纳米尔爵士曾经写道，“英国贵族所从事的知识性工作比任何其他地方的人都多，相应地，科学家、医生、历史学家和诗人都能够跻身贵族行列……但是没听说哪个德国学者曾经被封为男爵或者伯爵”。认为财富本身就是值得追求的目标的任何一种观念，贵族都会坚持其批判立场，而这也使得贵族一直能够以审美的态度对待生活。即使到今天，仍有很多人相信艺术、文学、哲学和纯科学并不仅仅是谋生这一严肃任务的装饰性附属品而已，这些恰恰是人类生活至高无上的目标。这些概念之所以能够而且已经得到了认真的对待，在极大程度上需要归因于独立贵族作为一个群体坚持不懈的精神，这一群体给这一概念赋予了高贵的光环，而且竭尽全力地赞助和惠顾，尽管贵族们自己并没有将这些概念作为真正行之有效的日常行为准则。

同样，有一种批判立场认为，技术人员只不过是可以为任何主人服务的无头脑之辈。这一立场衍生于贵族关于业余者的概念。再一次，纳米尔爵士提到了这些概念在20世纪英国的重要性：

“我们更倾向于让大家觉得这一概念似乎是不经意间地出现的——就像帝国这个概念一样——非常契合我们漫不经心的状态……

① 在中国有“票友”的说法。——译者

专业化一定会扭曲大脑，导致失衡，而典型的英国人总是试图让大家看上去不够科学，这一点来自保持人类天性的欲望……一种职业所具备的抽象知识是不受英国人重视的，因为英国文化的传统通常认为职业应该是属于实际操作的，而文化则应该是有闲阶级的工作。”①

不管怎么说，从最好的角度来看，这一理念主张，受过教育的人应该对科学和艺术所涉及的广泛问题和本质概念有足够准确、足够灵通的理解，从而能够评估这些问题和概念所蕴含的社会和政治寓意。

即使是今天，这也并不是一个乌托邦式的理念。对于这种理念，大家通常会批驳说，要知道的东西实在是太多了，而这种批驳恰恰规避了最主要的问题：究竟哪些东西才值得我们去了解？这一批驳给技术人员和概念虚无主义者们提供了一种意识形态上的掩护，这些人总是担心在关于相对重要性的公开讨论中，自己所掌握的有限知识可能无法与其他人竞争。因此，旧时的贵族和平民之间的斗争转换成了一个新的形式，在学术围墙内继续进行。

所有这些主题都有着强烈的负面影响。业余者理念可以而且已经成了肤浅和无能的借口。如果说贵族有助于维持审美维度的独立性，那么它也同样带来了强大的压力，使得审美最终发展成为纯粹的修饰和恭维而已。纯粹的势利，例如，在缺乏任何理性基础上所进行的社会差别划分以及对所谓的威望的授予，都在其中发挥了重要的作用。凡勃伦在《有闲阶级的理论》中所作的讽刺漫画式的描绘抓住了这一真相的关键方面。最后，我们有必要意识到西欧，甚至包括英国的贵族内部都存在着极为强烈的反智痕迹。在绅士阶层和更高阶层的许多小圈子里，在对话中如果有人试图提及体育和园艺以外话题，那么就可能引发别人脸上令人痛苦的诧异表情，甚至会让人怀疑该谈话者是

① 关于引用的这两段话，参见 Namier，*England*，14－15。

“布尔什”（极端分子）的同情者。对每一个声名卓著的智识阶层的支持者来说，对每一个不同寻常的非大众事业的辩护者来说，对每一个以其独立性为基石并努力在思想上真正有所成就的贵族来说，其背后都对应着许许多多过着空洞和无意义生活的贵族。每出现一个伯特兰·罗素，就可能需要20个布林普上校。如果贵族阶级的继续存在可以帮助我们维持有思想的生活的话，那么贵族阶级在很大程度上也同时窒息了人们的知识和思想。尽管我并不十分了解认真评估这种平衡状态的各种努力，但是似乎可以肯定的是，在贵族所剥夺的所有经济和人力资源中只有极少的比例重新返回到了人们的思想和艺术生活中去。因此，贵族对一个自由社会的概念及其最终实现都作出了贡献，但是这种贡献来之不易，整个社会付出了极大的代价。

有一种观点认为业余者这一概念确实作出了一些正面贡献，如果说这一观点有一定合理性的话，那么人们对其他一些概念的负面评价显然也有明确的根据。但是，我们接下来要讨论的一些概念则兴起于一个迥然不同的社会背景。如果土地精英阶层尽管在经济上遭到了不少损失，或者说受到了一种不熟悉的新经济力量的威胁（这种威胁可以进一步展现美国内战之前南方地区的一些思潮），但仍能够成功地维持住自己的政治权力，那么在这一阶层中就很可能会繁殖出反动的社会理论。在本书的某些节点上，我们时不时地会看到，在商业关系已经开始削弱农民经济的地方，社会中的保守因素就有可能开始大肆歌颂农民，称其为社会脊梁。这一现象并不仅仅局限于现代时期，也不仅仅局限于西方文明。这种歌颂的关键要素——提倡男性强力的美德、军国主义、对“堕落的”外国人的鄙视以及反智主义——至少在西方，早在贵族用奴隶运作自己庄园的大加图[1]时代就已经出现了。也

① Marcus Porcius，前234－前149，罗马政治家、演说家、第一位重要的拉丁散文作家。——译者

因此，用他的名字来命名这一组复杂的概念应该说是非常合适的。根据某些权威人士的研究，我们得知，类似歌颂农民的说法也出自公元前4世纪中国的法家之口，其目的也是为了回应传统农民经济所受到的威胁。加图主义的功能太明显不过了，我们在此只需进行简短的评论。加图主义为掌权者所建立的高压社会秩序提供了合理的依据。加图主义否认了已经给农民带来了伤害的真实变化的存在，否认进行进一步社会变革尤其是革命性变革的需要。也许，加图主义缓解了那些需要为农民所受到的伤害负责的人的良心不安——不管怎么说，是军事扩张摧毁了罗马帝国的农民阶级。

现代形式的加图主义同样也兴起于土地精英群体为应对市场关系对农业经济的不断侵入而采取的高压剥削方法，其主要概念突出地体现在19世纪和20世纪的容克贵族圈、日本的重农主义运动、本世纪开端的俄国黑帮分子以及奋力争取成为维希政府①门面的法国极端保守主义当中。②美国内战爆发之前竭力为南方辩解的人群中也出现过这一主义的一些关键元素。在20世纪欧洲和亚洲的法西斯主义以及中国蒋介石的纲领性宣言中，加图主义也是其中一个重要组成部分。很自然，所有这些运动各有不同。但是，我们不难看出，所有这些运动所共享的相关概念和倾向中都存在着一个特定的基本计划。

这组现象中有一个关键要素，那就是，社会上出现了大量呼吁进行彻底道德复兴的言论，这些言论掩盖了对现存社会条件缺乏现实性分析这一现状，而这些社会条件将会威胁到支持加图主义的既得利益群体。对于那些总是在不断地鼓吹道德美德的政治和思想领袖抱着一

---

① 指从法国1940年被纳粹德国击败至二战期间被盟军解放，在贝当元帅统治下的时期。——译者

② “The Folklore of Royalism”，*Times Literary Supplement*，September 7，1962 中可以看到极有启发的对法国发展进程的简短分析，这一分析使得人们关注一些更大的问题。

定的怀疑态度，这也许是一个很有效的原则；要记住，总是会有众多可怜的家伙将会受到严重的伤害。当然，贸然断言道德鼓吹者乏善可陈也不是正确的做法；加图主义者总是在寻求一种特定类型的复兴，尽管确定加图主义究竟反对什么比起确定它究竟赞成什么更加容易。加图主义者的辩论中弥漫着一种道德诚意的氛围。加图主义推崇的道德并不是工具性的；也就是说，其所提倡的政策并不是为了让人类更幸福（幸福和进步被视为堕落资产阶级的幻想已经被轻蔑地丢弃了），而且显然也不是为了让人们更富裕。这些政策之所以重要，是因为它们的推行是为了有助于提倡一种生活方式，而这种生活方式在过去已经在一定程度上被证实为有生命力。毋庸置疑，加图主义者对过去的看法是一种罗曼蒂克式的曲解。

这种生活方式理应是一个有机的整体，而且，很自然，要保持其有机性就需要与土地关联起来。确实，“有机”和“整体”是加图主义中经常出现的含义模糊的术语。乡村的有机生活照道理应该优越于现代科学和现代城市文明中的极为分散的解体了的世界。①所谓农民与土地之间的纽带成为被大肆颂扬的宣传主题，但是很少见到任何实际行动。传统的宗教式虔诚行为以及仿古式语调变得极为时髦。事实上，就像日本神道教所展示的那样，传统尽管不是全部但是在很大程度上是按需定制的。顺从和等级都变成了宣传标语和口号，很多时候带有种族的弦外之音或者至少带有关于社会的生物学隐喻。但是，照道理，等级不应该带上现代的非个人化的官僚制度特征。事实上，有许多关于同志情谊的讨论，这是人与人之间的温暖情谊。德语中Gemeinschaft、Genossenschaft 和 Heimat 这些单词所体现的情感含义要

---

①　加图主义高度依赖反对现代科学和现代工业化文明的罗曼蒂克式的抗议。当然，也并不是说这一抗议的所有一切都是荒谬的。其中有很多概念也出现在施本格勒（Spengler）的理论中，但是施本格勒认为复古主义从来就不可能管用，这一观点加图主义拒不接受。

比英语中的对应单词——community（社区）、association（协会）和home（家）——强烈得多，这些单词显然可以使得气氛变得热烈起来，而这种情形不仅仅只存在于德语中。

事实上，对人间温暖的强调，跟道德复兴一样，似乎都具有决定性的因素。在整体意识形态的背景之下，这种组合最终引导人们对性采取矛盾的态度。作为常规的加图主义反智和反工业观念的一部分，人们认为现代城市文明在一定程度上降低了性的价值，并使得人与人之间的关系变得冷冰冰，丧失了人性。因此，社会上出现了对性冷淡和性无能的成见，出现了对性的赞颂，就像《查泰莱夫人的情人》所表现的那样。在另一方面，又由于性是家、家族和国家的基础，因此又一直存在着色欲令人有负罪感的氛围。纳粹德国党卫军的纵欲行为，怂恿党卫军英雄非婚生子的雕虫小技，和旨在为妇女重新创造一种由孩子、教堂和厨房（德语中的3K）组成的"健康"家庭环境的更通行的政策，三者之间再一次出现了矛盾。很自然，政治宣言当然是"用热血来思考"，绝对排斥理性分析，认为理性分析是一种"冰冷"或"机械"的阻碍行动的做法。而在另一方面，行动则又是"热情"的，而且总是喜欢带上一些战斗的意味。用情色的语调来描绘死亡和毁灭，这种努力也是很引人注目的，尤其是在日本社会。生命最终是为了死亡而牺牲的，火星最终吞噬了金星。"这是荣耀啊……"①通过所有这些富有暖意的言语，加图主义对人类情感的柔软一面表达出深深的忧惧。

在这里，加图主义也体现出其他一些令人好奇的自相矛盾和模棱

① 中世纪基督教可能也会把死亡置于生命之前，但是很少会如此地强调暴力和破坏。在基督教的实践中，绅士风度、怜悯和仁慈元素并不占主导地位，但是这些因素却将基督教与加图主义区分开来。

两可的特征。加图主义认为波德莱尔①式的浸淫于死亡和尸解的“不健康”观念是极其恐怖的。加图主义将这种观念归罪于外国人，归罪于“堕落的世界大同主义”。艺术必须是“健康”的，符合传统的，更重要的是，让人能够容易理解的。加图主义的艺术理念以民间文艺和地方化艺术为中心，是城市受教育阶层复兴农民服饰、舞蹈和庆典的一种努力。一旦分享到权力，加图主义者的艺术观点似乎就与那些旨在促进传统艺术和学院派艺术的一般倾向融合到了一起，这种倾向，我们在所有努力维持社会凝聚力的政权中都能看到。正如有人经常指出的那样，纳粹和斯大林的艺术理念之间存在着惊人的相似性。两者都同样强烈地谴责 Kunstbolschewismus，即“无根的世界大同主义”。在奥古斯丁②时代的罗马，也可以觉察到类似的趋势。③

在概括加图主义所推崇的概念时，我们有必要提及加图主义理论所反对的一切。具体而言，他们对商人、高利贷者、大金融主、世界大同主义者和知识分子都充满敌意。在美国，加图主义就表现为对城市骗子的痛恨，更概括地讲，就变现为对任何一种超越最原始的民间智慧都持敌对态度。在日本，加图主义宣扬的是反对财阀的激烈情绪。在加图主义者眼里，城市显然是一个不断扩散的恶瘤，充满了鬼鬼祟祟的阴谋家，他们到处行骗，让原先诚实的农民丧失了道德。在市场经济条件下处于严重劣势的农民和小农场主，其实际的日常经历

---

① Charles Pierre Baudelaire，1821 – 1867，法国著名诗人，代表作《恶之花》。——译者

② Aurelius Augustinus，354 – 430，古罗马基督教思想家，著有《忏悔录》等。——译者

③ 参见 Syme，*Roman Revolution*，chaps XXVIII – XXIX，esp 460 – 468 中关于弗吉尔(Vergil)和贺拉斯(Horace)的精彩讨论。同时也要注意彼得罗纽斯(Petronious)的失势，罗马历史学家对尼禄(Nero)和卡利古拉(Caligula)的艺术兴趣的态度。斯大林主义艺术展现出我称为加图主义特征或者是衍生自加图主义的特征这一事实似乎对这里所提出的整体解释投下了很深的怀疑的阴影。但是，如果认为社会主义，尤其是斯大林时代的社会主义，借助并结合了其历史对手的某些最具压迫性特征，难道不显得荒唐可笑吗？

中显然存在着上述情绪的现实基础。

就他们所表达出来的情感和仇恨的根源而言，乡村中激进的右翼和激进的左翼之间并没有太多可选择的余地。两者主要的区别在于对苦痛的根源以及潜在的未来发展趋势究竟进行了多少现实的分析。加图主义掩盖了造成这些现象的社会根源，投射出一个普遍顺从的未来画面。而激进的传统则强调其社会根源，投射出一个最终能够获得自由的画面。试图借用心理战的方法来赢得激进农民支持以完成保守事业(反之亦然)的努力屡战屡败，这清晰地展示出，激进右翼和激进左翼之间有着相似的情感和根源这一事实，并不意味着在政治上具有显著影响的力量的兴起取决于该力量对不满情绪进行操控的技能。这些心理上和组织上的技能是重要的，但是只有在与拥有这些技能的领导人所试图鼓动的农民阶级的日常经历相符合的时候，这些技能才能真正起到作用。

因此，加图主义并不纯粹是上层阶级所杜撰的关于农民或写给农民的神话，但它确实在农民那里得到了响应，因为它为受到市场入侵影响的农民境况提供了某种解释。很显然，它也起因于受到同样力量威胁的土地贵族的生活状况而形成的一系列理念。如果人们考察一下那些来自贵族对威胁的回应并最终发展成自由民主的观点，那么也会发现，这些观点也体现在加图主义中，只不过是换成了不同的基调而已。对大众民主的批评、关于合法统治和习俗重要性的概念、对财富性权力和纯粹技术专才的反对，这些都是加图主义杂音中的主要观点。同样，正是这些观点的结合方式和终极目的，使之区别于其他主义。因为它们都服务于加强高压统治的目的。就贵族自由主义而言，各种观点汇集到一起成为对抗非理性统治的思想武器。而加图主义缺少任何多元主义观念，也缺乏对等级和顺从观念进行监督和制约的意愿。

正如上文所指出的那样，现代的加图主义主要与资本主义农业的强制劳动的企图相关联。这种加图主义也是彻头彻尾地反工业化和反现代化的。在这里，加图主义可能体现出了其传播和成功的基本局限。我认为，在凡勃伦谨慎地但不断重复地表达的希望中确实存在着一些很重要的真理性认知，他认为机械的进步可能在一定程度上把人类的非理性冲刷到历史的阴沟里去。强制劳动或者剥削性农业的最极端形式可能是资本主义发展进程中具有决定性的附属物，就像美国奴隶制和英美工业资本主义之间的关联所体现出的情形一样。但是，在推行强制劳动制度的那些地区，工业资本主义势力很难建立。①为了控制住那些被支配的民众，上层阶级不得不形成一个反理性、反城市、反唯物主义、反资产阶级（这一点更松散一些）的世界观——这样一个世界观显然排斥任何进步观念。而且，我们很难看出工业主义何以在缺乏民众推动力的情况下站稳根基，因为这些民众秉持着明显的进步唯物主义的观念，这种进步迟早都会包括改善底层阶级的境遇。与进步工业主义相比，加图主义似乎最终会出于生存的考虑而不得不妥协，与更明确的城市和资本主义形式下的罗曼蒂克式怀旧意识融合在一起。在过去 20 年间，极端右翼思想中这些令人尊敬的部分在西方，尤其是在美国，已经变得越来越有影响力了。可以想见的是，有朝一日加图主义将成为这一危险的混合体中最具爆炸性的成分出现在未来的历史学家面前，如果到那时候历史学家还存在的话。

一旦历史学家要把衍生于大土地阶层的经验的理念转变成农民的理念，马上就会碰到许多难题，因为相关的资料极为稀少，而且其真实性也很可疑。判断农民中普遍流行什么理念显然更困难，因为农民们自己留下的记录极少，而且其中很多观念应该归因于有政治企图的

① 日本可以被看作一个特例。也许这些工业化的障碍仅仅是在一个接近于种植园类型的农业经济形式中才显得严重。德国的容克区域很大程度上始终处于乡村状态；俄国直到 1917 年在整体上当然也如此。但是，在日本也有各种困难，其乡村意识形态中很大一部分不得不连根拔起。

城市人。在这里，我并不想从整体上来承担起这个任务，哪怕只是粗略地加以概括也不太愿意。相反，我会试图确定大家都熟知的对现代社会的革命性批判，与所生活的世界受到了现代社会冲击的农民的经验之间是否存在着某种关联。完全不同于一般人的认识，我觉得，乡村世界可能是人们用来判断和谴责现代工业文明的那些模糊标准的一个重要来源，而现代工业文明则是人们形成其关于正义和非正义概念的背景。

如果想把真正属于农民的观念与城市思想家为了自身政治目的而强加给农民的观念区分开来，那么再快速地考察一下现代冲击尚未到来之前农民的生活状况对我们应该有帮助的。这里果然呈现出了一些不断重复的特征。为对抗自然灾害，以及为应付地主收租，世界上许多地方都发展出了佃农制度，这种制度中存在着平均分配资源的内在倾向。将土地条块化、让属于乡村的土地分散于乡村领地不同部分的这种制度，在欧洲和亚洲都普遍存在。另外，还有一个习俗，那就是，允许大家平等地使用一部分未加分配的土地，即公地。尽管公地在使用牛群以减轻人力负担的欧洲具有更大的重要性，但是公地同样也存在于亚洲；例如，在日本，公地就作为肥料等补充性资源的来源。尽管各种制度之间有着相当大的差异，但是与这些制度相关联的概念还是非常清晰的：社区的每一个成员都应该接触到足够的资源来完成对社区应尽的义务，社区则依靠集体的努力来维持其生存。①包括地主和神职人员在内的每一个人都需要有所作为、有所贡献。尽管这些概念被各种各样的知识分子浪漫化了，但是它们确实因为农民自身的经验而拥有坚实的基础。

因此，农民的这一经验提供了丰富的土壤，生长出了农民的风俗

---

① 在中国，似乎并不存在公地，但是其存在的宗族制度在一定程度上体现出同样的概念：每一个成员都应该能够接触到各种资源以便于承载某些社会功能。

习惯和用来判断他们自己和他人行为的道德标准。这些标准的本质是有关平等的最粗略概念，它强调公平也强调为了完成基本社会任务而拥有最低限量土地的必要性。这些标准通常会带有某种宗教性的惩戒，因而农民有可能会强调他们的宗教不同于其他社会阶级的宗教。在现代化进程中，农民应用这些标准来评估其命运，并在一定程度上解释其命运。因此，他们经常会强调恢复其古已有之的权利。正如托尼所观察到的那样，农民中的激进分子如果听到别人指责他是在削弱社会的根基会感到非常震惊；他只不过是在试图夺回很久之前就一直理所应当地属于他的一切。①

随着商业和工业世界开始削弱乡村社区结构，欧洲农民以要求自由、平等和博爱的激进主义姿态予以回应，但是他们对这些口号的理解有别于城镇居民，尤其是更富裕的资产阶级。在整个欧洲和亚洲，乡村对现代化的反应有自己的方式，有时候会和城镇的反应交汇在一起，有时候会沿着与城镇完全相反的方向前进。对于农民来说，上述三个概念中最重要的一个并不是自由，而是平等。正如我一会儿会更具体地指出的那样，农民以自身的经验有力地批判了资产阶级的平等概念。简而言之，农民会问："当富人仍然能够压迫穷人的时候，你们精心设计的政治制度究竟有什么意义呢？"自由同时意味着摆脱地主，而现在地主不再给农民提供保护，而是利用其古已有之的特权来夺走农民土地，或者迫使农民毫无报酬地为地主工作。博爱意味着乡村更多地作为一种合作性的经济单位和地域单位而存在。乍看起来，这一概念似乎是从农民手中传递给了知识分子，后者建立了一套理论，抨击现代生活的非人性化，并不断诅咒官僚机构的臃肿，他们透过一层罗曼蒂克的薄雾去理解他们认为的乡村社区。我觉得，所有这一切，对于每天在自己的村庄里不断见到他人因为财产和女人而发生

① Tawney, *Agrarian Problem*, 333–334, 337–338.

恶毒争吵的农民来说，显得非常古怪和不可理喻。其实，对于农民来说，博爱更多是一个负面概念，是地方主义的一种形式。农民对于养活城里人并没有任何抽象的兴趣。他们所天然形成的关于社会的概念显然不包括利他主义。对于他们来说，“外来者”过去和现在基本上都是税收和贷款的主要来源。另一方面，同村的乡亲们，尽管很多时候也需要警觉地对待，但是在农业周期的关键阶段需要有人参加劳动时，他们毕竟是不可或缺的人。因此，在这个群体内部，合作是占主导地位的主题，恶意和不信任是用来对待外来者的，当然根据日常的具体情形这一切会有很多变化和差别。由此，农民的地方主义并不是天生的特征（并不比对土地的依赖这一特征更强），而恰恰是具体的经验和情境的产物。

在刚刚概述过的形式中，这些概念对于城镇里受到债务和正在兴起的大贸易商双重压迫的小手工艺人和熟练工也颇具吸引力。由于小城镇中有一些人可能会写字，因此他们或者神职人员中的一些不安分者会通过文字记录下自己的怨愤，保存下来供历史学家讨论。这些情况使得将纯粹农民这一组成部分分辨出来的难度成倍地增加。但是，如果人们看一下英国内战和法国大革命时期那些掘土派和格拉胡斯·巴贝夫①——每一个案例中的名字都是耐人寻味的——的极端左翼的宣言以及1917年前俄国激进主义的某些思想，就不难认识到这些人与农民生活和农民问题之间的关联。

一些具体的细节再一次为这些一般的结论提供依据。英国内战期间的1649年4月16日，国务委员会收到了一条令人不安的消息，说有一批人正在前往位于萨里的圣乔治山开垦土地，他们人数虽然不多，但是却在不断上升，在那里，他们种植萝卜、胡萝卜和大豆，而且似

① Gracchus Babeuf，1760－1797，法国大革命早期的政治宣传家和鼓动家。——译者

乎还在规划某种政治方案。在委员会决定应该如何应对之前，包括杰勒德·温斯坦利①在内的掘土派领导人来到委员会面前，为自己的行为辩护，并且提出了一个农业共产主义的计划纲要。这一计划中最为重要的特征，正如在这一次以及随后与统治阶级之间发生的冲突所体现的那样，是对政治民主的批评，批评因缺乏社会改革计划而显得不充分。温斯坦利说："我们知道，除非所有的贫苦老百姓都能够自由地使用土地，并从土地中获益，否则英国就不可能成为一个自由联邦；如果得不到这样的自由，我们这些贫苦老百姓的生活就还不如国王时代，因为那时尽管我们受尽压迫，但是仍然能够拥有属于我们自己的一点地产，但是现在，我们的地产被用来购买我们的自由了，而且事实上我们还在遭受着地主暴政一般的压迫。"尽管掘土派可能带有一些偏激倾向，但它并非孤立的运动，还有其他一些类似的运动，尤其是在圈地运动迅速推进的那些地区。但是，它们未能取得什么进展，对私有财产的攻击由于时机不够成熟，不久就被镇压了下去。②

乔治·勒菲弗研究过的法国北部地区农民的口述记录，鲜明地揭示出一个深受现代化影响的地区的农民态度，尽管当时法国的乡村人口占了总人口的3/4。有些历史学家认为用口述记录作为关于农民问题的资料来源是有问题，勒菲弗则给出了可信的理由，让人们接受这些记录，当然他偶尔也有所保留。这些记录主要关注的是当地滥用职权的具体情况，这些情况我们此刻可以暂时忽视。值得我们加以注意的是一个反面的一般观点：正如可能已经被预料到的那样，农民对于当时困扰巴黎的权力的组织问题并没有什么兴趣。至于余下的问题，勒

① Gerrard Winstanley，1609－1660?，英格兰神秘主义者和空想家，掘土派领袖。——译者

② 参见 James，*Social Problems*，99－106；所引用的内容在102页。关于完整的文字和解释，参见 Sabine，ed，*Works of Winstanley*，其中（269－277）"A Declaration from the Poor Oppressed People of England"与上文讨论过的观点特别相关。

菲弗自己的观察是很尖锐的："对于几乎所有的农民来说，自由便意味着与地主脱离关系，自由与平等，这两个词构成了大革命的精髓。"①

勒菲弗还撰写过两本简短但是很有启发的研究著作，主要研究的是法国大革命时期极端激进派的一个著名领导人——弗朗索瓦·埃米尔或者是格拉胡斯·巴贝夫②。巴贝夫的主张是基于他阅读过的各种书本上提及（尤其是来自卢梭和马布利）的理论及他自己在皮卡第③的经历，他出生在皮卡第，在农民的环境中长大。这些经历中，对他影响最大的是他担任小封建领主的律师和封建领地的警察长为贵族服务时的工作经历，在这两个工作岗位上，他深入研究了这个商业影响力快速蔓延的地区的领主对农民行使的权利的法律基础。④阅读和个人经历的互相结合，最终使他形成了一个坚定的信念，那就是，认为财富和财产的不平等是偷盗、暴力及欺诈的结果，只是这些行为披上了一层法律认可的虚伪的正当性外衣而已。他提出的解决方案是彻底粉碎现存的财产关系制度，引进平等的分配方式以及按社区组织生产。根据最新发现的、当时他出于谨慎而未曾寄给某自由派贵族的一封信件，早在1786年，巴贝夫就已经想到要把周边的大规模农场变成与苏联集体农庄非常接近的形式，尽管仍然保留了向地主支付地租的制度。⑤为了确保平等能够一直有效，并确保按照使用要求和让人人心

---

① Lefebvre, *Paysans du Nord*, 353；同时参见 x, 344, 350-351。

② Lefebvre, *Etudes*, 298-314.

③ 法国的一个大区，下属三个省：埃纳省、瓦兹省和索姆省。——译者

④ 见 Dalin, *Grakkh Babef*, chap 3 对皮卡第社会状况的具体描述；同时104页有一段引用巴贝夫关于他作为一个封建公务员的经历对他究竟意味着什么的描述。

⑤ 关于巴贝夫在1786年6月1日所写的信件，是在马克思列宁主义学院的档案中发现的，参见 Dalin, *Grakkh Babef*, 95-109；关于集体农庄，参见99，在那里 Dalin 断言，巴贝夫在1785年的日记中倡导了集体农庄这个概念；我在 Advielle, *Babeuf*, II (pt 2), I-14 中重新引用的其1785年11月25日的日记文本中并没有发现这个概念的任何踪影。在该书最后关于巴贝夫和 Dubois de Fosseux 的通信索引中也没有提到这个术语。

情舒畅的标准来指导生产，巴贝夫逐渐意识到需要加强中央集权式的控制。①

与在他之前的温斯坦利一样，巴贝夫也认为，政治平等如果没有经济权利的支撑纯粹是一种欺骗。一开始，他似乎还有些犹豫，但是后来他尖锐地批判以罗伯斯比尔垮台为标志的资产阶级民主的胜利和社会民主的失败。至于1797年巴贝夫为其命丧黄泉的平等派密谋究竟包含哪些具体内容，则是专业人士讨论的问题。对于我们来说，其主要观点是清清楚楚的。巴贝夫主义者向往的是真正平等的未来：他们断言，“如此宏大的计划，从来就没有被构想和执行过。经过一段漫长的时期，一些天才加上一些智者，曾经以低沉而颤抖的声音提到过这一计划。但是，他们中间从来就没有谁胆敢将全部真相和盘托出……法国大革命不过是另一场更宏大、更庄严的革命之前奏，而这场新的革命将是最后的革命”。②

因而，在巴贝夫的例子中，农民的经历也有助于对资产阶级社会的批判，这种批判成为后来激进思想的一般看法。勒菲弗认为，武装叛乱传统以及无产阶级专政可能都是某一套理论的组成部分，该理论首先出现在巴贝夫历史记录的表面，然后到19世纪后期开始转回地下。

在18世纪和19世纪的俄国乡村社区，农民关于平等的概念体现为对土地周期性的重新分配，其同时作为对税收制度和对物理条件的应对。其中心是这样一个假定：每一个家庭都应该拥有足够的土地来支付由其负责的一定比例的债务和税收，这些债务和税收是以社区为

① 参见Dommanget，*Babeuf*，esp 103－121，250－264。在268页，巴贝夫将财产权称为人类错误中最可悲的内容之一。与这一简短讨论相关的其思想的其他方面，参见91，96，186，209－211页。

② 来自“Manifeste des Egaux”（1796），在Postgate，*Revolution from 1789 to 1906*，54，55中被翻译出来。

单位厘定的。众所周知，俄国民粹主义者采纳了农民设定的目标，也采纳了许多农民基于自身对乡村社区的理想化要求而对现代社会开展批判。尽管在19世纪的前马克思主义激进分子内部也存在着各种各样的差异，但是在将平等作为其首要原则，以及在民主的政治形式对于忍饥挨饿的人来说毫无意义这一观点上，这些激进分子通常还是能够达成一致的。①因此，在英国、法国和俄国，农民的实践很显然是这个著名的批判性思想的起源，只不过是法国和俄国的城镇思想家们所起的作用开始变得日益重要了。

由于显而易见的原因，在俄国识别农民内部流传的明确的政治假定会比在西欧地区更困难。虽然存在这些障碍，但是可以想见的是，借由认真的调查还是可能找到最具启发性的材料的，只不过关于这个特定的话题，目前实际上并没有人进行过任何研究。②根据俄国农民在19世纪尤其是在获得自由解放时期所做的一切来判断，他们的首要愿望是不再无偿地为地主打工。因为他们已经深切地觉察到了他们自己所生活的社会和剥削他们的地主之间存在着一条纽带，因此他们强烈希望能够切断这一纽带，由自己来管理乡村社区。这就是他们关于“真正自由”的主要概念。③他们还是愿意保留沙皇，把他视为对抗贵族的同盟力量，这一错误的观念在19世纪有很多令人为之叹息的戏剧性表述，当然这一点在早先的历史经历中也并非没有任何基础。乡村自治的概念一直是重要的农民传统，作为一股潜流，它在任何情况下都不会完全消亡。这一概念最近一次公开的表述出现在1921年的喀琅施塔得起义所提出的口号中——“不要共产党的苏维埃”，布尔什

---

① Berlin在Venturi，*Roots of Revolution*中的导言，vii，x，xvi，xxviii。

② 外国和本土评论者们继续给农民强加这样的概念：他们个人是属于地主的，而土地是属于他们的。一些相关的例子，参见Venturi，*Roots of Revolution*，68－69。这一陈述究竟在何种程度上是代表了农民的真实想法、在何种程度上又是属于贵族的歪曲呢？农民的行为使他们认为自己属于地主这一说法变得非常可疑。

③ Venturi，*Roots of Revolution*，211，218.

维克对它的镇压所揭示出的俄国革命的“秘密”，显然与掘土派的被镇压所揭示出的英国革命的“秘密”如出一辙。

在亚洲，农民的不满直到被共产党人捕捉到并加以利用之前一直体现为不同的形式。在思想内容方面，我们也找不到太多信息了。关于其与欧洲农民运动的相似处和差异点，我们可以用一两句话就说清楚。在印度，农民的不满尚未沾染上任何明显的革命色彩，因此主要还是局限于甘地式的博爱思想，也是对理想化乡村社区的回归。中国经历了一连串无休止的宗教起义，每一次都有四处蔓延的农业危机作为背景。从中国农民的不满中有可能找到比以宗教形式所表述出来的内容更多的内容，就像在欧洲的中世纪和现代早期那样。但是，关于中国的社会批判的线索，来自西方的资料除了指出以回到简单的原始秩序以应对复杂文明带来的社会疾病这一道教观念以外，并没有给出什么内容，可以与我们刚刚讨论过的西方社会批判相提并论。①针对这种情况，我暂时可以给出两方面的原因。正统的儒教教义本身确实在回头寻找一个已经过去了的黄金时代，因此很可能已经吸纳了农民的倾向——用理想的过去来批评当下的现实。同样，上层阶级采纳的儒教教义中的世俗特征可能鼓励农民以神秘的宗教形式来表达自己的不满情绪，不管怎么说，这样的倾向是非常强烈的。比这些考虑更重要的是另外一点：几乎不可能指望中国农民发展出一种对政治民主的平等主义式批判，因为中国本土没有出现过任何形式的政治民主可供批判。德川时期日本农民内部的混乱和不安定似乎也从来没有过任何统一的政治表述，或者至少说没有在历史上留下任何记录。在更接近现代的时期，农民的不满情绪采取了一种保守的形式。在这一讨论过程中，我们几次都提到了农民激进主义倒退和反动的方面。尽管这些

---

① Yang, *Religion*, 114. 同时参见同一本书的第 9 章，“Religion and Political Rebellion”。

情形受到了巧言令色的反动派的重视和推崇，但是它们绝不仅仅是反动派的产物而已。当然，只要能够记住这一警示，我们就无需对此进行更充分的讨论。

由于农民的不满情绪经常是以反动的形式来表达的，因此马克思主义思想家通常以鄙视和怀疑的态度来看待农民激进主义，或者从最好的方面来说，也不过是屈尊的恩赐而已。所以嘲笑这种盲目性，指出马克思主义的成功主要是依靠农民革命，这几乎已经成了反马克思主义者最大的业余爱好了，以至于反而掩盖了更重要的问题。当人们回顾现代革命的发展，以德国大革命和英国清教徒革命为起点，向西延伸到美国，向东延伸到法国、德国、俄国和中国，考察革命成功和流产的各个阶段，这时有两个观点开始变得极为鲜明。第一，一个阶段的乌托邦式的激进概念到了下一个阶段就会发展成被人们普遍接受的制度和哲学方面的陈词滥调。第二，激进主义的主要社会基础是农民和城镇里的小手工业主。人们从这些事实中可以得出这样的结论：人类自由的源泉不仅存在于被马克思提出来了的各个阶级掌握权力的极度渴望之中，而且更可能存在于一个即将被进步潮流所席卷的阶级的垂死哀嚎之中。继续蔓延的工业主义有可能在比较遥远的未来永远地压制住这些声音，从而使得革命激进主义变得像楔形文字一样不合时宜。

要让一个西方学者对革命激进主义说几句好话特别不容易，因为这实在有悖于他们根深蒂固的心理感受。一点一滴的渐进式改革作为推动人类自由的方式已经显示出其优于暴力革命的一面，这一假定如此普及，以至于使得任何质疑都显得格格不入。在结束本书之时，关于这一问题，我应该最后一次提醒大家关注从现代化的比较历史中获得的证据告诉我们的一切。正如我自己在阅读这些证据时不得不承认的那样，现代化的代价至少与革命的代价一样令人震惊，甚至可能更为严重。

要公正就得认识到这样一个事实：几乎所有历史被书写的方式都会强加一个反对革命暴力的压倒性偏见。事实上，要是人们对偏见的深度有所认识的话，就会发现这样的偏见是令人惊惧的。把反抗压迫者的暴力与施加于压迫者的暴力相提并论一定会误导人。但是，更有甚者，从斯巴达克斯到罗伯斯比尔到当下，那些使用暴力来反抗他们过去主人的被压迫者几乎已经成了受到普遍谴责的对象。而同时，“正常”社会中日常所发生的压迫则被大多数历史书籍一笔带过。即使是那些谴责前革命时代非正义行为的激进派历史学家们通常也更多地聚焦于动乱爆发前夕的极短的时间片断。他们也无意地以这样的方式扭曲了历史记录。

上述辩驳针对的是令人宽慰的渐进主义神话。还有一个甚至更重要的辩驳，那就是不进行革命(而进入现代化)的代价。法西斯主义的牺牲者面临的悲剧和法西斯主义的侵略战争，就是因为没有经历过一场真正的革命就进入了现代化所造成的后果。在今天的落后国家，那些没有起而反抗的人仍然在继续遭受着苦难。在印度，我们看到，这样的苦难在很大程度上是亚洲背景下的“缓慢的民主”所付出的代价。将这种情况称为民主的停滞并不等于把这一真相拉到了不适当的长度。还有一些以革命名义所展开的正面辩驳。在西方民主国家，革命暴力(还有其他形式)是使得随后和平变革得以进行的整个历史进程之一部分。在共产主义国家也一样，革命暴力也是摆脱受压迫的过去之一部分，是努力建设一个少一些压迫的未来之一部分。

渐进主义的辩论似乎是不牢靠的。但是，正是在这一点上，革命的辩论也失去了其根基。毋庸置疑，现有的社会主义国家代表着比西方民主资本主义更高的自由，这一宣称显然是建立在承诺的基础上的，而不是实际表现的基础上的。布尔什维克革命并没有给俄国人民带来解放，这一事实是不容否认的。最多只能说这一革命带来了解放的可能性。斯大林统治下的俄国出现了历史上最严酷的政权之一。尽管并没有太多关于中国的情况，那里共产党所取得的胜利对于经历了一个世纪肆虐全国的土匪骚扰、外国压迫和革命风暴的广大民众来说，可能意味着人身安全的改善，但是我们仍然可以自信地断定，在中国，社会主义的宣称也是基于承诺而已，并非基于实际表现。事实上，共产党无法宣称，在他们推行的工业化进程中，广大民众承受的痛苦将少于之前资本主义形式下承受的痛苦。在这一点上，我们有必要指出：并没有证据表明哪个国家的民众真的想要一个工业化的社会；相反，倒是有充分的证据表明他们压根就不想要一个这样的社会。归根结底，迄今为止，所有形式的工业化都是自上而下的革命，是冷酷无情的少数人的把戏。

对于这一控诉，共产党人可以反驳说，其政权的压迫特征在很大程度上是出于一种需要，即在被贪婪的资本主义敌人包围之下在极短的时间内建立起工业基础的需要。我认为，就实际发生的情形来看，这样的辩驳是很难站得住脚的。斯大林的压迫和恐怖统治，其范围之广和深度之深，光靠革命必要性这样一些概念是很难解释的，更不用说给出正当理由了。在很多方面，斯大林恐怖统治可能更多地阻碍了革命目标的实现，而不是有助于其实现，比如在二战爆发前夕对军队士官的大屠杀，再比如斯大林的统治方式可能造成了遍布苏联行政管理结构（包括工业领域）的混乱和僵化相混合的严重局面。当然，把一切都归咎于斯大林个人也不对。斯大林统治时代的问题有其制度上的根源。对于斯大林主义，共产主义理念和制度脱不了干系。一般来说，革命专制最令人难以容忍的特征之一是使用暴力对付弱小民众，他们既是旧秩序的牺牲品也是革命本身的牺牲品，而且更多是后者的牺牲品。

还有一种论调认为我们离共产主义革命太近了，因而无法对它们作出适当的评价：过往的革命，其解放效应花了很长时间才显现出来。这样一个主张，加上认为共产主义恐怖源于其对资本主义恐怖的防御这个前面已经提及的主张，都不是能够轻易忽视的论点。但是，我们有根据这样认为，这些论点对于过去和未来都显示出了相当幼稚的看法。它们对过去的看法是幼稚的，因为每一个政府都将高压特征归因于敌对势力：如果敌人能够一走了之，那么所有的人从此就都能永久地过上快乐幸福的生活了。有这样一种认知，认为对于所有占统治地位的精英群体来说，尽管他们互相之间争斗不休，但是对手的存在都是有利于该群体的既得利益的。上述论调对未来的看法同样是幼稚的，因为他们忽视了一次革命一旦变形将在多大程度上为统治阶级创造既得利益。对共产主义者的所有辩护都需要一个对于未来的信仰，而这一信仰的获得又需要最大限度地放弃批判的理性。

在不得不放弃的地方，我极力提出这样一个观点：西方自由主义和共产主义（尤其是俄国式的共产主义）都已经开始呈现出很多历史性的退化迹象。这些主义已经演变成成功的说教了，并且开始变成了一种意识形态，旨在为多种形式的压迫提供正当理由，并试图掩盖各种形态的压迫。西方自由主义和共产主义这两者之间还是存在着巨大的差异的，这是不言而喻的。共产主义国家的压迫主要对付的一直是自己的民众。自由社会的压迫，无论是在早期的帝国主义当中，还是在当今对落后地区的反抗的武装镇压当中，更主要的是针对外部、针对其他人的。但是，空谈自由以掩盖压迫这一共同特征可能是其中一个最显著的特征。就这种情况的程度而言，要完成诚实思考的任务必须摆脱两种偏见，必须揭示出在这两种制度中造成压迫倾向的根源，以期根除这些倾向。极端地讲，实际上这些倾向是否能够被根除还是有疑问的。只要强大的既得利益群体反对那些旨在让世界上的压迫更少一些的变革，那么任何一种对自由社会的承诺都不能单靠什么革命的强制手段就得以实现。但是，这种承诺是一种终极的必要，是政治行动最后的依靠，其合理的正当理由根据时间和地点不同而呈现出极大的差异，在这里我们根本无法顾及。至于关于一个自由、理性社会这一古老的西方梦想是否永远只是一个妄想而已，没有人能有确切的认知和把握。但是，如果未来世界的人们真的想要冲破当下的锁链，他们也不得不努力去理解形成这些锁链的力量。

附　录

关于统计和保守史学研究方法的注解

任何一个人，只要他/她试图从其他学者的著述中寻找概括性的意见以及关于特定问题的信息的话，迟早都可能注意到一代人与另一代人之间的冲突，这种冲突的尖锐程度一点也不亚于人人熟知的屠格涅夫小说中展示的冲突。对同一组事件，保守的解读和激进的解读总是以一种相当有规则的顺序交替出现。冲突有助于增强我们对历史的理解，这一点，每一个先阅读一本泰纳①或者米什莱②撰写的书之后再去阅读任何现代人所撰写的关于法国大革命的标准描述的人都能体会到。基于我们都了解的人类的天性，或许我们也无法找到任何其他方式来掌握更多关于人与人之间所发生的事件的知识。

但是，按照上述所说的按先后顺序理解历史的做法也确实需要付出很多代价，而且也会因此损失很多东西，阻碍我们对于过往历史的累积性理解。其中一个损失来自人们总是会有的一种倾向，不加辨别地接受如下看法：当前这一代人或多或少确实已经永久性地把某些问题解决了。至于说在将来的长时间范围内，这一倾向在左派政治中是否也会像在右派政治中那样占上风，我们还是不能非常确定。我之所以认为这种倾向从一定程度上讲更多地体现在右派中而不是左派中，是因为两个原因。一个原因部分地出于偶然。本书撰写的时间正值政治气候的保守期，学术氛围出现了强烈的修正主义趋势——试图修正可能会引发我们对自己的社会产生疑虑的旧作品。到本书快完成的时候，学术界则开始呈现出明显的对抗修正主义趋势的倾向。另外一个原因则相对简单，左派教条主义者的偏见通常是非常粗鄙的，滑稽得令人发笑。任何人都可以不费吹灰之力就意识到这一点。

出于这些原因，下面这些评论主要针对的都是某种形式的保守偏见。我之所以发表这些评论，目的是告诫好奇的门外汉和初出茅庐的学者们对那些保守修正主义的极端形式时刻保持警惕，这些极端的保守修正主义者认为冷静的现代科学和定量研究如今已经“摧毁了”那些旧的解释，认为对这些解释中重要方面的坚持代表的是“对宗教神话的再次强调”，这种说法在人们的口头交流中比在铅字印刷出的文字中更容易频繁地接触到，因为学者们一旦开始诉诸文字就会迫使自己表达得更为稳妥更为缓和一些。如果能够深入地了解一下这些批判所赖以建立的统计证据，我们就可以发现，这些统计数据在接下来要讨论到的一些重要案例中，事实上反而更支持旧的观点。在进行技术方面的讨论之后，我也会提出我的一些反思，关于这些观点的一般要旨的反思。但是，在一开始，我希望能够明确一下我在提出自己观察时所秉持的精神和原则。我个人尽管对于统计并不擅长，但从来不能容忍那种不假思索地一味拒绝数字的粗暴思维方式。用反对自动化的卢德分子③这一称呼来指代这种畸形的人类思维方式对这些人来说实际上是不公平的；他们事实上是很有智慧的。我也不希望读者在阅读这个附录时，认为我在暗中抨击保守的修正主义。其实，任何一个同时了解本书所依据的部分文献的人都会意识到，我的一些论点与著名的修正主义作品中所提出的论点之间具有相似之处。最后，很多学者（其作品我们将要讨论到）并没有显示出任何自满情绪，这种情绪只会

---

① Hippolyte Taine，1828－1893，19世纪法国实证主义代表人物。——译者

② Jules Michelet，1798－1874，法国民族主义历史学家，以其不朽巨著《法国史》闻名于世。——译者

③ Luddite，19世纪英国手工业者为破坏替代了他们工作的纺织机器而组成的集团。——译者

出现在把暂定的结论装扮成已有共识的专业意见的人当中，要知道，所谓共识在所有关于人类的研究中是最不靠谱的。

首先让我们来讨论一下布伦顿与彭宁顿（Brunton and Pennington）对长期议会进行的一个重要研究。有些历史著作深受传统影响，不愿意承认英国内战背后确实存在着广泛的社会裂缝，与这些著作相比，这是一部很重要的作品。①乍一看，他们的研究似乎只有一个主题，具体地说，就是反驳托尼的观点。

这个统计研究在某一点上宣称，保皇党人和议会党人之间唯一显著的差异就是年龄：保皇党人通常比较年轻。两党之间都包括了大大小小的绅士、保守派和进步派地主、大都会和外省商人，各自所占的比例并没有太明显的差别。②在其对该研究的介绍中，托尼充分地观察到：

> 至于说到下议院（当前的研究只考虑它）的成员身份，基于其中所给出的数字所做出的推论是显而易见的。保皇党和议会党人之间的分歧与其多样化的经济利益和社会阶级之间的关联甚少。在我们能够找到同样全面的相反的证据之前，我们不得不坚持这一结论。③

但是，该研究本身就包含了关于阶级和经济利益重要性的强有力证据，这一证据在某种程度上没有引起托尼的注意。身为优秀学者的这两位作者提供了详实的数据，揭示出了这些因素的重要性。一旦人

---

① *Long Parliament*. 可能需要提醒那些对于英国内战的各个时间段只有模糊认识的读者：长期议会贯穿整个英国内战，从1640年11月3日一直到1660年3月16日。在国王被处决，即1649年1月30日之前几周，长期议会遭到普赖德上校的清算，最终沦落成残余议会。其成员数量随着处决国王前后的其他事件以及在克伦威尔执政时期（1653－1658）的各种事件而有所波动，在此我们无需关注这些事件。

② Brunton and Pennington, *Long Parliament*, 19－20.

③ Brunton and Pennington, *Long Parliament*, xix, xviii.

们看到关于长期议会中议会党人和保皇党人优势的地理分布图，这些因素就会显现出来。让我们把议会党人占多数的区域与占少数的区域区分开来。相关的数字显示在表4中。这些数字包括552个“原始”成员，他们在议会的时间处于1640年11月和1642年8月之间，即双方之间的敌对开始实际爆发之前。

表4　1640－1642年长期议会成员*

议会党人占多数的区域						
	东　部		内　陆		东南部	
	No.	%	No.	%	No.	%
保皇党	14	20	32	37	28	27
议会党	55	80	51	59	70	68
议会党人占少数的区域						
	北　部		西　部		西南部	
	No.	%	No.	%	No.	%
保皇党	37	55	43	67	82	50
议会党	28	42	20	31	78	48

*来源：引自Brunton and Pennington，*Long Parliament*，187，Table 1。关于“原始”成员的定义，参见第2页，关于地理区域的划分，参见附录V。

任何一个看到这些数据的社会历史学家，即使他对英国内战一无所知，也能够据此推测出当时英国的不同地理区域由于一些历史原因而已经在社会结构方面发展出了许多具有明显差异的不同类型，这些类型相互之间因为这样那样的原因产生了冲突（只有在西南部，这种分歧才处于均衡状态）。历史学家们对这些差异当然是了如指掌的。特里维廉①带着深刻的洞察来讨论这些差异的意义，其讨论生动地展现出

① George Macaulay Trevelyan，1876－1962，英国自由主义历史学家。——译者

了交织在一起的各阶级利益、忠诚于上级的传统纽带、宗教准则以及希望维持中立的单纯愿望，这一切在整个国家的不同地区和不同阶层当中都有所体现。其结果关涉生活在这个社会里的人们的期待，其中，资本主义，或者更广泛地讲，现代的思想和行为方式，正在试图穿越旧的社会结构向前推进。这一新世界的中心在伦敦，其影响力从那里扩散开去，在南部和东部扩散得最厉害。在另一方面，国王的优势主要是在更落后的地区，尤其是在北部和西部，除了清教徒的制衣业地区以及海港。①

将这些区域之间的差异彻底解释清楚，显然超出了这一注解的范围，也超出了我有限的知识范围；极其坦率地说，西南部表现出来的几乎均分的状态一直令我感到困惑。尽管如此，我们还是有必要提及一种关联的几个迹象，这一关联存在于圈地地主和议会提案之间，而这些迹象则来自把布伦顿与彭宁顿书中的数字按地理区域进行分解的结果。根据托尼的说法，16 世纪圈地运动对内陆和东部造成了最严重的社会破坏。②在这些区域，议会党人占据很大的优势。至于说南部和东部，也是议会党占优势的主要地区，从某种程度上讲，我们拥有了更多的信息，可以帮助我们更清楚地了解那里究竟发生了什么。在南部的肯特郡和埃塞克斯郡，在 16 世纪时并没有遭到什么破坏，因为这一区域有很大一部分土地在此之前就已经被圈掉了。肯特郡一直以来都是人们特别关注的对象，它似乎更像是一个典型的中立主义区域，那里的绅士并不情愿参与议会党人的行动，而且在经历了一个动荡阶段后都欢天喜地地欢迎王权的恢复，他们这么做，其背后的理念是其所信奉的圣公会教义和对既有财产权利的应有尊重这两者之间的

① Trevelyan, *History of England*, II, 185 - 187. 同时参见 Hill, *Puritanism*, 14 - 24 对 Brunton and Pennington 的批评；Hill 在第 16 页提醒人们注意地域上的差异。

② Tawney, *Agrarian Problem*, 8.

结合。[1]东部的萨福克郡是克伦威尔的家乡，也是人们特别关注的地区，同时也是议会党人的大本营。在最近出版的专著中，议会党的领导层被描绘成“一种排他的郡县俱乐部，包含了地主当中绝大部分有识之士，还有很多有钱人”。萨福克郡与其他东部郡一样，拥有发达的城市和乡村经济。也正是在这个郡，商业和农业企业之间的相互渗透已经发展到了非同寻常的高度。在拥有土地的家族内部，“很少有人与商业没有密切关系，萨福克郡的地主们在对自己的庄园进行农业开发利用方面，其热诚一点也不亚于其他任何地方的地主”。[2]

关于议会党人的一个主要大本营的这一描述与人们期待基于托尼的观点而发现的情形几乎完美地契合。我认为，如果大家能够更仔细地分析一下布伦顿与彭宁顿的统计数据以及这些统计数据背后的社会差异，就会发现它们其实是为托尼的观点提供了强有力的依据，而不是在损毁其观点。

旧时代的作品一直在强调18世纪晚期和19世纪早期的圈地运动造成了非常严重的影响。如果我们用那些原本用来支撑其对旧时代的作品进行批驳的统计证据做基础，可能也会做出同样的判断。明加[3]在《18世纪农场的规模》一文中，讨论了小型农场的衰退问题，将之归结为圈地运动和其他一些因素的结果。整体而言，该文得出的结论是当时的确存在衰退，对此我并无异议。事实上，该文给很多问题带来了有价值的启示，例如它揭示了“生气勃勃的地主”在法律上和政治上所承担的角色，而不仅仅是纯粹经济上的角色。他的解释中也有值得大家质疑的部分，那就是该文开篇提出的一系列统计观察。就我所读到的明加的观点而言，19世纪的普查统计所展示出的关于英国乡村社会的画面，显然与所有认为在此前的一个世纪里小农场主的地位

① Tawney, *Agrarian Problem*, 8; Everitt, “County Committee of Kent”, 9.
② Everitt, *Suffolk*, 16 - 17.
③ G. E. Mingay, 1923 - 2006，英国经济和社会历史学家。——译者

已经极度恶化了的观点都不一致。“任何愿意相信那些小农场到了18世纪已经‘了无踪影’的人，都必须准备好，对19世纪这些小农场主怎么又如此强势地重新显现了做出解释。”明加用一句话总结了来自普查的证据（参考 Clapham，*Economic History*，Ⅱ，263－264）：“到1831年，将近一半的农民除了自己的家庭成员以外并不雇用其他劳动力，而到了1852年，拥有5英亩及以上土地的人口中间，大约有62%的人拥有不到100英亩土地。1885年的收成显示的是差不多同样的状况……”①

依据明加的这些描述很容易得出这样一个印象，那就是，小农场主持续发展，一直延伸到19世纪，而且在乡村人口中占了很大比例，介于“将近一半”到“62%”之间。明加的研究所造成的理解上的困难，部分地需要归结为所使用的术语。明加是在英国学术期刊上撰写这篇文章的，因此他并没有任何义务指出，在英语中“农场主”这个词通常指的是佃农，他们通常会雇用其他劳动力，或者也可能根本不雇用其他劳动力，来耕种自己有权耕种的土地。“农场主”这个词很少会用来指称拥有并且耕种土地的人。因此，这个词本身已经排除了那些在乡村生活中扮演了决定性角色的人群，即处于社会阶层最顶层的拥有土地的人和在社会阶层最底层的农业劳动者。但是，仅仅靠讨论英语的用法是不足以恰当地理解明加的观察的。我们要尽力做的是看看具体的情况究竟是什么样的，这也就意味着需要把那些除了小农场主以外的人都放进我们这幅关于英国社会的画面当中。一旦人们能够做到这一点，明加的数据所给出的印象就会发生极大的改变。小农场主和小农场很可能都生存了下来。但是，到了19世纪，他们的社会环境发生了如此巨大的变化，以至于我们如果只是简单地提及生存问题，尽管不能说绝对会误导他人，但是已经变得毫无意义了。英国的乡村社会已经变成了一个主要是由少数拥有大规模土地的有产者和大

① Mingay，“Size of Farms”，470.

量几近于没有任何土地的劳动力所组成的社会，也就是说，在英国这片土地上，小型农场已经逐渐被边缘化了。

在我们进一步讨论实际数字之前，给出这样一个类比可能会使我的反对意见的实际特征表现得更直截了当一些。让我们思考一下在曼哈顿岛那样大小的一块土地上，不同的时间点内可能发现多少不同类型的住房。曼哈顿岛在世纪初还只是个农场房舍的聚集地，而现在却已经成了由钢筋和水泥堆砌而成的大都市。在贪婪的投机家们到处将整片整片地的木屋区摧毁，在上面建造起摩天大楼的过程中，独立房舍(甚至小木屋)的总体数量很可能也会增加。不过，在这个例子中过度地强调小房子仍然存在是会误导人的，因为这么做会严重地忽视真正具有深远意义的变化。

现在让我们来看看具体的数字吧。到1831年，这一年首次出现了相对可靠的普查，大英帝国大约有961 000个家庭与农业相关。其中：①

1. 144 600个农场主家庭雇用了劳动力。
2. 130 500个农场主未雇用劳动力，但可以被看作是小农场主。
3. 686 000个家庭是提供劳动力的家庭。

明加指出1831年有将近一半的农场主除了自己家庭成员之外并没有雇用劳动力，他显然是指这样一个事实：第2组几乎与第1组一样多，两者相加组成了农场主的主体。他的观察是正确的。但是，第2组仅仅代表了与农业相关的家庭总数量的1/7。在我看来，这一事实更加清晰地告诉我们，生存下来的——如果说确实能够生存的话——小型农场主的实际数量有多少。

同样重要的观察也适用于他关于1851年普查信息的评论。到那

① Great Britain, Census of 1831, *Parliamentary Papers*, XXXVI, ix.

时，在英格兰、苏格兰和威尔士，大约有不到240万人口与土地保持着经济上和社会上的关联。他们大致可以分为以下几种情况：

A. 大约35 000人是地主。按道理，这一类别包括了有头衔的贵族和仍然具有影响力的绅士阶层。

B. 大约306 000人是农场主（以及牧场主，后者只有大约3 000人）。农场主占据了可耕种地区人口的最大份额，他们从大地主那里租赁土地，在大多数情况下雇用劳动力或者靠自己的家庭成员来耕种土地。

C. 大约1 461 000人是在土地上从事手工劳动的男女，他们主要是户外劳动者。

余下的（没有包括在上述图表中）属于杂七杂八的类别，包括农民的妻子、孩子和农场主的其他亲戚。①正如我们在上文已经注意到的那样，根据来自克拉彭（Clapham）的数据，明加在讨论1851年普查时说，拥有5英亩以上土地的人口中有62%拥有不到100英亩土地。但是，克拉彭的数据只是指我上面所列的表中的B组人。他并不是在讨论A和C这两组人。克拉彭明确地指出了这一情况。②但是，如果不回到普查数字本身，人们可能意识不到这一局限性真正意味着什么。明加的简短描述之所以会给人留下错误的印象，其根源是否是由于他未能使用原始的数字，对此我当然也无从知晓。

在对此进行总结时，有必要重申，这些统计数据不过是粗略的估计而已。不能光从字面上来看待这些实际的比例。但是，这些统计本身与一个旧观点是完全一致的，该观点认为18世纪的社会变化使得小

---

① Great Britain, Census of 1851, *Parliamentary Papers*, LXXXVIIII, xci and c. 所有数字都四舍五入到千位数。

② 参见Clapham, *Economic History*, II, 263－265。

农场主这个英国社会风景线中的重要构成成分不复存在了。

我们在这里要讨论的第3个也是最后一个研究则是一个年代更为久远的研究，是格里尔使用统计方式对法国大革命恐怖统治所造成的社会冲击所进行的解释。格里尔的观点公开否认了阶级冲突的重要性，因此与布伦顿与彭宁顿关于长期议会的分析非常接近。格里尔在关于恐怖统治受害者的社会构成的研究中发现，被处死的人中有84%属于第三等级。根据这一点，他总结说："法国社会的分裂是垂直的，而非水平的。恐怖统治是阶级内部而非阶级之间的斗争。"①这一结论得到了相当多的关注，就其表面价值来看，显然是有悖于所有社会学方面的解释的。正是这样一种"证据"使得一些学者认为马蒂耶和其他一些人的观点是过时的。格里尔遵循最优秀的学术传统，给出了足够的数据来化解这一悖论，使上述那些人的结论不复成立。

让我们把注意力聚焦在第三等级中最低的阶层，即工人阶级和农民阶级，他们占了所有受害者的79%，我们可能会问：他们究竟在什么时候、什么地方遭遇了这么可怕的命运。答案是直截了当的：绝大多数死去的人都牺牲于那些针对旺代和里昂地区的反革命而进行的革命镇压。尽管统计数据强有力地指向了这一结论，但是复制这些数字并没有意义，因为它们从内在来讲是非常不完整的，当然这也不是格里尔的过错。例如，这些数字中并没有包括旺代反革命暴动中最激烈的一段时期的受害者，当时大约有2 000人淹死在卢瓦尔河冰冷的河水里。另外，这些数字中也没有包括可能在土伦地区密集的炮火袭击下死去的800条生命。②

---

① Greer, *Incidence of the Terror*, 97－98. 需要回顾这一点：被处决的人只是牺牲者当中的一小部分，关于余下那些人我们并没有什么资料。没有必要提出这一怀疑：这些信息是否已经被用来修正格里尔的观点，因为相关的问题可以在业已建立的事实的框架内进行讨论。

② Greer, *Incidence of the Terror*, 35－37, 115；同时参见Table VIII, 165。

因此，法国社会的分裂是发生在革命分子和反革命分子之间的。那么，这是一种垂直分裂吗？正如格里尔清晰地指出的那样，反革命分子拥有有限的地域基础，其社会结构不同于法国其他地区的社会结构。这并不是一场农民对抗农民的斗争，也不是扩散到整个法国的资产阶级对抗资产阶级的斗争。确切地说，在战争双方，各个社会阶层的人数几乎是相当的。但是，他们是在为一些决然相反的社会目标而斗争，是为了重新恢复旧秩序还是彻底摧毁旧秩序而斗争。一方或另一方的胜利意味着的是阶级特权的胜利或失败。单从这一点来看，我们似乎不能否认恐怖统治的确是阶级斗争的一个工具，至少从其核心轮廓来看是如此。

还有其他一些理由可以支撑我们的观点：在任何一种暴力冲突中，单靠分析受害者的社会构成本身是无法揭示出太多关于斗争的社会和政治特征的。我们可以假设一下，在某个拉丁美洲国家发生了革命，那里的政府被控制在富裕地主和少数富裕商人手中。我们可以进一步假设，军队主要是由从农民中征来的兵力构成的，后来部分军人脱离了军队，加入了叛军队伍，而叛军队伍希望推翻政府、建立一个共产主义政权。毫无疑问，统计学家会发现，经历了几次激战后，双方的牺牲者都主要是农民。那么，如果据此就总结说，在这个案例中主要的分裂是垂直的，据此就否认阶级冲突是政治斗争的关键的话，那显然从根本上就是荒谬的。另一方面，如果叛军并没有提出任何社会要求，而仅仅是希望用另外一批地主和商业领袖来替代目前这些地主和商业领袖，那么我们提出某种类型的垂直分裂确实存在这一断言也就有了足够的依据。总而言之，重要的不仅仅是谁在斗争，而且是他们究竟为了什么在斗争。我们接下来就来讨论这一方面所引发的更加一般性的问题。

迄今为止所有的讨论都是单纯基于统计证据的单一框架进行的。但是，用统计方式进行的批判中确实存在着一些共同的观点，这些观点会引发一些超越统计范畴的问题。为了指明这些观点，我准备不揣冒昧，重新梳理一下刚才讨论过的观点的一般线索。这一观点所隐含着的麻烦之处可能会是，在按道理应该是对抗压迫者的伟大革命中，单纯的数量测算可能会显示出这样一种情形：面对压迫其实并没有发生过任何起义或者只发生了极少几次起义。在英国清教徒革命和法国大革命中，并没有什么重要的差异能够将对抗双方区分开来。同样的，在由压迫他人的上层阶级所推行的、照道理应该是一场革命性的社会变革，即英国的圈地运动中，数量测算可能显示出当时其实并不存在太多的压迫。受害者不断成长、不断壮大。因此，激进传统整体上充满了情绪化的无理取闹。

这种梳理很可能已经超过了我们所讨论的这些作者的原本意图，但是其蕴含的意义应该是比较清楚的。就其本身可能展示的那样，这种类型的辩论的确存在，因而也需要我们加以讨论。部分而言，这一观点本身就需要一个答案。我已经尽力说明，光凭统计数字本身并不能给出这样一个结论。现在，我希望能够提出一个新的问题，我觉得，即使统计数字可能在有关这一观点和其他一些类似观点方面给我们带来启发，但是在某一节点上量化的证据还是会变得不再适用，在那里进行数量测算反而是采用了错误的程序。在分析一种社会组织转变成另一种社会组织时所发生的质的转变，比如说从封建主义转变到工业资本主义的时候，统计程序的有效使用可能存在着一个上限。

每一个存在着的事物都存在于数量之中这一说法事实上是来自开尔文勋爵。①但是，他的这一格言并不意味着每一个存在着的事物都可以以同样的标准加以衡量，或者说，所有的差异都可以简化为数量上的差异。就我自身有限的知识而言，统计学家并不会这样宣称；显

① William Thomson Kelvin，1824－1907，英国数学物理学家和工程师。——译者

然这也不是数学家们的普遍宣称。在一定节点上，社会结构的变革确实会在统计测量方面的变化上找到相应的投射。例如，一段时间内不同职业的从业人数的变化可以告诉我们很多关于社会结构变化的情况。但是，在时间跨度太长或者社会结构变化极为显著的情况下，要找到合适的测量标准会遇到很多困难。①相同的乡村和城市人口比例，对于两个不同的社会，比如战前的美国南部社会和前商业时代社会来说，可能会具有非常不同的意义。不过，到某一节点之前，统计调查仍然可以通过仔细定义自己的范畴来解决这些难题。尽管如此，这样的涉及原则问题的重新调整可能还是会存在一个上限。对数量的测算必然会导致大家忽视了被纳入测量范围差异之外的所有其他差异。这样做需要把证据化约到同样的单位。我们不得不根据年龄、性别、婚姻状态和一系列其他标准来将个人归入统计意义上的群体当中。我认为，测算的必要性使我们迟早不得不忽视结构上的差异性。研究者为了跟上结构上的变化而给出的定义越多，其所研究的统计群体就变得越小，越无用，也越不可信。归根结底，不同的统计群体的规模是结构性变化的产物，而不是变化本身。

这些变化是人与人之间的关系在性质上的改变。这些改变所涉及的差异通常存在于两大群体之间，一是拥有土地并且利用少数简单工具以及自己双手来生产物品的群体，一是不拥有任何土地、为别人工作、使用复杂机械生产物品的群体。我们可以暂时借用一些相对中立和抽象的术语来加以解释，它们其实是社会形态的表现形式方面发生的一些变化。在我看来，这些表现形式和形态方面的差异，似乎并不

① 出于简单化的目的，我撇开了如何获得可靠的统计数据这一问题。这一问题其实是一个非常严重的问题。就我自己的推测来看，任何人在未曾好好地研读过 Morgenstern 的 *Accuracy of Economic Observations* 和 Thorner 的 *Land and Labour in India*（esp chap XIII）这两本书之前，都不应该试图利用统计方面的信息。前者通过收集统计数据方面的高级方法指出了在不同的社会中获得可靠统计数据的困难，后者指出了同样的困难也存在于一个落后国家。

能被化约成任何数量上的差异；它们是不可通约的。①但是，正是这些差异对人类来说才是最为重要的。因为正是在这些差异中，社会的变化才造成了最具暴力性的冲突，这些冲突恰恰是造成重大历史问题的根源。

既然统计方法可能会存在一些内在的局限性，那么我们仍有可能找到一种客观的方式来描述并解释这些性质上的变化吗？尽管证据本身的缺点以及历史学家在人性上的缺陷都意味着保持客观性只能是一个不断萎缩的理想，但是我倒认为，原则上我们还是可能找到这种方式的。客观性隐含着对真理(truth)的坚信(当然这里所说的真理是一个小写的t)以及对社会事件之所以以这种方式发生是因为一些可以查明的原因这一概念的相信。由于这一概念能够引导我们得出完全不同于现存保守观点的评价，也得出完全不同于某些形式的激进传统的评价，因此我会试图非常简短地揭示一下其隐含的意义。

有这样一个值得尊敬的思想传统，该传统不认为人们能够做到始终坚持自己的客观性，就算在原则上也是如此。这种否认似乎是建立在搞不清楚历史事件的原因与历史事件的影响或意义的基础上的。在萨姆特要塞发出第一声枪响的时候，美国内战的根源就实际开始了。历史学家关于这些根源的任何意见都不可能对这些根源究竟是什么产生任何影响。内战所造成的影响和后果则是另一回事。这些影响直到今天一直跟随着我们，而且只要人类历史还会继续下去，它们就可能一直如影随形。这一观点中的第二个方面认为历史的模糊性是永久存在的，我认为这种说法是极有道理的。历史学家们关于内战根源的陈述至今仍然争论不休，不管其作者的本意是否想引发争论。从这个意

① 在这一关系中，注意 Whitehead，*Modes of Thought*，195："因此，在关于数量的所有问题之外还存在着类型的问题，这对于理解其性质是必不可少的。离开了事先确定的类型，数量不能决定任何事情。"Whitehead 关于自然科学和数学方法的保留意见需要认真对待，因为他跟其他一些批评家不同，他绝对知道自己究竟在说些什么。

义上讲，不偏不倚是不可能的，只是一种幻想而已。不管是出自有心还是无意，那些将这一争辩继续进行下去的历史学家们在选择和组织各种事实时都不得不遵从一些特定的原则。对于研究当代问题的社会学家来说，也遇到了同样的情形。这些原则界定了研究中应该包括什么，不应该包括什么，应该强调什么，弱化什么，从而在政治上和道德上产生一定的影响。也因此，这些原则不可避免地等同于道德原则。要完全摆脱这些冲突是不可能的。试图摆脱这种困境的行为，或者说试图选择一个无偏袒的立场的行为，其本身就意味着是采取了一种非政治的伪客观性的形式，而在实际上这就是赞成维持原状。

不可能有中立性这一观点是一个极为有力的观点，在任何情况下我对此都深信不疑。但是，我并不会因此就认为它会引导我们否认我们仍然可能进行客观的社会和历史分析这一点。对同样一组历史事件的不同理解应该引领我们给出互补的相对一致的解读，而不是自相矛盾的解释。进一步而言，否认客观真理在原则上的可能性，实际上给最糟糕的思想欺诈形式打开了一条通道。这种最糟糕的形式大致是这样的：既然保持中立是不可能的，那么我就选择与弱势者站在一起，为服务他们而书写历史，希望用这种方式来达到“更崇高的真理”。用最简单的话来说，这就是彻头彻尾的欺骗。对于任何一个研究人类问题的学者来说，不管他不可避免的道德前提和偏好是什么，他迟早都会遇到给他带来极大困扰的证据。到那时，他需要完成的任务就是诚实地去解决这一问题。

如果我的估计没错的话，带着大写 T 的真理（Truth）等级会引发许多人愤怒的猜疑。但是，这也并不意味着，客观性和带着小写 t 的真理（truth）就可以让大家皆大欢喜。客观性并不等同于常规的明智和审慎。如果撇开了社会所展示出的丑陋和残酷特征，如果无法直面那些具有吸引力的社会特征和体现出残酷性的社会特征之间的相互关系这一问题，只是一味地庆祝我们自己社会所具有的美德，这样做，就算带上了最四平八稳的学术腔调，也始终是一种自我辩解而已。如今确实存在着这样一种强烈倾向，即假定那些赞成维持现状的委婉陈述是“客观的”，而其他一切都是某种形式的“巧辩”。

这种类型的偏见，这种对客观性的错误解读，在当今的西方世界是极为普遍的。它混淆了客观性与琐碎、无意义之间的差别。基于前面已经提到过的原因，任何一个关于政治制度或事件的简单的、直截了当的真理都必然会造成令人质疑的影响。它会损害到某些群体的利益。在任何一个社会中，在社会运转方式方面，最需要遮遮掩掩的恰恰是占统治地位的群体。因而，在很多情况下，揭示真相的分析必然会带上批判的特性，在很多人眼里这似乎更多是一种揭露（这里“揭露”这个词所表达的是其原本的含义）而不是客观的陈述（如果共产主义国家真的能够公布那些相对坦诚的历史记录的话，这一说法也同样适用）。对于所有研究人类社会的学者来说，对历史进程中的受害者保持一种同情态度，而对胜利者的陈述则保持一种怀疑态度，这样做可以为大家提供一种基本的保障，使大家不至于被占主导地位的神话式描述所迷惑。一个试图做到客观公正的学者需要心怀这些情愫，需要将这些情愫融入其日常工作，成为其整体素养的一部分。

参考书目

下面列举的作品分为三类。第一类，包括关于德国和俄国的作品，正如在本书的“前言”中所指出的那样，这些作品是我对这两个国家的社会历史所做的解释的基础。第二类，即参考书目的主体部分，包括每一章当中引用过的作品，其顺序是按照所讨论每一个国家的顺序来排的。最后，是不适合放在其他地方的、通常来说比较零散的书，统统放在一个大类里面。不过，从任何意义上讲，这都不是一个完整的或精选的参考书目，只是指出了我能想到的证据的主要来源而已。

第一部分
德 国

Aubin, Gustav, *Zur Geschichte des gutsherrlich-bäuerlichen Verhältnisses in Ostpreussen von der Gründung des Ordensstaates bis zur Steinschen Reform*. Leipzig, 1911.

Bracher, Karl Dietrich, Sauer, Wolfgang, and Schulz, Gerhard, *Die nationalsozialistische Machtergreifung*. Köln and Opladen, 1960.

Carsten, F. L., *The Origins of Prussia*. London, 1954, reprinted 1958.

——— "Der Bauernkrieg in Ostpreussen 1525," *International Review for Social History*, III (1938), 398 – 409.

Dittmann, Wilhelm, *Das politische Deutschland vor Hitler*. Zürich, 1945.

Franz, Günther, *Der deutsche Bauernkrieg*. Darmstadt, 1956.

Gerschenkron, Alexander, *Bread and Democracy in Germany*. Berkeley, 1943.

Hamerow, Theodore S., *Restoration, Revolution, Reaction: Economics and Politics in Germany, 1815 – 1871*. Princeton, 1958.

Heberle, Rudolf, *Social Movements: An Introduction to Political Sociology*. New York, 1951.

Hitler, Adolf, *Mein Kampf*. 141st ed., München, 1935.

Kehr, Eckart, *Schlachtflottenbau und Parteipolitik 1894–1901*. Berlin, 1930.

Krieger, Leonard, *The German Idea of Freedom*. Boston, 1957.

Loomis, Charles P., and Beegle, J. Allen, "The Spread of German Nazism in Rural Areas," *American Sociological Review*, XI (December, 1946), 724–734.

Nabholz, Hans, "Zur Frage nach den Ursachen des Bauernkriegs 1525," reprinted in *Ausgewählte Aufsätze zur Wirtschaftsgeschichte* (Zürich, 1954). First published in 1928.

Preradovich, Nikolaus von, *Die Führungsschichten in Österreich und Preussen (1804–1918)*. Wiesbaden, 1955.

Rosenberg, Hans, *Bureaucracy, Aristocracy and Autocracy: The Prussian Experience 1660–1815*. Cambridge, Massachusetts, 1958.

Schorske, Carl E., *German Social Democracy 1905–1917*. Cambridge, Massachusetts, 1955.

Schweitzer, Arthur, "The Nazification of the Lower Middle Class and Peasants," in *The Third Reich*, a collection of essays published by the International Council for Philosophy and Humanistic Studies (London, 1955), 576–594.

Sering, Max, editor, *Die deutsche Landwirtsçhaft unter volks-und weltwirtschaftlichen Gesichtspunkten dargestellt . . .*, published as Sonderheft 50, Neue Folge, *Berichte uber Landwirtschaft* (Berlin, 1932).

Smirin, M. M., *Ocherki istorii politicheskoi bor'by v Germanii pered reformatsiei*. 2nd ed., Moscow, 1952.

Stein, Robert, *Die Umwandlung der Agrarverfassung Ostpreussens durch die Reform des neunzehnten Jahrhunderts*. Vol. I, Jena, 1918.

Waas, Adolf, *Die grosse Wendung im deutschen Bauernkrieg*. München, 1939.

Weber, Max, "Entwickelungstendenzen in der Lage der Ostelbischen Landarbeiter," in *Gesammelte Aufsätze zur Sozial- und Wirtschaftsgeschichte* (Tübingen, 1924), 470–507.

Wiessner, Hermann, *Beiträge zur Geschichte des Dorfes und der Dorfgemeinde in Österreich*. Klagenfurt, 1946.

——— *Sachinhalt und Wirtschaftliche Bedeutung der Weistümer im Deutschen Kulturgebiet*. Baden, 1934.

Wunderlich, Frieda, *Farm Labor in Germany 1810–1945*. Princeton, 1961.

俄国

Berlin, P. A., *Russkaya burzhuaziya v staroye i novoye vremya*. Moscow, 1922.

Blum, Jerome, *Lord and Peasant in Russia: From the Ninth to the Nineteenth Century*. Princeton, 1961.

Gitermann, Valentin, *Geschichte Russlands*. 3 vols. Zürich, 1944 – 1949.

Kliuchevskii, V., *Kurs russkoi istorii*. 5 vols. Moscow, 1937.

Levitskii, V., "Pravyya partii," in *Obshchestvennoye dvizheniye v Rossii v nachale XX-go veka*, III (St. Petersburg, 1914), 347 – 472.

Maynard, Sir John, *Russia in Flux: Before October*. London, 1946.

Miliukov, P., *Ocherki po istorii russkoi kultury*. St. Petersburg, 1909.

Robinson, Geroid T., *Rural Russia Under the Old Regime: A History of the Landlord Peasant World and a Prologue to the Peasant Revolution of 1917*. New York, 1932.

Venturi, Franco, *Roots of Revolution: A History of the Populist and Socialist Movements in Nineteenth Century Russia*. Translated by Francis Haskell. London, 1960.

第二部分

英国

Ashton, T. S., *An Economic History of England: The Eighteenth Century*. London, 1955.

Aston, Trevor, editor, *Crisis in Europe 1560 – 1660: Essays from* PAST AND PRESENT. London, 1965.

Aydelotte, W. O., "The Business Interests of the Gentry in the Parliament of 1841 – 47," an appendix in Clark, *The Making of Victorian England*, 290 – 305.

Bowden, Peter J., *The Wool Trade in Tudor and Stuart England*. London, 1962.

Briggs, Asa, *The Age of Improvement*. London, 1959.

——— editor, *Chartist Studies*. London, 1962.

Brunton, D., and Pennington, D. H., *Members of the Long Parliament*. London, 1954.

Cam, Helen M., "The Decline and Fall of English Feudalism," *History*, New Series, Vol. XXV, No. 99 (December, 1940), 216 – 233.

Campbell, Mildred, *The English Yeoman under Elizabeth and the Early Stuarts*. 2nd ed., London, 1960.

Carus-Wilson, E. M., editor, *Essays in Economic History*. Vol. I: London, 1954. Vol. II: London, 1962.
Cecil, Lord David, *Melbourne*. Reprinted, New York, 1954.
Census of Great Britain in 1851: An Analytical Index. London, 1854.
Chambers, J. D., "Enclosure and Labour Supply in the Industrial Revolution," *Economic History Review*, 2nd Series, Vol. V, No. 3 (1953), 319 – 343.
Clapham, J. H., *An Economic History of Modern Britain*. 3 vols. Reprinted, Cambridge, 1950 – 1952.
Clark, G. Kitson, *The Making of Victorian England*. London, 1962.
Cole, G. D. H., and Postgate, Raymond, *The British People, 1746 – 1946*. New York, 1947.
Cooper, J. P., "The Counting of Manors," *Economic History Review*, 2nd Series, Vol. VIII, No. 3 (April, 1956), 377 – 389.
Davies, E., "The Small Landowner, 1780 – 1832, in the Light of the Land Tax Assessments," reprinted in Carus-Wilson, editor, *Essays in Economic History*, 270 – 294.
Deane, Phyllis, and Cole, W. A., *British Economic Growth 1688 – 1959: Trends and Structure*. Cambridge, 1962.
Everitt, Alan Milner, "The County Committee of Kent in the Civil War," *Occasional Papers*, No. 9 (1957), published by the University College of Leicester, Department of English Local History.
——— editor, *Suffolk and the Great Rebellion 1640 – 1660*. Ipswich, 1961.
Firth, C. H., *Cromwell's Army*. 3rd ed., London, 1921; reprinted 1962.
Gallagher, John, and Robinson, Ronald, "The Imperialism of Free Trade," *Economic History Review*, 2nd Series, VI, No. 1 (August, 1953), 1 – 15.
Gonner, E. C. K., *Common Land and Enclosure*. London, 1912.
Goodwin, A., editor, *The European Nobility in the Eighteenth Century*. London, 1953.
Great Britain, Census of 1831, *Parliamentary Papers*, Session: 29 January – 29 August 1833, Vol. XXXVI, Accounts and Papers, Vol. 12.
——— Census of 1851, *Parliamentary Papers*, Session: 4 November 1852 – 20 August 1853, Accounts and Papers, Vol. 32, Part I.
– 20 August 1853, Accounts and Papers, Vol, 32, Part I.
Habakkuk, H. J., "English Landownership, 1680 – 1740," *Economic History Review*, Vol. X, No. 1 (February, 1940), 2 – 17.
Halévy, Elie, *A History of the English People in the Nineteenth Cen-*

tury. Translated by E. I. Watkin. 6 vols. 2nd revised edition, London, 1949 – 52.

Hammond, J. L. and Barbara, *The Village Labourer 1760 – 1832*. London, 1911.

Hardacre, Paul H., *The Royalists during the Puritan Revolution*. The Hague, 1956.

Hexter, J. H., *Reappraisals in History*. Evanston, 1961.

Hill, Christopher, *Puritanism and Revolution*. London, 1958.

Hoskins, W. G., *The Midland Peasant: The Economic and Social History of a Leicestershire Village*. London, 1957.

James, Margaret, *Social Problems and Policy during the Puritan Revolution 1640 – 1660*. London, 1930.

Johnson, Arthur H., *The Disappearance of the Small Landowner*. Oxford, 1909; reprinted 1963.

Kerridge, Eric, "The Returns of the Inquisition of Depopulation," *English Historical Review*, Vol. LXX, No. 275 (April, 1955), 212 – 228.

Langer, William, "Europe's Initial Population Explosion," *American Historical Review*, Vol. LXIX (1963), 1 – 17.

Levy, Hermann, *Large and Small Holdings*. Translated with additions by the author. Cambridge, 1911.

Lipson, E., *The Economic History of England*. Vol. I: *The Middle Ages;* reprinted London, 1956, from the 7th ed., 1937. Vols. II and III: *The Age of Mercantilism;* reprinted London, 1956, from the 3rd ed., 1943.

Manning, Brian, "The Nobles, the People, and the Constitution," in Aston, editor, *Crisis in Europe 1560 – 1660*, 247 – 269.

Mather, F. C., "The Government and the Chartists," in Briggs, editor, *Chartist Studies*, 385 – 394.

Mingay, G. E., *English Landed Society in the Eighteenth Century*. London, 1963.

——— "The Land Tax Assessments and the Small Landowner," *Economic History Review*, 2nd Series, Vol. XVII, No. 2 (December, 1964), 381 – 388.

——— "The Size of Farms in the Eighteenth Century," *Economic History Review*, 2nd Series, Vol. XIV, No. 3 (April, 1962), 469 – 488.

Namier, Sir Lewis, *England in the Age of the American Revolution*. 2nd ed., London, 1961.

Nef, John U., *Industry and Government in France and England 1540 – 1640*. Reprinted from 1940 edition, Ithaca, 1957.

Plumb, J. H., *England in the Eighteenth Century*. Penguin Books, 1950.
Power, Eileen, *The Wool Trade in English Medieval History*. Oxford, 1941.
Sabine, George H., editor, *The Works of Gerrard Winstanley*. Ithaca, 1941.
Semenov, V. F., *Ogorazhivaniya i krest'yanskiye dvizheniya v Anglii XVI veka*. Moscow, 1949.
Stone, Lawrence, *The Crisis of the Aristocracy 1558–1641*. Oxford, 1965.
Tate, W. E., "Members of Parliament and the Proceedings upon Enclosure Bills," *Economic History Review*, Vol. XII (1942), 68–75.
Tawney, R. H., *The Agrarian Problem in the Sixteenth Century*. London, 1912.
——— "The Rise of the Gentry 1558–1640," reprinted in Carus-Wilson, editor, *Essays in Economic History*, 173–214.
Thirsk, Joan, "The Restoration Land Settlement," *Journal of Modern History*, Vol. XXVI, No. 4 (December, 1954), 315–328.
——— *Tudor Enclosures*. London, 1959.
Thompson, E. P., *The Making of the English Working Class*. London, 1963.
Thompson, F. M. L., *English Landed Society in the Nineteenth Century*. London, 1963.
Trevelyan, G. M., *History of England*. 3 vols. Reprinted from 2nd revised edition, New York, 1953–56.
Trevor-Roper, H. R., "The Gentry 1540–1640," *Economic History Review Supplement*, No. 1 (1953).
Turberville, A. S., *The House of Lords in the Age of Reform 1784–1837*. London, 1958.
Woodward, E. L., *The Age of Reform 1815–1870*. Oxford, 1949.
Yule, George, *The Independents in the English Civil War*. Cambridge, 1958.
Zagorin, Perez, "The English Revolution 1640–1660," *Journal of World History*, Vol. II, No. 3 (1955), 668–681.
——— "The Social Interpretation of the English Revolution," *Journal of Economic History*, Vol. XIX (1959), 376–401.

法 国

Advielle, Victor, *Histoire de Gracchus Babeuf et du Babouvisme*. 2 vols. Paris, 1884.

Augé-Laribé, Michel, *La Politique agricole de la France de 1880 à 1949*. Paris, 1950.

Barber, Elinor G., *The Bourgeoisie in Eighteenth Century France*. Princeton, 1955.

Bloch, Marc, *Les Caractères originaux de l'histoire rurale française*. 2 vols. 2nd ed., Paris, 1955 – 1956.

——— "La lutte pour l'individualisme agraire dans la France du XVIIIe siècle," *Annales d'histoire économique et sociale*, Vol. II, No. 7 (15 July 1930), 329 – 381, and No. 8 (15 October 1930), 511 – 556.

——— "Sur le passé de la noblesse française; quelques jalons de recherche," *Annales d'histoire économique et sociale*, VIII (July, 1936), 366 – 378.

Bois, Paul, *Paysans de l'Ouest*. Le Mans, 1960.

Bourgin, Georges, editor, *Le Partage des biens communeaux*. Paris, 1908.

Carré, Henri, *La Noblesse de France et l'opinion publique au XVIIIe siècle*. Paris, 1920.

Cobb, Richard, *Les Armées révolutionnaires*. 2 vols. Paris, 1961 – 1963.

Cobban, Alfred, "The *Parlements* of France in the Eighteenth Century," *History*, New Series, Vol. 35 (February – June, 1950), 64 – 80.

——— *The Social Interpretation of the French Revolution*. Cambridge, 1964.

Dalin, V. M., *Grakkh Babef*. Moscow, 1963.

Dommanget, Maurice, *Pages choisies de Babeuf*. Paris, 1935.

Duby, Georges, *L'Economie rurale et la vie des campagnes dans l'occident médiéval*. 2 vols. Paris, 1962.

"The Folklore of Royalism," *Times Literary Supplement* (London), September 7, 1962.

Ford, Franklin L., *Robe and Sword: The Regrouping of the French Aristocracy After Louis XIV*. Cambridge, Massachusetts, 1953.

Forster, Robert, *The Nobility of Toulouse in the Eighteenth Century*. Baltimore, 1960.

——— "The Noble Wine Producers of the Bordelais in the Eighteenth Century," *Economic History Review*, 2nd Series, XIV, No. 1 (August, 1961), 18 – 33.

——— "The Provincial Noble: A Reappraisal," *American Historical Review*, Vol. LXVIII, No. 3 (April, 1963), 681 – 691.

Göhring, Martin, *Die Ämterkäuflichkeit im Ancien Régime*. Berlin, 1938.

——— *Die Frage der Feudalität in Frankreich Ende des Ancien Régime und in der französischen Revolution (bis 17 Juli 1793)*. Berlin, 1934.
Goubert, Pierre, *Beauvais et le Beauvaisis de 1600 à 1730*. Paris, 1960.
Greer, Donald, *The Incidence of the Terror during the French Revolution*. Cambridge, Massachusetts, 1935.
Guérin, Daniel, *La Lutte de classes sous la première république*. 2 vols. Paris, 1946.
Hunter, Neil, *Peasantry and Crisis in France*. London, 1938.
Jaurès, Jean, *Histoire socialiste de la Révolution française*, édition revue par A. Mathiez. Vol. VI: *La Gironde* (Paris, 1923).
Labrousse, C. E., *La Crise de l'économie française à la fin de l'ancien régime et au début de la Révolution*. 2 vols. Vol. I (Paris, 1944).
——— *Esquisse du mouvement des prix et des revenus en France au XVIIIe siècle*. Paris, 1932.
Lavisse, Ernest, editor, *Histoire de France illustrée depuis les origines jusqu'à la Révolution*. Vol. VII (Paris, 1911).
Lefebvre, Georges, *Etudes sur la Révolution française*. Paris, 1954.
——— *La Grande Peur de 1789*. Paris, 1932.
——— *Les Paysans du Nord pendant la Révolution française*. Bari, 1959.
——— *Questions agraires au temps de la Terreur*. 2nd revised edition, La Roche-sur-Yon, 1954.
——— *La Révolution française*. Paris, 1957.
Lhomme, Jean, *La Grande bourgeoisie en pouvoir 1830–1880*. Paris, 1960.
Mathiez, A., *La Révolution française*. 3 vols. 12th ed., Paris, 1954–1955.
——— *La Vie chère et le mouvement social sous la Terreur*. Paris, 1927.
Nef, John U., *Industry and Government in France and England 1540–1640*. Ithaca, 1957, reprint of 1940 edition.
Porchnev, Boris, *Les Soulèvements populaires en France de 1623 à 1648*. Paris, 1963.
Postgate, R. W., editor, *Revolution from 1789 to 1906*. New York, 1962.
Rudé, George, *The Crowd in the French Revolution*. Oxford, 1959.
Sagnac, Philippe, *La Formation de la société française moderne*. 2 vols. Paris, 1945.
Saint Jacob, P.de, *Les Paysans de la Bourgogne du Nord au dernier siècle de l'ancien régime*. Paris, 1960.
Sée, Henri, *Evolution commerciale et industrielle de la France sous l'ancien régime*. Paris, 1925.
——— *Histoire économique de la France*. 2 vols. Paris, 1939.

Soboul, Albert, *Les Sans-culottes parisiens en l'an II.* 2nd edition, Paris, 1962.
Soreau, Edmond, "La Révolution française et le proletariat rural," *Annales historiques de la Révolution française*, Vol. IX, No. 50 (March – April, 1932), 116 – 127.
Tilly, Charles, *The Vendée*. Cambridge, Massachusetts, 1964.
Usher, Abbot Payson, *The History of the Grain Trade in France 1400 – 1710*. Cambridge, Massachusetts, 1913.
Wright, Gordon, "Agrarian Syndicalism in Postwar France," *American Political Science Review*, Vol. XLVII, No. 2 (June, 1953), 402 – 416.
——— "Catholics and Peasantry in France," *Political Science Quarterly*, Vol. LXVIII, No. 4 (December, 1953), 526 – 551.
——— *Rural Revolution in France*. Stanford, 1964.

美　国

Andreano, Ralph, editor, *The Economic Impact of the American Civil War*. Cambridge, Massachusetts, 1962.
Aptheker, Herbert, *American Negro Slave Revolts*. New York, 1943.
Beale, Howard K., *The Critical Year: A Study of Andrew Johnson and the Reconstruction*. Republished New York, 1958; first published, 1930.
——— "What Historians Have Said About the Causes of the Civil War," in *Theory and Practice in Historical Study*, A Report of the Committee on Historiography, Social Science Research Council (New York, 1946), 53 – 102.
Beard, Charles A. and Mary R., *The Rise of American Civilization*. 2 vols. in one; revised edition, New York, 1940.
Bennett, H. S., *Life on the English Manor: A Study of Peasant Conditions, 1150 – 1400*. Cambridge, 1956; first published, 1937.
Cochran, Thomas C., "Did the Civil War Retard Industrialization?" reprinted in Andreano, editor, *Economic Impact of the American Civil War*, 148 – 160.
Conrad, Alfred H., and Meyer, John R., "The Economics of Slavery in the Ante Bellum South," *Journal of Political Economy*, Vol. LXVI, No. 2 (April, 1958), 95 – 130.
Craven, Avery O., *The Coming of the Civil War*. 2nd ed., Chicago, 1957.
——— *The Growth of Southern Nationalism*. Baton Rouge, 1953.

Current, Richard Nelson, *Old Thad Stevens: A Story of Ambition*. Madison, 1942.
Davis, Lance E. *et al.*, *American Economic History*. Homewood, 1961.
Elkins, Stanley M., *Slavery: A Problem in American Institutional and Intellectual Life*. Chicago, 1959; reprinted New York, 1963.
Foner, Philip S., *Business and Slavery: The New York Merchants and the Irrepressible Conflict*. Chapel Hill, 1941.
Gates, Paul W., *The Farmer's Age: Agriculture 1815 – 1860*. New York, 1962.
Gray, Lewis C., *History of Agriculture in Southern United States to 1860*. New York, 1941.
Hacker, Louis M., *The Triumph of American Capitalism*. New York, 1940.
Nevins, Allan, *The Emergence of Lincoln*. Vol. I: *Douglas, Buchanan and Party Chaos 1857 – 1859*. Vol. II: *Prologue to Civil War 1859 – 1861*. New York, 1950.
——— *Ordeal of the Union*. Vol. I, New York, 1947.
Nichols, Roy F., *The Disruption of American Democracy*. New York, 1948.
North, Douglass C., *The Economic Growth of the United States 1790 – 1860*. Englewood Cliffs, 1961.
Owsley, Frank L., *Plain Folk of the Old South*. Baton Rouge, 1949.
Phillips, Ulrich B., *Life and Labor in the Old South*. Boston, 1929.
Randall, J. G., and Donald, David, *The Civil War and Reconstruction*. 2nd ed., Boston, 1961.
Rayback, Joseph G., "The American Workingman and the Antislavery Crusade," *Journal of Economic History*, Vol. III, No. 2 (November, 1943), 152 – 163.
Schlesinger, Arthur M., Jr., *The Age of Jackson*. Boston, 1945.
Shannon, Fred A., *American Farmers Movements*. Princeton, 1957.
Sharkey, Robert P., *Money, Class, and Party: An Economic Study of Civil War and Reconstruction*. Baltimore, 1959.
Shortreed, Margaret, "The Antislavery Radicals: From Crusade to Revolution 1840 – 1868," *Past and Present*, No. 16 (November, 1959), 65 – 87.
Stampp, Kenneth M., *The Causes of the Civil War*. Englewood Cliffs, 1959.
——— *The Era of Reconstruction 1865 – 1877*. New York, 1965.
——— *The Peculiar Institution*. New York, 1956.
[Stevens, Thaddeus], *Reconstruction, Speech of Hon. Thaddeus*

Stevens of Pennsylvania, delivered in the House of Representatives . . . December 18, 1865. Washington, 1865.

Woodward, C. Vann, *Reunion and Reaction*. Revised ed., New York, 1956.

Zahler, Helene S., *Eastern Workingmen and National Land Policy, 1829 – 1862*. New York, 1941.

中 国

Agrarian China: Selected Source Materials from Chinese Authors. London, 1939.

Allen, G. C., and Donnithorne, A. G., *Western Enterprise in Far Eastern Commercial Development*. London, 1954.

Balázs, Etienne, "Les aspects significatifs de la société chinoise," *Etudes Asiatiques*, Vol. VI (1952), 77 – 87.

——— *Chinese Civilization and Bureaucracy: Variations on a Theme*. Selections from his writings, translated by H. M. Wright, edited by Arthur F. Wright. New Haven, 1964.

Beal, Edwin George, Jr., *The Origin of Likin* (1853 – 1864). Cambridge, Massachusetts, 1958.

Berkov, Robert, *Strong Man of China: The Story of Chiang Kai-shek*. Cambridge, Massachusetts, 1938.

Bland, J. O. P., and Backhouse, E., *China Under the Empress Dowager*. London, 1911.

Brandt, Conrad, *Stalin's Failure in China 1924 – 1927*. Cambridge, Massachusetts, 1958.

———, Schwartz, Benjamin, Fairbank, John K., *A Documentary History of Chinese Communism*. Cambridge, Massachusetts, 1952.

Buck, John Lossing, *Land Utilization in China*. Chicago, 1937.

Cameron, Meribeth E., *The Reform Movement in China 1898 – 1912*. Stanford, 1931.

Chang, Chung-li, *The Chinese Gentry*. Seattle, 1955.

——— *The Income of the Chinese Gentry*. Seattle, 1962.

Ch'en, Jerome, *Mao and the Chinese Revolution*. London, 1965.

Chiang Kai-shek, *China's Destiny*. Authorized translation by Wang Chung-hui. New York, 1947.

Chiang, Siang-tseh, *The Nien Rebellion*. Seattle, 1954.

China – United States Agricultural Mission. *Report* (U.S. Office of Foreign Agricultural Relations, Report No. 2). Washington, 1947.

Ch'ü, T'ung-tsu, *Local Government in China under the Ch'ing*. Cambridge, Massachusetts, 1962.

Crook, David and Isabel, *Revolution in a Chinese Village: Ten Mile Inn*. London, 1959.

DeGroot, J. J. M., *Sectarianism and Religious Persecutions in China*. 2 vols. Amsterdam, 1903 – 1904.

Eberhard, Wolfram, *Chinas Geschichte*. Bern, 1948.

——— *Conquerors and Rulers: Social Forces in Medieval China*. Leiden, 1952.

Fei, Hsiao-tung, *Peasant Life in China: A Field Study of Country Life in the Yangtze Valley*. New York, 1946.

——— and Chang, Chih-i, *Earthbound China: A Study of Rural Economy in Yunnan*. London, 1948.

Feuerwerker, Albert, *China's Early Industrialization: Sheng Hsuan-huai (1844 – 1916) and Mandarin Enterprise*. Cambridge, Massachusetts, 1958.

——— "China's History in Marxian Dress," *American Historical Review*, Vol. XLVI, No. 2 (January, 1961), 323 – 353.

Fitzgerald, C. P., *Revolution in China*. London, 1952.

Franke, Wolfgang, *The Reform and Abolition of the Traditional Chinese Examination System*. Cambridge, Massachusetts, 1960.

Freedman, Maurice, Book review of Chung-li Chang, *The Chinese Gentry*, *Pacific Affairs*, Vol. XXIX, No. 1 (March, 1956), 78 – 80.

Fried, Morton H., *The Fabric of Chinese Society: A Study of the Social Life of a Chinese County Seat*. New York, 1953.

Gamble, Sidney D., *Ting Hsien: A North China Rural Community*. New York, 1954.

Hinton, Harold C., *The Grain Tribute System of China 1845 – 1911*. Cambridge, Massachusetts, 1956.

Ho, Ping-ti, *The Ladder of Success in Imperial China*. New York, 1962.

——— *Studies on the Population of China 1368 – 1953*. Cambridge, Massachusetts, 1959.

Holcombe, Arthur N., *The Chinese Revolution*. Cambridge, Massachusetts, 1930.

Hsiao, Kung-chuan, *Rural China: Imperial Control in the Nineteenth Century*. Seattle, 1960.

Isaacs, Harold R., *Tragedy of the Chinese Revolution*. Revised ed., Stanford, 1951.

Jamieson, George, *et al.*, "Tenure of Land in China and Condition of the Rural Population," *Journal of the Royal Asiatic Society of*

Great Britain and Ireland, North China Branch (Shanghai), n.s., XXIII (1888) (published Shanghai, 1889), 59–174.

Johnson, Chalmers A., *Peasant Nationalism and Communist Power: The Emergence of Revolutionary Power 1937–1945*. Stanford, 1962.

Khokhlov, A. N., "Agrarnye otnosheniya v Kitai vo vtoroi polovine XVIII– nachale XIX v.," *Kratkie soobshcheniya narodov Azii*, No. 53 (1962), 95–115.

Lamb, Jefferson D. H., *Development of the Agrarian Movement and Agrarian Legislation in China 1912–1930*. Peiping, 1931.

Lang, Olga, *Chinese Family and Society*. New Haven, 1946.

Lattimore, Owen, "The Industrial Impact on China, 1800–1950," in *First International Conference of Economic History, Stockholm, August, 1960* (Paris, 1960), 103–113.

Lee, Mabel Ping-hua, *The Economic History of China*. New York, 1921.

Levy, Marion J., Jr., and Shih, Kuo-shen, *The Rise of the Modern Chinese Business Class*. Mimeographed, New York, 1949.

Linebarger, Paul M., *The China of Chiang K'ai-shek*. Boston, 1941.

Liu, F. F., *A Military History of Modern China 1924–1949*. Princeton, 1956.

Liu, Hui-chen Wang, *Traditional Chinese Clan Rules*. Locust Valley, 1959.

Maspero, Henri and Escarra, Jean, *Les Institutions de la Chine*. Paris, 1952.

Morse, H. B., *Trade and Administration of the Chinese Empire*. London, 1908.

North, Robert C., *Moscow and the Chinese Communists*. Stanford, 1953.

Schwartz, Benjamin I., *Chinese Communism and the Rise of Mao*. Cambridge, Massachusetts, 1951.

Shen, N. C., "The Local Government of China," *Chinese Social and Political Science Review*, Vol. XX, No. 2 (July, 1936), 163–201.

Tawney, R. H., *Land and Labour in China*. London, 1932. Reprinted, New York, 1964.

Weber, Max, "Konfuzianismus und Taoismus," *Gesammelte Aufsätze zur Religionssoziologie*, Vol. I (4th ed., Tübingen, 1947), 276–536.

Wittfogel, Karl A., *Oriental Despotism: A Comparative Study of Total Power*. New Haven, 1957.

Wright, Mary Clabaugh, *The Last Stand of Chinese Conservatism*. Stanford, 1957.

Yang, C. K., *The Chinese Family in the Communist Revolution*. Cambridge, Massachusetts, 1959.

——— *A Chinese Village in Early Communist Transition*. Cambridge, Massachusetts, 1959.

——— *Religion in Chinese Society: A Study of Contemporary Social Functions of Religion and Some of Their Historical Factors*. Berkeley, 1961.

Yang, Martin C., *A Chinese Village: Taitou, Shantung Province*. New York, 1945.

日 本

Allen, G. C., *A Short Economic History of Modern Japan: 1867–1937*. London, 1946. 2nd ed., London, 1962.

Asakawa, K., "Notes on Village Government in Japan, Part I," *Journal of the American Oriental Society*, Vol. XXX (1910), 259–300, and "Notes on Village Government in Japan, Part II," in Vol. XXX (1911), 151–216.

Beardsley, Richard K., *et al.*, *Village Japan*. Chicago, 1959.

Beasley, W. G., "Feudal Revenue in Japan at the Time of the Meiji Restoration," *Journal of Asian Studies*, Vol. XIX, No. 3 (May, 1960), 255–271.

Bellah, Robert N., *Tokugawa Religion: The Values of Pre-Industrial Japan*. Glencoe, 1957.

Benedict, Ruth, *The Chrysanthemum and the Sword*. New York, 1946.

Borton, Hugh, *Japan Since 1931: Its Political and Social Developments*. New York, 1940.

——— *Peasant Uprisings in Japan of the Tokugawa Period*. [New York], 1937.

Brown, Delmar M., *Nationalism in Japan*. Berkeley, 1955.

Cohen, Jerome B., *Japan's Economy in War and Reconstruction*. Minneapolis, 1949.

Colegrove, Kenneth W., *Militarism in Japan*. Boston, 1936.

Courant, Maurice, "Les clans japonais sous les Tokougawa," *Conférences faites au Musée Guimet*, 15, Part 1 (Paris, 1903–1905).

Craig, Albert M., "The Restoration Movement in Chōshū," *Journal of Asian Studies*, Vol. XVIII, No. 2 (February, 1959), 187–197.

——— *Chōshū in the Meiji Restoration*. Cambridge, Massachusetts, 1961.

Crowley, James B., "Japanese Army Factionalism in the Early 1930's," *Journal of Asian Studies*, Vol. XXI, No. 3 (May, 1962), 309 – 326.

Dore, R. P., "Agricultural Improvement in Japan: 1870 – 1900," *Economic Development and Cultural Change*, Vol. IX, No. 1, Part II (October, 1960), 69 – 91.

——— *Land Reform in Japan*. Oxford, 1959.

——— "The Meiji Landlord: Good or Bad?", *Journal of Asian Studies*, Vol. XVIII, No. 3 (May, 1959), 343 – 355.

——— and Sheldon, C. D., letters in *Journal of Asian Studies*, Vol. XVIII, No. 4 (August, 1959), 507 – 508 and Vol. XIX, No. 2 (February, 1960), 238 – 239.

Embree, John F., *Suye Mura: A Japanese Village*. Chicago, 1939.

Fukuda, Tokuzo, *Die Gesellschaftliche und Wirtschaftliche Entwickelung in Japan*. Stuttgart, 1900.

Hall, John W., "Feudalism in Japan – A Reassessment," *Comparative Studies in Society and History*, Vol. V, No. 1 (October, 1962), 15 – 51.

Harootunian, Harry D., "The Economic Rehabilitation of the Samurai in the Early Meiji Period," *Journal of Asian Studies*, Vol. XIX, No. 4 (August, 1960), 433 – 444.

Honjo, E., *Social and Economic History of Japan*. Kyoto, 1935.

Ike, Nobutaka, *The Beginnings of Political Democracy in Japan*. Baltimore, 1950.

Ladejinsky, W., "Farm Tenancy and Japanese Agriculture," *Foreign Agriculture* (issued by Bureau of Agricultural Economics, U.S. Department of Agriculture), Vol. I, No. 9 (September, 1937), 425 – 446.

La Mazelière, Antoine Rous de, *Le Japon, histoire et civilisation. . . .* 8 vols. Paris, 1907 – 1923.

Lockwood, William W., *The Economic Development of Japan*. Princeton, 1954.

Maruyama, Masao, *Thought and Behavior in Modern Japanese Politics*. Oxford, 1963.

Matsui, Shichiro, "Silk Industry," *Encyclopaedia of the Social Sciences* (New York, 1937), Vol. XIV, 52 – 57.

Morris, Morris D., "The Problem of the Peasant Agriculturist in Meiji Japan, 1873 – 1885," *Far Eastern Quarterly*, Vol. XV, No. 3 (May, 1956), 357 – 370.

Murdoch, James, *A History of Japan*. 3 vols. London, 1925 – 1926.

Nasu, Shiroshi, *Aspects of Japanese Agriculture*. New York, 1941.

Norman, E. Herbert, "Andō Shōeki and the Anatomy of Japanese Feudalism," *Transactions of the Asiatic Society of Japan*, 3rd Series, Vol. II (December, 1949).

——— *Japan's Emergence as a Modern State: Political and Economic Problems of the Meiji Period*. New York, 1940.

——— *Soldier and Peasant in Japan: The Origins of Conscription*. New York, 1943.

Ohkawa, Kazushi and Rosovsky, Henry, "The Role of Agriculture in Modern Japanese Economic Development," *Economic Development and Cultural Change*, Vol. IX, No. 1, Part II (October, 1960), 43 – 67.

Ramming, Martin, "Die Wirtschaftliche Lage der Samurai am Ende der Tokugawa-periode," *Mitteilungen der Deutschen Gesellschaft für Natur und Völkerkunde Ostasiens*, Band XXII, Teil A (Tokyo, 1928), 1 – 47.

Reischauer, Edwin O., "Japanese Feudalism," in Coulburn, Rushton, editor, *Feudalism in History* (Princeton, 1956).

Reischauer, Robert K., *Japan: Government-Politics*. New York, 1939.

Sansom, Sir George, *A History of Japan*. 3 vols. Vol. I: *To 1334* (Stanford, 1958). Vol. II: *1334 – 1615* (Stanford, 1961). Vol. III: *1615 – 1867* (Stanford, 1963).

——— *Japan: A Short Cultural History*. New York, 1943.

——— *The Western World and Japan*. New York, 1950.

Scalapino, Robert A., *Democracy and the Party Movement in Prewar Japan*. Berkeley, 1953.

Scott, J. W. Robertson, *The Foundations of Japan*. New York, 1922.

Sheldon, Charles David, *The Rise of the Merchant Class in Tokugawa Japan 1600 – 1868*. Locust Valley, 1958.

Smith, Thomas C., *Agrarian Origins of Modern Japan*. Stanford, 1959.

——— "The Land Tax in the Tokugawa Period," *Journal of Asian Studies*, Vol. VIII, No. 1 (November, 1958), 3 – 19.

——— "Landlords' Sons in the Business Elite," *Economic Development and Cultural Change*, Vol. IX, No. 1, Part II (October, 1960), 93 – 107.

——— *Political Change and Industrial Development in Japan: Government Enterprise, 1868 – 1880*. Stanford, 1955.

Storry, Richard, *The Double Patriots: A Study of Japanese Nationalism*. Boston, 1957.

Taeuber, Irene B., *The Population of Japan*. Princeton, 1958.

Takekoshi, Y., "Land Tenure, China and Japan," *Encyclopaedia of the Social Sciences* (New York, 1937), IX, 112 – 118.

Takizawa, Matsuyo, *The Penetration of Money Economy in Japan and Its Effects upon Social and Political Institutions*. New York, 1927.

Tanin, O., and Yohan, E., *Militarism and Fascism in Japan*. New York, 1934.

Totten, George O., "Labor and Agrarian Disputes in Japan Following World War I," *Economic Development and Cultural Change*, Vol. IX, No. 1, Part II (October, 1960), 192 – 200.

Tsunoda, Ryusaku, *et al.*, compilers, *Sources of Japanese Tradition*. New York, 1958.

印 度

Anstey, Vera, *The Economic Development of India*. 4th edition, London, 1952. First published 1929.

Baden-Powell, B. H., *The Indian Village Community*. London, 1896.

——— *Land Systems of British India*. 3 vols. Oxford, 1892.

Bailey, F. G., *Caste and the Economic Frontier*. Manchester, 1959.

Beals, Alan R., *Gopalpur: A South Indian Village*. New York, 1963.

Blunt, E. A. H., *Caste System of Northern India*. London, 1931.

——— "Economic Aspect of the Caste System," in Mukerjee, *Economic Problems*, 63 – 81.

Braibanti, Ralph, and Spengler, Joseph J., editors, *Administration and Economic Development in India*. Durham, 1963.

Brayne, F. L., *The Remaking of Village India*. 2nd ed., Oxford, 1929.

Brecher, Michael, *Nehru: A Political Biography*. Oxford, 1959.

Brown, D. Mackenzie, "Traditions of Leadership," in Park and Tinker, editors, *Leadership and Political Institutions in India*, 1 – 17.

Buchanan, Francis, *An Account of the District of Bhagalpur in 1810 – 1811*. Patna, 1939.

——— *An Account of the District of Purnea in 1809 – 1810*. Patna, 1928.

——— *An Account of the District of Shahabad in 1809 – 10*. Patna, 1934.

——— *A Journey from Madras through the Countries of Mysore, Canara, and Malabar*. . . . 3 vols. London, 1807.

Cambridge History of India. 6 vols. Cambridge, 1922 – 1937.

Campbell, Sir George, *Modern India*. London, 1852.

Chattopadhyaya, Haraprasad, *The Sepoy Mutiny 1857: A Social Study and Analysis*. Calcutta, 1957.

Chaudhuri, S. B., *Civil Disturbances During the British Rule in India 1765 – 1857*. Calcutta, 1955.

——— *Civil Rebellion in the Indian Mutinies 1857 – 1859*. Calcutta, 1957.

Cohn, Bernard S., "The Initial British Impact on India," *Journal of Asian Studies*, Vol. XIV, No. 4 (August 1960), 424 – 431.

Colebrooke, Sir Henry Thomas, *Remarks on the Husbandry and Internal Commerce of Bengal*. Calcutta, 1804.

Darling, Sir Malcolm, *The Punjab Peasant in Prosperity and Debt*. 4th ed., Oxford, 1947.

Davis, Kingsley, *The Population of India and Pakistan*. Princeton, 1951.

Dey, Sushil K., "Community Projects in Action in India," in Park and Tinker, editors, *Leadership and Political Institutions in India*, 347 – 357.

Dube, S. C., *India's Changing Villages*, Ithaca, 1958.

——— *Indian Village*. London, 1955.

Dubois, (Abbé) Jean Antoine, *Hindu Manners, Customs and Ceremonies*. Translated and edited by Henry K. Beauchamp. 2 vols. Oxford, 1897.

Dumont, René, *Terres vivantes: Voyages d'un agronome autour du monde*. Paris, 1961.

Dupuis, Jacques, *Madras et le Nord du Coromandel*. Paris, 1960.

Dutt, Romesh, *The Economic History of India in the Victorian Age*. 7th ed., London, 1950. First published 1903.

——— *The Economic History of India Under Early British Rule*. 7th ed., London, 1950. First published 1901.

Epstein, T. Scarlett, *Economic Development and Social Change in South India*. Manchester, 1962.

Far Eastern Economic Review (Hongkong). Issues of 1963 and 1960 – 1964 *Yearbooks*.

Ford Foundation, *Report*. See India: Agricultural Production Team.

Gadgil, D. R., *The Industrial Evolution of India in Recent Times*. 4th ed., Oxford, 1942. First published in 1924.

——— *Notes on the Rise of the Business Communities in India*, a Preliminary Memorandum Not for Publication, by Members of the Staff of the Gokhale Institute of Politics and Economics, Poona, with Introduction by D. R. Gadgil. New York, 1951.

Gandhi, M. K., *Economic and Industrial Life and Relations*, compiled and edited by V. B. Kher. 3 vols. Ahmedabed, 1957.

——— *Speeches and Writings of Mahatma Gandhi*. 4th ed., Madras, 1933.

Gopal, S., *The Permanent Settlement in Bengal and Its Results*. London, 1949.

Gough, Kathleen, "The Social Structure of a Tanjore Village," in Marriott, editor, *Village India*, 36 – 52.

Great Britain: Indian Famine Commission, *Report of the Indian Famine Commission. . . . Presented to Parliament*. Parts I and II. London, 1880.

———: Indian Statutory Commission, *Report of the Indian Statutory Commission. . . . Presented by the Secretary of State for the Home Department to Parliament. . . . May 1930*. 17 vols. London, 1930.

———: Royal Commission on Agriculture in India, *Report. . . . Presented to Parliament June, 1928*. Abridged, London, 1928.

Griffiths, Sir Percival, *The British Impact on India*. London, 1952.

Habib, Irfan, *The Agrarian System of Mogul India 1556 – 1707*. London, 1963.

Harrison, Selig, *India: The Most Dangerous Decade*. Princeton, 1960.

Hutton, J. H., *Caste in India*. Cambridge, 1936.

India: Agricultural Production Team, *Report of India's Food Crisis and Steps to Meet It*. Sponsored by the Ford Foundation. Issued by the Ministry of Food and Agriculture and Ministry of Community Development and Cooperation, April, 1959.

———: Cabinet Secretariat, Central Statistical Organisation, *Statistical Abstract, India 1957 – 58*. New Series, No. 8, New Delhi, 1959.

———: Cabinet Secretariat, Indian Statistical Institute, *The National Sample Survey. Eighth Round: July 1954 – March 1955. No. 10: First Report on Land Holdings, Rural Sector*. Delhi, 1958.

——— *Census 1951*. Several volumes, published in the different states, 1953. Vol. VI (West Bengal, Sikkim, and Chandernagore), Part IA – Report. Delhi, 1953.

———: Directorate of Economics and Statistics, *Studies in Agricultural Economics*, III, Third Issue (Delhi, 1960), containing "Food Statistics in India."

——— Famine Inquiry Commission, *Final Report*. Delhi, 1945.

———: Ministry of Labour, *Agricultural Labour Enquiry*, Vol. I: *All India*. New Delhi, 1954.
———: Planning Commission, *Third Five Year Plan*. Delhi, 1961.
Indian National Congress, All-India Congress Committee. *Congress Bulletin*, January – February, 1959.
Kaye, John William, *A History of the Sepoy War in India 1857 – 1858*. 3 vols. London, 1864 – 76.
Khan, N. A., "Resource Mobilization from Agriculture and Economic Development in India," *Economic Development and Cultural Change*, XII, No. 1 (October, 1963), 42 – 54.
Lamb, Helen, "The Indian Merchant," in Singer, editor, *Traditional India*, 25 – 35.
Lambert, Richard D., "Hindu Communal Groups," in Park and Tinker, editors, *Leadership and Political Institutions in India*, 211 – 224.
Lewis, Oscar, *Village Life in Northern India*. Urbana, 1958.
Madras in Maps and Pictures. Issued by the Director of Information and Publicity. Madras, 1959.
Majumdar, R. C., Raychaudhuri, H. C., and Datta, K., *An Advanced History of India*. London, 1950.
Marriott, McKim, editor, *Village India: Studies in the Little Community*. American Anthropological Association, Memoir No. 83, June, 1955.
Mayer, Adrian C., *Caste and Kinship in Central India*. London, 1960.
Mayer, Albert, *et al.*, *Pilot Project, India: The Story of Rural Development at Etawah, Uttar Pradesh*. Berkeley, 1958.
Mellor, Andrew, *India Since Partition*. London, 1951.
Metcalf, Thomas R., "Struggle over Land Tenure in India 1860 – 1868," *Journal of Asian Studies*, Vol. XXI, No. 3 (May, 1962), 295 – 308.
———, "The British and the Moneylender in Nineteenth-Century India," *Journal of Modern History*, Vol. 34, No. 4 (December, 1962), 295 – 307.
——— "The Influence of the Mutiny of 1857 on Land Policy in India," *The Historical Journal*, Vol. 4, No. 2 (1961), 152 – 163.
Misra, B. B., *The Indian Middle Classes*. Oxford, 1961.
Mitra, Ashok, "Tax Burden for Indian Agriculture," in Braibanti and Spengler, editors, *Administration and Economic Development in India*, 281 – 303.
Moreland, W. H.,, *The Agrarian System of Moslem India*. Cambridge, 1929.

——— *From Akbar to Aurangzeb: A Study in Indian Economic History*. London, 1923.
——— *India at the Death of Akbar*. London, 1920.
——— and Chatterjee, A. C., *A Short History of India*. 4th ed., London, 1957.
Mukerjee, Radhakamal, editor, *Economic Problems of Modern India*. Vol. I: London, 1939.
Nair, Kusum, *Blossoms in the Dust*. Oxford, 1961.
Nanda, B. R., *Mahatma Gandhi: A Biography*. Boston, 1958.
Natarajan, L., *Peasant Uprisings in India 1850 – 1900*. Bombay, 1953.
Neale, Walter C., *Economic Change in Rural India: Land Tenure and Reform in Uttar Pradesh 1850 – 1955*. New Haven, 1962.
O'Malley, L. S. S., *Popular Hinduism*. Cambridge, 1935.
Overstreet, Gene D., and Windmiller, Marshall, *Communism in India*. Berkeley, 1959.
Park, Richard L., and Tinker, Irene, editors, *Leadership and Political Institutions in India*. Princeton, 1959.
Patel, Govindlal D., *The Indian Land Problem and Legislation*. Bombay, 1954.
Patel, Surendra J., *Agricultural Labourers in Modern India and Pakistan*. Bombay, 1952.
Qureshi, Anwar Iqbal, *The Economic Development of Hyderabad*. Bombay, 1949.
Raghavaiyangar, S. Srinivasa, *Memorandum on the Progress of the Madras Presidency during the Last Forty Years of British Administration*. Madras, 1893.
Raju, A. Sarada, *Economic Conditions in the Madras Presidency 1800 – 1850*. Madras, 1941.
Retzlaff, Ralph H., *A Case Study of Panchayats in a North Indian Village*. Berkeley, 1959.
Rudolph, Lloyd I. and Susanne H., "The Political Role of India's Caste Associations," *Pacific Affairs*, XXXIII, No. 1 (March, 1960), 5 – 22.
Rudolph, Susanne H., "Consensus and Conflict in Indian Politics," *World Politics*, XIII, No. 3 (April, 1961), 385 – 399.
Samra, Chattar Singh, "Subhas Chandra Bose," in Park and Tinker, editors, *Leadership and Political Institutions in India*, 66 – 86.
Senart, Emile, *Caste in India*. Translated by E. D. Ross. London, 1930.
Singer, Milton, editor, *Traditional India: Structure and Change*. (American Folklore Society, "Bibliographical and Special Series," Vol. X.) Philadelphia, 1959.

Singh, Baij Nath, "The Impact of Community Development on Rural Leadership," in Park and Tinker, editors, *Leadership and Political Institutions in India*, 361 – 365.

Smith, Wilfred Cantwell, "Hyderabad: Muslim Tragedy," *Middle East Journal*, IV, No. 1 (January, 1950), 27 – 51.

Spear, T. G., *Twilight of the Mughuls*. Cambridge, 1951.

Srinivas, M. N., *Caste in Modern India*. London, 1962.

Stokes, Eric, *The English Utilitarians and India*. Oxford, 1959.

Tavernier, Jean-Baptiste, *Travels in India*. Transl. by V. Ball. 2nd ed., edited by William Crooke, Oxford, 1925.

Thirumalai, S., *Postwar Agricultural Problems and Policies in India*. New York, 1954.

Thorner, Daniel and Alice, *Land and Labour in India*. London, 1962.

Times of India: Directory and Year Book, 1960 – 61. Bombay, Delhi, Calcutta, and London, 1961.

Tinker, Hugh, "The Village in the Framework of Development," in Braibanti and Spengler, editors, *Administration and Economic Development in India*, 94 – 133.

Woodruff, Philip., *The Men Who Ruled India*. Vol. I: *The Founders*. Vol. II: *The Guardians*. London, 1953.

第三部分
其他书目

Annuaire internationale de statistique agricole, 1937 – 38. Issued by the International Institute of Agriculture. Rome, 1938.

Banfield, Edward C., *The Moral Basis of a Backward Society*. Glencoe, 1958.

Coulborn, Rushton, editor, *Feudalism in History*. Princeton, 1956.

Foreign Agriculture, weekly publication of the U.S. Department of Agriculture, Washington, D.C.

Hintze, Otto, *Staat und Verfassung: Gesammelte Abhandlungen zur allgemeinen Verfassungsgeschichte*. Edited by Gerhard Oestreich. 2nd ed., Göttingen, 1962.

Homans, George C., *The Human Group*. New York, 1950.

Klein, Julius, *The Mesta: A Study in Spanish Economic History 1273 – 1836*. Cambridge, Massachusetts, 1920.

Lévi-Strauss, Claude, *La Pensée sauvage*. Paris, 1962.

Marx, Karl, *Selected Works*. Translation edited by C. P. Dutt. 2 vols. New York, n.d.

Morgenstern, Oskar, *On the Accuracy of Economic Observations*. 2nd revised edition, Princeton, 1963.

Parsons, Talcott, *The Social System*. Glencoe, 1951.

Pirenne, Henri, *Histoire économique de l'occident médiéval*. [Brussels], 1951.

Postgate, R. W., editor, *Revolution from 1789 to 1906: Documents selected and edited with Notes and Introductions*. London, 1920, reprinted New York, 1962.

Salvemini, Gaetano, *The Fascist Dictatorship in Italy*. London, 1928.

Schmidt, Carl P., *The Plough and the Sword: Labor, Land, and Property in Fascist Italy*. New York, 1938.

Schweinetz, Karl de, Jr., *Industrialization and Democracy: Economic Necessities and Political Possibilities*. New York, 1964.

Silone, Ignazio, *Der Fascismus*. Zürich, 1934.

Syme, Sir Ronald, *The Roman Revolution*. Oxford, 1956.

United Nations: Food and Agriculture Organization, *Production Yearbook*, XIV (1960) and XVI (1962).

Whitehead, Alfred N., *Modes of Thought*. New York, 1938; reprinted 1958.

图书在版编目(CIP)数据

专制与民主的社会起源/(美)摩尔(Moore, B.)著;王茁,顾洁译.
—上海:上海译文出版社,2014.12(2025.1重印)
(大学译丛)
书名原文:Social Origins of Dictatorship and Democracy
ISBN 978-7-5327-5859-3

Ⅰ.①专… Ⅱ.①摩… ②王… ③顾… Ⅲ.①世界史—
现代史 ②政治制度—发展—世界 Ⅳ.①K15

中国版本图书馆CIP数据核字(2012)第114644号

Barrington Moore, Jr.
Social Origins of Dictatorship and Democracy
Copyright © 1966 by Barrington Moore, Jr.
All rights reserved.

本书由上海文化发展基金会图书出版专项基金资助出版

图字:09-2007-641号

专制与民主的社会起源——现代世界形成过程中的地主和农民
[美]巴林顿·摩尔 著 王 茁 顾 洁 译
策划/马 胜 汪 宇 责任编辑/李 洁 装帧设计/未氓设计工作室

上海译文出版社有限公司出版、发行
网址:www.yiwen.com.cn
201101 上海市闵行区号景路159弄B座
常熟市文化印刷有限公司印刷

开本890×1240 1/32 印张18.5 插页2 字数435,000
2012年12月第1版 2025年1月第13次印刷
印数:29,001—31,000册

ISBN 978-7-5327-5859-3
定价:78.00元

本书中文简体字专有出版权归本社独家所有,非经本社同意不得连载、摘编或复制
本书如有质量问题,请与承印厂质量科联系。T:0512-52218653

大学译丛　书目

01　《西方哲学史》(上下两册) / [挪] G · 希尔贝克,N · 伊耶　著

02　《世界经济简史》/ [美] 龙多 · 卡梅伦,拉里 · 尼尔　著

03　《传播学史》/ [美] E · M · 罗杰斯　著

04　《美国人：殖民地历程》/ [美] 丹尼尔 · J · 布尔斯廷　著

05　《美国人：建国的历程》/ [美] 丹尼尔 · J · 布尔斯廷　著

06　《美国人：民主的历程》/ [美] 丹尼尔 · J · 布尔斯廷　著

07　《专制与民主的社会起源》/ [美] 巴林顿 · 摩尔　著

08　《希望的原理》(第一卷) / [德] 恩斯特 · 布洛赫　著

09　《文明的进程》/ [德] 诺贝特 · 埃利亚斯　著

10　《协同学》/ [德] 赫尔曼 · 哈肯　著

11　《资本主义与现代社会理论》/ [英] 安东尼 · 吉登斯　著

12　《社会学》/ [英] 安东尼 · 吉登斯　著

13　《大众传播与美帝国》/ [美] 赫伯特 · 席勒　著

14　《传播政治经济学》/ [加] 文森特 · 莫斯可　著

15　《信息社会的知识劳工》/ [加] 文森特 · 莫斯可　著

16　《宗教与资本主义的兴起》/ [英] R · H · 托尼　著

17　《希望的理由》/ [英] 珍 · 古道尔　著

18　《自恋主义文化》/ [美] 克里斯托弗 · 拉什　著

19　《“中产”中国》/ [美] 李成　编著

20 《西方六大美学观念史》/[波]瓦迪斯瓦夫·塔塔尔凯维奇　著
21 《法律的理念》/[英]丹尼斯·罗伊德　著
22 《观念的历险》/[英]艾尔弗雷德·诺思·怀特海　著
23 《人文科学的逻辑》/[德]恩斯特·卡西尔　著
24 《商业生态学》/[美]保罗·霍肯　著
25 《马克思的历史、社会和国家学说》/[德]亨利希·库诺　著
26 《政治的正义性》/[德]奥特弗利德·赫费　著
27 《跟大卫·哈维读〈资本论〉》/[美]大卫·哈维　著
28 《哲学的邀请》/[美]斯坦利·霍纳　等著
29 《宇宙之谜》/[德]恩斯特·海克尔　著
30 《全球化时代的民主》/[德]奥特弗利德·赫费　著
31 《世界文明史》/[日]山崎正和　著
32 《社会学与人类学》/[法]马塞尔·莫斯　著
33 《桑切斯的孩子们》/[美]奥斯卡·刘易斯　著
34 《论自由》/[法]雷蒙·阿隆　著
35 《卡桑德拉的女儿：欧美精神分析发展史》/[美]约瑟夫·施瓦茨　著
36 《实现罗尔斯》/[美]涛慕思·博格　著
37 《社会学主要思潮》/[法] 雷蒙·阿隆　著
38 《全球时代的欧洲》/[英] 安东尼·吉登斯　著
39 《社会理论的核心问题》/[英] 安东尼·吉登斯　著
40 《经济人的末日》/[美] 彼得·德鲁克　著
41 《当代政治哲学》/[加] 威尔·金里卡　著
42 《自己的上帝：宗教的和平能力与潜在暴力》/[德] 乌尔利希·贝克　著
43 《跟大卫·哈维读〈资本论〉》(第二卷)/[美] 大卫· 哈维　著

44 《读懂弗洛伊德》/［瑞士］让-米歇尔·奎诺多　著

45 《小城市空间的社会生活》/［美］威廉·H·怀特　著

46 《大自然的常数：从开端到终点》/［英］约翰·D·巴罗　著

47 《人类不平等的起源：通往奴隶制、君主制和帝国之路》/［美］肯特·弗兰纳里，乔伊斯·马库斯　著

48 《对空言说：传播的观念史》/［美］约翰·杜翰姆·彼得斯　著

49 《改变社会》/［日］小熊英二　著

50 《科学人对抗权力政治》/［美］汉斯·摩根索　著